습심리학

James E. Mazur 지음

이나경 · 이현주 · 정우경 옮김

Σ 시그마프레스

학습심리학, 제8판

발행일 | 2018년 9월 5일 1쇄 발행
        2020년 7월 10일 2쇄 발행

저 자 | James E. Mazur
역 자 | 이나경, 이현주, 정우경
발행인 | 강학경
발행처 | ㈜ 시그마프레스
디자인 | 우주연
편 집 | 정영주

등록번호 | 제10−2642호
주소 | 서울시 영등포구 양평로 22길 21 선유도코오롱디지털타워 A401~402호
전자우편 | sigma@spress.co.kr
홈페이지 | http://www.sigmapress.co.kr
전화 | (02)323−4845, (02)2062−5184~8
팩스 | (02)323−4197

ISBN | 979-11-6226-115-6

Learning and Behavior, 8th Edition

＊ 책값은 책 뒤표지에 있습니다.

이 도서의 국립중앙도서관 출판예정도서목록(CIP)은 서지정보유통지원시스템 홈페이지(http://
seoji.nl.go.kr)와 국가자료공동목록시스템(http://www.nl.go.kr/kolisnet)에서 이용하실 수 있습니
다.(CIP제어번호 : CIP2018026261)

이 책의 목적은 인간과 동물의 학습 방법과 이러한 학습의 결과로 일어나는 행동의 변화를 다루는 심리학 분야를 독자들에게 소개하는 데 있다. 이것은 대단히 광범위한 주제인데, 우리의 행동 대부분은 선행 학습 경험에 의해 어떤 방식으로든 영향을 받기 때문이다. 학습 사례와 학습된 행동이 너무나 다양해서 이 분야의 심리학자 대부분은 수많은 생물종과 다양한 학습 상황들에 적용할 수 있는 일반 원리의 발견을 목표로 한다. 오랜 기간 이 분야의 연구에서 얻은 인상적이고 고무적인 사실은 학습과 행동에 대한 이런 일반적인 진술이 실제로 가능하다는 것이다. 이 책은 지난 1세기 동안 이 심리학 분야에서 만들어진 가장 중요한 원리, 이론, 논쟁, 실험들을 기술하고 있다.

이 책은 학습, 조건형성 또는 행동의 실험 분석을 다루는 초보 또는 중간 수준의 강좌에 적합하도록 설계되었다. 심리학의 선행 지식을 요구하고 있지는 않지만, 심리학개론을 수강한 학생은 내용을 이해하기가 조금 더 쉬울 수 있다. 이 분야의 많은 이론과 개념은 상당히 추상적이어서, 이를 구체화시키기 위해 다양한 실례와 유추를 사용하였다.

간략하게 말하면, 이 책은 학습 종류와 자료의 난이도에 따라 간단한 학습에서 복잡한 학습의 순서로 기술되어 있다. 제1장은 학습에 대한 행동주의 접근을 논의하고 인지적 접근과 비교하였다. 또한 학습 과정에 대한 초기 이론들과 학습의 생리학적 기제에 대한 기본 연구결과들을 기술하고 있다. 제2장은 선천적인 행동과 가장 단순한 학습 유형인 습관화에 대해 논의한다. 여기에 소개된 많은 용어와 개념들이 나중에 고전적 조건형성, 조작적 조건형성, 운동 기술 학습에서 다시 나온다. 이어지는 두 장은 고전적 조건형성에 대해 다룬다. 제3장은 기본 원리로 시작하여 치료에의 활용으로 끝을 맺는다. 제4장은 이 분야의 최신 이론과 실험결과들을 기술하고 있다.

이어지는 세 개의 장은 조작적 조건형성의 다양한 측면을 기술하고 있다. 제5장은 정적 강화의 기본 원리와 용어들에 대해, 제6장은 강화계획과 활용에 대해, 제7장은 부적 강화와 처벌에 대해 설명한다. 제8장과 제9장은 이론적 측면에 초점을 두고 있다. 제8장은 강화물의 정의와 학습의 필요조건에 대한 여러 관점을 소개하고 있다. 제9장에서는 일반화와 변별에 대해 살펴보면서 개념학습에 대한 연구들을 기술하고 있다.

제10장은 빠르게 발전하고 있는 비교 인지 분야의 여러 연구결과를 보여준다. 제11장은 다른 학습 교재들이 별로 관심을 두지 않는 두 가지 학습 — 관찰학습과 운동 기술 학습 — 에 대해 논의한다. 인간 학습의 많은 부분이 관찰 또는 새로운 운동 기술의 발달로 이루어져 있다. 학습 교재가 이런 주제들을 다루지 않는다면 독자는 당황하거나 실망할 것이다. 마지막으로 제12장은 선택에 대한 행동 연구를 다루고 있다.

이 책은 학생들의 공부에 도움이 되도록 설계되었다. 각 장은 학습 목표로 시작하고 요점 정리로 끝난다. 또한 핵심 내용을 학습하고 이해하려는 학생들을 위한 연습 퀴즈와 복습 문제를 포함하고 있다. 모든 주요 용어에 대한 용어해설도 있다.

이번 제8판의 새로운 한 가지는 학생들이 특별히 흥미로워할 만한 화제를 담고 있는 글상자이다. 글상자는 세 가지 주제에 초점을 맞추고 있다. 여러 미디어에서 다루어지고 있는 학습과 행동과 관련된 화제를 다루는 미디어에서, 특별한 주제에 대한 최근 연구를 자세히 들여다보는 화제의 연구, 교재에 기술된 원리를 실세계에 적용한 사례를 보여주는 연구 적용하기가 그것이다. 또한 제8판에는 학생들이 중요한 개념, 원리, 실험 절차, 활용을 이해하고 기억하는 데 도움을 주기 위한 많은 새로운 그림과 사진이 포함되어 있다. 현재 학생들과의 관련성을 높이기 위해 이전 판에 나왔던 오래되고 기술적인 주제들은 삭제하였고, 학습의 행동적 원리와 인지적 원리가 사람들의 일상생활에서 관찰되는 사례를 더 많이 포함시켰다. 대부분의 장은 학습이론과 원리가 행동 수정 분야에서 어떻게 사용되고 있는지를 기술하고 있다.

J. E. M.

이 책은 사람과 동물이 어떻게 학습하는지, 그리고 학습의 결과로 이들의 행동이 어떻게 변화하는지를 다룬다. 다양한 종과 여러 학습 상황에 적용할 수 있는 학습심리의 주요 원리, 이론, 논쟁, 그리고 실험에 대해 기술하고 있다. 고전 연구와 최신 발달 경향 모두를 다루고 있기 때문에 이 분야에 대한 포괄적인 이해를 제공한다. 행동주의 접근을 기본으로 하고 있지만, 비교 인지를 비롯하여 많은 인지주의 이론도 포함하고 있다. 일상생활 사례와 유추를 통해 개념과 이론을 더 구체화시키고 학생들과의 관련성을 높였다. 또한 대부분의 장은 원리가 행동 수정과 치료에 적용되고 있는 사례를 포함하고 있다. 모든 장은 이 분야의 최근 발달을 반영하는 많은 새로운 연구와 참고문헌을 업데이트하여 제공하고 있다.

이 책은 학습심리, (인간)학습, 학습 입문, 학습 과정, 동물 행동, 학습과 행동(원리), 조건형성과 학습, 학습과 동기, 행동의 실험분석, 행동주의, 행동 분석을 배우는 학부와 석사과정의 학생들을 위해 집필되었다.

제8판의 특징은 다음과 같다.

- 삽화, 사진, 표를 더 늘려서 본문을 새롭게 설계하였다.
- 심리학, 교육, 스포츠, 작업장에서 학습 원리의 최근의 활용을 강조하는 '미디어에서', '화제의 연구', '연구 적용하기' 글상자를 추가하였다.
- 급속도로 발전하는 신경과학 분야의 최근 발달에 대해 논의하였다.
- 학습 연구의 다양한 이론적 관점 ─ 행동, 인지, 생리학 ─ 을 모두 다루었다.
- 중독의 행동경제학, 도박장애, 충동성 같은 최신 주제를 포함시켰다.
- 이 분야의 최신 발달을 학생들에게 소개하기 위해 새로운 사례, 참고문헌, 연구를 제시하였다.

차례

01 역사, 배경 그리고 기본 개념들

02 선천적 행동 패턴과 습관화

06 강화계획 : 실험적 분석과 활용

07 회피와 처벌

08 조작적 조건형성의 이론과 연구

09 자극 통제와 개념학습

10 비교 인지

CHAPTER

1

역사, 배경 그리고 기본 개념들

학습 목표

이 장을 읽은 후에 당신은

- 연합주의자들이 제안한 초기 이론과 Hermann Ebbinghaus의 초기 기억 연구를 기술할 수 있다.
- 학습 연구에서 행동주의 접근과 인지주의 접근의 차이를 설명할 수 있다.
- 심리학 연구에서 동물 사용의 장단점을 설명할 수 있다.
- 매개변인들과 이들이 심리학에서 사용되어야 하는지를 논의할 수 있다.
- 감각 수용기 세포들이 '단순 감각'에 어떻게 반응하는지 그리고 시각체계의 세부특징 탐지기가 복잡한 형태에 어떻게 반응하는지 설명할 수 있다.
- 학습 경험의 결과로 뇌에서 일어나는 세 가지 중요한 변화를 기술하고 각각의 증거를 제시할 수 있다.

당신이 학습심리라고 불리는 심리학 분야를 들어본 적이 없다면 이 분야의 범위에 대해 쉽게 오해할 수 있다. 신입생 시절 나는 강좌들을 훑어보다가 심리학과에서 개설한 '학습심리'라는 간결한 강좌명과 마주쳤던 적이 있다. 강의계획안은 읽어보지 않고 강좌 내용이 무엇일지 추측해보았다. 나는 학습이 기본적으로 학생과 관련된 과목일 것이라고 추론하였다. 학생들에게 공부 습관, 읽기 기술, 필기 기술을 가르치나? 아니면 어린이에게 읽기, 쓰기, 산수를 가르치는 교수법을 다루는 강좌인가? 아니면 학습장애가 있는 어린이들과 관련이 있나? 신입생에게는 너무나 제한적이고 전문적으로 보이는 이런 주제들을 한 학기 동안 배운다는 것은 상상만으로도 어려웠다.

학습심리에 대한 이런 내 생각은 여러 면에서 잘못된 것이었다. 첫째, 교실에서의 학습을 강조하는 심리학 강좌는 '학습심리'가 아니라 '교육심리' 같은 제목의 강좌이다. 나의 두 번째 잘못은 학습심리가 제한적이라는 가정이었다. 대학생만 학습하는 것이 아니라는 생각이 순간 들었다. 아동은 학교에 들어가기 전부터 이미 많은 학습을 하며, 성인이 되어서도 지속적으로 변화하는 환경에 계속하여 적응해야 한다. 학습은 전 연령대에 걸쳐 일어나기 때문에 학습에 대한 심리학 과목은 교실에서 일어나는 학습만을 강조하지 않는다. 더욱이 인간은, 학습 능력을 가진 지구상에 존재하는 수천 종의 생물체 중 하나에 불과하기 때문에 학습에 대한 심리학 연구가 인간에 제한될 필요가 없다. 이러한 이유로 대부분의 학습심리 실험은 인간 이외의 동물들을 사용한다. 물론 문제가 없는 것은 아니지만, 학습 분야에 종사하고 있는 심리학자들은 인간종에 맹목적이지 않다.

학습을 정확하게 정의하는 데 어려움을 겪는 것은 전문가들도 마찬가지이다. 그러나 학습이 개인 경험의 결과로 일어나는 변화의 과정이라는 것에는 대다수가 동의하고 있다. 학습을 연구하는 심리학자들은 누구에게(성인, 학생, 포유동물, 파충류, 곤충) 일어나든 상관없이 이런 과정에 관심을 가진다. 매우 포괄적인 주제처럼 들리겠지만, 학습 분야의 연구자는 학습의 과정뿐 아니라 학습의 산물(학습 경험으로 일어나는 개인 행동의 장기적인 변화)에 대해서도 연구하기 때문에, 학습의 분야는 이보다도 더 광범위하다고 할 수 있다.

과정과 산물을 구분하는 데 다음의 사례가 도움이 될 것이다. 당신이 창문을 통해 마당의 음식물 쓰레기통 가까이에 있는 너구리를 보고 있다고 해보자. 당신이 보는 데서 너구리는 쓰레기통을 넘어뜨리고, 뚜껑을 열고, 비닐봉지를 뜯는다. 너구리는 쓰레기통 속의 음식 냄새에 유혹당하였고, 전에는 이런 대상을 경험한 적이 없다. 우리가 이런 너구리의 행동을 연구하려고 하면, 머릿속에 여러 가지 질문이 떠오를 것이다. 어떤 질문은 학습 과정 자체에 관한 것이다. 이 동물이 순전히 우발적으로 쓰레기통을 열었을까? 아니면 어떤 '행동 계획'에 따라 행동한 것일까? 만일 너구리가 즉각적으로 먹을 것을 얻지 못한다면, 어떤 요인이 쓰레기통 여는 행동을 계속하게 만들까? 이런 질문들은 획득(acquisition) 단계, 또는 동물이 새로운 기술을 습득하는 기간과 관련이 있다.

일단 너구리가 쓰레기통을 여는 충분한 기술을 갖추고 나면, 우리는 장기적인 수행에 대해 질문할 수 있다. 너구리는 얼마나 자주 뒷마당을 찾게 될까? 그리고 너구리의 성공과 실패는 방문 빈도에 어떤 영향을 미칠까? 너구리는 하루 또는 일주일 중 가장 유리한 시간에 방문할까? 이런 질문은 학습 과정의 마지막 산출물, 즉 너구리의 새로운 행동 패턴과 관련이 있다. 이 교재는 단순히 학습이 아니라 학습과 행동을 다룬다. 이것은 학습심리학이 획득 과정과 그 결과로 발생한 장기적인 행동 모두를 포함하고 있음을 의미한다.

일반 학습 원리의 탐구

학습심리학은 모든 유기체에게 일어나는 모든 종류의 학습과 학습된 행동을 다루기 때문에 그 범위는 대단히 넓다. 오늘 아침에 일어나서 한 시간 또는 두 시간 동안 당신이 했던 행동을 생각해보라. 사전학습 없이 가능한 행동이 몇 개나 되는가? 대부분 쉽게 대답할 수 있을 것이다. 옷 입기, 세수하기, 침대 정리하기, 아침 식사를 위해 부엌에 가기 등 이 모든 행동은 거의 또는 전적으로 사전학습에 달려 있다. 아침 식사하기는 음식의 양과 종류의 선택, 적절한 주방 기기의 사용, 손과 입의 움직임 조정 같은 다양한 종류의 학습에 의존한다. 사전학습에 의존하지 않는 인간의 행동을 생각해내기는 어렵다.

　학습과 관련된 인간과 동물의 행동을 모두 고려하면, 이 심리학 분야가 절망적일 정도로 광범위하게 보일 것이다. 어떻게 단일 학문 분야가 이 모든 다양한 학습 요소에 대하여 유용한 진술을 할 거라고 기대할 수 있겠는가? 모든 학습 사례를 개별적으로 연구하는 것은 말이 되지 않기 때문에 대다수 학습 연구자들도 이런 접근방식을 취하지 않는다. 대신에 이들은 비교적 소수의 학습 상황을 선택하고, 이것을 상세하게 연구하여, 한 상황에서 다른 학습 상황으로 일반화하는 전략을 시도하고 있다. 즉 대다수 학습 연구의 목표는 광범위한

그림 1.1 쥐가 레버를 누르면 먹이 조각이 나오는 실험상자.

종과 학습 상황에 적용할 수 있는 일반 원리를 발견하는 데 있다.

심리학의 역사에서 가장 영향력 있는 인물 중 한 사람인 B. F. Skinner는 그의 첫 저서 *The Behavior of Organisms*(1938)에서 이런 전략에 대한 자신의 생각을 분명히 밝히고 있다. 초기 연구에서 Skinner는 피험동물로 흰쥐를, 그리고 반응으로 레버 누르기를 사용하였다. 흰쥐 한 마리가 레버를 누르면 먹이가 나오는 접시가 있는 실험상자 안에 놓여 있다. 〈그림 1.1〉은 현대적인 버전의 실험상자를 보여준다. Skinner는 이런 빈약한 환경에 있는 쥐의 행동을 연구하는 것으로 실험실 밖의 복잡한 환경에서 일어나는 수많은 동물의 행동을 비롯하여 인간 행동을 지배하는 원리를 발견할 수 있다고 생각하였다. Skinner와 제자들의 연구는 제5장에서 상세하게 다루어지기 때문에, 당신은 Skinner의 전략이 성공적이었는지 판단할 기회를 가지게 될 것이다.

광범위하게 적용할 수 있는 원리나 법칙을 발견하려는 시도는 거의 모든 과학이 노력하고 있는 부분이다. 예를 들어, 중력의 법칙은 물리학의 일반 원리 중 하나로 자유 낙하하는 물체가 일정 시간에 떨어지는 거리를 예측한다. 한 물체가 정지된 위치에서 출발하여 t초 동안 낙하한다면, 방정식 $d = 16t^2$은 이 물체가 낙하할 거리를 알려준다. 중력의 법칙은 분명히 일반 원리인데 이 이론이 바위, 스카이다이버, 야구공 등 낙하하는 모든 물체에 적용되기 때문이다. 하지만 중력의 법칙에는 제한이 있다. 대부분의 과학 원리처럼 이 원리도 특정 준거들이 충족될 때만 적용 가능하다. 이 방정식에는 (1) 물체가 지구 표면에 가까이 있고, (2) 공기저항 같은 다른 힘이 작용하지 않아야 한다는 두 가지 제약이 존재한다. 따라서 중력의 법칙은 진공실을 사용하여 공기저항을 최소화한 실험실에서 정확하게 연구할 수 있다. 이와 비슷한 이유로 학습과 행동 원리들도 실험실에서 가장 잘 연구할 수 있다. 이 책의 모든 장은 학습과 행동에 대한 수많은 새로운 원리들을 소개하고 있는데, 거의 모든 원리가 실험실 환경에서 연구된 것이다. 그리고 이런 원리들이 자연환경에서 적용 가능하다는 것을 보여주기 위해 이 원리들이 중요한 역할을 하고 있는 수많은 실제 세계 상황을 기술하고 있다.

심리학 분야에 종사하는 연구자들은 학습이라는 주제를 여러 접근으로 연구한다. 이 장의 나머지는 이러한 다양한 접근을 소개하고 학습의 역사 및 후속 장에서 다루어질 주제의 이해를 돕기 위한 배경 정보를 제시한다. 먼저 학습과 기억의 초기 사상을 다루고 나서 학습에 대한 현대의 두 가지 접근—행동주의와 인지주의 접근—에 대해 알아볼 것이다. 마지막으로 학습이 일어나는 동안 개별 신경세포와 뇌에서 무슨 일이 일어나는지를 연구하는 학습 연구의 세 번째 접근—신경과학 접근—을 소개한다.

연합주의자들

아리스토텔레스

그리스의 철학자 아리스토텔레스(c. 350 B.C.)는 최초의 연합주의자(Associationist)로 알려져 있다. 그는 기억의 기본 이론이라고 볼 수 있는 세 가지 연합 원리를 제안하였다. 아리스토텔레스는 이 원리들이, 하나의 생각이 어떻게 하여 다른 생각으로 이어지는지를 말해준다고 주장하였다. 지금부터 아리스토텔레스의 원리를 읽기 전에 그가 한 번도 한 적이 없던 것을 시도해보자. 당신은 이 원리를 검증하는 간단한 실험을 해볼 수 있다. 지금부터 〈글상자 1.1〉을 읽고 따라 해보도록 하라.

아리스토텔레스의 첫 번째 연합 원리는 근접성(contiguity)이다. 공간 또는 시간상으로 두 항목이 서로 근접하여 발생할수록 한 항목에 대한 생각이 다른 생각을 불러일으킬 가능성

글상자 1.1 **연구 적용하기**

자유 연합 시범

자유 연합 연구라고 불리는 이 과제는 1~2분 정도밖에 걸리지 않는다. 연필과 종이를 준비하고 종이 왼쪽에 위에서 아래로 1에서 12까지의 숫자를 쓰도록 하라. 아래에 12개의 단어 목록이 제시되어 있다. 각 단어를 읽고 머릿속에 떠오르는 대로 하나 또는 두 개의 단어를 적도록 하라.

1. 사과
2. 밤
3. 천둥
4. 빵
5. 의자
6. 방망이
7. 소녀
8. 치과의사
9. 조용한
10. 일몰
11. 코끼리
12. 파랑

일단 12개 단어에 대한 반응 목록을 작성하고 난 다음 당신의 답변에서 몇 가지 규칙을 찾아보도록 하라. 아리스토텔레스의 세 가지 원리를 발견할 수 있는가?

이 더 높다. 예를 들면, 단어 책상에 대한 반응 의자는 이 두 항목이 거의 항상 함께 존재하는, 공간적 근접성에 의한 연합을 보여준다. 천둥에 대한 반응인 번개는 시간적 근접성에 의한 연합의 예이다. 근접성에 의한 또 다른 연합의 예로는 빵-버터, 그리고 치과의사-통증이 있다.

아리스토텔레스의 다른 두 연합 원리는 유사성(similarity)과 대비성(contrast)이다. 그는 한 개념에 대한 생각이 종종 유사한 개념을 떠올리게 한다고 하였다. 유사성에 의한 연합의 예로, 사과-오렌지 또는 파랑-초록을 들 수 있다. 아리스토텔레스는 어떤 항목은 종종 상반되는 항목을 떠올리게 만드는데, 이를 대비성이라고 하였다(예 : 밤-낮, 소녀-소년, 일몰-일출). 이런 간단한 자유 연합 실험에 참여해본 사람이라면 아리스토텔레스의 연합 원리가 장점과 약점을 모두 가지고 있다는 것을 알게 된다. 일련의 사고에 작용하는 그의 원리가 완벽하다고 보기는 어렵지만, 경험과 기억 사이의 관계에 대한 이론 개발의 첫걸음으로 나쁘지 않아 보인다.

영국 연합주의자들 : 단순 관념과 복합 관념

아리스토텔레스 이후 연합주의를 강조하는 철학자들에게 이 주제는 더욱 중요해졌다. 연합주의는 모든 지식의 이론으로 간주되었다. 영국 연합주의자들(British Associationists)로 불리는 철학자들에는 Thomas Hobbes(1651), John Locke(1690), James Mill(1829), John Stuart Mill(1843) 등이 있다. 이들은 모든 지식이 경험을 통해 습득된다고 믿었기 때문에 경험주의자라고도 불린다. 이런 관점은 신생아의 마음을 타블라 라사(백지)라고 표현한 John Locke의 주장에서 잘 나타난다. 경험주의자들은 개인이 가지고 있는 모든 기억, 관념, 개념이 하나 또는 그 이상의 사전경험에 기초한다고 믿었다.

경험주의(Empirism)의 반대는 생득주의(Nativism)로, 어떤 관념은 선천적이어서 개인의 과거 경험에 의존하지 않는다는 관점이다. 예를 들어, 생득주의자인 Immanuel Kant(1781)는 공간과 시간 개념은 타고나는 것이고 이런 기본적이고 선천적인 개념들을 기초로 경험을 통해 새로운 개념들이 만들어진다고 믿었다. 이 책은 모든 지식이 경험을 통해 학습된다는 극단적인 경험주의를 반박하는, 생득주의를 지지하는 현대의 연구 증거들도 제시하고 있다. 하지만 우리는 몇몇 개념들은 선천적일지 몰라도 많은 개념이 경험을 통해 발달한다는 것을 인정한다.

영국 연합주의자들은 오래된 개념이 기억에서 어떻게 연합되고, 새로운 개념이 어떻게 형성되는지에 대한 몇 가지 가설을 제시하였다. 연합주의자들에 따르면 경험과 기억 사이에는 직접적인 대응이 존재한다. 경험은 감각으로 이루어지고, 기억은 관념으로 이루어진다. 또한 어떤 감각 경험은 단순 감각으로 분해할 수 있다. 예를 들어, 어떤 사람이 빨간 상

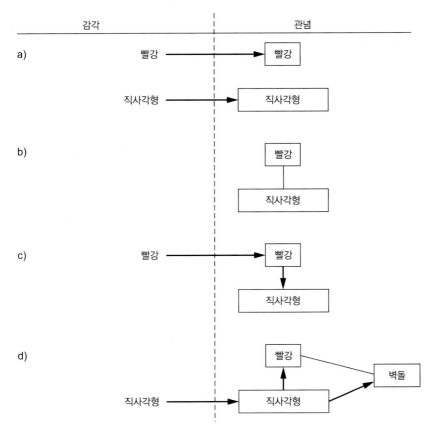

그림 1.2 연합주의 원리. (a) 단순 감각과 단순 관념 사이의 일대일 대응. (b) 두 감각 간의 반복적인 짝짓기로 각 관념 사이에 연합이 형성된다. (c) 일단 연합이 형성되고 나면 하나의 자극이 제시되어도 두 관념이 모두 활성화된다. (d) 두 단순 관념의 충분한 짝짓기로 두 단순 관념을 포괄하는 복합 관념이 형성된다. 이제 두 단순 자극 중 하나만 제시되어도 복합 관념은 활성화된다.

자를 보고 있으면 이 감각은 빨강과 직사각형이라는 두 개의 단순 감각으로 분해된다. 나중에 이 경험에 대한 그의 기억은 빨강과 직사각형에 대응되는 두 개의 단순 관념으로 이루어진다(그림 1.2a). 단순 관념은 단순 감각의 흐릿한 복제품이라고 할 수 있다.

이제 이 사람이 빨간 상자를 계속하여 경험한다고 가정해보자. 〈그림 1.2b〉에서 보듯이 근접성의 원리에 의해 빨강과 직사각형 관념 간에 연합이 일어난다. 일단 이런 연합이 형성되고 나면, 이 사람이 빨간색을 경험할 때, 연합에 의해 빨강이라는 관념뿐 아니라 직사각형 관념 또한 유발된다(그림 1.2c).

물론 연합주의자들도 우리의 많은 개념이 빨강, 직사각형, 천둥, 번개 같은 단순 관념보다 훨씬 복잡하다는 것을 잘 알고 있었다. 그래서 사람들이 가지고 있는 세계에 대한 모든 기억과 지식을 설명하기 위해 몇몇 연합주의자들은 복합 관념을 만들어냈다. James

Mill(1829)은 둘 또는 그 이상의 단순 감각들이 반복적으로 함께 제시되면, 이들 간의 결합 산물로서 복합 관념(complex idea)이 생긴다고 제안하였다. 예를 들면, 감각 빨강과 직사각형이 반복적으로 함께 일어나면 벽돌이라는 하나의 새로운 복합 관념이 만들어진다는 것이다. 〈그림 1.2d〉는 Mill의 가설을 그림으로 보여주고 있다. 일단 이런 복합 관념이 형성되고 나면, 빨강과 직사각형 관념 중 하나가 일어날 때 연합 과정에 의해 복합 관념이 유발될 수 있다. Mill은 더 나아가 복합 관념이 서로 결합하여 더 큰 듀플렉스 관념(duplex idea)을 형성한다고 주장하였다. Mill(1829)은 복잡성의 증가에 따른 관념들의 위계를 다음과 같이 설명하였다.

> 우리가 완전히 숙지한 매우 친숙한 물체는 복합 관념과 듀플렉스 관념이 결합한 사례이다. 벽돌은 복합 관념이고, 회반죽도 복합 관념이다. 이런 관념은 위치와 양의 관념과 함께, 벽이라는 관념을 이루게 된다. 같은 방식으로 유리, 나무, 그 밖의 다른 복합 관념들이 창문이라는 듀플렉스 관념을 이룬다. 이런 듀플렉스 관념들이 결합하면 여러 듀플렉스 관념으로 구성된 집이라는 관념이 형성된다(pp. 114~116).

이 가설은 장단점을 모두 가지고 있다. 어떤 종류의 학습은 단순한 개념에서 복잡한 개념으로 진행된다. 예를 들어, 반복적인 더하기를 수행하는 절차로 알려진 곱셈이라는 복잡한 개념은 아동이 덧셈과 반복이라는 개념을 이해하고 난 후에 가르쳐야 한다. 그러나 Mill이 예시로 들었던 집이라는 개념을 비롯하여 어떤 개념들은 Mill의 이론에 부합한다고 보기 어렵다. 2세 아동은 회반죽, 천장, 서까래 같은 '더 단순한' 관념들을 알지 못하지만, 집이라는 단어를 알고, 사용할 수도 있다. 사람들은 집뿐만 아니라 많은 복잡한 개념에서 그것을 구성하고 있는 성분을 학습하기 전에 전체 개념에 대해 적어도 대략적인 관념을 발달시키는 것으로 보이는데, Mill의 이론에 따르면 이것은 불가능한 일이다. 따라서 Mill의 이론은 일부 사례에서는 타당해보이나 불완전하다고 할 수 있다.

또 다른 연합주의자인 Thomas Brown(1820)은 몇 개의 원리를 추가하여 아리스토텔레스의 연합 원리를 보완하려고 하였다. 예를 들어, 그는 두 감각이 공존하는 시간의 길이가 연합의 강도를 결정하고, 감각의 생생함 또는 생동감도 연합의 강도에 영향을 미친다고 주장하였다. Brown에 따르면, 강렬한 자극이나 정서적 사건은 더 쉽게 연합되고 더 잘 기억된다. 그는 또한 두 감각이 자주, 그리고 최근에 짝지어진 것일수록 더 강력한 연합이 일어난다고 주장하였다.

경험의 결과로 사람들이 어떻게 변화하는지를 설명하려고 시도했다는 점에서 경험주의자들의 생각은 학습에 대한 최초의 이론으로 간주할 수 있다. 그러나 연합주의자들은 자신들의 이론을 검증하는 실험을 한 번도 수행한 적이 없다. 돌이켜 생각해보면, 학습 원리에 대한 관심이 2000년 넘게 지속하였음에도 불구하고, 19세기 말 이전까지 학습에 대한 체계적인 실험이 이루어지지 않았다는 사실은 놀라운 일이다. 약 1세기 전에 수행되었던 최초의 학습 실험이 너무나 간단했기 때문에 학습에 대한 연구가 수행되지 않은 것이 기술적인 문제 때문이라고 말하기는 어렵다.

Ebbinghaus의 기억 실험

Hermann Ebbinghaus(1885)는 실험을 통해 연합주의 원리를 검증한 최초의 연구자였다. Ebbinghaus는 자신의 기억 실험에서 스스로 피험자가 되었다. 실험자의 행동이 자신의 기대 때문에 쉽게 편향될 수 있다는 점에서 이런 방법은 현대의 규준으로는 인정받기 어렵다. 하지만 이런 문제점에도 불구하고 그의 모든 주요 결과는 현대의 연구 방법을 사용한 후속 연구자들에 의해 반복 검증되었다.

　이미 연합이 형성되어 있는 자극(예 : 커피-뜨거운)을 피하고자 Ebbinghaus는 두 개의 자음 사이에 하나의 모음이 들어 있는 무의미 철자(예 : HAQ, PIF, ZOD)를 사용하였다. 그는 무의미 철자를 일정한 간격으로 반복하여 소리 내어 읽었다. 그는 주기적으로 목록을 암송해보는 것으로 자신의 기억을 검사하였고, 완벽한 암송에 필요한 반복 횟수를 기록하였다. 그는 시간이 지나고 난 뒤에 두 번째로 목록의 완벽한 학습을 시도하고, 이때에도 필요한 반복 횟수를 기록하였다. 이렇게 하여 그는 목록을 재학습하는 데 필요한 반복 횟수의 감소를 의미하는 **절약률**(saving)을 계산할 수 있었다. 예를 들어, 만일 처음에 목록을 학습하는 데 20회의 반복이 필요했지만, 나중에 목록의 재학습에서는 15회 반복만으로 완벽하게 기억하였다면 5회, 즉 25%가 절약된 것이다.

　Ebbinghaus가 어떻게 연합주의 원리를 검증하였는지를 보여주는 몇 가지 사례가 있다. Thomas Brown의 연합 원리 중 하나는 짝짓기의 빈도가 연합 강도에 영향을 미친다는 것이다. 이 원리는 Ebbinghaus가 충분한 반복으로 심지어 긴 무의미 철자 목록을 학습할 수 있었다는 간단한 사실에 의해 지지를 받았다. Ebbinghaus의 또 다른 결과도 빈도 원리에 대한 추가적인 지지를 제공한다. 완벽한 암송이 일어난 후에도 목록 학습을 계속하면(예 : 10회 또는 20회의 추가적인 반복), 24시간 후의 절약률이 증가하였다. 다시 말해, 목록을 완벽하게 숙달하고 난 뒤 추가적인 학습은 지연검사에서 더 나은 수행을 만들어냈다. 완벽한 수행 후에 연습을 계속하는 것을 **과학습**(overlearning)이라고 부르며, Ebbinghaus는 Brown의 빈도 원리가 수행의 향상을 눈으로 확인할 수 있는 연습 기간뿐 아니라 과학습 기간에도 적용된다는 것을 증명하였다.

　Thomas Brown의 또 다른 원리는 최근에 짝지어진 항목들일수록 이들 사이의 연합이 더

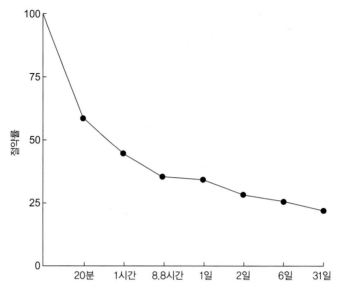

그림 1.3 Ebbinghaus의 망각곡선. 무의미 철자 목록의 최초 학습과 재학습 사이의 다양한 시간 간격에 따른 절약률을 보여준다. (Ebbinghaus, 1885)

강하다는 최신성이다. Ebbinghaus는 학습과 검사 기간 사이의 시간 길이를 변화시킴으로써 이 원리를 검증하였다. 〈그림 1.3〉에서 보듯이, 그는 짧게는 20분, 길게는 한 달의 간격을 연구하였다. 이 그래프는 망각곡선(forgetting curve)으로, 시간이 지남에 따라 기억과제의 수행이 어떻게 감소하는지를 보여준다. 망각이 학습 기간 직후에는 빠르게 일어나지만, 시간이 지나면서 망각률은 완만해진다. 과제의 종류와 피험동물에 따라 x축의 시간 척도는 매우 다양할 수 있어도, 이런 곡선 형태는 동물과 인간 피험자를 대상으로 한 수많은 후속 연구에서 반복 검증되었다(Blough, 1959; Peterson & Peterson, 1959). 이런 유형의 망각곡선은 Brown의 최신 원리를 강하게 지지한다.

마지막 사례는 Ebbinghaus가 아리스토텔레스의 근접성의 원리를 어떻게 검증하였는지를 보여준다. 그는 목록의 인접한 철자들 사이에서 가장 강한 연합이 일어나고, 인접하지 않은 항목들 사이에서는 약하지만 측정 가능한 연합이 일어날 것이라고 추론하였다. 그는 이 생각을 검증하기 위해 목록을 기억한 후 목록에 있는 항목들을 재배열하여 학습하는 기발한 방법을 고안하였다. 그의 목록 재배열 방법이 〈표 1.1〉에 제시되어 있다.

I1에서 I16의 명칭은 초기 학습 목록(목록 0)에서의 항목 순서를 의미한다. 일단 이 목록을 기억하고 나면, I1과 I2 사이에는 강한 연합이 일어나고, 이보다 약한 연합이 I1과 I3 사이에서 일어나지만(두 항목은 초기 목록에서 한 항목을 사이에 두고 떨어져 있기 때문에), I1과 I4 사이에는 이보다 더 약한 연합이 일어나야 한다. 모든 다른 항목들과 이웃한 항목들

표 1.1 Ebbinghaus의 재배열 목록 실험. 16개의 항목으로 이루어진 초기 목록(I1에서 I16으로 표시)은 철자 한 개가 생략된 항목들 사이의 연합 또는 철자 두 개가 생략된 항목들 사이의 연합을 검증하기 위해 재배열되었다.

목록 0 (초기 목록)	목록 1 (한 개 항목 생략)	목록 2 (두 개 항목 생략)
I1	I1	I1
I2	I3	I4
I3	I5	I7
I4	I7	I10
I5	I9	I13
I6	I11	I16
I7	I13	I2
I8	I15	I5
I9	I2	I8
I10	I4	I11
I11	I6	I14
I12	I8	I3
I13	I10	I6
I14	I12	I9
I15	I14	I12
I16	I16	I15

사이의 연합 강도도 비슷한 양상을 보일 것이다.

재배열된 목록, 예를 들어 〈표 1.1〉에 있는 목록 1은 한 개의 항목을 사이에 두고 있는 두 항목 사이의 연합을 검증하기 위해 사용되었다. 목록 1의 모든 인접 항목이 초기 목록에서 하나의 철자에 의해 떨어져 있었던 것임에 주목하라. 만약 I1과 I3, I3과 I5 사이에 어떤 연합이 존재한다면, 완전히 새로운 목록을 학습하는 것보다는 목록 1을 학습하기가 더 쉬워야 한다. 비슷한 방식으로 목록 2는 초기 목록에서 두 개의 항목을 사이에 둔 항목 간의 연합을 검사한다. Ebbinghaus는 24시간 후에 목록 0을 단순하게 재학습하면 절약률이 약 33%에 달한다는 것을 발견하였다. 이와 비교하여, Ebbinghaus는 목록 0 다음에 목록 1을 학습하면 평균 절약률이 11%이고, 목록 2를 학습하면 절약률이 7%임을 발견하였다. 재배열된 목록의 절약률 양이 많지는 않았지만, 결과는 일정한 패턴을 보인다. 재배열 목록에서 생략된 항목의 수가 증가할수록 절약률은 감소한다. 이 결과는 두 항목 사이의 연합 강도가 초기 목록에서 이들의 근접성에 비례함을 보여주기 때문에 근접성의 원리를 지지한다.

연합주의자들과 Ebbinghaus의 영향

연합주의자들과 Ebbinghaus가 다루었던 몇몇 주제들은 현대 심리학자들의 연구에서도 찾아볼 수 있다. 20세기에 이르러 학습 연구에서 행동주의와 인지주의라는 두 주요 접근이 나타났다. 다음 장에서 보게 되겠지만 행동주의와 인지주의 심리학자 모두 학습이 연합 형성을 포함한다는 관점을 받아들이고 있다. 이들 모두 근접성, 자극들 사이의 유사성, 반복, 시간 간격 같은 요인이 학습과 기억에 영향을 미치는 방식에 관심을 가진다. 이들은 인간(그리고 동물)이 어떻게 새로운 관념과 복잡한 개념을 학습하는지에 대한 연구를 계속하고 있다. 지금까지 초기 사상가들의 공헌을 알아보았다면, 이제부터는 이들의 뒤를 잇는 현대 학습 연구자들에게 눈을 돌려보자.

학습에 대한 행동주의와 인지주의 접근

학습 분야는 20세기 전반기에 학습 연구를 지배했던 행동주의(behaviorism)라고 불리는 심리학적 접근과 관련이 깊다. 1960년대에는 인지심리학(cognitive psychology)이라 불리는 새로운 접근이 발달하기 시작하였는데, 이들이 출현하게 된 이유 중 하나는 인지주의 지지자들이 행동주의 접근에 불만을 가졌기 때문이었다. 이 책은 두 관점을 모두 다루지만, 행동주의 접근에 더 중점을 두고 있다. 행동주의 접근의 가장 주목할 만한 특징은 (1) 피험동물에 대한 의존성, (2) 외적 사상(환경 자극과 외현적 행동)의 강조, 그리고 눈으로 볼 수 없는 유기체의 내부 과정에 대한 추측 거부이다.

피험동물의 사용

이 책에 기술되어 있는 대부분의 연구는 동물, 특히 비둘기, 쥐, 토끼를 피험동물로 사용하고 있다. 이 분야의 연구자들이 인간이 아닌 동물을 사용하는 데는 여러 가지 이유가 있다. 첫째, 인간을 대상으로 하는 연구에서 발생하는 피험자 효과가 때로 심각한 문제가 될 수 있다. 피험자 효과(subject effect)는 실험에 참여한 사람들이 자신이 관찰되고 있다는 사실을 의식하여 행동을 변화시킬 때 일어난다. 인간은 심리학자가 보고 있다는 것을 알면 행동 방식을 바꿀 수 있지만, 동물에게서는 피험자 효과가 발생할 가능성이 거의 없다. 동물을 사용하는 대부분의 연구는 동물이 자기 행동이 감시되고 기록되고 있다는 것을 모르는 채 이루어진다. 더욱이 동물은 실험자의 마음에 들려고 하거나 들지 않으려고 하지도 않는다.

동물을 사용하는 두 번째 이유는 편리성이다. 대부분의 실험에서 사용되는 동물은 돌보기가 쉽고 비용도 적게 들 뿐만 아니라 실험자의 필요에 따라 성별과 다양한 연령의 동물을 구하기도 쉽다. 일단 동물을 구하고 나면, 실험 참가 여부는 실험자에게 달려 있다. 동물은 인간 피험자처럼 실험 약속을 어기는 일도 하지 않는다.

야생동물이나 인간과 비교하여 사육동물의 가장 큰 이점은 이들의 환경을 쉽게 통제할 수 있다는 점이다. 이는 사전경험이 피험자의 수행에 큰 영향을 미칠 수 있는 학습 실험에서 특히 중요하다. 어떤 사람이 학습 실험에서 어려운 퍼즐 문제를 푼다고 한다면 실험자는 이 피험자가 지금까지 비슷한 문제를 얼마나 많이 경험했는지 확신을 할 수 없다. 하지만 실험실에서 사육되는 동물의 경우에는 실험에서 마주하게 될 비슷한 사건이나 대상과 접촉하지 않도록 이들의 환경을 통제할 수 있다.

피험동물을 사용하는 마지막 이유는 상대적 단순성이다. 이제 막 전기에 대하여 배우는 어린이가 휴대폰보다는 손전등으로 시작하는 것이 나은 것처럼, 연구자도 인간보다 덜 복잡하고, 덜 똑똑한 대상에게서 학습의 기본 원리를 발견할 가능성이 더 높다. 여기에는 인간이 다른 동물들과 어떤 면은 다르지만 어떤 면은 비슷하다는 가정이 전제되어 있고, 이 유사성이 피험동물을 사용하게 하는 것이다.

동물을 사용하는 연구의 한 가지 단점은 동물을 가지고는 인간의 고차원적 능력을 연구할 수 없다는 것이다. 언어와 문제해결 같은 인지 기능을 동물을 사용하여 연구하는 경우도 있기는 하지만(제10장 참조), 이런 복잡한 능력은 인간에게 유일하다는 사실에 행동주의 심리학자들도 대부분 동의하고 있다. 행동주의 심리학자와 인지주의 심리학자의 차이는 인지심리학자는 인간만이 유일하게 소유하고 있는 이런 복잡한 능력에 관심을 두는 반면, 행동주의 심리학자는 다양한 종의 공통된 학습 능력에 더 많은 관심이 있다. 이러한 관심의 차이 외에 다른 차이는 없으며, 따라서 이에 대한 논쟁은 무의미하다.

피험동물의 사용에 대한 두 번째 비판은 인간이 동물과 너무 다르기 때문에 동물 행동에서 인간 행동으로 일반화가 불가능하다는 것이다. 이것은 적합한 자료 수집에 의해서 결론을 내릴 수 있는 문제이지 논쟁을 통해 결론을 낼 수 있는 문제가 아니다. 이 책을 통해 앞으로 보게 되겠지만, 피험동물을 사용한 학습 연구가 인간 행동에도 적용될 수 있다는 결과를 보여주는 연구 증거들은 대단히 많다.

실험 연구에서 동물 사용을 반대하는 세 번째 비판은 다음 절에 기술하고 있는 윤리적 문제이다. 연구에 동물을 사용하는 것이 옳은가? 만일 옳다면 어떤 조건에서 해야 하는가? 다음 절은 이런 복잡하고 논란이 많은 주제를 기술한다.

윤리적 문제와 동물 연구

최근 피험동물의 사용을 두고 상당한 논쟁이 일어나고 있다. 이 문제에 대한 관점은 매우 다양하다. 극단적인 동물보호단체는 동물도 인간과 동등한 권리를 가지고 있기 때문에 어떤 연구에서도 동물이 사용되어서는 안 된다고 주장한다(Regan, 1983). 동물 보호와 인간의 복지를 모두 고려하는 사람들은 동물 사용을 최소화하고 단계적으로 폐지되어야 한다는 덜 극단적인 관점을 취하기도 한다(Bowd & Shapiro, 1993; Compton, Dietrich, & Johnson,

1995).

이런 논쟁에 대한 반응으로 과학자들은 백신 개발, 외과 기술의 발전을 비롯한 수많은 의학적 진보가 동물 연구 없이는 불가능했을 것이라고 강조한다. 이들은 동물 연구가 중단되면 의학 연구의 발전이 심각하게 저하될 것이며, 인류를 더 건강하게 만드는 노력도 타격을 입을 것이라고 경고한다. 심리학자들은 불안증, 우울증을 비롯하여 약물중독과 기억손상에 이르는 여러 장애 치료에서 동물 연구의 장점을 입증하였다(N. E. Miller, 1985). 이들은 심리학 연구에서 피험동물이 사용되지 않는다면 정신건강 문제의 해결이 어려울 것이라고 주장한다(Baldwin, 1993; Brennan, Clark, & Mock, 2014).

윤리적인 문제 때문에 많은 새로운 규제들이 동물의 복지 향상을 위한 노력으로 생겨나고 있다. 대부분의 미국 대학과 연구소에는 동물을 사용하는 모든 연구 프로젝트를 감독하는 동물실험윤리심의위원회(Institutional Animal Care and Use Committee, IACUC)가 존재한다. IACUC는 정부 규제의 준수 여부와 동물 보호의 적절성 여부를 감독한다. 동물에게 가해지는 모든 통증이나 불편함은 가능한 최소화해야 한다. 예를 들어, 동물이 수술을 받아야 하는 경우 마취 시술을 시행한다. 모든 피험동물은 충분한 먹이와 물을 공급받고, 적절한 온도, 습도, 빛이 제공되는 깨끗한 생활환경과 수의사가 근무하는 조건에서 생활하도록 한다.

최근의 연구는 피험동물의 인도적인 대우가 보장된 엄격한 규제 아래에서 수행되고 있는 것이 분명하다. 오래된 연구들은 동물 실험에 대한 규제가 적었던 시절에 수행되었다. 그러나 엄격한 규제가 도입되기 이전에도 연구자 대부분이 피험동물이 건강하고 적절한 보살핌을 받아야 좋은 결과를 얻는다는 것을 잘 알고 있었기 때문에 동물을 돌보는 데 소홀함이 없었을 것이다.

외적 사건의 강조

행동주의라는 용어는 최초의 행동주의자라고 불리는 John B. Watson(1919)이 만들었다. Watson은 심리학 분야에서 사용되고 있는 연구 방법들을 비판하였다. 당시 주로 사용하던 연구 방법은 자신의 정신과정을 분석하여 보고하는 내성법이었다. 따라서 심리학자는 그림을 보거나 특정 과제를 수행하는 동안 자신의 사고와 정서를 기술하고 연구하였다. 내성법의 문제점은 기법을 습득하는 데 상당한 연습이 요구된다는 것과 기법을 터득한 두 명의 경험 많은 심리학자가 같은 과제를 수행하면서 서로 다른 사고와 정서를 보고한다는 것이다. Watson(1919)은 내성법의 약점을 인식하고, 유기체 내부에서 일어나는 사적인 사건(예 : 감각, 정서, 의식 상태)의 구두 보고는 심리학에서 사라져야 한다고 주장하였다.

Watson의 논리는 다음과 같이 요약될 수 있다. (1) 우리는 심리학이 과학이기를 원한다.

(2) 과학은 누구나 관찰할 수 있는 사건만을 다룬다. (3) 심리학은 관찰할 수 있는 사건만을 다루어야 한다. Watson에 따르면, 심리학에서 관찰할 수 있는 사건이란 개인에게 주어지는 자극과 개인이 만들어내는 반응을 말하고, 이는 훈련받은 내성주의자의 주관적인 보고와는 확실히 다르다.

Watson이 관찰할 수 없는 사건을 심리학의 자료로 사용하는 것에 반대하였다면, B. F. Skinner는 심리학의 이론에서 관찰 불가능한 사건의 사용을 비판하였다. Skinner(1950)는 관찰이 불가능한 사건에 대해 말하거나, 행동의 원인으로 매개변인(intervening variable)을 거론하는 일이 위험할 뿐 아니라 불필요하다고 주장하였다. 몇 시간 동안 물을 박탈당한 쥐가 레버를 누르면 물을 얻을 수 있는 실험을 생각해보자. 우리는 독립변인인 물 박탈 시간과 종속변인인 레버 누르기 비율 사이에서 일정한 관계를 발견할 수 있을 것이다. 이 관계를 기술한 규칙이 〈그림 1.4a〉에 화살표로 표시되어 있다.

또한 Skinner는 많은 심리학자가 박탈 시간에 의해 통제되면서 레버 누르기 비율을 통제한다고 여겨지는 갈증 같은 매개변인을 가정하기를 선호한다고 지적하였다(그림 1.4b). Skinner에 따르면 이런 매개변인은 쥐의 행동을 예측하는 우리의 능력을 향상시키지 못하기 때문에 불필요하다. 우리는 박탈 시간만으로도 충분히 예측할 수 있다. 매개변인의 추가는 우리의 이론을 복잡하게 만들 뿐이다. 이제 우리 이론은 박탈 시간과 갈증의 관계, 그리고 갈증과 레버 누르기의 관계라는 두 개의 관계를 기술해야 한다.

Skinner는 또한 우리가 실제로 관찰할 수 없는 개념과 가설에 대해 논의하면서 행동의 원인을 발견했다고 착각할 수 있기 때문에 갈증과 같은 매개변인의 사용이 위험할 수 있다고 주장하였다. 한 아버지에게 당신의 아들이 왜 숙제를 하지 않는지 질문하였을 때 "아이가 게으르기 때문에."라고 대답한다고 가정해보자. 이런 경우 게으름은 관찰이 불가능한 개념이며 이를 행동의 원인으로 규정하는 설명을 인정하면 문제 행동을 개선하려는 노력이 중단될 위험이 있다. 무엇보다 행동의 원인이 개인 내부에 존재한다면 우리는 그것을 어떻게 통제할 수 있겠는가? Skinner는 많은 행동 원인이 외부 환경에 존재하고, 따라서 환경을 변화시킴으로써 행동을 변화시킬 수 있다고 주장하였다. 아마 소년은 오후 내내 친구와 비디

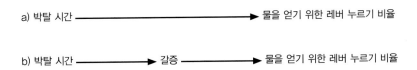

그림 1.4 (a) 매개변인이 없는 단순한 행동이론 도식. (b) 매개변인을 추가한 동일한 이론. 이 예에서 갈증이라는 매개변인은 이론만 복잡하게 만들기 때문에 불필요하다. (N. E. Miller, 1959, Liberalization of basic S-R concepts, in S. Koch, *Psychology: The study of a science*, Vol. 2. ⓒ McGraw-Hill Education. 허락하에 재인쇄.)

오 게임을 하면서 놀고, 가족과의 저녁 식사가 너무 늦는 것 때문에 피곤해서 숙제를 못할 수 있다. 만일 그렇다면 부모는 비디오게임을 하기 전에 숙제를 하도록 요구함으로써 소년의 행동을 바꿀 수 있을 것이다. 요약하면 게으름 같은 매개변인을 거부하고 행동의 외부 원인을 찾아낸다면 행동을 통제할 수 있다는 것이다.

그러나 또 다른 행동주의 심리학자 Neal Miller(1959)는 매개변인이 바람직하지 않다는 Skinner의 의견에 동의하지 않았다. Miller는 독립변인과 종속변인이 여러 개인 경우 매개변인이 유용할 수 있다고 주장하였다. 〈그림 1.5〉에서 보듯이 그는 쥐에게 마른 먹이와 식염주사를 준다면, 물 박탈 시간 외에 쥐의 레버 누르기 비율에 영향을 미칠 수 있는 두 개의 다른 독립변인이 늘어난다고 하였다. 또한 레버 누르기 비율은 박탈 시간, 마른 먹이, 식염주사가 영향을 미칠 수 있는 여러 종속변인 중 하나일 뿐이다. 다른 두 종속변인들로 물 섭취량과 물 마시기를 멈추게 만드는 퀴닌(물이 쓴맛이 나게 한다)이 첨가된 물 섭취량이 있다.

Miller는 이 모든 독립변인과 종속변인을 고려하여 쥐의 행동을 설명하려면 〈그림 1.5a〉의 아홉 개의 화살표처럼 아홉 개의 인과관계를 가진 이론이 필요하다고 주장하였다. 이런 복잡한 이론은 갈증이라는 매개변인을 포함함으로써 간단해질 수 있다. 우리는 세 개의 독립변인이 동물의 갈증에 영향을 미치고, 갈증이 세 개의 종속변인을 통제한다고 가정할 수

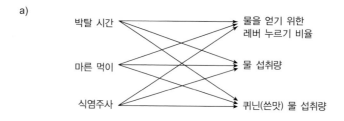

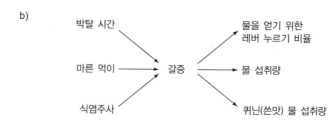

그림 1.5 (a) 화살표는 매개변인이 없는 이론이 정의해야 하는 독립변인과 종속변인 간의 아홉 개 관계를 표시한다. (b) 화살표는 갈증이라는 매개변인을 추가하는 경우 이론이 정의해야 하는 여섯 개의 관계를 표시하고 있다. Neal Miller는 두 번째 이론이 더 간결하기 때문에 더 우수하다고 주장하였다. (N. E. Miller, 1959, Liberalization of basic S-R concepts, in S. Koch, *Psychology: The study of a science*, Vol. 2. © McGraw-Hill Education. 허락하에 재인쇄.)

있다. 〈그림 1.5b〉는 갈증이라는 매개변인을 추가하면 여섯 개의 인과관계(그림에서 여섯 개의 화살표로 표시된)만 기술하면 된다는 것을 보여준다. 이렇게 되면 간결성 준거에 의해 매개변인이 포함된 이론이 선호된다. 다시 말하면 여러 개의 독립변인과 종속변인을 다루어야 한다면 매개변인을 포함한 이론이 더 간단하다(설명해야 하는 인과관계의 수가 더 적어지기 때문이다).

어떤 심리학자들은 잘 정립된 다른 과학에서도 매개변인은 일반적이라고 지적한다. 예를 들어 물리학의 많은 유명한 개념(예 : 중력, 자성, 힘)은 직접 관찰할 수 없는 매개변인이다. 그래서 어떤 심리학자는 만일 매개변인을 인정하지 않았다면 심리학의 발전은 대단히 제한적이었을 것이라고 주장하기도 한다(Nicholas, 1984).

Miller가 보여주고 있듯이 모든 행동주의자가 매개변인을 거부한 것은 아니다. 일반적으로 인지심리학자는 행동주의 심리학자보다 매개변인을 더 자유롭게, 더 자주 사용하는 경향이 있다. 매개변인 사용에 대한 논쟁은 수십 년간 지속해왔고 우리가 여기서 어떤 결론을 내리기는 어렵다. 내 생각에는 심리학 이론의 최종 검증은 행동을 예측하는 능력에 있다. 과거에는 예측할 수 없던 행동을 어떤 이론이 정확하게 예측할 수 있다면 매개변인의 포함 여부와 상관없이 그 이론은 유용하다고 할 수 있다. 이 책에서 우리는 여러 유용한 이론을 만나게 될 것이다.

연습 퀴즈 1 : 제1장

1. 아리스토텔레스의 세 연합 원리는 _____, _____, _____이다.
2. Ebbinghaus의 망각곡선에 의하면 망각은 학습 후 일주일 뒤보다 처음 몇 분 동안에 더 _____ 일어난다.
3. _____ 심리학자보다 _____ 심리학자가 연구에서 피험동물을 더 많이 사용한다.
4. John B. Watson에 따르면 심리학이 과학이고자 한다면 관찰 가능한 사건, 즉 _____과 _____에 초점을 맞추어야 한다.
5. B. F. Skinner에 의하면 심리학 이론은 _____을 포함하지 말아야 한다.

해답
1. 근접성, 유사성, 대비성 2. 빠르게 3. 인지주의, 행동주의
4. 자극, 반응 5. 매개변인

뇌와 행동

두 개의 자극이 반복적으로 짝지어지고, 우리가 그 둘을 연합하기 시작하면 신경계에서는 어떤 일이 일어나는 것일까? 우리의 감각기관은 벽돌, 자동차, 사람의 얼굴 같은 복잡한 자극을 어떻게 재인하는 것일까? 뇌와 신경계를 연구하는 신경과학자들은 이런 질문에 답하려고 노력해왔고 많은 진보를 이루었다. 이 장의 나머지는 이런 연구들에 대해 간단히 살펴보려고 한다. 이 분야의 자료를 이해하기 위해서는 먼저 신경세포 또는 뉴런이 어떻게

기능하는지를 알 필요가 있기 때문에 다음 절은 뉴런의 기본 특성에 대해 간단히 설명할 것이다.

뉴런의 기본 특성

지구상에 존재하는 모든 생물체의 신경계는 정보의 전달이라는 주요 임무를 띤 뉴런이라고 불리는 특수 세포로 이루어져 있다. 인간의 뇌는 수십억 개의 뉴런들로 이루어져 있고, 그 밖의 나머지 신체 부위에도 많은 뉴런이 존재한다. 뉴런은 크기와 모양에서 많은 차이가 있지만, 기본 구성 성분과 이 성분의 기능은 상당히 유사하다.

〈그림 1.6〉은 전형적인 뉴런의 구조를 보여준다. 뉴런의 세 주요 구성 성분은 세포체(cell body), 수상돌기(dendrite), 축삭(axon)이다. 세포체는 산소를 흡수하고 이산화탄소를 배출하는 세포의 기본 신진대사 과정을 조절하는 핵을 포함하고 있다. 수상돌기와 세포체는 정보를 수용하는 기능이 있어서, 다른 뉴런에서 방출되는 전달물질(transmitter)이라고 하는 화학물질에 민감하게 반응한다. 수상돌기와 세포체가 충분한 자극을 받게 되면 뉴런은 '발화'하여, 밀리세컨드(1,000분의 1초) 동안 지속하는 갑작스런 전위의 변화가 일어난다. 뉴런이 받는 자극이 늘어날수록 더 자주 발화한다. 예를 들어, 약한 자극에는 1초에 수십 번 발화하지만 강한 자극에서는 1초에 수백 번도 발화한다. 뉴런이 발화할 때마다 축삭의 끝에 있는 축삭종말에서 다른 뉴런의 수상돌기를 자극하게 될 전달물질이 방출된다. 따라서 하나의 뉴런 내에서 활동은 수상돌기에서 시작하여 축삭을 따라 내려가 축삭종말에서 전달물질을 방출하는 것으로 끝이 난다.

시냅스(synapse)는 한 뉴런(시냅스 전 뉴런)의 축삭종말과 다른 뉴런(시냅스 후 뉴런)의 수상돌기 사이의 작은 공간을 말한다. 〈그림 1.7〉에서 보듯이 시냅스 전 뉴런은 시냅스 공간에 전달물질을 방출한다. 이 전달물질은 두 가지 방식 중 하나로 시냅스 후 뉴런에 영향을 미친다. 흥분성 시냅스는 전달물질의 방출로 시냅스 후 뉴런이 더 자주 발화하도록 만든다.

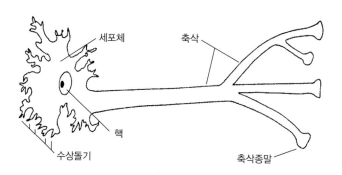

그림 1.6 뉴런의 구조

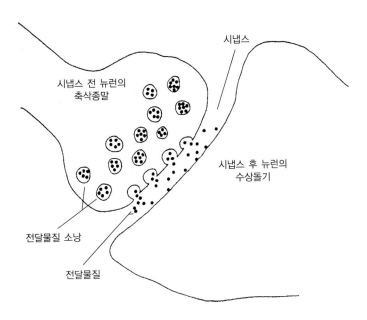

시냅스

시냅스 전 뉴런의
축삭종말

시냅스 후 뉴런의
수상돌기

전달물질 소낭

전달물질

그림 1.7 두 뉴런 사이의 시냅스. 시냅스 전 뉴런의 축삭종말에서 방출된 화학 전달물질이 시냅스 후 뉴런의 수상돌기에 변화를 일으켜 더 자주 발화하게(흥분성 시냅스) 만들거나 덜 발화하게(억제성 시냅스) 만든다.

억제성 시냅스는 전달물질의 방출이 시냅스 후 뉴런을 더 적게 발화하게 만든다. 하나의 뉴런은 수천 개의 다른 뉴런들로부터 흥분성과 억제성 입력을 동시에 받을 수 있다. 특정 순간 한 뉴런의 발화율은 이 모든 흥분성과 억제성 입력의 결합 효과라고 할 수 있다.

단순 감각

뇌 연구를 통해 일관되게 지지를 받고 있는 연합주의 가설 중 하나가 우리의 감각체계가 복잡한 환경 자극을 '단순 감각'으로 분해하여 분석한다는 것이다. 신경계는 수용기 세포(receptor)라고 하는 특수 뉴런을 통해서만 외부 환경 자극과 접촉하고 있다. 다른 뉴런의 전달물질에 민감하게 반응하는 수상돌기 대신에 수용기 세포는 특정 유형의 외부 자극에 민감한 구조로 되어 있다. 예를 들어, 시각체계에는 빛에 민감한 수용기 세포가 망막에 위치하고 있다. 〈그림 1.8〉에서 보듯이, 눈으로 들어온 빛은 각막과 수정체에 의해 초점이 맞추어져서 망막에 투영된다. 시각 세계의 역전된 작은 시각상이 안구의 안쪽 표면에 있는 망막 위에 맺힌다. 원추체라고 하는(세포의 모양 때문에) 수용기 세포는 가시광선의 스펙트럼상에 있는 다양한 색상에 민감하게 반응한다. 정상적인 인간의 눈에는 스펙트럼의 빨강, 초록, 파랑 빛에 의해 가장 효과적으로 자극되는 세 종류의 원추체가 존재한다. 예를 들어, 빨강에 민감한 원추체는 빨강 불빛에 가장 잘 반응하면서, 스펙트럼상의 다른 영역에 있는 오

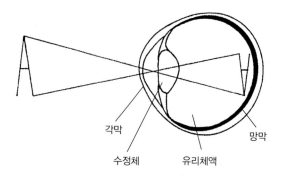

그림 1.8 환경에 있는 물체로부터 반사되어 나온 빛이 눈으로 들어가 망막에 역전된 상으로 맺히는 방식을 보여준다.

렌지, 보라, 노랑 같은 다른 색상들에 의해 자극될 때는 약하게 반응한다. 우리에게는 세 종류의 원추체밖에 없지만, 이들이 서로 다른 활동 패턴을 만들어내기 때문에 수많은 미세한 색상 차이를 구분할 수 있다. 예를 들어 노란색은 자기만의 독특한 활동 패턴을 지닌다. 빨강과 초록 원추체가 같은 강도로 일정하게 활성화되면서 파랑 원추체는 매우 약한 강도로 활성화되는 패턴을 보인다. 다른 색상은 이와 동일한 활동 패턴을 보이지 않기 때문에, 이 활동 패턴은 시각체계가 노란색을 부호화하는 방식이라고 할 수 있다. 우리는 원추체를 연합주의자들이 '단순 감각'이라고 부른, 복잡한 시각 세계를 분해하는 수용기 세포라고 생각할 수 있다.

마찬가지로 다른 감각기관도 감각 양상의 단순 속성에 의해 활성화되는 특수 수용기 세포를 가지고 있다. 피부는 다양한 촉각 수용기 세포를 가지고 있는데, 어떤 것은 압박에 민감하고, 어떤 것은 통증에, 그리고 어떤 것은 온도에 민감하다. 청각은 단일 뉴런이 특정 소리 진동에 반응하도록 조율되어 있기 때문에, 어떤 뉴런은 초당 진동수가 1,000회인 음조에 가장 민감하다. 이 뉴런은 동일한 강도의 더 높거나 더 낮은 음조에는 덜 민감하다. 미각의 경우 모든 맛감각이 신맛, 짠맛, 쓴맛, 단맛이라는 네 개의 단순 감각으로 분해될 수 있다고 알려져 있다(다섯 번째 맛으로 풍미도 있다). Bekesy(1964, 1966)는 매우 정교한 실험을 통해 혀에 있는 개별 미각 수용기 세포들이 이 네 개의 단순 미각 중 하나에만 반응한다는 것을 증명하였다. 요약하면, 감각생리학에서 나온 증거는 분명하다. 모든 감각기관은 입력 자극을 단순 감각으로 분해하는 것으로 시작한다.

세부특징 탐지기

우리의 시각체계는 색상, 명암, 위치 등 자극의 기본 속성을 탐지하는 것으로 시작하지만 우리 모두가 최종적으로 지각하는 것은 친구의 얼굴이나 글자 같은 복잡한 시각 형태이다. 다른 감각기관도 마찬가지이다. 우리는 음높이와 강도가 다른 소리를 듣는 것이 아니라, 사람의 말소리, 자동차 엔진 소리, 교향곡을 지각한다. 우리가 음식을 먹을 때도 기본 네 가지 맛을 탐지하지 않고, 페퍼로니 피자 또는 딸기 아이스크림의 복잡한 맛을 지각한다. 어떻게 하여 우리의 신경계는 단순 감각으로 시작해서 이렇게 엄청나게 복잡한 지각에 도달하는 것일까?

Hubel과 Wiesel(1965, 1979)은 획기적인 연구를 통해 특정 시각 자극에만 반응하는 세부특징 탐지기(feature detector)라고 하는 뉴런을 발견하였다. Hubel과 Wiesel은 마취한 원숭이 또는 고양이의 시각체계에 존재하는 단일 뉴런을 분리하여, 다양한 시각 자극(색상, 크기, 형태, 위치가 시각장에서 변화하는)을 제시하면서 이 뉴런의 전기적 활동을 기록하였다. Hubel과 Wiesel이 답을 찾고 싶었던 질문은 단순했다. 이 뉴런은 어떤 세부특징 탐지기일까? 또는 어떤 종류의 시각 자극이 이 뉴런을 가장 빠르게 발화하게 만들까?

Hubel과 Wiesel은 머리 뒤쪽 두개골 바로 아래에 있는 후두엽의 시각피질에서 다양한 종류의 세부특징 탐지기를 발견하였다. 그들이 단순세포(simple cells)라고 불렀던 한 종류의 세포는 특정 방향의 선분이 시각장의 특정 위치에 제시될 때 가장 빠르게 발화하였다. 예를 들어, 어떤 단순세포는 망막의 특정 부위에 떨어지는 45도 기울어진 선분에 가장 빠르게 발화하였다. 만일 선분의 방향이 30도 또는 60도로 바뀌면, 이 세포는 점점 더 적게 발화할 것이다. 다른 단순세포들은 다른 방향의 선분에 반응한다.

망막의 원추체와 간상체에서 나온 신경 신호가 어떻게 결합하여 선분 탐지기를 만들어내는지를 상상하기란 어렵지 않다. 피질에 있는 단순세포가 망막 표면의 한 열에 위치하고 있는 개별 수용기 세포에서 흥분성 입력(일련의 매개뉴런을 통해)을 받는다고 가정해보자. 정확한 각도의 선분은 망막 세포의 이 전체 열을 자극하게 되고, 따라서 시각피질에 있는 단순 세포에 아주 강한 입력이 존재하게 될 것이다. 다른 각도의 선분들은 소수의 망막 세포들만 자극하기 때문에 시각피질에 있는 단순세포는 더 적은 자극(그리고 더 적은 반응)을 보일 것이다. 지금까지 어느 누구도 단순세포의 '배선도'를 밝힌 적이 없지만 Hubel과 Wiesel의 결과에서 망막과 시각피질의 선분 탐지 세포 사이에 이와 같은 정보의 통합이 일어난다는 것은 분명해졌다. 또한 Hubel과 Wiesel은 단순세포보다 약간 더 복잡한 세포도 발견하였다. 어떤 세포는 특정 각도에서 교차하는 두 모서리를 가진 형태에만 반응하였다. 예를 들어, 한 세포는 직사각형의 모서리, 즉 90도 각도를 이루는 모서리에 반응한다면, 다른 세포는 삼각형, 즉 45도 각도를 이루는 모서리에 가장 민감하게 반응한다.

Hubel과 Wiesel(1963)은 사전 시각 경험이 전혀 없는, 갓 태어난 새끼 고양이의 시각피질에 있는 세포들을 연구하면서 성숙한 고양이와 비슷한 세부특징 탐지기를 발견하였다(물론 새끼 고양이의 뉴런이 더 느리게 반응하였다). 이것은 고양이가 어떤 시각 자극을 경험하기도 전에 시각피질에 있는 개별 세포들이 특정 시각 속성(선분, 모서리)에 반응하도록 사전에 조율되어 있다는 것을 시사한다. 생득주의자는 이것을 '선천적 지식'의 사례라고 부를지도 모른다. 갓 태어난 새끼 고양이도 시각 세계에서 정보를 추출하는 방법을 알고 있다. 하지만 세부특징 탐지기 역시 경험의 영향을 받는다. Blakemore와 Cooper(1970)는 벽에 넓은 수직 띠가 있는 환경에서 자란 새끼 고양이의 피질에는 수직 선분 탐지기가 더 많고, 수평 선분이 있는 환경에서 자란 새끼 고양이의 피질에는 수평 선분 탐지기가 더 많다는 것을 발견하였다. 즉, 유전과 환경 모두 성숙한 동물의 시각 세부특징 탐지기의 종류에 기여하고 있다.

지금까지 보고된 가장 복잡한 시각 탐지기는 짧은 꼬리 원숭이에게서 발견된 '손 탐지기', '얼굴 탐지기'라는 피질 뉴런이다(Desimone, Albright, Gross, & Bruce, 1984). 예를 들어, 얼굴 탐지기는 인간 또는 원숭이의 얼굴에 활발하게 반응하지만, 그 밖의 다른 자극(물체, 직물, 다른 물체에 대한 그림)에는 잘 반응하지 않거나 전혀 반응하지 않는다. 이런 주목할 연구결과들로부터 다음과 같은 질문을 해볼 수 있다. 뇌가 친구의 얼굴 또는 2010년산 포르쉐를 재인할 수 있는 시각체계의 개별 뉴런을 가지고 있다는 의미인가? 최신 연구에 의하면 답은 "아니요"이다. 인간의 시지각 연구에서 신생아와 성인 모두 인간의 얼굴을 재인할 때 시각피질이 광범위하게 활성화된다는 증거가 존재하기 때문에 우리가 얼굴을 재인할 수 있는 것은 이런 전체 뇌의 활성화에 의해서라고 할 수 있다(Nichols, Betts, & Wilson, 2010). 비록 인간의 얼굴 지각과 물체 지각 사이에 차이가 있지만, 물체 지각에도 뇌의 여러 영역이 관여하고 있다(Konen & Kastner, 2008). 현대의 뇌 영상 기술의 발전과 함께 이 주제에 대한 대규모 연구가 진행되고 있지만, 신경과학자들은 친숙한 물체를 재인할 때 뇌에서 무슨 일이 일어나는지 여전히 잘 알고 있지 못한다.

학습의 신경과학

학습이 일어나는 동안 뇌가 변화할 수 있는 방식은 몇 가지가 있다. 한 가지 가능성은 학습으로 뉴런 간에 소통의 흐름이 변화하는, 개별적인 시냅스 수준에서의 화학적 변화가 일어나는 것이다. 두 번째 가능성은 학습 경험의 결과로 뉴런의 축삭이나 수상돌기의 수가 증가하여 새로운 시냅스가 만들어지는 경우이다. 세 번째 가능성은 학습의 결과로 완전히 새로운 뉴런이 생겨나는 것이다. 이 가능성을 차례로 살펴보도록 하자.

화학적 변화

뇌에서의 변화가 새로운 시냅스의 증가가 아니라 이미 존재하는 시냅스에서의 화학적 변화에 달려 있다는 증거는 수없이 많다. 예를 들어, 쥐의 뇌 조직에 있는 일부 뉴런에 전기충격을 가한다고 해보자. 이런 행위는 현존하는 뉴런들 사이의 연결 강도에서 장기적인 증가를 일으킨다. 전기 자극의 결과로 발생하는 흥분성 시냅스의 강도 증가를 장기 강화(long-term potentiation)라고 하고, 이 효과는 몇 주 또는 몇 달까지 지속할 수 있다(Bliss & Lomo, 1973). 장기 강화는 또한 외과 수술 과정에서 적출된 인간의 뇌 조직(Chen et al., 1996)과 심지어 정상적인 인간의 뇌에서도 발견된다(Heidegger, Krakow, & Ziemann, 2010). 장기 강화는 해마와 대뇌피질처럼 장기기억의 저장고로 알려진 뇌 영역에서 나타났다. 이런 이유로 몇몇 연구자는 학습 경험의 결과로 뇌가 변화하는 기본 과정이 장기 강화라고 믿고 있다. 새로운 연합의 학습에서 장기 강화가 중요한 역할을 한다는 증거들이 증가하고 있다(Wang & Morris, 2010; Wixted, 2004).

어떤 화학적 변화가 시냅스의 연결 강도를 증가시키는 것일까? 한 가지 가능성은 학습 경험의 결과로 시냅스 전 뉴런의 축삭종말에서 더 많은 전달물질을 방출하는 능력이 발달하는 경우다. 다른 가능성은 시냅스 후 뉴런의 세포막이 전달물질에 더욱 민감해져서 같은 양의 전달물질에도 반응이 더 커지는 경우이다. 장기 강화에 대한 실험에서 연구자들은 시냅스 전과 후의 이 두 변화가 모두 존재한다는 증거를 발견하였다(Bourne, Chirillp, & Harris, 2013; Meis, Endres, & Lessmann, 2012). 포유동물의 뇌는 뉴런 간의 연결 강도를 변화시키는 다양한 화학적 기제가 있는 것으로 보인다.

새로운 시냅스의 발달

학습 경험이 뉴런 간의 새로운 시냅스를 발달시킨다는 증거는 현재 충분히 많이 있다. 경험의 결과로 새로운 시냅스가 발달한다는 가설을 지지하는 가장 훌륭한 증거는 풍부한 환경 자극에 노출된 동물 연구에서 찾아볼 수 있다. Rosenzweig와 동료들(Rosenzweig, 1966; Rosenzweig, Mollgaard, Diamond, & Bennet, 1972)은 초기 경험이 뇌의 발달에 어떤 영향을 미치는지를 알아보기 위해 새끼 쥐를 두 종류의 다른 환경에 노출시켰다. 어떤 쥐는 잠재 자극과 학습 경험이 풍부한 환경에서 살도록 하였다. 이들은 10~12마리가 집단으로 지내면서, 탐색과 놀이를 할 수 있는 사다리, 바퀴, 미로 같은 자극이 많은 환경에서 사육되었다. 다른 쥐들은 훨씬 더 빈곤한 환경에서 사육되었다. 빈 공간에서 혼자 지냈고, 다른 동물들을 볼 수도, 그들과 접촉할 수도 없었다. 따라서 이들의 감각 경험과 학습 경험은 훨씬 더 적었다. Rosenzweig와 동료들은 80일 후에 자극이 풍부한 환경에서 지낸 쥐의 뇌가 빈곤한 환경에서 살았던 쥐보다 유의미하게 더 무겁다는 것을 발견하였다. 이런 무게의 차이는 학습에서 특히 중요한 역할을 하는 것으로 알려진 대뇌피질에서 더욱 두드러졌다. 미로를 학습하는 쥐(Lerch et al., 2011)부터 저글링을 배우는 인간에 이르기까지(Draganski et al., 2004), 많은 최신 연구들에서 다양한 학습 경험으로 대뇌피질의 특정 부위와 그 밖의 다른 뇌 영역이 성장할 수 있다는 증거를 찾아볼 수 있다.

　　피질 수준에서의 어떤 변화가 이런 전체 뇌 크기의 차이를 가져오는 것일까? 미시적 연구는 풍부한 환경에 노출된 쥐의 뇌 조직에서 수상돌기 분지의 증가(축삭과 수상돌기 사이의 더 많은 시냅스 연결을 의미)와 더 넓은 표면적을 가진 시냅스의 증가를 비롯한 다양한 변화를 발견하였다. 또 다른 연구는 학습 경험이 구조적일수록 뇌 영역에서 세포의 변화가 더 국지적이라는 사실을 발견하였다. Spinelli, Jensen과 DiPrisco(1980)는 새끼 고양이에게 앞다리 중 하나에 주어지는 전기충격을 회피하기 위해 그 다리를 구부리는 과제를 훈련시켰다. 이 절차를 몇 회 시행하고 나자 앞다리의 움직임을 통제하는 피질 영역에 있는 수상돌기의 가지 수가 상당히 증가한 것이 관찰되었다. 이런 연구들은 비교적 짧은 학습 경험으로도 시냅스 연결의 수, 크기, 복잡성에서 유의미한 증가가 일어날 수 있다는 강력한 증거를 제공한다.

　　많은 신경학자가 새로운 수상돌기와 시냅스의 증가가 장기기억의 형성과 관련이 있다고 믿고 있다(Kolb & Gibb, 2008). 인간의 경우 출생 몇 달 전과 생후 첫해에 미분지 말단(arborization) 또는 수상돌기의 분지가 발달한다는 연구 증거가 있다. 이와 동시에 어떤 뉴런들 사이의 연결은 사라진다. 이런 변화가 성숙에 의해 일어나는 정도는 얼마나 되고, 학습에 의해 일어나는 정도는 얼마인지는 분명하지 않다. 그러나 아이가 성장하고 학습하면서 수많은 새로운 시냅스가 형성되고 다른 쓸모없는 연결들은 사라지는 것 같다. 이런 신경학적 변화는 적어도 사춘기까지 지속된다(Huttenlocher, 1990).

새로운 뉴런의 발달

과거에는 대다수의 연구자가 출생 전과 생애 초기를 제외하고는 동물의 뇌에서 새로운 뉴런이 생겨날 수 없다고 믿었다. 이런 관점에서 학습은 현존하는 뉴런의 변화이고(화학적 변화 또는 시냅스의 발달을 통한), 질병이나 사고로 손상된 뉴런의 대체는 불가능하다. 그러나 오늘날 이러한 전통적 관점이 틀렸으며 성장한 포유동물의 뇌에서 계속해서 새로운 뉴런이 생겨난다는 확신할 만한 증거들이 나타나고 있다(Fuchs & Flüegge, 2014). 예를 들어, 다 자란 짧은꼬리원숭이에 대한 연구에서 대뇌피질의 여러 영역에서 새로운 뉴런의 발달이 관찰되었다(Gould, Reeves, Graziano, & Gross, 1999). 신경 생성(neurogenesis)이라고 하는 새로운 뉴런의 발달은 다른 종에서도 발견되었고, 이런 발달은 때에 따라 학습 경험과 관련 있다. 한 실험을 예로 들면, 어떤 쥐에게는 해마와 관련이 있다고 알려진 과제를 학습하게 하였고, 또 다른 쥐에게는 해마와 관련이 없는 과제를 학습하게 하였다. 학습 기간이 끝난 후 첫 번째 집단의 쥐에게서 해마로부터 입력을 받아들이는 뇌 영역에 새로운 뉴런이 나타났다. 두 번째 집단의 경우에는 이 영역에서 새로운 뉴런이 관찰되지 않았다. 이러한 결과는 새로운 뉴런이 학습을 경험하는 동안 생겨날 수 있고, 이들이 나타나는 영역은 관련

학습 종류에 달려 있다는 것을 분명하게 보여준다(Gould, Beylin, Tanapat, Reeves, & Shors, 1999).

성인을 대상으로 하는 최근 연구는 다른 포유동물처럼 인간의 뇌도 새로운 뉴런을 계속하여 만들어낸다는 것과 성인의 뇌 기능에 신경 생성이 중요한 역할을 한다는 것을 보여주고 있다. 개인의 신경 생성 수준이 비정상적으로 낮으면, 우울증과 같은 다양한 심리장애를 겪을 가능성이 높다. 임상 우울증으로 고통받는 성인은 신경 생성 수준이 감소하여 있는데 항우울제는 신경 생성을 증가시키는 것으로 알려져 있다(Boldrini et al., 2013). 또한 신경 생성은 뇌 손상 후에 손상된 영역의 뇌 기능이 일정 수준으로 회복하는 데도 도움이 될 수 있다. 이런 손상 후에 새로운 뇌세포가 유사 분열(세포 분할)을 통해 생겨나고, 이 세포는 손상된 뉴런과 같은 물리적 특성과 신경 연결을 가진 뉴런으로 발달한다는 증거도 있다(Kokaia & Lindvall, 2003).

'복합 관념'은 뇌의 어디에 저장되는가?

학습의 생리학적 접근을 마치기 전에, 마지막으로 James Mill의 복합 관념 개념에 대해 살펴보자. 아이가 집이라는 개념을 학습할 때, 또는 새끼 고양이가 뱀을 재인하고 적절한 반응을 학습할 때 생리적 수준에서는 어떤 일이 일어나는 것일까? 이 질문에 대한 답은 아직 정확히 알지 못하지만, 여러 가능한 설명이 제안되었다.

한 가지 가설은 모든 학습 경험이 뇌의 여러 영역에 널리 분산된 신경 변화를 만들어낸다는 것이다. 즉, 앞에 기술한 물리적 또는 화학적 변화가 뇌의 특정 부위에 있는 몇 개의 뉴런이 아닌 여러 뇌 영역의 수많은 뉴런에서 일어난다는 것이다. 이 가설은 Karl Lashley(1950)가 수행했던 고전적 연구로 지지를 받고 있다. Lashley는 쥐가 미로를 달리도록 훈련한 후 미로에 대한 기억을 없애기 위해 쥐의 대뇌피질 여러 부위를 제거하였다(여러 마리의 쥐에게 서로 다른 뇌 영역들을 절제하였다). 이렇게 하면 미로에 대한 기억이 어디에 저장되어 있는지를 알 수 있을 것이다. 그러나 기억의 위치를 찾으려는 Lashley의 노력은 성공하지 못하였다. 어느 피질 부위이든 상관없이, 피질을 약간 절제하는 것은 쥐의 미로 수행에 아무런 영향도 미치지 못하였다. 그런데 피질 부위를 넓게 제거하자, 그것이 어느 피질 부위이든 상관없이 쥐의 미로 수행은 떨어졌다. Lashley는 기억이 뇌 전체에 분산되어 저장되고, 뇌의 작은 부위를 절제하는 것으로는 기억을 제거할 수 없다고 결론지었다. 많은 후속 연구 역시 단순 학습을 경험하는 동안에도 뇌의 많은 부위가 변화하고 이 학습 경험을 나중에 기억할 때도 많은 뇌 영역이 관여되어 있다는 관점을 지지하고 있다(Shimamura, 2014; Tomie, Grimes, & Pohorecky, 2008).

그러나 개별 개념이나 관념에 대한 정보가 국지적으로, 즉 뇌의 특정 작은 부위에 저장된다는 상반되는 관점도 존재한다. 예를 들어, 몇몇 심리학자는 Hubel과 Wiesel이 발견한 선천적인 세부특징 탐지기 외에도, 대뇌피질에는 다양한 세부특징 탐지기로부터 약한 입력을 받는 사용되지 않은 채 휴면 중인 뉴런들이 있다고 주장한다. 동물의 학습 경험 결과로 이런 휴면 중인 뉴런 중 하나(또는 작은 집단)가 특정 복잡한 대상에 대하여 선택적으로 반응할 수 있다(Konorski, 1967; Wickelgren, 1979). 간단한 예로, 어떤 동물이 사과라는 복잡한 물체에 충분히 노출된 후에, 특정 피질 뉴런이 사과의 빨간 색상, 둥근 모양, 독특한 향, 그 밖의 특성에 반응하는 탐지기로부터 흥분성 입력을 발달시킬 수 있다. 이런 방식으로 출생 때는 사과에 대한 복합 관념이 없었던 동물이 경험의 결과로 사과를 재인하는 능력이 발달할 수 있다.

특정 기억과 관념이 뇌의 작은 영역에 저장되어 있다는 가설을 지지하는 증거도 있다. 뇌 수술 동안 환자의 대뇌피질 영역을 전기적으로 자극하였던 Penfield(1959)의 연구가 그 하나이다. 피질의 작은 영역에 자극을 받고 난 뒤 마취 상태에서 깨어난 Penfield의 환자는 특정 음악을 들었다거나 서커스 장면과 소리를 경험하였다는 여러 생생한 감각 경험을 보고하였다. 전기 자극으로 과거의 특정 기억이 저장된 부위가 자극되었다는 결론을 내리고 싶겠지만, 사실상 Penfield의 결과는 여러 가지로 해석될 수 있고, 결과의 의미는 불분명하다.

국지적 기억을 보여주는 훌륭한 증거가 사고 또는 뇌졸중으로 뇌의 국소 부위에 손상을 입은 사람들에서 발견된다. 뇌 손상은 광범위한 심리적 · 신체적 문제를 일으키는 것이 일반적이나, 어떤 경우에는 매우 특수한 정보의 손실만 일어나기도 한다. 예로, 한 남자는 다른 물체를 재인하는 것에는 전혀 문제가 없으면서, 과일 또는 채소의 이름은 말하지 못하였다(Hart, Berndt, & Caramazza, 1985). 또 다른 사람은 가구나 벽처럼 방에서 발견할 수 있는 물체의 이름을 대지 못하였다(Yamadori & Albert, 1973). 또 다른 사람은 유명 연예인의 이름은 기억할 수 없었지만, 역사 또는 문학과 관련된 유명한 사람들의 이름을 기억하는 데는 문제가 없었다(Lucchelli, Muggia, & Spinnler, 1997). 또한 뇌 영상

연습 퀴즈 2 : 제1장

1. 뉴런 간의 소통에서 화학 전달물질이 한 뉴런의 _____에서 방출되어 다른 뉴런의 _____(으)로 흡수된다.
2. 인간의 망막에는 ____, ____, ____, 세 개의 서로 다른 자극에 반응하는 세 가지 종류의 원추체가 있다.
3. Hubel과 Wiesel이 발견한 시각피질에 있는 '단순세포'는 특별히 _____에 반응한다.
4. 학습 경험의 결과로 일어날 수 있는 세 주요 변화는 ____, ____, ____이다.
5. 쥐에게 미로 학습을 시킨 후에 뇌의 여러 부위를 절제하는 실험을 통해 Lashley는 기억이 _____되어 저장된다고 결론 내렸다.

해답

1. 축삭종말, 수상돌기 2. 빨강, 초록, 파랑 3. 특정 방향의 선분 4. 화학적 변화, 새로운 시냅스의 발달, 새로운 뉴런의 발달 5. 뇌 전체에 분산

연구는 사람이 동물 그림과 도구 그림을 볼 때 각각 상이한 뇌 영역이 활성화됨을 보여준다 (Chouinard & Goodale, 2010). 이런 연구결과들은 특정 개념이 뇌의 특정 영역에 저장된다는 사실과, 동일한 범주에 속하는 개념들은 더 가까이 저장되어 있음을 보여주고 있다.

복합 관념의 신경학적 표상이 국지적인지 또는 분산되어 있는지에 대한 논쟁은 계속되고 있고 아직 결론을 내리지 못한 상태이다. 두 이론 모두 부분적으로 옳을 수 있는데, 어떤 유형의 학습은 뇌의 특정 영역에서의 변화를 유발하고, 다른 유형의 학습은 뇌의 넓은 부위의 변화를 일으킬 수 있기 때문이다. 현대의 신경과학자들은 150년 전에 James Mill이 제기한 질문에 대한 연구를 계속하고 있다. 즉, 복합 관념은 무엇이고, 인간의 뇌는 이것을 어떻게 습득하고 유지하는가? 우리는 아직 이 질문에 대한 정확한 답변을 얻지 못하고 있지만, Mill 보다는 더 많이 알고 있고, 매년 더 많이 알아가고 있다. 신경과학자들이 뇌에서 복합 개념과 관념이 저장되는 방식을 밝혀낸다면, 이는 학습심리학에서 획기적인 사건이 될 것이다.

요약

학습심리는 사람과 동물이 어떻게 학습하고, 이런 학습의 결과로 어떻게 장기적인 행동 변화가 일어나는지에 관심을 가진다. 학습에 대한 초기 사상을 제공한 연합주의자들은 뇌가 다양한 생각과 관념 간의 연합을 어떻게 형성하는지에 대한 원리를 제안하였다. 아리스토텔레스는 근접성, 유사성, 대비성의 원리를 제안하였다. James Mill은 두 개 이상의 단순 관념의 반복 제시가 어떻게 복합 관념을 형성하는지에 대한 이론을 개발하였다. Hermann Ebbinghaus는 무의미 철자를 자극으로 사용하여 학습과 기억에 관한 최초의 과학적 연구를 수행하였다. Ebbinghaus는 시간이 지난 후 목록을 재학습하고 '절약률'을 측정하는 것으로 근접성, 최신성, 과학습을 비롯한 학습의 여러 기본 원리를 증명하였다.

학습 연구의 두 주요 접근으로 행동주의와 인지주의가 있다. 행동주의 심리학자는 여러 종에 공통적인 일반 학습 원리의 발견에 관심을 가지고, 환경의 통제가 쉽기 때문에 주로 피험동물을 사용하여 연구한다. 동물 연구를 비판하는 사람들은 동물에서 인간으로 일반화가 가능한지에 대한 의문과 피험동물의 사용에서 오는 윤리적인 문제를 제기한다. 행동주의자는 심리학이 관찰 가능한 사건만을 다루어야 한다고 주장하는 반면에, 인지주의 심리학자는 배고픔, 기억, 주의 같은 매개변인을 주로 연구한다. B. F. Skinner는 매개변인이 과학 이론을 필요 이상으로 복잡하게 만든다고 주장한다. 그러나 Neal Miller는 이론이 여러 개의 독립변인과 종속변인들을 포함하고 있다면, 매개변인의 사용으로 이론을 단순화할 수 있다고 주장한다.

눈, 귀 그리고 그 밖의 감각기관에 있는 특수 감각뉴런은 연합주의자들이 주장한 것처럼 매우 단순한 감각 속성에 반응한다. 눈에 있는 뉴런은 특정 색상에 반응하고, 귀에 있는 뉴런은 특정 음높이에 반응한다. 수많은 감각뉴런으로부터 입력된 정보는 뇌에서 결합하여 개별 뉴런이 각도, 모서리와 같은 보다 복잡한 자극에 반응하게 된다. 신경계가 어떻게 이 모든 정보를 결합하여 대상을 지각하고 확인하는지는 아직 잘 모르지만, 물체 재인에 여러 뇌 부위가 활성화된다는 연구 증거가 있다.

신경과학자들은 개체가 새로운 학습을 할 때마다 뇌 또는 신경계의 어딘가에서 물리적 변화가 일어난다고 생각한다. 특정 축삭종말이 더 많은 전달물질을 생산할 수 있고, 특정 수상돌기가 현존하는 전달물질에 더 민감하게 반응할 수도 있고, 혹은 뉴런들 사이에 새로운 시냅스가 발달하거나 완전히 새로운 뉴런이 생겨날 수 있다. 이 세 가지 유형의 변화가 모두 존재한다는 증거들이 많이 있다. Lashley의 초기 연구는 단순한 학습 경험으로 뇌의 여러 부위가 변화함을 보여주었다. 그러나 뇌 손상을 입은 인간에 대한 연구는 어떤 종류의 정보는 매우 작고 특별한 뇌 영역에 저장될 수 있다는 것을 보여준다.

복습 문제

1. 아리스토텔레스의 세 가지 연합 원리와 Brown이 추가로 제안한 원리에 대하여 기술하라. 일상 생활에서 연합하기 쉬운 단어 또는 개념에 대한 몇 가지 사례를 들어 이 원리들을 설명하라.
2. Ebbinghaus는 기억을 연구하기 위해 어떤 절차를 사용하였는가? 그의 결과는 빈도, 최신성, 근접성 원리에 대하여 어떤 증거를 제공하였는가?
3. 학습 연구에서 피험동물 사용의 장단점은 무엇인가?
4. B. F. Skinner는 왜 심리학 이론에서 매개변인이 사용되어서는 안 된다고 생각하였는가? 당신 생각에 매개변인 사용의 가장 큰 단점은 무엇인가? 그리고 가장 큰 장점은 무엇이라고 생각하는가?
5. 학습이 뇌에서의 화학적 변화, 새로운 시냅스 연결의 발달, 새로운 뉴런의 발달을 일으킬 수 있다는 증거를 제공하고 있는 연구결과들을 기술하라.

참고문헌

Aristotle. (ca. 350 B.C.). De memoria et reminiscentia. In J.A. Smith (Trans.) & W.D. Ross (Ed.), *The works of Aristotle* (Vol. 3). Oxford: Clarendon Press. (English translation published 1931.).

Baldwin, E. (1993). The case for animal research in psychology. *Journal of Social Issues, 49*, 121–131.

Blakemore, C., & Cooper, G.F. (1970). Development of the brain depends on the visual environment. *Nature, 228*, 477–478.

Bliss, T.V.P., & Lomo, T. (1973). Long-lasting potentiation of synaptic transmission in the dentate area of the anaesthetized rabbit following stimulation of the perforant path. *Journal of Physiology, 232*, 331–356.

Boldrini, M., Santiago, A.N., Hen, R., Dwork, A.J., Rosoklija, G.B., Tamir, H., & . . . Mann, J.J. (2013). Hippocampal granule neuron number and denate gyrus volume in antidepressant-treated and untreated major depression. *Neuropsychopharmacology, 38*, 1068–1077.

Bourne, J.N., Chirillo, M.A., & Harris, K.M. (2013). Presynaptic ultrastructural plasticity along CA3→CA1 axons during long-term potentiation in mature hippocampus. *The Journal of Comparative Neurology, 521*, 3898–3912.

Brennan, P., Clark, R., & Mock, D. (2014). Time to step up: Defending basic science and animal behaviour. *Animal Behaviour, 94*, 101–105.

Brown, T. (1820). *Lectures on the philosophy of the human mind* (Vols. 1 and 2). Edinburgh, UK: James Ballantyne.

Chen, W.R., Lee, S.H., Kato, K., Spencer, D.D., Shepherd, G.M., & Williamson, A. (1996). Long-term modifications of synaptic efficacy in the human inferior and middle temporal cortex. *Proceedings of the National Academy of Sciences, 93*, 8011–8015.

Chouinard, P.A., & Goodale, M.A. (2010). Category specific neural processing for naming pictures of animals and naming pictures of tools: An ALE meta-analysis. *Neuropsychologia, 48*, 409–418.

Desimone, R., Albright, T.D., Gross, C.G., & Bruce, C. (1984). Stimulus-selective properties of inferior temporal neurons in the macaque. *Journal of Neuroscience, 4*, 2051–2062.

Draganski, B., Gaser, C., Busch, V., Schuierer, G., Bogdahn, U., & May, A. (2004). Neuroplasticity: Changes in grey matter induced by training. *Nature, 427*, 311–312.

Ebbinghaus, H. (1885). *Memory*. Leipzig, Germany: Duncker.

Fuchs, E., & Flügge, G. (2014). Adult neuroplasticity: More than 40 years of research. *Neural Plasticity*, Article ID 541870.

Gould, E., Beylin, A., Tanapat, P., Reeves, A., & Shors, T.J. (1999). Learning enhances adult neurogenesis in the hippocampal formation. *Nature Neuroscience, 2*, 260–265.

Gould, E., Reeves, A.J., Graziano, M.S., & Gross, C.G. (1999). Neurogenesis in the neocortex of adult primates. *Science, 286*, 548–552.

Hart, J., Berndt, R.S., & Caramazza, A. (1985). Category-specific naming deficit following cerebral infarction. *Nature, 316*, 439–440.

Heidegger, T., Krakow, K., & Ziemann, U. (2010). Effects of antiepileptic drugs on associative LTP-like plasticity in human motor cortex. *European Journal of Neuroscience, 32*, 1215–1222.

Hubel, D.H., & Wiesel, T.N. (1963). Receptive fields of cells in striate cortex of very young, visually inexperienced kittens. *Journal of Neurophysiology, 26*, 994–1002.

Hubel, D.H., & Wiesel, T.N. (1965). Binocular interaction in striate cortex of kittens reared with artificial squint. *Journal of Neurophysiology, 28*, 1041–1059.

Hubel, D.H., & Wiesel, T.N. (1979). Brain mechanisms in vision. *Scientific American, 241*, 150–162.

Huttenlocher, P.R. (1990). Morphometric study of human cerebral cortex development. *Neuropsychologia, 28*, 517–527.

Kant, I. (1781/1881). *Kritik der reinen Vernunft.* Riga [*Critique of pure reason*]. (F. Max Muller, Trans.). London: Henry G. Bohn.

Kokaia, Z., & Lindvall, O. (2003). Neurogenesis after ischaemic brain insults. *Current Opinion in Neurobiology, 13*, 127–132.

Kolb, B., & Gibb, R. (2008). Principles of neuroplasticity and behavior. In D.T. Stuss, G. Winocur, & I.H. Robertson (Eds.), *Cognitive neurorehabilitation: Evidence and application* (2nd ed., pp. 6–21). New York: Cambridge University Press.

Konen, C.S., & Kastner, S. (2008). Two hierarchically organized neural systems for object information in human visual cortex. *Nature Neuroscience, 11*, 224–231.

Konorski, J. (1967). *Integrative activity of the brain: An interdisciplinary approach.* Chicago, IL: University of Chicago Press.

Lashley, K.S. (1950). In search of the engram: Physiological mechanisms in animal behavior. In J.F. Danielli & R. Brown (Eds.), *Symposium of the Society for Experimental Biology* (pp. 454–482). Cambridge, MA: Cambridge University Press.

Lerch, J.P., Yiu, A.P., Martinez-Canabal, A., Pekar, T., Bohbot, V.D., Frankland, P.W., & . . . Sled, J.G. (2011). Maze training in mice induces MRI-detectable brain shape changes specific to the type of learning. *NeuroImage, 54*, 2086–2095.

Locke, J. (1690). *An essay concerning humane understanding: In four books.* London: Thomas Bassett.

Lucchelli, F., Muggia, S., & Spinnler, H. (1997). Selective proper name anomia: A case involving only contemporary celebrities. *Cognitive Neuropsychology, 14*, 881–900.

Meis, S., Endres, T., & Lessmann, V. (2012). Postsynaptic BDNF signalling regulates long-term potentiation at thalamo-amygdala afferents. *Journal of Physiology, 590*, 193–208.

Mill, J. (1829). *Analysis of the phenomena of the human mind.* London: Baldwin & Cradock.

Mill, J.S. (1843). *A system of logic, ratiocinative and inductive, being a connected view of the principles of evidence, and the methods of scientific investigation.* London: J. W. Parker.

Miller, N.E. (1959). Liberalization of basic S-R concepts: Extensions to conflict behavior, motivation, and social learning. In S. Koch (Ed.), *Psychology: A study of a science* (Vol. 2, pp. 196–292). New York: McGraw-Hill.

Miller, N.E. (1985). The value of behavioral research with animals. *American Psychologist, 40*, 423–440.

Nicholas, J.M. (1984). Lessons from the history of science. *Behavioral and Brain Sciences, 7*, 530–531.

Nichols, D.F., Betts, L.R., & Wilson, H.R. (2010). Decoding of faces and face components in facesensitive human visual cortex. *Frontiers in Perception Science, 1*(29), 1–13.

Penfield, W. (1959). The interpretive cortex. *Science, 129*, 1719–1725.

Regan, T. (1983). *The case for animal rights.* Berkeley, CA: University of California Press.

Rosenzweig, M.R. (1966). Environmental complexity, cerebral change, and behavior. *American Psychologist, 21*, 321–332.

Rosenzweig, M.R., Mollgaard, K., Diamond, M.C., & Bennet, T.E.L. (1972). Negative as well as positive synaptic changes may store memory. *Psychological Review, 79*, 93–96.

Shimamura, A.P. (2014). Remembering the past: Neural substrates underlying episodic encoding and retrieval. *Current Directions in Psychological Science, 23*, 257–263.

Skinner, B.F. (1938). *The behavior of organisms*. New York: Appleton-Century-Crofts.

Skinner, B.F. (1950). Are theories of learning necessary? *Psychological Review, 57*, 193–216.

Spinelli, D.H., Jensen, F.E., & DiPrisco, G.V. (1980). Early experience effect on dendritic branching in normally reared kittens. *Experimental Neurology, 62*, 1–11.

Tomie, A., Grimes, K.L., & Pohorecky, L.A. (2008). Behavioral characteristics and neurobiological substrates shared by Pavlovian sign-tracking and drug abuse. *Brain Research Reviews, 58*, 121–135.

von Bekesy, G. (1964). Sweetness produced electrically on the tongue and its relation to taste theories. *Journal of Applied Physiology, 19*, 1105–1113.

von Bekesy, G. (1966). Taste theories and the chemical stimulation of single papillae. *Journal of Applied Physiology, 21*, 1–9.

Wang, S.H., & Morris, R.G.M. (2010). Hippocampal-neocortical interactions in memory formation, consolidation, and reconsolidation. *Annual Review of Psychology, 61*, 49–79.

Watson, J.B. (1919). *Psychology from the standpoint of a behaviorist*. Philadelphia, PA: Lippincott.

Yamadori, A., & Albert, M.L. (1973). Word category aphasia. *Cortex, 9*, 112–125.

2

선천적 행동 패턴과 습관화

이 장을 읽은 후에 당신은

- 제어 시스템 이론의 주요 개념을 기술하고, 이 개념을 생물과 무생물의 목표 지향적 행동 사례에 적용할 수 있다.
- 네 개의 서로 다른 유형의 선천적 행동 패턴을 기술하고, 이들의 차이를 설명할 수 있다.
- 인간의 타고난 능력과 성향에 대해 기술할 수 있다.
- 습관화의 정의와 모든 동물 종에서 발견되는 일반 습관화 원리를 기술할 수 있다.
- 지금까지 알려진 습관화의 생리학적 기제에 대해 논할 수 있다.
- 대립과정이론을 기술하고, 새로운 자극과 여러 번 반복되는 자극에 대한 전형적인 정서반응 패턴을 그릴 수 있다.

동물은 태어날 때부터 이미 여러 가지 복잡한 능력을 갖추고 있다. 동물의 즉각적인 생존은 정맥에 피를 공급하고 호흡하는 능력에 달려 있다. 포유동물이라면 일정 범위 내에서 체온을 조절하는 능력을 갖추고 있다. 포식동물로부터 도망이 생존에 중요한 포유동물은 태어나서 몇 분 만에 걷고 달릴 수 있다. 또한 갓 태어난 동물은 감각 능력도 갖추고 있다. 이 장의 주요 목적 중 하나는 세상에 나오면서부터 동물이 소유하고 있는 행동 능력 사례를 제시하는 것이다. 학습에 대한 책이 선천적 행동 패턴에 대해 다루는 데는 여러 가지 이유가 있다. 첫째, 많은 학습된 행동이 선천적 행동으로부터 도출되었거나, 확장 또는 변이된 것이기 때문이다. 둘째, 학습된 행동의 많은 속성(예 : 환경 자극에 의한 통제, 시간적 순서 기제)

이 선천적인 행동 패턴의 속성과 매우 유사하기 때문이다. 다양한 종류의 선천적인 행동을 알아보는 것 외에 가장 단순한 학습 유형인 습관화 현상도 살펴볼 것이다.

학습된 행동과 학습되지 않은 행동의 공통 특성 중 하나는 행동에 목적이 있다는 것, 즉 목표 지향적이라는 사실이다. 앞으로 보겠지만, 이런 특성은 우리가 보유한 가장 복잡한 기능뿐만이 아니라 가장 원시적인 반사에서도 나타난다. 따라서 생물 및 무생물의 목표 지향적 행동을 다루는 과학 분야인 제어 시스템 이론(control system theory)의 개념으로 이 장을 시작하려고 한다.

목표 지향 시스템의 특징

제어 시스템 이론은 광범위한 목표 지향 시스템 분석을 위한 일반적인 틀이라고 할 수 있다. 본문에서 사용하고 있는 용어는 McFarland(1971)의 연구에 기초하고 있다. 비교적 간단한 무생물의 목표 지향 시스템 사례가 주택의 난방 시스템이다. 난방 시스템의 목적은 집 온도를 특정 최저 수준 이상으로, 예를 들어 섭씨 18도로 유지하는 것이다. 집 온도가 섭씨 18도 아래로 떨어지면 난방 시스템은 '자발적으로' 행동하여 가열로가 작동하기 시작한다. 온도가 목표 지점에 도달하면 난방 시스템의 활동은 중단된다. 이 과정에 어떤 마법도 존재하지 않는다는 것을 우리는 너무나 잘 알고 있다. 난방 시스템의 작동은 더워지면 팽창하고 추워지면 수축하는 금속으로 만들어진 온도조절기로 통제된다. 온도조절기의 금속이 차가워지면 전기 스위치가 켜지고 가열로가 작동하기 시작한다. 금속이 뜨거워지면 스위치가 꺼지면서 가열로는 멈춘다.

온도조절기는 제어 시스템 이론의 기본 개념인 비교기(comparator)에 해당한다. 〈그림 2.1〉에 나타나 있듯이, 비교기는 참조 입력(reference input)과 실제 입력(actual input)이라는 두 종류의 입력을 받는다. 참조 입력은 물리적 실체가 아니라 개념적 실체(스위치를 열고 가열로를 멈추게 만들기에 충분한 온도)인 경우가 많다. 반면에 실제 입력은 현재 환경의 실제 물리적 특성, 이 사례에서는 온도조절기 근처의 공기 온도이다.

모든 비교기는 현재의 실제 입력과 참조 입력을 기초로 산출물을 결정하기 위해 따라야 하는 규칙을 가지고 있다. 온도조절기에서 산출물은 행위 시스템인 가열기에 내려지는 개폐 명령이다. 온도조절기가 따라야 하는 규칙은 다음과 같다. (1) 만일 가열기가 꺼져 있고 공기 온도가 참조 입력보다 1도 낮아지면, 가열기를 켠다. (2) 만일 가열기가 켜져 있고 공기 온도가 참조 입력보다 1도 이상 높아지면, 가열기를 끈다. 섭씨 18도로 설정되어 있다면, 이 규칙은 방의 공기 온도를 섭씨 17도와 19도 사이에서 유지하게 할 것이다.

행위 시스템의 산물은 간단하게 **산출물**(이 사례에서는 라디에이터에서 나오는 따뜻한 공

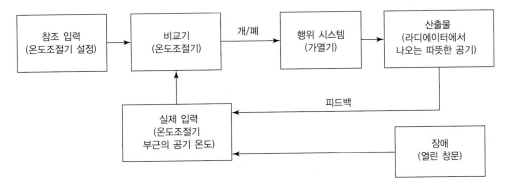

그림 2.1 주택 난방 시스템에 적용된 제어 시스템 이론의 개념들

기)이라고 부른다. 〈그림 2.1〉이 보여주듯이, 행위 시스템의 산출물은 다시 돌아가 비교기의 실제 입력에 영향을 미친다. 이런 이유로 목표 지향 시스템은 종종 **피드백 시스템** 또는 **폐쇄 루프 시스템**이라고 불린다. 하지만 실제 입력은 〈그림 2.1〉의 열린 창문처럼 장애 요인에 의해 영향을 받을 수 있다. 추운 날씨에 열려 있는 창문은 가열로가 계속해서 돌아가는데도 집을 춥게 만들어 이 피드백 시스템을 방해할 수 있다.

이 사례는 비교기, 참조 입력, 실제 입력, 행위 시스템, 산출물, 장애라는 제어 시스템 이론의 가장 중요한 여섯 가지 개념을 잘 보여준다. 이 책에서 우리는 수많은 목표 지향적 행동을 만날 것인데, 이런 사례들은 피드백 루프의 서로 다른 구성 성분을 확인하는 데 유용할 것이다. 다음 절에서 우리는 이 책에서 제어 시스템 개념을 사용한 여러 사례 중 첫 번째를 소개한다.

반사

반사(reflex)란 특정 자극으로 유발되는 신체의 정형화된 운동 패턴이다. 아마 당신에게 친숙한 반사 중 하나가 슬개 반사(무릎 반사)일 것이다. 다리가 바닥에 닿지 않고 자유로이 흔들리는 상태에서 무릎 아랫부분을 망치로 살짝 치면 다리가 앞으로 뻗는다. 모든 다른 반사처럼 슬개 반사도 하나의 자극과 하나의 반응 사이의 선천적인 연결로 이루어져 있다. 슬개 반사에서 자극은 무릎 아래의 힘줄을 때리는 것이고 반응은 뻗는 운동이다.

정상적인 신생아는 다양한 반사를 보인다. 아기 입안에 있는 젖꼭지는 빨기 반응을 유발한다. 발바닥을 핀으로 찌르면, 아이는 통증 자극으로부터 발을 빼려고 무릎을 구부린다. 아이의 손바닥에 어른의 손가락을 올려놓으면 손가락을 오므리는 잡기 반사를 보인다. 신생아가 보이는 어떤 반사들은 나이가 들면서 사라진다. 그러나 동공 확장, 밝은 빛에 눈감기 반

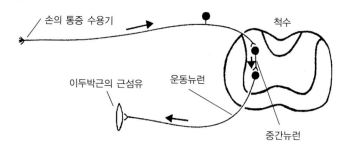

그림 2.2 척수 도피 반사의 척수 단면도

응, 또는 목의 이물감에 대한 반응으로 일어나는 기침하기 같은 반사는 평생 유지된다.

만일 당신의 손이 뜨거운 오븐에 닿으면 굴곡 반사, 즉 팔꿈치 아래를 움츠려서 빠르게 손을 빼는 반응이 나타난다. 반응은 매우 빠르게 일어나는데, 척수에서 감각뉴런과 운동뉴런 간의 직접적인 연합이 일어나기 때문이다. 〈그림 2.2〉는 이 반사와 관련된 신경학적 구조와 척수 단면도를 보여준다. 손에는 통증에 민감한 감각뉴런이 존재하고, 이 뉴런의 긴 축삭은 다른 뉴런과의 시냅스 없이 척수까지 이어진다. 굴곡 반사의 경우, 중간뉴런(interneuron)이라고 불리는 하나 또는 그 이상의 작은 뉴런이 감각뉴런과 운동뉴런 사이를 연결하고 있다. 운동뉴런의 세포체는 척수 안에 있으며 축삭은 척수의 정면을 따라 내려가 팔에 있는 개별 근섬유와 시냅스를 이루고 있다. 흥분이 일어나면 근섬유가 수축함으로써 반응이 유발된다. 〈그림 2.2〉의 신경 흥분 경로의 모양 때문에 이런 반사 생리학은 척수 반사궁(spinal reflex arc)이라고도 불린다. 하나가 아닌 수많은 이런 감각뉴런, 중간뉴런, 운동뉴런이 반사 반응을 만들어내는 데 관여하고 있다.

하지만 굴곡 반사에는 〈그림 2.2〉에 나타나 있는 간단한 자극-반응 관계 이상이 존재한다. 이런 기본적인 반사도 피드백 시스템으로 이루어져 있다. 팔 근육에는 피드백 시스템의 비교기에 해당하는 신장 수용기라는 구조가 있다. 자세히 다루지는 않겠지만 신장 수용기는 (1) 목표 또는 참조 입력(근섬유에 수축하라는 운동뉴런으로부터 내려진 명령)과 (2) 근육의 실제 수축 양을 비교한다. 운동뉴런이 근육에 명령을 내린다고 위험 대상으로부터 팔을 안전하게 뺀다는 보장은 어렵다. 장애(팔 운동을 방해하는 장애물)가 발생할 수 있다. 어떤 이유이든 근육이 충분히 수축하지 못하면 신장 수용기는 운동뉴런을 자극하기 시작하고(이것은 결국 근섬유를 더 강하게 자극한다), 이런 자극은 수축이 일어날 때까지 지속한다. 비교기(신장 수용기)는 목표(성공적인 근육 수축)를 달성할 때까지 행위 시스템(운동뉴런과 근섬유)을 계속 자극한다. 피드백은 가장 단순한 반사 행동에서도 결정적인 역할을 한다.

향성

반사가 신체 일부의 정형화된 움직임이라면, 향성(tropism)은 몸 전체의 방향 변화 또는 움직임을 말한다. 향성에 대한 최초의 연구자는 Jacques Loeb(1900)이었다. 그는 지능, 의지, 선택이 포함되어 있지 않다는 의미에서 향성을 강제적 운동이라고 불렀다. 후속 연구자들(예 : Fraenkel & Gunn, 1940)은 향성을 무방향 운동(kineses)과 주성(taxes)이라는 두 개의 주요 범주로 나누었다.

무방향 운동

자주 인용되는 무방향 운동의 사례가 쥐며느리의 습기-탐색 행동이다. 이 동물은 작은 갑각류이지만 곤충과 비슷하게 생겼으며, 숲속의 바위나 통나무 아래에서 시간의 대부분을 보낸다. 쥐며느리는 공기가 너무 건조하면 수 시간 내에 탈수로 죽기 때문에 생존을 위해 습한 지역에 머물러야만 한다. 다행히도 자연은 쥐며느리에게 습한 지역을 찾고 머물게 하는 단순하지만 효과적인 기술을 제공하였다. Fraenkel과 Gunn(1940)은 쥐며느리의 전략을 알아보기 위해, 한쪽 끝은 습하고 다른 쪽 끝은 건조한 공기로 채워진 상자의 중간에 여러 마리의 쥐며느리를 놓아두었다. 이들은 쥐며느리가 상자의 건조한 곳에 있을 때는 계속하여 걷지만 습한 곳에서는 오랜 시간 정지해 있다는 사실을 발견하였다. 결과적으로 쥐며느리는 상자의 습한 쪽에 모이게 되어 있다.

　무방향 운동과 주성의 차이는 무방향 운동의 경우 자극과 관련된 움직임 방향이 무선적이라는 점이다. 쥐며느리는 먼 곳의 습도를 감지하는 능력이 없기 때문에, 곧바로 습한 지역을 향해 움직이거나 건조한 지역을 피하여 움직이지 못한다. 이 동물은 단순히 현재 위치의 습도를 감지할 수 있을 뿐이다. 결국, 이 유기체의 생존은 건조한 영역에서는 계속 움직이고 습한 영역에서는 정지하는 것으로 가능하다. 무방향 운동은 생물체를 포식동물로부터 도피할 수 있게도 한다. 예를 들면, 달팽이는 포식동물인 딱정벌레가 분비하는 화학물질에 노출되면 빠르게 움직이고 그런 화학물질이 존재하지 않으면 적게 움직인다(Armsworth, Bohan, Powers, Glen, & Symondson, 2005).

　쥐며느리의 습기-탐색 행동은 피드백 시스템의 또 다른 예이다. 쥐며느리가 어떻게 습기를 측정하는지는 정확히 알지 못하지만, 우리는 쥐며느리의 행동이 실제 입력(현재 습도)을 탐지하고 그것을 참조 입력(높은 습도 목표)과 비교할 수 있는 비교기를 가지고 있어야 가능함을 알고 있다. 이 경우 행위 시스템은 이 생물체의 이동 시스템이 되는데, 즉 움직임을 가능하게 하는 운동뉴런, 근육, 다리이다. 이동은 물론 행위 시스템의 산출물이지만, 이동으로 높은 습도라는 목표가 달성된다는 보장은 없다. 쥐며느리는 건조한 곳에서 끊임없이 움직이겠지만 근처에 습한 지역이 없다면 이동만으로 높은 습도라는 목표에 도달하지 못할 수 있다.

주성

무방향 운동과 다르게, 주성에서는 움직임 방향이 자극의 위치와 관련되어 있다. 주성의 사례로 밝은 빛으로부터 도망하는 구더기의 움직임을 들 수 있다. 밝은 빛이 구더기의 오른쪽에 비치면, 구더기는 즉시 왼쪽으로 몸을 돌리면서 빛의 반대 방향으로 움직인다. 구더기는 머리끝에 있는 빛 수용기를 이용하여 이런 방향 운동을 해낸다. 구더기가 움직일 때, 머리는 왼쪽과 오른쪽으로 반복하여 흔들리고, 이렇게 계속 왔다 갔다 하는 움직임은 여러 방향에서 오는 빛의 밝기를 비교할 수 있게 해주어 빛의 강도가 약한 방향으로 움직이게 한다.

더 복잡한 주성의 예는 집을 떠나거나 집으로 되돌아갈 때 태양을 향해 보조 도구로 이용하는 개미에게서 찾아볼 수 있다. 집을 나서는 개미는 태양과 일정한 각도를 유지하면서 똑바로 길을 따라 움직인다. 집으로 돌아올 때 개미는 이 각도를 180도 바꾼다. 개미의 태양 의존도는 실험자가 통제할 수 있는 인공 태양을 사용한 실험에서도 증명되었다. 광원을 서서히 움직이면 불빛에 정위를 유지하기 위해 개미는 끊임없이 여행 방향을 바꾼다 (Schneirla, 1933).

연속 행동

지금까지 우리는 단순한 움직임 또는 일련의 지속적인 조정으로 구성된 선천적인 행동을 다루었다. 이제부터 설명하는 선천적인 행동 패턴은 조금 더 복잡한데, 이것은 질서 정연한 순서로 수행되는 일련의 다양한 움직임으로 이루어져 있기 때문이다.

고정행위패턴

고정행위패턴(fixed action pattern)은 연속적인 행동으로 다음과 같은 특징을 지닌다. (1) 고정행위패턴은 한 종의 모든 구성원이 하는 행동 목록의 일부이고 종 특수적일 수 있다. (2) 이 행동을 수행하는 동물의 능력이 사전학습 경험의 결과가 아니라는 사실이 실험에서 확인되었다. (3) 행동의 순서는 특정 맥락에서의 적합성 여부와 무관하게 엄격하게 지켜진다. 일단 고정행위패턴이 유발되면 추가적인 환경 자극의 지원 없이도 끝까지 지속된다는 것이다.

Eibl-Eibesfeldt(1975)는 고정행위패턴의 사례로 다람쥣과에 속하는 청설모가 나무 열매를 저장하는 행동을 다음과 같이 기술하였다.

청설모는 정형화된 운동 순서에 따라 열매를 땅에 묻는다. 나무에서 열매를 따서 땅으로 내려와 나무 둥치나 넓은 바위 밑의 장소를 찾는다. 청설모는 이런 눈에 잘 띄는 지형물의 기슭에 앞다리를 번갈아 움직여서 흙을 긁어 구멍을 내고 그 안에 열매를 놓는다. 그런 다음 코의 빠른 반동을 이용하여 열매를 땅속으로 집어넣고 쓸기 운동으로 흙을 덮고 앞발로 다진다(p. 23).

종에 속하는 모든 구성원이 이런 행동 패턴을 보인다고 이것이 곧 선천적인 행동이라는 것을 증명하지는 않는다. 다람쥐가 생의 초기에 부모를 보면서 열매 저장 방법을 배웠을 수도 있기 때문이다. 이 행동 패턴이 선천적인지를 밝히기 위해, Eibl-Eibesfeldt는 학습 가능성을 모두 제거하는 박탈 실험을 시행하였다. 이 다람쥐는 태어나면서부터 부모에게 분리되어 혼자 길러졌기 때문에 다른 다람쥐의 열매 저장 행동을 관찰할 기회가 없었다. 더욱이 다람쥐는 액체 형태의 먹이만 공급받았고, 딱딱한 마룻바닥에서 생활했기 때문에 먹이를 땅에 묻는 경험을 할 수 없었다. 다람쥐는 먹이를 충분히 공급받았기 때문에 나중을 위해 먹이를 저장하는 것이 좋은 전략이라는 것을 알 가능성도 거의 없었다. 다람쥐가 다 자랐을 때, Eibl-Eibesfeldt는 한 번에 여러 개의 열매를 주어보았다. 일단 다람쥐는 배가 부를 때까지 열매를 먹었다. 열매가 추가로 주어지자 다람쥐는 이 열매를 그냥 버려두지 않고 입에 물고는 우리 안을 돌아다녔다. 다람쥐는 수직 물체에 끌린 듯 우리의 구석에 열매를 떨어뜨렸다. 다람쥐는 마루에 구멍을 팔 수 없었지만, 야생의 다람쥐가 열매를 묻을 때 하는 행동 순서와 동일하게, 앞발로 마루를 긁으려고 하였고, 코로 열매를 구석에 밀어넣고, 발로 다지는 움직임을 보였다. 결론을 말하면 이 정교한 실험은 다람쥐의 열매 묻는 행동이 선천적임을 증명하였다. 흙이 없는 우리 안에서 사육된 다람쥐의 긁고, 덮고, 다지는 행동은 고정행위패턴의 구성 성분이 행동을 요구하지 않는 상황에서도 원래의 순서에 맞추어 발생한다는 것을 보여준다.

고정행위패턴이 유발되기 위해서는 신호 자극(sign stimulus)이라고 부르는 약간 특별한 자극이 필요하다. 다람쥐의 경우, 열매가 신호 자극인 것은 확실하지만, 후속 실험 없이는 열매의 어떤 속성(크기, 모양, 색상 등)이 반응을 유발하는 실제 요소인지는 말하기 어렵다. 다른 고정행위패턴에서는 체계적인 연구를 통하여 어떤 자극이 중요한 속성이고 어떤 자극이 관련 없는 속성인지가 밝혀지기도 하였다. Provine(1989)은 전염성 하품(누군가 하품을 하면 따라서 하품하는 경향성)이 하품하는 사람의 얼굴 전체를 볼 때 유발되는 고정행위패턴이라는 증거를 발견하였다. 하품하는 사람의 눈만 본다든지 또는 입만 보는 것은 전염성 하품을 유발하기에 충분하지 않다.

놀라운 발견 중 하나는 때로 비현실적인 자극이 실제 신호 자극보다 더 강력한 반응을 유

그림 2.3 검은머리물떼새는 비정상적인 크기의 알을 자기 둥지로 가져가려고 한다.

발할 수 있다는 것이다. 한 가지 사례가 갈색 점이 박힌 흰색 알을 낳는 검은머리물떼새이다. 이 새는 알이 둥지 밖으로 굴러 나오면 머리와 목 운동으로 알을 다시 둥지 안으로 밀어넣으려고 한다. 그런데 실제 자기 알과 자기 알보다 네 배나 큰 복제 알 사이에서 선택하는 상황에 놓이면, 정상 크기의 알이 아닌 엄청나게 큰 알을 선호하고 이 '알'을 둥지로 가져가려고 애쓴다(그림 2.3).

반응연쇄

고정행위패턴은 일단 시작하면 완결까지 계속되지만, 반응연쇄(reaction chain)의 경우에는 한 행동에서 다른 행동으로의 진행이 적절한 외부 자극의 존재에 달려 있다. 만일 자극이 존재하지 않으면, 반응연쇄는 중단된다. 또한 연쇄 중간에 있는 행동을 유발하는 자극이 먼저 나타나면, 초기 행동은 생략될 수 있다.

반응연쇄의 흥미로운 사례 중 하나가 소라게이다. 소라게는 자기 소유의 껍질이 없기 때문에 다른 복족류(연체동물)가 버린 빈 껍질을 빌려서 살아간다. 소라게가 성장함에 따라, 살고 있던 껍질이 작아지기 때문에 더 큰 껍질을 찾아야 하는 일을 평생 여러 번 경험한다. Reese(1963)는 이 생물체가 새로운 껍질을 찾고 선택할 때 적어도 여덟 개의 서로 다른 행동이 순서대로 일어나는 것을 확인하였다. 껍질이 없거나 껍질의 크기가 맞지 않는 소라게는 더 많이 이동해야 한다. 이동하는 동안 소라게는 껍질을 눈으로 확인하고, 접근하여 접촉한다. 소라게는 두 개의 앞다리로 껍질을 잡고, 껍질 위로 기어올라간다. 협각(집게발)을 이용하여 표면의 결을 확인하는데, 표면이 거친 껍질이 더 선호된다. 그런 다음 소라게는 껍질에서 내려와 외부 표면을 탐색하기 위해 다리로 껍질을 회전시킨다. 껍질에서 구멍의 위치

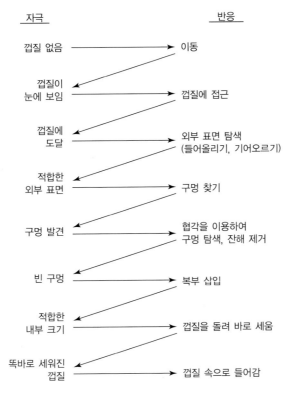

자극   반응

껍질 없음 → 이동

껍질이 눈에 보임 → 껍질에 접근

껍질에 도달 → 외부 표면 탐색 (들어올리기, 기어오르기)

적합한 외부 표면 → 구멍 찾기

구멍 발견 → 협각을 이용하여 구멍 탐색, 잔해 제거

빈 구멍 → 복부 삽입

적합한 내부 크기 → 껍질을 돌려 바로 세움

똑바로 세워진 껍질 → 껍질 속으로 들어감

그림 2.4 껍질 찾기와 선택 행동에서 소라게의 반응연쇄. 각각의 연속 행동은 다음 행동에 대한 자극이 되기 때문에 행동들이 하나의 연쇄를 형성한다.

를 확인하고, 가능한 한 깊숙이 협각을 집어넣어 탐색한다. 구멍 안에 모래나 다른 잔해가 있으면 제거한다. 구멍이 깨끗해지면 소라게는 몸을 돌려 내부 크기가 자기에게 맞는지를 살피기 위해 자신의 복부를 껍질 안으로 깊숙이 밀어 넣었다가 뺀다. 껍질이 적당하면 소라게는 껍질을 똑바로 세우고 그 안으로 들어간다.

〈그림 2.4〉는 이런 반응연쇄의 단계와 반응연쇄에서 핵심이 무엇인지를 잘 보여주고 있다. 즉, 각 반응은 연쇄의 다음 반응을 위한 자극을 만들어낸다. 예를 들어, 연쇄의 첫 번째 행동인 이동은 껍질과의 시각적 접촉이라는 결과를 낳고, 이것은 접근이라는 두 번째 반응의 자극이 된다. 접근 반응은 소라게가 껍질 가까이 밀착하도록 하며, 이것은 들어올리기라는 세 번째 반응을 위한 자극이 된다. 그러나 고정행위패턴의 행동과 달리, 반응연쇄상의 일련의 행동이 언제나 완결되는 것은 아니다. 다음 단계를 위한 자극이 나타나지 않으면 행동은 언제든지 중단될 수 있다. 예를 들어, Reese(1963)는 〈그림 2.4〉의 여섯 번째 행동까지는 플라스틱이 채워져 있는 껍질도 실제 사용 가능한 껍질과 매우 유사하게 작용한다는 것을 발견했다. 그러나 이 껍질은 구멍이 열리지 않기 때문에 일곱 번째 행동은 일어나지 않

고, 결국 소라게는 껍질을 버리고 떠났다. 반대로 순서 중간에 있는 행동을 유발하는 자극이 먼저 나타나면, 순서의 초기 단계는 생략될 수 있다. 구멍이 있는 적절한 껍질을 정면으로 제시하였더니, 소라게는 순서의 초기 다섯 단계의 행동을 생략하고 마지막 네 개의 행동만을 수행하였다. 이런 외부 자극에 대한 의존성 때문에 고정행위패턴보다 반응연쇄에서 행동의 변화가 더 크고 더 적응적이다.

선천적인 인간의 능력과 성향

인간은 여러 가지 반사에 소수의 고정행위패턴 그리고 그 밖의 타고난 행동을 가지고 있지만, 우리의 전체 행동에서 이러한 선천적 반응은 극히 일부에 불과하다. 제1장에서 지적하였듯이 우리가 하는 일상 행동의 대부분은 학습 경험의 산물이다. 인간 행동에서 학습이 이렇듯 큰 역할을 하고 있기 때문에, 영국 경험주의자들 같은 철학자는 모든 인간 행동이 사전학습에 기초한다고 주장한 것이다(신생아의 마음을 타블라 라사, 즉 백지상태라고 하였던 John Locke의 주장을 기억하라). 경험의 역할을 강조하는 이런 관점을 행동주의자 John B. Watson(1925)을 비롯하여 많은 심리학자가 공유하고 있다. 양육의 중요성에 대한 Watson의 다음과 같은 대담한 주장은 자주 인용된다.

> 나에게 열두 명의 건강한 유아와 이들을 키울 수 있는 나만의 지정된 세계를 주십시오. 그렇다면 이들 중 아무나 선택하여 재능, 기호, 경향성, 능력, 소명, 조상의 인종과 상관없이 내가 원하는 전문가, 의사, 변호사, 예술가, 무역상, 그리고 심지어 거지나 도둑으로 키울 수 있다고 장담합니다. 저는 사실을 왜곡하고 있고 이를 인정합니다. 그러나 반대 의견을 주장하는 자들 또한 그렇게 하고 있으며 그들은 이미 수천 년 동안 그래 왔습니다. (p. 82)

Watson은 사람들의 행동 방식이 유전과 관계가 전혀 없거나 거의 없다고 생각했기 때문에, 아이가 어떤 성인이 될지 결정하는 데 환경이 지배적인 역할을 한다고 믿었다. 빈 서판(The Blank Slate)에서 Steven Pinker(2002)는 이런 관점이 현대사회에 만연하고 있지만 옳지 않으며, 유전의 역할은 사람들이 상식적으로 가정하고 있는 것보다 훨씬 더 크다고 주장하였다. Pinker는 모든 인간이 '인간 본성'이라고 부르는 타고난 능력, 경향성, 성향으로 이루어진 많은 것들을 공유하고 있다는 자신의 주장을 증명하기 위해 신경생리학, 유전학, 심리학, 인류학을 비롯하여 다양한 과학 분야의 증거를 개관하였다. 그는 인간의 뇌가 환경이 제공하는 것에 따라 모양이 갖추어지길 기다리는 획일적이고 미분화된 뉴런들의 집합체가 아니라고 주장한다. 그는 서로 다른 뇌 영역의 뉴런이 특정 기능을 수행하기 위해 또는 환경에 반응하기 위해 특별히 예정된 방식으로 특수화되어 있다는 증거를 제시한다.

한 가지 예로 인간 뇌의 특정 부위가 우리의 언어 사용 능력에 결정적인 역할을 하고 있다는 것은 잘 알려진 사실이다. 베르니케(Wernicke) 영역이라고 불리는 대뇌피질 영역은 언어 이해에 중요하다. 사고나 질병으로 이 부위가 손상된 사람은 말소리를 이해할 수 없다. 대뇌피질의 또 다른 영역인 브로카(Broca) 영역은 언어 산출을 위해 필수적이고, 이 영역이 손상을 입으면 논리 정연한 문장으로 말을 하는 능력을 잃게 된다. Pinker는 어린아이들이 쉽게 언어를 습득할 수 있는 것은 인간의 언어에 반응하도록 특별히 설계된 뉴런 덕분이라고 주장한다. 침팬지, 돌고래, 그리고 소수의 몇몇 종의 경우 인간의 언어를 어느 정도 수준까지는 학습할 수 있지만(제10장 참조), 어떤 종도 어린아이에 필적하지 못한다.

인간의 어떤 특성이 선천적이라는 주장을 옹호하기 위해 Pinker(그리고 다른 과학자들)가 사용하는 전략은 이 특성이 지구상의 모든 사람에게서 발견된다는 사실을 보여주는 것이다. Eibl-Eibesfeldt(1975)가 다람쥐에게 했던 박탈 실험을 사람을 대상으로는 할 수 없지만, 다른 문화와 환경에 있는 사람들에게서 공통된 성향이 발견된다는 것은 증명할 수 있다. 지구상에는 수많은 언어가 존재하지만, 모든 인간 사회의 언어는 구어이고, 모든 인간의 언어에는 명사, 동사, 형용사, 부사가 존재한다. 언어마다 단어의 순서는 다르지만, 문장 구성 방식에는 공통점이 있다(Baker, 2001). 모든 문화권의 아동이 말하기 전에 옹알이를 하고 청각장애 아동도 처음에 옹알이를 한다(Lenneberg, 1967). 이와 같은 문화 간 보편성은 언어를 습득하는 선천적인 인간 능력을 보여주는 증거로 사용된다. 하지만 어떤 연구자들은 정밀 검사를 근거로 언어들 사이의 유사성이 눈에 보이는 것만큼 그렇게 보편적이지 않다고 주장하고(Evans & Levinson, 2009), 이 주제에 대한 논쟁은 여전히 진행 중이다.

인간의 또 다른 선천적 행동으로 사람들이 경험하는 정서의 종류, 얼굴로 정서를 표현하는 방식, 타인의 얼굴 표정을 해석하는 방식을 들 수 있다. 심리학자 Paul Ekman은 전 세계 문화권 사람들이 얼굴 표정을 이해할 수 있다는 것을 발견하였다(Ekman, 1973; Ekman & Matsumoto, 2011). Ekman은 여섯 개의 서로 다른 정서(행복, 혐오, 놀람, 슬픔, 분노, 공포)를 표현하고 있는 얼굴 사진을 여러 문화권의 사람들에게 보여주고 사진 속의 정서를 분류할 것을 요청하였다. 어디에 살든지 상관없이 사람들은 사진 속의 정서를 매우 정확하게 분류할 수 있었다. 또 Ekman과 동료들은 비명이나 웃음소리 같은 발성을 통한 기본 정서의 재인 능력도 모든 문화권에서 공통적이라고 주장하였다(Sauter, Eisner, Ekman, & Scott, 2010). Ekman의 어떤 가설들은 여전히 논쟁 중이지만, 많은 심리학자가 정서를 표현하는 방식과 얼굴 표정을 해석하는 방식에서 문화 간의 공통점이 존재한다는 것에는 동의하고 있다. 그러나 특정 얼굴 표정은 문화권에 따라 달리 해석되기 때문에 학습도 관여되어 있다.

화제의 연구

우리는 공통점이 많다 : 인간 보편성

인간 행동을 연구하는 과학자들은 전 세계 사람들이 단순한 반사 말고도 다른 많은 기본 특성들을 공유하고 있다고 생각한다. 인류학자 Donald E. Brown(1991)은 모든 문화권에서 발견되는 능력 또는 행동으로 이루어진 **인간 보편성**(human universals) 목록을 작성하였다. 이 목록은 결혼, 상속법, 도구의 개발과 사용, 통치 체제, 범죄에 대한 처벌, 노동 분배 같은 인간의 삶의 주요 특성뿐 아니라 춤, 음악, 장례 의식, 위생, 농담, 민속학 같은 매우 특수한 행동 등 약 400여 개의 항목을 포함하고 있다. 확실히 학습과 경험은 Brown의 목록에 있는 항목 모두에서 영향을 끼친다. 특히 춤, 음악, 민속학은 문화에 따라 엄청난 차이가 있다. 사회마다 통치 체제가 다르듯이, 범죄에 대한 정의, 처벌 방법, 사람들이 만든 도구의 종류, 개인들 사이 노동 분배 방법에도 차이가 있다. 그러나 Brown의 요점은 모든 인간 사회에는 어떤 특정 유형의 춤, 특정 유형의 통치 체제, 특정 유형의 노동 분배 등이 존재한다는 것이다(그림 2.5). 그는 인간의 이런 특성은 모든 문화권에서, 심지어 현대 세계와 거리가 먼 문화권에서도 발견되기 때문에, 이것이 선천적인 인간의 경향성을 반영하는 것이라고 주장한다. 시간이 흐르면서 다른 연구자들도 인간 행동에서 문화 간 유사성에 대한 새로운 발견을 기초로 Brown의 목록에 추가 항목들을 제안하였다(예 : Aknin et al., 2013; Saucier, Thalmayer, & Bel-Bahar, 2014).

어떤 행동 경향성이나 특성이 선천적이라는 결론을 내리기는 쉽지 않다. 어떤 행동 특성이 모든 인간 문화권에서 발견된다는 사실이 이 특성의 선천성을 증명하지는 않는다. 어디에서나 그 행동이

그림 2.5 춤은 인간 보편성 중 하나이다. (Filipe Frazao/Shutterstock.com)

관찰된다는 것은 환경이 사람들에게 가하는 제약이 유사하기 때문일 수 있다. 예를 들어, 수십 가지의 다양한 기술을 습득하는 것보다 한 작업 분야에서 전문가가 되는 것이 개인에게 효율적이기 때문에, 노동 분배는 모든 환경에서 이득이라고 주장할 수 있다. 어쩌면 미래의 인간 유전학 연구는 보편적 인간 특성 중에서 어떤 특성이 유전이고 어떤 특성이 환경의 산물인지, 또는 어떤 특성이 유전과 환경이 결합한 것인지를 밝혀줄지 모른다. 어쨌든 인간의 보편성에 대한 Brown의 목록은 흥미로운데, 이것이 다른 생활양식, 관심, 신념, 인성을 가진 전 세계의 사람들이 얼마나 많은 공통점을 가졌는지를 보여주고 있기 때문이다.

당신은 위에 언급한 것 외에 인간 보편성에 대해 생각나는 것이 있는가? 잠시 시간을 내어 모든 인간 문화권에서 발견되는 행동, 관습, 문화의 사례를 생각해보도록 하라. 당신은 Brown의 목록과 당신이 떠올린 사례를 비교해볼 수 있다(http://condor.depaul.edu/mfiddler/hyphen/humunivers.htm).

예로, 혀를 내미는 반응은 중국에서는 놀람의 표현이지만 서구 사회에서는 그렇지 않다.

습관화

습관화(habituation)는 반응을 유발하는 자극의 반복 제시 후 반응 강도의 감소를 말한다. 원칙적으로는 유발된 모든 반응이 습관화될 수 있지만, 현실에서 습관화는 새롭고 갑작스러운 자극에 대한 신체의 자동화된 반응에서 가장 많이 나타난다. 여기 전형적인 사례가 있다. 딕은 휴가를 위해 깊은 숲속 호숫가에 있는 그림 같은 작은 별장을 빌렸다. 별장 주인은 딕에게 평소에는 주변이 매우 조용하지만, 가끔 저녁에 낚시 단체 또는 게임 단체가 호수 아래쪽에서 사격 연습을 한다고 말해주었다. 이런 경고를 들었음에도 처음 들려온 큰 총소리는 딕에게 깜짝 놀라는 반응을 유발하였다. 그는 의자에서 벌떡 일어났

연습 퀴즈 1 : 제2장

1. 제어 시스템 이론에서 비교기는 _____와/과 _____을/를 비교하고, 만일 이들이 부합하지 않으면 비교기는 _____에 신호를 보낸다.
2. 굴곡 반사에서 손에 있는 통증 수용기 세포는 _____과 시냅스를 이루고, 이것은 다시 _____와/과 시냅스 하고 있다.
3. 향성은 자극에 대한 반응이 _____이라면, 주성은 자극에 대한 반응에서 _____이 정해져 있다.
4. 고정행위패턴과 반응연쇄의 중요한 차이는 _____는 것이다.
5. 모든 인류 문화권에서 발견되는 능력 또는 행동을 _____(이)라고 부른다.

해답
1. 실제 입력, 참조 입력, 행위 시스템   2. 중간뉴런, 운동뉴런   3. 무선, 방향   4. 고정행위패턴에서는 엄격한 순서로 연속 행동이 일어나지만, 반응연쇄는 보다 유연하다   5. 인간 보편성

고, 심장은 빠르게 뛰었으며, 숨소리는 몇 초 동안 거칠어졌다. 약 30초가 지나자 딕은 완전히 회복하였는데, 두 번째 총소리 때문에 다시 깜짝 놀랐을 때는 들고 있던 소설책을 다시 읽고 있는 중이었다. 두 번째의 깜짝 놀라는 반응은 그렇게 강하지 않았다. 딕의 몸은 많이 움직이지 않았고, 심장박동의 증가도 크지 않았다. 계속되는 총소리와 함께 딕의 깜짝 놀라는 반응은 점점 감소하여 완전히 사라졌다. 소음은 더 이상 그의 독서를 방해하지 않게 되었다.

습관화가 잘 일어나는 또 다른 행동이 정향 반응(orienting response)이다. 개 또는 다른 동물에게 새로운 형상이나 소리를 제시하면, 동물은 현재의 행동을 멈추고 귀와 머리를 들고 자극이 있는 방향으로 몸을 돌린다. 자극이 반복적으로 제시되고 이제 자극이 더 이상 중요하지 않으면 정향 반응은 사라진다. 이와 유사하게, 유아에게 어른 목소리가 녹음된 테이프를 들려주면, 유아는 소리가 나오는 방향으로 머리를 돌린다. 그러나 같은 단어가 계속 반복적으로 들리면 유아는 소리 쪽으로 고개를 돌리는 반응을 멈춘다. 즉, 동물과 인간 모두 새로운 자극에 정향 반응을 보이고, 같은 자극이 여러 번 제시되면 정향 반응은 습관화된다.

습관화가 개체에 제공하는 기능은 분명하다. 유기체는 일상 활동 중 수많은 자극과 마주

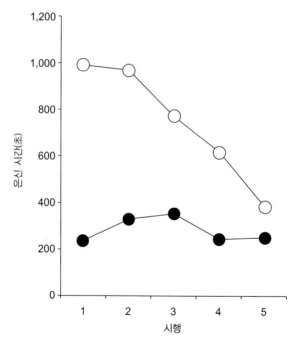

그림 2.6 고양이 냄새가 묻은 목걸이에 계속하여 노출되는 조건에서 쥐의 은신 시간은 습관화가 일어난다. 검은 동그라미는 고양이 냄새가 없는 목걸이에 노출된 통제집단의 쥐에서 나온 결과이다. (Dielenberg, R. A. & McGregor, I. S., 1999, Habituation of the hiding response to cat odor in rats, *Journal of Comparative Psychology, 113, 376–387. © American Psychological Association.* 허락하에 인용.)

친다. 이 중 어떤 자극은 이득이고 어떤 것은 위험하지만, 그 밖의 많은 자극은 이득도 되지 않고 위험하지도 않다. 반복하여 마주치는 대수롭지 않은 수많은 자극을 무시하는 것은 유기체에게 이득이다. 이런 자극에 계속하여 깜짝 놀라거나 방해를 받는다면 시간과 에너지만 낭비하게 될 뿐이다. Dielenberg와 McGregor(1999)의 연구는 공포를 유발하는 자극이 대수롭지 않은 것으로 판명된 후 동물이 이 자극에 습관화되는 과정을 잘 보여준다. 쥐에게 고양이 냄새가 묻은 목걸이를 제시하자, 쥐는 은신처로 도망가서 오랫동안 나오지 않는 반응을 하였다. 그런데 〈그림 2.6〉에서 보듯이, 고양이 목걸이를 여러 번 제시하자 쥐의 은신 시간이 감소하다가 고양이 냄새가 나지 않는 목걸이에 노출된 통제집단의 시간과 비슷해졌다.

  습관화는 단순하지만 매우 유용한 학습이기 때문에 모든 동물에서 발견된다는 사실이 놀랍지 않다. 지구상에서 가장 원시적인 형태의 신경망을 가진 히드라도 습관화를 보인다(Rushford, Burnett, & Maynard, 1963). 심지어 원생동물(단일 세포 생물체)의 습관화를 보여주는 연구도 있다. Wood(1973)는 원생동물인 나팔벌레에게 촉각 자극의 반복 제시로 수축 반응의 감소를 불러일으킬 수 있었다. 하지만 다른 자극인 빛에 대한 나팔벌레의 반응성은 약화되지 않았다.

습관화의 일반 원리

우리는 습관화가 원생동물에서 인간에 이르는 광범위한 종에서 일어난다는 것을 보았다. 더욱이 이런 다양한 종이 공유하고 있는 것은 습관화의 존재만이 아니다. 자주 인용되는 논문에서 Thompson과 Spencer(1966)는 인간, 포유동물, 무척추동물에게서 공통으로 관찰되는 매우 특별한 습관화의 속성을 제시하고 있다. Thompson과 Spencer의 원리는 다음과 같다.

1. **습관화 과정** 특정 반응의 습관화는 자극이 반복 제시될 때마다 일어난다. 시행이 증가하면서 일어나는 반응의 감소는 처음에는 크지만, 습관화가 진행될수록 점차 작아진다.
2. **시간 효과** 습관화가 일어나고 난 다음에 일정 기간 자극이 주어지지 않으면, 반응은 회복된다. 회복의 정도는 지나간 시간의 양에 달려 있다. Ebbinghaus의 연구에서 유사점을 찾는다면, 시간이 흐르면서 습관화가 '망각되었다'라고 할 수 있다. 총소리에 대한 딕의 깜짝 놀라는 반응이 습관화된 후, 30분 동안 총소리가 나지 않다가 다시 시작되었다고 가정해보자. 딕은 휴지기 이후 나타나는 첫 번째 총소리에 약한 놀람 반응을 보일 가능성이 높다(따라서 시간이 지나면서 약간의 절약률뿐만 아니라 약간의 망각도 존재한다). 이에 비교해 만일 다음 날 저녁까지 다시는 총소리가 나지 않는다면, 이런 더 긴 시간 간격 후의 딕의 깜짝 놀라는 반응은 더 커진다.

3. **재학습 효과** 시간 간격이 길면 습관화가 사라질 수도 있지만, 이차로 제시되는 일련의 자극에 대한 습관화는 더 빠르게 진행된다. 추가적인 자극 제시에 의한 습관화는 점점 더 빨라진다. Ebbinghaus의 용어를 이용하면, 선행 습관화 기간으로부터 절약률이 존재한다. 예를 들어, 휴가 둘째 날 저녁의 총소리에 대한 딕의 첫 번째 깜짝 놀라는 반응은 거의 첫날 저녁 반응만큼 클 수도 있지만, 두 번째 반응은 더 빠르게 사라질 것이다.

4. **자극 강도 효과** 우리는 반사 반응이 더 강렬한 자극에 의해 더 강해지는 것을 보았다. 이런 반응은 습관화에도 더 저항적이다. 습관화는 약한 자극에서 더 빨리 진행되고, 자극이 매우 강하면 습관화가 전혀 일어나지 않을 수도 있다.

5. **과학습 효과** Ebbinghaus의 실험처럼, 자극에 대한 반응이 완전히 사라졌다고 할지라도 추가적인 학습이 습관화에서 일어날 수 있다. Thompson과 Spencer는 자극에 대해 관찰 가능한 반응이 존재하지 않는 시점에서 일어나는 것 때문에 이것을 **영하 습관화**(below-zero habituation)라고 불렀다. 스무 번의 총소리 후에 딕의 깜짝 놀라는 반응이 완전히 사라졌다고 가정해보자. 그러나 24시간이 지나고 어제의 경험에서 그는 약간의 절약률을 보일 수 있다. 만일 첫날 저녁에 백 번의 총소리가 있었다면, 둘째 날 저녁에는 딕의 깜짝 놀라는 반응이 더 줄어들 것이다. 즉, 추가적인 여든 번의 총소리가 당시 딕의 행동에서 어떤 추가적인 변화를 일으키지 않지만, 습관화의 장기적인 파지를 증가시킨다.

6. **자극 일반화** 한 자극에서 유사한 새로운 자극으로 습관화가 전이되는 것을 일반화(gen-eralization)라고 부른다. 만일 셋째 날 저녁의 총소리가 어딘가 다르다면(다른 총기의 사용으로), 딕은 이 소리를 무시하기가 조금 어려울 것이다. 일반화의 양은 새로운 자극이 습관화된 자극과 얼마나 유사한지에 달려 있다.

발달심리학자들은 유아가 정확히 어떤 자극을 비슷한 것으로 생각하는지를 알아내는 도구로 습관화(자극 일반화)를 이용하여 유아의 감각 능력과 인지 능력에 대해 많은 것을 밝혀낼 수 있다. 예를 들어, Johnson과 Aslin(1995)은 생후 2개월 된 유아에게 하얀 상자 뒤에서 좌우로 움직이는 검은 막대 자극을 제시하였다(그림 2.7). 처음 몇 초 동안 유아는 이 자극을 응시하지만, 반복하여 제시하면 이 정향 반응은 습관화가 일어난다. 그런 다음 유아에게 앞부분에 상자가 제시되지 않는 두 종류의 새로운 검사 자극을 제시하였다(연속 막대 자극과 끊어진 막대 자극). 유아는 끊어진 막대 자극보다 연속 막대 자극에 대해 습관화의 일반화를 더 많이 보였다. 이 결과를 토대로 Johnson과 Aslin은 유아가 중간 부분을 볼 수 없었지만 원래 자극을 상자 뒤에서 움직이고 있는 연속 막대로 생각하였다고 결론 내렸다.

이와 비슷한 절차를 사용한 수많은 실험이 시각 자극을 재인하는 유아의 능력(Singh et al.

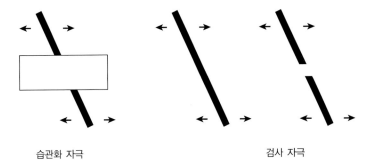

습관화 자극   검사 자극

그림 2.7 Johnson과 Aslin(1995)은 왼쪽 자극을 반복적으로 제시하여 자극에 대한 정위 반응의 습관화를 일으켰다. 그런 다음 오른쪽에 있는 두 자극을 제시하여 일반화 검사를 실시하였다.

2015), 다양한 음악을 변별하는 유아의 능력(Flom & Pick, 2012), 연쇄 사건에서 원인과 결과를 분석하는 유아의 능력(Kosugi, Ishida, Murai, & Fujita, 2009) 등을 연구하였다. 놀람 반응이나 주의 변화를 측정하는 데 습관화를 사용하는 전략은 심지어 생후 1개월이 채 안 된 유아의 지각 능력과 정신 능력을 연구하는 데도 유용한 기법임이 증명되었다.

글상자 2.2   **화제의 연구**

습관화와 심리 기능

습관화는 매우 단순한 유형의 학습이지만 유용하고 중요하다. 중요하지 않은 자극에 습관화하지 못하는 유기체는 더 중요한 자극에 주의를 기울이기 어렵다. 실제로 유아와 아동이 반복적인 자극에 습관화되는 속도는 이후 이들의 정신 능력과 관련이 깊다는 연구 증거들이 있다. Laucht, Esser와 Schmidt(1994)는 생후 3개월에 반복적인 자극에 더 빠른 습관화를 보인 유아가 4세 반에 실시한 지능검사에서 점수가 약간 더 높다는 결과를 발견하였다. 태어나기 전에도 태아는 진동이나 소리 같은 자극에 습관화를 보이는데 한 연구에서 태아의 습관화 비율이 생후 6개월 인지기능검사에서의 수행과 관련이 있다는 것이 밝혀지기도 하였다(Gaultney & Gingras, 2005).

다른 연구들은 조현병이나 심각한 우울증 같은 심리장애를 가지고 있거나 가지고 있지 않은 성인의 습관화 비율을 비교하였다. 몇몇 연구는 사람들이 얼굴 또는 물체 같은 시각 자극에 반복적으로 노출될 때 뇌 활동으로 습관화를 측정하였다. 조현병이나 우울증을 앓고 있는 사람들은 소뇌와 시각피질 같은 특정 뇌 영역에서 습관화가 정상보다 더 느린 것으로 나타났다(Williams, Blackford, Luksik, Gauthier, & Heckers, 2013). 우울증 환자가 보이는 느린 습관화는 눈깜박임 반사 같은 단순한 외현 행동에서 습관화를 측정하였을 때에도 발견되었다.

이런 연구들은 실험이 아니라 상관연구이기 때문에 원인과 결과에 대한 결론을 내리는 데 신중해야 한다. 하지만 이들은 생애 초기 반복적이고 중요하지 않은 자극에 습관화하는 능력이 나중의 정신 능력을 예측하는 요인 중 하나이고, 이런 매우 단순한 유형의 학습이 전체 정신건강과 관련이 있다는 것을 보여준다.

습관화의 신경학적 기제

유기체가 자극에 습관화될 때 유기체의 신경계에서는 어떤 일이 일어나는 것일까? 어떤 과학자들은 매우 원시적인 유기체를 사용하여 이 질문에 답하였는데, 이런 전략을 단순 체계 접근(simple systems approach)이라고 한다. 훌륭한 예시가 수십 년 동안 큰 바다 달팽이 군소의 신경계와 행동을 연구한 Eric Kandel과 동료들의 연구(Abbott & Kandel, 2012; Castellucci, Pinsker, Kupfermann, & Kandel, 1970)이다. 이들이 군소를 선택한 이유는 뉴런의 수가 수천 개에 불과해 포유동물과 비교하여 신경계가 상대적으로 단순하기 때문이다. Kandel과 동료들은 군소의 반사 중 하나인 아가미 수축 반사에서 습관화 과정을 연구하였다. 군소의 호흡관('살찐 주둥이'라고 불리는)을 살짝 건드리면 아가미가 수축하면서 몇 초 동안 막 안으로 숨는다(그림 2.8a). 이 반사를 통제하는 신경 기제는 잘 알려져 있다. 호흡관은 촉각 자극에 반응하는 24개의 감각뉴런을 가지고 있다. 여섯 개의 운동뉴런이 아가미 수축 반응을 통제하고 있다. 스물네 개의 감각뉴런은 각 여섯 개의 운동뉴런과 단일 시냅스성 연결(예 : 단 하

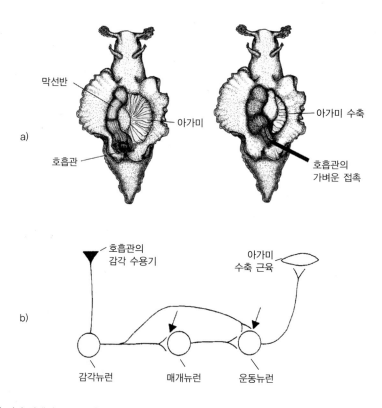

그림 2.8 (a) 바다 달팽이 군소. 호흡관을 살짝 건드리면 아가미는 반사적으로 딱딱한 막 아래로 수축한다. (b) 군소 아가미 수축 반사와 관련된 신경 회로의 일부. 자극이 반복되고 난 후 화살표로 표시된 지점에 있는 감각뉴런이 전달 물질을 더 적게 방출하는 것 때문에 습관화가 일어난다.

나의 시냅스를 포함하는 직접적인 연결)을 이루고 있다. 또한 감각뉴런에서 나온 다른 축삭은 같은 운동뉴런과 다시냅스성 연결(하나 또는 그 이상의 중간뉴런에 의해 매개되는 간접적인 연결)을 이루고 있다. 〈그림 2.8b〉는 이런 신경 회로의 일부를 보여준다.

만약 약 1분에 한 번씩 10회 또는 15회 정도 호흡관을 자극하면, 아가미 수축 반사는 습관화가 일어난다. 완전한 습관화는 약 한 시간 동안 유지되고, 부분 습관화는 24시간까지도 관찰된다. 이런 시행을 3~4일 계속하면, 장기 습관화(여러 주 동안 지속하는)를 관찰할 수 있다. Kandel은 일련의 정교한 검사를 통해 습관화 동안 감각뉴런의 축삭이 포함된 시냅스(그림 2.8b에 화살표로 표시된 지점)에서 언제나 흥분성 전도가 감소된다는 것을 알아냈다. 또 연구자들은 전달물질에 대한 시냅스 후 뉴런의 민감성에는 아무런 변화가 없다는 것도 발견하였다. 변화한 것은 시냅스 전 뉴런(감각뉴런)이 방출하는 전달물질의 양이었다. 자극의 반복적인 제시로 더 적은 양의 전달물질이 시냅스로 방출되었다.

그런 다음 Kandel은 더 심오한 질문으로 나아갔다. 감각뉴런에서 전달물질의 방출 억제를 일으키는 화학적 기제는 무엇인가? 뉴런이 발화할 때마다 칼슘 이온이 축삭종말로 유입되고, 이 칼슘 전류가 신경전달물질의 방출을 불러일으킨다. Klein, Shapiro와 Kandel(1980)은 칼슘 전류가 습관화 동안 점점 약화되고, 습관화 이후 회복 기간에는 칼슘 전류와 시냅스 후 뉴런(운동뉴런)의 반응이 동일한 비율로 증가하는 것을 발견하였다. 실험자들은 칼슘 전류의 감소가 시냅스에서 방출되는 전달물질의 양을 감소시키고, 이것이 결국 운동뉴런의 흥분을 감소시켜 아가미 수축 반응을 약화시킨다고 결론지었다.

Kandel과 동료들의 연구는 학습의 생리학적 연구에서 단순 체계 전략의 장점을 잘 보여준다. 상대적으로 단순한 군소의 신경망을 이용하여 연구자들은 습관화의 원인이 되는 신경학적 변화를 정확히 찾아낼 수 있었다. 이런 연구는 학습이 신경계의 여러 부위에서의 광범위한 변화가 아닌, 적어도 어떤 경우에는 매우 특수한 신경 부위의 변화에 달려 있다는 것을 보여준다. 더구나 이러한 학습은 새로운 축삭의 발달 같은 해부학적 변화가 아니라 이미 존재하는 뉴런들 사이의 연결 효과성의 변화에 달려 있다.

포유동물의 신경계는 군소보다 훨씬 복잡하기 때문에 자극에 대한 습관화가 일어나는 동안 변화하는 개별 뉴런을 밝혀내기는 대단히 어렵다. 그러나 적어도 몇몇 연구에서는 습관화와 관련된 뇌 부위를 알아내는 데 상당한 진보를 이루었다. Michael Davis(1989)는 이런 특별한 연구 중 하나를 수행하였다(갑작스러운 큰 소음에 대한 쥐의 깜짝 놀라는 반응에 대한 연구). 깜짝 놀라는 반응은 실험상자 안의 용수철 위에 앉아 있는 쥐를 검사하여 측정하였는데, 쥐가 놀라 움직이면 상자가 살짝 흔들리고 이런 상자의 움직임을 감지기로 측정하였다. 같은 크기의 소음이 여러 번 반복 제시되면, 사람과 마찬가지로 쥐의 깜짝 놀라는 반응은 습관화가 일어난다. Davis는 쥐의 신경계에서 어느 부위가 이런 습관화를 담당하고 있는지 알고 싶었다. 우선 Davis는 이 깜짝 놀라는 반응과 관련된 신경계의 부위를 알아내야만 했다. 세심하게 수행된 수많은 연구를 통하여 Davis와 동료들은 전체 신경계를 관통하는 신경 회로를 추적할 수 있었다(Davis, Gendelman, Tischler, & Gendelman, 1982). 회로는 청각신경에서 시작해서, 청각 경로를 통해 뇌간으로 이어지고, 그런 다음 깜짝 놀라는 반응과 관련된 근육을 통제하는 운동 경로로 이어진다. 후속 연구는 습관화 동안 이 회로의 초기 부분(예 : 청각 경로)에서 변화가 일어난다는 것을 알아냈다. 습관화를 담당하는 정확한 뉴런은 아직 밝혀지지 않았지만, Davis의 결과는 군소에 대한 연구결과와 두 가지 면에서 유사하다. 첫째, 습관화 동안 변화가 일어나는 뉴런은 신경 회로의 감각뉴런 쪽이다. 둘째, 변화는 신경계 어딘가에 있는 뉴런으로부터 새로운 입력의 결과로 일어나기보다 반사 회로 자체 내에서 일어난다.

포유동물을 사용한 연구들은 습관화의 생리학적 설명을 확장하기도 하였지만, 복잡하게 만들기도 하였다. 어떤 습관화는 뇌의 양쪽 측두엽에 위치한 청각피질을 포함하는 상위 수준의 뇌 부위와 관련이 있는 것으로 보인다. 기니피그를 대상으로 한 연구에서 Condon과 Weinberger(1991)는 같은 음조가 반복적으로 제시되면 청각피질에 있는 개별 세포들이 '습관화'되는 것을 발견하였다. 즉, 해당 음조에 대한 민감성은 감소하였지만, 더 높거나 더 낮은 음조에 대한 민감성은 감소하지 않았다.

양전자 단층촬영(positron emission tomography, PET)과 기능성 자기공명영상(functional magnetic resonance imaging, fMRI) 같은 현대의 뇌 영상 기술의 개발로 인간의 습관화와 관련된 뇌 영역을 밝히는 일이 가능해졌다. 연구자들은 fMRI를 이용하여 사람이 과제를 수행할 때 또는 자극을 제시받을 때 실시간으로 여러 뇌 영역의 활성화를 측정할 수 있다. 예를 들어, fMRI를 사용한 한 연구는 같은 얼굴 사진을 반복적으로 제시하였을 때, 대뇌피질과 해마를 비롯한 뇌의 여러 영역에서 습관화를 발견하였다(Fischer et al., 2003). 사람들에게 말소리를 반복적으로 들려주었을 때는 다른 뇌 영역에서 습관화가 발견되었다(Joanisse, Zevin, & McCandliss, 2007). PET는 큰 소음에 대한 깜짝 놀라는 반응이 습관화될 때 소뇌에서의 변화를 보여주었다(Timmann et al., 1998). 같은 자극이 반복적으로 제시될 때 뇌와 신경계의 여러 영역이 습관화(반응성 감소)된다는 증거가 증가하고 있다.

신경과학자는 경험과 자극의 결과로 변화하는 신경계의 능력을 가리켜 가소성(plasticity)이라고 부른다. 습관화의 생리학적 연구는 가소성이 신경계의 여러 수준에서 일어날 수 있다는 것을 보여준다. 전달물질 감소 같은 단순한 화학적 변화가 특정 종류의 습관화의 원인일 수 있지만, 다른 습관화에서 신경학적 기제는 훨씬 복잡해 보인다.

정서반응의 습관화 : 대립과정이론

Richard Solomon과 John Corbit(1974)은 많은 주목을 받은 정서이론을 제안하였다. 이 이론은 광범위한 정서반응에 적용 가능하다. 이들이 제안한 학습은 우리가 이미 살펴본 습관화의 사례와 매우 유사하다―두 학습 모두에서 자극에 대한 피험자의 반응은 자극을 반복 제시한 결과로 변화한다. 그러나 Solomon과 Corbit의 대립과정이론(opponent-process theory)에 따르면, 자극의 반복으로 어떤 정서반응은 강화되지만, 어떤 정서반응은 약화된다.

정서반응의 시간 패턴

당신이 유기화학 수업을 듣는 의예과 학생이라고 가정해보자. 중간고사에서 C+를 받았고, 실험 실습 수행 점수는 중간이었다. 기말고사를 열심히 준비했지만, 몇몇 시험문제에서는 답도 적지 못하였다. 교실을 나오면서 다른 학생들도 시험이 어렵다고 말하는 것을 들었다. 몇 주 후 성적표를 받는데, 유기화학 점수가 A―라는 놀라운 결과가 적혀 있다. 당신은 즉각 황홀감을 느끼면서 만나는 사람들에게 이 기쁜 소식을 전한다. 당신은 너무 흥분해서 어떤 중요한 작업을 하지는 못하지만, 일상의 소소한 짜증 거리(긴 줄서기, 불친절한 점원)는 문제가 되지 않는다. 저녁이 되자 흥분은 가라앉으면서 만족감이 찾아온다. 다음 날 아침 당신은 교무처에서 걸려온 한 통의 전화를 받는다. 학점 처리에 사무 착오가 있었고, 실제 당신의 유기화학 점수는 B―라는 것이다. 이 소식은 즉각적으로 실의와 절망감을 불러일으킨다. 당신은 지원하려고 했던 의대에 대한 계획을 다시 생각하면서, 의대에 진학이나 할 수 있을지 걱정이 일어난다. 하지만 몇 시간 후 당신의 정서 상태는 다시 회복되어 정상으로 되돌아간다.

　이 사례는 대립과정이론이 제안하고 있는 전형적인 정서 사건의 모든 주요 속성들을 포함하고 있다. 〈그림 2.9〉는 이 가상의 사건을 경험하는 동안 당신의 정서 상태를 나타낸 그래프이다. 아래에 있는 굵은 실선 막대는 정서 자극의 제시 기간을 표시한다. 이 예에서는 당신의 학점이 A―라고 믿었던 시간을 말한다. y축은 자극이 제시되는 동안과 자극 제시 이후 개인의 정서반응 강도를 나타내고 있다(Solomon과 Corbit은 '쾌' 또는 '불쾌' 정서와 관계없이 자극에 대한 반응을 항상 양수로 표기한다). 이 이론에 따르면 이런 자극의 제시는 갑작스러운 정서반응을 유발하는데, 이 반응은 빠르게 최고 강도에 도달한다(이 예에서는 초기 황홀감). 그런 다음 이 반응은 점차 낮은 수준으로 감소하거나 안정 상태에 이른다(저녁에 느끼는 만족감). 자극의 종료(전화 통화)와 함께 초기 정서와 반대되는 사후 정서반응(실의와 절망)으로의 갑작스러운 전환이 일어난다. 이 사후 반응은 점차 감소하고, 개인의 정서는 중성 상태로 되돌아간다.

　Solomon과 Corbit은 초기 반응이 불쾌한 사례로 일련의 전기충격을 받는 개에 대한 연구

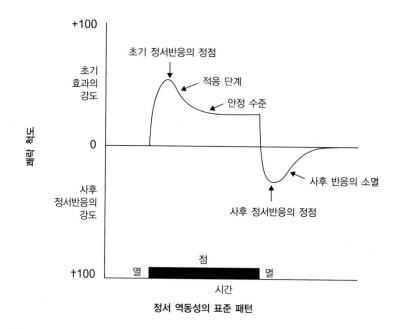

정서 역동성의 표준 패턴

그림 2.9 대립과정이론에 따른 전형적인 정서반응 패턴. 굵은 실선 막대는 정서 유발 자극이 제시되는 기간을 나타낸다. (Solomon, R. L., & Corbit, J. D., 1974, An opponent-process theory of motivation: I. Temporal dynamics of affect, *Psychological Review*, 81, 119–145. ⓒ American Psychological Association. 허락하에 재인쇄.)

를 기술하였다(Church, LoLordo, Overmier, Solomon, & Turner, 1966). 전기충격이 시작되었을 때 개에게는 분명히 공포와 디스트레스 징후가 나타나서, 심장박동률은 1분에 약 120회에서 200회로 빠르게 증가하였다가 감소하기 시작하였다. 전기충격이 끝날 때쯤의 개의 전형적인 행동은 "조심스럽고, 주저하고, 비우호적(1966, p. 121)"이었다. 이런 사후 반응은 공포와 반대되는 반응이라고 보기는 어렵지만, 초기 행동과는 확실히 다르고, 개의 심장박동률은 1분에 약 90회까지 떨어졌다가 일 분 후에 정상으로 되돌아갔다.

a-과정과 b-과정

Solomon과 Corbit은 많은 정서반응이 〈그림 2.9〉의 패턴을 따른다고 주장하였다. 이들은 이 패턴이 a-과정(a-process)과 b-과정(b-process)이라 불리는 길항적인 두 내부 과정의 결과라고 가정한다. a-과정(a-process)은 주로 초기 정서반응을 담당하고, b-과정은 사후 반응을 책임지고 있다. 〈그림 2.10〉의 왼쪽은 이 두 과정이 어떻게 결합하여 〈그림 2.9〉의 패턴이 만들어지는지를 보여준다. Solomon과 Corbit은 a-과정을 자극에 대해 최대로 반응하고 자극이 제시되는 동안 유지되는 빠른 활성화 반응으로 기술하였다. 자극이 끝나면, a-과정은 매우 빠르게 소멸한다(그림 2.10의 왼쪽 중간 그래프 참조). 개의 심장박동 연구에서 a-과정은 심

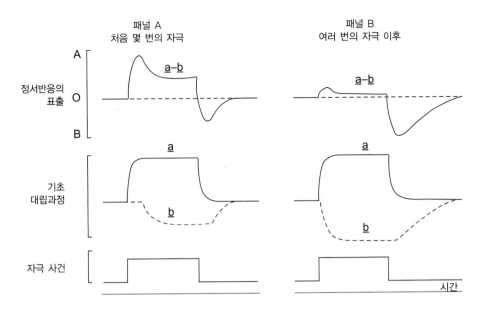

그림 2.10 대립과정이론에 따르면, 개인의 정서반응(또는 '정서반응의 표출')은 기저에 놓여 있는 a와 b-과정의 결합으로 결정된다. 정서 유발 자극이 처음 몇 번 제시되는 동안 대립과정의 시간 패턴이 왼쪽에 제시되고 있다. 오른쪽은 동일한 자극이 여러 번 반복 제시된 후 예측되는 패턴을 보여준다. (Solomon, R. L., & Corbit, J. D., 1974, An opponent-process theory of motivation: I. Temporal dynamics of affect, *Psychological Review*, 81, 119–145, ⓒ American Psychological Association. 허락하에 재인쇄.)

장박동수의 증가를 일으키는 어떤 가설적인 내부 기제(아마도 아드레날린의 분비)일 것이다. 길항적 b-과정(b-process)은 오직 a-과정 활성화의 반응으로 활성화되고, 생성과 소멸 모두 느리게 일어난다고 가정한다. 〈그림 2.10〉의 왼쪽 중간 그래프는 b-과정의 점진적인 증가와 감소를 나타내고 있다. 심장박동수 사례의 경우 b-과정은 심장박동수의 감소를 일으키는 어떤 내부 기제일 것이다.

〈그림 2.10〉에서 아직 자극(전기충격)이 제시되고 있는데도 b-과정이 활성화되기 시작하는 점을 주목하라. Solomon과 Corbit은 a-과정과 b-과정 모두 활성화되면, 정서반응의 결과를 간단한 뺄셈으로 예측할 수 있다고 제안한다. 즉, a-과정의 활성화는 b-과정의 활성화에 의해 어느 정도 상쇄되고, 정서반응은 약해진다. 이 이론에 따르면, 초기 정서반응이 정점에서 안정 상태로 내려가는 것은 b-과정에서의 이런 상승이 원인이다. 자극의 제시가 끝나고 a-과정이 빠르게 소멸하면 남은 것은 b-과정뿐이고, 이것이 사후 정서반응을 만들어낸다. 당신은 〈그림 2.10〉의 왼쪽 중간 그래프에 있는 두 과정이 어떻게 결합하여 왼쪽 위의 그래프에 있는 패턴을 만들어내는지 이해할 수 있어야 한다.

반복 자극의 효과

대립과정이론의 가장 중요한 부분 중 하나는 동일한 자극의 반복 제시로 정서반응 패턴이 어떻게 변화될지를 설명한다는 것이다. 간단히 말하면, 이 이론은 특정 자극에 반복적으로 노출될 때 초기 정서반응은 일종의 습관화(점점 작아지게 된다)가 일어나면서 동시에 사후 반응의 강도와 기간은 눈에 띄게 증가한다고 주장한다. 〈그림 2.10〉의 오른쪽 위의 그래프는 자극이 여러 번 제시된 후에 예측되는 정서반응 패턴을 보여준다. 이론에 따르면 오른쪽 중간 그래프는 이런 변화가 b-과정의 강도가 증가한 결과라는 것을 보여준다. a-과정은 변화하지 않지만, b-과정은 사용하면 강해지고 사용하지 않으면 약해진다. 자극이 반복될수록 b-과정은 더 빠르게 활성화되고, 더 높은 수준에 도달하고, 자극이 사라지고 난 뒤의 소멸은 더 느리다.

이런 예측들을 뒷받침하기 위해 Solomon과 Corbit은 Church 등(1966)의 실험에서 개의 정서반응과 심장박동률이 어떻게 변화했는지를 기술하였다. 여러 번의 회기를 거치고 나자, 전기충격이 주어지는 동안 개의 심장박동수는 거의 증가하지 않았다. 하지만 전기충격이 종료된 후에 심장박동수는 1분에 60회까지 감소하였고, 정상으로 되돌아가는 데 2분에서 5분이나(1분 또는 더 짧은 시간이 아니라) 소요되었다. 개의 외현적 행동 또한 변화하였다. 전기충격이 주어지는 동안 개는 "고통스러워하고 짜증과 불안을 보였지만 두려워하지 않았다… 그런 다음 마지막 시행에서 갑작스럽게 풀려나자 개는 우리가 당시 '기쁨의 발작'이라고 불렀던, 사람에게 달려들고 뛰어오르고 꼬리를 흔드는 반응을 하였다. 마지막으로 몇 분이 지나자 개는 원래의 정상 상태(우호적이지만 달려들지는 않는)로 돌아갔다"(Solomon & Corbit, 1974, p. 122).

요약하면, 경험이 증가할수록 개의 심장박동률과 외현 행동에서 변화는 더 비슷해졌다. 즉, 전기충격에 대한 반응은 이전보다 더 작아지고, 사후 반응은 더 강해지고 더 길어졌다.

다른 정서반응

Solomon과 Corbit(1974)은 대립과정이론이 다양한 정서 경험을 설명할 수 있다고 주장하였다. S. M. Epstein(1967)의 보고서에 따르면 이들은 낙하산 부대원의 초기 점프와 나중 점프에서 정서반응을 알아보았다. 낙하산 부대원의 정서 경험은 심장박동 연구에서 개의 경험과 비슷하다. 초보 낙하산 부대원은 점프하는 동안 공포에 휩싸이고, 점프 후 몇 분 동안은 기절한 것처럼 보이다가 다시 정상으로 돌아간다. 경험이 많은 낙하산 부대원은 점프하는 동안 중간 정도의 불안을 보이지만, 점프가 끝난 다음에는 몇 시간 동안 지속되는 흥분감과 희열감을 보고한다. 이들은 이런 희열감이 점프를 계속하게 만드는 중요한 이유라고 말한다.

또 다른 사례로 Solomon과 Corbit은 아편 같은 중독성 약물에 대한 강력한 반응을 들었다. 첫 번째 아편 주사 후에는 강력한 쾌감(황홀감)을 느낀다. 이런 절정의 정서는 덜 강렬한 상태로 감소한다. 약물의 효과가 사라지고 나면, 혐오적인 사후 반응—약물에 대한 갈망과 함께 메스꺼움, 불면증, 과민성, 불안, 식욕부진 등—이 나타난다. 이런 금단증상은 몇 시간 또는 며칠 동안 지속할 수 있다.

경험이 많은 아편 중독자에게서는 이 패턴이 바뀐다. 주사는 더 이상 초기 쾌감을 불러일으키지 못하고, 만약 쾌감을 느낄지라도 그 강도는 약하다. 반복 사용으로 인한 이런 약 효과의 감소를 내성(tolerance)이라고 하고, 이는 아편 외에도 많은 약물에서 관찰된다. 대립과정이론에 따르면, 내성은 강해진 b-과정의 산물이다. 반복적인 아편 사용으로 왜 금단증상이 더 심해지고 몇 주 이상 오래 지속되는지도 더 강해진 b-과정으로 설명할 수 있다. Solomon과 Corbit은 대립과정이론이 아편뿐만 아니라 모든 중독 행동(흡연, 알코올중독, 신경안정제, 암페타민)을 이해하는 데 도움이 된다고 주장한다. 우리는 제4장에서 대립과정이론에 동의하지 않는 연구자도 있다는 것을 보게 될 것이다.

간략 평가

정서반응 패턴에 대해 대립과정이론이 하는 예측들은 여러 실험에서 검증되었다. 대부분 연구 증거가 이론의 예측을 지지하지만(예 : Vargas-Perez, Ting-A-Kee, Heinmiller, Sturgess, & van der Kooy, 2007), 그렇지 않은 경우도 있다(Newton, Kalechstein, Tervo, & Ling, 2003). 이 이론은 운동 효과(Lochbaum, 1999), 사랑하는 사람을 잃고 겪는 우울증(Moss, 2013), 그리고 사람들이 통증이 끝나고 나면 편안함이 뒤따르는 통증 감각을 어떻게 하여 경험하는지(Leknes, Brooks, Wiech, & Tracey, 2008)를 포함하여 다양한 인간 행동에 적용되고 있다.

약물중독의 뇌 기제에 대한 최신 연구는 a-과정(약물에서 오는 쾌감)의 약화와 b-과정(금단증상; Koob & Le Moal, 2008)의 강화에 대한 대립과정이론의 가설들을 지지한다. 쥐를 대상으로 한 몇몇 연구는 아편에 대한 초기 긍정적인 반응과 부정적인 사후 반응 모두와 관련이 있는 것으로 보이는 뇌 영역을 확인하였고(Radke, Rothwell, & Gewirtz, 2011), 이런 결과들은 대립과정이론의 기본 개념을 지지하는 신경해부학적 증거를 제공한다. 약물중독에서 뇌 변화를 보여주는 연구는 중독자가 쾌감을 얻기 위해서가 아니라 불쾌한 금단증상에서 일시적으로 벗어나기 위해 약물 사용을 계속한다는 생각과 일치한다(Baker, Piper, McCarthy, Majeskie, & Fiore, 2004).

대립과정이론을 비판하는 사람들은 Solomon과 Corbit이 사용한 사례들에서 시간 과정이 너무 차이가 크다고 지적한다. 개를 사용한 심장박동 연구에서 b-과정은 단지 몇 초 또는 몇 분 동안 지속된다. 그러나 약물중독의 경우에는 b-과정이 몇 달 동안 지속될 수 있다. 이렇듯 지속 기간이 다른 정서 사건들이 같은 생리적 기제로 일어난다는 것이 가능한가? 비판자들은 Solomon과 Corbit의 사례들이 표면적 유사성 외에는 공통점이 없다고 주장한다.

대립과정이론을 변호하자면 정서반응이 이론의 예측과 일치하는 한 이러한 패턴이 단일 생리적 기제에 기초하건 또는 여러 기제에 기초하건 문제가 되지 않는다고 주장할 수 있다. 엄밀히 기술적 수준에서 보면, 대립과정이론이 강조하는 정서 사건의 주요 특성(정점, 안정 상태, 사후 효과, 반복 자극으로 인한 변화)은 사례 연구, 체계적 관찰법, 실험으로 꽤 잘 증명되고 있다. 이런 패턴이 공통의 생리적 기제를 가지고 있든 아니든 이 이론은 일반적인 정서반응의 특성을 잘 포착하고 있다. 이것이 이 이론의 가장 큰 덕목일지 모른다. 대립과정이론이 제시한 폭넓은 관점은 개인의 정서반응에 대한 근시안적 분석만으로 그쳤을 우리에게 정서들 사이의 공통점을 볼 수 있게 해주었다는 것이다.

요약

선천적인 반응 중 가장 단순한 형태가 반사인데, 눈에 밝은 빛이 비춰지면 눈을 깜빡이는 것처럼 하나의 특정 자극에 대한 하나의 단순한 반응을 말한다. 무방향 운동이 특정 자극에 대한 무선적인 운동이라면, 주성은 정해진 방향에 따라 일어나는 운동이다(예 : 태양을 나침반으로 사용하는 개미). 고정행위패턴이 언제나 엄격한 순서에 따라 일어나는 일련의 행동이라면, 반응연쇄는 현재 상황에 맞추어 변화할 수 있는 보다 융통성 있는 행동 순서이다. 실제 상태와 목표 상태 사이를 비교하는 제어 시스템 이론의 개념이 이런 선천적 행동 패턴의 분석에 도움이 될 수 있다. 소수의 선천적 행동 패턴이 발견되기도 하지만, 그보다 인간은 언어 능력, 얼굴 표정으로 정서를 표현하는 방식, 그 밖의 여러 사회 행동처럼 상당수의 선천적인 능력과 성향을 가지고 태어난다.

습관화란 같은 자극이 반복적으로 제시될 때 반사 반응이 감소하다가 최종 소멸하는 것을 말한다. 습관화는 유기체에게 중요하지 않은 반복적인 자극을 무시하는 능력을 제공한다. 단순한 생물체와 복잡한 생물체 모두 망각, 과학습, 자극 일반화 같은 동일한 습관화 특성을 보인다. 바다 달팽이 군소처럼 단순한 생물체뿐만 아니라 포유동물을 대상으로 한 연구는 습관화 동안 뇌에서 일어나는 화학적 변화와 생리적 변화를 밝혀냈고, 몇몇 연구에서는 습관화와 관련된 특정 뇌 구조가 밝혀지기도 하였다.

Solomon과 Corbit의 대립과정이론은 많은 정서반응이 a-과정이라고 부르는 초기 반응과 b-과정이라고 부르는, 사후의 반대 반응으로 이루어져 있다고 설명한다. 같은 자극의 반복 제시는 b-과정을 강화하기 때문에 초기 반응은 더 약해지면서 사후 반응은 더 강해지고 오래 지속한다. 이 이론은 약물 내성, 번지점프와 관련된 정서, 고통스럽고 혐오적인 자극에 대한 반응 같은 다양한 정서반응에 적용되고 있다.

복습 문제

1. 다음 선천적 행동 패턴에 대한 사례를 각각 하나씩 기술하라 – 반사, 무방향 운동, 주성, 고정행위패턴, 반응연쇄. 이 사례 중 하나를 선택하여 제어 시스템 이론으로 어떻게 분석될 수 있는지를 보여주도록 하라.
2. 인간이 특정 능력과 성향을 가지고 태어난다는 주장을 지지하기 위해 과학자는 어떤 종류의 증거를 사용하는가? 선천적인 인간 성향을 보여주는 가장 설득력 있는 사례는 무엇인가? 또는 설득력이 약한 사례로는 무엇이 있는가? 그렇게 생각하는 이유를 설명하라.
3. 큰 소음을 내는 시계를 새로 구매하여 방에 걸고 나면, 당신은 곧 시계 소리에 습관화될 것이다. 이 예를 사용하여 일반 습관화 원리를 기술하라. 단순한 유형의 이런 학습이 왜 유용한가?
4. 유아의 습관화는 연구에 어떻게 사용되고 있는가?
5. 대립과정이론에 따라 새로운 자극에 대한 전형적인 정서반응 패턴을 보여주는 도표를 그려보라. 이제 자주 반복되는 자극에 대한 반응으로 일어나는 변화된 패턴을 그려보라. 약물 내성 또는 흡연 같은 특정 사례를 사용하여 이 도표를 설명하라.

참고문헌

Abbott, L.F., & Kandel, E.R. (2012). A computational approach enhances learning in Aplysia. *Nature Neuroscience, 15*, 178–179.

Aknin, L.B., Barrington-Leigh, C.P., Dunn, E.W., Helliwell, J.F., Burns, J., Biswas-Diener, R., & . . . Norton, M.I. (2013). Prosocial spending and well-being: Cross-cultural evidence for a psychological universal. *Journal of Personality and Social Psychology, 104*, 635–652.

Armsworth, C.G., Bohan, D.A., Powers, S.J., Glen, D.M., & Symondson, W.O.C. (2005). Behavioural responses by slugs to chemicals from a generalist predator. *Animal Behaviour, 69*, 805–811.

Baker, M. (2001). *The atoms of language*. New York: Basic Books.

Baker, T.B., Piper, M.E., McCarthy, D.E., Majeskie, M.R., & Fiore, M.C. (2004). Addiction motivation reformulated: An affective processing model of negative reinforcement. *Psychological Review, 111*, 33–51.

Brown, D.E. (1991). *Human universals*. New York: McGraw-Hill.

Castellucci, V., Pinsker, H., Kupfermann, I., & Kandel, E.R. (1970). Neuronal mechanisms of habituation and dishabituation of the gillwithdrawal reflex in *Aplysia*. *Science, 167*, 1745–1748.

Church, R.M., LoLordo, V.M., Overmier, J.B., Solomon, R.L., & Turner, L.H. (1966). Cardiac responses to shock in curarized dogs. *Journal of Comparative and Physiological Psychology, 62*, 1–7.

Condon, C.D., & Weinberger, N.M. (1991). Habituation produces frequency-specific plasticity of receptive fields in the auditory cortex. *Behavioral Neuroscience, 105*, 416–430.

Davis, M. (1989). Neural systems involved in fearpotentiated startle. *Annals of the New York Academy of Sciences, 563*, 165–183.

Davis, M., Gendelman, D.S., Tischler, M.D., & Gendelman, P.M. (1982). A primary acoustic startle circuit: Lesion and stimulation studies. *Journal of Neuroscience, 2*, 791–805.

Dielenberg, R.A., & McGregor, I.S. (1999). Habituation of the hiding response to cat odor in rats (*Rattus norvegicus*). *Journal of Comparative Psychology, 113*, 376–387.

Eibl-Eibesfeldt, I. (1975). *Ethology* (2nd ed.). New York: Holt, Rinehart & Winston.

Ekman, P. (1973). Cross-cultural studies of facial expression. In P. Ekman (Ed.), *Darwin and facial expression* (pp. 91–168). New York: Academic Press.

Ekman, P., & Matsumoto, D. (2011). Reading faces: The universality of emotional expression. In M.A. Gernsbacher, R.W. Pew, L.M. Hough, & J.R. Pomerantz (Eds.), *Psychology and the real world: Essays illustrating fundamental contributions to society* (pp. 140–146). New York, NY, US: Worth Publishers.

Epstein, S.M. (1967). Toward a unified theory of anxiety. In B.A. Maher (Ed.), *Progress in experimental personality research* (Vol. 4, pp. 2–89). New York: Academic Press.

Evans, N., & Levinson, S.C. (2009). The myth of language universals: Language diversity and its importance for cognitive science. *Behavioral and Brain Sciences, 32*, 429–448.

Fischer, H., Wright, C.I., Whalen, P.J., McInerney, S.C., Shin, L.M., & Rauch, S.L. (2003). Brain habituation during repeated exposure to fearful and neutral faces: A functional MRI study. *Brain Research Bulletin, 59*, 387–392.

Flom, R., & Pick, A.D. (2012). Dynamics of infant habituation: Infants' discrimination of musical excerpts. *Infant Behavior & Development, 35*, 697–704.

Fraenkel, G.S., & Gunn, D.L. (1940). *The orientation of animals: Kineses, taxes, and compass reactions*. Oxford: Oxford University Press.

Gaultney, J.F., & Gingras, J.L. (2005). Fetal rate of behavioral inhibition and preference for novelty during infancy. *Early Human Development, 81*, 379–386.

Joanisse, M.F., Zevin, J.D., & McCandliss, B.D. (2007). Brain mechanisms implicated in the preattentive categorization of speech sounds revealed using fMRI and a short-interval habituation trial paradigm. *Cerebral Cortex, 17*, 2084–2093.

Johnson, S.P., & Aslin, R.N. (1995). Perception of object unity in 2-month-old infants. *Developmental Psychology, 31*, 739–745.

Klein, M., Shapiro, E., & Kandel, E.R. (1980). Synaptic plasticity and the modulation of the calcium current. *Journal of Experimental Biology, 89*, 117–157.

Koob, G.F., & Le Moal, M. (2008). Addiction and the brain antireward system. *Annual Review of Psychology, 59*, 29–53.

Kosugi, D., Ishida, H., Murai, C., & Fujita, K. (2009). Nine- to 11-month-old infants' reasoning about causality in anomalous human movements. *Japanese Psychological Research, 51*, 246–257.

Laucht, M., Esser, G., & Schmidt, M.H. (1994). Contrasting infant predictors of later cognitive functioning. *Journal of Child Psychology and Psychiatry and Allied Disciplines, 35*, 649–662.

Leknes, S., Brooks, J.C.W., Wiech, K., & Tracey, I. (2008). Pain relief as an opponent process: A psychophysical investigation. *European Journal of Neuroscience, 28*, 794–801.

Lenneberg, E.H. (1967). *Biological foundations of language.* New York: Wiley.

Lochbaum, M.R. (1999). Affective and cognitive performance due to exercise training: An examination of individual difference variables. *Dissertation Abstracts International: Section B: The Sciences and Engineering, 59*(10-B), 5611.

Loeb, J. (1900). *Comparative physiology of the brain and comparative psychology.* New York: Putnam's.

McFarland, D.S. (1971). *Feedback mechanisms in animal behavior.* New York: Academic Press.

Moss, R.A. (2013). Psychotherapy and the brain: The dimensional systems model and clinical biopsychology. *Journal of Mind and Behavior, 34*, 63–89.

Newton, T.F., Kalechstein, A.D., Tervo, K.E., & Ling, W. (2003). Irritability following abstinence from cocaine predicts euphoric effects of cocaine administration. *Addictive Behaviors, 28*, 817–821.

Pinker, S. (2002). *The blank slate.* New York: Viking.

Provine, R.R. (1989). Faces as releasers of contagious yawning: An approach to face detection using normal human subjects. *Bulletin of the Psychonomic Society, 27*, 211–214.

Radke, A.K., Rothwell, P.E., & Gewirtz, J.C. (2011). An anatomical basis for opponent process mechanisms of opiate withdrawal. *Journal of Neuroscience, 31*, 7533–7539.

Reese, E.S. (1963). The behavioral mechanisms underlying shell selection by hermit crabs. *Behaviour, 21*, 78–126.

Rushford, N.B., Burnett, A., & Maynard, R. (1963). Behavior in Hydra: Contraction responses of *Hydra pirardi* to mechanical and light stimuli. *Science, 139*, 760–761.

Saucier, G., Thalmayer, A.G., & Bel-Bahar, T.S. (2014). Human attribute concepts: Relative ubiquity across twelve mutually isolated languages. *Journal of Personality and Social Psychology, 107,* 199–216.

Sauter, D.A., Eisner, F., Ekman, P., & Scott, S.K. (2010). Cross-cultural recognition of basic emotions through nonverbal emotional vocalizations. *PNAS Proceedings of the National Academy of Sciences of the United States of America, 107,* 2408–2412.

Schneirla, T.C. (1933). Some important features of ant learning. *Zeitschrift für Vergleichenden Physiologie, 19,* 439–452.

Singh, L., Fu, C.L., Rahman, A.A., Hameed, W.B., Sanmugam, S., Agarwal, P., & . . . Rifkin-Graboi, A. (2015). Back to basics: A bilingual advantage in infant visual habituation. *Child Development, 86,* 294–302.

Solomon, R.L., & Corbit, J.D. (1974). An opponent-process theory of motivation: I. Temporal dynamics of affect. *Psychological Review, 81,* 119–145.

Thompson, R.F. (2014). Habituation: A history. In F.K. McSweeney & E.S. Murphy (Eds.), *The Wiley Blackwell handbook of operant and classical conditioning* (pp. 79–94). Chichester, UK: Wiley-Blackwell.

Thompson, R.F., & Spencer, W.A. (1966). Habituation: A model phenomenon for the study of neuronal substrates of behavior. *Psychological Review, 73,* 16–43.

Timmann, D., Musso, C., Kolb, F.P., Rijntjes, M., Jüptner, M., Müller, S.P., & . . . Weiller, C.I. (1998). Involvement of the human cerebellum during habituation of the acoustic startle response: A PET study. *Journal of Neurology, Neurosurgery & Psychiatry, 65,* 771–773.

Vargas-Perez, H., Ting-A-Kee, R.A., Heinmiller, A., Sturgess, J.E., & van der Kooy, D. (2007). A test of the opponent-process theory of motivation using lesions that selectively block morphine reward. *European Journal of Neuroscience, 25,* 3713–3718.

Watson, J.B. (1925). *Behaviorism.* New York: Norton.

Williams, L.E., Blackford, J.U., Luksik, A., Gauthier, I., & Heckers, S. (2013). Reduced habituation in patients with schizophrenia. *Schizophrenia Research, 151,* 124–132.

Wood, D.C. (1973). Stimulus specific habituation in a protozoan. *Physiology and Behavior, 11,* 349–354.

CHAPTER

3

고전적 조건형성의 기본 원리

학습 목표

이 장을 읽은 후에 당신은

- 고전적 조건형성의 절차와 가장 일반적인 실험실 연구 방법을 기술할 수 있다.
- Pavlov의 자극대체이론을 설명하고 장단점을 기술할 수 있다.
- 획득, 소거, 자발적 회복, 조건억제, 일반화, 변별을 포함한 고전적 조건형성의 기본 원리를 기술할 수 있다.
- 고전적 조건형성 절차에서 자극의 제시 시간이 결과에 어떤 영향을 미치는지 설명할 수 있다.
- 일상생활에서 발견되는 고전적 조건형성의 사례를 제시할 수 있다.
- 고전적 조건형성에 기초하고 있는 주요 행동치료기법을 기술하고 그 효과를 평가할 수 있다.

Pavlov의 발견과 영향

러시아의 과학자 Pavlov는 심리학 역사에서 가장 유명한 인물 중 한 명이다. Pavlov는 타액을 비롯하여 섭취한 음식을 분해하기 위해 동물의 소화계가 분비하는 다양한 물질에 관심을 가졌다. Pavlov는 피험동물로 개를 사용하였는데, 개의 침샘관에서 분비된 타액이 관을 통해 입 밖으로 흘러나오게 하는 수술 기법을 개발하여 타액의 양을 측정할 수 있었다(그림 3.1). 개는 수일 동안 여러 번의 검사를 연속적으로 받았다. 매 회기 동물에게 먹이를 주고 타액을 측정하였다. Pavlov는 여러 번 검사를 받은 개에게서 중요한 사실을 관찰할 수 있었다. 실험실에 처음 온 개와 다르게 경험이 많은 개는 먹이가 제시되기 전에 먼저 침을 분비하기 시

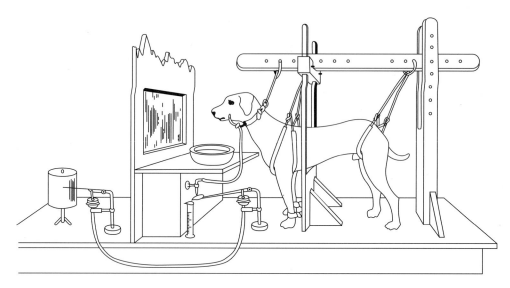

그림 3.1 Pavlov의 침 분비 조건형성 상황. 개의 입에서 분비된 타액이 관을 따라 흘러나와 자동으로 기록된다 (Yerkes & Morgulis, 1909)

작하였다. Pavlov는 먹이 제시 전에 항상 선행되었던, 예를 들어 실험자의 모습 같은 특정 자극이 타액 반응을 유발하는 능력을 발달시켰다고 추론하였다. Pavlov는 피험동물이 단순한 유형의 학습을 보여주고 있다고 결론 내렸다 — 입안의 먹이 자극에 대한 반사 반응으로 시작되었던 타액 분비가 이제는 새로운 자극으로 일어난다. 현재 이 현상은 **고전적 조건형성**(classical conditioning)이라고 불린다. Pavlov는 이 장에 기술되어 있는 수많은 연구결과를 발견하였고, 오늘날에도 여전히 사용되고 있는 일련의 고전적 조건형성 절차를 개발하였다.

고전적 조건형성의 표준 절차

전형적인 고전적 조건형성 연구에서 실험자는 먼저 특정 반응을 유발하는 자극을 선정한다. 이때 이 자극은 **무조건자극**(unconditioned stimulus, US), 반응은 **무조건반응**(unconditioned response, UR)이라고 부른다. 무조건이라는 용어는 자극과 반응 간의 연결이 학습되지 않은 것(선천적)을 나타내기 위해 사용된다. 침 분비 반응에 대한 Pavlov의 실험에서 무조건자극(US)은 개의 입안에 있는 먹이이고, 무조건반응(UR)은 침 분비이다. 고전적 조건형성 절차의 세 번째 요소는 **조건자극**(conditioned stimulus, CS)으로, 원래는 UR을 유발하지 않는 어떤 자극을 말한다(예 : 종소리). 조건자극이라는 용어는 이 자극이 조건형성 되고 나서야 침 분비 반응을 일으킬 수 있다는 의미이다.

〈그림 3.2〉는 고전적 조건형성의 처음과 나중 시행에서 사건의 순서를 보여준다. 가장 단순한 형태의 고전적 조건형성 시행은 CS가 제시(예 : 종소리)되고 나서 US(예 : 먹이)가 뒤

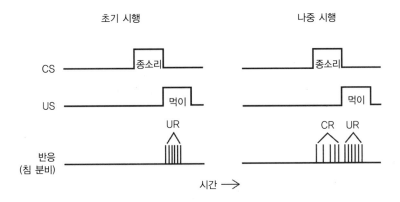

그림 3.2 CR이 확립되기 전(왼쪽)과 후(오른쪽)의 고전적 조건형성 시행의 사건들.

따라오는 것이다. 초기 시행에서는 US 때문에 침 분비 반응이 유발된다. 그러나 조건형성 시행이 계속되면서 개는 CS가 제시되자마자 침을 분비하기 시작한다. US가 제시되기 전 CS의 제시로 일어나는 침 분비를 조건반응(conditioned response, CR)이라고 부르는데, US가 아니라 CS에 의해 유발되기 때문이다.

다양한 조건반응

고전적 조건형성은 여러 많은 반응에서 관찰될 수 있지만, 쉽고 효과적으로 연구할 수 있는 소수의 조건형성 예시(특정 US, UR, 동물을 사용하는 조건형성 상황)를 사용하는 경우가 많다. 다음과 같은 예시가 가장 많이 활용되고 있다.

눈깜박임 조건형성

눈깜박임 반사 조건형성은 인간, 토끼, 쥐 등의 동물을 대상으로 연구된다. 〈그림 3.3〉은 인간의 눈깜박임 조건형성에 필요한 현대적인 실험 장치를 보여준다. US는 눈에 가해지는 공기 분사이고, UR은 당연히 눈깜박임이다. 눈깜박임 반응은 눈꺼풀의 움직임을 측정하는 광전지로 기록한다. 토끼를 대상으로 하는 눈깜박임 조건형성 연구는 US로 공기 분사나 눈 근처의 피부에 가해지는 약한 전기충격을 사용하기도 하는데, 전기충격 역시 UR인 눈깜박임 반응을 확실하게 유발한다. CS는 불빛, 음조, 또는 실험상자의 진동 같은 촉각 자극일 수도 있고, CS의 제시 시간은 보통 약 1초이다. UR과 마찬가지로 CR은 눈깜박임이다. 눈깜박임 조건형성은 느리게 일어난다 — 시행의 50%에서 CR이 관찰되는 데 100회 이상의 짝짓기가 필요할 수 있다. 과학자들은 눈깜박임 조건형성을 이용하여 조건형성과 관련된 뇌 영역과 화학적 기제에 대한 연구를 비롯하여 심리장애의 진단 및 노화 효과에 대해 연구한다(예 : Radell & Mercado, 2014).

그림 3.3 눈깜박임 조건형성 실험 장치. 눈에 직접 공기를 분사하는 튜브, 눈꺼풀 움직임을 측정하는 광전기, 청각 자극을 제시하는 이어폰이 부착된 헤드셋을 착용한 참여자의 모습.

조건억압

조건정서반응(conditioned emotional response, CER)이라고도 불리는 조건억압(conditioned suppression) 절차에서는 주로 쥐를 피험동물로 사용하고, US는 실험실 마룻바닥의 금속 막대를 통해 제시되는 짧은 전기충격 같은 혐오자극이다. 먼저 레버를 누르면 가끔 먹이 조각을 제공하여 쥐가 일정 속도로 레버를 누르도록 훈련을 한다. 때때로 CS(불빛, 소리, 진동 등)가 약 1분 동안 제시되고 US인 전기충격이 뒤따른다. 처음에 쥐는 CS가 제시되는 1분 동안에도 레버를 누를 것이다. 하지만 CS 다음에 전기충격이 오는 시행을 몇 차례 경험하고 나면, 쥐는 마치 앞으로 오게 될 전기충격을 준비하는 것처럼 CS가 제시되는 동안 레버 누르기를 멈추거나 덜 누르게 된다. 즉, 이 절차에서 CR은 쥐가 CS와 US 사이의 연합을 학습했다는 것을 의미하는 레버 누르기의 억압이다. 전기충격이 끝나자마자 쥐는 원래 비율로 레버 누르기를 다시 시작할 것이다. 이 절차에서 조건형성은 빠르게 일어난다. 10회 이하의 시행에도 강한 조건억압이 발생하는 경우가 흔하고, 어떤 경우에는 단 한 번의 CS-US 짝짓기로 일어나기도 한다.

피부전도반응

피부전도반응(skin conductance response, SCR)이라고 부르는 조건형성 예시는 때로 피부전기반응이라고도 하며 주로 인간을 참여자로 사용한다. SCR은 피부의 전기 전도성의 변화이다. 개인의 SCR을 측정하기 위해 피부 전도성의 순간 변화(미세한 땀 변화로 발생하는)를 알려주는 기계와 연결된 동전 모양의 전극 두 개를 손바닥에 부착한다. 피부 전도성은 공포 또는 놀람 같은 정서에 의해 변화되기 때문에 SCR은 거짓말 탐지 검사에서도 종종 사용된다. 피부 전도성을 확실하게 증가시키는 자극 중 하나가 전기충격이고, 이와 비슷한 전도성 증가가 전기충격과 짝지어지는 어떤 CS에 의해서도 발생할 수 있다. 이때 CS는 음조, US는 왼쪽 팔목의 전기충격, 반응은 오른쪽 손바닥의 전도성 증가이다. SCR에 대한 관심이 높은 이유는 이 절차가 인간 참여자를 대상으로 하고, 빠르고 확실한 조건반응을 제공하며, 많은 복잡한 자극(예 : 청각적 또는 시각적으로 제시되는 단어들)을 CS로 사용하여 연구할 수 있기 때문이다.

맛-혐오학습

이 절차에서 CS는 동물이 먹거나 마시는 어떤 맛으로, 주로 전에 한 번도 맛본 적이 없는 것이다. 동물이 먹거나 마시고 난 뒤에 질병을 유발하는 독극물 주사(US)를 준다. 며칠이 지나고 나서 동물에게 CS로 작용한 먹이를 다시 한 번 섭취할 수 있게 한다. 일반적으로 동물은 이 먹이를 전혀 먹지 않거나 아주 조금만 먹는다. 따라서 동물이 먹이를 회피하는 정도로 조건형성을 측정한다.

　맛 혐오는 많은 사람이 일생에 한 번쯤은 경험하는 것이다. 어쩌면 당신도 먹고 난 뒤에 아팠던 경험 때문에 거부하는 음식이 있을 것이다. 많은 사람들이 즐기는 음식인데, 당신은 먹는다는 생각만 해도 속이 안 좋을 수 있다. 당신의 이런 맛 혐오가 이상하지 않은 것이 한 연구에서 조사 대학생들의 절반 이상이 적어도 한 가지 이상의 맛 혐오를 가지고 있는 것으로 나타났다(Logue, Ophir, & Strauss, 1981).

Pavlov의 자극대체이론

Pavlov는 자극대체이론(stimulus substitution theory)이라고 불리는 고전적 조건형성 이론을 처음으로 제안하였다. 이 이론은 고전적 조건형성에서 CS가 US를 대체하여 원래 US 때문에 일어나던 반응이 이제 CS에 의해 일어나는 것이라고 주장한다. 언뜻 보면 이 이론은 여러 고전적 조건형성 사례에서 공통으로 발생하고 있는 것을 완벽하게 설명하는 것처럼 보인다. 침 분비 조건형성에서 처음에는 먹이에 의해 침 분비가 유발되지만, 나중에는 CS에 의해 침 분비가 일어난다. 눈깜박임 조건형성에서 UR과 CR 모두 눈꺼풀을 감는 반응이다.

SCR 조건형성에서는 피부 전도성의 증가가 처음에는 전기충격으로 유발되지만, 조건형성 후에는 본래 중성이었던 자극으로 일어난다.

이렇게 분명해 보이는 증거에도 불구하고, 오늘날 대부분의 심리학자는 이 이론이 틀렸다고 믿고 있다. 이 이론이 여러 가지 문제점을 가지고 있기 때문이다. 첫째, CR이 UR의 정확한 복사본인 경우가 거의 없다. 예를 들어, 공기 분사에 대한 눈깜박임 UR은 빠르면서 크지만, CR은 더 작고 느리다. 둘째, 모든 UR이 모두 CR이 되지 않는다. 예를 들어, Zener(1937)는 개에게 US로 먹이를 제시하면, 침 분비 말고도 먹이를 씹고 삼키는 것 같은 다른 반응도 일어난다고 지적하였다. 하지만 종소리처럼 잘 훈련된 CS도 보통 침 분비 반응은 유발할 수 있지만 씹고 삼키는 반응은 유발하지 못한다. 셋째, UR이 아닌 다른 반응이 CR이 되기도 한다. 예를 들어, Zener는 CS로 종소리를 사용하는 경우, 많은 개가 종이 울리면 머리를 돌리고 종을 쳐다보는 것을 발견하였다. 어떤 개는 울리고 있는 종 가까이 몸 전체를 움직이려고 하였다. 분명히 이런 행동은 먹이에 대한 개의 일반적인 UR이 아니다. 넷째, CR이 UR의 반대인 경우도 있다. 예를 들어, 전기충격에 대한 반응 중 하나가 심장박동수의 증가인데, 기니피그를 사용한 Black(1965)의 연구에서 전기충격과 함께 짝지어진 CS에 대한 CR로 조건화된 심장박동수의 감소가 관찰되었다. 또 다른 예로 모르핀 주사에 대한 UR 중 하나는 체온 상승이다. 하지만 쥐에게 특정 CS 다음에 모르핀 주사를 반복하여 제시하면 나중에 CS는 체온 감소를 일으킨다. UR과 상반되는 조건반응을 조건보상반응(conditioned compensatory responses)이라고 한다.

요약하면 보기에는 단순하지만 자극대체이론은 고전적 조건형성에서 일어나는 것을 완벽하게 설명하지 못한다. 고전적 조건형성은 한 자극에서 다른 자극으로 간단한 반응 전이가 아니다. 이런 문제 때문에 특정 상황에서 CR이 UR과 얼마나 유사할지를 예측하기가 쉽지 않다. CR이 UR과 비슷하거나 아주 다를 수도 있기 때문이다.

자극대체이론의 문제점 때문에 여러 이론이 제안되었다. 신호-추적이론(sign-tracking theory; Costa & Boakes, 2009; Hearst & Jenkins, 1974)에 따르면 CS는 US의 대체자극이 아니라 앞으로 올 US를 신호하는 자극이다. 이 이론은 동물이 먹이처럼 중요한 사건을 잘 예측하는 자극에 접근하고 이를 탐색하는 경향이 있다고 주장한다. 예를 들어, 종소리가 먹이와 함께 반복적으로 제시되면 개는 정향 반응을 보인다. 즉, 귀를 쫑긋 세우고, 종 쪽을 바라보거나 가까이 다가간다. 따라서 CS에 대한 정향 반응의 특정 구성 요소가 CR의 일부로 남는 것은 놀라운 일이 아니다. 요약하면 CR의 형태는 US에 대한 동물의 선천적인 반응뿐만 아니라 신호에 대한 선천적인 반응을 포함할 수 있다.

무엇이 고전적 조건형성에서 학습되는가?

Pavlov는 동물의 행동을 기록하는 것 외에 고전적 조건형성 동안 뇌에서 어떤 변화가 일어나는지도 추측하였다. 그는 US(예 : 먹이)가 제시될 때마다 활성화되는 US 센터라고 부르는 특정 뇌 부위가 존재한다고 제안하였다. 이와 비슷하게 특정 CS가 제시될 때마다 활성화되는 각 CS(음조, 불빛)를 위한 CS 센터도 존재한다. 감각생리학의 지식을 고려하면(제1장) 이런 가정은 꽤 합리적으로 보인다. 또한 Pavlov는 활성화를 통해 반응을 유발하도록 신경학적 명령을 내리는 반응 센터라고 불리는 뇌 부위가 있다고 가정하였다. US 센터와 반응 센터 사이에는 선천적인 연결이 존재한다(그림 3.4). 고전적 조건형성 동안 새로운 연합이 발달하고 이제 CS가 반응 센터를 활성화한다(그리고 CR이 나타난다).

〈그림 3.4〉에서 보듯이, CS가 CR을 유발할 수 있는 최소 두 가지 종류의 새로운 연합이 존재한다. 하나는 조건형성 동안 CS 센터와 반응 센터 사이의 직접적인 연합이 형성될 수 있는데, 이것을 자극-반응 연합 또는 S-R 연합이라고 부른다. 다른 하나는 CS 센터와 US 센터 사이에 연합이 형성될 수 있다(두 자극 사이의 연합 또는 S-S 연합). CS가 제시되면 CS 센터가 활성화되고, 이것은 US 센터를 활성화하며(S-S 연합을 통해), 마지막으로 US 센터는 반응 센터를 활성화한다(선천적인 연합을 통해). Pavlov는 S-S 대안을 지지하는 의견을 내놓았지만, 이 둘 사이에서 결론을 내릴 만한 실험적 증거는 가지고 있지 않았다.

후대의 심리학자들은 이 두 대안을 검증하기 위해 기발한 기법을 고안하였다. Rescorla(1973)는 다음과 같은 추론을 이용하였다. 만일 S-S 관점이 옳다면, 조건형성 후 CR의 출현은 다음 두 연합의 지속 강도에 달려 있다—CS 센터와 US 센터 사이의 학습된 연합과 US 센터와 반응 센터 사이의 선천적인 연합(그림 3.4). 만일 어떤 방식으로든 US-반응

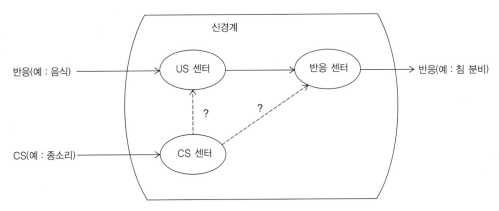

그림 3.4 Pavlov의 자극대체이론의 두 잠재적 버전. 고전적 조건형성 동안 CS 센터에서 US 센터로, 또는 CS 센터에서 직접 반응 센터로 이어지는 연합이 발달할 수 있다.

연결이 약화하면, CR의 출현이 이 연결에 달려 있기 때문에 CR의 강도는 감소하여야 한다. 그러나 만일 S-R 관점이 옳다면, CR의 강도는 US-반응 연합과 상관없이 오직 CS 센터와 반응 센터 간의 직접적인 연합에 달려 있다. 하지만 반사적인 US-반응 연합을 어떻게 약화할 수 있을까? Rescorla의 해결 방안은 습관화를 이용하는 것이었다.

Rescorla는 조건억압 절차에서 쥐를 대상으로 큰 소음을 US로 사용하였는데, 큰 소음의 반복 제시가 습관화를 일으킨다는 것을 잘 알고 있었기 때문이다. 실험 설계가 〈표 3.1〉에 제시되어 있다. 단계 1에서 두 집단의 쥐는 불빛을 CS로, 소음을 US로 하는 동일한 고전적 조건형성을 받았다. 단계 2에서 습관화 집단은 소음에 대한 쥐의 공포가 습관화되도록 소음만 따로 여러 차례 제시받았다. 흥분성 CS가 만들어진 후에 US의 효과를 감소시키는 이런 기법을 US 평가절하라고 한다. 통제집단의 피험동물도 단계 2에서 같은 양의 시간을 실험상자 안에서 보내지만, 어떤 자극도 제시되지 않기 때문에 이 집단은 소음에 습관화가 일어나지 않았다. 실험의 검사 단계에서 연구자는 두 집단에 여러 시행에 걸쳐 불빛만 제시하면서 피험동물의 레버 누르기 억압 수준을 기록하였다. 불빛이 제시되었을 때 통제집단의 레버누르기는 크게 억압되었지만, 습관화 집단은 그렇지 않았다. Rescorla는 S-R 관점이 아닌 S-S 관점의 예측대로 CR의 강도가 US-반응 연합의 지속 강도에 달려 있다는 결론을 내렸다.

유사한 연구가 인간 참여자를 대상으로 피부전도반응(SCR)을 사용하여 수행되었다. 예를 들어, CS(예 : 물체 사진)를 전기충격이나 큰 소음과 짝짓고 난 다음에 US의 강도를 변화시켰다. US의 강도가 감소하면 CS에 대한 SCR도 감소하였다. 반대로 US의 강도가 증가하면, CS에 대한 SCR 역시 증가하였다(Schultz, Balderston, Geiger, & Helmstetter, 2013; White & Davey, 1989). 이런 결과 역시 S-S 관점을 지지하는데, CS에 대한 반응이 US에 대한 현재 반응 크기에 따라 변화하기 때문이다. 고전적 조건형성 동안에 형성되는 연합에 대한 그 밖의 다른 연구들은 제4장에서 찾아볼 수 있다.

표 3.1 S-S 대 S-R 연결에 대한 Rescorla(1973)의 실험 설계

집단	단계 1	단계 2	검사
습관화	불빛 → 소음	소음(습관화)	불빛
통제	불빛 → 소음	자극 없음	불빛

기본 조건형성 현상

획득

학습자가 처음으로 일련의 CS-US 짝짓기를 경험하면서, CR이 나타나기 시작해서 강도가 점진적으로 증가하는 조건형성 단계를 획득 단계(acquisition phase)라고 부른다. 〈그림 3.5〉는 인간 참여자를 대상으로 한 눈깜박임 실험에서 획득 단계를 보여준다(Gerwig et al., 2010). 참여자는 짧은 음조 뒤에 눈에 직접 공기가 분사되는 시행을 매일 100회씩 받았다. 정상 성인의 경우, CR이 나타나는 시행 비율이 약 55% 수준까지 점진적으로 증가하였다. 이 수치ㅡ조건형성이 진행되면서 도달하게 되는 조건반응의 최고 수준ㅡ를 점근선이라고 부른다. 〈그림 3.5〉에는 뇌졸중으로 눈깜박임 조건형성에 중요한 역할을 하는 뇌 부위인 소뇌가 손상된 성인 집단의 결과도 제시되어 있다. 이 참여자들은 약 30%의 점근선에 도달하여 더 약한 수준의 조건반응을 보인다.

일반적으로 US로 더 강한 자극을 사용하면(더 강한 공기 분사, 더 많은 양의 먹이), 조건형성의 점근선은 더 올라간다(더 높은 비율의 조건 눈깜박임 반응, 더 많은 양의 침 분비). 또한 강한 US는 조건형성을 더 빠르게 일으킨다ㅡ강한 US가 약한 US보다 CR을 유발하는

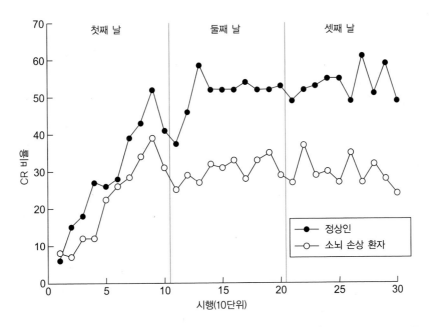

그림 3.5 정상 성인과 뇌졸중으로 소뇌가 손상된 환자의 눈깜박임 CR의 획득 (*Behavioural Brain Research*, Vol. 2, Gerwig, M. et al., Evaluation of multiple-session delay eyeblink conditioning comparing patients with focal cerebellar lesions and cerebellar degeneration, 143–151. Copyright 2010, Elsevier로부터 사용 허락 받음.)

데 필요한 시행의 빈도가 더 낮다. CS의 강도도 마찬가지이다(예 : 고전적 조건형성은 약한 음조보다 강한 음조에서 더 빠르게 일어난다).

소거

US 없이 CS를 반복적으로 제시하여 CR을 감소시키거나 사라지게 만드는 간단한 기법이 소거(extinction)이다. 침 분비 조건형성 실험에서 획득 단계 다음에 종소리는 제시되지만 먹이는 제공되지 않는 소거 절차를 여러 차례 실시하였다고 가정해보자. 〈그림 3.6〉에서 첫째 날과 둘째 날은 우리의 가상 실험에서 나타날 수 있는 이상적인 결과를 보여준다. 종소리가 먹이 없이 계속 제시되면, 침의 양은 점차 감소하고 나중에는 완전히 사라진다. 소거 단계가 종결되고 나면, 개는 실험 초기처럼 종소리가 제시되어도 침을 분비하지 않는다—종소리는 제시되는데 침 분비는 일어나지 않는다. 사전 획득 단계의 단순한 역전 효과가 소거라고 결론 내릴 수도 있다. 즉, 동물이 획득 단계 동안 CS와 US 사이의 연합을 형성하였다면, 소거 단계 동안 이 연합이 점진적으로 파괴된다는 것이다. 다음 절에서 설명하겠지만, 이 가설은 매우 그럴듯해 보이지만 분명히 틀렸다.

자발적 회복, 탈억제, 빠른 재획득

첫째 날의 획득 단계와 둘째 날의 소거 단계를 마치고 나서, 3일째 되는 날에 피험동물을 다시 실험상자 안에 넣고 종소리를 이용하여 다시 일련의 소거 시행을 실시한다고 가정해보자. 〈그림 3.6〉을 보면, 둘째 날 마지막에 분명히 CR이 사라졌는데, 셋째 날 처음 몇 번의 시행에서 종소리에 대한 조건반응이 나타난다. Pavlov는 이와 같은 조건반응의 재등장을 자발적 회복(spontaneous recovery)이라고 불렀고, 이것을 소거 절차에서 CS-US 연합이 영구적으로 파괴되는 것이 아니라는 증거로 보았다.

　자발적 회복에 대한 여러 이론이 제안되었다. 우리가 억제이론이라고 부르는 유명한 이론은 소거 절차가 끝나고 나면 피험동물에게 두 개의 상반되는 연합이 남는다고 주장한다 (Konorsky, 1948). 먼저 CS가 US 센터를 활성화하는, 획득 기간에 형성된 US-CS 흥분성 연

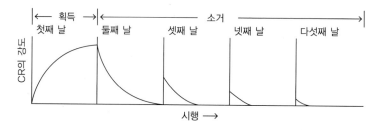

그림 3.6 하루 동안의 획득 기간과 이후 4일 동안의 소거 기간 동안 일어나는 CR 강도의 변화

합이 있다. 이 이론에 따르면 소거 동안에 이와 대비되는 억제성 연합이 발달한다. 소거가 끝나고 나면, 흥분성 연합과 억제성 연합의 효과가 상쇄되기 때문에 CS의 제시에 의해 US 센터는 더 이상 활성화되지 않는다. 하지만 이 이론은 흥분성 연합과 비교하여 억제성 연합(적어도 새로 형성된 억제성 연합)은 약할 뿐만 아니라 시간이 경과하면서 점점 더 약해진다고 주장한다. 그래서 셋째 날 초기에 약해진 억제성 연합이 흥분성 연합을 완전히 상쇄시키지 못하기 때문에 약간의 CR이 관찰되는 것이다. 하지만 셋째 날의 추가적인 소거 시행은 억제성 연합을 강화하고, 따라서 조건반응은 다시 사라진다.

만일 4 · 5 · 6일에 계속하여 소거 회기를 실시하면, 자발적 회복을 관찰할 수 있겠지만 자발적 회복의 정도는 점점 작아져서 더는 발생하지 않게 될 것이다(그림 3.6). 억제이론에 따르면, 이것은 소거 회기가 반복되면서 억제성 연합이 점점 더 강해지기 때문에 일어나는 현상이다.

억제이론은 자발적 회복을 설명하는 여러 이론 중 하나일 뿐이다. Robbins(1990)의 몇몇 실험은 소거 동안 참여자가 CS에 대한 '정보 처리' 또는 '주의 주기'를 멈춘다는 이론을 지지한다. 동물이 CS에 더 이상 주의를 기울이지 않으면 CS에 대한 반응도 멈추기 때문에 CR은 사라진다. 시간이 지난 뒤 동물을 다시 실험상자로 데려오면, CS에 대한 동물의 주의 주기가 일시적으로 다시 살아나고 CR의 자발적 회복이 일어난다.

자발적 회복에 대한 또 다른 이론은 CS가 US뿐만 아니라 US의 부재와도 연합되어 있기 때문에 CS가 애매모호한 자극이라고 말한다(Bouton, 2000; Capaldi, 1966). 당신도 눈치챘겠지만, 소거와 자발적 회복을 유발하는 것이 정확히 무엇인지에 대한 전문가들의 의견은 큰 차이를 보인다. 현대 신경생리학적 연구는 억제와 초기 연합의 일부가 지워지거나 약화되는 것을 비롯하여 여러 과정이 소거에 기여하고 있다고 주장한다(Delamater & Westbrook, 2014).

소거가 사전학습을 완전히 지워버리는 것이 아니라는 또 다른 증거가 탈억제(disinhibition) 현상이다. CS(종소리)가 더 이상 침 분비를 일으키지 않는 지점까지 소거가 진행되었다고 가정해보자. 이제 종소리에 앞서 버저 소리 같은 새로운 자극을 수 초 동안 제시하면, 종소리는 다시 침 분비 CR을 불러일으킨다. Pavlov는 이 효과를 탈억제라고 불렀는데, 그는 방해 자극(버저 소리)의 제시가 소거 동안 발달한 취약한 억제를 방해한다고 보았기 때문이다. 억제이론에 따르면, 더 안정적인 흥분성 연합은 억제성 연합보다 방해 자극에 의해 영향을 덜 받고, 그 결과로 조건 침 분비 반응이 다시 나타난다.

빠른 재획득(rapid reacquisition) 현상은 소거가 획득 기간에 학습한 것을 완전히 제거하지 못한다는 세 번째 증거이다. 빠른 재획득은 목록 학습 실험에서 발견되는 '절약률'(제1장)이나 습관화(제2장)와 비슷하다. 고전적 조건형성에서 획득 단계와 소거 단계를 마친 후에 동일한 CS와 US를 가지고 다시 한 번 획득 단계를 시행하면, 두 번째 획득 단계(재획득 단계)에서 학습이 더 빠르게 일어난다(Bouton, Woods, & Pineño, 2004). 또한 소거와 재획득을 반복하면 학습이 점점 더 빨라지는 경향이 있다(Hoehler, Kirschenbaum, & Leonard, 1973).

이 세 가지 현상─자발적 회복, 탈억제, 빠른 재획득─은 조건반응을 쉽게 '망각하게' 만들 수는 없다는 것과 고전적 조건형성의 모든 효과를 완전히 소멸시킬 수 있는 소거 훈련은 존재하지 않는다는 것을 분명하게 보여준다. 소거가 조건반응을 사라지게 만들 수 있고, 소거 회기가 반복되고 나면 자발적 회복도 사라질 수 있지만, 이 사람은 결코 조건형성 이전과 똑같은 사람이 아니다.

조건억제

고전적 조건형성에서 사용하는 절차에 따라 CS가 흥분성 또는 억제성이 될 수 있다는 증거들은 많이 있다(Miller & Spear, 1985). 흥분성 CS(excitatory CS)는 간단히 말해 CR을 유발하는 자극이다. 억제성 CS(inhibitory CS)는 CR의 출현을 방해하거나 CR의 원래 크기를 감소시키는 자극이다[억제성 CS는 조건억제자(conditioned inhibitory) 또는 CS−라고도 불린다]. Pavlov는 중성자극을 조건억제자로 바꾸는 매우 간단하고 효과적인 절차를 개발하였다. 개가 버저 소리에 언제나 침 분비를 할 때까지 먹이와 함께 버저 소리를 짝지어 제시한다고 가정해보자. 이제 버저 소리는 규칙적으로 CR을 유발하기 때문에 흥분성 CS(또는 CS+)라고 할 수 있다. 실험의 두 번째 단계에서 개는 두 가지 종류의 시행을 경험한다. 어떤 시행은 첫 번째 단계와 동일하다(버저 소리 더하기 먹이). 그러나 다른 시행에서는 버저 소리와 불빛이 동시에 제시되지만 먹이는 제공되지 않는다. 버저 소리와 불빛처럼 둘 이상의 CS가 동시에 제시되는 자극을 복합 CS(compound CS)라고 한다. 이 두 종류의 시행을 여러 번 경험하고 나면, 개는 버저 소리만 제시되는 시행에서는 침을 분비하지만, 버저 소리와 불빛이 함께 제시되는 시행에서는 침 분비를 하지 않는다. 불빛이 조건억제자가 되었다는 것을 보여준다─불빛이 원래 일어났을 버저 소리에 대한 침 분비 반응을 방해한다.

불빛이 조건억제자가 되었다는 것을 증명하는 한 가지 방법은 이것이 훈련받은 버저 소리뿐만 아니라 다른 CS에 의한 침 분비도 막을 수 있다는 것을 보여주는 것이다. 세 번째 자극─실험상자 안으로 공기를 불어넣는 환풍기─이 침 분비를 유발할 때까지 먹이와 짝짓는다고 가정해보자. 그런 다음 처음으로 동물이 환풍기와 불빛으로 이루어진 복합 CS로 이루어진 시행을 받는다고 하자. 불빛이 정말로 조건억제자가 되어 있다면, 이것은 원래 함께 제시되었던 버저 소리에 의한 침 분비뿐만 아니라 다른 CS에 의한 침 분비도 감소시키는 능력을 가지고 있어야 한다. 이런 실험에서 불빛이 환풍기에 대한 CR을 감소시키거나 제거하는 결과가 발견되었다. 이것은 불빛이 일반 조건억제자라는 것을 의미하는데, 모든 흥분성

CS에 의해 유발되는 침 분비를 차단하거나 약화시키는 능력을 가지고 있기 때문이다.

일반화와 변별

특정 CS에 대한 고전적 조건형성이 일어나고 난 다음에 다른 비슷한 자극들도, 비록 이들이 US와 한 번도 짝지어진 적이 없었음에도 불구하고, CR을 유발할 수 있다. 조건형성의 효과가 유사한 자극들에 전이되는 현상을 일반화(generalization)라고 하고, 〈그림 3.7〉에 나타나 있다. 이 실험에서 토끼는 1,200Hz의 음조를 CS로, 눈 주변의 전기충격을 US로 하는 눈깜박임 조건형성을 받았다(Liu, 1971). 그런 다음 US는 제시되지 않은 상태에서 서로 다른 주파수를 가진 다섯 개의 음조를 토끼에게 제시하고 반응을 관찰하였다. 그림에서 보듯이 1,200Hz 음조가 가장 높은 비율의 CR을 유발하였다. 1,200Hz 음조와 유사한 두 음조는 중간 수준의 반응을, 그리고 유사하지 않은 두 음조는 가장 적은 반응을 유발하였다. 〈그림 3.7〉의 함수는 전형적인 일반화 기울기(generalization gradient)이다. 훈련 자극과 유사한 자극일수록 CR 유발 능력도 점점 커지는 것을 보여준다.

일반화는 광고주의 상품 판매에도 이용된다. Till과 Priluck(2000)은 소비자가 어떤 상품의 특정 브랜드를 선호하면, 비슷한 이름의 다른 브랜드와 동일 브랜드의 다른 상품들에도 이런 선호가 일반화된다는 것을 발견하였다. 이것이 슈퍼마켓과 백화점에 있는 많은 상품의

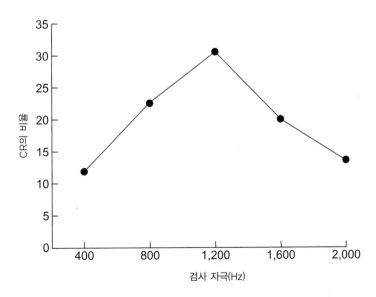

그림 3.7 전형적인 일반화 기울기. 1,200Hz 음조를 이용하여 눈깜박임 조건형성을 일으킨 후 더 높거나 더 낮은 주파수의 음조들을 토끼에게 제시하였다. (Liu, S. S., 1971, Differential conditioning and stimulus generalization of the rabbit's nictating membrane response. Journal of Comparative and Physiological Psychology, 77, 136–142. ⓒ American Psychological Association. 허락하에 재인쇄.)

이름과 디자인이 유명 브랜드의 그것과 비슷한 이유이다.

일반화의 반대는 한 자극에는 반응하면서 비슷한 자극에는 반응하지 않는 것을 학습하는 변별(discrimination)이다. 우리는 앞에서 토끼의 눈깜박임 반응이 1,200Hz의 음조에 조건형성 된 뒤에 800Hz의 음조에 어느 정도 일반화된다는 것을 보았다. 그러나 만일 1,200Hz의 음조 뒤에는 언제나 전기충격을 제시하면서 800Hz의 음조 뒤에는 절대로 전기충격을 제시하지 않으면, 이 동물은 1,200Hz의 음조에는 눈깜박임 반응을 하고 800Hz의 음조에서는 눈깜박임 반응을 하지 않는 변별학습을 한다. 이런 변별학습은 수많은 실제 세계 상황에서 중요하다. 예를 들어, 교차로를 향해 빠르게 운전하고 있는데 신호등이 빨강으로 바뀌는 것을 보면 공포 반응이 일어나고 초록 불에서는 공포 반응을 보이지 않는 것이 당신에게 적절한 반응이다.

글상자 3.1   화제의 연구

고전적 조건형성과 면역체계

당신도 잘 알고 있듯이 우리의 면역체계는 감염에 대항하기 위한 것이다. 박테리아, 바이러스, 또는 외래 세포가 신체에 침입하면, 면역체계는 이런 침입자를 공격하고 파괴하는 항체를 만들어낸다. 면역체계가 고전적 조건형성의 영향을 받는다는 확실한 증거가 존재한다. Ader와 Cohen(1975)은 이 분야의 기념비적 연구를 수행하였다. 이들은 쥐에게 CS로 사카린 맛이 나는 물을, US로 면역체계의 활동을 억제하는 시클로포스파미드를 짝짓는 단 한 번의 조건형성을 실시하였다. 며칠이 지난 후, 면역체계를 공격하는 강력한 물질인 소량의 외래 세포(양의 적혈구 세포)를 쥐에게 주입하였다. 그런 다음에 한 집단의 쥐에게는 다시 한 번 사카린 맛이 나는 물을 제공하였고, 통제집단에게는 그냥 물을 제공하였다. Ader와 Cohen은 통제집단보다 사카린 물을 제공받은 집단의 면역체계 반응이 더 약하다는 것을 발견하였다. 즉, 일반적으로 면역체계에 어떤 영향도 미치지 않는 사카린이 이제 면역체계의 약화라는 조건반응을 만들어낸 것이다.

면역체계의 활동은 고전적 조건형성으로 향상될 수도 있다. Solvason, Ghanata와 Hiramoto(1988)는 쥐를 대상으로 CS로 장뇌향에 노출시키고 난 다음에 US로 *인터페론* 약물을 주사하였다. 일반적으로 인터페론은 혈류에서 자연 살생 세포─바이러스와 종양의 증식에 대항하는 세포─의 활동을 증가시킨다. 장뇌향과 인터페론을 몇 번 짝짓고 난 후에, 장뇌향만 단독으로 제시하였더니 자연 살생 세포의 활동이 증가되었다. 건강한 성인을 대상으로 한 비슷한 연구에서도 고전적 조건형성에 의한 자연 살생 세포의 증가가 관찰되었다(Buske-Kirschbaum, Kirschbaum, Stierle, Jabaij, & Hellhammer, 1994).

연구자들은 이 현상의 잠재적 중요성을 인식하고 면역체계의 조건형성을 가능하게 만드는 뇌 기제를 밝히려고 하고 있다(Kusnecov, 2014). 질병이나 피로 때문에 면역체계가 일시적으로 약해진 사람들에게 면역 활동을 강화하는 심리 기법의 개발은 큰 이득일 수 있다. 또 다른 경우에는 면역 활동의 감소가 필요할 수 있다. 예를 들어, 대부분 알레르기는 면역체계의 과잉 반응 결과이다. 한 연구에서 집 먼지 진드기에 알레르기가 있는 사람들에게 항히스타민제(알레르기 반응을 감소시키는 약물)를 사카린 물과 짝짓는 시행을 다섯 번 실시하였다. 나중에, 이들에게 약물 없이 사카린 물만 제시하자, 실제로 약물을 투여했을 때와 똑같이 알레르기 증상이 호전되었다(Goebel, Meykadeh, Kou, Schedlowski, & Hengge, 2008). 인간을 대상으로 한 고전적 조건형성과 면역체계에 대한 연구는 아직 제한적이지만, 이런 연구들이 궁극적으로 환자를 돕는 면역체계의 통제기법을 개발하는 데 도움이 될 것이다.

고전적 조건형성에서 시간의 중요성

모든 종류의 고전적 조건형성에서, CS와 US의 정확한 제시 시간은 조건형성 결과에 여러 가지로 중요한 영향을 미친다. 자극의 제시 시간은 (1) 조건형성이 얼마나 강할지, (2) CS가 흥분성이 될지 또는 억제성이 될지, (3) CR이 정확히 언제 일어날지에 영향을 미친다.

　지금까지 논의한 모든 실험에서는 CS가 US보다 1초 정도 앞서 제시되는 단기-지연 조건형성(short-delay conditioning)을 사용하였다(그림 3.8). 일반적으로 이런 시간 배열은 가장 강력하고 빠른 조건형성을 만들어낸다. 연구들은 CS가 US 바로 전에 시작되는 것이 중요하다는 것을 보여주고 있다. CS와 US가 동시에 시작되는 동시 조건형성(simultaneous conditioning)에서(그림 3.8) 조건반응은 단기-지연 조건형성에 비해 훨씬 약하다(Smith & Gormezano, 1965). 이유는 여러 가지가 있을 수 있다. 우선 한 가지 이유는 US가 CS와 동시에 나타나면, 학습자는 US에 반응하느라 바빠서 CS를 인지하는 데 실패할 수 있다. 또한 CS가 US에 선행되지 않으면 CS는 US의 출현을 예측해주는 신호의 역할을 하지 못한다. 앞

연습 퀴즈 1 : 제3장

1. 눈깜박임 조건형성에서 음조는 _____(으)로, 공기 분사는 _____(으)로 사용될 수 있고, 이때 눈깜박임은 _____와/과 _____이 된다.
2. Pavlov가 제안한 자극대체이론의 문제점은 _____이 _____과 동일하지 않다는 데 있다.
3. Rescorla(1973)의 실험은 S-S 연합이론을 지지하는데, US(큰 소음)에 대한 반응이 습관화를 통해 감소하고 나면 CS에 대한 반응이 _____하기 때문이다.
4. 학습한 연합이 소거로 완전히 제거되지 않는다는 것을 보여주는 세 가지 현상이 _____, _____, _____이다.
5. 특정 CS를 가지고 고전적 조건형성이 일어난 후에, 이와 비슷한 다른 자극에 대한 조건반응의 출현을 _____(이)라고 부른다.

해답

1. 조건자극, 무조건자극, 조건반응, 무조건반응　2. 조건반응, 무조건반응　3. 감소　4. 자발적 회복, 탈억제, 빠른 재획득　5. 일반화

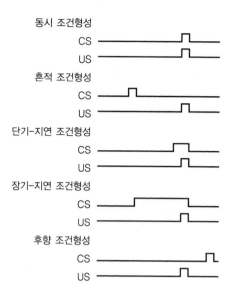

그림 3.8 고전적 조건형성에서 CS와 US 사이의 다섯 가지 시간 관계

으로 계속 언급하겠지만, CS의 예측성은 CS가 일으키는 조건형성의 강도 및 흥분성 조건형성이 될지 또는 억제성 조건형성이 될지를 결정하는 중요한 요인이다. 비록 완벽하지는 않지만 다음의 어림법이 조건형성에서 시간 배열의 결과를 예측하는 데 도움이 될 것이다.

- CS가 US의 존재에 대한 훌륭한 예측자이면, 이것은 흥분성이 되는 경향이 있다.
- CS가 US의 부재에 대한 훌륭한 예측자이면, 이것은 억제성이 되는 경향이 있다.

이 법칙을 잘 기억하면서 이 절에서 다룰 다른 조건형성 배열을 살펴보도록 하자.

〈그림 3.8〉에서 보듯이, 흔적 조건형성(trace conditioning)은 자극이 제시되지 않는 시간 간격을 두고 CS와 US가 따로 떨어져 있는 경우를 말한다. 흔적 조건형성이라는 용어는 US가 일어날 때 CS가 물리적으로 존재하지 않기 때문에, 조건형성이 일어나려면 참여자가 CS의 '기억 흔적'에 의존해야 한다는 관점에서 유래했다. 고전적 조건형성에 관한 여러 연구에서 CS와 US 사이의 시간의 길이 또는 CS-US 간격은 체계적으로 변화한다. 즉, 한 집단은 CS-US 간격이 2초인 조건형성 시행을 받는다면, 다른 집단은 CS-US 간격이 5초인 조건형성을 받는다. 연구결과에 따르면 CS-US 간격이 증가함에 따라 조건형성의 강도는 체계적으로 감소한다(Ellison, 1964).

비슷한 패턴이 CS가 US보다 적어도 수 초 앞서 제시되지만 US가 나타날 때까지 CS가 계속되는 장기–지연 조건형성(long-delay conditioning)에서도 나타난다(그림 3.8). 장기–지연 조건형성에서 CS-US 간격은 US와 CS의 시작 사이 지연을 말한다. 여기서도 CS-US 간격이 길어짐에 따라 조건형성의 강도는 감소하지만, 일반적으로 지연의 효과는 흔적 조건형성에서만큼 뚜렷하지 않다(장기-지연 조건형성에서는 참여자가 CS에 대한 기억에 의존하지 않아도 되기 때문으로 이해할 수 있다).

Pavlov는 장기-지연 조건형성에서 CR이 나타나는 시간이 시행에 따라 변화한다는 것에 주목하였다. 훈련 초기에는 CS-US 간격이 10초였음에도 불구하고 개는 CS가 나타나자마자 곧바로 침 분비를 하였다. 그러나 조건형성이 계속되면서 이런 초기 CR은 점차 사라지고, 개는 먹이가 제시되기 바로 직전에 침 분비를 시작하였다(CS가 시작되고 8초 또는 9초가 지난 후에). 이런 결과는 US를 가장 잘 예측하는 자극에 가장 강하게 조건형성 된다는 어림법과도 일치한다. 이 사례에서 CS의 시작보다 더 훌륭한 예측자는 무엇인가? 그것은 CS의 시작 더하기 약 10초의 시간 경과라는 복합자극이다. 즉, 가장 강한 CR을 유발하는 자극은 이 둘의 결합이다.

〈그림 3.8〉의 맨 아래는 US 다음에 CS가 제시되는 후향 조건형성(backward conditioning)을 보여준다. CS가 US 다음 즉시 제시된다고 할지라도, 동시 또는 단기-지연 조건형성에 비해 조건형성의 강도는 크게 감소한다. 이런 결과는 근접성 원리의 한계를 보여주는 것이다―시간적 근접성 외에 자극의 순서가 중요하다. 후향 조건형성은 약한 흥분성 연합을 유발하지만, 시행이 충분히 많아지면 후향 CS가 억제성이 된다는 연구결과가 있다(Siegel & Domjan, 1971). 이것도 예측 어림법으로 설명이 가능하다―후향 조건형성에서 CS는 US가 부재하는 기간을 신호하고 있다. CS가 존재하는 동안 학습자는 US가 일어나지 않을 것이라는 확신을 가질 수 있다.

자극의 시간과 관련된 고전적 조건형성을 설명하는 한 가지 가설이 시간 부호화 가설(temporal coding hypothesis)이다(Arcediano, Escobar, & Miller, 2005; Matzel, Held, & Miller, 1988). 이 가설은 CS와 US 사이의 단순한 연합 이상의 많은 것이 고전적 조건형성에서 학습된다고 주장한다―개체는 이 두 사건의 시간에 대해서도 학습하고, 이런 학습은 CR의 발생 시점에 영향을 미친다. 이 가설은 장기-지연 조건형성에서 CR이 왜 US 제시 직전에 나타나는지를 설명할 수 있다―개체는 CS의 시작과 US의 시작이 특정 시간 지연으로 분리되어 있다는 사실을 학습한 것이다. 흥분성과 억제성 조건형성에서 시간 부호화 역할이 여러 실험에서 증명되었다. 예를 들어, CS가 시작되고 10초 후에 먹이가 제시되지만, CS가 제시되고 30초 후에는 먹이가 제시되지 않는다는 것을 동물이 학습하면, CR은 10초 지점에서 많이 일어나고 30초 지점에서는 매우 적게 일어난다(Williams, Johns & Brindas, 2008). CR이 나타나는 시점에 대한 이런 실험들은 동물이 단순히 CS-US 연합만이 아니라 CS와 US 사이의 시간 관계도 학습한다는 것을 매우 분명하게 보여준다.

CS-US 상관관계

〈그림 3.8〉에 제시된 모든 조건형성 배열에서 CS와 US는 모든 시행에서 제시되고 시간 패턴도 동일하다. 하지만 현실에서는 자극들 간의 관계가 이렇게 규칙적인 경우는 드물다. 예를 들어 밤에 들리는 어떤 소리는 위험 신호일 수도 있지만(도둑의 침입), 마루가 삐걱거리는 소리인 경우가 대부분이다. 마찬가지로 숲속의 토끼에게 흔들리는 나뭇잎은 포식 동물일 수도 있지만 단순한 바람일 수도 있다. 실제 세계에서 자극들 사이의 관계는 변화하고 불확실하다. 하지만 좋든 나쁘든 중요한 사건들의 가장 믿을 수 있는 신호가 어떤 자극인지를 아는 것은 동물과 인간 모두에게 중요하다. 실험실에서 고전적 조건형성 절차를 이용하여 자극들 사이의 완전하지 않은 상관관계를 발견하는 동물의 능력을 평가할 수 있다.

Rescorla(1966, 1968)가 수행한 일련의 실험은 CS가 존재할 때와 부재할 때 US의 확률이 CR의 크기를 어떻게 결정하는지를 보여주었다. 쥐의 조건억압 절차에서 CS는 2분 동안 지속하는 음조였고 무작위로 제시되었다. 한 집단의 쥐에게는 2분 길이의 CS가 제시되는 동안 40%의 확률로 전기충격이 주어졌고, CS가 제시되지 않는 기간에 전기충격이 주어지는 확률은 20%였다. 이 경우 전기충격의 확률이 음조가 제시될 때 더 높기 때문에 음조는 흥분성 CS가 되었다(음조가 제시되면 레버 누르기가 억제되었다). 또 다른 조건에서는 전기충격의 확률이 음조가 제시될 때와 제시되지 않을 때 동일하였다(예 : 음조가 제시될 때나 제시되지 않을 때나 전기충격 확률은 40%였다). 이 경우 쥐는 음조에 대한 억제를 전혀 보이지 않았다. 세 번째 조건에서는 전기충격의 확률이 음조가 제시되지 않을 때보다 제시될 때 더 낮았고(따라서 음조는 전기충격으로부터 안전하다는 것을 신호하고 있다), 이 경우 음조는 억제성 CS가 되었다.

이와 같은 결과를 기초로, Rescorla는 고전적 조건형성에서 중요한 변수는 CS와 US 사이의 상관관계라고 결론지었다. 만일 상관관계가 정적이면(CS가 존재하지 않을 때보다 존재할 때 US의 확률이 더 높다), CS는 흥분성이 된다. 만일 CS와 US 간의 상관관계가 존재하지 않는다면(CS가 존재하거나 존재하지 않거나 US의 확률이 동일하다), CS는 중성자극으로 남게 된다. 만일 CS와 US 간의 상관관계가 부적이면(CS가 존재할 때보다 존재하지 않을 때 US의 확률이 더 높다), CS는 억제성이 된다. 이 연구결과는 예측 어림법이 유용한 지침서라는 것을 보여주는 또 하나의 사례라고 할 수 있다—만일 CS가 US의 출현을 예언하고 있으면 이 CS는 흥분성이 되고, 만일 CS가 US가 발생하지 않는다는 것을 예언하고 있으면 이 CS는 억제성이 된다. 이 어림법이 완벽하지는 않지만 대부분의 사례에 잘 들어맞는다.

이차 조건형성

지금까지 우리는 CS가 US와 짝지어지는(또는 상관관계에 있는) 절차만을 다루었다. 그러나 CS가 CR을 유발하는 방법이 이것만 있는 것은 아니다. 이차 조건형성(second-order conditioning)에서 CR은 한 CS에서 다른 CS로 전이된다. Pavlov는 이 과정을 보여주는 실험을 다음과 같이 수행하였다. 먼저 침 분비 조건형성에서 메트로놈 소리를 침 분비를 유발하는 CS로 사용하였다. US와 짝지어졌기 때문에 메트로놈 소리는 일차 CS라고 부른다. 그런 다음 또 하나의 자극인 검은 사각형을 메트로놈 소리 다음에 즉각적으로 제시하기를 수차례 실시하였는데, 이때 먹이는 제시되지 않았다. 몇 번의 시행 후에 검은 사각형이 한 번도 먹이와 짝지어진 적이 없었음에도 불구하고(먹이와 짝지어졌던 CS는 메트로놈 소리뿐이었다), 검은 사각형만으로 침 분비가 일어났다. 이 예에서 검은 사각형은 이차 CS라고 불리는데, 메트로놈이라는 일차 조건자극과 짝지어짐으로써 CR을 유발할 수 있게 되었기 때문이다.

　이차 조건형성은 인간을 대상으로 하는 실험에서도 증명되었다. 예를 들어, 평가 조건형성(evaluative conditioning) 절차에서 참여자는 다양한 자극에 대한 평가를 요구받는다. 이들은 '매우 싫어함'에서 '매우 좋아함'의 범위를 가진 척도상에서 자극에 대한 선호 정도를 평가한다. 일차 CS는 사람들이 긍정적으로 평가하는 단어(예 : 정직한, 친절한) 또는 부정적으로 평가하는 단어(예 : 잔인한, 거만한)이다. 이 단어들은 일차 CS이지 무조건자극이 아닌데, 영어를 모르는 사람에게 이 단어들은 분명히 중성자극이기 때문이다. 영어 사용자의 경우도 과거에 이 단어들이 긍정 또는 부정 경험과 연합되었기 때문에 긍정적 또는 부정적 가치가 획득된 것이다. 한 흥미로운 연구에서 얼굴 그림을 이차 자극으로 사용하였는데, 참여자가 특정 얼굴을 보고 있는 동안 긍정 또는 부정 형용사를 제시하였다(그림 3.9). 나중에, 참여자는 긍정 형용사와 짝지어졌던 얼굴을 "좋다"라고 평가하였고, 부정 형용사와 짝지어진 얼굴은 "싫다"라고 평가하였다. 얼굴에 대한 이런 긍정적 또는 부정적인 평가는 참여자

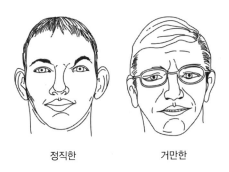

정직한　　　　거만한

그림 3.9 평가 조건형성에서 얼굴 그림처럼 원래는 중성자극이 긍정 또는 부정 형용사와 짝지어진다. 조건형성 후에 사람들은 얼굴에 대해서도 긍정 또는 부정 반응을 보인다.

가 각 얼굴과 짝지어졌던 형용사를 기억하지 못함에도 불구하고 일어난다. 다시 말해서, 참여자는 자신이 어떤 얼굴을 좋아하고 어떤 얼굴을 싫어하는지는 알지만 왜 그런지는 정확하게 답변할 수 없다(Eaeyens, Eelen, Van den Bergh, & Crombez, 1992).

실험실 밖의 고전적 조건형성

일상생활에서 고전적 조건형성은 적어도 두 가지 면에서 중요하다. 첫째, 특정 자극에 의해 자동적으로 유발되는, 우리가 원하든 또는 원하지 않든 간에 일어나는, '불수의적' 행동을 이해하게 해준다. 다음 절에서 논의하게 될 많은 정서반응이 이 범주에 속한다. 둘째, 고전적 조건형성에 대한 연구는 행동장애 치료기법의 개발에 도움이 된다. 이런 절차들은 바람직한 '불수의적' 반응을 강화하거나 바람직하지 않은 반응을 약화시키는 데 사용될 수 있다. 이 장의 나머지는 실험실 밖 상황에서 고전적 조건형성의 역할에 대해 살펴본다.

고전적 조건형성과 정서반응

쾌감, 행복, 불안, 흥분 같은 일상의 정서반응은 흔히 특정 자극으로 촉발된다. 많은 사례에서 자극의 반응-유발 속성은 타고난 것이 아니라 경험을 통해 습득된 것이다. 친한 친구가 보낸 친필 편지를 우편함에서 발견한다고 가정해보자. 이 자극은 당신이 애정, 따뜻함, 좋아함이라고 부르는 즐겁고 복잡한 정서반응을 즉각적으로 불러일으킨다. 당신이 이 정서반응을 무엇으로 부르든, 이 특정 자극(친필 편지)이 출생 직후에는 이런 반응을 유발하지 않으며, 편지를 보낸 사람을 모른다면 이런 반응을 유발하지 못한다는 것은 의심할 여지가 없다. 단지 친구와 연합되어 있는 것 때문에, 편지는 즐거운 정서반응을 유발하는 CS가 된 것이다. 어떤 자극은 불쾌한 정서반응을 유발할 수 있다. 많은 대학생에게 시험기간은 불안이 높은 시기이다. 이런 불안은 시험과 연합된 자극들—책상 위의 교재, 시험일이 표시된 달력, 또는 시험장소—에 조건형성 될 수 있다.

고전적 조건형성은 타인에 대한 우리의 정서반응에도 영향을 미칠 수 있다. 평가 조건형성 실험에서 참여자에게 얼굴 사진을 보게 하면서, 각 사진을 좋은 냄새, 중성적인 냄새, 또는 불쾌한 냄새와 짝지었다. 나중에 참여자에게 냄새는 제시하지 않은 채 사진 속의 사람을 얼마나 좋아하는지 평가하도록 하자, 이들은 사전에 좋은 냄새와 짝지어졌던 얼굴을 가장 긍정적으로 평가하였고, 불쾌한 냄새와 짝지어졌던 얼굴을 가장 부정적으로 평가하였다(Todrank, Byrnes, Wrzesniewski, & Rozin, 1995). 이런 연구는 구강 청결제, 데오드란트, 향수 등을 판매하는 기업에게 의미하는 바가 크다.

행동치료의 적용

공포증을 위한 체계적 둔감화

실험실 밖 고전적 조건형성의 사례로 가장 많이 사용되는 행동치료기법 중 하나가 공포증 치료를 위한 체계적 둔감화(systematic desensitization)이다. 공포증은 물체, 장소, 상황에 대한 과도하고 비이성적인 공포를 말한다. 공포증은 심신을 쇠약하게 만든다. 곤충이나 뱀에 대한 공포는 등산을 못하게 만든다. 군중에 대한 공포는 슈퍼마켓이나 극장에 가지 못하게 하고 버스나 기차를 타지 못하게 만들 수도 있다.

공포증은 어떻게 일어나는 것일까? Pavlov 이후 고전적 조건형성이 비합리적 공포증의 잠재적 원인으로 간주되었다. John B. Watson과 Rosalie Rayner(1921)의 유명한(정확히 말하면 악명 높은) 실험은 앨버트라는 이름의 11개월 된 정상적인 유아에게 쇠막대기를 때리는 망치 소리(앨버트를 울게 만드는 자극)를 가지고 흰쥐(원래는 앨버트가 공포를 느끼지 않던 자극)에 대한 공포증을 학습시켰다. 흰쥐와 소음을 짝짓는 여러 번의 시행을 겪고 나서 앨버트는 흰쥐만 보고도 울음을 터뜨렸다. 이렇게 만들어진 공포는 흰 토끼, 털실 공, 산타클로스 가면 등 흰 털이 있는 다른 대상들에까지 일반화되었다. 이 실험이 잔인하고 비윤리적이라고 느껴진다면, 현대 규준이 이런 실험을 허락하지 않고 있으니 안심해도 된다. 하지만 이 실험은 고전적 조건형성으로 공포가 어떻게 습득될 수 있는지를 보여주었다. 또한 가능한 치료법도 제안한다―공포증이 고전적 조건형성으로 습득될 수 있다면 소거를 통해 제거될 수 있다.

체계적 둔감화는 환자에게 공포 대상을 점진적으로 노출시킴으로써 공포와 불편함을 최소화시켜 소거가 일어나도록 하는 절차이다. 이 기법은 세 단계로 구성된다―공포 위계의 구성, 이완 훈련, 공포 위계에 있는 항목들의 단계적 제시. 공포 위계는 공포 상황을 강도순으로 작성한 목록이다. 목록의 맨 아래에 가장 약한 공포 반응을 일으키는 상황이 놓여 있다면, 맨 위는 가장 강한 공포를 유발하는 상황을 의미한다. 공포 위계를 작성하고 난 다음 환자는 근육 이완 훈련을 받게 되는데, 이것을 마치고 나면 환자는 평온함을 느낀다고 보고한다. 치료자는 위계의 가장 약한 항목부터 시작하는데, 환자에게 이 장면에 대해 기술해주고 가능한 생생하게 상상하라고 요구한다. 예를 들어, 교통사고를 당하고 나서 운전에 대한 공포증이 생긴 10대 환자의 치료에서 첫 번째 지시는 "사고 전 자신의 자동차를 보고 있는 장면"을 상상하게 하는 것이다(Kushner, 1968). 이 환자는 이완된 상태이고 또한 위계에서 가장 낮은 항목은 그렇게 큰 공포를 유발하지 않기 때문에, 공포심 없이 또는 적은 공포심을 가지고 쉽게 상상할 수 있다. 환자에게 이완을 요구하는 짧은 휴식 후에 첫 번째 항목을 다시 제시한다. 환자가 이 장면이 공포를 유발하지 않는다고 보고하면, 치료자는 목록의 다음 항목을 가지고 동일한 절차를 반복한다. 치료자는 다음 항목으로 넘어가기 전에 그 항목에 대한 공포가 완전히 사라졌다는 확신이 들 때까지 반복하고 천천히 목록의 다음 단계로 넘어간다.

수천 명의 환자를 대상으로 체계적 둔감화를 다룬 수많은 연구결과가 출판되었는데, 대부분 보고서에서 환자의 약 80%에서 90%가 공포증이 치료된 것으로 나타났다. 이는 정신건강 분야의 다른 치료기법들과 비교하여 매우 높은 성공률이라고 할 수 있다(Paul, 1969). 환자의 상상력에 의존하는 대신에 실제 자극을 사용하는 경우도 있다. Sturges와 Sturges(1998)는 승강기 공포증을 가진 11세 소녀를 승강기에 체계적으로 노출(처음에는 승강기 가까이 서 있는 것으로 시작하여 마지막에는 혼자서 승강기를 타도록)시킴으로써 치료에 성공하였다. 또 다른 형태의 체계적 둔감화는 유머가 불안을 상쇄시킨다는 추론에 기초하여 이완 훈련 대신에 유머를 사용한다. 거미에 극단적인 공포를 느끼는 사람에게 거미에 대한 유머를 만들도록 요청하였고, 거미가 포함된 유머러스한 장면을 제시하였다. 이런 치료가 전통적인 이완 훈련만큼이나 거미 공포증에 효과적인 것으로 증명되었다(Ventis, Higbee, Murdock, 2001).

글상자 3.2   연구 적용하기

가상현실치료

고전적 조건형성과 현대 컴퓨터 기술을 결합한 치료기법이 **가상현실치료**(virtual reality therapy)이다. 이때 환자는 헤드셋을 착용하고 머리를 움직일 때마다 사실적인 시각 장면들이 변화하면서 삼차원 환경을 시뮬레이션으로 제공받는다. 한 가지 사례가 공포증 치료에의 적용이다. 예를 들어, 비행 공포증이 있는 남자에게 헬리콥터 안에서 위험한 자극에 점진적으로 노출시켰더니 비행 공포증이 감소되었다. 가상현실치료는 동물 공포증, 고소공포증, 공개 연설 공포증에 성공적으로 활용되고 있다(Baus & Bouchard, 2014; North, North, & Coble, 2002). 이 기법은 전통적인 체계적 둔감화에 비해 여러 장점을 가지고 있다. 이 절차는 대상 또는 상황을 상상하는 환자의 능력에 의존하지 않아도 된다. 자극은 매우 사실적이고, 정확하게 통제할 수 있고, 개별 환자의 요구에 맞출 수 있다.

가상현실치료는 폭력에 노출되었던 사람이나 참전용사 같은 외상후 스트레스 장애(PTSD) 환자에게 사용되기도 한다. 한 연구에서 PTSD를 가진 현역 군인들을 두 집단에 무선으로 배정하였다. 한 집단은 일반적인 치료를 받았다─인지치료, 이완 훈련, 사고통제, 집단치료가 포함된 PTSD를 위한 표준적인 정신건강 촉진 치료. 다른 집단은 매주 한 번 또는 두 번의 회기로 약 10주 이상의 가상현실치료를 받았다. 이 환자들은 그들이 전쟁에서 경험했던 사건이나 장면, 예를 들어 베이스캠프의 모습과 소리, 가택 수색, 적군의 공격 등을 생생하게 보여주는 3-D 고글을 착용하였다. 체계적 둔감화와 마찬가지로 이 환자들도 이완 훈련을 받았고 약한 스트레스 자극에서 강한 자극의 순서로 점진적으로 자극을 제시받았다. 치료자는 환자의 정서반응이 너무 강해지는 것을 막기 위해 치료 동안 자신의 불안 수준에 대한 환자의 보고 외에도 각성과 불안 수준을 지속적으로 측정하는 의료 기록 장치를 사용하였다. 이 연구는 가상현실치료 집단에 속한 환자 대부분에게서 상당한 치료효과를 발견하였고(PTSD 증후가 최소 30% 감소하였다), 일반 치료 집단보다 효과가 유의미하게 더 좋았다(McLay et al., 2011). 가상현실치료가 PTSD의 효과적인 치료법이라는 것은 다른 임상검사에서도 증명되었다(Botella, Serrano, Baños, & Garcia-Palacios, 2015).

공포증과 PTSD 외에 가상현실치료는 만성통증, 흡연, 알코올의존증, 약물중독 같은 장애의 치료에도 사용된다. 물론 치료방법은 장애의 종류에 따라 매우 다양할 수 있다. 예를 들어 약물중독 치료에서는 약물과 연합된 자극 이미지를 이 자극이 유발하는 약물 갈망을 감소시키기 위해 반복하여 제시한다(4장 단서–노출 치료 참조). 계속하여 기술이 발전하고 치료자들이 다른 치료방법들에 기술을 접목하는 효과적인 방법을 발견한다면, 컴퓨터가 만들어내는 자극은 미래의 행동치료에 점점 더 확대될 것이다.

혐오적 역조건형성

혐오적 역조건형성(aversive counterconditioning)의 목표는 바람직하지 않은 행동과 연합된 자극에 대해 혐오적인 CR을 발달시키는 것이다. 예를 들어, 알코올의존증 환자에게 알코올의 모습, 맛, 냄새에 위장의 메스꺼움과 구토 반응이 일어나게 만든다. 역조건형성이라는 용어가 사용된 이유는 이 기법이 특정 자극(예 : 알코올)에 대한 긍정적인 정서반응을 부정적인 반응으로 대체하기 위한 것이기 때문이다. 1940년대 Voegtlin과 동료들은 이런 불쾌한 치료에 자발적으로 참여한 4000명 이상의 알코올의존증 환자를 치료한 적이 있었다(Lemere, Voegtlin, Broz, O'Hallaren, & Tupper, 1942; Voegtlin, 1940). 환자는 알코올과 구토제(구토를 유발하는 약물)가 짝지어지는 치료를 10일 주기로 여섯 번 받았다. 먼저 환자는 구토제를 섭취하였고, 곧이어 메스꺼움의 신호가 나타났다. 그러면 환자에게 위스키가 큰 잔으로 주어지고, 지시에 따라 이것을 보고, 냄새 맡고, 맛보고, 삼켰고, 몇 분 후 환자는 구토를 하였다. 혐오가 한 종류의 알코올에만 제한되지 않도록 후속 조건형성 회기에서는 위스키 대신 다른 종류의 알코올을 제시하였다. 이보다 불쾌한 치료는 상상하기 어려운데, 환자의 자발적인 참여는 알코올중독을 극복하려는 의지와 혼자서는 할 수 없다는 이들의 생각을 잘 보여준다.

〈그림 3.10〉은 치료 후 시간 경과에 따른 완전히 금주한 환자의 비율을 보여준다. 비율이 처음에는 높다가 시간이 흐르면서 감소한다. 이런 감소 비율은 소거 절차를 반영하는 것일 수 있다. 만일 어떤 사람이 US(구토제) 없이 알코올의 모습이나 냄새에 수년 동안 반복적으로 마주친다면(예 : 결혼식, 파티, 텔레비전에서), 결국 CR인 구토 반응은 사라져야 한다. 적어도 두 가지 증거가 소거의 역할을 지지한다. 첫째, '보조 회기(초기 치료 몇 달 후 추가

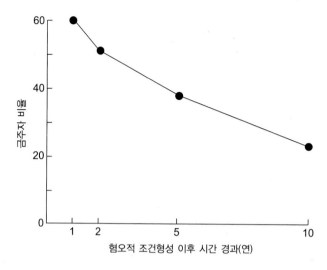

그림 3.10 Voegtlin의 연구에서 알코올의존증의 혐오적 조건형성 후 기간별 완전히 금주한 환자의 비율 (Lemere & Voegtlin, 1950에 기초함.)

조건형성 회기)'를 경험한 환자들은 평균적으로 더 오랜 기간 금주하였다. 아마도 이런 재조건형성 회기가 소거 효과를 상쇄하였을 것이다. 둘째, 오랜 술친구들과 만남을 계속하였던(따라서 알코올에 노출되었던) 사람들은 실패할 가능성이 더 높았다.

〈그림 3.10〉의 비율 감소에 실망하였다면, 다른 알코올 치료기법의 결과도 비슷한 패턴을 보인다는 사실을 알아야 한다. 더욱이 Voegtlin은 완전 금주라는 대단히 엄격한 기준을 사용하였다. 그는 치료 후에 적당히 음주한 사람도 재발한 사람과 똑같이 실패로 간주하고, 재조건형성 회기를 받고, 다시 한 번 금주하게 하였다. 따라서 〈그림 3.10〉은 이 치료기법의 성공에 대한 가장 비관적인 모습이라고 할 수 있다. 이런 효과에도 불구하고 알코올의존증 치료에 혐오적 역조건형성의 사용은 감소하고 있다. 혐오적 역조건형성을 사용하는 경우라도 가족치료, 자기조절 훈련, 그 밖의 여러 기법들로 구성된 다면적인 치료 프로그램의 한 구성 성분으로 활용된다(Smith & Frawley, 1990).

또한 혐오적 역조건형성은 약물남용, 흡연, 과식, 성도착증 같은 문제 행동에도 적용한다. 이때 전기충격, 불쾌한 냄새, 역겨운 심상을 비롯한 다양한 혐오자극을 사용한다. 금연에 도움을 주기 위해 사용하는 한 가지 방법이 '빠른 흡연'이다. 흡연자에게 빠른 속도로 담배 연기를 흡입하게 하면 구역질을 일으킨다. 이 기법의 성공률은 꽤 우수하다(Gifford & Shoenberger, 2009).

요약하면 혐오적 역조건형성은 바람직하지 않은 행동과 연합된 자극에 혐오적 조건형성을 일으켜 이 행동을 감소시키는 절차이다. 그 효과는 가변적이다. 페티시즘, 노출증 같은 특정 성도착증 치료에는 효과적인 절차로 보인다. 알코올의존증이나 흡연 치료에 사용하였을 때에는 어떤 환자들은 재발하였지만, 어떤 환자들은 몇 년 동안 완전히 끊을 수 있었다.

야뇨증 치료

야뇨증(잠자는 동안 침대를 적시는 행동)은 보통 아동과 관련된 문제 행동이다. 만일 5세가 넘어서도 야뇨증이 계속된다면, 아동과 부모 모두를 좌절시키는 문제가 될 수 있다. 다행스럽게도 많은 야뇨증이 Mowrer와 Mowrer(1938)가 개발한 경보–패드 방법이라고 불리는 간단한 절차로 치유될 수 있다. 물기를 감지하는 장치인 패드를 아동의 침대보 아래에 깐다. 한 방울의 소변이라도 패드에 떨어지면 장치가 작동하면서 경보음이 아동을 깨운다. 아동은 경보음을 끄고, 화장실에 가서 소변을 본 뒤, 다시 잠자리에 들라는 지시를 미리 받는다. 경보음과 패드는 문제 행동이 사라질 때까지 매일 밤 사용한다.

　이 절차에서 경보음은 아동에게 두 가지 반응을 유발하는 US이다. (1) 잠을 깨는 것과, (2) 소변을 참기 위해 필요한 근육을 조이는 것(깨어 있을 때 아동이 소변을 흘리지 않기 위해 하는 반응). 이 절차의 목표는 각각의 반응을, 또는 이 두 반응 모두를 내부 CS — 방광이 꽉 찼을 때의 감각 — 로 변환시키는 것이다. 간단히 말해서, CS를 꽉 찬 방광이라고 하자. 꽉 찬 방광이 경보음과 반복적으로 짝지어지고 나면, 경보음이 울리기 전에 꽉 찬 방광만으로 잠 깨는 반응과 (또는) 소변이 흐르지 않게 하는 근육의 조임 반응을 유발할 것이다.

　여러 연구들이 경보–패드 방법의 성공률을 약 80%로 보고하고 있다. 재발이 잘 일어나지만 추가적인 경보–패드 훈련으로 쉽게 치료될 수 있다. 수많은 연구 증거에 따르면 경고–패드 방법은 야뇨증의 다른 치료방법보다 더 효과적이다(Brown, Pope, & Brown, 2011).

고전적 조건형성 치료의 요약

고전적 조건형성 원리에 기초한 행동치료들은 행동을 강화하고, 제거하고, 대체하는 데 사용될 수 있다. 야뇨증 치료를 위한 경보–패드 기법은 행동(예 : 밤에 소변을 참는 반응)을 강화하기 위해 설계된 절차의 한 예이다. 체계적 둔감

연습 퀴즈 2 : 제3장

1. CS와 US가 특정 시간 간격을 사이에 두고 따로 떨어져서 제시되는 것을 _____ (이)라고 부른다.
2. 보통 가장 강한 흥분성 조건형성을 만들어내는 시간 배열은 _____ 조건형성이다.
3. 얼굴 사진이 긍정 또는 부정 형용사와 짝지어지는 평가 조건형성 절차에서 형용사가 _____이고, 얼굴 사진은 _____이다.
4. 알코올의존증의 혐오적 역조건형성의 효과가 시간이 경과하면서 감소하면, 이것은 조건형성 원리 중 _____를 보여주는 것이다.
5. 야뇨증의 고전적 조건형성 치료에서 US는 _____이다.

해답
1. 흔적 조건형성 2. 단기–지연 3. 일차 CS, 이차 CS 4. 소거 5. 아동을 깨우는 경보음

화는 공포 또는 불안 같은 정서반응을 없애기 위해 사용한다. 혐오적 역조건형성은 알코올과 흡연 같은 자극에 대한 유쾌한 정서반응을 혐오반응으로 대체하기 위해 설계된 것이다. 물론 이 절차들에서도 실패와 재발이 발생하지만, 치료를 받은 많은 사람에게서 관찰되는 장기적인 성공은 자랑할 만하다.

요약

가장 단순한 형태의 고전적 조건형성은 선천적으로 무조건반응(UR)을 불러일으키는 무조건자극(US)을 조건자극(CS)과 반복적으로 짝짓는 것이다. 반복적인 짝짓기 후에 CS는 조건반응(CR)을 유발하기 시작한다. Pavlov는 고전적 조건형성을 연구하기 위해 개의 침 분비반응을 사용하였지만, 최근에는 눈깜박임 조건형성, 조건억압, 피부전도반응, 맛–혐오학습 등이 연구에 주로 사용된다.

Pavlov의 자극대체이론에 따르면, CS는 원래 US가 유발하는 반응과 동일한 반응을 만들어내야 한다. 그러나 현실에서 CR의 형태는 UR과 다른 경우가 많고, 때로는 UR과 완전히 상반되기도 한다. 뇌에서 CS를 위한 신경 센터가 US를 위한 센터와 연결이 일어나거나(S-S 연결), 직접 반응 센터와 연결이 일어난다는(S-R 연결) 주장이 제안되었다. US 박탈 실험에서 나온 결과들은 S-S 관점을 지지한다.

모든 종에서 관찰된 고전적 조건형성의 사례들은 획득, 소거, 자발적 회복, 탈억제, 조건억제, 일반화, 변별을 비롯하여 동일한 기본 원리를 보여준다. 조건형성이 일어나는 데 가장 효과적인 시간 배열은 단기–지연 조건형성이다. 그보다 약한 조건형성이 동시, 장기–지연, 흔적 조건형성에서 일어난다. 후향 조건형성에서는 CS가 조건억제자가 될 수 있다. 이차 조건형성에서 CR은 US에서 CS가 아니라 하나의 CS에서 또 다른 CS로 전이된다.

일상생활에서 CR은 많은 여러 자극에 대한 우리의 정서반응에서 쉽게 찾을 수 있다. 행동치료에서는 이완된 상태에 있는 환자에게 공포를 유발하는 자극의 강도를 점진적으로 증가시키면서 공포증을 소거하기 위해 체계적 둔감화를 사용한다. 혐오적 역조건형성은 특정자극(예 : 알코올, 담배)에 대한 긍정적인 반응을 부정적인 반응으로 대체하기 위해 사용한다. 경보–패드 방법은 아동의 야뇨증 치료에 이용된다.

복습 문제

1. US, UR, CS, CR을 정의하라. 침 분비 조건형성과 피부전도반응 조건형성을 예로 사용하여 이 네 개념을 설명하라.
2. 고전적 조건형성 동안 형성된 연합이 소거로 간단히 지워지는 것이 아니라는 것을 보여주는 세 가지 증거는 무엇인가?
3. 강한 흥분성 조건형성을 만들어내는 CS와 US 사이의 시간 배열, 약한 흥분성 조건형성을 만들어내는 시간 배열, 억제성 조건형성을 만들어내는 시간 배열을 각각 하나씩 기술하라. 왜 이 절차들이 이런 결과를 만들어내는지에 대한 적절한 설명을 제시하라.
4. 텔레비전 광고가 시청자에게 상품에 대한 긍정적 정서를 심어주기 위해 고전적 조건형성을 어떻게 이용하고 있는지를 설명하라. 다른 브랜드에 대한 부정적인 반응을 일으키기 위해 광고는 고전적 조건형성을 어떻게 이용할 수 있는가? 실제로 이런 기법을 사용한 광고 중 기억나는 것이 있는가?
5. 체계적 둔감화가 공포증 치료에 어떻게 사용되는지 설명하라. 소거와 일반화가 이 절차에서 얼마나 중요한지를 설명하라. 왜 공포증은 치료 없이 저절로 소거되지 않는가?

참고문헌

Ader, R., & Cohen, N. (1975). Behaviorally conditioned immunosuppression. *Psychosomatic Medicine, 37,* 333–340.

Arcediano, F., Escobar, M., & Miller, R.R. (2005). Bidirectional associations in humans and rats. *Journal of Experimental Psychology: Animal Behavior Processes, 31,* 301–318.

Baeyens, F., Eelen, P., Van den Bergh, O., & Crombez, G. (1992). The content of learning in human evaluative conditioning: Acquired valence is sensitive to US revaluation. *Learning and Motivation, 23,* 200–224.

Baus, O., & Bouchard, S. (2014). Moving from virtual reality exposure-based therapy to augmented reality exposure-based therapy: A review. *Frontiers in Human Neuroscience, 8,* 112.

Black, A.H. (1965). Cardiac conditioning in curarized dogs: The relationship between heart rate and skeletal behavior. In W.F. Prokasy (Ed.), *Classical conditioning: A symposium* (pp. 20–47). New York: Appleton-Century-Crofts.

Botella, C., Serrano, B., Baños, R.M., & Garcia-Palacios, A. (2015). Virtual reality exposure-based therapy for the treatment of post-traumatic stress disorder: A review of its efficacy, the adequacy of the treatment protocol, and its acceptability. *Neuropsychiatric Disease and Treatment, 11,* Article ID 2533–2545.

Bouton, M.E. (2000). A learning theory perspective on lapse, relapse, and the maintenance of behavior change. *Health Psychology, 19,* 57–63.

Bouton, M.E., Woods, A.M., & Pineño, O. (2004). Occasional reinforced trials during extinction can slow the rate of rapid reacquisition. *Learning and Motivation, 35*, 371–390.

Brown, M.L., Pope, A.W., & Brown, E.J. (2011). Treatment of primary nocturnal enuresis in children: A review. *Child: Care, Health and Development, 37*, 153–160.

Buske-Kirschbaum, A., Kirschbaum, C., Stierle, H., Jabaij, L., & Hellhammer, D. (1994). Conditioned manipulation of natural killer (NK) cells in humans using a discriminative learning protocol. *Biological Psychology, 38*, 143–155.

Capaldi, E.J. (1966). Partial reinforcement: A hypothesis of sequential effects. *Psychological Review, 73*, 459–477.

Costa, D.S.J., & Boakes, R.A. (2009). Context blocking in rat autoshaping: Sign-tracking versus goal-tracking. *Learning and Motivation, 40*, 178–185.

Delamater, A.R., & Westbrook, R.F. (2014). Psychological and neural mechanisms of experimental extinction: A selective review. *Neurobiology of Learning and Memory, 108*, 38–51. doi:10.1016/j.nlm.2013.09.016

Ellison, G.D. (1964). Differential salivary conditioning to traces. *Journal of Comparative and Physiological Psychology, 57*, 373–380.

Gerwig, M., Guberina, H., Eßer, A.C., Siebler, M., Schoch, B., Frings, M., & . . . Timmann, D. (2010). Evaluation of multiple-session delay eyeblink conditioning comparing patients with focal cerebellar lesions and cerebellar degeneration. *Behavioural Brain Research, 212*, 143–151.

Gifford, E.V., & Shoenberger, D. (2009). Rapid smoking. In W.T. O'Donohue & J.E. Fisher (Eds.), *General principles and empirically supported techniques of cognitive behavior therapy* (pp. 513–519). Hoboken, NJ: Wiley.

Goebel, M.U., Meykadeh, N., Kou, W., Schedlowski, M., & Hengge, U.R. (2008). Behavioral conditioning of antihistamine effects in patients with allergic rhinitis. *Psychotherapy and Psychosomatics, 77*, 227–234.

Hearst, E., & Jenkins, H.M. (1974). *Sign tracking: The stimulus-reinforcer relation and directed action.* Austin, TX: Monograph of the Psychonomic Society.

Hoehler, F.K., Kirschenbaum, D.S., & Leonard, D.W. (1973). The effects of overtraining and successive extinctions upon nictitating membrane conditioning in the rabbit. *Learning and Motivation, 4*, 91–101.

Kirkpatrick, K., & Church, R.M. (2004). Temporal learning in random control procedures. *Journal of Experimental Psychology: Animal Behavior Processes, 30*, 213–228.

Konorski, J. (1948). *Conditioned reflexes and neuron organization.* New York: Cambridge University Press.

Kushner, M. (1968). The operant control of intractable sneezing. In C.D. Spielberger, R. Fox, & D. Masterson (Eds.), *Contributions to general psychology* (pp. 326–365). New York: Ronald Press.

Kusnecov, A.W. (2014). Behavioral conditioning of immune responses: An overview and consideration of clinical applications. In F.K. McSweeney & E.S. Murphy (Eds.), *The Wiley Blackwell handbook of operant and classical conditioning* (pp. 143–163). Chichester, UK: Wiley-Blackwell.

Lemere, F., & Voegtlin, W.L. (1950). An evaluation of the aversion treatment of alcoholism. *Quarterly Journal of Studies on Alcohol, 11*, 199–204.

Lemere, F., Voegtlin, W.L., Broz, W.R., O'Hallaren, P., & Tupper, W.E. (1942). The conditioned reflex treatment of chronic alcoholism: VIII. A review of six years' experience with this treatment of 1526 patients. *Journal of the American Medical Association, 120*, 269–270.

Liu, S.S. (1971). Differential conditioning and stimulus generalization of the rabbit's nictitating membrane response. *Journal of Comparative and Physiological Psychology, 77*, 136–141.

Logue, A.W., Ophir, I., & Strauss, K.E. (1981). The acquisition of taste aversions in humans. *Behavior Research and Therapy, 19*, 319–333.

Matzel, L.D., Held, F.P., & Miller, R.R. (1988). Information and expression of simultaneous and backward associations: Implications for contiguity theory. *Learning and Motivation, 19*, 317–344.

McLay, R.N., Wood, D.P., Webb-Murphy, J.A., Spira, J.L., Wiederhold, M.D., Pyne, J.M., & Wiederhold, B.K. (2011). A randomized, controlled trial of virtual reality-graded exposure therapy for post-traumatic stress disorder in active duty service members with combat-related post-traumatic stress disorder. *Cyberpsychology, Behavior, and Social Networking, 14*, 223–229.

Miller, R.R., & Spear, N.E. (Eds.). (1985). *Information processing in animals: Conditioned inhibition.* Hillsdale, NJ: Erlbaum.

Mowrer, O.H., & Mowrer, W.M. (1938). Enuresis: A method for its study and treatment. *American Journal of Orthopsychiatry, 8*, 436–459.

North, M.M., North, S.M., & Coble, J.R. (2002). Virtual reality therapy: An effective treatment for psychological disorders. In K.M. Stanney (Ed.), *Handbook of virtual environments: Design, implementation, and applications* (pp. 1065–1078). Mahwah, NJ: Erlbaum.

Paul, G.L. (1969). Outcome of systematic desensitization: II. Controlled investigations of individual treatment, technique variations, and current status. In C.M. Franks (Ed.), *Behavior therapy: Appraisal and status* (pp. 105–159). New York: McGraw-Hill.

Polack, C.W., Molet, M., Miguez, G., & Miller, R.R. (2013). Associative structure of integrated temporal relationships. *Learning & Behavior, 41*, 443–454.

Radell, M.L., & Mercado, E.I. (2014). Modeling possible effects of atypical cerebellar processing on eyeblink conditioning in autism. *Cognitive, Affective & Behavioral Neuroscience, 14*, 1142–1164.

Rescorla, R.A. (1966). Predictability and number of pairings in Pavlovian fear conditioning. *Psychonomic Science, 4*, 383–384.

Rescorla, R.A. (1968). Probability of shock in the presence and absence of CS in fear conditioning. *Journal of Comparative and Physiological Psychology, 66*, 1–5.

Rescorla, R.A. (1973). Second order conditioning: Implications for theories of learning. In F.J. McGuigan & D.B. Lumsden (Eds.), *Contemporary approaches to conditioning and learning* (pp. 127–150). New York: Wiley.

Robbins, S.J. (1990). Mechanisms underlying spontaneous recovery in autoshaping. *Journal of Experimental Psychology: Animal Behavior Processes, 16*, 235–249.

Schultz, D.H., Balderston, N.L., Geiger, J.A., & Helmstetter, F.J. (2013). Dissociation between implicit and explicit responses in postconditioning UCS revaluation after fear conditioning in humans. *Behavioral Neuroscience, 127*, 357–368.

Siegel, S., & Domjan, M. (1971). Backward conditioning as an inhibitory procedure. *Learning and Motivation, 2*, 1–11.

Smith, J.W., & Frawley, P.J. (1990). Long-term abstinence from alcohol in patients receiving aversion therapy as part of a multimodal inpatient program. *Journal of Substance Abuse Treatment, 7*, 77–82.

Smith, M.C., & Gormezano, I. (1965). *Conditioning of the nictitating membrane response of the rabbit as a function of backward, simultaneous and forward CS–UCS intervals.* Paper presented at the meeting of the Psychonomic Society, Chicago, IL.

Solvason, H.B., Ghanata, V., & Hiramoto, R.H. (1988). Conditioned augmentation of natural killer cell activity: Independence from nociceptive effects and dependence on interferon-B. *Journal of Immunology, 140*, 661–665.

Sturges, J.W., & Sturges, L.V. (1998). In vivo systematic desensitization in a single-session treatment of an 11-year-old girl's elevator phobia. *Child & Family Behavior Therapy, 20*, 55–62.

Till, B.D., & Priluck, R.L. (2000). Stimulus generalization in classical conditioning: An initial investigation and extension. *Psychology and Marketing, 17*, 55–72.

Todrank, J., Byrnes, D., Wrzesniewski, A., & Rozin, P. (1995). Odors can change preferences for people in photographs: A cross-modal evaluative conditioning study with olfactory USs and visual CSs. *Learning and Motivation, 26*, 116–140.

Ventis, W.L., Higbee, G., & Murdock, S.A. (2001). Using humor in systematic desensitization to reduce fear. *Journal of General Psychology, 128*, 241–253.

Voegtlin, W.L. (1940). The treatment of alcoholism by establishing a conditioned reflex. *American Journal of Medical Science, 199*, 802–810.

Watson, J.B., & Rayner, R. (1921). Studies in infant psychology. *Scientific Monthly, 13*, 493–515.

White, K., & Davey, G.C.L. (1989). Sensory preconditioning and UCS inflation in human "fear" conditioning. *Behaviour Research and Therapy, 27*, 161–166.

Williams, D.A., Johns, K.W., & Brindas, M. (2008). Timing during inhibitory conditioning. *Journal of Experimental Psychology: Animal Behavior Processes, 34*, 237–246.

Yerkes, R.M., & Morgulis, S. (1909). The method of Pavlov in animal psychology. *Psychological Bulletin, 6*, 257–273.

Zener, K. (1937). The significance of behavior accompanying conditioned salivary secretion for theories of the conditioned response. *American Journal of Psychology, 50*, 384–403.

고전적 조건형성 이론과 연구

학습 목표

이 장을 읽은 후에 당신은

- 차단 효과와 이것이 중요한 이유를 설명할 수 있다.
- Rescorla-Wagner 모형의 기본 개념과 이 이론이 획득, 소거, 차단, 조건억제 같은 조건형성 현상을 어떻게 설명하는지 기술할 수 있다.
- 원시동물, 포유동물, 인간의 고전적 조건형성의 신경학적 기제에 관한 연구를 요약할 수 있다.
- 동물과 사람이 고전적 조건형성을 통해 학습하는 것에 유전이 어떤 영향을 미칠 수 있는지를 설명할 수 있다.
- 약물 내성과 중독에서 고전적 조건형성의 역할에 대해 논의할 수 있다.

이 장은 고전적 조건형성 분야의 최신 주제와 이슈에 대해 알아본다. 이 장은 상이한 질문을 다루고 있는 다섯 개의 절로 나누어져 있다. 첫 번째 절은 서로 다른 종류의 조건형성이 언제 그리고 어떻게 일어나는지에 대한 이론들을 다룬다―어떤 조건에서 자극은 흥분성 CS가 되는가, 또는 억제성 CS가 되는가, 또는 중성자극으로 남는가? 두 번째 절은 신경과학의 관점에서 고전적 조건형성을 다룬다. 우리는 고전적 조건형성이 개별 뉴런의 기능을 어떻게 변화시키는지, 어떤 뇌 영역이 관여되어 있는지를 간단히 살펴볼 것이다. 세 번째 절은 연합학습에서 유전 요인의 역할, 생물학적 제약에 대해 알아본다. 마지막 절은 어떤 형태의 조건반응(CR)이 일어날지에 대한 질문을 다룬다. CR은 UR과 비슷한가? 아니면 반대인가? 또는 완전히 다른 어떤 것인가? 이런 질문은 약물과 연합된 자극이 나중에 약물 자체의 반응과 비슷한 반응을 유발할지 또는 반대되는 반응을 유발할지를 알아야 할 때처럼 실제 활용 측면에서 중요하다.

연합학습 연구와 이론들

연합학습의 가장 오래된 원리가 빈도 원리이다─두 자극이 자주 짝지어질수록 학습자는 이 둘을 더 강하게 연합한다. Thomas Brown(1820)이 최초로 이 원리를 제안하였고, 수많은 학습이론의 기본 가정이 되었다. 학습의 기본 규칙으로 빈도 원리가 광범위하게 수용되어 왔기 때문에 이 원리를 부정하는 Leon Kamin의 실험은 큰 관심을 끌었다.

차단 효과

Kamin(1968)의 실험을 비롯하여 이 장에 나와 있는 많은 실험을 쉽게 이해하기 위해서 특수 표기법을 사용할 것이다. 상이한 CS는 대문자를 사용하여 표기하였다(예 : T는 음조를 의미하고 L은 불빛을 가리킨다). 더하기 표시(+)는 CS 다음에 US가 제시된다는 것을 나타낸다. 예를 들어, T+는 한 개의 CS, 즉 음조가 제시되고 US가 뒤따르는 시행을 의미한다. TL은 두 개의 CS, 음조와 불빛이 동시에 제시되지만, US는 제시되지 않는 시행을 말한다.

Kamin의 첫 번째 실험은 쥐를 대상으로 조건억압 절차를 사용하였다. 〈표 4.1〉은 실험 설계의 개요이다. 차단집단(blocking group)과 통제집단(control group)이라는 두 집단의 쥐가 있다. 단계 1에서 차단집단의 쥐는 일련의 L+시행을 받았고, 단계 1의 끝에 가서 L은 강력한 CR을 불러일으켰다(L이 켜지면 레버 누르기가 억압되었다). 단계 2에서 차단집단은 일련의 LT+시행을 받았다. 불빛과 음조가 함께 제시되었고 그런 다음 전기충격이 뒤따랐다. 마지막으로 검사 단계에서 T를 제시하고(전기충격 없이), 음조에 대한 조건형성 강도를 측정하였다.

통제집단은 오직 한 가지만 달랐다─단계 1에서 아무런 자극도 제시하지 않았다. 따라서 통제집단은 단계 2에서 처음으로 L, T, 그리고 US에 노출되었다. 요점은 T와 전기충격 간의 짝짓기 횟수가 두 집단에서 정확히 같았다는 것이다. 그러니까 빈도 원리에 따르면 T에 대한 조건형성의 강도가 두 집단에서 똑같아야 한다. 그러나 Kamin이 발견한 것은 그렇지 않았다. 통제집단에서는 T에 대한 강력한 공포 반응(조건억압)이 관찰되었지만 차단집단은 T에 대한 조건반응을 거의 보이지 않았다. Kamin은 L에 대한 사전 조건형성이 T에 대한 후속 조건형성을 어떤 방식으로든 '차단'하였다고 결론 내렸다. Kamin의 선구자적인 업적이 발표되고 나서 차단 효과는 동물과 사람 모두를 대상으로 하는 수많은 조건형성 연구에서

표 4.1 Kamin의 차단 효과 실험 설계

집단	단계 1	단계 2	검사	결과
차단	L+	LT+	T	T→공포 없음
통제	–	LT+	T	T→공포

반복 검증되었다.

차단 효과의 직관적인 설명은 어렵지 않다. 간단하게 차단집단에게 T는 어떤 새로운 정보도 제공하지 않는 불필요한 자극이다. 단계 1이 끝날 때쯤 차단집단의 피험동물은 L이 US의 신뢰할 만한 예언자라는 것을 학습한다. 즉, L 다음에는 항상 US가 나타났지만 그 밖에는 한 번도 나타난 적이 없다. 단계 2에서 상황에 T를 추가하는 것이 US를 예측하는 피험동물의 역량에 어떤 영향도 미치지 않는다. 이 실험은 만일 CS에 US에 대한 어떤 새로운 정보가 추가되지 않으면, 조건형성이 일어나지 않을 것이라고 주장한다.

이 실험은 CS와 US의 짝짓기만으로 조건형성이 자동으로 일어나지 않는다는 것을 보여준다. 조건형성은 CS가 정보적일 때만, 즉 전기충격과 같은 어떤 중요한 사건을 예측하고 있을 때만 일어난다. 차단 효과와 관련 연구결과들은 두 명의 심리학자, Robert Rescorla와 Allan Wagner(1972)에게 고전적 조건형성의 가장 유명한 이론을 개발하도록 이끌었다.

Rescorla-Wagner 모형

Rescorla-Wagner 모형(Rescorla-Wagner model)은 고전적 조건형성의 수학적 이론이어서 어떤 사람들은 수학 때문에 모형을 이해하기 어렵다고 느낄 수 있다. 그러나 이 이론의 배경에 놓여 있는 기본 생각은 단순하고 합리적이기 때문에 수학 없이도 충분히 설명이 가능하다. 이 절은 방정식을 사용하지 않고도 당신이 모형의 개념을 잘 이해할 수 있도록 기술하였다.

고전적 조건형성은 중요한 사건(US)에 대한 신호(CS)를 학습하는 도구라고 볼 수 있다. Rescorla-Wagner 모형은 개별 시행을 기초로 고전적 조건형성 절차의 결과를 예측하도록 만들어졌다. 조건형성 절차의 매 시행에서 흥분성 조건형성 또는 억제성 조건형성이 일어나거나 아니면 조건형성이 일어나지 않을 수 있다. 모형에 따르면, 다음 두 가지 요인이 이 세 가지 가능성 중 실제로 어떤 일이 발생할지를 결정한다. (1) 발생할 사건에 대한 참여자의 기대 강도, (2) 실제로 제시된 US의 강도. 모형은 놀람 개념을 수학적으로 기술한다. 학습은 참여자가 놀랐을 때만, 즉 실제로 일어난 일이 참여자가 일어날 것이라고 기대한 것과 차이가 있을 때만 일어난다는 것이다.

당신이 다음 여섯 개의 규칙을 이해한다면, 모형의 일반적인 개념을 완전히 파악한 것이다.

1. 실제 US의 강도가 참여자의 기대 강도보다 더 크면, US와 짝지어졌던 모든 CS는 흥분성 조건형성을 일으킨다.

2. 실제 US의 강도가 참여자의 기대 강도보다 더 작으면, US와 짝지어졌던 모든 CS는 억제성 조건형성을 일으킨다.

3. 실제 US의 강도가 참여자의 기대 강도와 동일하면, 조건형성은 일어나지 않는다.

4. 기대 강도와 US 강도 사이의 차이가 클수록, 조건형성(흥분성이든 억제성이든)은 더 강해진다.

5. 더 현저한(눈에 더 잘 띄는) CS가 덜 현저한(눈에 잘 띄지 않는) CS보다 조건형성을 더 빠르게 일으킨다.

6. 둘 이상의 CS가 함께 제시되면, 학습자의 총 기대 강도는 두 자극에 대한 각 기대의 합이다(흥분성 자극과 억제성 자극은 서로 상쇄하는 경향이 있음).

지금부터 몇 가지 사례를 통해 이 여섯 개의 규칙이 어떻게 작용하는지를 살펴보도록 하자. 모든 사례에서 쥐는 CS(불빛, 음조, 또는 다른 신호) 다음에 US로 먹이가 나오는 조건형성 절차를 받게 된다. 이런 조건형성 상황에서 CR은 실험상자 안을 돌아다니는 쥐의 움직임을 측정한 활동성이다(움직임 탐지기를 사용하여 자동으로 기록할 수 있다). 실제 이런 절차를 사용한 실험에서 전형적인 결과는 조건형성이 진행될수록 CS가 제시될 때 쥐는 점점 더 활동적이 된다. 따라서 쥐의 움직임은 흥분성 조건형성의 정도를 가리키는 측정치로 사용할 수 있다.

획득

불빛(L)이 먹이 한 조각과 짝지어진다고 가정해보자(그림 4.1). 최초의 조건형성 시행에서 쥐는 L 다음에 무엇이 올 것이라는 기대가 전혀 없고, 따라서 US(먹이 조각)의 강도는 쥐의 기대 강도(기대 강도는 0이다.)보다 훨씬 크다. 따라서 이 시행은 흥분성 조건형성을 만들어낸다(규칙 1). 하지만 조건형성이 단 한 번의 시행으로 완성되는 일은 드물다. 두 번째 L이 제시되고, 이것은 약간의 기대를 유발하지만 여전히 실제 US의 강도만큼 강력하지는 않다. 따라서 규칙 1이 다시 한 번 적용되면서 더 강한 흥분성 조건형성이 일어난다. 동일한 이유로 세 번째, 네 번째 시행에서도 흥분성 조건형성이 일어난다. 그러나 조건형성 시행이 증가하면서 쥐의 먹이 조각에 대한 기대도 더 커지고, 기대 강도와 US 강도 사이의 격차는 점점 감소한다. 그래서 흥분성 조건형성은 첫 번째 시행에서 가장 빠르게 증가하고, 시행이 진행되면서 조건형성의 증가는 점차 감소한다(규칙 4). 결국, L이 실제 먹이 조각만큼 강한 기대를 유발하면, 학습은 점근선에 도달하고, L과 먹이를 추가적으로 짝지어도 더 이상의

	CS	기대 US	실제 US	결과
첫 번째 시행	불빛	0	먹이	↑ L → 먹이 연합의 큰 증가
나중 시행	불빛	먹이	먹이	↑ L → 먹이 연합의 작은 증가

그림 4.1 Rescorla-Wagner 모형에 따르면 획득 기간에는 실제 US가 기대 US보다 더 크기 때문에 흥분성 조건형성(CS-US 연합 강도의 증가)이 일어난다. 나중 시행으로 갈수록 기대 US의 강도가 점점 더 커지고, 따라서 조건형성의 양은 처음 시행만큼 크지 않게 된다.

조건형성은 일어나지 않는다.

차단

이제 L에 대한 조건형성이 점근선에 도달한 후에 L과 음조(T)의 복합자극 다음에 한 개의 먹이 조각이 제시된다고 가정해보자(그림 4.2). 규칙 6에 따르면 두 개의 CS가 제시될 때 참여자의 기대는 이 둘에서 나온 총 기대에 기초한다. T는 새로운 자극이고, 따라서 이것과 연합된 기대는 전혀 존재하지 않지만, L은 한 개의 먹이 조각에 대한 기대를 만들어낸다. 실제로 동물은 한 개의 먹이 조각을 받아서 기대 US와 실제 US가 일치하기 때문에, 추가 조건형성은 일어나지 않는다(규칙 3). L은 자신의 흥분성 강도를 유지하고, T는 강도 0으로 남는다.

　Rescorla-Wagner 모형은 이렇게 간단하게 차단 효과를 설명한다 — 학습자의 기대 강도와 US의 강도가 일치하여 놀람이 존재하지 않기 때문에, 추가 CS에 대한 조건형성은 일어나지 않는다.

소거와 조건억제

L에 대한 조건형성이 일어나고 난 다음에, 이제 쥐가 먹이 없이 L만 제시되는 소거 절차에 놓인다고 가정해보자(그림 4.3). 기대 US는 먹이지만 실제 US는 아무것도 없다(먹이가 제시되지 않는다). 기대 US의 강도가 실제 US보다 더 큰 경우이기 때문에 규칙 2에 따라 L과

불빛에 대한 조건형성이 일어난 후 차단

CS	기대 US	실제 US	결과
불빛 & 음조	먹이	먹이	L → 먹이 연합의 변화 없음 T → 먹이 연합의 변화 없음

그림 4.2 Rescorla-Wagner 모형에 따르면 차단 효과는 기대 US와 실제 US가 같을 때 조건형성 시행에 학습이 존재하지 않기 때문에 일어난다.

		소거		
CS		기대 US	실제 US	결과
불빛		먹이	0	↓ L → 먹이 연합의 큰 감소

그림 4.3 Rescorla-Wagner 모형에 따르면 소거 동안 기대 US가 실제 US보다 더 크기 때문에 억제성 조건형성이 일어난다(CS-US 연합 강도의 감소)

먹이 사이의 연합이 감소한다. 후속 소거 시행은 L과 먹이 사이의 연합 강도를 점점 더 감소시킬 것이다.

이제 약간 다른 예를 생각해보자. L과의 조건형성이 점근선에 도달한 후에 쥐는 L과 T가 함께 제시되는 시행을 받지만 이 시행에서 먹이는 제공되지 않는다고 가정해보자. 이것은 규칙 2가 적용되는 또 하나의 사례이다 — 기대 US의 강도가 실제 US의 강도보다 더 크다. 규칙 2에 따르면 두 CS, L과 T는 이 소거 시행에서 억제성 조건형성을 일으킬 것이다.

이 억제성 조건형성이 어떻게 L과 T에 영향을 미치는지 자세히 알아보자. L은 강한 흥분성 강도로 시작하기 때문에, 먹이가 제시되지 않는 시행(그리고 이 시행이 만들어내는 억제성 조건형성)은 이 흥분성 강도를 상쇄하기 시작한다. 이것은 단순히 또 하나의 소거 사례라고 할 수 있다. 이와 대조적으로, T는 전에 제시되었던 적이 없기 때문에 0의 강도에서 소거 단계가 시작된다. 따라서 먹이가 없는 시행(그리고 이 시행이 만들어내는 억제성 조건형성)은 T의 강도를 0 이하로 감소시킨다 — 이것은 조건억제자가 된다.

뒤덮기

Pavlov는 강한 자극 하나와 약한 자극 하나로 구성된 복합 CS를 제시하는 조건형성 실험에서 뒤덮기(overshadowing)라는 현상을 발견하였다. 여러 번의 조건형성 시행 후 강한 CS는 강한 CR을 만들어내지만, 약한 CS는 조건반응을 만들어내지 못한다. 약한 CS만 따로 US와 함께 제시하면 곧바로 CR을 유발하기 때문에, 약한 CS가 효과적인 CS가 되지 못한 이유가 자극의 강도 때문이라고 보기 어렵다. 그보다는 더 강한 CS와 함께 제시되어서 강한 CS가

		뒤덮기		
CS		기대 US	실제 US	결과
큰 소음 & 흐린 불빛		0	먹이	↑ N → 먹이 연합의 큰 증가 ↟ L → 먹이 연합의 작은 증가

그림 4.4 Rescorla-Wagner 모형에 따르면 뒤덮기는 조건형성의 양이 자극의 현저성에 달려 있기 때문에 일어난다. 여기서는 소음이 더 현저한 자극이기 때문에 불빛–먹이 연합보다 소음–먹이 연합의 증가가 더 크다.

더 약한 CS를 가리거나 뒤덮어버리는 것으로 보인다. 뒤덮기는 동물과 인간 참여자 모두에게서 관찰된다(Spetch, 1995; Stockhorst, Hall, Enck, & Klosterhalfen, 2014).

뒤덮기에 대한 Rescorla-Wagner 모형의 설명은 간단하다(그림 4.4). 규칙 5에 따르면, 더 현저한 자극이 덜 현저한 자극보다 더 빠르게 조건형성이 일어난다. 예를 들면, 흐린 불빛과 큰 소음이 함께 제시되고 먹이 조각이 뒤따르면, 소음이 불빛보다 더 빠르게 흥분성 조건형성을 획득한다. 소음과 불빛, 두 자극에 기초한 총 기대가 실제 US인 먹이의 강도와 같으면 조건형성은 멈춘다. 소음이 더 두드러지는 자극이기 때문에, 이것은 불빛보다 훨씬 더 많은 흥분성 강도를 발달시킬 것이다. 만일 흐린 불빛만 따로 제시된다면, 이것은 아주 약한 CR을 유발해야 한다.

과잉기대 효과

훌륭한 이론의 한 가지 특징이 과거에는 검증된 적이 없는 독창적인 예측으로 이루어진 새로운 연구를 촉진시키는 능력이다. Rescorla-Wagner 모형은 이 점에서 우수한 평가를 받고 있는데, 수백 개의 실험이 이 모형의 예측을 검증하기 위해 수행되었기 때문이다. 과잉기대 효과(overexpectation effect)라고 알려진 현상이 좋은 사례인데, 많은 사람이 반직관적이라고 생각한 놀라운 예측을 Rescorla-Wagner 모형이 제안하고, 또 그것이 사실임이 증명되었기 때문이다.

〈표 4.2〉는 과잉기대 효과의 실험 설계이다. 두 개의 CS, L과 T가 있다. 단계 1의 L+와 T+는 어떤 시행에서는 L 다음에 먹이 한 조각이 제시되고, 다른 시행에서는 T 다음에 먹이 한 조각이 제시된다는 의미이다. 각 시행에서 무슨 일이 일어날지에 대해 생각해보라. L+ 시행에서는 L에 기초한 기대 강도가 증가하게 되고, 결국 한 조각의 먹이 강도에 도달하게 될 것이다. 이와 유사하게, T+ 시행에서도 T에 기초한 기대 강도가 증가하여 역시 한 조각의 먹이 강도에 접근하게 된다. L과 T는 한 번도 함께 제시된 적이 없기 때문에, 두 자극의 조건형성 강도는 각각 한 조각의 먹이 강도에 도달할 것이다. 단계 1의 마지막에 쥐는 L이 제시될 때 한 조각의 먹이를 기대하고, T가 제시될 때도 역시 한 조각의 먹이를 기대하게 된다. 단계 2에서 통제집단의 쥐에게는 어떤 자극도 제시하지 않기 때문에 기대도 달라지지 않는다. 따라서 이 쥐들은 검사 단계의 초기 시행에서 L과 T, 두 자극 모두에 강력한 CR을

표 4.2 과잉기대 효과 실험 설계

집단	단계 1	단계 2	검사	결과
과잉기대	L+, T+	LT+	L, T	중간 강도의 CR
통제	L+, T+	자극 없음	L, T	강한 강도의 CR

그림 4.5 Rescorla-Wagner 모형에 따르면, 두 독립적인 조건자극이 함께 제시되면 기대 US가 실제 US보다 더 커지고, 따라서 억제성 조건형성(각각의 CS−음식 연합 강도의 감소)이 존재하기 때문에 과잉기대 효과가 발생한다.

보여야 한다.

과잉기대 집단의 쥐에게서 나타나는 결과는 달라야 한다. 단계 2에서 이 쥐는 복합자극 LT 다음에 한 조각의 먹이가 나오는 일련의 시행을 받는다. 단계 2의 첫 번째 시행에서 쥐의 총 기대는, L과 T의 강도의 총합에 근거하여, 대략 두 조각의 먹이 강도와 같아야 한다(왜냐하면 L과 T 둘 다 먹이 조각 한 개의 강도를 가지기 때문에). 쉽게 말해, 두 개의 강한 CS가 제시되기 때문에, 쥐는 복합자극 시행에서 더 큰 US를 기대하지만 실제로 받은 것은 한 조각의 먹이뿐이다(그림 4.5). 따라서 쥐는 자기가 실제 받은 것과 비교하여 US의 크기에 대한 과잉기대를 하게 되고, 규칙 2에 따르면 이런 조건에서 두 CS는 억제성 조건형성을 경험할 것이다(두 자극은 연합 강도의 일부를 잃게 된다).

과잉기대 집단의 단계 2에서 L과 T의 강도는 두 CS로부터의 총 기대가 한 조각의 먹이 강도보다 더 커질 때까지 계속 감소한다. 검사 단계에서 개별 자극, L과 T는 더 약한 CR을 보여야 하는데, 이들의 강도가 단계 2에서 약화되었기 때문이다. 실험들은 동물과 사람 모두에서 이 예측을 확인하였다 — 과잉기대 집단의 CR이 통제집단보다 더 약하다(Kremer, 1978; Ruprecht, Izurieta, Wolf, & Leising, 2014).

과잉기대 효과에 대한 이 모형의 정확한 예측은 대단히 인상적인데, 왜냐하면 이 예측이 반직관적이기 때문이다. 만일 당신이 Rescorla-Wagner 모형을 모른다고 하면, 〈표 4.2〉의 실험에서 어떤 결과를 예측하겠는가? L과 T가 US와 짝지어지는 횟수가 실제로 과잉기대 집단에서 더 많았다는 사실에 주목하라. 빈도 원리는 과잉기대 집단에서 더 강력한 CR이 나타날 것으로 예측했을 것이다. 빈도 원리에 따르면 CS-US 짝짓기 횟수가 증가하는데 CS-US 연합이 약화되는 것은 가장 발생하기 어려운 일이다. 하지만 이런 결과가 Rescorla-Wagner 모형으로는 예측이 가능하고, 또 이 예측은 옳은 것으로 나타났다.

요약

Rescorla-Wagner 모형은 US 효과성에 대한 이론이라고 말할 수 있다 — 예측하지 못한 US는 학습을 유발하는 데 효과적이지만, 예측하기 쉬운 US는 비효과적이다. 이 모형은 US가 연합학습을 일으킬 때와 그렇지 않을 때를 예측할 수 있는 최초의 모형으로 심리학 역사에서 중요한 자리를 차지하고 있다. 이 모형이 여러 조건형성 현상을 성공적으로 설명하고 있지만, 완벽한 것은 아니다. 어떤 연구결과는 설명하지 못한다. 다음 절에서는 이러한 연구결과와 학습 과정에 대해 다른 가정을 하고 있는 고전적 조건형성의 대안 이론들을 살펴볼 것이다.

주의이론들

몇몇 고전적 조건형성 이론은 학습자가 CS에 얼마나 주의를 주는가에 초점을 맞춘다(예 : Mackintosh, 1975; Pearce & Hall, 1980). 이 이론들의 공통 속성은 학습자가 정보적인 CS에는 주의를 기울이지만, 비정보적인 CS에는 주의를 기울이지 않는다는 가설이다. 만일 학습자가 CS에 주의를 주지 않으면, 이 CS에 대한 조건형성은 일어나지 않는다. 이런 이론을 **CS 효과성** 이론이라고 부르는데, 학습이 US의 효과성이 아니라 CS의 조건형성 능력에 달려 있다고 가정하기 때문이다. CS 사전노출 효과라고 불리는 현상이 이 이론의 강력한 증거가 되고 있다.

CS 사전노출 효과(CS preexposure effect)는 CS가 US와 짝지어지기 전에 반복적으로 홀로 제시되면 고전적 조건형성이 더 느리게 일어나는 것을 말한다. 예를 들어, 쥐가 음조만 제시받고 난 다음에 음조와 먹이를 연합하여 제시하면, 음조 사전노출 시행이 없을 때보다 음조-먹이 연합 조건형성이 일어나는 데 더 많은 시행을 필요로 한다(Lubow & Moore, 1959). CS 사전노출 동안에 음조가 반복적으로 제시되지만 실제로 아무것도 예측하고 있지 않기 때문에, 동물이 이 자극에 주의를 점점 더 적게 주게 된다는 것이다. 음조가 정보적이지 않기 때문에 처음에 쥐는 이를 무시하는 것을 학습하였는데, 조건형성이 시작되고 갑자기 음조가 정보적이 되면 이를 연합하는 데 더 긴 시간을 필요로 한다고 볼 수 있다.

Rescorla-Wagner 모형의 문제는 CS 사전노출 효과를 예측하지 못한다는 것이다. 그 이유는 매우 간단하다. 새로운 CS가 홀로 제시될 때 기대 US는 0이고, 실제 US도 0이다. 기대 US가 실제 US와 같기 때문에 Rescorla-Wagner 모형에 의하면 어떤 학습도 일어나지 않아야 한다. 그러나 증거를 보면, 참여자는 CS 사전노출 시행에서 무엇인가를 학습하고, 참여자의 이런 학습은 나중에 CS와 US가 짝지어질 때 이 두 자극 간의 연합을 방해한다.

Rescorla-Wagner 모형과 다르게 Mackintosh(1975) 또는 Pearce와 Hall(1980) 같은 주의이론은 CS 사전노출 효과를 쉽게 설명할 수 있다. CS가 사전노출 기간 동안 아무것도 예측하고 있지 않기 때문에 CS에 대한 주의가 감소하고, 따라서 조건형성 초기 단계에서 CS가 US와 처음으로 짝지어지면 조건형성은 더 느리게 일어난다. 주의이론은 또한 조건형성의 다른 기본 현상도 설명할 수 있다. 예를 들어, 주의이론은 동물이 현저한 CS에 더 많은 주의를 기울인다고 가정함으로써 뒤덮기 효과를 설명할 수 있다.

Rescorla-Wagner 모형과 주의이론을 비교한 실험들은 일관적이지 않은 결과를 내놓고 있는데, 각 이론을 지지하는 증거가 모두 발견되었다(Balaz, Kasprow, & Miller, 1982; Hall & Pearce, 1983). 어쩌면 이런 결과는 두 이론 모두 부분적으로 옳을 수 있음을 의미한다. 즉, 아마도 CS와 US, 두 자극의 효과성 모두 참여자의 경험의 결과로 변화할 수 있다. 만일 US 가 잘 예측된다면, 어떤 조건형성도 일어나지 않을 것이다(이것은 Rescorla-Wagner 모형의 기본 전제이다). 이와 유사하게, 만일 CS 다음에 어떤 놀람도 일어나지 않는다면, 이것은 효과적이지 않을 것이다(주의이론의 기본 전제).

조건형성의 비교기이론

비교기이론(comparator theories)이라고 불리는 또 다른 고전적 조건형성 이론은 동물이 CS가 존재할 때 US가 일어나는 확률과 CS가 부재할 때 US가 일어나는 확률을 비교한다고 가정한다(Miller & Schachtman, 1985; Stout & Miller, 2007). 비교기이론은 우리가 앞에서 본 것과 두 가지 면에서 차이가 있다. 첫째, 비교기이론은 개별 시행 사건이 아닌 CS와 US 간의 전체적이고 장기적인 상관관계가 중요하다고 가정하기 때문에 개별 시행을 기초로 예측하지 않는다. 둘째, 비교기이론은 CS와 US 간의 상관관계가 조건반응의 학습이 아니라 조건반응의 수행에 영향을 미친다고 주장한다.

간단한 예로, CS가 존재할 때 US의 확률이 50%이고 CS가 부재할 때 US의 확률도 50%라고 가정해보자. Rescorla(1968)와 마찬가지로 비교기이론도 이런 경우 CS가 CR을 유발하지 못한다고 예측하지만, 이는 CS가 어떤 흥분성 강도를 습득하지 못했기 때문이 아니다. 대신에 이 이론은 CS와 맥락 자극(contextual stimuli, 예 : 실험상자의 모습, 소리, 냄새) 둘 다 시행의 50%에서 US와 짝지어졌기 때문에 동등한 흥분성 강도를 습득하였다고 가정한다. 이 이론은 CS가 맥락 자극보다 더 큰 흥분성 강도를 가지지 않는 한 조건반응을 유발하지 못할 것이라고 예측한다. 그러나 Rescorla-Wagner 모형과 다르게, 이런 상황 속에 있는 동물은 CS에 대한 어떤 것—US가 때로는 CS가 존재할 때 일어난다는 것—을 학습하지만, CS가 맥락 자극보다 US에 대한 더 훌륭한 예언자가 아닌 한 CS에 대해 반응하지 않는다고 가정한다.

비교기이론을 검증하는 한 가지 연구 전략은 특정 자극의 강도를 변화시킨 후 다른 자극에 대한 조건반응의 변화 여부를 살펴보는 것이다. 예를 들어, 조건형성 후에 불빛과 맥락 자극 둘 다 흥분성 강도를 가지기 때문에 동물이 불빛에 대해 약한 조건반응만을 보인다고 가정해보자. 비교기이론에 따르면, 불빛에 대한 반응을 증가시킬 한 가지 방법은 맥락에 US가 제시되지 않도록 하여 맥락의 흥분성 강도를 소거하는 것이다. 만일 불빛에 대한 반응이 불빛과 맥락의 비교에 달려 있다면, 맥락의 소거는 불빛에 대한 반응을 증가시켜야 한다. 이런 실험에서 맥락의 소거가 CS에 대한 반응을 증가시키는 것으로 나타났다(Matzel, Brown, & Miller, 1987).

Cole, Barnet과 Miller(1995)의 실험에서 어떤 CS는 제시될 때마다 매번 US가 뒤따라 나왔지만, 다른 두 번째 CS는 시행의 50%에서만 US가 제시되었다. 처음에 두 번째 CS는 조건형성을 크게 유발하지 못하였다. 그러나 첫 번째 CS에 대한 반응을 소거하자 두 번째 CS에 대한 조건반응이 극적으로 증가하였다. Rescorla-Wagner 모형은 이런 효과를 설명하지 못하는데, CS 자체가 제시되지 않으면 이 CS에 대한 조건형성 강도가 변화될 수 없다고 주장하기 때문이다. 그러나 비교기이론에 따르면, 참여자는 수행으로는 나타나지 않는 CS와 US 사이의 연합을 학습할 수 있으며, 이런 학습은 경쟁적인 CS의 강도가 약화되고 나면 모습을 드러낼 수 있다.

비교기이론을 검증한 연구들에서 나온 결과는 복합적이다. 어떤 연구는 이 이론을 지지하지만(예 : San-Galli, Marchand, Decorte, & Di Scala, 2011), 다른 연구는 Rescorla-Wagner 모형 같은 전통적인 연합학습이론을 지지한다(예 : Dopson, Pearce, & Haselgrove, 2009). 두 이론의 지지 증거가 모두 존재하기 때문에, 미래의 고전적 조건형성의 이론은 연구자들이 얻은 이런 다양한 연구결과를 통합하여 학습 변인과 수행 변인을 모두 설명할 수 있어야 할 것이다.

글상자 4.1   **미디어에서**

광고와 고전적 조건형성

고전적 조건형성은 개인의 자각 없이도 자극에 대한 사람의 감정을 변화시키기 때문에, 오래전부터 고전적 조건형성이 광고에 사용되어온 것은 놀라운 일이 아니다. 예를 들어, 텔레비전 광고는 매력적인 젊은이들이 즐거운 시간을 보내는 장면처럼 대부분이 긍정적으로 평가되는 자극과 함께 특정 브랜드의 과자를 제시한다. 광고주는 시청자가 젊은이들에게 매력을 느끼고, 이런 긍정적인 반응이 제품에 조건형성 되기를 바란다. 만일 조건형성이 성공적이라면, 당신이 나중에 광고를 기억하든 기억하지 못하든 상관없이 상점에서 제품을 볼 때 긍정적인 반응을 하게 될 것이다.

비슷한 방식으로 많은 광고가 제품을 홍보하는 운동선수나 유명인을 보여주고 있는데, 이것은 유명인에 대한 시청자의 긍정적인 반응이 유명인에서 제품으로 전이될 것이라는 생각에 기초하고 있다. 마케팅 연구는 제품 또는 브랜드로의 이런 긍정적인 반응의 전이가 실제로 일어난다고 주장한다. 실험실 연구에서 보면, 같은 US와 함께 짝지어지는 CS들 사이에 연합이 만들어질 수 있다. 이것이 한 유명인이 둘 이상의 제품 대변인으로 활동하는 광고에서도 발생할 수 있다. 한 유명인이 유명 운동화와 덜 유명한 다른 운동도구를 홍보하면, 긍정 반응이 한 제품에서 다른 제품으로 전이될 수 있다(Chen, Chang, Besherat, & Baack, 2013).

　어떤 연구는 광고에 등장하는 유명인이 시청자에게 제공하는 것이 제품에 대한 어렴풋한 긍정 감정 이상이라는 것을 보여주었다 — 유명인의 특별한 개성과 제품이 연합될 수 있다. 예를 들어, 잘생기고 인기가 많은 George Clooney는 특정 에스프레소 브랜드의 모델로 활동하고 있다. Foerderer와 Unkelbach(2014)에 따르면, 시청자는 Clooney의 특별한 속성(섹시하고, 글로벌하고, 매력이 넘치는)을 제품 브랜드와 연합한다. Foerderer와 Unkelbach는 한 자극(유명인)의 속성 또는 개성이 다른 자극(제품)에 전이되는 것 때문에 이 현상을 **속성 조건형성**(attribute conditioning)이라고 불렀다.

　광고 속의 음악도 제품에 대한 사람들의 반응에 영향을 미칠 수 있다. 한 실험에서 대학생들에게 색깔만 다른 볼펜 사진을 제시하면서 그들이 좋아하거나 싫어하는 음악을 들려주었다. 나중에 볼펜을 선택하도록 하였을 때, 대부분 자신이 좋아하는 음악과 연합되었던 볼펜 색깔을 선호하는 모습을 보였다(Gorn, 1982).

　고전적 조건형성은 광고에서 반대로 — 경쟁 제품과 부정적인 연합을 형성 — 이용될 수도 있다. 어떤 광고들은 경쟁사의 제품을 사용하면서 불행하고 좌절하는 사람의 모습을 보여준다. 부정적인 광고는 특히 정치 홍보에서 많다. 예를 들어, 경쟁 후보의 사진을 우울하거나 짜증나는 음악, 불쾌한 장면, 화나고 불행한 얼굴과 연합한다. 당연히 목표는 유권자가 경쟁자와 부정적인 감정을 연합하도록 하는 것이다. 많은 유권자가 자신은 이런 부정적인 홍보를 좋아하지 않는다고 말하는데, 정치 캠페인에서 왜 그렇게 많이 사용되는지 궁금할 것이다. 답변은 간단하다. 즉, 효과가 있다.

신경과학과 고전적 조건형성

새로운 CR의 획득 또는 수행이 일어날 때 신경계의 변화를 눈으로 확인할 수 있다면, 고전적 조건형성에 대한 우리의 이해가 향상될 것이다. 이 주제는 최근 몇 년 동안 집중적인 관심을 받았고, 우리는 고전적 조건형성의 생리학적 기제에 대해 많은 것을 알게 되었다. 이 절은 이 분야의 주요 발달을 간단히 살펴보려고 한다.

　고전적 조건형성의 신경학적 기제에 대한 몇몇 연구는 원시동물을 사용하여 수행하였다. Kandal과 그의 동료들은 군소의 아가미 수축 반사를 이용하여 고전적 조건형성을 연구하였다(그림 2.8 참조). 이 연구에서 US는 꼬리에 주어지는 전기충격이고, UR은 아가미 수축 반응이었다. CS는 호흡관에 주어지는 약한 자극이었는데, 이것은 처음에 약한 아가미 수축 반응을 일으켰다. 여러 번의 CS와 US의 짝짓기 후에 CS는 완벽한 아가미 수축 반응을 유발하기 시작하였다(Carew, Hawkins, & Kandel, 1983). 연구자들은 CR(호흡관 자극으로 증가된 반응)이 호흡관의 감각뉴런에서 방출되는 신경전달물질의 증가 때문이라는 것을 발견하였다. 이와 정반대의 신경학적 변화(감각뉴런이 방출하는 신경전달물질의 감소)가 아가미 수축 반응의 습관화의 원인이라는 사실을 기억하라(제2장 참조). 하지만 고전적 조건형성 동안에 군소의 신경계에서 또 다른 변화도 관찰되었다. Glanzman(1995)은 회로에 있는 시냅스 후 세포들의 수상돌기 민감성이 증가하면서 화학적 자극에 더 강하게 반응한다는 증거를 발견하였다. 이런 화학적 변화 외에, 고전적 조건형성에서 시행의 반복은 군소의 신경계에서 더 영속적인 구조적인 변화를 만들어낼 수도 있다—호흡관에 있는 감각뉴런과 운동뉴런 사이의 새로운 시냅스의 발달(Bailey & Kandel, 2009). 이런 연구들은 고전적 조건형성 같은 간단한 학습이 일어나는 동안에 단순한 군소의 신경계에서도 다양한 화학적·구조적 변화가 일어난다는 것을 보여주는 것이기 때문에 중요하다.

　인간과 다른 포유동물을 사용한 이 분야의 연구는 여러 방법으로 진행 중이다. 어떤 연구는 사고 또는 질병으로 뇌의 특정 영역에 손상을 입은 사람을 연구한다. 뇌 손상 효과를 알아보기 위해 이들에게 눈깜박임 조건형성 같은 고전적 조건형성 절차를 실시한다. 또 하나의 전략은 현대 영상 기술을 사용하여 여러 뇌 부위의 활성화를 측정하는 동안 뇌가 손상되지 않은 사람에게 조건형성을 일으키는 것이다. 인간이 아닌 동물을 대상으로 연구자들은 화학적 기제와 다양한 뇌 영역의 병변 효과에 대해 연구한다. 이런 연구들에서 나온 주요 결과는 다음과 같이 다섯 가지로 요약할 수 있다.

1. CR과 관련된 신경 회로는 UR과 관련된 신경 회로와 다른 경우가 많다. 이것은 두 반응 중한 반응은 제거하고, 다른 반응은 제거하지 않는 절차를 통해 증명할 수 있다. 개코원숭이에게 시상하부의 특정 부위는 전기충격과 짝지어진 CS로 유발되는 조건화된 심장박동률 변화와 직접적인 관련이 있다. 이 시상하부 부위를 파괴하면, 무조건적 심장박동률 반응은 영향을 받지 않지만, 심장박동률 CR은 사라진다(Smith, Astley, DeVito, Stein, & Walsh, 1980).

　토끼의 눈깜박임 조건형성에서는 숙련된 움직임에 중요한 뇌 부위인 소뇌(cerebellum)가 중요한 역할을 한다(Tracy, Thompson, Krupa, & Thompson, 2013). 심장박동률 조건형성처럼, 눈깜박임 UR과 CR의 신경 회로도 다르다. 눈에 직접 가해지는 공기 분사에 대한 눈깜박임 UR은 두 개의 상이한 경로에 의해 통제되는 것 같다—뇌간에 있는 직접 경로와 소뇌를 통하는 간접 경로. 눈깜박임 CR은 두 번째 간접 경로에 의해 통제된다는 사실이 여러 연구들에서 입증되었다. 소뇌에 있는 이 경로를 파괴하면, 눈깜박임 CR은 사라지고 재학습할 수 없다(Knowlton & Thompson, 1992). 같은 소뇌 부위의 뉴런에 전기적 자극을 가하면, CR과 유사한 눈깜박임 반응이 만들어진다(Thompson, McCormick, & Lavond, 1986). 만일 UR과 CR 경로의 이런 차이가 다른 반응체계에서도 발견된다면, UR과 CR의 형태가 다른 이유를 설명하는 데 도움이 될 것이다.

2. 단순한 CR도 여러 뇌 구조가 포함되어 만들어진다. 예를 들면, 토끼의 눈깜박임 조건형성에서 소뇌가 중요하지만, 다른 많은 뇌 영역도 관련되어 있다. 양전자 단층촬영(PET) 같은 뇌 영상 기술로 얻어진 결과에 의하면, 인간의 눈깜박임 조건형성의 경우 소뇌의 한쪽(조건형성이 일어나고 있는 눈과 연결된)에서 혈액의 흐름이 증가할 뿐만 아니라, 뇌의 다른 부위에서도 혈액의 흐름이 증가한다(Molchan, Sunderland, McIntosh, Herscovitch, & Schreurs, 1994). 다른 종의 경우 편도체, 시상하부, 대상피질을 비롯하여 수많은 뇌 부위가 심장박동률 조건형성과 관련되어 있다(Schneiderman et al.,1987).

사람을 대상으로 하는 연구에서 fMRI 기술은 고전적 조건형성 동안 일어나는 구체적인 뇌 활성화 지도를 얻는 데 이용된다. fMRI는 SCR 고전적 조건형성이 일어나는 동안 뇌의 여러 부위가 포함된 복잡한 활성화 패턴을 보여주고, 이것은 고전적 조건형성에 여러 뇌 구조가 관련되어 있다는 생각을 다시 한 번 지지한다. 한 연구에서는 얼굴 사진을 CS로, 유쾌한 냄새와 불쾌한 냄새를 US로 사용하여 조건형성을 일으켰다. 특히 흥미로운 결과는 심지어 동일한 조건형성 실험(얼굴과 냄새를 짝짓는)에서 나타나는 활성화 영역이 유쾌한 냄새와 불쾌한 냄새에서 다르다는 사실이다(Gottfried, O'Doherty, & Dolan, 2002).

3. 조건형성 현상마다 관련된 뇌 영역이 다르다. 이 주장은 다양한 종을 사용한 여러 연구에서 제기되었다. 예를 들어, 토끼의 해마를 제거하면 차단 효과는 나타나지 않지만(Solomon, 1977), 해마의 제거로 조건억제의 발생을 막지는 못한다. 쥐의 경우 내비 피질이라고 불리는 해마 부근의 손상은 CS 사전노출 효과를 방해한다(Lewis & Gould, 2007). 또 다른 뇌 영역인 편도체는 맥락 자극과 전형적인 CS, 둘 다를 포함하고 있는 연합에 중요해 보인다(Cummins, Boughner, & Leri, 2014).

4. CR마다 관련 뇌 영역이 다르다. 예를 들어, 소뇌는 눈깜박임 조건형성에 중요한 부위라면, 심장박동률 조건형성은 다른 뇌 영역과 관련이 있다. 한 연구에서 소뇌에 손상을 입은 사람과 이런 뇌 손상이 없는 사람을 비교하였다. 뇌 손상이 없는 참여자는 조건 눈깜박임 반응을 빠르게 학습하였지만, 소뇌에 손상이 있는 참여자는 조건반응을 학습하지 못하였다. 하지만 이런 참여자도 공기 분사에 대한 눈깜박임 UR을 보여서, 이들이 이 반응을 통제하는 운동능력을 상실한 것은 아니라는 것을 보여주었다(Daum et al., 1993). 이들의 손상은 눈깜박임 CR에 필요한, 중성자극에 대한 연합 형성의 문제인 것으로 보인다. 하지만 이것이 자극을 연합하는 참여자의 일반적인 능력에 문제가 있다는 의미는 아닌데, 심장박동률과 SCR 측정치는 이들이 실제로 CS와 공기 분사 사이의 연합을 학습하였다는 것을 보여주고 있기 때문이다. 이런 결과는 여러 뇌 영역이 다양한 반응체계의 조건형성과 관련되어 있음을 보여준다.

5. 개별 뉴런의 활동과 성장이 CR의 획득 및 발생과 관련이 있는 것으로 보인다. 예를 들어, 다 자란 쥐를 가지고 한 연구에서 눈깜박임 조건형성 동안 소뇌에서 시냅스와 새로운 축삭이 만들어지고 새로운 축삭종말이 자라는 것을 발견하였다(Boele, Koekkoek, De Zeeuw, & Ruigrok, 2013). 다른 연구자들은 음조 같은 CS를 가지고 토끼에게 일련의 조건형성 시행을 실시하였을 때 소뇌에 있는 특정 세포의 활동이 눈깜박임 CR과 비슷한 비율로 증가하는 것을 발견하였다. 소거 동안 눈깜박임 CR이 감소하면, 이들 세포들의 활동도 감소하였다. 더욱이 CS의 단독 제시 동안 세포 활동은 눈깜박임 반응에 약 30ms 앞서 뉴런이 활동하는 눈깜박임 CR의 패턴과 매우 유사하였다. 이런 결과는 다른 증거와 함께 이 세포가 CR의 발달에 중요한 역할을 한다는 것을 시사한다(McCormick & Thompson, 1984). 비슷한 속성을 가진 뉴런들이 학습과 기억에 중요한 역할을 하는 해마에서도 발견되었다(Berger & Weisz, 1987).

한 연구는 토끼를 대상으로 공포 반응(심장박동률의 증가로 측정하였다)의 흔적 조건형성을 사용하였다. 두 집단의 토끼에게 전기충격이 주어지기 10초 또는 20초 전에 CS가 제시되었다. 조건형성이 일어난 후 토끼는 전기충격 없이 CS만 제시받았다. 연구자는 CS 제시 후에 활동이 증가하기 시작하여 10초 또는 20초(토끼가 훈련받은 CS-US 간격과 일치하는) 후에 활동이 정점에 이르는 개별 뉴런들을 해마에서 확인할 수 있었다. 이 뉴런들은 조건형성의 시간과 관련이 있는 것으로 보인다(McEchron, Tseng, & Disterhoft, 2003).

지금까지 보았듯이, 고전적 조건형성에 대한 뇌 연구는 전체 뇌 구조, 개별 뉴런, 화학적 기제를 비롯하여 다양한 수준에서 진행되고 있다. 원시동물과 고등동물 모두 연구되고 있다. 아직은 고전적 조건형성의 뇌 기제에 대해 알려진 것이 많지 않지만 한 가지는 분명하다―간단한 생리학적 설명을 바라고 있는 사람은 실망하게 될 것이다. 고전적 조건형성은 가장 단순한 학습 유형 중 하

연습 퀴즈 1 : 제4장

1. Kamin의 차단 효과가 놀라운 이유는 연합학습의 _____ 원리에 위배되는 것으로 보였기 때문이다.
2. Rescorla-Wagner 모형에 따르면, 흥분성 조건형성은 _____가 _____보다 더 클 때 일어난다.
3. Rescorla-Wagner 모형에 따르면 소거는 _____가 _____보다 더 큰 경우로, _____ 조건형성이 일어난 것이다.
4. 약한 CS가 더 강한 CS와 함께 제시되기 때문에 약한 CS에 대한 조건형성이 방해를 받는 현상을 _____라고 한다.
5. 눈깜박임 조건형성에서 중요한 역할을 하는 뇌 구조는 _____이다.

해답

1. 빈도 2. 실제 US, 기대 US 3. 기대 US, 실제 US, 억제성 4. 뒤덮기 5. 소뇌

나이지만, 매우 복잡한 신경계와 화학적 기제를 포함하는 것으로 보인다.

고전적 조건형성에서 생물학적 제약

제1장에서 논의하였던 것처럼, 동물의 학습 연구에 놓여 있는 가장 기본적인 가설은 동물의 생물학적 특성과 상관없이 일반 학습 원리의 발견이 가능하다는 것이다. 1960년대 연구자들은 학습에 대한 일반 원리 접근의 타당성을 의심하는 연구결과들을 보고하기 시작하였다. 대부분 이런 연구결과는 가장 유명한 일반 학습 원리에 이의를 제기한다. 이런 종류의 증거가 축적되면서 몇몇 심리학자들은 학습의 일반 원리를 발견하려는 목표가 현실성이 있는지 의문을 던지기 시작했다. 이들은, 만일 규칙에 예외가 너무 많다면 이 규칙이 무슨 의미가 있는 것인지 생각하게 되었다.

이 절은 고전적 조건형성 분야에서 일반 원리 접근의 반대 증거들을 알아보고, 학습심리학에서 이들의 중요성에 대해 살펴보려고 한다. 다른 종류의 학습에서의 생물학적 제약에 대해서는 후속 장에서 논의할 것이다.

근접성 원리와 맛-혐오학습

제1장에서 논의하였듯이, 근접성의 원리는 아리스토텔레스가 최초로 제안한 이래로 가장 오래된 연합 원리 중 하나이다. 우리는 CS-US 근접성이 고전적 조건형성에서 중요한 요인이라는 것을 제3장에서 보았다. 1960년대 초기에 출간된 한 유명한 교재는 당시 만연하던 근접성의 중요성에 대해 다음과 같이 요약하였다. "현재로서는 수 초 이상의 지연에서 학습이 일어날 가능성은 거의 없어 보인다(Kimble, 1961, p. 165)."

근접성의 중요성에 대한 이런 의견들을 보면, John Garcia와 동료들의 장기-지연 학습에 대한 연구가 왜 그렇게 많은 관심을 받았는지 쉽게 이해할 수 있다. Garcia의 연구는 독극물이 US이고, 어떤 새로운 맛이 CS인 고전적 조건형성 절차로 이루어져 있다. 한 연구(Garcia, Ervin, & Koelling, 1966)에서 쥐에게 사카린 맛이 나는 물(전에는 한 번도 맛본 적이 없었던)을 마시게 한 다음, 몇 분 후 구토가 일어나는 약물을 주사하였다. 여러 마리의 쥐를 사용하여 물 마시기와 약물 사이의 간격을 5분에서 22분까지 다양하게 변화시켰다. 이 시간 간격은 일반적으로 고전적 조건형성이 효과적으로 일어난다고 보는 시간 간격보다 백 배 이상 길었지만, 모든 피험동물이 사카린 맛이 나는 물에 혐오반응을 발달시켰다. 수많은 후속 실험이 이 결과를 반복 검증하였고 CS와 독극물 US 사이의 시간 간격이 24시간일 때에도 맛혐오가 나타났다(Etscorn & Stephens, 1973). 결과적으로 몇몇 심리학자들은 맛-혐오학습이 근접성의 원리에 부합하지 않는 특별한 유형의 학습이라고 주장하였다. 즉, 맛-혐오학습을 연합학습의 가장 기본 원리에서 벗어난 예외적인 사례로 여겼다.

맛–혐오학습에서 생물학적 준비성

고전적 조건형성에 대한 대다수 연구에 놓여 있는 결정적인 가정은 실험자가 선택하는 자극, 반응, 피험동물의 종이 그렇게 중요하지 않다는 것이다. 예를 들어, 실험자가 침 분비 조건형성 실험으로 학습에 대한 특정 가설을 검증하길 원한다고 해보자. 피험동물은 개이고, US가 먹이라고 할 때, CS로는 어떤 자극을 사용해야 할까? Seligman과 Hager(1972)의 등가성 전제(equipotentiality premise)에 따르면, 어떤 자극을 사용하든 문제될 것이 없다. 결정은 전적으로 임의적이다. 등가성 전제가 모든 자극과 모든 반응이 동일하게 빠른 학습을 낳는다고 주장하는 것은 아니다. CS는 현저성에서 차이가 있어서, 밝은 불빛이 흐린 불빛보다 CR을 더 빠르게 획득한다는 것을 우리는 알고 있다. 등가성 전제가 주장하는 것은 어떤 한 맥락에서 조건형성을 일으키기 어려운 자극(또는 반응)은 다른 맥락에서도 역시 조건형성이 어렵다는 것이다. 예를 들어, 흐린 불빛이 침 분비 조건형성 실험에서 열등한 CS라면, 이것은 눈깜빡임 조건형성 실험에서도 열등한 CS이다. 간단히 말해서, 등가성 전제는 특정 자극은 모든 맥락에서 똑같이 우수한(또는 똑같이 열등한) CS가 된다고 주장한다.

등가성 전제의 간결성은 매력적이지만, 수많은 연구 증거는 이것이 틀렸음을 보여준다. Garcia와 Koelling(1966)은 같은 두 자극이 맥락에 따라 상이한 효과를 일으키는 것을 보여주는 중요한 실험을 수행하였다. 두 집단의 쥐에게 맛과 시청각 자극으로 구성된 복합자극을 각각 제시하였다. 모든 쥐는 독특한 맛이 나는 물을 제공받았고, 쥐가 물을 마실 때마다 번쩍이는 불빛과 딸각 소리가 제시되었다. 그런 다음 한 집단은 전형적인 맛–혐오학습을 일으켰다 — 물을 마신 쥐에게 독극물을 주사하고 병에 걸리게 하였다. 두 번째 집단에게는 독극물 주사 대신에 물을 마실 때마다 쥐의 발에 전기충격을 주었다.

그런 다음 Garcia와 Koelling은 맛과 시청각 자극을 따로 제시하는 소거 검사(전기충격과 독극물이 제시되지 않는)를 실시하였다. 결과는 두 집단에서 매우 달랐다. 독극물을 제시받았던 집단은 전기충격을 받은 집단보다 사카린 맛에 더 강한 혐오반응을 보였다. 그런데 정반대의 패턴이 전기충격을 받은 집단에서 관찰되었다. 이 집단은 기저선과 거의 비슷한 수준의 많은 양의 사카린 물을 소비하였지만, 불빛과 소음이 물 마시기에 동반될 때에는 매우 적게 마셨다.

〈그림 4.6〉은 이 실험의 결과를 정리한 것으로, 여기서 굵은 화살표는 강한 연합을, 가는 화살표는 약한 연합을 의미한다. Garcia와 동료들은 쥐의 생물학적 구조 때문에 전에 먹은 음식의 맛을 질병과 연합하는 선천적인 경향성이 존재한다는 결론을 내렸다. 쥐가 먹이를 먹을 때 제시되는 시각 자극이나 청각 자극을 질병과 연합할 가능성은 거의 없다. 반면에

전기충격과 같은 통증을 유발하는 사건은 맛 자극보다 외부 시각 자극 또는 청각 자극과 연합시킬 가능성이 더 높다.

Seligman(1970)은 동물이 어떤 연합(예 : 맛–질병 연합)은 빠르고 쉽게 형성하는 선천적인 성향이 있다고 보고 이런 CS-US 연합을 준비된 연합(prepared association)이라고 불렀다. 다른 잠재적 연합으로는 수많은 짝짓기에도 불구하고 참여자가 두 자극(예 : 맛과 전기충격) 사이의 연합을 형성하기 어려운 반대로 준비된 연합(contraprepared association)이 있다. 준비성 개념은 등가성 전제와 분명히 다르다. 이것은 특정 CS의 효과성을 예측하는 데 있어서 이 CS가 다른 맥락에서 얼마나 효과적인지를 아는 것만으로 충분하지 않다는 의미이다. 우리는 어떤 US가 사용되고, 이 CS-US 쌍이 준비된 연합인지 아니면 반대로 준비된 연합인지도 알아야 한다.

더욱이 두 자극을 연합하는 성향이 종마다 다르기 때문에 문제는 더욱 복잡하다. 쥐는 맛 자극을 질병과 연합하는 성향이 있지만, 다른 동물은 그렇지 않을 수 있다. Wilcoxon, Dragoin과 Kral(1971)은 쥐와 메추라기의 행동을 비교하였는데, 이들에게 독특한 맛(신맛)의 물, 독특한 색상(짙은 파랑)의 물, 또는 신맛이 나는 짙은 파란색의 물을 마시게 한 후 질병에 노출시켰다. 우리의 기대대로, 쥐는 신맛에 대해 혐오반응을 보이지만 파란 색상에 대해서는 혐오반응을 보이지 않는다. 이와 반대로 메추라기는 신맛과 파란 색상 모두에 혐오반응을 보이지만, 더 효과적인 자극은 파란 색상이다. 메추라기는 먹이를 찾는 데 시각에 더 의존적이지만 쥐는 맛과 냄새에 더 의존하기 때문에 두 종 사이의 이런 차이는 당연하다. 이런 결과들은 준비성에 대해 또는 한 종에서 또 다른 종으로 학습 용이성을 일반화하려는 시도가 위험한 전략일 수 있다는 것을 보여준다.

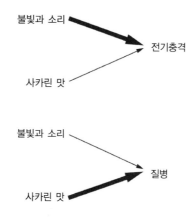

그림 4.6 Garcia와 Koelling(1966)의 실험에서 쥐는 불빛, 소음과 전기충격 사이에 강력한 연합을 획득하였지만 사카린 맛과 전기충격 사이는 약한 연합을 형성하였다. 정반대의 결과가 사카린, 불빛, 소음을 독극물과 짝지었던 다른 쥐에게서 발견되었다.

글상자 4.2 **화제의 연구**

인간의 학습에서 생물학적 준비성

사람도 음식을 먹고 질병에 걸리고 나면, 심지어 음식을 먹고 나서 여러 시간이 지난 뒤에 질병에 걸려도, 이 음식에 대해 강한 혐오반응을 형성할 수 있다. Logue, Ophir와 Strauss(1981)는 수백 명의 대학생을 대상으로 음식 섭취 후에 발생한 질병 때문에 음식 혐오가 일어난 적이 있는지를 조사하였다. 약 65%가 적어도 하나 이상의 음식 혐오를 보고하였다. 대부분 음식의 맛이 혐오적이라고 말하였지만, 어떤 사람들은 냄새, 결, 모양이 혐오적이라고 말하였다. 사람들은 음식과 전혀 관련이 없는 독감이나 화학치료 때문에 질병이 일어났다는 것을 알고 있을 때조차도 음식에 대한 혐오가 나타난다(Bernstein, Webster, & Bernstein, 1982; Scalera & Bavieri, 2009).

준비성은 두려움과 공포증의 발달에도 중요한 역할을 할 수 있다(그림 4.7). Öhman과 동료들은 진화의 역사를 통하여 인간은 종의 생존을 위협하는 뱀, 거미, 천둥 같은 것에 공포가 발달하도록 준비되어 있다고 주장한다(Öhman & Mineka, 2001). 상당수의 실험이 뱀, 거미, 꽃, 버섯 같은 물체의 그림을 전기충격과 짝짓는 것으로 이 가설의 검증을 시도하였다. 일단 공포 반응이 조건형성 되고 난 다음에, 몇몇 연구들은 꽃/버섯 집단과 비교하여 거미/뱀 집단에서 소거 저항이 더 크다는 결과를 발견하였다(Öhman, Dimberg, & Ost, 1985; Schell, Dawson, & Marinkovic, 1991). 또한 성인과 어린 아동 모두 시각 장면에서 꽃, 버섯 같은 '중성'자극보다 뱀이나 거미를 더 빨리 탐지한다는 증거도 있다(LoBue & DeLoache, 2008; Öhman, Flykt, & Esteves, 2001).

그림 4.7 많은 사람들이 거미를 두려워하고, 이것은 인간의 생물학적 성향에 기인하는 것일 수 있다. (Cara-Foto/Shutterstock.com)

Dimberg과 Öhman(1996)은 인간이 화난 얼굴과 혐오적 결과를 연합하도록 준비되어 있다고 주장하였다. 이들은 진화의 역사를 통하여 어떤 사람이 다른 사람을 화난 표정으로 노려볼 때, 화를 내는 사람은 화난 표정 다음에 다른 사람을 해치거나 위협하는 시도가 많았다고 추론한다. 그 결과 인간은 화난 얼굴에 대해 공포 반응 또는 방어 반응을 하도록 준비되었다는 것이다. 이 가설은 거미와 뱀에 대한 연구와 유사하게 실험집단에게는 화난 얼굴을, 통제집단에게는 행복한 얼굴이나 중성 얼굴을 사용한 변별 절차에서 검증되었다. 또다시 여러 가지 결과가 발견되었다. 어떤 연구는 준비성 가설을 지지하였고(Dimberg & Öhman, 1983), 다른 연구는 아무것도 발견하지 못하였다(Packer, Clark, Bond, & Siddle, 1991). 전체적으로 인간의 공포증에서 준비성에 대한 증거는 결론을 내리지 못한 채로 남아 있다. 현존하는 자료를 기반으로 보면, 사람들이 어떤 종류의 두려움과 공포증을 쉽게 발달시킬지에 유전과 경험 둘 다 영향을 미친다고 볼 수 있다.

생물학적 제한과 일반 원리 접근

Garcia와 그의 동료들의 발견이 전통적인 학습이론가에게 충격이었던 것은 의심할 여지가 없지만, 다시 생각해보면 이것이 학습의 일반 원리 접근에 불리한 증거는 아니다. 맛-혐오학습이 CS와 US 간의 장기 지연에서 일어나는 것은 사실이지만, 다른 유형의 학습에서도 일어날 수 있다. 예를 들어 Lett(1973)는 T자형 미로에서 먹이 강화물이 60분 지연되었을 때에도 쥐가 정확한 선택을 할 수 있다는 것을 발견하였다. 또 다른 연구에서는 자극들이 24시간이나 떨어져 있을 때도 학습이 일어난다는 결과가 나타났다(Capaldi, 1966). 더욱이 맛-혐오학습에서 근접성은 다른 전형적인 학습 과제들과 비교하여 오직 시간 척도에서만 차이가 있을 뿐이다. 〈그림 4.8〉은 혐오자극의 지연 시간이 증가할 때 독극물과 전기충격의 놀라운 효과를 비교한 것이다. 위에 있는 그래프는 쥐의 반응을 억압하기 위해 전기충격을 사용하였을 때 레버를 누르는 쥐에게서 얻어진 자료이다. 반응과 전기충격 사이의 지연이 증가하자, 반응 억압은 점차 감소한다. 아래 그래프는 여러 집단의 쥐에게 사카린 용액에 대한 초기 노출과 독극물 주입 사이의 다양한 지연 기간을 경험하게 한 후에 얻어진 맛-혐오학습의 결과이다. 두 함수의 형태 유사성에 주목하라. 이 두 결과는 근접성 원리와 일치한다. 즉, 반응과 혐오적 사상 사이의 간격이 짧을수록 혐오자극의 효과는 더 강하다. 두 실험의 유일한 차이는 x축의 척도이다(초 대 시). 이 두 결과에서 우리가 설명해야 할 것은 다른 시간 척도이지 다른 학습 원리가 아니다.

한때 맛-혐오학습에서(그리고 다른 학습 상황에서) 생물학적 준비성을 지지하는 증거는 일반 원리 접근의 문제점으로 간주되었다. 하지만 준비성 개념이 발생하는 학습의 종류가 아니라 학습의 양이나 학습 속도의 차이를 다루고 있다는 점을 기억하라. 쥐가 시각적 자극과 질병 사이의 연합을 발달시키는 것이 불가능한 것은 아니다. 다만 더 많은 시행을 필요

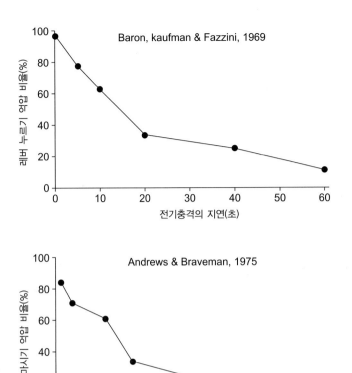

그림 4.8 다양한 지연 시간 후에 전기충격이 제공되었을 때 레버 누르기 억압(위 : Kaufman, & Fazzini, 1969)과 다양한 지연 시간 후에 독극물이 제공되었을 때 사카린 물 마시기 반응 억압(아래 : Andrew & Braveman, 1975)을 비교하였다. 두 그래프에서 시간 척도의 차이에 주목하라.

로 할 뿐이다. 맛-전기충격 연합도 마찬가지이다. 다시 말하면, 일반 학습 원리에 반대된 다고 말하는 이런 증거는 단순히 양적 차이를 말하는 것이지 질적인 차이가 아니다. 학습 속도의 차이를 설명하기 위해 단지 다른 숫자가 필요할 뿐이지 다른 법칙이 필요한 것은 아니다.

Seligman과 Hager(1972)는 맛-혐오학습이 전통적인 학습이론 법칙을 따르지 않는 독특한 학습 유형이라고 주장하였다. 하지만 Logue(1979)는 이 주제와 관련된 연구들을 개관한 논문에서 맛-혐오학습에 어떤 독특성도 존재하지 않는다는 수많은 증거들을 기술하고 있다. 그녀는 일반화 기울기, 소거, 조건억제, 차단, 자극 사전노출 효과, 이차 조건형성을 비롯하여 대부분 친숙한 고전적 조건형성 현상이 맛-혐오학습에서 모두 관찰된다고 말한다. 후속 연구들은 맛-혐오학습에서 뒤덮기(Nagaishi & Nakajima, 2010)와 자극 사전노출 효과

(Lubow, 2009)도 발견하였다. 이런 결과들을 기반으로 많은 연구자가 맛-혐오학습이 전통적인 학습 원리를 위반하고 있지 않을 뿐만 아니라 새로운 학습 원리를 요구하지도 않는다는 결론을 내렸다. 실제로 맛-혐오학습은 조건억압, 눈깜박임 조건형성과 함께 고전적 조건형성의 일반 원리를 연구하는 일반 절차 중 하나로 많이 사용되고 있다. 어쩌면 다른 무엇보다 이런 사실이 맛-혐오학습이 학습이론의 일반 원리 접근과 일치하지 않는다는 관점을 잠재울 수 있을 것이다.

조건반응의 형태

제3장에서 언급했듯이, 조건반응의 형태를 예측하기란 쉽지 않다. 어떤 경우 CR은 UR과 상당히 비슷하지만, UR과 반대인 경우도 있다. CR이 UR과 반대로 나타날 때, CR이 UR을 보상하거나 또는 상쇄하는 경향이 있기 때문에 보상적 CR이라고도 한다. 이 절에서 우리는 먼저 고전적 조건형성이 약물 반응에 어떤 영향을 미치는지를 알아본다. 그런 다음 CR이 다양한 형태를 띠는 이유를 설명하는 이론들을 살펴볼 것이다.

조건반응으로서 약물 내성과 약물 갈망

처음 헤로인 주사를 맞으면 매우 강한 희열감을 느끼지만, 같은 용량의 주사를 계속 맞게 되면 이 긍정적인 정서반응은 점점 약해진다. 반복적인 사용으로 약물의 효과가 감소하는 것을 내성(tolerance)이라고 하고, 이 현상은 많은 약물에서 발생한다. 내성의 발생 원인을 두고 다양한 가설이 존재한다(예 : 제2장에 기술한 Solomon과 Corbit의 대립과정이론). Shepard Siegel(1975, 2005)은 고전적 조건형성에 기초한 매우 특별한 설명을 제안하였다. 요약하면 Siegel은 약물 내성이 적어도 부분적으로는 약물 투여 전에 규칙적으로 선행되는 CS에 의해 유발되는 보상적 CR 때문이라고 주장한다. 이런 CS는 맥락 자극(주변 환경)일 수 있고, 또는 약물 투여와 연합되어 있는 자극들(주삿바늘, 약물 용품 등)일 수도 있고, 심지어 약물이 신체에서 효과를 발휘하기 시작할 때 발생하는 초기 신체 감각일 수도 있다(Sokolowska, Siegel, & Kim, 2002). Siegel의 실험을 통하여 이러한 결론에 도달한 과정을 자세히 살펴보자.

모르핀이 유발하는 UR들 중 하나가 무통 또는 통증에 대한 민감성의 감소이다. 한 실험에서 Siegel(1975)은 계속되는 모르핀 주사 후에 무통의 감소(예 : 진통 반응의 내성)가 맥락 자극으로 통제된다는 사실을 발견하였다. Siegel은 쥐를 피험동물로 사용하였는데, 54도의 뜨겁게 가열된 금속판 위에 쥐를 올려놓고 통증에 대한 쥐의 민감성을 검사하였다. 발이 고통스러울 정도로 뜨거워지면, 쥐는 앞발을 들어서 핥는, 측정 가능한 반응을 보인다. Siegel은 이 앞발을 핥는 반응의 잠재기를 이용하여 동물의 통증 민감성을 측정하였다.

통제집단의 쥐는 특별한 실험실에서 식염수 주사(위약)를 맞고 금속판 위에 오르는 검사 시행(48시간 간격)을 4회 받았다. 이 통제집단의 앞발 핥기 반응의 잠재기는 짧고 네 시행에서 잠재기는 거의 같았다. 이것은 통제집단의 통증 민감성이 시행이 증가해도 변화하지 않았다는 것을 보여준다. 한 실험집단의 쥐는 식염수 대신에 모르핀 주사를 네 번 맞았다는 것을 제외하고, 통제집단과 정확히 같은 절차를 받았다. 첫 시행에서 이 집단의 앞발 핥는 반응의 평균 잠재기는 통제집단과 비교하여 거의 두 배 이상 길었다. 이 결과는 모르핀의 무통 효과를 보여준다. 그러나 이 실험집단의 잠재기는 다음 세 시행 동안 점점 감소하였고, 네 번째 시행의 잠재기는 통제집단과 거의 비슷했다. 즉, 네 번째 시행에서 이 쥐는 모르핀에 대한 내성을 보여주고 있다. 즉, 모르핀의 진통 효과가 사라졌다.

Siegel의 가설에 따르면, 이런 내성은 모르핀 주사와 동반된 맥락 자극들(실험실의 장면, 소리, 냄새)이 보상적 CR인 **통각 과민** 또는 통증에 대한 민감성의 증가를 유발하는 능력을 획득하기 때문에 발생한다. 네 번째 시행에서 보상적 CR인 통각 과민 때문에 UR인 무통 반응이 완벽하게 상쇄되었고, 순 효과는 통증 민감성의 변화 없음으로 나타난 것이다. 만일 이 가설이 맞는다면, 마지막 시행에서 맥락 자극이 변화하면 내성은 사라져야 한다. 세 번째 쥐 집단은 우리 안에서 첫 3회의 모르핀 주사를 맞았고, 그런 다음 네 번째 시행에서 처음으로 실험실 안에서 모르핀 주사를 맞았다. 이런 경우 맥락 자극이 완전히 새롭기 때문에 어떤 보상적 CR도 발생하지 않을 것이다. Siegel의 예측대로, 이 집단에게서 강한 무통 반응이 나타났다. 이들은 지금까지 한 번도 모르핀을 맞아 본 적이 없는 쥐처럼 보였다. 두 모르핀 집단의 이런 큰 차이는 단지 모르핀을 주사하는 방을 바꾸는 것만으로 일어난 것이다.

보상적 CR 이론의 가장 확실한 증거는 CS가 US인 약물 없이 제시되는 조건에서 보상적 CR을 직접 관찰한 연구들에서 찾을 수 있다. 예를 들어, Rozin, Reff, Mack과 Schull(1984)은 커피 애호가에게 커피의 맛과 향이 카페인의 효과를 상쇄하는 보상적 CR을 유발하는 CS로 작용한다는 것을 보여주었다. 민첩성과 각성 효과 외에도 카페인은 침 분비를 증가시킨다. 그런데 커피 애호가의 경우 이런 침 분비의 증가가 거의 없다(내성 효과). Rozin과 동료들은 카페인을 포함하거나 포함하지 않은 한 잔의 커피를 참여자에게 마시게 하였다(참여자에게는 카페인 포함 여부를 말해주지 않았다). 카페인이 첨가된 커피를 마신 참여자에게서는 습관적인 커피 애호가와 마찬가지로 소량의 침 분비 증가가 나타났다. 하지만 카페인이 첨가되지 않은 커피를 마신 참여자에게서는 상당한 양의 침 분비 감소가 일어났다. 실험자는 이 감소가 일반적으로 카페인과 짝지어진 자극들(커피의 맛과 향)에 의해 유발된 보상적 CR이라고 결론 내렸다. 더욱이 이 참여자에게 카페인이 함유된 뜨거운 사과 주스를 마시게 하자 침 분비가 상당히 증가하였는데, 이것은 카페인의 침 분비 증가 효과에 대한 일반적인 내성은 발달하지 않았다는 것을 보여준다. 즉, 이들의 내성은 카페인이 일반적인 CS인 커피와 짝지어질 때만 일어나고 있는 것이다.

보상적 CR에 대한 비슷한 증거가 아드레날린과 알코올 같은 다른 약리학제에서도 발견되었다. 한 실험에서 개인이 친숙하지 않은 환경에서 알코올을 마시게 되면, 이전에 알코올과 연합된 환경과 비교하여 알코올 효과가 더 강해진다는 것을 발견하였다(Birak, Higgs, & Terry, 2011). Siegel의 실험에서 새로운 환경에서 모르핀을 맞으면 모르핀에 대한 쥐의 내성이 사라지는 것처럼 새로운 환경에서 마시면 알코올에 대한 이 사람들의 내성도 사라진다.

만일 정말로 고전적 조건형성이 약물 내성과 관련이 있다면, 실험실 외의 상황에서도 증거를 찾을 수 있어야 한다. Siegel, Hinson, Krank와 McCully(1982)는 헤로인 투여 후에 사망하거나 거의 사망할 뻔했던 헤로인 사용자에게서 몇 가지 증거를 발견하였다. 헤로인의 과다 투여는 당연히 치명적이지만, 어떤 경우에는 헤로인의 양이 과거의 투여량과 같은데도 죽음을 불러온다. Siegel은 그 이유가 전에 습득한 헤로인에 대한 보상적 CR을 감소시키는, 평상시와 다른 자극 환경에서 헤로인을 투여했기 때문이라고 설명한다. 그는 치명적인 주사에서 극적으로 살아남은 사람들이 그날의 약물 투여 환경이 평상시에 약물을 주사하던 환경과는 달랐다는 보고를 많이 한다고 말한다.

조건 약물 반응에 대한 연구가 시사하는 또 한 가지는 환경에 존재하는 자극이 약물중독자에게 고통스러운 약물에 대한 욕구적 갈망과 금단증상을 만들어낼 수 있다는 것이다. Siegel과 Ramos(2002)가 지적했듯이, 중독성 물질과 연합된 자극은 욕구적 갈망을 유발할 수 있고, 이것이 오래 지속한다는 증거들이 많이 있다. Pavlov가 고전적 조건형성을 연구하기 오래전에 Macnish(1859)는 환경 자극이 알코올중독자에게 어떤 영향을 미칠 수 있는지에 대해 다음과 같이 기술하였다.

> 사람은 습관의 동물이다. 어떤 사람이 특정 시간에 규칙적으로 술을 마신다면 그는 이 시간(저녁 식사 후, 또는 잠자리에 들기 전)이 돌아오면 술에 대한 갈망을 느낀다. 그는 심지어 습관적으로 술을 마셨던 특정 술집 또는 특정 친구를 보아도 술을 찾게 된다. (p. 151)

조건자극이 약물에 대한 욕구적 갈망을 유발할 수 있기 때문에, 몇몇 약물치료 프로그램은 약물과 연합되어 있는 자극에 (약물 없이) 환자를 노출시킴으로써 조건화된 약물 갈망을 소거하는 단서 노출 치료(cue exposure treatment)를 포함하고 있다(Drummond, Tiffany, Glautier, & Remington, 1995). 예를 들어, 금연 프로그램에서 흡연자에게 담배를 보여주고, 만지게 하고, 불을 붙이게 하면(흡연은 못하게 하면서), 이런 단서와 연합된 욕구적 갈망이 점차 소거된다. 흡연과 관련된 자극은 가상현실 환경에서 컴퓨터로 제작된 사진을 이용하기도 하는데, 이것 역시 담배에 대한 욕구적 갈망을 감소시킨다. Moon과 Lee(2009)는 fMRI를 사용하여 흡연자에게 컴퓨터 자극을 제시하자 니코틴 갈망과 관련된 뇌 영역에서 활성화 감소를 발견하였다. 단서 노출 치료는 또한 헤로인 중독, 알코올중독, 심지어 초콜릿 갈망(Van Gucht et al., 2008)을 치료하는 데 사용된다. 그러나 단서 노출 치료의 성공은 일관적이지 않다. Siegel과 Ramos(2002)는 이것의 효과를 높이는 몇 가지 방법을 추천하였다. 한가지 방법은 전에 흡연했던 상황과 최대한 비슷한 여러 맥락에서 단서 노출 치료를 실시하는 것이다(이렇게 하지 않으면, 예를 들어 일할 때 담배를 많이 피웠던 사람은 작업 환경으로 돌아오면 재발할 수 있다). 또한 고전적 조건형성의 특징 중 하나가 자발적 회복이기 때문에, 시간이 흐르면서 여러 번의 단서 노출 치료 회기를 실시한다.

조건 대립 이론

Schull(1979)은 보상적 CR에 대한 흥미로운 이론을 제안하였다. 그는 자신의 이론을 조건 대립 이론(conditioned opponent theory)이라고 명칭했는데, Solomon과 Corbit 이론의 전제 대부분을 수용하면서 중요한 하나만 바꾸었기 때문이다. Solomon과 Corbit은 b-과정이 비연합적 강화 기제로 증가한다고 하였지만, Schull은 b-과정의 강도 증가가 고전적 조건형성을 기반으로 일어난다고 주장한다. 예를 들어, 헤로인 투여에 대한 개인의 반응은 매우 쾌락적인 감각 경험 뒤에 불쾌한 금단증상으로 이어진다. 처음의 즐거움은 a-과정이고, 불쾌한 후속 반응은 b-과정이다. 이제 Schull에 따르면, 오직 b-과정만이 조건형성이 일어난다. 여러 번의 짝짓기 후에 헤로인 투여와 연합된 자극—주삿바늘, 방 등—이 혼자서도 금단증상을 유발하는 CS로 작용한다고 가정해보자. 이 CS는 여러 가지 효과를 가지고 있다. 첫째, CS는 a-과정을 상쇄하는 경향이 있어서, 헤로인 투여는 더 이상 즐거운 감각 경험을 만들어내지 못한다. 둘째, CS는 더 심각하고 오래 지속되는 금단증상을 만들어내는 b-과정과 결합한다. 셋째, 헤로인이 없을 때에도 이런 CS의 존재는 여전히 금단증상과 약물에 대한 욕구적 갈망을 유발할 수 있다. 따라서 Schull은 고전적 조건형성이 일어난 자극이 약물중독자의 심신 쇠약의 원인이라고 주장하는 것이다.

Schull의 조건 대립 이론이 전적으로 'b-과정'의 조건형성을 다루고 있다면, Wagner(1981)는 그것을 'b-과정'이라고 부르든 아니든 관계없이 모든 CR에 적용할 수 있는 고전적 조건형성의 일반 이론을 제안하였다. Wagner는 이 이론을 때때로 대립 과정(sometimes opponent process, SOP)이라고 불렀는데, 어떤 때는 CR이 UR과 상반되지만, 또 어떤 때는 CR이 UR을 모방하고 있다고 주장하기 때문이다. 그렇다면 조건형성 상황에서 어떤 CR이 나타날지 어떻게 예측할 수 있을까? SOP에 의하면, 만일 UR이 단상적(monophasic)이면 CR은 UR을 모방하는 형태로 나타나지만, 만일 UR이 이상적(biphasic)이면 CR은 UR과 반대되는 형태로 나타난다. 본질적으로 단상적 또는 이상적이라는 용어는 b-과정이 UR에서 관찰되는지 여부를 의미한다. 예를 들어, 전기충격에 대한 심장박동률 UR은 이상적인데, 전기충격이 제시될 때는 심장박동률이 증가하다가 전기충격이 끝나고 나면 심장박동률이 기저선 아래로 감소하기 때문이다. UR이 이런 '반동 효과'를 보이면 SOP는 CR이 UR과 반대일 것으로 예측하는데, Black(1965)의 연구는 이런 사례를 잘 보여준다. 반면에 공기 분사에 대한 눈깜박임 UR은 단상적이다—눈을 처음보다 더 크게 뜨지 않는다. 따라서 SOP는 눈깜박임 조건형성에서 CR은 UR의 모방적 형태로 나타날 것이라고 예측하고, 이것은 실제로도 그렇다. 수많은 연구에서 SOP를 지지하는 증거들이 발견되었다(예 : Albert, Ricker, Bevins, & Ayres, 1993; McNally & Westbrook, 2006). 이런 조건 대립 이론들은 복잡하지만, 한 가지 기본 메시지는 분명하다. 즉, 특정 CS로 유발되는 CR의 유형에 영향을 미칠 수 있는 요인은 수없이 많고, 따라서 CR의 크기와 형태를 미리 예측하기란 어렵다.

요약

Kamin의 차단 효과 실험에서, 먼저 쥐는 전기충격과 불빛을 짝짓는 조건형성 시행을 받고, 이어서 전기충격과 불빛과 음조를 짝짓는 시행을 받는다. 검사 단계에서 음조만 따로 제시하면 공포 반응이 유발되지 않는다. 이 결과와 그 밖의 다른 결과들을 설명하기 위해, Rescorla-Wagner 모형은 US의 강도와 참여자의 기대 강도 사이에 격차가 존재할 때만 조건형성이 일어난다고 제안한다. 이 모형은 뒤덮기, 조건억제, 과잉기대 효과 같은 많은 조건형성 현상을 설명할 수 있다. 그러나 이 모형은 CS 사전노출 효과 같은 특정 현상은 설명하지 못한다. 고전적 조건형성의 주의이론은 CS가 정보적이지 않으면 CS의 효과성이 감소한다고 주장한다. 비교기이론은 CS가 맥락 자극보다 더 훌륭한 US 예측자인 경우에 한하여 참여자가 CS-US 연합을 학습할 수는 있지만, 조건반응을 수행하지는 않는다고 주장한다.

군소와 같은 단순 생물체를 사용한 연구들은 조건형성에서 일어나는 특수한 신경학적 변화 및 화학적 변화를 발견하였다. 인간을 포함하여 척추동물에 대한 연구는 단순한 CR의 발달뿐 아니라 다양한 유형의 조건반응과 조건형성 현상에 뇌의 여러 구조가 관련되어 있다는 것을 보여주었다.

동물은 특정 조건형성 연합을 더 쉽게 학습하도록 생물학적으로 준비되어 있는 것 같다. 맛–혐오학습에서, 동물과 인간은 음식 섭취 후 여러 시간이 지난 뒤에 질병에 걸려도 맛과 질병을 연합할 수 있다. 쥐는 맛과 질병 사이의 연합과 시청각 자극과 전기충격 사이의 연합은 빠르게 학습하지만, 반대되는 연합의 학습은 느리다. 생물학적 제한을 무시할 수는 없지만, 맛–혐오학습도 다른 유형의 고전적 조건형성과 같은 학습 원리가 적용된다고 할 수 있다.

CS가 약물 US와 짝지어지면, CS는 종종 보상적 CR — 약물이 유발하는 반응과 반대되는 생리적 반응 — 을 유발하고, 이런 보상적 CR은 약물 내성으로 나타날 수 있다. 조건 대립 이론들은 이런 보상적 CR을 설명하고 CR이 UR을 모방할 때와 UR과 상반될 때를 예측한다.

복습 문제

1. Kamin의 차단 효과 실험을 자세히 기술하라. 이 실험결과가 놀라운 이유는 무엇인가?
2. Rescorla-Wagner 모형은 어떤 조건에서 흥분성 조건형성과 억제성 조건형성이 일어나고 또 언제 조건형성이 일어나지 않는다고 예측하는가? 각각의 경우에 대한 특정 사례를 제시하라.
3. 고전적 조건형성에 대한 신경생리학적 연구에서 얻어진 주요 발견들은 무엇인가?
4. 왜 장기 지연 맛–혐오학습과 고전적 조건형성에서 생물학적 제한을 보여주는 사례가 학습의 일반 원리 접근에 대한 위협으로 여겨졌는가? 이 주제는 어떻게 결론이 났는가?
5. 조건보상반응은 무엇인가? 약물 내성과 약물중독에서 조건보상반응의 역할은 무엇인가?

참고문헌

Albert, M., Ricker, S., Bevins, R.A., & Ayres, J.J.B. (1993). Extending continuous versus discontinuous conditioned stimuli before versus after unconditioned stimuli. *Journal of Experimental Psychology: Animal Behavior Processes, 19*, 255–264.

Andrews, E.A., & Braveman, N.S. (1975). The combined effects of dosage level and interstimulus interval on the formation of one-trial poison-based aversions in rats. *Animal Learning and Behavior, 3*, 287–289.

Bailey, C.H., & Kandel, E.R. (2009). Synaptic and cellular basis of learning. In G.G. Berntson (Ed.), *Handbook of neuroscience for the behavioral sciences* (Vol. 1, pp. 528–551). Hoboken, NJ: Wiley.

Balaz, M.A., Kasprow, W.J., & Miller, R.R. (1982). Blocking with a single compound trial. *Animal Learning and Behavior, 10*, 271–276.

Baron, A., Kaufman, A., & Fazzini, D. (1969). Density and delay of punishment of free-operant avoidance. *Journal of the Experimental Analysis of Behavior, 12*, 1029–1037.

Berger, T.W., & Weisz, D.J. (1987). Rabbit nictitating membrane responses. In I. Gormezano, W.F. Prokasy, & R.F. Thompson (Eds.), *Classical conditioning* (3rd ed., pp. 217–253). Hillsdale, NJ: Erlbaum.

Bernstein, I.L., Webster, M.M., & Bernstein, I.D. (1982). Food aversions in children receiving chemotherapy for cancer. *Cancer, 50*, 2961–2963.

Birak, K.S., Higgs, S., & Terry, P. (2011). Conditioned tolerance to the effects of alcohol on inhibitory control in humans. *Alcohol and Alcoholism, 46*, 686–693.

Boele, H., Koekkoek, S.E., De Zeeuw, C.I., & Ruigrok, T.H. (2013). Axonal sprouting and formation of terminals in the adult cerebellum during associative motor learning. *Journal of Neuroscience, 33*, 17897–17907.

Capaldi, E.J. (1966). Partial reinforcement: A hypothesis of sequential effects. *Psychological Review, 73*, 459–477.

Carew, T.J., Hawkins, R.D., & Kandel, E.R. (1983). Differential classical conditioning of a defensive withdrawal reflex in *Aplysia californica. Science, 219*, 397–400.

Chen, A.C., Chang, R.Y., Besherat, A., & Baack, D.W. (2013). Who benefits from multiple brand celebrity endorsements? An experimental investigation. *Psychology & Marketing, 30*, 850–860.

Cole, R.P., Barnet, R.C., & Miller, R.R. (1995). Effect of relative stimulus validity: Learning or performance deficit. *Journal of Experimental Psychology: Animal Behavior Processes, 21*, 293–303.

Cummins, E., Boughner, E., & Leri, F. (2014). Cue-induced renewal of heroin place preference: Involvement of the basolateral amygdala. *Neuroreport: For Rapid Communication of Neuroscience Research, 25*, 297–302.

Daum, I., Schugens, M.M., Ackermann, H., Lutzenberger, W., Dichgans, J., & Birbaumer, N. (1993). Classical conditioning after cerebellar lesions in humans. *Behavioral Neuroscience, 107*, 748–756.

Dimberg, U., & Öhman, A. (1983). The effects of directional facial cues on electrodermal conditioning to facial stimuli. *Psychophysiology, 20*, 160–167.

Dimberg, U., & Öhman, A. (1996). Behold the wrath: Psychophysiological responses to facial stimuli. *Motivation and Emotion, 20*, 149–182.

Dopson, J.C., Pearce, J.M., & Haselgrove, M. (2009). Failure of retrospective revaluation to influence blocking. *Journal of Experimental Psychology: Animal Behavior Processes, 35*, 473–484.

Drummond, D.C., Tiffany, S.T., Glautier, S., & Remington, B. (Eds.). (1995). *Addictive behaviour: Cue exposure research and theory.* New York: Wiley.

Etscorn, F., & Stephens, R. (1973). Establishment of conditioned taste aversions with a 24-hour CS-US interval. *Physiological Psychology, 1,* 251–253.

Förderer, S., & Unkelbach, C. (2014). The moderating role of attribute accessibility in conditioning multiple specific attributes. *European Journal of Social Psychology, 44,* 69–81.

Garcia, J., Ervin, F.R., & Koelling, R.A. (1966). Learning with prolonged delay of reinforcement. *Psychonomic Science, 5,* 121–122.

Garcia, J., & Koelling, R. (1966). Relation of cue to consequence in avoidance learning. *Psychonomic Science, 4,* 123–124.

Glanzman, D.L. (1995). The cellular basis of classical conditioning in *Aplysia californica*—it's less simple than you think. *Trends in Neuroscience, 18,* 30–36.

Gorn, G.J. (1982). The effects of music in advertising on choice behavior: A classical conditioning approach. *Journal of Marketing, 46,* 94–101.

Gottfried, J.A., O'Doherty, J., & Dolan, R.J. (2002). Appetitive and aversive olfactory learning in humans studied using event-related functional magnetic resonance imaging. *Journal of Neuroscience, 22,* 10829–10837.

Hall, G., & Pearce, J.M. (1983). Changes in stimulus associability during acquisition: Implications for theories of acquisition. In M.L. Commons, R.J. Herrnstein, & A.R. Wagner (Eds.), *Quantitative analyses of behavior: Vol. 3. Acquisition* (pp. 221–239). Cambridge, MA: Ballinger.

Kamin, L.J. (1968). Attention-like processes in classical conditioning. In M.R. Jones (Ed.), *Miami symposium on the prediction of behavior: Aversive stimulation* (pp. 9–33). Miami, FL: University of Miami Press.

Kimble, G.A. (1961). *Hilgard and Marquis' conditioning and learning* (2nd ed.). New York: Appleton-Century-Crofts.

Knowlton, B.J., & Thompson, R.F. (1992). Conditioning using a cerebral cortical conditioned stimulus is dependent on the cerebellum and brain stem circuitry. *Behavioral Neuroscience, 106,* 509–517.

Kremer, E.F. (1978). The Rescorla-Wagner model: Losses in associative strength in compound conditioned stimuli. *Journal of Experimental Psychology: Animal Behavior Processes, 4,* 22–36.

Lett, B.T. (1973). Delayed reward learning: Disproof of the traditional theory. *Learning and Motivation, 4,* 237–246.

Lewis, M.C., & Gould, T.J. (2007). Reversible inactivation of the entorhinal cortex disrupts the establishment and expression of latent inhibition of cued fear conditioning in C57BL/6 mice. *Hippocampus, 17,* 462–470.

LoBue, V., & DeLoache, J.S. (2008). Detecting the snake in the grass: Attention to fear-relevant stimuli by adults and young children. *Psychological Science, 19,* 284–289.

Logue, A.W. (1979). Taste aversion and the generality of the laws of learning. *Psychological Bulletin, 86,* 276–296.

Logue, A.W., Ophir, I., & Strauss, K.E. (1981). The acquisition of taste aversions in humans. *Behavior Research and Therapy, 19,* 319–333.

Lubow, R.E. (2009). Conditioned taste aversion and latent inhibition: A review. In T.R. Schachtman & S. Reilly (Eds.), *Conditioned taste aversion: Behavioral and neural processes* (pp. 37–57). New York: Oxford University Press.

Lubow, R.E., & Moore, A.U. (1959). Latent inhibition: The effect of nonreinforced preexposure to the conditional stimulus. *Journal of Comparative and Physiological Psychology, 52*, 415–419.

Mackintosh, N.J. (1975). A theory of attention: Variations in the associability of stimuli with reinforcement. *Psychological Review, 82*, 276–298.

Macnish, R. (1859). *The anatomy of drunkenness*. Glasgow, Scotland: W. R. McPuhn.

Mallan, K.M., Lipp, O.V., & Cochrane, B. (2013). Slithering snakes, angry men and out-group members: What and whom are we evolved to fear? *Cognition and Emotion, 27*, 1168–1180.

Matzel, L.D., Brown, A.M., & Miller, R.R. (1987). Associative effects of US preexposure: Modulation of conditioned responding by an excitatory training context. *Journal of Experimental Psychology: Animal Behavior Processes, 13*, 65–72.

McCormick, D.A., & Thompson, R.F. (1984). Neuronal responses of the rabbit cerebellum during acquisition and performance of a classically conditioned nictitating membrane-eyelid response. *Journal of Neuroscience, 4*, 2811–2822.

McEchron, M.D., Tseng, W., & Disterhoft, J.F. (2003). Single neurons in CA1 hippocampus encode trace interval duration during trace heart rate (fear) conditioning. *Journal of Neuroscience, 23*, 1535–1547.

McNally, G.P., & Westbrook, R.F. (2006). A short intertrial interval facilitates acquisition of context-conditioned fear and a short retention interval facilitates its expression. *Journal of Experimental Psychology: Animal Behavior Processes, 32*, 164–172.

Miller, R.R., & Schachtman, T.R. (1985). The several roles of context at the time of retrieval. In P.D. Balsam & A. Tomie (Eds.), *Context and learning* (pp. 167–194). Hillsdale, NJ: Erlbaum.

Molchan, S.E., Sunderland, T., McIntosh, A.R., Herscovitch, P., & Schreurs, B.G. (1994). A functional anatomical study of associative learning in humans. *Proceedings of the National Academy of Sciences United States of America, 91*, 8122–8126.

Moon, J., & Lee, J. (2009). Cue exposure treatment in a virtual environment to reduce nicotine craving: A functional MRI study. *CyberPsychology & Behavior, 12*, 43–45.

Nagaishi, T., & Nakajima, S. (2010). Overshadowing of running-based taste aversion learning by another taste cue. *Behavioural Processes, 83*, 134–136.

Öhman, A., Dimberg, U., & Ost, L.G. (1985). Animal and social phobias: Biological constraints on learned fear responses. In S. Reiss & R.R. Bootzin (Eds.), *Theoretical issues in behavior therapy* (pp. 123–178). New York: Academic Press.

Öhman, A., Flykt, A., & Esteves, F. (2001). Emotion drives attention: Detecting the snake in the grass. *Journal of Experimental Psychology: General, 130*, 466–478.

Öhman, A., & Mineka, S. (2001). Fears, phobias, and preparedness: Toward an evolved module of fear and fear learning. *Psychological Review, 108*, 483–522.

Packer, J.S., Clark, B.M., Bond, N.W., & Siddle, D.A. (1991). Conditioning with facial expression of emotion: A comparison of aversive and non-aversive unconditioned stimuli. *Journal of Psychophysiology, 5*, 79–88.

Pearce, J.M., & Hall, G. (1980). A model for Pavlovian learning: Variations in the effectiveness of conditioned but not unconditioned stimuli. *Psychological Review, 87,* 532–552.

Rescorla, R.A. (1968). Probability of shock in the presence and absence of CS in fear conditioning. *Journal of Comparative and Physiological Psychology, 66,* 1–5.

Rescorla, R.A., & Wagner, A.R. (1972). A theory of Pavlovian conditioning: Variations in the effectiveness of reinforcement and nonreinforcement. In A.H. Black & W.F. Prokasy (Eds.), *Classical conditioning II: Current research and theory* (pp. 64–99). New York: Appleton-Century-Crofts.

Rozin, P., Reff, D., Mack, M., & Schull, J. (1984). Conditioned opponent responses in human tolerance to caffeine. *Bulletin of the Psychonomic Society, 22,* 117–120.

Ruprecht, C.M., Izurieta, H.S., Wolf, J.E., & Leising, K.J. (2014). Overexpectation in the context of reward timing. *Learning and Motivation, 47,* 1–11.

San-Galli, A., Marchand, A.R., Decorte, L., & Di Scala, G. (2011). Retrospective revaluation and its neural circuit in rats. *Behavioural Brain Research, 223,* 262–270.

Scalera, G., & Bavieri, M. (2009). Role of conditioned taste aversion on the side effects of chemotherapy in cancer patients. In T.R. Schachtman & S. Reilly (Eds.), Conditioned taste aversion: Behavioral and neural processes (pp. 513–541). New York: Oxford University Press.

Schell, A.M., Dawson, M.E., & Marinkovic, K. (1991). Effects of potentially phobic conditioned stimuli on retention, reconditioning, and extinction of the conditioned skin conductance response. Psychophysiology, 28, 140–153.

Schneiderman, N., McCabe, P.M., Haselton, J.R., Ellenberger, H.H., Jarrell, T.W., & Gentile, C.G. (1987). Neurobiological bases of conditioned bradycardia in rabbits. In I. Gormezano, W.F. Prokasy, & R.F. Thompson (Eds.), *Classical conditioning* (3rd ed., pp. 37–63). Hillsdale, NJ: Erlbaum.

Schull, J. (1979). A conditioned opponent theory of Pavlovian conditioning and habituation. In G.H. Bower (Ed.), *The psychology of learning and motivation* (Vol. 13, pp. 57–90). New York: Academic Press.

Seligman, M.E.P. (1970). On the generality of the laws of learning. *Psychological Review, 77,* 406–418.

Seligman, M.E.P., & Hager, J.L. (1972). *Biological boundaries of learning.* New York: Appleton-Century-Crofts.

Siegel, S. (1975). Evidence from rats that morphine tolerance is a learned response. *Journal of Comparative and Physiological Psychology, 89,* 498–506.

Siegel, S. (2005). Drug tolerance, drug addiction, and drug anticipation. *Current Directions in Psychological Science, 14,* 296–300.

Siegel, S., Hinson, R.E., Krank, M.D., & McCully, J. (1982). Heroin "overdose" death: The contribution of drug-associated environmental cues. *Science, 216,* 436–437.

Siegel, S., & Ramos, B.M.C. (2002). Applying laboratory research: Drug anticipation and the treatment of drug addiction. *Experimental and Clinical Psychopharmacology, 10,* 162–183.

Smith, O.A., Astley, C.A., DeVito, J.L., Stein, J.M., & Walsh, K.E. (1980). Functional analysis of hypothalamic control of the cardiovascular responses accompanying emotional behavior. *Federation Proceedings, 39*, 2487–2494.

Solomon, P.R. (1977). Role of the hippocampus in blocking and conditioned inhibition of the rabbit's nictitating membrane response. *Journal of Comparative and Physiological Psychology, 91*, 407–417.

Spetch, M.L. (1995). Overshadowing in landmark learning: Touch-screen studies with pigeons and humans. *Journal of Experimental Psychology: Animal Behavior Processes, 21*, 166–181.

Stockhorst, U., Hall, G., Enck, P., & Klosterhalfen, S. (2014). Effects of overshadowing on conditioned and unconditioned nausea in a rotation paradigm with humans. *Experimental Brain Research, 232*, 2651–2664.

Stout, S.C., & Miller, R.R. (2007). Sometimes-Competing Retrieval (SOCR): A formalization of the comparator hypothesis. *Psychological Review, 114*, 759–783.

Thompson, R.F., McCormick, D.A., & Lavond, D.G. (1986). Localization of the essential memory-trace system for a basic form of associative learning in the mammalian brain. In S.H. Hulse & B.F. Green, Jr. (Eds.), *One hundred years of psychological research in America* (pp. 125–171). Baltimore, MD: Johns Hopkins University Press.

Tracy, J.A., Thompson, J.K., Krupa, D.J., & Thompson, R.F. (2013). Evidence of plasticity in the pontocerebellar conditioned stimulus pathway during classical conditioning of the eyeblink response in the rabbit. *Behavioral Neuroscience, 127*, 676–689.

Van Gucht, D., Vansteenwegen, D., Beckers, T., Hermans, D., Baeyens, F., & Van den Bergh, O. (2008). Repeated cue exposure effects on subjective and physiological indices of chocolate craving. *Appetite, 50*, 19–24.

Wagner, A.R. (1981). SOP: A model of automatic memory processing in animal behavior. In N.E. Spear & R.R. Miller (Eds.), *Information processing in animals: Memory mechanisms* (pp. 5–47). Hillsdale, NJ: Erlbaum.

Wilcoxon, H.C., Dragoin, W.B., & Kral, P.A. (1971). Illness-induced aversions in rat and quail: Relative salience of visual and gustatory cues. *Science, 171*, 826–828.

CHAPTER

5

조작적 조건형성의 기본 원리

고전적 조건반응과 달리, 일상적인 많은 행동은 특정 자극에 의해 유발되지 않는다. 걷기, 말하기, 먹기, 마시기, 일하기, 놀기와 같은 행동은 어떤 구체적 자극에 대한 반응처럼 자동적으로 발생하지 않는다. 유기체는 음식이라는 자극에 대해, 하루 중 언제인지, 먹은 후 시간이 얼마나 지났는지, 같은 종의 다른 구성원들이 존재하는지 등에 따라 먹을 수도 있고 먹지 않을 수도 있다. 유기체가 이런 유형의 행동에 개입하거나 개입하지 않을 수 있다고 여겨지므로 이런 행동을 '자발적(voluntary)' 행동이라고 하며, 이와 대조적으로 무조건적 반사와 조건적 반사의 일부인 행동을 '비자발적(involuntary)' 행동이라고 한다. 일부 학습이론가는 고전적 조건형성은 비자발적 행동에 국한되는 반면, 조작적 조건형성은 자발적 행동에 영향을 준다고 주장한다. 자발적이라는 용어를 과학적으로 정확하게 정의하기 어려우므로, 반사가 아닌 행동을 언급하는 데 이 용어를 사용하는 것은 잘못일지 모른다. 무엇을 비반사적(nonreflexive) 행동이라고 부르든지 관계없이 이것만은 분명하다. 즉 단지 어떤 행동에 선행하는 뚜렷한 자극이 없다고 해서 그 행동이 예측 불가능한 것은 아니다. 조작적 조건형성에 관한 광범위한 연구는 유기체가 어떤 조건에서 비반사적 행동을 하는지 예측하는 일반 원리를 발견하는 노력이라고 특징지을 수 있다.

효과의 법칙

Thorndike의 실험

E. L. Thorndike(1898, 1911)는 동물의 비반사적 행동이 경험의 결과로 어떻게 수정되는지를 체계적으로 연구한 최초의 연구자이다. Thorndike는 실험에서 배고픈 동물(고양이, 개 또는 병아리)을 문제상자(puzzle box)라고 부르는 작은 상자에 넣었다. 동물이 적절한 반응을 하면 문제상자의 문이 열리고 동물은 빠져나가 문밖 바로 곁에 놓아둔 먹이를 먹을 수 있다. 동물에게 요구되는 반응은 줄 당기기, 레버 누르기 또는 발판 밟기처럼 단순하다. 〈그림 5.1〉에는 조금 더 복잡한 Thorndike의 문제상자가 제시되었는데, 고양이는 세 가지 행동을 하도록 요구된다. 맨 처음 문제상자에 고양이를 넣으면 빠져나오는 데 시간이 오래 걸린다. 고양이는 문제상자 안을 이리저리 돌아다니고 외견상 아무렇게나 상자의 여기저기를 탐색

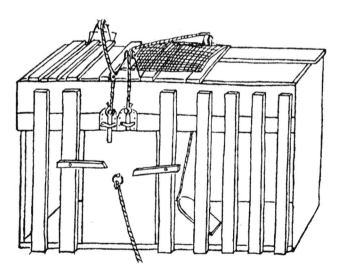

그림 5.1 Thorndike의 문제상자 중 하나. 고양이는 줄을 당기고, 발판을 밟고, 문 앞에 있는 두 빗장 중 하나를 돌림으로써 상자로부터 탈출할 수 있다(Thorndike, 1898).

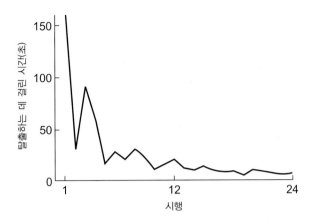

그림 5.2 고양이 한 마리가 24회 연속 시행에 걸쳐 단순한 문제상자에서 탈출하는 데 걸린 시간(초)(Thorndike, 1898)

하다가 결국 문을 여는 반응을 한다. 행동을 주의 깊게 관찰한 Thorndike는 동물이 처음으로 적절한 반응을 하게 되는 것은 순전히 우연에 의한 것이라고 결론지었다.

　Thorndike는 동물의 행동이 경험의 결과로 어떻게 달라지는지를 밝히기 위해 동물을 동일한 문제상자에 몇 번씩 다시 넣고 각 시행에서 탈출하는 데 걸린 시간을 측정하였다. Thorndike가 고양이 한 마리로부터 얻은 전형적 결과가 〈그림 5.2〉에 제시되었는데, 시행이 거듭될수록 고양이가 탈출하는 데 걸린 시간은 점차 감소된다(첫 시행에서 160초였으나 스물네 번째 시행에서는 단 7초만 걸렸다). Thorndike는 시행에 걸친 점진적 향상이 S-R 연결의 점진적 증강 때문이라고 여겼다. 자극은 문제상자 내부이고, 반응은 문을 열기 위한 행동은 어떤 행동이든지 해당된다. 이 연결의 점진적 증강을 설명하기 위해 Thorndike(1898)는 효과의 법칙(law of effect)이라는 학습 원리를 고안하였다. 특정 상황에서, 반응을 하고 나서 사태의 만족스러운 상태가 뒤따르면, 그 반응은 상황에 연합되어 그와 동일한 상황에서 다시 반복될 가능성이 크다. Thorndike는 '사태의 만족스러운 상태(satisfying state of affairs)'란 '동물이 피하려고 하지 않는, 종종 얻고 보존하려는 상황'(p. 245)이라고 정의했다.

　효과의 법칙을 문제상자 실험에 적용하면 분명하다. 문을 열게 만드는 행동 직후에는 사태의 만족스러운 상태(탈출과 먹이)가 뒤따르므로 동물이 다음에 동일한 상황에 놓일 때 그 행동을 할 가능성은 처음보다 높다. 현대 심리학에서 '사태의 만족스러운 상태'라는 용어는 '강화물(reinforcer)'이라는 용어로 대체되었으나, 효과의 법칙[또는 정적 강화(positive reinforcement)]의 원리는 학습이론의 가장 중요한 개념 중 하나가 되었다.

Guthrie와 Horton : 기계적 증강과정에 대한 증거

Thorndike를 이은 두 연구자 E. R. Guthrie와 G. P. Horton(1946)은 문제상자의 학습에서 탈출과 먹이가 뒤따르게 된 행동은 어떤 것이든 증강된다는 것에 대해 보다 확실한 증거를 제공하였다. 그들은 좀 더 간단히 해결되는 문제상자에 고양이를 두었는데, 상자 한가운데 세워진 막대를 어느 방향으로든 건드리기만 하면 문이 열렸다. 문이 열린 순간 상자 밖에 설치된 카메라에 고양이의 사진이 찍혔고, 고양이가 각 시행에서 정확히 어떻게 효과적인 반응을 수행하는지 기록되었다. 몇 번의 시행 후에 고양이마다 상당히 일관되게 특정한 방식으로 막대를 움직이게 되었다. 그러나 고양이마다 막대를 움직이는 방식은 서로 달랐다. 예를 들어, 한 고양이는 항상 왼쪽 앞발로 막대를 밀었고, 다른 고양이는 항상 막대를 이빨로 물었고, 또 다른 고양이는 막대 옆에 누워 막대 쪽으로 몸을 굴렸다(그림 5.3).

그림 5.3 Guthrie와 Horton의 문제상자에서의 고양이들의 행동을 묘사한 그림이다. 각 고양이는 저마다 막대를 움직이는 고유한 방식을 발달시켜 시행마다 그렇게 행동하였다.

요약하면, Guthrie와 Horton은 과제를 숙달한 다음에는 고양이마다 시행에 걸친 변이(variability)가 거의 없으나, 고양이들 간에는 상당한 변이가 발생한다는 것을 발견하였다. 이 결과는 Brown과 Herrnstein(1975)이 멈춤-행동 원리(stop-action principle)라고 명명한 일종의 효과의 법칙에 대한 증거를 제공한다. 이 원리에 따르면, 카메라의 작용과 Guthrie와 Horton 실험의 강화물 간에 유사성이 존재한다. 강화물의 출현은 마치 카메라처럼 진행 중이던 동물의 행동을 멈추게 하며, 상황(문제상자)과 강화의 순간에 발생한 정확한 행동 사이의 연합을 증강시킨다.

멈춤-행동 원리에 따르면, 이러한 증강과정 때문에 강화의 순간에 발생한 특정한 자세와 근육 움직임이 다음 시행에서 발생할 확률이 높아진다. 고양이가 다음 시행에서 이러한 자세와 움직임을 반복하면 두 번째 강화물을 초래할 것이고, 그럼으로써 S-R 연합이 더욱 증강되었을 것이다. 이런 식의 정적 피드백과정은 결과적으로 다른 것보다 훨씬 더 강한 S-R 연결을 초래하며, 시행이 거듭될수록 이러한 특정 반응 패턴이 높은 확률로 발생할 것이다. 고양이마다 임의의 행동이 몇 차례 강화를 받으면 다른 행동보다 우세하게 된다.

미신 행동

멈춤-행동 원리의 기계적 특성에 의하면 행동은 때때로 '우연에 의해(by accident)' 증강될 수 있다. Skinner(1948)는 미신실험(superstition experiment)이라고 불리는 유명한 실험을 수행했는데, 우연적 강화의 힘을 보여주는 강력한 사례이다. 여덟 마리의 비둘기를 실험상자에 한 마리씩 넣고 비둘기가 어떤 행동을 하든 상관없이 15초마다 곡물을 제시하였다. Skinner는 상자에서 얼마 동안 시간을 보내게 한 후 비둘기의 행동을 관찰하였다. 그는 여덟 마리 중 여섯 마리가 먹이 제시 사이에 특징이 뚜렷한 행동을 반복하기 시작했음을 발견하였다. 한 마리는 강화물이 제시되고 다음 강화물이 제시되는 사이에 시계 반대 방향으로 몇 차례 돌았고, 다른 비둘기는 바닥을 쪼았으며, 세 번째 비둘기는 실험상자의 한쪽 구석을 향해 머리를 거듭해서 추켜올렸다. 네 번째 비둘기는 머리를 위쪽으로 흔들어 댔고, 다른 두 마리는 머리를 옆으로 흔들었다. 이 행동들은 강화를 얻는 데 필요한 행동이 아니었음에도 불구하고 반복해서 일어났다. 다른 연구자들은 Skinner 실험의 기본 생각을 다소 변형시켜서 반복 검증하여 유사한 결과를 얻었다(Gleeson, Lattal, & Williams, 1989; Neuringer, 1970).

Skinner에 따르면, 강화물이 제공되는 시점에 발생한 행동은 무엇이든지 증강된다. 만약 비둘기가 머리를 위쪽으로 흔든 직후에 첫 강화물이 주어졌다면, 장차 머리를 흔드는 행동을 하게 될 가능성이 크다. 그리고 다음 강화물은 머리를 흔드는 행동 뒤에 제공될 가능성이 높다. 우연한 증강과정은 자기영속적인데, 어떤 행동이든 일단 다른 모든 행동보다 어느 정도 높은 빈도로 발생하기 시작하면 강화받을 가능성이 커지며, 그럼으로써 빈도가 더 증가한다.

Skinner(1948)는 인간의 여러 미신 행동(superstitious behaviors)과 의례(ritual)가 비둘기가 특이한 행동을 보이는 것과 같은 방식 즉 우연적 강화에 의해 발달된다고 제안하였다. 미신 행동은 카드 게임이나 다른 종류의 도박처럼 승패가 운에 달려 있어서 사람이 그 일의 발생을 실제로 전혀 통제하지 못하는 경우에 자주 발생한다. 한 실험실 실험에서 Matute(1994, 1995)는 사람들이 사건을 전혀 통제할 수 없는 상황에서 미신 행동을 관찰하였다. 한 가지 상황에서는, 불쾌할 정도로 큰 소리에 노출된 대학생들에게 키보드에 있는 키를 정확한 순서대로 치면 소리를 끌 수 있다고 말해주었다. 소리가 저절로 켜졌다가 꺼졌으므로 사실상 어떤 키를 누르더라도 소리를 통제할 수 없었다. 그럼에도 불구하고, 대부분의 학생은 미신 행동을 발달시켜서 소리가 들려올 때마다 매번 동일한 순서로 키를 누르는 경향이 있었다. 실험 종료 후, 많은 참여자가 자신들이 키를 눌러서 소리가 꺼졌다고 믿는 것으로 보고하였다.

Herrnstein(1966)은 Skinner의 분석이 도박꾼이나 운동선수의 특이한 미신에 가장 잘 적용됨을 주목하였다. 개별적 미신은 강화로 인한 개인 경험에서 발생하는 것처럼 보인다. 그

그림 5.4 행운을 위해 두 손가락을 겹치는 것은 흔한 미신 행동 중 하나이다. (Misha Beliy/Shutterstock.com)

에 반해 한 사회에 걸친 보편적 미신[예 : "사다리 아래로 지나가면 재수가 없다", "13(역자 주 : 우리나라에서는 4라는 숫자를 불길하다고 여긴다.)이라는 숫자는 불길하다"]은 개인 경험이 아니라 사람과의 교류를 통해 획득된다(그림 5.4). 공통된 미신이 처음에 어떻게 발생했는지 알 수 없으나, Herrnstein은 더 이상 효력이 없는 예전 수반성의 잔재로 미신이 나타난다고 제안하였다. 성냥 한 개로 담배 세 개비에 불을 붙이면 재수가 없다는 믿음을 예로 들 수 있다. 이 미신은 제1차 세계대전 중 참호 속에서 나타났다. 당시에는 이런 믿음이 어느 정도 정당화되었는데, 성냥을 켠 상태로 오래 지나면 적군에게 위치가 발각될 가능성이 높아지기 때문이다. 이러한 위험은 생활 주변에서 발견되지 않지만 그러한 미신은 세대를 거쳐 지금까지 전해진다. Herrnstein은 규율을 위반해서 불행을 맞은 사람들에 관한 소식이 이따금씩 들리기 때문에 이런 미신이 영속된다고 추측하였다. 따라서 Herrnstein은 어떤 미신은 처음에는 타당한 믿음이었으나, 지금은 루머와 함께, 또는 이따금씩 우연한 사건에 의해 영속된다고 주장하였다. 어떤 미신(사다리 아래로 걸어가는 사람에서처럼)은 어떻게 시작되었는지 상상하기 쉽지만 다른 미신의 경우 기원이 불분명하다.

미신실험에 대한 Skinner의 분석이 유일한 가능성 있는 해석은 아니다. Staddon과 Simmelhag(1971)는 미신에 관한 실험을 주의 깊게 반복하고, Skinner보다 비둘기의 행동을 더 철저하게 기록함으로써 다른 결론에 도달하였다. 그들은 먹이 공급 간격 동안 몇몇 비둘기에게서 빈번히 나타나는 특정 행동 패턴을 발견하였으며 중간 행동과 종말 행동이라고 지칭하였다. 중간 행동(interim behavior)은 간격 초반, 즉 다음 강화물이 아직 멀리 있는 시간 동안 빈번히 발생하는 행동으로 정의된다. 중간 행동에는 바닥을 쪼거나, 돌거나, 실험상자의 앞 벽을 따라 움직이는 것이 포함된다. 종말 행동(terminal behavior)은 먹이가 공급되는 시간이 가까울 때 나타난다. 가장 빈번한 두 가지 종말 행동은 먹이통 쪽으로 향하기와 먹이통 부근을 쪼기가 있다. Staddon과 Simmelhag는 Skinner가 '미신 행동'이라고 부른 몇몇 행동이 실제로는 중간 행동이나 종말 행동일 수 있다고 제안하였다. 이 행동들은 우연적 강화에 의해 발생하는 것이 아니라, 강화 가능성이 낮거나(중간 행동) 먹이가 공급될 무렵(종말 행동) 동물의 선천적 경향에 의해 수행하는 행동일 뿐이다. 많은 연구에서 주기적 먹이 공급이나 다른 강화물이 틀에 박힌 여러 가지 행동들, 총칭해서 부속 행동(adjunctive behavior)이라고 부르는 행동을 유발함을 밝혔다. 이러한 선천적 행동들은 다음 강화물이 나오기까지 시간적 거리가 있을 때 나타나며, 동물들은 '시간을 때우기 위해서라도' 무엇인가 해야 한다.

Skinner의 미신 행동에 대한 분석은 여전히 부분적으로는 옳다. 즉 행동은 종종 우연한 강화에 의해 빈도가 증가한다. 성인과 아동 대상의 실험실 실험에서 공짜 강화물이 주기적으로 주어질 때 미신 행동이 발달하는 경향이 있음을 보여준다(Sheehan, Van Reet, & Bloom,

2012). 이러한 미신 행동은 강화물이 주어지기 직전에 증가하는 경향이 있으며, 참여자들마다 독특하다. 예를 들어, 광대 인형이 때때로 구슬을 내놓는 연구에서, 어떤 아이는 광대 인형의 코에 뽀뽀를 하고, 다른 아이는 엉덩이를 흔들고, 또 다른 아이는 입술을 오므린다(Wagner & Morris, 1987). 실험실 밖에서, 운동선수에게서 흔하게 나타나는 미신 행동을 포함해서 많은 특이한 미신 행동의 기원을 찾아가보면 과거에 강화를 받았음을 쉽게 알 수 있다.

글상자 5.1   **미디어에서**

스포츠에서의 미신 행동

미신 행동은 운동선수에게서 흔하다. 대학의 미식축구, 트랙경기, 체조팀에 대한 연구에서 Bleak 와 Frederick(1998)은 보통의 선수들이 행운의 마스코트나 의복을 착용하거나, 매 경기를 시작하기 전에 똑같은 음식을 먹거나, 부상당하지 않은 신체의 일부에 테이프를 감는 등 약 10가지 미신 행동을 한다는 것을 밝혔다. Burger와 Lynn(2005)은 미국과 일본 프로야구 선수들에게도 미신 행동이 폭넓게 퍼져 있음을 확인하였다. 어떤 미신 행동들은 선수들이 자각하지 못한 채 일어난다. Ciborowski(1997)는 대학야구 선수들에게 배팅하면서 투구 사이사이 수행하는 행동(예 : 신체나 의복의 일부 만지기, 특정 방식으로 야구방망이 잡기, 야구장 바닥을 만지거나 야구방망이로 플레이트 치기)을 기술하게 하였다. 선수들은 전부는 아니라도 대부분의 행동들을 열거할 수 있었다. 그러나 그 행동을 몇 번이나 하는지를 질문했을 때 선수들의 추정치는 네 배나 낮았다. 놀랍게도 Ciborowski는 보통의 선수들이 한 번 타격할 때 82번 그러한 움직임을 한다는 것을 발견하였다.

미신 행동은 자신이 좋아하는 팀의 경기를 관람하는 스포츠팬들에게서도 심심치 않게 발견된다. Wann 등(2013)에 따르면, 스포츠팬들의 가장 일반적인 미신 행동은 특정 운동복을 입거나, 특정 음식이나 음료를 먹거나, 경기의 결정적 부분에서 장면을 보든지 보지 않든지 하는 것임을 발견하였다. 과거에 이런 행동들에 뒤이어 팀이 이겼을 때 행동들이 우연히 강화되었음을 쉽게 상상할 수 있다.

조성 절차 또는 계기적 근사법

쥐가 레버를 누르도록 조성하기

만약 당신이 심리학 수업에서 실험할 수 있도록 실험상자(누르는 레버와 먹이 공급장치가 있는)와 쥐를 제공받았다고 가정해보자. 당신에게는 리모콘이 있어서 실험상자의 먹이 접시에 먹이 한 알이 나오게 할 수 있다. 교수자는 공급장치의 소리를 조건강화물로 만드는 것이 중요한 첫 단계라고 말할 것이다. 조건강화물(conditioned reinforcer)은 이전에는 중성자극이었으나, 먹이나 다른 일차강화물과 반복적으로 짝지어짐으로써 반응을 증강시키는 능력을 획득한 자극이다. 일차강화물(primary reinforcer)은 반응 뒤에 옴으로써 그 반응을 자연적으로 증강시키는 자극이다. 일차강화물에는 먹이, 물, 성적 쾌락, 안락함 등이 포함된다. 만약 공급장치의 소리에 이어 먹이에 반복적으로 노출되면 공급장치의 소리는 쥐에게 조건강화물이 된다. 당신이 공급장치를 작동시키자마자 쥐가 실험상자의 어느 곳에 있든지 그곳으로부터 먹이 접시 쪽으로 재빨리 돌아올 때, 소리가 조건강화물이 되었다는 것을 확신할 수 있다. 조건강화물은 쥐가 바람직한 반응을 한 즉시 제시할 수 있다는 점에서 중요하다. 당신은 반응과 강화물의 근접성(contiguity), 즉 강화에 바로 직전에 선행하는 어떤 행동이든 증강된다는 것이, 매우 중요하다는 것을 알고 있다. 쥐가 일차강화물인 먹이로 다가가려면 몇 초가 걸린다 할지라도, 공급장치의 소리 같은 조건강화물을 사용해서 반응을 즉시 강화시킬 수 있다.

일단 공급장치의 소리가 조건강화물이 되게 만들었다면 쥐가 레버를 눌러 먹이를 제공받을 때까지 기다리면 된다. 가령 레버가 실험상자의 바닥으로부터 5인치 위에 있다고 해보자. 쥐가 레버를 충분히 내리누르려면 많은 노력이 든다. 이런 상황이라면, 당신은 몇 시간이고 기다려야 하며, 쥐는 레버를 결코 누르지 않을 수도 있다. 반응이 일어나지 않았으므로 강화할 수 없음은 물론이다.

이 지점에서 조성(shaping) 또는 계기적 근사법(successive approximation)이 매우 유용하다. 시작하기 좋은 방법은 쥐가 레버 아래쪽으로 가기를 기다렸다가 탐지될 만큼 조금이라도 머리를 위로 들어올릴 때 강화하는 것이다. 그런 움직임에 대해 5번 내지 10번 강화물을 주면, 쥐는 상당히 자주 머리를 위로 들게 될 것이다. 일단 이 행동이 잘 확립되면, 조성 절차에 좀 더 높은 강화 기준을 적용시킨다. 예를 들어, 다음 단계에서는 먹이가 제공되기 전에 쥐가 머리를 최소한 0.5인치 위로 들어올리기를 기다린다. 곧 쥐는 큰 반응을 좀 더 자주 할 것이다. 당신은 그다음에 위로 들어올리는 움직임을 1인치, 1.5인치 등으로 요구하여 동물이 머리를 레버 가까이 들어올릴 때까지 요구한다. 그다음 단계에서는 레버를 실제로 건드리는 어떤 움직임을, 그다음에는 앞발로 건드리는 움직임을, 그다음에는 레버를 아래로 내리는 움직임 등으로 쥐가 레버 누르기를 충분히 학습할 때까지 하면 된다.

〈그림 5.5〉는 조성 절차가 동물의 행동 변이를 어떻게 이용하는지 그림으로 보여준다. 조성을 시작하기 전에 쥐의 머리가 실험상자의 바닥으로부터 얼마나 떨어져 있는지 5초마다 측정하면서 쥐의 행동을 5분 동안 단순히 관찰했다고 해보자. 〈그림 5.5〉는 당신이 발견하게 될 예를 보여준다. 그래프에서 y축은 쥐의 머리 높이를 0.5인치 단위로 보여주며, x축은 표본시간 5분 동안 이러한 높이가 몇 번 관찰되었는지를 보여준다. 결과를 나타내는 빈도 분포는 쥐가 머리를 바닥으로부터 보통 1.5인치 정도 들고 있다는 것을 보여주지만, 쥐는 때때로 머리를 더 낮게 또는 더 높게 든다. 이러한 분포에서는, 쥐가 강화받기 전에 머리

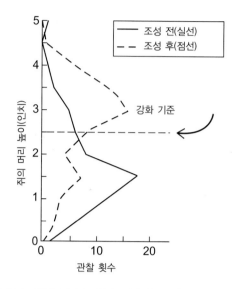

그림 5.5 조성을 하기 전(실선) 그리고 머리 높이가 2.5인치보다 높을 때 선택적으로 강화한 후(점선) 규칙적인 간격으로 관찰한 쥐의 머리 높이를 보여주는 가상분포. Rachlin(1970)은 조성 과정에 대해 유사한 분석을 제시하였다.

를 최소한 2.5인치 들도록 요구하는 조성 과정을 시작하는 것이 적당하다. 〈그림 5.5〉는 또한 조성 과정이 시작된 후 빈도 분포가 어떻게 이동할 수 있는지를 보여준다.

교실에서 행동을 조성하기

조성은 실험실의 쥐뿐만 아니라 사람까지도 전혀 새로운 행동을 하게 만들 수 있다. 많은 대학에는 대학생이 대규모 강의에서 서로 짜고 교수의 행동을 어떻게 조성했는지에 관한 이야기가 넘쳐난다. 어떤 이야기에서, 교탁 뒤에 고지식하게 서 있던 교수가 조금이라도 움직이는 것에 대해 학생들이 강화를 주었더니 수업이 끝날 무렵 그 교수는 앞뒤로 왔다 갔다 하거나 팔을 크게 움직였다는 일화가 있다. 다른 이야기에서는 심리학 개론 수업을 맡은 교수가 약간 턱이 있는 교단에서 강의를 했다. 학생들은 교수가 조금이라도 왼쪽으로 움직이면 강화하기로 비밀리에 약속을 하였다. 그들이 사용한 강화물은 주의 깊게 듣기, 교수가 말한 내용을 잘 이해한다고 고개를 끄덕이기, 노트 필기하기였다. 그렇지만 그 교수가 오른쪽으로 움직일 때마다 학생들은 이 강화물을 주는 것을 멈추었다. 즉, 필기를 멈추고, 하품을 하고, 지루한 표정을 짓고, 강의실을 둘러보았다. 이처럼 왼쪽으로 움직이는 것을 체계적으로 강화하는 것은 상당히 성공적이어서, 전설에 따르면 강의 중간쯤에 교수는 교단 왼쪽 끝에서 떨어지고 말았다(교단은 18인치 즉, 45센티미터 정도 높이밖에 되지 않아서 괜찮았다). 이런 식의 이야기는 실험대상이 무엇이 진행되고 있는지 의식하지 못한 때조차 조성이 작동함을 암시한다.

행동 수정 도구로서의 조성

조성의 예들이 전부 앞 절에서 기술한 것처럼 시시한 것은 아니다. 조성은 광범위한 상황에서 새롭거나 더 나은 행동을 확립시키기 위한 방법으로 자주 사용된다. 한 예로, Scott, Scott과 Goldwater(1997)는 대학 장대높이뛰기 선수의 수행을 향상시키기 위해 조성 기법을 사용하였다. 21세의 이 선수는 10년간 운동을 해서 국제대회에 참가하기도 했으나, 정복하기 어려운 기술적 측면이 있었다. 장대의 최대 높이에 도달하려면 장대가 땅에 꽂히고 도약하는 시점에서 팔과 장대를 가능한 한 머리 위로 높이 쳐드는 것이 중요하다. 이 선수는 도약할 때 팔을 완전히 뻗지 않았는데, 그 사실을 자신도 알고 있었지만 좋지 않은 습관을 버리지 못할 것 같았다.

비디오테이프로 확인해보니 그는 높이뛰기를 시도할 때 평균적으로 2.25미터까지 팔을 뻗었다. 연구자들은 선수가 팔을 더 높이 뻗도록 훈련시키기 위해 약간 더 높은 2.30미터에 광전자 빔과 센서를 설치하였다. 연습에서 훈련 코치는 그가 달려갈 때마다 "뻗어."라고 외쳤고, 선수의 팔이 기준에 도달하였음을 알려주는 소리 신호가 들렸다. 이 소리 신호는 더 나은 수행과 연합되므로 조건강화물이라고 할 수 있다. 이것은 마치 공급장치의 소리가 쥐에게 새로운 반응을 학습하는 데 조건강화물로 기능하는 것과 같다. 일단 높이뛰기 선수가 한 팔을 높이 드는 성공률이 90%에 도달하면, 기준을 점차 증가시킨다(2.35미터로, 그다음에는 2.40미터 등으로). 향상되는 데 몇 개월이 걸렸으나, 결국 선수는 최대 가능한 높이까지 팔을 뻗게 되었다. 그 선수에게서 가장 중요한 결과는 광전자 빔의 높이가 증가하면서 개인기록을 깰 수 있을 만큼 장대의 높이가 높아졌다는 점이다. 따라서 이러한 체계적 조성 절차를 통해 달성하고 싶었던 결과를 얻게 되었다.

조성의 다른 예에서, 치료자는 지적장애가 있는 8세 남자아이에게 심각한 호흡 상태를 치료하기 위해 필요한 약을 주입하는 마스크를 쓰도록 하는 데 장난감 등을 강화물로 사용하였다(Hagopian & Thompson, 1999). 처음에 아동은 잠깐이라도 마스크를 씌우는 것을 싫어해서 치료자는 마스크를 5초만 쓰고 있어도 강화물을 주기 시작하였다. 몇 개월 동안 강화 기준을 점차 높여서 마침내 아동에게 필요한 40초 동안 쭉 마스크를 씌울 수 있게 되었다.

조성은 개인뿐 아니라 집단적으로도 사용될 수 있다. 마약 치료센터의 프로그램에서 코카인 사용자에게 표준적인 메타돈(methadone) 치료를 하면서, 코카인 사용을 차츰 감소시키는 데 조성 절차를 사용한다. 몇 주 과정이 끝날 때, 소변검사를 하여 이전 검사와 비교해 코카인 대사물질이 최소 25퍼센트 감소하면 환자는 물품(예 : 영화티켓)으로 교환할 수 있는 상품권을 받는다. 최종적으로는 소변검사에서 코카인 흔적이 전혀 없을 때에만 상품권을 받게 된다. 연구자들은 프로그램 시작부터 코카인을 완전히 자제하도록 요구하기보다 이러한 조성 절차가 코카인 사용을 감소시키는 데 더 효과적임을 발견하였다(Preston, Umbricht, Wong, & Epstein, 2001). 유사한 절차가 금연을 돕는 데 사용되었다(Stoops et al., 2009). 조성은 까다로운 상황에서조차 행동을 향상시키도록 돕기 때문에 많은 행동 수정 프로그램의 일반적인 구성 요소가 되었다.

　어떤 면에서 조성은 정확한 과학이라기보다는 예술에 더 가깝다. 어떤 행동을 강화하고 어떤 행동을 강화하지 않을지, 강화를 위한 기준을 얼마나 빨리 높여야 하는지, 기준에서 단계를 얼마나 크게 잡아야 할지, 학습자가 차질을 빚을 때 무엇을 해야 할지 등 순식간에 많은 결정을 해야 한다. 그러나 어떤 경우에는 백분위 강화계획(percentile schedule of reinforcement)을 사용해서 좀 더 정확하게 조성 절차를 만들 수 있다. 백분위 강화계획에서는 학습자가 했던 마지막 몇 가지 반응이 특정 백분율(%)보다 더 높을 때 강화된다(J. R. Platt, 1973). 예를 들어, 만약 어떤 남자아이가 수학시간에 쉽게 주의를 빼앗겨서 풀어야 할 문제를 제시간 안에 마치지 못한다고 가정해보자. 행동치료사는 백분위 강화계획을 사용하여 그 학생이 문제를 점점 더 빨리 풀게 할 수 있다. 아동에게 일련의 수학문제를 풀게 말한다. 아동이 마지막 10분 동안 푼 것보다 더 많은 문제를 푸는 경우에는 끝날 시점에 강화물을 얻게 된다. 강화물로 점수를 주는데 점수는 나중에 돈이나 과자 또는 실속 있는 다른 강화물로 교환된다. 아동이 강화물을 얻게 됨에 따라 향후 강화물에 대한 기준을 점차 높여야 한다. 그 이유는 수행이 항상 마지막 10분에 얼마나 잘했는지와 비교되기 때문이다.

　백분위 계획은 발달장애가 있는 아동들의 학업 수행을 조성하는 것(Athens, Vollmer, &

그림 5.6 몇몇 교육용 소프트웨어는 각 아동의 향상에 기반하여 학습 재료의 난이도를 증가시키는 데 조성 절차를 사용한다. (Money Business Images/Shutterstock.com)

St. Peter Pipkin, 2007)부터 성인들의 건강 증진을 위한 활동 수준을 증가시키는 것(Washington, Banna, & Gibson, 2014)에 이르기까지 성공적으로 활용되었다. 백분위 강화계획은 각 학생의 수행을 추적하고 향상 정도에 따라 수업의 난이도를 조절하는 컴퓨터 소프트웨어들에서 사용된다. 이런 식으로, 학습이 느린 학생은 단순한 개념을 숙달할 때까지 추가 연습하며, 빠른 학습자는 지체하지 않고 좀 더 어려운 학습 재료를 주어 도전이 되게 한다(그림 5.6).

B. F. Skinner의 연구

Thorndike는 강화 원리를 최초로 체계적으로 연구한 연구자로 평가받을 자격이 있으나, 20세기 중반에 이 주제에 대

연습 퀴즈 1 : 제5장

1. Thorndike는 행동의 결과에 의해 행동이 증강되는 원리를 _____(이)라고 지칭하였다. 현대적 용어로 이것은 _____(이)라고 불린다.
2. 문제상자 속의 고양이 사진을 찍은 Guthrie와 Horton은 각 고양이의 행동이 시행에 걸쳐 _____(하)지만, 행동들은 고양이마다 _____은/는 것을 발견하였다.
3. 미신 행동은 개인이 강화물에 대해 _____ 경우 더 잘 발생한다.
4. 쥐의 행동을 조성하기 위해 먹이를 사용할 때, 먹이 공급장치의 소리는 _____(이)고, 먹이 자체는 _____(이)다.
5. 개인이 했던 마지막 반응들의 어떤 백분율보다 더 잘 하는 경우 행동이 강화를 받도록 하는 조성 절차를 _____(이)라고 한다.

해답

1. 효과의 법칙, 강화　2. 비슷, 다르다　3. 거의 또는 전혀 통제하지 못하는　4. 조건강화물, 일차강화물　5. 백분위 강화계획

한 관심을 증폭시킨 사람은 B. F. Skinner였다. Skinner야말로 강화의 가장 기본적이고 중요한 특징들을 많이 발견한 인물이었다. 더군다나 그는 수 세대에 걸쳐 학생들을 훈련시켰고, 지속되는 연구는 강화가 인간과 동물의 행동에 영향을 주는 방식에 대한 지식을 풍부하게 만들고 있다.

자유 조작

조작적 조건형성에 대한 Skinner의 연구에서, 그는 Thorndike의 절차를 단순하지만 중요한 방식으로 수정하였다. 문제상자로 이루어진 연구는 불연속 시행 절차(discrete trial procedure)를 포함한다. 즉, 시행은 매번 동물이 문제상자에 놓일 때마다 시작되며, 매 시행에서 한 번만 반응할 수 있다. 주요 종속변인은 반응 잠재기였다. 매 시행이 끝나면 실험자는 다음 시행을 위해 동물을 문제상자에 옮겨다 놓아야 했다. 이 절차는 시간이 많이 걸리고 거추장스러워 매일 적은 수의 시행만이 실시될 수 있었다. 주로(runway)나 미로의 끝에서 강화물을 공급하는 초기의 다른 조작적 조건형성 절차들도 이와 같은 단점이 있었다.

Skinner는 실험자의 개입 없이 동물이 반복적으로 반응을 할 수 있게 혁신하였다. 쥐를 대

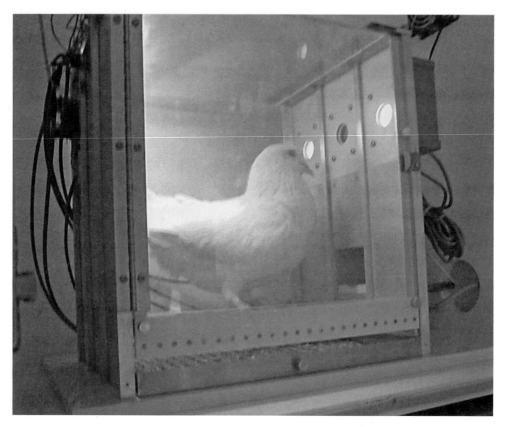

그림 5.7 전형적인 조작적 조건형성 실험상자에 불 켜진 키를 쪼는 비둘기. 키 아래쪽에 사각형 구멍을 통해 강화물인 곡식이 공급된다.

상으로 실험할 때, 조작적 반응은 대개 레버 누르기이다. 비둘기에게서 가장 빈번히 측정되는 반응은 키 쪼기이다. 실험상자의 한쪽 벽에 반응 키(response key)라고 부르는 하나 이상의 플라스틱 원반을 놓고(그림 5.7) 새가 반응 키를 쪼는 것을 기록하였다. 문제상자나 미로에서의 불연속 시행 절차와 구분하기 위해서 레버 누르기나 반응 키 쪼기 또는 이와 유사한 반응을 사용한 절차를 **자유 조작적 절차**(free-operant procedure)라고 한다. 자유 조작적 절차의 특징은 (1) 조작적 반응이 언제라도 발생할 수 있고, (2) 조작적 반응은 동물이 실험상자에 있는 한 반복해서 발생한다. 더군다나 레버 누르기와 반응 키 쪼기 같은 반응은 노력이 거의 들지 않기 때문에 한 회기에 수천 번이라도 반응할 수 있다. 관찰 가능한 반응이 많으므로 실험자는 동물이 실험 상황에 대해 학습할 때나 외부 자극이 변했을 때 생기는 매 순간의 반응률 변동을 연구할 수 있다.

삼항 수반성

가장 단순한 형태의 수반성은 하나의 사건 B는 다른 사건 A가 발생하는 오직 그때만(if and only if) 발생한다는 것을 언급하는 규칙이다. 단순한 고전적 조건형성에서 수반성의 예를 들어보자. 즉, US는 오직 CS가 먼저 발생할 때만 발생한다. 조작적 조건형성에서는 반응과 강화물 사이에 수반성 즉, 강화물은 오직 반응이 일어날 때만 발생한다고 말하기도 한다. 그러나 Skinner가 지적하기를, 조작적 조건형성 수반성에는 실제로 (1) 반응이 일어나는 맥락이나 상황(즉, 반응에 선행되는 자극), (2) 반응 자체, 그리고 (3) 반응에 뒤따르는 자극(즉, 강화물)이라는 세 요소가 있다. 구체적으로 말하자면, Skinner는 조작적 조건형성의 수반성이 일반적으로 다음과 같은 방식으로 일어난다고 보았다. 즉, **변별자극**(discriminative stimulus)이라고 불리는 특정 자극이 존재하는 상황에서 조작적 반응이 발생할 때만 강화물이 발생한다. 변별자극, 반응, 그리고 강화물이라는 세 요소가 있기 때문에 Skinner는 이러한 관련성을 **삼항 수반성**(three-term contingency)이라고 지칭하였다.

반응 키 바로 위에 밝고 노란 불이 있는 실험상자에서 먹이를 얻기 위해서 반응 키 쪼기를 학습하는 비둘기를 생각해보자. 불이 켜졌을 때 반응하면 먹이가 나오지만, 불이 꺼져 있을 때는 먹이가 나오지 않는다. 실험이 진행되는 동안 불빛이 주기적으로 켜졌다가 꺼진다면 비둘기는 이 두 조건의 변별을 학습하고 불빛이 켜졌을 때만 반응하게 된다. 많은 실제 상황에서 이런 종류의 변별학습이 중요한데, 그 이유는 한 맥락에서는 강화받는 행동이 다른 상황에서는 강화받지 못하는 수도 있기 때문이다. 예를 들어, 어떤 아동은 쉬는 시간에 농담을 하면 강화받지만, 수학시간에는 처벌받는다는 것을 배워야 한다. **자극 통제**(stimulus control)라는 용어는 행동에 선행되는 자극이 어떻게 그 행동의 발생을 통제할 수 있는지에 대한 폭넓은 주제를 지칭한다. 제9장에서 이 주제를 좀 더 자세히 검토할 것이다.

조작적 조건형성의 기본 원리

조작적 조건형성의 원리 중 많은 부분이 이미 검토한 고전적 조건형성과 대응되므로 여기서는 간단하게 논의해도 충분할 것이다. Thorndike의 결과(그림 5.2에서 보듯이)는 조작적 반응의 획득(acquisition)이 CR이 획득되는 것과 마찬가지로, 일반적으로 점진적이라는 것을 보여준다. 조작적 조건형성에서 소거(extinction) 절차는 조작적 반응에 대해 더 이상 강화물이 뒤따르지 않는 것을 포함하며, 고전적 조건형성에서와 마찬가지로 반응은 약화되고 마침내 사라진다. 시간이 좀 지난 후 동물을 다시 실험상자로 옮겨 놓으면, 고전적 조건형성에서 관찰되듯이 대체로 조작적 반응의 **자발적 회복**(spontaneous recovery)이 관찰될 것이다.

앞 절에서 고전적 조건형성에서와 마찬가지로 조작적 조건형성에서 **변별**(discrimination)

학습이 일어날 수 있음을 보았다. 변별과 반대인 일반화(generalization)도 조작적 조건형성에서 공통적으로 나타나는 현상이다. 밝고 노란 불빛이 있을 때와 없을 때를 변별학습하는 비둘기의 예로 돌아가보자. 불빛의 색이 초록색이나 오렌지색으로 바뀌고 더 이상 강화물이 공급되지 않는다고 해보자. 색의 변화에도 불구하고, 동물은 앞으로 더 이상 강화물이 공급되지 않는다는 것을 배울 때까지 얼마 동안은 반응 키 쪼기를 계속할 것이다. 다른 말로 하면, 비둘기는 다른 색 불빛이 있을 때 쪼는 것을 강화받은 적이 결코 없음에도 불구하고 노란색 불빛에서 다른 색 불빛으로 일반화된다. 만약 수많은 다른 색으로 검사한다면, 노란색 불빛에서 가장 많이 반응을 하고 노란색과 덜 유사한 색으로 갈수록 점점 덜 반응하는 전형적인 일반화 기울기를 얻게 될 것이다.

조건강화

앞서 이미 설명했듯이, 중성자극이 일차강화물과 반복적으로 짝지어지면 이것은 조건강화물이 된다. 그런 다음 조건강화물은 일차강화물의 대행자로 작용하여 그에 뒤따르는 어떤 반응이든지 그 강도를 증강시킨다. 조건강화에 대한 초기 연구에서 Skinner(1938)는 쥐에게 찰칵거리는 소리와 먹이를 반복해서 짝지어 제시하였다. 실험의 두 번째 단계에서는 먹이가 더 이상 제시되지 않았다. 쥐는 레버 누르기가 찰칵 소리만 초래할 때 레버 누르기를 학습하였다. 당연하지만 찰칵 소리가 더 이상 먹이와 짝지어지지 않으므로 레버 누르기가 오래 지속되지 않는다는 것은 놀랍지 않다. 조건강화물이 강화력을 유지하기 위해서는 일차강화물과 계속(가끔씩이라도) 짝지어져야 한다.

Skinner는 조건강화물의 특별한 유형으로, 수많은 일차강화물들과 연합된 조건화된 강화물을 일반강화물(generalized reinforcer)이라고 지칭했다. 일반강화물의 가장 적절한 예는 돈이다. 이 강화물은 우리 사회에서 근로자의 행동을 유지하는 데 분명한 효력을 발휘한다. 돈은 대다수의 사람들에게 생득적으로 강화적인 수많은 자극들(예 : 음식, 옷, 물질적 부, 오락 등)과 교환될 수 있다는 사실 때문에 일반적인 (그리고 강력한) 강화물이다. 비록 돈이 강력한 강화물이지만 이러한 능력은 다른 모든 조건강화물과 마찬가지로 일차강화물과의 연합에 달려 있다. 돈을 일차강화물과 교환할 수 없다면 급여명세서를 얻으려고 기꺼이 일하는 사람들을 발견하기는 힘들 것이다.

실험실 연구결과와 실생활의 예는 조건강화물(예 : 돈, 시험성적, 부모나 교사 혹은 상사의 칭찬 등)이 개인의 행동에 강력한 효과가 있음을 보여준다. 그러나 심리학자들은 조건강화물이 정확히 어떻게 효력을 발휘하는가 하는 문제에 대해 아직도 논쟁하고 있다. 한 가지 기본 질문은 조건강화물이 정보(장차 일차강화물이 제공될 것에 대한)를 제공하기 때문에 행동에 영향을 주는 것인가, 아니면 상황에 가치를 추가하기 때문에(즉, 일차강화물이 이미 제공한 것 위에 강화적 가치를 추가하므로) 행동에 영향을 주는 것인가이다.

정보 제공과 가치 추가의 차이를 보여주는 예로서, Rachlin(1976)은 독자에게 두 호텔을 상상해보도록 요청했다. A 호텔에서는 매 식사 전에 저녁 식사 벨소리가 울린다. 벨소리는 일차강화물인 음식과 짝지어졌으므로 조건강화물이 된다. B 호텔에서도 매 식사 전에 저녁 식사 벨소리가 울리지만 벨소리는 다른 때도 울리는데 식사가 없을 때도 울린다. 사람들이 어느 호텔을 더 선호할 것인가? 만약 벨소리가 상황에 가치를 추가한다면 B 호텔이 선호될 것이다. 왜냐하면 벨소리가 더 자주 울리기 때문이다. 그러나 Rachlin은 사람들이 A 호텔을 선호할 것이라고 했는데, 벨소리는 식사가 제공되는 시간을 정확히 알려주기 때문이다. 비둘기를 대상으로 이루어진 Schuster의 실험(1969)은 Rachlin의 예측을 지지했다. 비둘기는 조건강화물(불빛과 버저 소리)이 항상 먹이를 신호하는 상황(A 호텔처럼)을, 먹이 없이 불빛과 버저 소리가 추가로 제시되는 상황(B 호텔처럼)보다 선호하였다. 이 실험은 가장 강력한 조건강화물은 일차강화물의 제공에 대한 최선의 정보를 주는 것이라는 조건강화물의 정보이론을 지지한다.

조건강화물에 대해 많은 연구가 수행되었으나, 불행하게도 조건강화물이 정확히 무엇을 하는가라는 질문에는 간단히 답할 수 없다. 어떤 실험에서는 조건강화물이 상황에 가치를 추가한다고 볼 수 있는 증거가 있다(Bell & Williams, 2013; Williams & Dunn, 1991). Williams(1994)는 조건강화물이 표시하기와 다리 놓기를 포함한 다른 역할을 할 것이라고 제안하였다. 표시하기(marking)란 특정 반응에 대한 즉각적 피드백 제공이다. 적절한 반응 직후 공급장치의 소리가 날 때 동물 조련사가 새로운 행동을 조성하기 쉬워지기 때문이다. 다리 놓기(bridging)란 조건강화물이 반응과 일차강화물 공급 사이의 시간 간격을 채워줄 때 발생하는데, 이것은 학습자가 반응과 강화물을 연합하는 데 도움이 된다.

조건강화물에 대한 복잡하고 때로는 갈등적인 수많은 실험실 연구결과를 검토하면서 Shahan(2010)은 대부분의 연구결과는 조건강화물이 '행동을 증강시키기보다는 인도하는', '이정표'와 같은 역할을 한다는 생각과 일치한다(p. 279)고 결론 내렸다. 다른 말로 하면, 그는 정보 가설을 지지한다. 그러나 다른 연구자들은 동일하게 강화적 가치 가설(reinforcing value hypothesis)을 강력히 주장한다(예 : McDevitt & Williams, 2010). 이 문제는 결코 해결되지 않은 채 남아 있다.

행동연쇄

제2장에서 반응연쇄(reaction chain), 즉 고정된 순서로 발생하는 일련의 선천적 행동에 대한 개념을 검토하였다. 학습된 행동을 포함한 유사한 개념이 행동연쇄(response chain)인데, 특정 순서로 진행되어야 하는 일련의 반응으로서 마지막 반응이 끝난 후에야 일차강화물이

제공된다. 행동연쇄의 가장 분명한 예는 서커스나 대중 공연에서 일련의 복잡한 행동을 수행하도록 훈련받은 동물에게서 볼 수 있다. 쥐가 사다리를 타고 단상으로 올라가서, 줄을 당겨 터널로 가는 문을 열고, 터널을 통과해서 다른 단상으로 달려가 미끄럼틀을 미끄러져 내려오며, 레버로 달려가 레버를 누르고 마침내 먹이를 받는 수행을 상상해보자. 쥐가 그렇게 하도록 어떻게 훈련시킬 수 있는지는 잠시 제쳐두고, 일단 무엇이 학습된 행동을 유지하는지 질문해볼 수 있다.

사다리를 올라가는 첫 반응으로 쥐가 얻는 것은 단상과 줄 외에는 없다. 단상과 줄은 분명히 쥐에게 일차강화물이 아니다. 그러나 Skinner는 이러한 자극들이 동물로 하여금 이전보다 일차강화물에 좀 더 가까워지게 하므로 사다리 오르기에 대한 조건강화물로 작용한다고 주장할 것이다. 조건강화물로 작용한다는 것 외에도 단상과 줄은 연쇄의 다음 반응인 줄 당기기에 대한 변별자극으로 작용한다. 이 반응에 대한 조건강화물은 문이 열리는 장면인데, 왜냐하면 열린 문은 동물로 하여금 일차강화물에 더 가까워지게 만들기 때문이다. 열린 문은 단상과 줄이 그랬던 것처럼 터널을 통과하여 달리는 다음 반응에 대한 변별자극으로, 이차 기능도 수행한다.

이런 식으로 나머지 반응들도 분석할 수 있으나 일반적인 패턴이 무엇인지는 이미 분

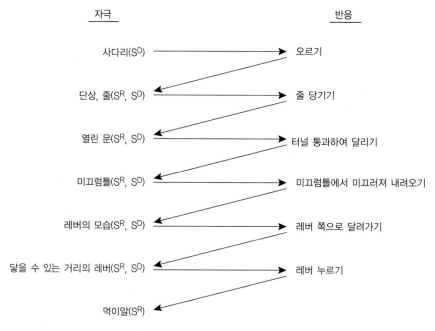

그림 5.8 본문에서 기술한 가상적인 행동연쇄에서 자극과 반응이 교대되는 순서. 연쇄 내의 각 자극은 이전 반응에 대한 조건강화물로, 다음 반응에 대한 변별자극으로 작용한다.

명하다. 행동연쇄 중간의 각 자극은 두 가지 기능을 하는데, 이전 반응에 대한 조건강화물과, 연쇄의 다음 반응에 대한 변별자극이다. 이러한 분석을 〈그림 5.8〉에서 도식적으로 나타냈는데, 여기서 S^D는 '변별자극'을 나타내고 S^R은 '강화자극(reinforcing stimulus)'을 나타낸다.

조련사는 이런 수행을 어떻게 쥐에게 가르치기 시작할까? 한 가지 효과적인 방법은 **역향연쇄짓기**(backward chaining)인데, 연쇄의 마지막 반응에서 시작하여 앞 방향으로 진행하는 것이다. 쥐에게 어디서 먹이 강화물을 얻는지 가르치고, 공급장치의 소리가 조건강화물이 되도록 준비한 다음, 조련사는 연쇄의 가장 마지막 반응인 레버 누르기부터 조성하기 시작한다. 일단 이 반응이 잘 확립되면 조련사는 미끄럼틀 아래에 쥐를 놔둔다. 쥐는 그쪽에서 레버가 있는 쪽으로 움직이기 쉬운데, 레버가 이제는 조건강화물(이전에 먹이와 짝지어졌으므로)로 작용하기 때문이다. 추가적 조성을 통해 동물은 미끄럼틀에서 미끄러져 내려와 레버가 있는 곳으로 가도록 훈련받으며, 그다음에는 미끄럼틀까지 이어진 터널을 통과하는 행동 등을 하게 한다. 어떤 연쇄(예 : 줄 당기기)를 연결하기 위해서는 먹이를 일차강화물로 조성할 필요가 생길지 모른다. 그러나 일단 반응이 확립되면 일차강화물은 제거하고 연쇄의 다음 자극, 즉 일차강화물에 한 단계 더 가까워졌음을 신호하는 자극에 의해 제공되는 조건강화로써 행동이 유지될 수 있다.

놀랄 것도 없이, 학습된 행동연쇄에서의 행동은 일차강화물이 제거되면 결국 사라진다. 연쇄 중간에서 조건강화물 중 하나를 제거한다면 어떤 일이 일어나는지 관찰하는 것 역시 흥미로운 일이다. 일반적으로 연쇄의 '끊어진 연결(broken link)' 전에 일어난 모든 행동은 소거되겠지만, 끊어진 연결 뒤에 일어난 행동은 계속 발생한다. 예를 들어, 줄을 당겨도 터널로 가는 문이 더 이상 열리지 않는다고 가정해보자. 줄 당기기 반응은 머지않아 중단되고, 단상과 줄로 이끌어주는 사다리 오르기 행동도 중단된다. 반면, 터널 안이나 미끄럼틀 꼭대기에 쥐를 두는 식으로 끊어진 연결의 뒷부분에 놓는다면, 연쇄의 나머지는 마지막 반응에 이어 일차강화물이 뒤따르는 한 계속된다.

행동연쇄의 앞부분에 있는 반응은 일차강화물에서 멀리 떨어져 있으므로 가장 약하며 가장 쉽게 붕괴될 것이다. 행동치료자는 바람직하지 않은 행동을 포함한 행동연쇄(예 : 가게 가기, 담배 한 갑 사기, 포장 열기, 담배에 불 붙이기, 담배 피우기)를 끊으려 할 때 이러한 원리를 자주 이용한다. 연쇄를 중단시키려면 연쇄 앞부분의 연결에 적용하는 것이 가장 효과적이다.

글상자 5.2　　**연구 적용하기**

행동연쇄 가르치기

여러 일상적 활동들이 행동연쇄에 해당된다. 세탁하기, 침대정리하기, 바람 빠진 타이어 갈기, 컴퓨터에 새로운 소프트웨어 설치하기, 식사준비 등 다양한 일들에는 올바른 순서로 수행되어야 일차강화물을 얻을 수 있는 일련의 행동들이 포함된다(그림 5.9). 이와 같은 행동연쇄를 수행할 수 있는 것은 일상생활의 중요한 부분이지만, 자폐증이나 발달장애를 가진 아동과 성인들은 이것을 학습하는 데 어려움을 겪는다. 그러므로 교육자와 행동분석가들은 행동연쇄를 효과적으로 가르치기 위한 방법을 모색하였다.

역향 연쇄짓기가 행동연쇄를 가르치는 데 효과적이지만 유일한 방법은 아니다. *순향 연쇄짓기* (forward chaining)에서 교사는 연쇄의 첫 반응을 강화하기 시작하고, 그다음 점차 두 번째 반응, 세 번째 반응 등을 추가한다. 예를 들어, 지적장애가 있는 청소년이 세탁기 사용을 배울 때, 처음에는 비어 있는 세탁기를 발견하기만 해도 강화를 받는다. 그다음에 비어 있는 세탁기를 발견하고 세제를 넣는 것을 강화받으며, 그다음에는 비어 있는 세탁기를 발견하고 세제를 넣고 세탁물을 넣는 것을 강화받는 식으로 진행된다(McDonnell & McFarland, 1988).

또 다른 훈련 방법은 *총 과제 방법*(total task method)이다. 여기에서는 행동연쇄의 모든 단계를 한 번에 가르치며, 교사는 각 단계에서 적절한 반응을 유발하는 촉구자극을 사용한다. 촉구자극 (prompt)이란 정확한 반응이 일어나게끔 만들어주는 추가적인 변별자극이다. 촉구자극은 언어적으

그림 5.9　세탁하기는 일상생활에서 볼 수 있는 행동연쇄의 예이다. (Monkey Business Image/Shuttersotck.com)

로 지시하거나 신체적으로 안내하거나 교사가 행동을 먼저 시범 보이는 것이 될 수 있다. 그렇지만 모든 경우에 있어서 목표는 궁극적으로 촉구자극을 제거하고 교사의 안내 없이 아동이 과제를 수행하도록 하는 것이다. 간단한 것처럼 들리지만, 실제로 교사는 어떤 종류의 촉구자극을 사용할 것인지, 그다음에는 어떻게 제거할 것인지 많은 결정을 해야 한다. 한 가지 방법은 최대에서 최소(most-to-least) 접근인데, 교사는 시작할 때 강력한 촉구자극을 사용하고 점차 약한 촉구자극으로 바꾼다. 예를 들어, 교사가 자폐증이 있는 아동에게 레고블록 쌓기를 가르칠 때, 처음에는 교사가 아동의 손을 붙잡고 한 단계씩 일일이 안내해주다가 점차 아동의 팔꿈치를 건드리는 방식으로 아동의 움직임을 가볍게 안내하며 마침내 어떤 신체적 촉구자극도 사용하지 않는 것이다. 정반대 방법은 최소에서 최대(least-to-most) 접근으로, 교사가 처음에는 최소한으로 지시하다가(예 : 어깨를 가볍게 만지기) 필요한 경우에만 좀 더 강력한 촉구자극을 사용하는 것이다.

행동연쇄를 가르치기 위한 이 모든 방법들(다른 변형 기법을 포함)은 심각한 장애를 가진 아동과 성인에게 생활기술을 가르치는 데 성공적으로 사용되었다(Shrestha, Anderson, & Moore, 2013). 교사나 행동분석가는 특정 사례에서 어떤 방법이 가장 효과적인지 결정해야 한다.

조작적 조건형성의 생물학적 제약

생물학적 요인이 고전적 조건형성에 영향을 주듯이, 조작적 조건형성에서도 중요한 역할을 한다. 향본능 표류와 자동 조성이라는 두 현상은 모두 1960년대에 발견되었는데, 유기체의 행동을 수정하고 통제하는 강화의 능력에 대해 심각한 의문을 제기하였다. 이 현상들이 발견된 이야기와 이 현상들을 둘러싼 이론적 논쟁은 학습의 일반 원리의 장점과 한계에 대해 값진 교훈을 제공해줄 것이다.

향본능 표류

조작적 조건형성의 원리를 실험실 밖에 적용하고자 했던 두 명의 심리학자는 Keller Breland와 Marian Breland였다. B. F. Skinner를 연구한 후에 동물 조련가가 되어 다양한 종의 동물과 일하면서 복잡하고 종종 놀랄 만한 행동 패턴을 가르쳤다. 동물들은 동물원이나 박람회, TV 광고나 대중 공연을 위해 훈련되었다. Breland의 사업은 성공적이어서 몇 년에 걸쳐 동물 수천 마리를 훈련시켰다. 그러나 이러한 사업적 성공에도 불구하고, Breland 부부는 강화 기법의 사용에서 재발되는 문제가 있음을 눈치채기 시작하였다. 이 문제를 '조건화된 조작적 행동의 실패'라고 지칭하였다. '유기체의 오행동(The Misbehaviors of Organisms)'이라는 기사(Breland & Breland, 1961)에서, 강화 사용의 '실패'를 몇 가지 기술하였다.

한 가지 예에서, 돼지에게 동전을 한 번에 하나씩 집어서 몇 피트 떨어진 곳에 놓인 '돼지 저금통'에 넣도록 조건형성시켰다. 돼지는 상당히 쉽게 학습을 했으며, 처음에는 재빨리 왕복하면서 동전을 돼지 저금통에 넣었다. 그러나 몇 주가 지나자 행동이 점점 느려졌고 강화받지 않은 다른 행동이 나타났다. "돼지는 돈을 가지러 열심히 달려갔으나, 돌아오는 길에 단순하고 솜씨 있게 돈을 넣는 대신, 자꾸 떨어뜨리고, 파헤치고, 또다시 떨어뜨리고, 계속 파헤치고, 집어들어 공중으로 던졌다가 떨어뜨리고, 더 심하게 파헤쳤다… 결국에는 돼지가 1.8미터 정도 떨어진 거리에 네 개의 동전을 옮기는 데 거의 10분이나 걸리게 되었다. 이러한 문제는 다른 돼지에게서도 반복적으로 발생하였다(Breland & Breland, 1961, p. 683)."

이 예는 제4장에서 논의된 '반대로 준비된 연합(contraprepared association)'과 다르다. 여기서 문제는 돼지가 새로운 반응을 학습하기 어려웠다는 데 있는 것이 아니라, 시간에 걸쳐 유지하는 것에 있었다. 새로운 행동들은 강화받지 않은 것처럼 보였으며 돼지들의 선천적인 먹이 구하기(food-gathering) 행동 목록의 일부였다. Breland는 이 현상을 향본능 표류(instinctive drift)라고 불렀다. 경험이 많아지면서 동물의 수행이 강화받은 행동으로부터 멀어지고 자연환경에서 강화물(이 경우, 먹이)을 찾는 동안 발생하는 본능적 행동 쪽으로 표류한다.

Breland 부부가 너구리를 훈련시켜 동전을 집어서 작은 통에 넣도록 했을 때 비슷한 문제가 나타났다. 동전이 하나였을 때 너구리는 어렵지 않게 그것을 집어서 통에 넣었고, 그 후에 강화물로 먹이를 얻었다. 그러나 너구리에게 두 개의 동전을 동시에 주자 동전들을 몇 분이고 붙잡고 있으면서 동전을 서로 비비며 이따금씩 통에 담갔다가 다시 꺼냈다. 이러한 행동은 시간이 지나면서 점차 확산되어, Breland 부부가 바란 대로 동전을 통에 넣는 재빠른 행동은 결코 하지 못했다. 돼지의 예처럼 너구리의 돌출 행동은 먹이 구하기 행동 목록의 일부와 닮았다. 너구리는 작은 먹이를 먹기 전에 시냇물에 여러 번 담그는데, 문지르는 행동은 새우의 껍질을 벗길 때 하는 행동과 유사하다. 그러나 이 행동들은 지금 상황에서 다음 두 가지 면에서 적합하지 않다는 점에 주목하라. (1) 동전은 먹이가 아니고 통은 시내가 아니며, 동전에는 문질러서 제거해야 할 껍질도 없다. (2) 돌출 행동으로는 먹이 강화물을 얻지 못한다. 오히려 먹이 공급을 지연시킨다.

Breland 부부는 향본능 표류의 수많은 예를 발견했다고 보고하면서, '조건형성 이론의 분명하고 완전한 실패(1961, p. 683)'라고 주장하였다. 문제는 더할 나위 없이 분명하다. 동물들은 조련사가 강화한 행동 대신에 조련사가 강화하지 않은 행동을 했다.

자동 조성

1968년, P. L. Brown과 Jenkins는 비둘기에게 반응 키를 쪼도록 훈련하는 수동식 조성보다 더 쉽고 시간이 적게 소요되는 방법에 관한 논문을 출판했다. 실험에 참가한 적이 없는 비둘기들에게 먹이를 박탈하고 공급장치에서 먹이를 먹도록 가르쳤다. 그런 이후에 비둘기를 다음과 같은 수반성에 노출시킨다. 평균 60초의 불규칙한 간격으로, 반응 키가 8초 동안 밝고 희게 빛난다. 그다음에는 반응 키를 어둡게 하고 먹이를 제시한다. 여기서 먹이를 얻기 위해 해야 할 반응이 없음에도 불구하고, 몇 번의 시행 후에 모든 비둘기들은 밝게 빛나는 키를 쪼기 시작하였다.

자동 조성이 반응 키 쪼기를 훈련하기 위한 좋은 방법임에 틀림없지만, 심리학자들은 곧 Brown과 Jenkins의 결과가 중요한 이론적 의의가 있음을 깨달았다. 키 쪼기는 '대표적인' 조작적 반응(즉, 그 결과에 의해 통제되는 반응)으로 간주되어 셀 수 없이 많은 실험에서 사용되었다. 그러나 이 상황에서는 반응 키 쪼기 반응이 강화를 얻는 데 필요한 반응이 아니라 그냥 발생한다는 점이다. 비둘기는 왜 반응 키를 쪼는가? 몇 가지 설명이 제안되었다.

미신 행동으로서 자동 조성

Brown과 Jenkins는 자동 조성이 이 장의 앞부분에서 논의했던 미신 행동의 예일 수 있다고 제안하였다. 불 켜진 키에 다가가기, 살짝 건드리기, 쪼기가 바로 뒤에 뒤따른 먹이 공급으로 우연히 강화되었을 수 있다. 그러나 Rachlin(1969)의 실험은 이 가설이 틀렸음을 암시한다. Rachlin은 Brown과 Jenkins의 절차와 유사한 절차를 사용하여 매 시행에서 강화가 공급되는 순간 비둘기의 사진을 찍었다. 사진에서는 비둘기가 점진적으로 반응 키에 다가가다가 마침내 쪼는 식의 경향이 나타나지 않았다. 처음 반응 키를 쪼았던 시행의 바로 앞 시행에서 비둘기는 강화의 순간에 키로부터 멀리 떨어져 다른 방향을 바라보고 있었다. 점진적 조성 과정이 일어나는 조짐은 없었다.

미신 해석에 반대되는 추가 증거는 비둘기가 불 켜진 키를 쪼는 시행에서 먹이 강화물을 제거한 연구로부터 나왔다(Williams & Williams, 1969). 이 실험의 결과는 상당히 주목할 만하다. 키 쪼기에 이어 먹이가 공급되지 않는데도 불구하고 비둘기는 여전히 키 쪼기 반응을 획득하였으며, 시행의 약 삼분의 일에서는 불 켜진 키를 계속 쪼았다. 이 실험은 자동 조성 절차에서 키 쪼기가 미신 행동의 예가 아님을 명백히 보여준다.

고전적 조건형성으로서 자동 조성

여러 연구자들은 자동 조성이 조작적 조건형성처럼 보이는 상황에 개입된 고전적 조건형성의 예에 불과하다고 제안하였다(Moore, 1973). 비둘기는 머리를 급격히 흔들며 곡식을 쪼아서 먹는다. 쪼기 반응은 곡식이라는 자극에 대한 무조건적 반응이라고 부를 수 있을 것이다. 고전적 조건형성 해석에 따르면, 불 켜진 키가 먹이와 반복적으로 짝지어지기 때문에 쪼기 반응이 곡식 쪼기에서 키 쪼기로 전이되는 것이다. 자동 조성에 대한 고전적 조건형성 해석을 지지하는 흥미로운 다른 증거는 Jenkins와 Moore(1973)의 실험에서 나온다. 불 켜진

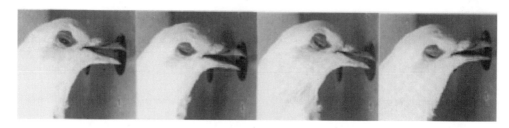

그림 5.10 강화물이 물일 때(상단), 강화물이 곡식일 때(하단) 비둘기의 반응 키 쪼기 사진. 서로 다른 두 강화물에 대해 부리와 눈꺼풀 움직임이 달라지는 것에 주목하라. (Jenkins, H. M. & Moore, B. R., The form of the auto-shaped response with food or water reinforcers, *Journal of the Experimental Analysis of Behavior*, 20, 163–181. Copyright 1973 by the Society for the Experimental Analysis of Behavior, Inc.)

반응 키에 뒤이어 일부 비둘기에게는 먹이를, 일부 비둘기에게는 물을 규칙적으로 제시하였다. 각 경우에 비둘기들이 불 켜진 키를 쪼기 시작하였다. 그러나 비둘기의 반응을 사진으로 찍은 Jenkins와 Moore는 강화물에 따라 비둘기가 반응 키 쪽으로 향하는 움직임이 다름을 입증하였다. 강화물이 먹이였을 때, 비둘기는 부리를 넓게 벌리고 눈꺼풀을 거의 감은 상태에서 갑작스럽고 강렬하게 쪼았다(그림 5.10 하단). 이러한 움직임은 비둘기가 먹을 때의 움직임과 유사하다. 강화물이 물이었을 때는 부리를 닫거나 거의 닫은 채 키 쪽으로 천천히 다가가는 반응을 했다(그림 5.10 상단). 때때로 삼키는 움직임과 부리를 리드미컬하게 열었다 닫는 행동이 관찰되었다. 이 움직임은 모두 비둘기의 특징적인 물 마시기의 일부이다. Jenkins와 Moore는 이 행동들이 Pavlov의 자극대체 개념의 뚜렷한 예라고 했다. 불 켜진 반응 키는 먹이나 물의 대체물로 작용하여, 먹이나 물에 대해 적절했던 반응이 키로 향한다.

오늘날 **자동 조성**이라는 용어는 다가올 강화물에 선행하면서 예측을 가능하게 해주는 신호에 대한 반응으로 동물이 독특한 행동을 하는 상황을 지칭하는 데 사용된다. 다른 연구자들은 이 현상을 **신호 추적**(sign-tracking)이라고 불렀는데, 왜냐하면 동물이 다가올 강화물에 대한 신호를 보고, 따르고, 접촉하기 때문이다. 이렇게 폭넓은 의미의 자동 조성(또는 신호 추적)은 많은 종에서 관찰되었다(예 : Anselme, Robinson, & Berridge, 2013; Morrow, Saunders, Maren, & Robinson, 2015). 강화물에 선행하는 자극에 대한 동물의 반응이 강화물 자체에 대한 반응과 닮았다는 점에서, 많은 예들이 고전적 조건형성에 대한 자극대체이론과 일관된다.

본능적 행동 패턴에 대한 침범으로서 자동 조성

어떤 연구들은 자동 조성에 대한 자극대체이론을 지지하지만, 다른 연구들은 그렇지 않다. Wasserman(1973)은 온기와 짝지어진 키 불빛에 대해 부화한 지 3일 된 병아리의 반응을 관찰하였다. 불쾌하게 차가운 실험상자에서 열 램프가 불규칙한 간격으로 잠깐씩 켜졌고, 매번 열 램프의 작동에 앞서 초록색 키 불빛이 조명되었다. 곧 모든 병아리들이 반응 키가 초록색일 때 키를 쪼기 시작하였으나 반응 방식이 달랐다. 병아리들은 키 쪽으로 매우 가깝게 움직이면서 부리를 좌우로 문지르는, Wasserman이 '파고들기(snuggling)'라고 부르는 행동을 하였다. 이러한 파고들기는 갓 태어난 병아리가 어미 닭으로부터 온기를 얻으려고 하는 일반적인 행동과 닮았다. 보통 병아리들은 어미 닭의 아랫부분에 있는 깃털을 쪼고 부리를 문지르고 머리를 깃털 속으로 밀어 넣는다. 그러나 문제는 실험에 사용된 병아리들이 열 램프 자체에 대한 반응에서 매우 다른 행동을 보였다는 점이다. 열 램프가 켜져 있을 때 쪼기나 파고들기를 하지 않았다. 대신에 병아리들은 날개를 펴고(열을 더 흡수하게 해준다.) 움직이지 않고 가만히 있었다. 다른 시행에서 병아리는 날개를 펴고, 몸을 움츠리고 바닥에 대고 가슴을 문질렀다. 키 불빛에 대한 반응과 열 램프에 대한 반응은 본질적으로 닮지 않았다. 이런 이유로 Wasserman은 자동 조성에 대한 자극대체 설명은 부적절하다고 결론 내렸다.

다른 실험들도 Wasserman의 결론을 지지한다(Bullock & Myers, 2009; Timberlake & Grant, 1975). 예를 들어, Timberlake와 Grant(1975)는 먹이에 선행된 신호가 실험상자로 들어가는 다른 쥐(움직이는 작은 발판 위에 갇힌)일 때 쥐의 행동을 관찰하였다. 다른 쥐가 먹이를 신호하고 먹이는 깨물기와 씹기 반응을 유발시키므로 쥐는 갇혀 있는 다른 쥐에 대해서 동일하게 깨물기와 씹는 반응을 할 것으로 예측한다. 놀라울 것도 없이 Timberlake와 Grant는 갇힌 쥐를 향한 깨물거나 씹는 반응을 발견하지 못했다. 그러나 연구자들은 갇힌 쥐를 향해 접근하기, 킁킁거리기, 다른 사회적 접촉(발로 건드리기, 털 손질하기, 다른 쥐를 타고 오르기)을 포함한 다른 행동이 높은 빈도로 나타나는 것을 관찰하였다. 쥐들은 종종 무리 지어 먹는데, 갇힌 쥐를 향한 이러한 사회적 행동들은 먹이를 구하러 탐험하는 동안 나타날 수 있는 행동들과 닮아 있다. Timberlake와 Grant(1975)는 이 결과를 다음과 같이 해석하였다.

> 자극대체에 대한 대안 가설로서, 자동 조성된 행동이 일반적으로 보상과 관련된 종 특유의 행동체계에 대한 조건형성을 반영한다는 가설을 제안한다. 예측 자극이 있을 때 행동의 형태는 조건화된 체계 내에서 어떤 행동이 유발되는지 그리고 예측 자극에 의해 지지되는지 여부에 따라 달라질 것이다. (p. 692)

Timberlake(1993)는 자동 조성된 행동에 대한 이러한 해석을 서로 다른 강화물이 서로 다른 행동체계를 유발한다는 생각을 반영하여 행동체계 분석(behavior-systems analysis)이라고 지칭하였다. 동물에게는 먹이 관련 행동체계, 물 관련 행동체계, 짝짓기 행동체계 등이 있다. 신호가 특정 체계로부터 정확히 어떤 행동을 유발할 것인지는 부분적으로 신호의 물리적 속성에 달려 있다. 예를 들어, Wasserman의 연구에서, 반응 키의 특징(가령, 머리 높이 정도에서 눈에 띄는 시각적 자극)은 분명히 날개 펼치기보다 파고들기를 더 유도하기 때문에 파고들기가 더 관찰된다.

요약

자동 조성된 행동의 유전적 측면을 강조하든 고전적 조건형성 된 CR과의 유사성을 강조하든지 간에, 자동 조성된 행동과 향본능 표류는 모두 조작적 조건형성 이론가들에게 심각한 문제를 제기하였다. Breland와 Breland(1961)는 문제를 깔끔하게 요약하였다. "나열된 예들은 조건형성 이론이 분명하고 완전하게 실패라고 느끼게 한다. 동물은 그렇게 하도록 조건화된 대로만 행동하지 않는다(p. 683)."

강화이론과 생물학적 제약의 조화

학습에 대한 일반 원리 접근을 신봉하는 사람들, 특히 강화 원리를 신봉하는 사람들은 일반 원리가 작용하지 않는 것 같은 이러한 사례에 대해 어떻게 반응하는가? 먼저 자동 조성 현상은 강화를 얻지 못하는데도 반응을 되풀이한다는 사실 때문에 일반 원리 접근에 심각한 문제를 제기하는 것처럼 보인다. 이것은 강화의 기본 개념에 저항하는 것으로 보인다. 그러나 이후의 분석은 자동 조성이 고전적 조건형성의 좋은 예일 뿐이라고 시사하였다. 비록 자동 조성된 반응이 자극대체 원리를 항상 따르는 것은 아니더라도(Wasserman, 1973), 이제는 자동 조성이 사실상 고전적 조건형성의 적절한 예라고 일반적으로 믿고 있다(제4장). 맛-혐오학습(제4장)과 마찬가지로 자동 조성은 고전적 조건형성의 기본 원리를 학습하는 절차로 널리 사용되고 있다(예 : Balsam, Drew, & Yang, 2002; Locurto, Terrace, & Gibbon, 1981). 자동 조성은 결국 학습에 대한 일반 원리 접근과 상당히 일치되는 행동 유형으로 보인다(그러나 조작적 조건형성보다는 고전적 조건형성 원리에 따른다).

조작적 조건형성에서 향본능 표류에 대한 증거는 쉽게 해결될 수 없다. 여기서, 조련사가 하나의 행동을 강화시키려고 하는데 강화받지 않은 다른 행동이 나타나서 점차 지속된다. 이 행동은 아마 동물의 유전적 행동 목록의 일부일 것이다. Breland 부부가 발견하였듯이, 이 행동은 종종 표준 강화기법으로는 사라지지 않으므로 강화 원리가 그야말로 틀린(이 행동이 왜 발생해서 유지되는지 설명할 수 없는) 것처럼 보일지 모른다. 강화 개념을 신봉하는 심리학자는 이러한 경험적 증거와 이 증거가 제기하는 이론적 도전에 대해 어떻게 반응할 것인가? B. F. Skinner의 반응은 검토할 가치가 있다. 첫 번째, 유기체의 행동이 학습 경험과 유전에 의해 결정된다고 Skinner가 늘 주장해왔음을 깨닫는 것이 중요하다. 학습에 대한 생물학적 제약이 인기 주제가 되기 전에, Skinner는 유전이 행동에 영향을 준다는 것을 여러 곳에 기록하였다(Heron & Skinner, 1940; Skinner, 1966). 후에 Skinner(1977)는 향본능 표류나 자동 조성 같은 현상에 놀라지 않았고, 방해받지도 않았다고 언급하였다. 그는 이러한 현상이 계통발생학적(유전적) 영향과 개체발생학적(학습된) 영향이 행동에 동시에 작용한 사례일 뿐이라고 주장하였다. "계통발생과 개체발생은 우호적 경쟁자이며 하나가 다른 하나를 늘 이기는 것은 아니다(p. 1009)." 다른 말로 하면, 유전적 요인이 행동의 결정요소로서의 강화 수반성과 경쟁하고 종종 무색하게 만든다는 것에 놀라서는 안 된다.

강화물이 규칙적이며 주기적 간격으로 공급되는 경우, 강화물 사이에 다양한 강화받지 않은 행동 즉 부속 행동이 나타나는 것을 살펴보았다. 실험실 동물의 부속 행동은 공격성, 바퀴 돌리기, 상당량의 물 마시기를 포함하여 다양한 형태가 될 것이다. 부속 행동은 인간 참여자에게서도 관찰된다. 한 연구에서, 대학생은 '백개먼(backgammon)'이라는 서양식 주사위 놀이를 했는데, 상대방이 움직일 때 고정된 시간 동안(시계를 볼 수 없었다.) 기다려야 했다. 몇몇 참여자는 기다리는 시간이 길면 게임하는 것과 무관한 행동들(몸을 움직이기, 먹기, 마시기)의 빈도가 증가하였다(Allen & Butler, 1990).

비록 부속 행동이 전형적인 조작적 행동과 달라 보일지라도, 겉으로 드러난 것만 봐서는 알 수 없다. Killeen과 Pellón(2013, p. 1)은 사려 깊은 검토를 통해 "부속 행동이 조작적"이라는 설득력 있는 사례를 제공하였다. 그들이 주장하는 상세내용이 복잡하므로 이 지면에서 다루지는 않겠지만, 그들의 논점 중 한 가지는 강화물을 제공받는 빈도나 시기, 수에 따라 부속 행동이 예측 가능한 패턴을 따른다는 점이다. 또한 부속 행동이 미신 행동과 마찬가지로 반응과 강화 제공 사이에 아무 수반성이 없어도 나타나는 것처럼 보인다는 점에서 이 두 행동 사이에 유사성이 있다고 제안한다.

요약하면, 학습 분야에서는 생물학적 제약에 관한 연구가 일반 원리 접근의 종말을 예고하는 것은 아니며 연구 분야에 값진 교훈을 제공할 뿐이라는 합의가 이루어지고 있다(Domjan, 2008; Green & Holt, 2003; Logue, 1988). 이 연구는 동물의 유전적 자질이 많은 학습 상황에서 중요한 역할을 하며, 유전의 영향이 무시되어서는 안 된다는 것을 보여준다. 그러나 이러한 자료를 가지고 강화 원리가 폐기되어야 한다는 주장을 하는 비평가들은 다음과 같은 심각한 논리적 오류를 저지르는 것으로 보인다. 즉 어떤 이론적 개념이 모든 것을 설명할 수 없다면 결함이 있는 것이므로 폐기되어야 한다고 결론짓는다. 이러한 논리는 모든 행동은 학습되며 선천적인 행동은 전혀 없다고 주장하는 것만큼 부정확하다. 이 장(그리고 다음 몇 장)에서는 반응에 수반적인 강화 제시가 행동을 통제하는 강력한 수단이라는 압도적 증거들을 볼 것이다. 유전이 행동에 영향을 준다는 증거들이 아무리 많다 해도 이러한 결과를 반박하지 못할 것이다.

요약

반응 뒤에 강화물이 뒤따르면 반응 빈도는 증가한다. Thorndike는 문제상자의 고양이 실험에서 이 원리를 검증하고 효과의 법칙이라고 지칭하였다. Guthrie와 Horton은 사진을 이용하여 강화의 순간에 고양이가 우연히 하는 움직임은 어떤 것이라도 다음 시행에서 반복되는 경향이 있음을 발견하였다. 고양이마다 동일하게 뚜렷이 구분되는 다른 방식으로 반응하는 것을 학습하였다. 반응 뒤에 순전히 우연하게 강화물이 뒤따를 때 증강되는 반응을 미신 행동이라고 한다. B. F. Skinner는 유명한 비둘기 실험에서 미신적 행동을 볼 수 있음을 보고하였다. 우연한 강화는 몇몇 도박꾼이나 운동선수가 수행하는 특이한 의례적 행동을 설명할 수 있다.

조성이나 계기적 근사법 절차는 원하는 반응에 가까워지는 어떤 작은 움직임이라도 강화하며, 그런 다음 원하는 행동에 도달할 때까지 강화의 기준을 점차 바꾸는 것을 포함한다. 조성은 많은 행동 수정 절차에서 보편적으로 사용된다.

B. F. Skinner는 변별자극과 조작적 반응 그리고 강화물이라는 세 부분의 관계를 기술하기 위해 삼항 수반성이라는 용어를 사용하였다. 반응은 일차강화물이나 조건강화물에 의해 증강될 수 있다. 자극과 반응 사이의 수반성은 행동연쇄에서처럼 세 요소 이상을 포함할 수 있는데, 행동연쇄에서는 자극과 반응이 교대되며 마지막 반응 뒤에만 일차강화물이 뒤따른다.

조작적 조건형성 기법이 동물을 훈련시키는 데 사용되지만, Breland와 Breland는 향본능 표류를 발견하였다. 즉 동물은 행동이 강화되지 않을 때조차 강화물과 연관된 선천적 행동을 보여주기 시작한다. Brown과 Jenkins가 불 켜진 반응 키와 먹이를 반복해서 짝지었을 때,

비둘기는 마침내 반응 키를 쪼기 시작하였다. 그들은 이것을 자동 조성 현상이라고 불렀다. 조작적 조건형성에서 생물학적 제약의 예들은 강화 원리가 틀렸음을 의미하지 않으며, 행동이 종종 학습의 영향과 유전 영향의 혼합에 의해 통제됨을 보여준다.

복습 문제

1. Thorndike의 문제상자 실험을 기술하고 그 실험이 어떻게 효과의 법칙을 입증할 수 있는지 기술하라. Guthrie와 Horton이 문제상자 속 고양이 사진을 찍었을 때 무엇을 발견하였고, 강화 원리에 대해 무엇을 말해주는가?
2. 개가 높은 장애물을 뛰어넘도록 가르치려면 어떻게 조성해야 할지 설명하라.
3. 인간 학습자의 행동 수정 프로그램에서 조성이 어떻게 사용될 수 있는지 구체적 예를 제시하라.
4. 행동연쇄가 변별자극, 조작적 반응, 조건강화물, 그리고 일차강화물이라는 요소들을 모두 포함할 수 있는지 설명하라. 행동연쇄를 가르치기 위한 최소 두 가지 기법을 기술하라.
5. 자동 조성이란 무엇인가? 자동 조성이 왜 일어나는지에 대한 이론들을 기술하라. 어떤 이론이 가장 낫다고 생각하는가? 왜 그렇게 생각하는가?

참고문헌

Allen, J.D., & Butler, J.A. (1990). The effect of interplay interval on adjunctive behavior in humans in a game-playing situation. *Physiology and Behavior, 47*, 719–725.

Anselme, P., Robinson, M.F., & Berridge, K.C. (2013). Reward uncertainty enhances incentive salience attribution as sign-tracking. *Behavioural Brain Research, 238*, 53–61.

Athens, E.S., Vollmer, T.R., & St. Peter Pipkin, C.C. (2007). Shaping academic task engagement with percentile schedules. *Journal of Applied Behavior Analysis, 40*, 475–488.

Balsam, P.D., Drew, M.R., & Yang, C. (2002). Timing at the start of associative learning. *Learning and Motivation, 33*, 141–155.

Bell, M.C., & Williams, B.A. (2013). Conditioned reinforcement in chain schedules when time to reinforcement is held constant. *Journal of the Experimental Analysis of Behavior, 99*, 179–188.

Bleak, J.L., & Frederick, C.M. (1998). Superstitious behavior in sport: Levels of effectiveness and determinants of use in three collegiate sports. *Journal of Sport Behavior, 21*, 1–15.

Breland, K., & Breland, M. (1961). The misbehavior of organisms. *American Psychologist, 16*, 681–684.

Brown, P.L., & Jenkins, H.M. (1968). Auto-shaping of the pigeon's key-peck. *Journal of the Experimental Analysis of Behavior, 11*, 1–8.

Brown, R., & Herrnstein, R.J. (1975). *Psychology*. Boston, MA: Little, Brown.

Bullock, C.E., & Myers, T.M. (2009). Stimulus-food pairings produce stimulus-directed touch-screen responding in cynomolgus monkeys (*Macaca fascicularis*) with or without a positive response contingency. *Journal of the Experimental Analysis of Behavior, 92*, 41–55.

Burger, J.M., & Lynn, A.L. (2005). Superstitious behavior among American and Japanese professional baseball players. *Basic and Applied Social Psychology, 27*, 71–76.

Ciborowski, T. (1997). "Superstition" in the collegiate baseball player. *Sport Psychologist, 11*, 305–317.

Domjan, M. (2008). Adaptive specializations and generality of the laws of classical and instrumental conditioning. In R. Menzel (Ed.), *Learning theory and behavior* (pp. 327–340). Oxford: Elsevier.

Gleeson, S., Lattal, K.A., & Williams, K.S. (1989). Superstitious conditioning: A replication and extension of Neuringer (1970). *Psychological Record, 39*, 563–571.

Green, L., & Holt, D.D. (2003). Economic and biological influences on key pecking and treadle pressing in pigeons. *Journal of the Experimental Analysis of Behavior, 80*, 43–58.

Guthrie, E.R., & Horton, G.P. (1946). *Cats in a puzzle box*. New York: Holt, Rinehart & Winston.

Hagopian, L.P., & Thompson, R.H. (1999). Reinforcement of compliance with respiratory treatment in a child with cystic fibrosis. *Journal of Applied Behavior Analysis, 32*, 233–236.

Heron, W.T., & Skinner, B.F. (1940). The rate of extinction in maze-bright and maze-dull rats. *Psychological Record, 4*, 11–18.

Herrnstein, R.J. (1966). Superstition: A corollary of the principles of operant conditioning. In W.K. Honig (Ed.), *Operant behavior: Areas of research and application* (pp. 33–51). New York: Appleton-Century-Crofts.

Jenkins, H.M., & Moore, B.R. (1973). The form of the autoshaped response with food or water reinforcers. *Journal of the Experimental Analysis of Behavior, 20*, 163–181.

Killeen, P.R., & Pellón, R. (2013). Adjunctive behaviors are operants. *Learning & Behavior, 41*, 1–24.

Locurto, C.M., Terrace, H.S., & Gibbon, J. (Eds.). (1981). *Autoshaping and conditioning theory*. New York: Academic Press.

Logue, A.W. (1988). A comparison of taste-aversion learning in humans and other vertebrates: Evolutionary pressures in common. In R.C. Bolles & M.D. Beecher (Eds.), *Evolution and learning* (pp. 97–116). Hillsdale, NJ: Erlbaum.

Matute, H. (1994). Learned helplessness and superstitious behavior as opposite effects of uncontrollable reinforcement in humans. *Learning and Motivation, 25*, 216–232.

Matute, H. (1995). Human reactions to uncontrollable outcomes: Further evidence for superstitions rather than helplessness. *Quarterly Journal of Experimental Psychology: B: Comparative and Physiological Psychology, 48B*, 142–157.

McDevitt, M.A., & Williams, B.A. (2010). Dual effects on choice of conditioned reinforcement frequency and conditioned reinforcement value. *Journal of the Experimental Analysis of Behavior, 93*, 147–155.

McDonnell, J., & McFarland, S. (1988). A comparison of forward and concurrent chaining strategies in teaching laundromat skills to students with severe handicaps. *Research in Developmental Disabilities, 9*, 177–194.

Moore, B.R. (1973). The role of directed Pavlovian reactions in simple instrumental learning in the pigeon. In R.A. Hinde & J. Stevenson-Hinde (Eds.), *Constraints on learning* (pp. 159–188). New York: Academic Press.

Morrow, J.D., Saunders, B.T., Maren, S., & Robinson, T.E. (2015). Sign-tracking to an appetitive cue predicts incubation of conditioned fear in rats. *Behavioural Brain Research, 276*, 59–66.

Neuringer, A.J. (1970). Superstitious key pecking after three peck-produced reinforcements. *Journal of the Experimental Analysis of Behavior, 13*, 127–134.

Platt, J.R. (1973). Percentile reinforcement: Paradigms for experimental analysis of response shaping. In G.H. Bower (Ed.), *The psychology of learning and motivation: Vol 7. Advances in theory and research* (pp. 271–296). New York: Academic Press.

Preston, K.L., Umbricht, A., Wong, C.J., & Epstein, D.H. (2001). Shaping cocaine abstinence by successive approximation. *Journal of Consulting and Clinical Psychology, 69*, 643–654.

Rachlin, H. (1969). Autoshaping of key pecking in pigeons with negative reinforcement. *Journal of the Experimental Analysis of Behavior, 12*, 521–531.

Rachlin, H. (1970). *Introduction to modern behaviorism*. San Francisco, CA: W. H. Freeman.

Rachlin, H. (1976). *Behavior and learning*. San Francisco, CA: W. H. Freeman.

Schuster, R. (1969). A functional analysis of conditioned reinforcement. In D.P. Hendry (Ed.), *Conditioned reinforcement* (pp. 192–234). Homewood, IL: Dorsey Press.

Scott, D., Scott, L.M., & Goldwater, B. (1997). A performance improvement program for an international-level track and field athlete. *Journal of Applied Behavior Analysis, 30*, 573–575.

Shahan, T.A. (2010). Conditioned reinforcement and response strength. *Journal of the Experimental Analysis of Behavior, 93*, 269–289.

Sheehan, K.J., Van Reet, J., & Bloom, C.M. (2012). Measuring preschoolers' superstitious tendencies. *Behavioural Processes, 91*, 172–176.

Shrestha, A., Anderson, A., & Moore, D.W. (2013). Using point-of-view video modeling and forward chaining to teach a functional self-help skill to a child with autism. *Journal of Behavioral Education, 22*, 157–167.

Skinner, B.F. (1938). *The behavior of organisms*. New York: Appleton-Century-Crofts.

Skinner, B.F. (1948). "Superstition" in the pigeon. *Journal of Experimental Psychology, 38*, 168–172.

Skinner, B.F. (1966). The phylogeny and ontogeny of behavior. *Science, 11*, 159–166.

Skinner, B.F. (1977). Herrnstein and the evolution of behaviorism. *American Psychologist, 32*, 1006–1012.

Staddon, J.E.R., & Simmelhag, V.L. (1971). The "superstition" experiment: A reexamination of its implications for the principles of adaptive behavior. *Psychological Review, 78*, 3–43.

Stoops, W.W., Dallery, J., Fields, N.M., Nuzzo, P.A., Schoenberg, N.E., Martin, C.A., & . . . Wong, C.J. (2009). An internet-based abstinence reinforcement smoking cessation intervention in rural smokers. Drug and Alcohol Dependence, 105, 56–62.

Thorndike, E.L. (1898). Animal intelligence: An experimental study of the associative processes in animals. *Psychological Review Monograph Supplement, 2*, 8.

Thorndike, E.L. (1911). *Animal intelligence*. New York: Macmillan.

Timberlake, W. (1993). Behavior systems and reinforcement: An integrative approach. *Journal of the Experimental Analysis of Behavior, 60*, 105–128.

Timberlake, W., & Grant, D.L. (1975). Autoshaping in rats to the presentation of another rat predicting food. *Science, 190*, 690–692.

Wagner, G.A., & Morris, E.K. (1987). "Superstitious" behavior in children. *Psychological Record, 37*, 471–488.

Wann, D.L., Grieve, F.G., Zapalac, R.K., End, C., Lanter, J.R., Pease, D.G., & . . . Wallace, A. (2013). Examining the superstitions of sport fans: Types of superstitions, perceptions of impact, and relationship with team identification. *Athletic Insight: The Online Journal of Sport Psychology, 5*, 21–44.

Washington, W.D., Banna, K.M., & Gibson, A.L. (2014). Preliminary efficacy of prize-based contingency management to increase activity levels in healthy adults. *Journal of Applied Behavior Analysis, 47*, 231–245.

Wasserman, E.A. (1973). Pavlovian conditioning with heat reinforcement produces stimulus-directed pecking in chicks. *Science, 81*, 875–877.

Williams, B.A. (1994). Conditioned reinforcement: Neglected or outmoded explanatory construct? *Psychonomic Bulletin & Review, 1*, 457–475.

Williams, B.A., & Dunn, R. (1991). Preference for conditioned reinforcement. *Journal of the Experimental Analysis of Behavior, 55*, 37–46.

Williams, D.R., & Williams, H. (1969). Automaintenance in the pigeon: Sustained pecking despite contingent non-reinforcement. *Journal of the Experimental Analysis of Behavior, 12*, 511–520.

강화계획 : 실험적 분석과 활용

학습 목표

이 장을 읽은 후에 당신은

● 네 개의 단순 강화계획 및 강화와 소거 동안 강화계획이 초래하는 행동 유형을 기술할 수 있다.

● 일상생활로부터 강화계획의 예를 제시할 수 있다.

● 수반성−조성 행동과 규칙−지배 행동 간의 차이를 설명할 수 있다.

● 고정비율계획에서 강화 후 휴지가 발생하는 이유에 관한 이론들을 기술할 수 있다.

● 변동간격계획보다 변동비율계획에서 반응이 더 빠른 이유를 논의할 수 있다.

● 조작적 조건형성 원리가 아동과 성인의 행동 수정에 사용되는 예를 제시할 수 있다.

B. F. Skinner의 많은 업적 중 가장 주목할 만한 것은 강화계획을 분석했다는 점이다. 강화계획(reinforcement schedule)이란 강화물을 어떤 조건에서 제공할지를 기술하는 규칙을 지칭한다. 이런 면에서 볼 때, 지금까지는 조작적 반응을 할 때마다 강화물이 뒤따르는 경우를 주로 살펴봤다. 이 계획은 연속강화(continuous reinforcement, CRF)라고 부르는데, 강화물을 제공하는 셀 수 없이 많은 규칙 중 하나일 뿐이다. 실제 세계에서는 반응할 때마다 강화물이 주어지는 것이 아니라 가끔씩 주어지는 상황이 수없이 많다. 영업 사원은 여러 차례 전화를 걸어 허탕을 치고 나서야 구독 잡지 판매에 성공한다. 타이피스트는 수천 번 키를 두드려서 수십 페이지를 타자해야 마침내 완수한 일에 대해 급여를 받는다. 사자는 몇 번이나 먹이를 사냥하려다 실패한 후 먹이를 먹게 된다. 실험실 밖 대부분의 행동이 간헐적 강화를

받는다는 것을 인식한 Skinner는 강화계획에 따라 행동이 어떻게 달라지는지 연구하는 데 상당한 노력을 기울였다(Ferster & Skinner, 1957).

매 순간의 행동에 대한 그래프 그리기 : 누가기록기

Skinner는 누가기록기(cumulative recorder)라는 간단한 기계장치를 만들어 반응을 기록함으로써 관찰자가 동물의 매 순간 행동 패턴을 한눈에 보게 하였다. 〈그림 6.1〉은 누가기록기가 어떻게 작동하는지 보여준다. 천천히 회전하는 원통이 펜 밑에서 움직이는 두루마리 종이를 일정한 속도로 당기는데, 그 결과로 그래프, 즉 누가기록이 그려지며 x축은 시간을 나타낸다. 반응을 하지 않으면 수평선이 나타난다. 그러나 매번 반응할 때마다 펜이 조금씩 종이 위쪽으로(종이가 움직이는 방향의 직각으로) 움직인다. y축은 회기가 시작된 이후로 동물이 했던 반응의 누적횟수를 나타낸다.

〈그림 6.1〉에서 볼 수 있듯이, 누가기록은 전체 반응의 수뿐만 아니라 그 이상의 정보를 준다. 상당히 고른 선형적 그래프는 그 구간에서 동물이 일정한 비율로 반응했음을 나타내는데, 기울기가 가파를수록 반응률이 높음을 나타낸다. 〈그림 6.1〉은 누가기록에서 반응률의 가속이나 감속을 보여준다. 마지막으로, 누가기록에서 아래로 짧은 사선들은 강화물이 제공된 시기를 나타낸다. 이런 점을 생각하며, 이제 강화계획이 어떻게 동물의 반응 패턴을

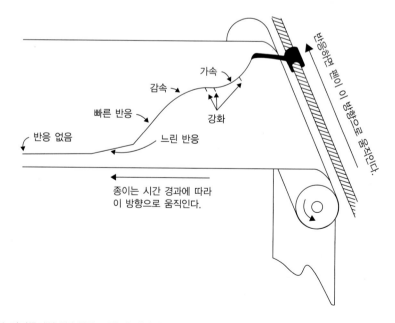

그림 6.1 누가기록기의 단순화된 그림 및 생성된 그래프 유형

결정하는지 살펴볼 것이다.

네 개의 단순 강화계획

고정비율

고정비율계획(fixed-ratio schedule, FR)에서 강화규칙은 매 n번째 반응 후에 강화물이 제공되는 것으로서, 여기서 n은 비율의 크기(size)이다. 예를 들어, FR 20 계획에서, 매 스무 번째 반응 뒤에는 강화물이 주어진다. FR 1 계획(연속강화와 마찬가지)으로 시작한 후 비율을 점차 증가시키면, 각 강화물을 얻기 위해 동물이 많은 반응을 하도록 훈련할 수 있다. 예를 들어, 동물은 하나의 먹이 강화물에 대해 100번 이상 반응하도록 요구하는 FR계획에서 강화물을 얻으려고 반응한다. FR계획에서 얼마 동안 수행한 동물은 강화의 요구에 익숙해지고 특징적 반응 패턴을 발달시키게 된다. 〈그림 6.2〉에서 보듯이, FR계획에서 반응은 '멈춤과 진행(stop-and-go)' 패턴을 보이는데, 각 강화물 후에 강화 후 휴지(postreinforcement pause)라고 하는 반응의 휴지가 있다. 그러나 일단 반응이 시작되면, 동물은 다음 강화물이 제공될 때까지 일반적으로 일정하고 빠른 비율로 반응한다.

　실험실 밖에서, 고정비율계획의 가장 좋은 예는 회사에서 공장 근로자의 수당을 지급할

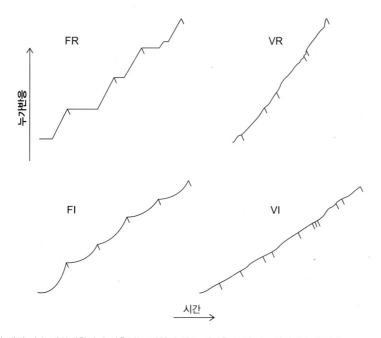

그림 6.2 네 개의 단순 강화계획에서 산출되는 전형적 행동 패턴을 보여주는 이상적 누가기록

때 사용하는 '삯일' 방식일 것이다. 예를 들어, 문 경첩(door hinge)을 제작하는 반자동 기계를 작동시키는 근로자는 경첩 100개당 10달러를 받는다. 오래전에 저자는 여름 동안 공장에서 일하면서 일한 분량대로 지급받는 삯일 체계의 근로자를 관찰할 기회가 있었다. 근로자의 행동은 〈그림 6.2〉에서 제시된 FR 패턴과 상당히 유사하였다. 일단 기계를 작동시키고 계기판(counter)에 100개가 표시될 때까지 거의 항상 꾸준하고 빠르게 일하였다. 100개가 표시되면 근로자는 완료된 숫자를 작업 카드에 기록하고 잠시 휴식을 취하면서, 동료와 잡담을 하거나 음료수나 커피를 마시거나 몇 분 동안 신문을 훑어본다. 휴식 후 기계가 있는 곳으로 돌아가 나머지 100개를 생산한다.

FR계획에서 강화 후 휴지의 평균 길이는 비율의 크기가 클수록 증가한다. 예를 들어, FR 20 계획에서의 휴지는 FR 200 계획에서의 휴지보다 짧을 것이다. 대조적으로, 강화 후 휴지가 끝난 후 동물의 반응률은 비율의 크기가 증가해도 상당히 일정하게 유지된다(Crossman, Bonem, & Phelps, 1987; Powell, 1969). 그러나 비율이 매우 크면 동물은 강화 직후가 아닌 다른 때에 오래 쉴지도 모른다. 비율긴장(ratio strain)이라는 용어는 반응 대 강화물의 비율이

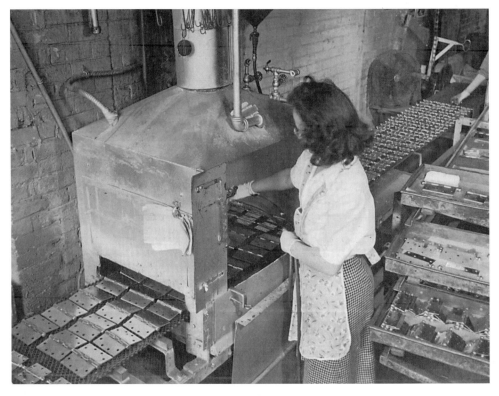

그림 6.3 어떤 직장에서는 근로자들이 FR계획에 따라 임금을 받는다. 그들은 완성한 제품의 양에 따라 일정량의 돈을 받는다.

클 때 일반적으로 반응이 약화되는 것을 기술하는 데 종종 쓰인다.

변동비율

FR계획과 변동비율계획(variable-ratio schedule, VR)의 유일한 차이는 후자의 경우 요구되는 반응의 수가 강화물에 따라 일정하지 않다는 점이다. 구체적으로 말하면, VR n 계획에서 강화규칙은 동물이 평균적으로 매 n번째 반응마다 하나의 강화물을 받는 것이지만, 각 순간에 요구된 정확한 반응의 수는 폭넓게 변할 수 있다. 컴퓨터가 제어하는 실험에서 VR계획은 컴퓨터에 가능한 비율 크기 목록을 입력함으로써 실행된다. 여기서 각 강화물이 제공된 후 다음 강화물을 얻기 위해 요구되는 반응의 수는 비율 크기 목록에서 무선적으로 선택된다. 예를 들어, VR 10의 경우 비율 크기를 1, 2, 3, 4, 5, 6, 10, 19 그리고 40으로 하여 목록에 포함할 수 있다. 길게 보면 각 강화물에 요구된 평균 반응은 열 번이지만, 특정 시행에서 요구된 반응의 수는 적을 때는 한 번, 많을 때는 마흔 번이다.

〈그림 6.2〉는 VR계획의 전형적 누가기록을 보여준다. 반응 패턴은 빠르고 상당히 꾸준하다. FR수행과 VR수행의 주요 차이점은 VR계획에서는 일반적으로 강화 후 휴지가 짧다는 점이다(Blakely & Schlinger, 1988). VR계획의 휴지는 반응 대 강화물의 비율이 동일한 FR계획의 휴지보다 훨씬 짧다(Mazur, 1983). 직관적으로 볼 때 VR계획의 강화 후 휴지가 더 짧은 이유가 분명해 보인다. 즉, 각 강화물 후에 몇 번 더 반응하면 강화물이 또 나올 가능성이 있기 때문이다.

다양한 형태의 도박이 VR계획에 해당된다. 슬롯머신, 룰렛, 복권처럼 우연에 좌우되는 게임은 VR계획의 중요한 두 특징을 보여준다. (1) 돈을 딸 가능성은 그 사람이 게임을 하는 횟수에 직접 비례하며, (2) 다음 강화물을 얻기 위해 요구되는 반응의 횟수는 불확실하다. 이러한 두 특징의 조합이 어떤 사람을 도박에 '중독'되도록 만든다. 도박 행동이 강력하면서도 지속되는 이유는 크게 잃었던 사람이 바로 다음 복권에서 또는 슬롯머신의 바로 다음 동전에서 크게 딸 수 있기 때문이다. 도박꾼들은 오랜 기간 동안 돈을 따지 못하는데도 불구하고 도박을 계속하는 경향이 있다(Horsley, Osbrone, Norman, & Wells, 2012).

우연에 좌우되는 게임은 실험실 밖에서 이루어지는 가장 순수한 VR계획의 예에 속하지만, 대다수 스포츠를 포함한 다른 실생활의 활동들도 VR계획의 특징을 갖는다. 골프 경기를 하는 행동을 생각해보자. 골프 애호가인 저자는 골프라는 이 활동이 여러 다양한 강화물(다른 사람과의 교제, 운동, 햇빛, 신선한 공기, 그림처럼 아름다운 경치)에 의해 유지된다는 것을 알지만, 가장 강력한 강화물은 전체 라운드나 한 번의 샷을 잘 쳤을 때 오는 전율과 만족감이다. 골프를 치러 첫 번째 티(tee)로 갈 때마다 그 라운드가 최고 라운드가 될 가능성이 있다. 이런 식으로 뛰어난 라운드나 적어도 놀랄 만한 샷이 이어질 가능성 때문에 골프

그림 6.4 많은 운동경기가 변동비율계획에 속한다. (LuckyImages/Shutterstock.com)

를 치는 보통의 사람은 코스를 돌고 또 돌게 될 것이다.

VR계획으로 강화된 다른 행동에는 모든 경쟁적인 운동경기, 낚시, 사냥, 카드 게임이나 비디오게임, 홈팀 경기 시청하기, 총각 파티(fraternity party)에 가기 등이 포함된다(그림 6.4). 이러한 각 활동에서 강화물의 제공은 VR계획의 정의와 맞아떨어진다. 즉, 다음 강화물의 발생을 예측할 수 없으나, 장기적으로 볼 때 그 행동을 더 자주 할수록 강화물을 더 빨리 받을 수 있다.

고정간격

모든 간격 계획에서 강화물의 제시는 동물의 행동과 시간의 경과 모두에 달려 있다. 고정간격계획(fixed-interval schedule, FI)에서 강화규칙은 고정된 시간이 지난 후 첫 번째 반응이 강화받는다는 것이다. 예를 들어, FI 60초 계획에서는 하나의 강화물이 제공된 바로 직후 타이머가 다음 60초 간격까지 작동을 시작한다. 60초 간격 동안에는 동물이 어떤 반응을 해도 아무 소용이 없다. 그러나 60초가 표시될 때 강화물이 준비되며 다음 반응에서 강화물을 얻을 수 있다.

만약 시간 감각이 완벽하거나 시계를 볼 수 있다면, FI계획에서 최적의 행동은 정확히 60초를 기다렸다가 강화물을 얻기 위해 한 번 반응하는 것이다. 그러나 그 누구도 완벽한 시간 감각을 가지고 있지 않으며 시계를 제공하지 않으므로, FI계획에서는 요구된 한 번의 반응보다 더 많은 반응을 하게 된다. 〈그림 6.2〉는 FI계획에서의 전형적 반응 패턴을 보여준다. FR계획에서처럼 강화 후 휴지가 있으나, 휴지 후에 동물은 일반적으로 천천히 반응하기 시작한다(FR계획에서 빠른 반응으로 갑작스럽게 전환되는 것과 달리). 간격이 진행될수록 점점 더 빨리 반응하게 되고 강화받기 직전의 반응률은 상당히 빠르다. 이런 이유로 고정간격 강화계획의 누가기록 패턴은 고정간격 조가비(fixed-interval scallop)라고 부른다.

FI계획은 실험실 밖에서 많은 예를 찾기 어려운데, 그 이유는 실생활에서 강화물이 규칙적 시간 경과에 따라 발생하는 경우는 드물기 때문이다. 그러나 전형적 FI의 가속 반응 패턴에 가까운 일상적 행동의 예로 버스 기다리기가 해당된다. 당신이 버스 정류장에 막 도착했을 때 떠나가는 버스를 보았다. 시계는 없고 버스가 그 정류장에서 매 20분마다 출발한다는 사실을 알고 있으므로 당신은 의자에 앉아 책을 읽기 시작한다. 이런 상황에서 조작적 반응은 다음 버스가 오는지 길을 쳐다보는 것이다. 이 반응에서 강화물은 단순히 다음에 올 버스의 모습이다. 처음에는 버스를 전혀 쳐다보지 않는데, 버스가 오는 길을 처음으로 쳐다보기까지 5~10분 정도까지는 쭉 책을 읽을 것이다. 그다음에는 1~2분 지난 후 쳐다볼 것이며, 이제 거의 매분마다 쳐다볼 것이다. 15분 후에 당신은 책을 가방에 넣고 버스가 도착할 때까지 계속 버스 오는 길을 응시할 것이다.

중요한 사건이 규칙적인 간격으로 발생하는 다른 상황들에서도 이와 유사하게 가속되는 행동 패턴이 만들어질 것이다. Mawhinney, Bostow, Law, Blumenfeld와 Hopkins(1971)는 심리학 과목을 수강하는 대학생의 공부 행동을 측정하였는데, 공부하는 행동이 시험일정에 따라 상당히 예측 가능하게 변한다는 사실을 발견하였다. 이전에 언급했듯이, 시험에서 좋은 성적이라는 조건강화물은 공부하기를 강화하는 데 중요한 강화물이다. 학생의 공부 행동을 측정하기 위해서 수업을 위한 읽기 자료 전부를 도서관 특별실에서만 볼 수 있도록 비치하고 자료를 외부로 가지고 나갈 수 없게 하였다. 이 수업의 두 시점에서는 매 수업시간마다 짧은 퀴즈를 봤는데 거의 CRF나 마찬가지였다. 다른 두 시점에는 매일 퀴즈 없이 3주 끝날 무렵 긴 시험을 봤다. 이 시험은 거의 FI계획을 닮았는데, 3주 초반에는 공부하기에 대한 즉각적 강화물이 없었기 때문이다. 이러한 배열이 FI와 정확히 똑같지는 않은데, 왜냐하면 3주 초반에 공부를 하는 것이 시험 볼 때 점수를 받는 데 어느 정도 유리하기 때문이다. 이러한 차이에도 불구하고, 〈그림 6.5〉에서 두 번에 걸친 3주 기간 동안 공부하기 패턴은 전형적 FI수행과 비슷하게 나타나서, 3주 동안 초반에는 거의 공부를 하지 않다가 시험이 가까울수록 공부의 양이 꾸준히 증가했다. 반대로 매일 퀴즈가 있는 기간에 공부하기 행동은 매일매일 안정적이었다. 이 실험은 교수가 어떤 퀴즈나 시험계획을 선택하느냐가 학생이 그 과목을 공부하는 데 지대한 영향을 줄 수 있음을 증명한다.

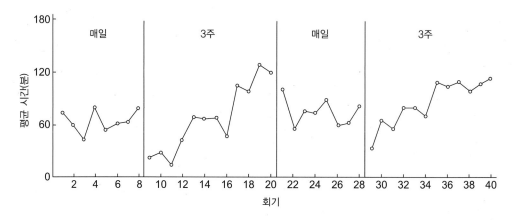

그림 6.5　Mawhinney와 동료들(1971)이 실시한 대학생의 공부 습관에 관한 실험에서 얻은 결과. y축은 교수가 매일 퀴즈를 주었을 때와 3주 기간 끝에 큰 시험이 있을 때 학생들이 매일 공부한 평균 시간(분)을 나타낸다. (Mawhinney, V.T., et al., A comparison of students' studying behavior produced by daily, weekly and 3-week testing schedules, *Journal of Applied Behavior Analysis*, 4, 257–264. Copyright 1971 by the Society for the Experimental Analysis of Behavior.)

변동간격

변동간격계획(variable-interval schedule, VI)은 강화물이 저장되기 전에 경과해야 하는 시간의 양이 강화물마다 예측할 수 없이 변한다는 사실 외에는 FI계획과 비슷하다. 예를 들어, VI 60초 계획에서 한 강화물의 제공과 다음 강화물의 저장 사이의 간격은 어떤 강화물에 대해 6초가 될 수도 있고, 다음 강화물에서는 300초가 될 수도 있으며, 그다음 강화물에서는 40초 등이 될 수 있다. FI계획에서처럼, 한 강화물이 준비된 후 발생한 첫 반응에서 그 강화물을 얻게 되며, 강화물을 얻기 전에는 타이머가 다시 시작되지 않는다.

〈그림 6.2〉에서 본 것과 같이, VI계획은 전형적으로 꾸준하고 적당한 반응률을 낳는다. 이런 식의 반응은 강화계획의 특징에 비추어볼 때 현명해 보인다. 언제라도 강화물이 준비될 것이기 때문에, 강화 후 긴 휴지는 유리하지 않다. 꾸준히 반응률을 유지함으로써, 동물은 강화물이 준비되자마자 곧 강화물을 받아갈 수 있고, 그럼으로써 시간의 대부분 동안 VI 타이머가 움직이도록 유지할 수 있을 것이다. 다른 한편으로, VR에서 볼 수 있듯이 매우 빠른 반응률은 강화율을 약간 증가시킬 뿐이다.

VI계획에 따라 유지되는 일상적인 행동의 예는 우편물을 점검하는 것이다. 이 상황에서 강화물은 단순히 우편물의 수령이다. 대부분의 사람은 어떤 날은 우편물을 받지만 어떤 날은 받지 않으므로, 우편함에서 무엇인가 강화적인 것(예 : 광고 전단이나 고지서가 아니라 편지)을 발견하는 날을 예측하기란 일반적으로 불가능하다. 우편물 배달은 거의 VI계획과 같은데, 그 이유는 (1) 예측하기 힘들고, (2) 강화물이 준비되었다면(우편물이 배달되었다면) 요구되는 유일한 반응은 그것을 받아가는 것이며, (3) 만약 강화물이 아직 준비되지 않았다면 아무리 반응해도 소용이 없을 것이다. 그 결과, 적절하고 꾸준하게 반응한다. 즉 대부분의 사람은 매일 우편물을 점검하지만, 하루에 한 번만 한다.

글상자 6.1　　**미디어에서**

미국 의회에서 나타난 조가비 형태의 누가기록

강화계획은 개인의 행동뿐 아니라 집단의 행동도 통제한다. 몇몇 행동심리학자들은 강화계획과 미국 의회의 수행이 FI계획과 어느 정도 유사하다는 것에 주목하였다(Critchfield, Haley, Sabo, Colbert, & Macropoulis, 2003; Weisberg & Waldrop, 1972). 매년 의회 회기는 1월에 시작되어 연말 즈음에 마치므로 대략 고정적 간격이 있는 셈이다. Weiberg와 Waldrop에 따르면, 의회의 주

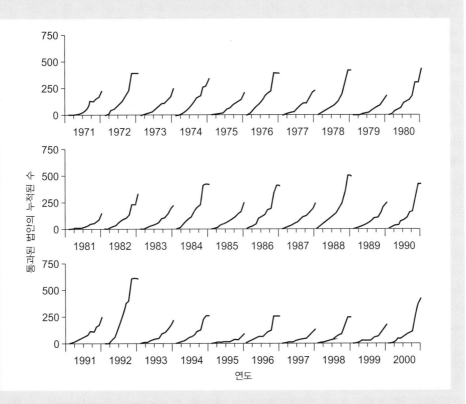

그림 6.6　지난 30년간 미국 의회에서 통과된 법안의 누가기록. (Critchfield, T.S., et al., A half century of scalloping in the work habits of the United States Congress. Journal of Applied Behavior Analysis, 36, 2003, 465–486. Copyright 2003 by the Society for the Experimental Analysis of Behavior, Inc.)

된 행동은 법안 통과이고 주된 강화물 중 하나는 휴정인데, 그 기간 동안 의원들은 주민들의 지지를 얻기 위하여 집에 갈 수 있다(따라서 재선에서 당선될 수 있다.)고 가정하였다. 이러한 가정을 근거로 Critchfield 등은 지난 30년간 의회에서 통과된 법안의 수를 그래프로 나타냈는데, x축은 시간이고 y축은 통과된 법안의 누적된 수를 나타내는 누가기록이다. 〈그림 6.6〉에서 보는 것처럼, 의회의 행동에 대한 누가기록은 FI 조가비의 좋은 예이다. 매해마다 통과된 법안의 수는 매 회기 초반에는 느리게 증가하지만 회기가 끝날 무렵에는 가속화된다.

Critchfield 등(2003)은 실험실 강화계획과 정확하게 일치하는 실생활의 예는 거의 없지만 의회 행동의 경우는 분명하다고 언급하였다. 우선 한 가지 이유는, 법안에 대한 투표를 앞두고 준비해야 할 일이 대체로 상당히 많으므로 새로운 회기 첫째 주에 많은 법안이 통과되리라고 기대하는 것은 비현실적이다. 또한 실험실의 FI계획에서는 강화를 위해서 실제로 단 한 번의 반응을 요구하지만, 의회는 매년 해야 할 어떤 정도의 일이 있으므로, FR계획의 요소도 있는 것으로 보인다. 그러나 일관된 조가비 패턴에서 볼 수 있는 것처럼 의회 사례에서 FI 특징이 두드러지게 나타난다.

의회의 누가기록의 특징 중에서 한 가지 더 흥미로운 점은 법안이 홀수 해보다 짝수 해에 더 많이 통과되고 있다는 점이다. 여러 해에 걸친 누가기록에서 오르락내리락하는 높이에서 볼 수 있듯이, 이것은 매우 일관된 경향이다. 이러한 패턴이 나타나는 이유를 설명할 수 있는가? 의원들이 홀수 해와 짝수 해에 받는 강화물이 뭔가 다른가?

소거와 네 가지 단순 강화계획

만약 네 가지 중 하나의 강화계획을 수행하다가 소거로 전환시킨다면 무슨 일이 생기는가? 일반적으로 얻는 결과 중 하나는 간헐적 강화보다는 CRF 후에 소거가 빠르다는 점이다. 이러한 발견을 일컬어 부분 강화 효과(partial reinforcement effect)라고 하는데, 이 효과는 초기 연구자에게 역설적인 것처럼 보였다. 간헐적으로만 강화가 주어졌던 반응이 매번 강화를 받던 반응보다 더 강한(소거에 더 저항적인) 이유는 무엇 때문인가? 이러한 딜레마는 부분 강화 소거 효과를 처음으로 증명한 심리학자의 이름을 따라서 Humphreys의 역설(Humphreys's paradox)이라고 부른다(Humphreys, 1939).

부분 강화 효과에 대한 한 가지 설명은 변별가설(discrimination hypothesis)이라고 부른다(Mowrer & Jones, 1945). 소거가 시작될 때 행동을 바꾸기 위해서는 유기체가 강화 수반성이 바뀌었음을 변별할 수 있어야 한다. CRF에서는 매 반응이 강화받았으므로 소거로 바뀐 것을 변별하기 쉬우며 반응이 사라지기까지 오래 걸리지 않는다. 예를 들어, 자판기는 일반적으로 연속강화계획에 따라 강화물(음료수나 과자)을 내놓는다. 돈을 넣을 때마다 강화물이 제공된다. 만약 강화계획이 소거로 전환된다면(기계가 고장이 났다면), 기계에 돈을 넣는 것을 한동안 중단할 것이다.

이 상황을 VR계획에서 강화물을 내놓는 슬롯머신과 비교해보자. 슬롯머신이 고장 나서

겉으로는 멀쩡하게 작동하는 것처럼 보이지만 잭팟이 나지 않는 경우, 도박꾼은 그만두기 전까지 많은 동전을 쏟아부을 것이다. 도박꾼이 VR계획에서 소거로의 전환을 변별하기까지는 시간이 오래 걸릴 수밖에 없다.

변별가설은 이해하기 쉽지만, 실험적 증거는 조금 다른 가설 즉 일반화 감소가설(generalization decrement hypothesis)이 더 낫다는 것을 시사한다(Capaldi, 1966). 일반화 감소란 검사 자극이 훈련 자극과 덜 유사할수록 일반화 검사에서 관찰할 수 있는 반응이 감소된다는 것을 단순히 나타내는 용어이다. 일반화 감소가설에 따르면, 만약 소거 동안 제시된 자극이 강화 동안 존재하였던 자극과 다르면 소거 동안 반응이 약해질 것이지만, 만약 이 자극이 강화 동안 접했던 자극과 유사하면 소거 동안 반응이 강할 것이다.

Capaldi에 따르면, 동물은 반응이 강화받지 못하는 전혀 생소한 상황을 경험하기 때문에 CRF에서 소거로 강화계획이 전환되면 일반화 감소가 크게 나타난다. 다른 말로 하면, 동물은 첫 반응이 강화받지 않을 때 반응을 유지하도록 훈련받은 적이 없으므로 반응을 빨리 멈추게 된다. 그러나 만약 어떤 동물이 VR 50 계획에서 강화를 받았었고, 이제는 강화 계획이 소거 계획으로 전환되었다고 가정해보자. 여기서는 일반화 감소가 적게 나타날 텐데, 과거에 이 동물은 무강화로 오래 반응하다가 마침내 강화물을 제공받았던 경우가 많았기 때문이다. 이 동물에게 소거 동안에 존재하는 자극(긴 무강화 반응)은 VR계획에 존재했던 자극과 상당히 유사하다. 이러한 이유로, 동물은 아마도 반응을 오랫동안 지속할 것이다.

다른 강화계획

네 가지 단순 강화계획이 가장 철저히 연구되어 왔으나, 이 계획들은 강화를 제공하는 무한히 많은 가능한 규칙 중 몇몇에 불과하다. 여러 가지 강화규칙이 명명되고 연구되었다. 보편적인 몇 가지를 살펴보자. 예를 들어 저율 차별강화계획(differential reinforcement of low rates, DRL)에서는, 이전의 반응 이후 일정한 시간이 경과한 후 반응을 했을 때에만 강화를 받는다. 예를 들어, DRL 10초 계획에서는 최소 10초 동안 반응을 하지 않고 있다가 그 후에 반응을 해야 강화받는다. 만약 반응이 9.5초 후에 발생했다면, 강화를 얻지 못할 뿐 아니라 10초 타이머가 0초로 다시 맞춰지므로 반응이 강화받으려면 이제 다시 10초가 지나야 한다. 예상할 수 있듯이, DRL계획은 매우 낮은 반응률을 초래하지만 최적(optimal)이라고 할 만큼 그렇게 낮지는 않다. DRL계획에 놓인 동물은 요구된 시간보다 약간 못 미쳐서 종종 반응하므로, 그 결과로서 절반 이상의 훨씬 많은 반응에 대해서는 강화받지 못한다(Richards, Sabol, & Seiden, 1993).

DRL 수반성의 정반대는 고율 차별강화계획(differential reinforcement of high rates, DRH)으로, 고정된 시간 동안 특정 횟수로 반응이 발생해야 한다. 예를 들어, 동물이 3초 정도 내에 열 번 반응할 때 강화물이 제공된다. 이 강화계획에서는 빠른 반응이 선택적으로 강화받기 때문에, DRH는 다른 어떤 강화계획보다도 더 높은 반응률을 생성할 때 사용된다. 다른 보편적인 강화계획은 두 개나 그 이상의 단순 강화계획들의 조합이다. 병립 계획(concurrent schedule)에서, 동물에게 두 개 이상의 반응 대안(예 : 여러 개의 레버)이 제시되며, 각각은 고유한 강화계획과 관련되어 있다. 동시에 하나 이상의 강화계획이 있을 경우, 심리학자는 동물이 어떤 강화계획을 선호할지, 각 대안에 얼마나 많은 시간을 할애할지 결정할 수 있다. 다른 복잡한 몇몇 강화계획에 대해 다른 장에서 논의할 것이다.

강화계획에서 수행에 영향을 주는 요인

특정 강화계획에서의 행동은 강화에 대한 규칙 외에 많은 요인들의 영향을 받는다. 이들 중 몇몇 요인 — 강화의 양, 강화의 비율(rate), 지연, 반응 노력 — 은 상당히 분명하다. 놀랄 것도 없이, 인간이나 동물 모두 강화물의 크기가 크거나 강화물이 높은 비율로 제시되는 경우 강화계획에서 강한 반응을 보인다. 그러나 강화물이 지연되거나 각 반응이 상당한 노력을 요구하는 경우 반응은 느려진다. 다른 중요한 요인은 강화역사이다. 연구에서는 개인이 한 강화계획에서 반응하는 것이 이전에 노출되었던 다른 강화계획에 달려 있음을 보여주었다. 예를 들어, Weiner(1964)는 인간 참여자에게 회기별 한 시간 소요되는 10회기 동안 점수를 얻기 위해 반응 키를 누르게 하였다. 몇몇 참여자는 FR 40(더 빨리 반응하면 강화물을 더 얻는) 계획에서 작업하였다. 다른 참여자는 DRL 20초(20초 이상 반응하지 않았을 때 강화받는) 계획에서 작업하였다. 그런 다음 모든 참여자에게 FI 10초 계획으로 전환하였다. FR을 경험한 적이 있는 참여자는 FI계획에서 빠르게 반응하였으나, DRL을 경험한 참여자는 매우 느리게 반응하였다. FI계획으로 20회기를 진행한 후에도 이러한 큰 차이가 지속되었다. 사전 강화역사의 효과가 동물에서도 유사하게 발견되었다(Macaskill & Hackenberg, 2012; Wanchisen, Tatham, & Mooney, 1989).

이러한 요점들은 분명해보이지만, 강화계획의 수행에 영향을 주는 다른 요인은 분명해보이지 않는다. 다음에서는 간과하기 쉬운 몇 가지 요인을 검토할 것이다.

행동 운동량

무거운 물체가 움직이기 시작하면 운동량이 생기고 멈추기 어렵다. Nevin(1992)은 움직이는 물체의 운동량과 진행 중인 조작적 행동의 행동 운동량(behavioral momentum) 사이에 유사성이 있다고 주장하였다. Nevin은 어떤 행동이 변화에 저항하는 것(행동 운동량 측정치)은 변별자극과 강화물 사이의 연합(즉, 특정 변별자극이 있을 때 행동이 얼마나 자주 강화받는지)에 달려 있다는 것을 발견하였다.

비둘기 실험(Nevin, 1974)에서 행동 운동량 개념을 설명해보자. 비둘기는 때때로 초록색 또는 빨간색인 반응 키를 쪼아서 먹이를 얻는다. 키가 초록색일 때 VI계획에서 시간당 60번 먹이를 제공하지만, 빨간색일 때는 시간당 20번만 제공한다. 예상대로, 비둘기는 초록색 키를 더 빨리 쫀다. 그런 다음, Nevin은 공짜로 먹이가 제공되는 기간을 둠으로써 초록색과 빨간색 키를 방해했다. 공짜 먹이를 매우 빨리 제공한 조건에서, 비둘기의 반응 키 쪼기 비율은 키가 초록색일 때 60퍼센트 감소하였으나 키가 빨간색일 때는 80퍼센트 이상 감소하였다. Nevin에 따르면, 높은 강화율과 연합하여 운동량이 더 큰 초록색 키 쪼기는 빨간색 키 쪼기에 비해 공짜 먹이로 인한 방해를 덜 받는다. 인간을 대상으로 한 실험에서도 높은 강화율과 연합된 행동은 방해하기가 더 어렵다(Milo, Mace, & Nevin, 2010).

Nevin과 Grace(2000)는 행동 운동량이라는 개념이 실험실 밖에서 행동 변화를 시도하는 과정에 많은 시사점을 준다고 제안하였다. 행동치료사는 새로 훈련된 행동(예 : 근무시간에 꾸준히 자신의 일 하기)이 잠재적 방해물(예 : 친구에 의한 주의 분산, 경쟁적 행동이 주는 강화물)이 존재할 때도 확실하게 지속되기를 원한다. 만약 근로자가 근무환경과 적절한 근무행동에 대한 강화 사이에 강한 연합을 발달시키게 되면, 새로 훈련된 행동은 잠재적 방해물에도 불구하고 더 잘 지속될 수 있다.

다른 예로서 행동 운동량의 개념은 과거에 행동이 일어났던 환경에 돌아갔을 때 문제 행동이 재발되는 이유를 설명하는 데 도움이 된다(Podlesnik & Shahan, 2010). 그 예로, 마약중독 치료를 받은 환자가 치료시설을 떠나 집으로 돌아갔을 때 다시 마약을 하게 되는데, 그 이유는 마약이 특정 변별자극(환자의 이웃이나 친구)과 강하게 연합되어 있기 때문이다. 환자가 치료시설에서 마약을 자제하는 데 큰 문제가 없었다고 하더라도, 환자의 이웃과 마약의 연합은 끊어지지 않고 남아 있다. 마약을 투약하는 행동은 예전의 이웃과 함께 있을 때 강한 운동량을 가지기 때문에, 환자가 다른 어떤 곳에서 치료를 받았더라도 예전의 환경에서는 여전히 지속될 것이다.

수반성-조성 행동 대 규칙-지배 행동

앞서 살펴본 것처럼, 각 강화계획은 고유한 특징적 행동 패턴을 낳는 경향이 있다(그림 6.2). B. F. Skinner는 이러한 패턴을 수반성-조성 행동(contingency-shaped behavior)이라고 하였는데, 그의 연구에서 특정 강화계획으로 실험을 더 진행할수록 동물의 행동은 최종 형태로 점점 조성되는 것처럼 보였기 때문이다(Ferster & Skinner, 1957). 그러나 인간 참여자를 대상으로 이루어진 어떤 실험에서는 〈그림 6.2〉에서 보았던 전형적 패턴과 전혀 다른 행동 패턴이 발견되었다. 예를 들어, FI계획에서 어떤 사람은 동물에서 발견되는 가속 패턴을 보이지만, 어떤 사람은 간격 동안 매우 빠르게 반응하며, 다른 사람은 간격의 마지막에 가까이 가서 몇 번만 반응한다(Leander, Lippman & Meyer, 1968). 다른 강화계획에서도 인간과 동물 행동 사이의 차이가 발견되었다(Lowe, 1979). 만약 이러한 행동 패턴이 강화 수반성에 의해 조성된다면, 동일한 강화계획이 인간과 동물에게서 상이한 행동 패턴을 초래하는 이유는 무엇 때문인가?

강화계획상의 동물과 인간 수행에서의 차이는 사람이 수반성-조성 행동과 규칙-지배 행동(rule-governed behavior)을 모두 할 수 있기 때문이라는 가설이 있다. Skinner(1969)는 인간이 언어를 사용하므로 따라야 할 언어적 지시나 규칙을 제시받으며, 이러한 규칙이 그 시점에 우세한 강화 수반성과 관련되거나 관련되지 않을 수 있다고 제안하였다. 예를 들어, 엄마가 아이에게 "찬바람 쐬지 마라. 그렇지 않으면 감기 걸린다."라고 말한다면, 감기 예방에 정말 효과가 있든 없든 아이는 오랫동안 이 규칙을 따를 것이다. 강화계획에 대한 실험실 실험과 관련해서, 이 이론은 인간 참여자가 어떻게 반응할지를 알려주는 규칙(예 : "가능하면 반응 버튼을 빨리 누르세요." 또는 "1분 정도 기다렸다가 반응하세요.")을 따르기 때문에 동물과 다르게 행동한다고 언급한다. 참여자가 자진하여 이 규칙을 따를 수도 있고 아니면 실험이 시작되기 전에 실험자로부터 받은 지시문 때문에 그렇게 할 수도 있다. 일단 인간 참여자가 그러한 규칙을 받았거나 만들었다면, 실제의 강화 수반성은 행동에 거의 또는 전혀 영향을 주지 못한다. 예를 들어, 실험자가 참여자에게 "돈을 많이 받으려면 키를 빨리 누르세요."라고 말했다면, FI계획의 참여자는 빨리 반응할 필요가 없는데도 불구하고 실제로 빠르게 반응할 것이다.

강화계획하에서 인간 수행이 규칙-지배적이라는 생각을 부분적으로 지지하는 증거가 있다. 많은 연구가 참여자에게 주어진 지시가 반응 패턴에 크게 영향을 준다는 것을 보여준다(예 : Bentall & Lowe, 1987; Catania, Matthews, & Shimoff, 1982). 참여자에게 따라야 할 규칙을 제시하지 않는 경우, 스스로 만들 수도 있다. 실험이 진행되는 동안이나 실험이 끝나고 나서 참여자에게 왜 그런 식으로 반응했는지 설명하도록 요구할 때가 있다. 몇몇 연구에서는 참여자의 언어적 기술과 실제 반응 패턴이 거의 대응됨을 발견할 수 있다(Wearden, 1988). 참여자에게 어떤 규칙을 따랐는지 설명하라고 했을 때, 규칙이 없거나 실제 행동을 기술하지 못하는 규칙을 말하는 사례도 있다(Matthews, Catania, & Shimoff, 1985). 따라서 인간과 동물의 강화계획 수행의 차이에는 다른 변인이 작용하는 것으로 보인다. 예를 들어, 동물의 경우 일반적으로 일차강화물인 먹이를 얻을 기회를 주지만, 인간 참여자의 경우 많은 실험에서 강화물은 조건강화물(예 : 나중에 약간의 돈과 교환할 수 있는 점수)이다. 더군다나, 동물과 인간 참여자는 매우 다른 강화역사를 가지고 실험실에 온다. 조작적 행동은 많은 변인에 의해 영향을 받는다는 점을 기억하는 것이 중요하며, 이 점이 행동을 분석하는 작업을 복잡하고 도전되게 만든다.

강화계획의 실험적 분석

앞서 강화계획에 대한 논의를 살펴보면, 특정 계획이 특정 반응 패턴을 낳는 이유에 대한 설명이 임시적이고 직관적이었다. 예를 들어, VR계획에서 강화 후 휴지가 길거나 VI계획에서 빠른 속도로 반응하는 것이 '현명하지' 않다고 했다. 이런 논의 수준은 강화계획에 관한 기본 사실을 배우고 기억하기 쉽게 만든다. 그러나 그러한 부정확한 진술은 정확히 어떤 독립변인(강화계획의 어떤 특징)이 어떤 종속변인(동물 행동의 어떤 면)을 통제하는지에 대한 과학적 분석을 대체할 수 없다. 이 절에서는 과학적 분석이 행동에 대한 직관적 설명을 어떻게 향상시키고, 직관적으로 그럴듯해 보이는 설명들을 어떻게 구분하는지를 보여주는 몇 가지 예시를 제시하였다.

> ### 연습 퀴즈 1 : 제6장
>
> 1. 누가기록에서, 빠른 반응은 _____(으)로 표시되며, 반응 없음은 _____(으)로 표시된다.
> 2. FR계획에서 반응은 일반적으로 _____ 패턴을 보이며, FI계획에서는 일반적으로 _____ 패턴을 보인다.
> 3. _____계획에서 반응은 일반적으로 빠르고 꾸준하며, _____계획에서 반응은 보통 느리고 꾸준하다.
> 4. 만약 행동이 방해물이나 환경에 의해 영향을 많이 받지 않는다면 그 행동이 높은 _____이/가 있는 것이다.
> 5. _____ 행동은 강화계획의 통제를 받는다. _____ 행동은 참여자에게 주어진 지시나 그들 스스로 만든 규칙에 의해 영향을 받는다.
>
> **해답**
> 1. 가파른 선, 수평선　2. 멈춤과 진행, 가속　3. 변동비율(VR), 변동간격(VI)　4. 행동 운동량　5. 수반성–조성, 규칙–지배

FR 강화 후 휴지의 원인

FR계획의 동물에게서 강화 후 휴지가 나타나는 이유는 무엇인가? 몇몇 가능한 설명이 직관적으로 그럴듯해 보인다. 첫 번째, 강화 후 휴지는 아마 피로의 결과일 것이다. 동물은 반응을 많이 해서 강화물을 모았고 이제 피로를 덜기 위해 쉰다. 두 번째 가능성은 포만(satiation)인데, 먹이 강화물을 섭취하면 동물의 배고픔 수준이 감소되므로 반응을 잠시 중단한다. 강화 후 휴지에 대한 세 번째 설명은, FR계획에서 동물은 이전 강화물의 발생 직후에 다음 강화물로부터 가장 멀리 떨어져 있다는 점이다. 즉 다음 강화물이 제공되기 전에 많은 반응이 요구될 것이다. FR 강화 후 휴지에 대한 세 가지 설명을 편의상 피로가설(fatigue hypothesis), 포만가설(satiation hypothesis), 남은 반응가설(remaining-responses hypothesis)이라고 부르자. 모두 그럴듯하지만 어떤 가설이 옳은지 어떻게 결정할 것인가? 몇 가지 유형의 증거가 구분을 돕는다.

첫째, FR의 크기가 클수록 강화 후 휴지가 길어진다. 이러한 결과는 피로가설과 남은 반응가설과 일치되지만, 포만가설과는 모순된다. 작은 FR계획에서 동물은 빠른 속도로 강화물을 모을 수 있으므로 배고픔 수준은 낮아질 것이다. 따라서 포만가설에 따르면 큰 FR계획이 아니라 작은 FR계획에서 휴지가 더 길어야 한다.

피로가설과 남은 반응가설을 구분하는 데 도움이 되는 자료는 둘 이상의 FR계획을 조합한 다중계획에 대한 연구에서 얻을 수 있다. 다중계획(multiple schedule)에서 동물은 둘 이상의 계획을 한 번에 하나씩 제시받으며, 각 계획은 변별자극에 의해 신호된다. 예를 들어, 〈그림 6.7〉은 다중계획 FR 10 FR 100 계획을 포함한 회기의 일부를 나타낸다. 반응 키가 파란색일 때는 FR 100 계획이지만, 빨간색일 때는 FR 10 계획이다. 키 색깔은 다음 강화물을 얻을 때까지 동일하게 유지되다가, 50%의 확률인 시점에서 키 색깔(그리고 계획)이 전환된다.

〈그림 6.7〉에서 나타난 행동은, 비록 가상적인 것이지만, 다중 FR계획을 사용한 여러 실제 연구(Mintz, Mourer & Gofseyeff, 1967)에서 얻은 결과를 대표한다. 강화 후 휴지가 발생한 a, b, c, d, e, 그리고 f 시점을 검토해보자. FR 100 이후의 휴지가 길 때도 있으나(f) 짧을 때도 있다(a, b). FR 10 이후의 휴지가 짧을 때도 있으나(b) 길 때도 있다(c, e). 이 자료는 동물이 이전 비율에서 얼마나 많이 반응했는지를 아는 것으로는 강화 후 휴지의 길이를 예측할 수 없음을 보여준다.

그러나 다가올 비율의 크기를 알면 휴지의 길이를 예측하는 것이 가능하다. 키 색깔이 FR 10에 대한 변별자극인 빨간색일 때는 휴지가 언제나 짧다(a, b, d). 그리고 키 색깔이 FR 100에 대한 변별자극인 파란색일 때는 휴지가 길다(c, e, f). 남은 반응가설은 이 패턴을 정확히

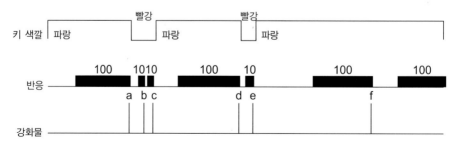

그림 6.7 파란색 키가 FR 100 계획을 신호하고, 빨간색 키가 FR 10 계획을 신호하는 다중계획에서의 가상적이지만 전형적인 반응 패턴. 본문에서는 강화 후 휴지에 대한 이론들을 구분하는 데 어떻게 이러한 결과들이 사용될 수 있는지 설명하고 있다.

예측한다. 즉 강화 후 휴지의 길이는 다가올 FR 요구에 의해 결정된다. 이러한 유형의 실험은 강화 후 휴지의 길이가 다음 강화물이 제공되기 전에 얼마나 반응해야 하는지에 의해 좌우된다는 것과 포만과 피로라는 요인들은 기껏해야 작은 역할밖에 하지 않는다는 것을 분명하게 보여준다.

VR과 VI 반응률 비교

인간과 동물 모두에 대한 실험은 VR계획과 VI계획이 시간당 동일한 수의 강화물을 제공하는 경우 일반적으로 VR계획에서 더 빠르게 반응한다는 것을 보여주었다(Baxter & Schlinger, 1990; Matthews, Shimoff, Catania, & Sagvolden, 1977). 강화비율이 동일할 때, VI계획보다 VR계획에서 반응이 더 빠른 이유는 무엇 때문인가?

반응률에서의 이러한 차이를 설명하는 하나의 이론은 소단위이론(molecular theory)으로서, 작은 단위의 사건들, 즉 반응과 강화물 사이의 매 순간의 관계에 초점이 맞춰져 있다는 것을 의미한다. 다른 이론은 대단위이론(molar theory)으로서, 행동과 강화의 큰 단위 측정치를 다룬다. 물론 작은 단위와 큰 단위라는 용어는 상대적이다. 구체적으로 소단위이론은 보통 1분 이내의 사건에 관한 것이며, 대단위이론은 최소 몇 분 이상 그리고 실험 회기 전체의 길이에서 측정된 관계에 관한 것이다.

VR계획과 VI계획에서의 서로 다른 반응률을 설명하는 가장 인기 있는 소단위이론은 반응 간 시간 강화이론[interresponse time(IRT) reinforcement theory]이다. 반응 간 시간(IRT)은 연속된 두 반응 사이의 시간이다. 본질적으로 이 이론에서는 긴 IRT(반응들 사이의 긴 휴지)가 VI계획에서 빈번히 나타나므로 VR계획보다 VI계획에서 반응률이 더 느리다고 진술한다. 이 이론은 Skinner(1938)가 처음 제안하였고 이후 여러 연구자들로부터 지지되었다(Anger, 1956; Platt, 1979). VI계획에서는 각 강화물을 준비하는 타이머가 있다는 점을 기억하자. 만일 오랫동안 반응을 하지 않고 있으면(긴 IRT), 마침내 다음 반응을 했을 때 강화물을 얻을 확률이 있다. 그러나 만일 빠르게 폭발적으로 반응한다면(일련의 짧은 IRT) 강화물을 얻을 확률은 작다. 그러므로 VI계획에서는 강화물 후에 긴 IRT가 뒤따라 나올 가능성이 높다. 그러나 VR계획에서 강화의 제공은 시간의 경과가 아니라 방출된 반응의 수에 전적으로 달려 있다. 그러므로 VR계획에서는 긴 휴지에 대한 선택적 증강이 나타나지 않는다. 그러나 만약 빠르게 폭발적으로 반응한다면, 반응 중에서 하나의 반응이 VR계획의 요구를 충족시켜 강화물을 제공할 가능성이 높아진다.

IRT 강화이론의 지지자는 이 견해에 대한 증거를 제공하기 위해 상이한 확률의 상이한 IRT를 강화하도록 계획을 배열하였다. 예를 들어, Shimp(1968)는 1.5초에서 2.5초 사이이거나 3.5초에서 4.5초 사이인 IRT만을 강화하는 계획을 세웠다. 선택적 IRT 강화이론이 예측한 대로, 길이가 다른 두 IRT의 빈도가 증가하였다. 다른 실험에서 Shimp(1973)는 전형적 VI계획에서 발생하는 IRT 강화패턴을 모방하였다. 즉 그는 VI 타이머를 사용하지 않고, 그저 높은 확률의 긴 IRT와 낮은 확률의 짧은 IRT를 강화하였다. '합성한 VI'계획의 결과는 정상적 VI계획의 반응 패턴, 즉 긴 IRT와 짧은 IRT가 섞인 적당하고 꾸준한 반응과 구분할 수 없을 정도였다.

VI-VR 차이에 대한 대단위이론은 반응−강화물 상관이론(response-reinforcer correlation theory)이라고 부를 수 있을 것이다(Baum, 1973; Green, Kagel, & Battalio, 1987). 이 이론에서는 강화 이전에 발생한 마지막 IRT에 초점을 두기보다 훨씬 더 전체적 측면에서 반응과 강화 사이의 관계에 강조를 둔다. 〈그림 6.8〉은 반응−강화물 상관이론의 근거가 되는 VI와 VR계획의 특징을 묘사하고 있는데, 전형적 VR계획과 전형적 VI계획에서 동물의 평균 반응률과 전반적 강화율 사이의 관계를 나타내고 있다. 모든 비율계획에서처럼 VR 60에서는 반응률과 강화율 사이에 선형 관계가 있다. 예를 들어, 분당 60번의 반응률은 시간당 60개의 강화물을 초래하며, 분당 90번의 반응률은 시간당 90개의 강화물을 초래한다. VI 60초 계획(모든 VI계획에서처럼)에서 관계는 매우 다르다. 동물이 얼마나 빠르게 반응하든 시간당 계획된 60번 이상의 강화물을 얻을 수는 없다. 강화율이 매우 낮은 수준으로 떨어지는 이유는 VI 타이머가 간혹 멈춰지고(강화물이 한 개 준비됨), 동물이 한 번 반응해서 강화물 한 개를 받아갈 때까지 타이머가 다시 시작되지 않기 때문이다. 그러나 동물이 적당한 속도로 반응하는 한, 시간당 거의 60개에 가깝게 강화물을 얻을 것이다.

〈그림 6.8〉을 통해 서로 다른 함수가 어떻게 VI계획과 VR계획의 반응률 차이를 만드는지

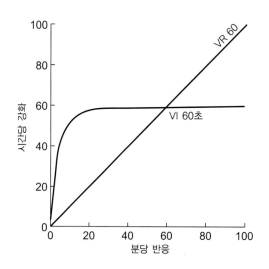

그림 6.8 VR 60 계획과 VI 60초 계획에서 피험동물의 반응률과 강화율의 관계

생각해보자. VR 60 계획을 집중적으로 경험한 후, 비둘기의 반응은 분당 약 60번으로 안정화되었으며(그림 6.8에서 두 함수가 교차하는 지점) 시간당 약 60개의 강화물을 얻는다. 이제 계획을 VI 60초로 전환한다고 가정해보자. 동일한 반응률은 시간당 60번 강화물을 초래할 것이다. 그러나 비둘기의 반응률이 완전히 안정적이지 않아서 때로는 약간 느리거나 때로는 약간 빠르게 반응하는데, 결과적으로 비둘기는 느린 반응이 VI계획의 강화율에 거의 영향을 주지 않는다는 것을 배운다. 비둘기의 행동은 강화율에서의 실질적 감소 없이, 이를테면 시간당 20번 반응 수준으로 점차 감소할 수도 있다. 대략적으로 말하자면, VI 60초 계획에서 비둘기는 시간당 40번이나 더 반응한다 해도 강화율은 거의 무시할 정도만 증가하기 때문에 추가 반응이 '가치가 없다'는 것을 배우게 된다.

대단위이론과 소단위이론 중 더 나은 이론이 무엇인지 결정하는 가장 좋은 방법은 대단위 수반성이 빠른 반응을 나타내고, 소단위 수반성이 느린 반응을 보이는 강화계획을 사용하는 것이다(또는 그 역도 마찬가지). 비둘기 실험(Vaughan, 1987)과 쥐 실험(Cole, 1999)에서 그런 속성을 가진 복잡한 계획을 사용하였다. 예를 들어, Vaughan은 VR계획의 대단위적 특징(더 빠른 반응률에 대해 더 많은 강화물)과 VI계획의 소단위적 특징(긴 IRT 후에 강화 확률이 더 높은)을 지닌 계획을 사용하였다. IRT 강화이론의 예언대로, 비둘기는 이 계획에서 느리게 반응하였다(그 결과 장기적으로는 강화물을 잃게 되었다). 역으로, 소단위적 수반성으로는 빠른 반응(짧은 IRT)을 선호하나 대단위적 수반성으로는 느린 반응을 선호하는 (따라서 비둘기가 장기적으로 또다시 강화물을 잃게 되는) 계획에서 비둘기들이 빠르게 반응한다는 것을 발견하였다. Tanno와 Sakagami(2008)는 쥐를 대상으로 대단위 변인과 소단위 변인의 효과를 비교하기 위해 복잡한 계획을 사용하였다. 그들은 반응률과 강화 사이의 장기적 상관은 쥐의 반응에 거의 영향을 주지 않는다는 것을 발견하였다. 그러나 쥐는 짧은 IRT가 선택적으로 강화되는 계획에서 빠르게 반응하였고, 긴 IRT가 선택적으로 강화되는 계획에서는 느리게 반응하였다. 이 모든 결과는 동물이 행동의 단기적 결과에는 민감하나 장기적 결과에는 민감하지 않다는 점에서 소단위적 접근을 분명하게 지지한다.

조작적 조건형성의 적용

행동 수정 영역에서, 조작적 조건형성 원리가 적용되는 행동은 그 목록만 해도 몇 페이지나 되어 모두 열거할 수 없을 정도로 많다. 조작적 조건형성의 원리는 체중 감량하기, 흡연이나 음주 줄이기, 더 많이 운동하기처럼 자신을 개선하려는 사람을 돕는 데 사용되어왔다. 또한 조작적 조건형성은 수업시간을 방해하고, 학교 공부를 잘 못하며, 싸우고, 떼쓰고, 지나치게 수동적이고, 과잉행동을 하는 광범위한 아동 문제에 적용되어왔다. 이것은 더 심각한 행동문제로 보호시설에 보내져야 하는 성인이나 아동의 일상 기능을 향상시키려는 시도로 사용되어왔다. 이러한 원리는 쓰레기와 오염, 에너지와 자원 낭비, 작업장 사고, 비행, 좀도둑질과 다른 범죄 등과 같이 전반적으로 사회에 영향을 주는 문제에 적용되어왔다. 적용되는 수와 다양성 때문에, 다음 부분에서는 몇몇 대표적 예만 기술할 것이다.

자폐 아동에게 언어 가르치기

자폐증(autism)은 일반적으로 생후 몇 년 후에 발생하며, 거의 100명 중 1명의 아동에게 영향을 주는 심각한 장애이다. 자폐증의 주요 증상 중 한 가지는 극심한 사회적 철수(extreme social withdrawal)이다. 아동은 다른 사람을 바라보고 상호작용하는 데 정상적 수준의 관심이 없다. 자폐 아동은 정상적인 언어를 사용하지 못한다. 보통은 말을 하지 않거나 반향어(echolalia)를 하는데, 즉 그들이 들은 아무 단어나 즉각적으로 반복한다. 자폐 아동은 예컨대 앞뒤로 몸을 흔들거나 마루 위에서 금속 냄비를 돌리는 것 같은 단순 반복 행동을 몇 시간이고 할 때가 종종 있다. 상당한 연구가 이루어졌음에도 불구하고 자폐증의 원인은 아직 밝혀지지 않았다.

Ivar Lovaas(1967)는 자폐 아동이 말을 하거나, 다른 사람과 상호작용하거나, 일반적으로 좀 더 정상적인 행동을 하도록 훈련하는 데 조작적 조건형성의 원리에 기반한 광범위한 프로그램을 개발하였다. Lovaas의 방법은 우리가 이미 논의한 많은 조작적 조건형성 원리를 활용하고 그 외 새로운 것을 추가한 것이다. 처음에 치료자는 맛있는 간식을 일차강화물로 사용하여 아동이 그저 조용히 앉아 있거나 치료자를 바라보기만 해도 강화를 주기 시작한다. 다음에는 조성 절차를 사용하여 아동이 들릴 만한 소리를 낼 때 강화하고, 그다음은 치료자가 말하는 단어에 좀 더 가깝게 흉내 내는 소리를 강화한다. 예를 들어, 만약 아동의 이름이 빌리라면, 치료자는 '빌리'라는 단어를 변별자극으로 말해준 후, 이 단어에 가까운 언어 반응을 강화하는 것이다. 일차강화물(이것은 포만 때문에 효과성이 급격히 떨어진다.)인 간식에 전적으로 의존하는 것을 피하고자 다른 자극을 조건강화물로 만들기 시작한다. 간식을 주기 전에 치료자는 "잘했어."라고 말하든가 아동을 한 번 안아줌으로써 결국 이 자극들이 강화물로 사용되게 한다.

훈련 초기에 치료자는 아동의 입이나 입술이 움직이도록 손을 사용하기도 한다. 이런 종류의 신체적 안내는 촉구자극의 한 예이다. 촉구자극(prompt)은 바람직한 반응이 더 잘 나타나도록 만드는 자극을 말한다. 이 예에서, 치료자는 아동의 입과 볼을 적절한 모양으로 만들어주는 것을 촉구자극으로 하여 적절한 반응을 더 잘하게 만든다. 촉구자극이 사용될 때마다 절차에서 촉구자극을 점차 줄여가는 것을 페이딩(fading)이라고 한다. 치료자는 아동의 입과 볼을 적절한 위치로 만들어주던 것을 점차 줄이며, 그 후에는 볼을 가볍게 건드리기만 하고, 그다음에는 촉구자극을 전혀 제시하지 않을 것이다. 이러한 훈련은 상당한 시간과 인내를 요구한다. 아동이 첫 번째 단어를 완전히 익혀 말하기 전까지 며칠이 걸릴지 모른다. 그러나 추가적으로 단어를 도입했을 때 아동의 진전 속도는 빨라지고, 몇 주 후에는 매일 새로운 몇 개의 단어를 숙달하게 될 것이다.

훈련의 이 시점에서 아동은 자기가 듣는 말을 모방만 할 수 있다. 다음 단계에서는 그 단어의 의미를 가르친다. 예를 들어 코, 신발, 다리처럼 구체적 명사로 훈련하기 시작한다. 아동에게 자극으로 제시된 단어에 대해 정확한 대상을 가리키는 반응을 하게 하고(예 : "네 코를 가리켜보렴."이라는 지시에 적절하게 반응하면 강화를 줌으로써), 대상을 보여주고 적절한 단어를 말하도록(치료자가 "이건 무엇이니?"라고 물어볼 때, 빌리가 "신발."이라고 답하도록) 가르친다. 훈련 후반에는 아동에게 동사와 형용사의 의미, 전치사(예 : 안에, 위에)와 추상적 개념(예 : 첫 번째, 마지막, 더 많이, 더 적은, 같은, 다른)을 가르치기 위해 유사한 수고스러운 기법이 사용된다. 이러한 프로그램은 다른 종류의 치료에서 미미한 향상을 보였던 아동의 행동을 극적으로 향상시킬 수 있다. 몇 개월 과정이 끝난 후 Lovaas가 얻은 결과는, 처음에는 쌀쌀하고 말을 전혀 안 하던 아동이 친근하고 따뜻하게 변하고, 질문에 답하거나 요청을 하거나 이야기를 할 때 언어를 사용하는 법을 배운다는 점이다.

이런 행동치료가 장기적으로 얼마나 성공할 수 있는가? Lovaas(1987)는 자폐증 행동치료를 집중적으로 받은 아동(일주일에 40시간씩 2년 이상)과 최소로 치료받은 아동(일주일에 10시간 정도)을 비교하였다. 6~7세가 되었을 때 집단 간 차이가 현저하였다. 즉 치료집단 아동의 거의 절반이 정상적 IQ와 학업 수행을 나타낸 반면, 통제집단의 경우 2퍼센트에 불과하였다. 6년 후에도 치료집단의 아동이 통제집단의 아동에 비해 여전히 유리하였다. 치료집단의 몇몇 아동은 지능검사와 적응적 행동에서 같은 연령의 정상 아동과 마찬가지 수준으로 수행하였다(McEachin, Smith, & Lovaas, 1993). 이러한 결과는 어린 아동이 집중적 행동치료를 받는다면 최소한 몇 명에서라도 자폐증을 본질적으로 없앨 수 있다는 점에서 고무적이다.

자폐증에 대한 행동치료의 효과가 최대한으로 나타나려면 조기에 시작되어야 하며 집중적이어야 한다. 즉, 아동이 몇 년 동안은 일주일에 몇 시간이고 치료를 받아야 한다. 그러나 연구자들은 자폐증 스펙트럼을 가진 아동에 대해 시간이 절약되고 좀 더 가망성 있는 새로운 행동치료를 테스트하고 있다. 예를 들어, 중심축 반응 훈련(pivotal response training)이라는 기법에서는 아동이 향후에 다른 여러 상황에서 사용할 수 있는 중요한 사회적 기술과 의사소통 기술을 목표로 함으로써, 그 효과가 최대한 발휘될 수 있도록 한다. 많은 경우 아동의 부모에게 이 훈련을 집에서 사용하도록 가르친다. 아동에게 과제와 강화물을 선택할 수 있도록 함으로써 동기수준을 높게 유지하는 데 강조점이 있다(Koegel, Bimbela, & Schrebman, 1996). 보다 많은 연구가 이루어져야겠지만, 중심축 반응 훈련에 대한 수많은 연구에서 아동의 언어적 기술과 사회적 기술이 상당히 향상되었다는 보고가 있다(Lydon, Healy, & Leader, 2011; Ventola et al., 2014).

토큰 강화

행동심리학에서 토큰(token)은 '물건이나 서비스로 교환되는 물체나 상징(Hackenberg, 2009, p. 257)'이다. 다양한 종을 대상으로 연구한 결과, 토큰은 조건강화물로서 작용한다고 제안하였다. 즉, 토큰 제공이 조작적 반응을 증강시킬 수 있다. Wolfe(1936)는 침팬지가 소량의 먹이나 물을 얻기 위해 자판기에 포커칩을 넣도록 훈련시켰다. 그다음에 포커칩은 무거운 레버 축 들어올리기 등과 같은 새로운 행동을 만들고 유지시키는 강화물로 사용될 수 있었다. 쥐에게는 구슬이 토큰으로 사용되었고(Malagodi, 1967), 비둘기에게는 밝은 불빛이 토큰이 되었다(Bullock & Hackenberg, 2006). 토큰을 사용하면 일차강화물(예 : 먹이)로 만들수 있는 것과 매우 비슷한 반응 패턴을 만들 수 있다. 예를 들어, Malagodi는 쥐에게 구슬을 제공함으로써 FR계획에서 멈춤과 진행 반응, VI계획에서는 느리고 꾸준한 반응을 얻었다. 토큰은 다가올 일차강화물의 제공을 신호하는 변별자극으로서도 기능한다(Mazur & Biondi, 2013).

인간의 경우는 토큰은 포커칩이나 게시판의 금색 별과 같은 물체이거나, 단순히 수첩에 점수를 기록하는 것일 수 있다. 토큰체계(token systems)는 교실, 정신병원, 감옥 그리고 비행청소년 보호시설에서 사용되어왔다. 토큰체계의 공통점은 각 개인이 수많은 여러 개의 바람직한 행동 중 하나를 수행하여 토큰을 받고 그것을 나중에 다양한 '예비품(backup)'이나 일차강화물과 교환할 수 있다는 것이다.

과거에는 토큰체계가 정신병원에 입원한 환자의 일상 기능을 향상시키는 데 사용되어왔다. 그러한 프로그램 중 하나에서 환자들은 세 가지 범주, 즉 개인위생, 사회적 상호작용, 적절한 작업 수행에 속하는 특정한 행동에 대해 토큰으로 강화를 받았다(Schaefer & Marin, 1966). 강화한 목적은 이 행동들이 병원에서뿐만 아니라 바깥세상에서도 일반적으로 정상적이고 바람직한 행동들로 간주되기 때문이다. 토큰은 식료품, 담배, TV 시청, 오락 활동 등 필수품과 사치품 모두를 구입하는 데 사용되었다. 토큰 프로그램은 3개월간 지속되었으며 강화된 행동이 상당히 증가되었다. 다른 연구에서도 그러한 절차들이 환자의 개인적 행동, 사회적 행동, 일 관련 행동을 놀랍게 향상시킬 수 있음을 발견하였다. 그러나 정신병원 및 다른 시설에서 토큰체계의 사용은 몇 가지 이유로 몇 년에 걸쳐 감소하였다(Glynn, 1990). 토큰체계는 상당한 시간과 노력 그리고 잘 훈련된 직원을 요구한다. 더군다나 정신

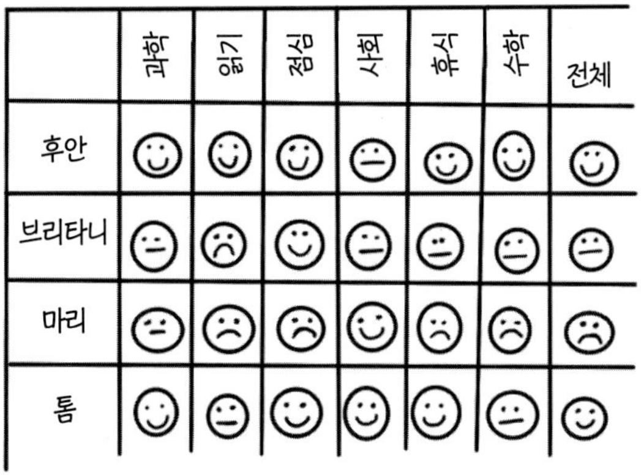

	과학	읽기	철자	미술	휴식	수학	전체
후안	☺	☺	☺	😐	☺	☺	☺
브리타니	😐	☹	☺	😐	😐	😐	😐
마리	😐	☹	☹	☺	☹	☹	☹
톰	☺	😐	☺	☺	☺	😐	☺

그림 6.9 많은 교사가 수업시간에 토큰체계를 사용한다. 웃거나 중립적이거나 슬픈 표정은 수행수준을 나타낸다. 웃는 표정이 충분해지면 작은 상을 받거나 특별한 활동을 할 수 있다.

과 환자를 위한 약물치료가 강조되었다. 그리고 토큰체계에서 할 수 있는 내용을 제한하는 법원의 판결도 있었다. 이러한 이유들로 인해 가까운 장래에는 토큰체계가 정신병원에서 널리 사용될 것 같지 않다.

비록 정신과 환자들에게서는 토큰체계의 사용이 감소되었으나, 오늘날 교실에서는 매우 흔하게 사용되고 있다. 토큰은 학업 수행이 좋거나 좋은 행동을 했을 때 제공된다(그림 6.9). 일례로 특수교육을 받는 학생의 교실 행동(예 : 주의를 집중하기, 적절한 언어를 사용하기, 다른 학생과 협동하기, 지시에 따르기)에 대해 토큰을 제공함으로써 행동이 향상되었다(Cavalier, Ferrett, & Hodges, 1997). 교사는 토큰을 간식이나 작은 상 또는 특별활동과 교환할 수 있는 체계를 세울 수 있다.

몇몇 사례에서 볼 수 있는 것처럼, 토큰체계는 현대 기술과 합쳐짐으로써 효과적이고 편리하게 진행될 수 있다. Dallery, Glenn과 Raiff(2007)는 흡연자가 일산화탄소 수준(흡연을 어느 정도 했는지 측정해줌)을 낮추는 것에 대해 상품권을 제공하였다. 전체 프로젝트는 인터넷으로 실시되었다. 하루에 두 번 일산화탄소에 대한 호흡 검사를 실시하는 참여자의 모습이 웹캠으로 기록되었다. 4주 동안 일산화탄소 수준이 많이 감소될수록 상품권을 얻게 되었고, 상품권으로 인터넷에서 물품을 구입할 수 있었다. 〈그림 6.10〉에서는 실험이 진행되는 4주 동안 20명의 참여자 전원의 일산화탄소 수준을 보여준다. 개인차는 있었으나, 많은 참여자가 치료가 진행되는 동안 극적으로 흡연을 감소시켰다는 결과를 보여준다.

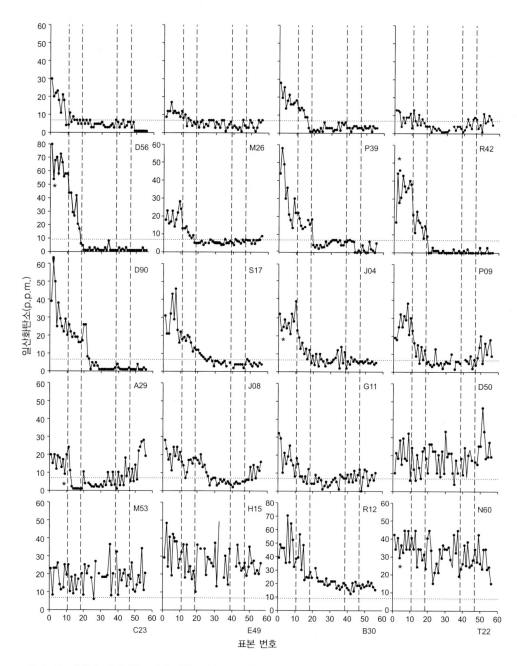

그림 6.10 흡연을 적게 하는 것에 대한 보상으로 교환 가능한 토큰을 받는 4주간의 연구에 참여한 20명의 흡연자의 일산화탄소 수준. (Dallery, J., Glenn, I.M., & Raiff, B.R., 2007, An Internet-based abstinence reinforcement treatment for cigarette smoking, Drug and Alcohol Dependence, 86, 230–238. Elsevier 의 허락하에 재인쇄.)

| 글상자 6.2 | 연구 적용하기 |

조직행동 관리

조직행동 관리(organizational behavior management)로 알려진 응용행동분석의 한 영역에서는 작업장에서 인간의 수행을 향상시키는 데 행동심리학의 원리를 사용하고 있다(Johnson, Redmon & Mawhinney, 2001). 이 분야의 연구자는 근로자의 생산성, 관리자의 효율성, 사고 방지, 품질 향상, 고객 만족과 같은 문제를 제기해왔다. 조직행동 관리의 전략은 직장에서의 행동에 과학적 접근을 적용하는 것이다.

기업의 자문위원으로 활동하는 행동분석가는 여기에 몇 가지 단계를 포함한다. 조직의 리더는 성취목표를 정하고 구체적 용어(예 : 직원의 월별 결근일수 감소시키기)로 기술해야 한다. 그 다음 회사의 현재 실무를 관찰하고, 직원들의 행동에 대한 자료를 수집한다. 그리고 행동분석가는 두 유형의 변화, 즉 선행조건기반 개입과 결과기반 개입을 추천한다(Wilder, Austin, & Casella, 2009). 선행조건기반 개입(antecedent-based intervention)은 작업이 이루어지기 전에 일어나는 사건(예 : 직원 적절히 훈련시키기, 과업 명료화하기, 목표 설정하기)에 초점을 둔다. 결과기반 개입(consequence-based intervention)은 작업이 이루어진 후 일어난 사건(칭찬, 금전적 보상, 피드백)에 초점을 둔다. 다른 모든 행동분석이 그렇듯이, 변화가 기대한 효과를 가져왔는지 조정이 더 필요한지를 평가하기 위해 자료를 수집한다.

Wallin과 Johnson(1976)의 초기 연구에서는 소규모 전기회사에서 직원의 지각과 결석을 줄이는 데 단순 VR계획(복권)을 사용하였다. 한 달 개근한 직원은 월별 복권에 참여할 수 있었고 당첨되면 10달러를 받았다. 복권을 도입한 첫 11개월 동안 직원의 잦은 결석은 이전 11개월보다 30% 감소하였다. 이 간단한 프로그램으로 회사는 그동안 병가 비용으로 지불하던 수천 달러를 절감하였다. 그러나 금전적 강화물이 항상 필요한 것은 아니다. Camden과 Ludwig(2013)은 건강클리닉에서 일하는 간호조무사들에게 결석 및 그로 인한 문제들(업무부족으로 교대한 직원의 수와 업무교대로 추가업무를 해야 했던 동료의 이름)에 대해서 매주 개인적으로나 전체적으로 피드백을 주었다. 이러한 간단한 변화만으로도 결석은 거의 50%나 감소하였다.

강화절차는 작업장의 사고를 감소시키는 데도 사용되었다. 두 노천 채광에서 근로자에게 무사고 작업에 대한 답례로 거래 도장(다양한 물품과 교환할 수 있는)을 찍어주었다. 근로자는 시간 낭비 없이 일 년 보내기, 안전 기준 따르기 등 다양한 방식으로 도장을 받을 수 있었다. 만약 자신이 속한 집단의 누군가에게 사고가 나거나 장비에 손해를 입히면 도장을 잃게 된다. 거래 도장 프로그램을 도입한 후 시간 낭비는 두 채광에서 2/3 이상 감소되었다. 프로그램은 비용 면에서 채광회사에도 효과적이어서, 사고 감소로 인한 금전적 절감은 거래 도장 프로그램의 비용보다 최소 15배나 많았다 (Fox, Hopkins & Anger, 1987). 상당수의 연구는 강화 프로그램으로 작업장의 사고를 감소시키며, 회사가 많은 비용을 절감할 수 있음을 보여주었다.

직장에서의 변화에는 여러 요소가 포함된다. 예를 들어, 행동분석가들은 병원 수술실에서 목표 설정, 과업 명료화, 다른 사람에게 예리한 수술 도구를 안전하게 건네는 방식을 자주 사용하는 것에 대한 피드백을 조합하였다. 기저선 측정치를 보면, 외과의사와 의료진들이 베거나 찔려서 상처를 입을 가능성이 높은 위험한 방식을 사용한다는 것을 알 수 있다. 향상 목표는 수술실 직원과 만남을 통해 '도전해볼 만하지만 현실적인' 수준으로 설정하였다. 과제 명료화는 의료진에게 안전한 방법과 위험한 방식을 보여줌으로써 적절한 방법이 무엇인지 이해시킴으로써 이루어졌다. 수술실 절차를 관찰하고 기록하여 매주 안전하게 건넨 백분율을 의료진에게 보고함으로써 피드백을 제공하였다. 이러한 프로그램에서 안전한 방식의 사용이 두 배 증가하였다(Cunningham & Austin, 2007).

조직행동 관리는 크고 작은 다양한 종류의 회사와 서비스업, 제조업, 운수업 그리고 교육을 포함한 다양한 많은 경제 집단에서 사용되어왔다. 물론, 어떤 한 회사도 다른 회사와 사정이 정확히 같을 수는 없지만, 연구자는 여러 회사의 사례를 비교함으로써 가장 효과적인 방법이 무엇인지에 대한 일반적 결론을 도출할 수 있을 것이다.

결혼문제에 대한 행동치료

몇몇 치료자는 결혼문제로 도움이 필요한 부부에게 행동 원리를 사용해왔다. Jacobson과 Follette(1985)는 불행한 부부의 경우 각 배우자가 상대방으로부터 원하는 것을 얻기 위해 위협이나 처벌, 복수에 의존하는 경향이 있음을 인식하였다. 이러한 이유로 치료 초기 단계는 배우자 간에 좀 더 긍정적 상호작용을 촉진하도록 설계된다. 배우자 사이에 강화물을 상호 교환하는 것을 격려하기 위해, 수반성 계약이 종종 사용된다. 수반성 계약(contingency contract)이란 상대방에게 요구된 의무(행동)와 의무를 수행했을 때 결과로 얻어지는 특권(강화물)을 열거한 서면 계약서이다. 대부분의 경우, 배우자 모두 계약서를 작성하는 데 있어서 능동적 역할을 하며 계약서에 서명함으로써 동의를 나타낸다.

수반성 계약은 강화물 교환을 격려하며 각 배우자가 상대방이 원하는 행동이 무엇인지 알려주므로 도움이 된다. 예를 들어, 남편은 당일 아침에 아내가 아이들을 학교에 데려다준 날에만 저녁 설거지를 하는 것에 동의한다. 역으로, 아내는 남편이 전날 밤 설거지를 해준 경우에만 다음 날 아침에 아이들을 학교에 데려다주는 것에 동의한다. 서면 계약서는 각 배우자가 상대에게서 무엇을 기대하는지 이해할 수 있게 해준다. 행동적 결혼치료의 이 부분은 행동 교환(behavior exchange)이라고 하는데, 각 배우자는 상대방을 기쁘게 할 수 있는 특정한 행동을 수행하려고 노력하기 때문이다.

행동 교환은 행동적 결혼치료의 한 부분일 뿐이다. 다른 중요한 요인은 대화 기술과 문제해결 기술 훈련이다. N. S. Jacobson(1977)은 불행한 부부는 대화에서 종종 어려움을 겪으며, 매우 간단한 문제조차 풀기 어려워한다는 것을 발견하였다. 치료의 일부로서, 부부는 먼저 결혼생활에서의 문제해결에 관한 책을 읽고, 그런 다음 치료자가 보는 동안 아주 사소한 문제를 푸는 시도를 한다. 예를 들어, 아내의 경우 남편에게 쓰레기를 갖다 버리라고 늘 말해

주어야 하는 것이 불만이다. 그러면 부부는 둘 다 만족할 만한 방법으로 이 사소한 문제를 해결하려고 시도해본다. 배우자 중 한쪽이 적절치 않은 방식으로 반응할 때마다 치료자가 개입하여 실수를 지적하고 더 나은 방식을 제안한다. 몇 차례 시행착오를 거치면서 부부는 이 작은 문제에 대한 해결책을 발견하기 마련이다. 시간이 지나면 차츰 좀 더 큰 문제를 다루게 되고 일반적으로 '집에서 하는 과제'를 내준다. 정기적으로 치료사를 만나는 가운데 부부가 문제해결에 개입한다.

이러한 접근은 부부간 문제해결과 대화를 강조하므로 종종 '인지－행동치료'(cognitive-behavior therapy, CBT)라고 한다. 이 방식은 결혼의 불협화음을 치료하는 데 전망이 좋다. 열일곱 편의 연구를 개관해볼 때, 부부가 행동적 결혼치료를 받았을 때 결혼생활의 어려움을 성공적으로 해결할 확률은 두 배 이상이었다(Halweg & Markman, 1988). 이런 기법들이 모두에게 효과적인 것은 아니지만, 많은 부부가 결혼생활을 향상시키는 데 도움을 줄 수 있다. 대부분의 행동 수정과 마찬가지로, 부부를 위한 행동치료는 정해진 것도 아니고 변하지 않는 것도 아니라서 치료자가 새로운 기법을 시도해보고 효과를 측정하면서 점차 발전해간다(West, 2013).

결론

폭넓은 행동문제에 강화원리가 성공적으로 적용된다는 것은, 조작적 조건형성 실험실 연구가 실세계 행동과 관련되어 있음을 보여주는 강력한 증거이다. 이 장에서 기술된 사례들은 응용행동분석 영역에서 이루어진 많은 성취 중 일부이다. 다른 예들은 다른 장에서 소개될 것이다. 이 영역을 더 연구함으로써 심리학자는 어떻게 '자발적' 행동이 그 결과에 의해 영향을 받는지 더 완전하게 이해할 수 있을 것이다.

연습 퀴즈 2 : 제6장

1. 연구결과는 고정비율에서 강화 후 휴지에 대한 _____가설을 _____가설이나 _____가설보다 더 지지한다.
2. IRT 강화이론은 반응 간 시간이 길수록 _____계획에서 강화받을 가능성이 더 높으나, 반응의 폭발은 _____계획에서 강화받을 가능성이 더 높다.
3. _____이론은 행동과 강화 사이의 장기적인 관련성을 다루는 반면, _____이론은 매 순간의 행동과 강화 사이의 관련성을 다룬다.
4. 학습자의 행동을 신체적으로 안내하는 것은 _____의 예이다. 신체적 안내를 점차 제거하는 것은 _____(이)다.
5. 결혼생활의 행동치료에서, 배우자 사이의 서면 계약서는 _____(이)라고 한다.

해답

1. 남은 반응, 피로, 포만 2. 변동간격(VI), 변동비율(VR) 3 대단위, 소단위 4. 촉구자극, 페이딩 5. 수반성 계약

요약

고정비율(FR)계획에서는 일정한 횟수로 반응을 한 후에 강화물이 제공되며, 전형적으로 빠른 반응 후에 강화 후 휴지가 나타난다. 변동비율(VR)계획에서는 변하는 횟수만큼 반응을 한 후에 강화물이 제공되며, 전형적으로 빠르고 꾸준한 반응을 이끈다. 고정간격(FI)계획에서는 일정한 시간이 지난 후에 반응을 한번 하면 강화를 받는다. 동물은 강화 후 휴지를 한 후에 가속적인 반응 패턴을 보인다. 변동간격(VI)계획에서는 요구되는 시간이 변하는 것을 제외하고 비슷하며, 전형적으로 적당하고 꾸준한 반응을 산출한다.

강화계획에서 수행은 강화의 질과 양, 반응 노력, 개인의 동기수준과 과거 경험의 영향을 받는다. 인간의 경우 규칙을 배우거나 스스로 터득하여 반응할 수 있다. 강화가 중단되었을 때, 소거는 연속강화 후에 빠르게 나타나며, FI계획이나 FR계획 후에는 좀 더 느리게 나타나고, VI계획이나 VR계획에서는 가장 느리게 나타난다.

실험분석에 따르면, FR계획에서 강화 후 휴지가 발생하는 일차적 이유가 각 강화물은 다음 강화물이 주어지기 전에 많은 반응이 이루어져야 함을 신호하기 때문이라는 것을 보여준다. VR계획이 VI계획보다 더 빠른 반응을 초래하는 이유에 대해서 IRT 강화이론의 설명은 다음과 같다. 즉, VI계획에서는 긴 휴지가 때때로 강화를 받지만 VR계획에서는 갑작스럽고 빠른 반응이 강화를 받을 가능성이 높기 때문이다. 그러나 다른 이론에서는 VR계획의 경우 빨리 반응할수록 더 많은 강화를 받지만, VI계획에서는 그렇지 않음을 배우기 때문이라고 주장한다.

강화계획은 행동치료에서 빈번히 사용된다. 자폐증이 있는 아동은 정적 강화, 조성, 촉구하기와 페이딩을 사용하여 말을 하도록 가르칠 수 있다. 토큰체계와 기타 강화기법은 몇몇 정신병원, 학교 그리고 기업에서 사용되어왔다. 부부를 위한 행동치료에서, 수반성 계약은 배우자가 정적 강화물을 교환하는 것을 증가시키도록 돕는다.

복습 문제

1. 네 개의 단순 강화계획에 대해, 강화의 규칙과 전형적 반응 패턴, 그리고 소거의 비율을 기술하라.
2. 당신의 경험으로부터 네 개의 단순 강화계획 중 하나와 비슷한 상황을 기술하라. 당신의 예에서 강화계획은 실험 예와 어떤 점에서 유사한가? 둘 간의 중요한 차이점이 있는가? 실생활에서 행동 패턴은 실험실 행동과 유사한가?
3. 강화계획에서의 수행에 영향을 주는 요인 중 강화계획을 제외한 다른 요인에는 어떤 것들이 있

는가? 구체적 예를 사용하여 설명하라.

4. 행동의 소단위이론과 대단위이론의 차이는 무엇인가? 보통 VI계획보다 VR계획에서 반응이 더 빠른 이유에 대한 소단위이론과 대단위이론을 기술하라.

5. 조작적 조건형성 원리가 행동치료에 사용된 몇 가지 예를 들어보라. 방법을 기술하면서 조작적 조건형성의 원리와 용어를 가능한 한 많이 사용하라.

참고문헌

Anger, D. (1956). The dependence of interresponse times upon the relative reinforcement of different interresponse times. *Journal of Experimental Psychology, 52*, 145–161.

Baum, W.M. (1973). The correlation-based law of effect. *Journal of the Experimental Analysis of Behavior, 20*, 137–153.

Baxter, G.A., & Schlinger, H. (1990). Performance of children under a multiple random-ratio random-interval schedule of reinforcement. *Journal of the Experimental Analysis of Behavior, 54*, 263–271.

Bentall, R.P., & Lowe, C.F. (1987). The role of verbal behavior in human learning: III. Instructional effects in children. *Journal of the Experimental Analysis of Behavior, 47*, 177–190.

Blakely, E., & Schlinger, H. (1988). Determinants of pausing under variable-ratio schedules: Reinforcer magnitude, ratio size, and schedule configuration. *Journal of the Experimental Analysis of Behavior, 50*, 65–73.

Bullock, C.E., & Hackenberg, T.D. (2006). Second-order schedules of token reinforcement with pigeons: Implications for unit price. *Journal of the Experimental Analysis of Behavior, 85*, 95–106.

Camden, M.C., & Ludwig, T.D. (2013). Absenteeism in health care: Using interlocking behavioral contingency feedback to increase attendance with certified nursing assistants. *Journal of Organizational Behavior Management, 33*, 165–184.

Capaldi, E.J. (1966). Partial reinforcement: A hypothesis of sequential effects. *Psychological Review, 73*, 459–477.

Catania, A.C., Matthews, B.A., & Shimoff, E. (1982). Instructed versus shaped human verbal behavior: Interactions with nonverbal responding. *Journal of the Experimental Analysis of Behavior, 38*, 233–248.

Cavalier, A.R., Feretti, R.P., & Hodges, A.E. (1997). Self-management within a classroom token economy for students with learning disabilities. *Research in Developmental Disabilities, 18*, 167–178.

Cole, M.R. (1999). Molar and molecular control in variable-interval and variable-ratio schedules. *Journal of the Experimental Analysis of Behavior, 71*, 319–328.

Critchfield, T.S., Haley, R., Sabo, B., Colbert, J., & Macropoulis, G. (2003). A half century of scalloping in the work habits of the United States Congress. *Journal of Applied Behavior Analysis, 36*, 465–486.

Crossman, E.K., Bonem, E.J., & Phelps, B.J. (1987). A comparison of response patterns on fixed-, variable-, and random-ratio schedules. *Journal of the Experimental Analysis of Behavior, 48*, 395–406.

Cunningham, T.R., & Austin, J. (2007). Using goal setting, task clarification, and feedback to increase the use of the hands-free technique by hospital operating room staff. *Journal of Applied Behavior Analysis, 40*, 673–677.

Dallery, J., Glenn, I.M., & Raiff, B.R. (2007). An Internet-based abstinence reinforcement treatment for cigarette smoking. *Drug and Alcohol Dependence, 86*, 230–238.

Ferster, C.B., & Skinner, B.F. (1957). *Schedules of reinforcement*. New York: Appleton-Century-Crofts.

Fox, D.K., Hopkins, B.L., & Anger, W.K. (1987). The long-term effects of a token economy on safety performance in open-pit mining. *Journal of Applied Behavior Analysis, 20*, 215–224.

Glynn, S.M. (1990). Token economy approaches for psychiatric patients: Progress and pitfalls over 25 years. *Behavior Modification, 14*, 383–407.

Green, L., Kagel, J.H., & Battalio, R.C. (1987). Consumption-leisure tradeoffs in pigeons: Effects of changing marginal rates by varying amount of reinforcement. *Journal of the Experimental Analysis of Behavior, 47*, 17–28.

Hackenberg, T.R. (2009). Token reinforcement: A review and analysis. *Journal of the Experimental Analysis of Behavior, 91*, 257–286.

Halweg, K., & Markman, H.J. (1988). The effectiveness of behavioral marriage therapy: Empirical status of behavioral techniques in preventing and alleviating marital distress. *Journal of Consulting and Clinical Psychology, 56*, 440–447.

Horsley, R.R., Osborne, M., Norman, C., & Wells, T. (2012). High-frequency gamblers show increased resistance to extinction following partial reinforcement. *Behavioural Brain Research, 229*, 438–442.

Humphreys, L.G. (1939). The effect of random alternation of reinforcement on the acquisition and extinction of conditioned eyelid reactions. *Journal of Experimental Psychology, 25*, 141–158.

Jacobson, N.S. (1977). Problem solving and contingency contracting in the treatment of marital discord. *Journal of Consulting and Clinical Psychology, 45*, 92–100.

Jacobson, N.S., & Follette, W.C. (1985). Clinical significance of improvement resulting from two behavioral marital therapy components. *Behavior Therapy, 16*, 249–262.

Johnson, C.M., Redmon, W.K., & Mawhinney, T.C. (2001). *Handbook of organizational performance: Behavior analysis and management*. New York: Haworth Press.

Koegel, R.L., Bimbela, A., & Schreibman, L. (1996). Collateral effects of parent training on family interactions. *Journal of Autism and Developmental Disorders, 26*, 347–359.

Leander, J.D., Lippman, L.G., & Meyer, M.E. (1968). Fixed interval performance as related to subject's verbalization of the reinforcement contingency. *Psychological Record, 18*, 469–474.

Lovaas, O.I. (1967). A behavior therapy approach to the treatment of childhood schizophrenia. In J.P. Hill (Ed.), *Minnesota symposium on child psychology* (pp. 108–159). Minneapolis, MN: University of Minnesota Press.

Lovaas, O.I. (1987). Behavioral treatment and normal educational and intellectual functioning in young autistic children. *Journal of Consulting and Clinical Psychology, 55*, 3–9.

Lowe, C.F. (1979). Determinants of human operant behaviour. In M.D. Zeiler & P. Harzem (Eds.), *Advances in the analysis of behaviour: Vol. 1. Reinforcement and the organization of behaviour* (pp. 159–192). Chichester, England: Wiley.

Lydon, H., Healy, O., & Leader, G. (2011). A comparison of Video Modeling and Pivotal Response Training to teach pretend play skills to children with Autism Spectrum Disorder. *Research in Autism Spectrum Disorders, 5*, 872–884.

Macaskill, A.C., & Hackenberg, T.D. (2012). Providing a reinforcement history that reduces the sunk cost effect. *Behavioural Processes, 89*, 212–218.

Malagodi, E.F. (1967). Fixed-ratio schedules of token reinforcement. *Psychonomic Science, 8*, 469–470.

Matthews, B.A., Catania, A.C., & Shimoff, E. (1985). Effects of uninstructed verbal responding on nonverbal responding: Contingency descriptions versus performance descriptions. *Journal of the Experimental Analysis of Behavior, 43*, 155–164.

Matthews, B.A., Shimoff, E., Catania, A.C., & Sagvolden, T. (1977). Uninstructed human responding: Sensitivity to ratio and interval contingencies. *Journal of the Experimental Analysis of Behavior, 27*, 453–467.

Mawhinney, V.T., Bostow, D.E., Laws, D.R., Blumenfeld, G.J., & Hopkins, B.L. (1971). A comparison of students studying-behavior produced by daily, weekly, and three-week testing schedules. *Journal of Applied Behavior Analysis, 4*, 257–264.

Mazur, J.E., & Biondi, D.R. (2013). Pigeons' choices with token stimuli in concurrent variable-interval schedules. *Journal of the Experimental Analysis of Behavior, 99*, 159–178.

McEachin, J.J., Smith, T., & Lovaas, O.I. (1993). Long-term outcome for children with autism who received early intensive behavioral treatment. *American Journal of Mental Retardation, 97*, 359–372.

Milo, J.S., Mace, F.C., & Nevin, J.A. (2010). The effects of constant versus varied reinforcers on preference and resistance to change. *Journal of the Experimental Analysis of Behavior, 93*, 385–394.

Mintz, D.E., Mourer, D.J., & Gofseyeff, M. (1967). Sequential effects in fixed-ratio postreinforcement pause duration. *Psychonomic Science, 9*, 387–388.

Mowrer, O.H., & Jones, H. (1945). Habit strength as a function of the pattern of reinforcement. *Journal of Experimental Psychology, 35*, 293–311.

Nevin, J.A. (1974). Response strength in multiple schedules. *Journal of the Experimental Analysis of Behavior, 21*, 389–408.

Nevin, J.A. (1992). An integrative model for the study of behavioral momentum. *Journal of the Experimental Analysis of Behavior, 57*, 301–316.

Nevin, J.A., & Grace, R.C. (2000). Behavioral momentum and the law of effect. *Behavioral and Brain Sciences, 23*, 73–130.

Platt, J.R. (1979). Interresponse-time shaping by variable-interval-like interresponse-time reinforcement contingencies. *Journal of the Experimental Analysis of Behavior, 31*, 3–14.

Podlesnik, C.A., & Shahan, T.A. (2010). Extinction, relapse, and behavioral momentum. *Behavioural Processes, 84*, 400–410.

Powell, R.W. (1969). The effect of reinforcement magnitude upon responding under fixed-ratio schedules. *Journal of the Experimental Analysis of Behavior, 12*, 605–608.

Richards, J.B., Sabol, K.E., & Seiden, L.S. (1993). DRL interresponse-time distributions: Quantification by peak deviation analysis. *Journal of the Experimental Analysis of Behavior, 60*, 361–385.

Schaefer, H.H., & Martin, P.L. (1966). Behavioral therapy for "apathy" of schizophrenics. *Psychological Reports, 19*, 1147–1158.

Shimp, C.P. (1968). Magnitude and frequency of reinforcement and frequencies of interresponse times. *Journal of the Experimental Analysis of Behavior, 11*, 525–535.

Shimp, C.P. (1973). Synthetic variable-interval schedules of reinforcement. *Journal of the Experimental Analysis of Behavior, 19*, 311–330.

Skinner, B.F. (1938). *The behavior of organisms*. New York: Appleton-Century-Crofts.

Skinner, B.F. (1969). *Contingencies of reinforcement: A theoretical analysis*. Upper Saddle River, NJ: Prentice-Hall.

Tanno, T., & Sakagami, T. (2008). On the primacy of molecular processes in determining response rates under variable-ratio and variable-interval schedules. *Journal of the Experimental Analysis of Behavior, 89*, 5–14.

Vaughan, W. (1987). Dissociation of value and response strength. *Journal of the Experimental Analysis of Behavior, 48*, 367–381.

Ventola, P., Friedman, H.E., Anderson, L.C., Wolf, J.M., Oosting, D., Foss-Feig, J., & . . . Pelphrey, K.A. (2014). Improvements in social and adaptive functioning following short-duration PRT program: A clinical replication. *Journal of Autism and Developmental Disorders, 44*, 2862–2870.

Wallin, J.A., & Johnson, R.D. (1976). The positive reinforcement approach to controlling employee absenteeism. *Personnel Journal, 55*, 390–392.

Wanchisen, B.A., Tatham, T.A., & Mooney, S.E. (1989). Variable-ratio conditioning history produces high- and low-rate fixed-interval performance in rats. *Journal of the Experimental Analysis of Behavior, 52*, 167–179.

Wearden, J.H. (1988). Some neglected problems in the analysis of human behavior. In G. Davey & C. Cullen (Eds.), *Human operant conditioning and behavior modification* (pp. 197–224). Chichester, England: Wiley.

Weiner, H. (1964). Conditioning history and human fixed-interval performance. *Journal of the Experimental Analysis of Behavior, 7*, 383–385.

Weisberg, P., & Waldrop, P.B. (1972). Fixed-interval work habits of Congress. *Journal of Applied Behavior Analysis, 5*, 93–97.

West, C. (2013). Behavioral marital therapy, third wave. In A. Rambo, C. West, A. Schooley, & T.V. Boyd (Eds.), *Family therapy review: Contrasting contemporary models* (pp. 221–226). New York, NY, US: Routledge/Taylor & Francis Group.

Wilder, D.A., Austin, J., & Casella, S. (2009). Applying behavior analysis in organizations: Organizational behavior management. *Psychological Services, 6,* 202–211.

Wolfe, J.B. (1936). Effectiveness of token rewards for chimpanzees. *Comparative Psychology Monographs, 12,* 1–72.

7

회피와 처벌

학습 목표

이 장을 읽은 후에 당신은

- 행동을 증가시키거나 감소시키는 절차를 구분할 수 있다.
- 세 회피이론을 기술하고 각각의 장점과 단점을 설명할 수 있다.
- 동물과 인간에게서 발생하는 학습된 무기력 현상을 논의할 수 있다.
- 처벌의 효과를 결정하는 요인을 기술할 수 있다.
- 행동을 통제하기 위해 처벌을 사용할 때의 문제점을 설명할 수 있다.
- 행동 감속기의 유형을 기술하고 행동치료에서 어떻게 사용되는지 기술할 수 있다.

제5장과 제6장에서는 정적 강화라는 주제, 즉 반응에 특정 자극(강화물)이 뒤따름으로써 그 결과로 반응이 증강되는 절차에 대해 알아보았다. 그러나 정적 강화는 행동과 그 결과 사이의 네 가지 관계 중 하나일 뿐이다. 〈그림 7.1〉에는 네 가지 가능성이 2×2 행렬 형태로 제시되었다. 먼저, 행동이 발생한 후 자극이 제시되거나 제거될 수 있다. 자극의 성질에 따라 행동이 증가하거나 감소되는 결과가 나타난다. 정적 강화는 이미 철저히 검토하였으므로 이 장에서는 다른 세 가지에 초점을 맞출 것이다.

몇 가지를 정의하면서 시작해보자. 부적 강화(negative reinforcement; 세 번째 칸)에서는 행동이 발생한 후 어떤 자극이 제거되면 행동이 증가하는 것이다. 예를 들어, 두통이 있던 사람이 진통제를 먹었더니 두통이 금방 사라졌다. 이 경우에 어떤 행동을 함으로써 두통의 고

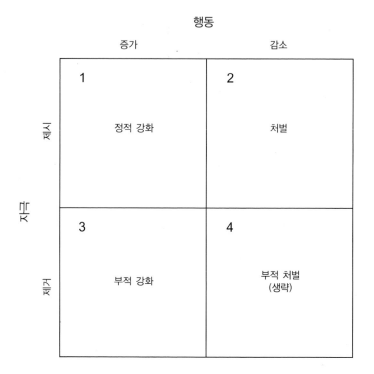

그림 7.1 두 종류의 강화와 두 종류의 처벌을 나타내는 2×2 행렬

통으로부터 도피(escape)하였다. 그 결과, 이 행동은 미래에 증강되어야 한다. 즉 다음에 두통이 생기면 다시 진통제를 먹을 것이다. 다른 종류의 부적 강화는 회피(avoidance)로서, 이경우 어떤 반응을 함으로써 불쾌한 자극이 발생할 것을 미연에 방지할 수 있다. 예를 들어, 소득세를 내면 그렇게 하지 않았을 때의 불쾌한 결과를 회피할 수 있다.

　두 번째 칸은 **처벌**(punishment)을 나타내며 행동에 뒤이어 불쾌한 자극이 따라오며 그래서 행동이 감소된다. 네 번째 칸은 **부적 처벌**(negative punishment) 또는 **생략**(omission)이라고 하며, 행동이 발생했을 때 유쾌 자극이 제거된다. 만약 자녀가 나쁜 행동(예 : 밤 늦게까지 집에 들어오지 않음)을 했을 때, 부모가 자녀에게 매주 주던 용돈을 주지 않는 식이다. 용어의 기억을 돕기 위해 〈그림 7.2〉에 각각 그림 예를 제시하였다.

　이 장의 첫 부분에서는 부적 강화에 대한 수많은 실험들을 살펴보고, 수년간 심리학자들이 논쟁하고 있는 회피에 관한 이론적 이슈를 논의한다. 다음에는 두 종류의 처벌 절차를 살펴볼 것이다. 이론적으로는 처벌이 강화의 반대라고 하지만, 어떤 심리학자는 처벌이 행동을 효과적으로 통제하지 못한다고 결론지었다. 여기서는 증거를 고려하여 결론을 내릴 것이다. 마지막으로 처벌이 행동 수정에 어떤 식으로 사용되어왔는지 검토할 것이다.

그림 7.2　두 종류의 강화와 두 종류의 처벌 (1) 개에게 새로운 행동을 가르치고 보상하는 것은 정적 강화 (2) 뜨거운 프라이팬에 손을 데는 것은 처벌 (3) 길에 파진 홈을 지나서 운전하는 것은 부적 강화(회피) (4) 나쁜 행동에 대한 타임아웃은 부적 처벌(생략)

도피와 회피

대표적 실험

Solomon과 Wynne(1953)은 부적 강화의 속성을 보여주는 많은 실험을 수행하였다. 개를 왕복 상자(shuttle box), 즉 낮은 장벽에 의해 두 개의 방으로 나누어진 실험상자를 사용하여 실험하였다. 개는 그저 장벽을 뛰어넘기만 하면 한 칸에서 다른 칸으로 이동할 수 있었다. 두 개의 불빛이 각 칸에 하나씩 머리 높이에 있었다. 몇 분마다 개의 머리 높이에 있는 불빛이 꺼졌다(그러나 다른 칸의 불빛은 켜진 상태였다). 개가 어두운 방에 그대로 남아 있으면 10초 후에 바닥에 전기충격이 주어져 개가 장벽을 뛰어넘어 다른 칸으로 갈 때까지 전기충격을 받게 된다. 따라서 개는 장벽을 뛰어넘음으로써 전기충격으로부터 도피할 수 있다. 그러나 불이 꺼진 후 10초가 되기 전에 장벽을 뛰어넘는다면 개는 전기충격을 완전히 **회피**할 수도 있다. 다음 시행은 개가 전기충격을 도피하거나 회피하기 위해 다시 첫 번째 칸으로 뛰어넘어야 한다는 점만 제외하고 동일하게 진행된다.

　처음 몇 시행 동안 개는 전형적인 도피 반응을 보인다. 즉, 전기충격이 시작된 후에야 장벽을 뛰어넘는다. 몇 번의 시행 후에 개는 회피 반응을 하기 시작한다. 즉, 불빛이 꺼지자마자 장벽을 뛰어넘는다. 10초가 되기 전에 뛰어넘으면 개는 전기충격을 받지 않게 된다. 수십 번 시행 후에 보통의 개들은 불빛이 꺼지고 2~3초 내에 거의 항상 장벽을 뛰어넘는다. 많은 개들의 경우 불빛이 꺼지고 항상 10초 내에 장벽을 뛰어넘으므로 일단 성공적으로 회피 반응을 한 이후에는 결코 전기충격을 받지 않는다.

이런 결과는 초기 심리학자들(예 : Mowrer, 1947)이 때때로 회피 역설(avoidance paradox)이라고 부르는 의문을 제기하도록 만들었다. 어떻게 사건(전기충격)의 비발생(non-occurrence)이 회피 반응의 강화물로 작용할 수 있는가? 심리학자들은 도피 반응을 설명하는 데는 전혀 문제가 없었는데, 그 이유는 반응이 중요 자극에서 명백한 변화(즉, 도피 반응 후에는 전기충격이 사라짐)를 만들어냈기 때문이다. 그러나 회피 반응에서는 그러한 변화가 없다. 즉, 회피 반응 전이나 후나 전기충격이 없다. 몇몇 이론가들은 자극 조건에서의 무변화(뛰어넘기 전과 뛰어넘은 후에 전기충격이 없음)가 뛰어넘기에 대한 강화물로 작용한다는 것이 이치에 맞지 않는다고 느꼈다. 회피 반응에 대한 이러한 수수께끼는 회피에 대한 이요인이론(two-factor theory) 또는 이과정이론(two-process theory)이라고 부르는 영향력 있는 이론의 발달을 가져왔다.

이요인이론

이요인 또는 이과정이론은 회피 반응의 발생에 고전적 조건형성과 조작적 조건형성이 모두 필요하다고 주장한다. Solomon과 Wynne의 실험을 언급하면서 이요인이 무엇인지를 설명할 것이다. 전기충격에 대한 무조건반응 중 하나는 공포이다. 고전적 조건형성에서, 공포 반응은 US(전기충격)로부터 CS(매 전기충격에 선행하는 10초 동안의 어두움)로 전이된다. 조작적 조건형성에 기반을 둔 두 번째 요인은 공포유발 CS로부터 도피를 말한다. 개는 장벽을 뛰어넘음으로써 어두운 칸에서 밝은 칸으로 도피할 수 있었다. 결정적으로, 이요인이론에서 '회피 반응'이라고 불렀던 것이 '도피 반응'으로 재정의됨을 이해하는 것이 중요하다. 이 이론에서는 뛰어넘기에 대한 강화물이 전기충격으로부터의 회피가 아니라 공포유발 CS로부터의 도피라고 본다. 공포유발 CS(어두움)를 제거하는 것이 자극 환경에서 관찰되는 변화이며, 이것이 부적 강화물로 작용한다. 이요인이론은 이런 식으로 회피 역설을 해결하였다.

비록 이요인이론이 회피 반응에 대한 인기 있는 설명이라고 하더라도 몇 가지 문제가 있다. 문제점 중 한 가지는 공포와 회피 반응의 관련성에 관한 것이다. 만약 이론이 옳다면 전기충격에 대한 신호가 있을 때 공포가 증가하지만, 일단 회피 반응을 한 다음에는 공포가 감소되어야 한다. 그러나 동물이 회피 과제를 많이 경험하면 할수록 관찰될 만한 공포의 징후는 사라진다. Solomon과 Wynne(1953)은 실험 초반에 불빛이 꺼졌을 때 개에게서 공포의 다양한 징후들(낑낑거림, 배뇨, 몸 떨림)이 나타난다는 것에 주목하였다. 그러나 일단 개가 능숙하게 회피 반응을 하게 되자 관찰될 만한 정서의 징후들이 사라졌다. 공포가 회피 반응을 동기화한다고 추정되므로 이요인이론에 따르면 회피 반응이 가장 강할 때 공포가 가장 커야 한다.

이러한 문제점을 해결하기 위해 어떤 이요인이론에서는 회피학습에서 공포의 역할을 무시한다. 예를 들어, Dinsmoor(2001)는 회피학습에서 CS가 공포(심박수나 다른 신체적 신호로 측정되는)를 유발한다고 가정할 필요가 없다고 주장한다. CS가 혐오적(즉, 동물이 제거하려는 자극이 되는 것)이 된다는 점만 가정하면 된다.

이요인이론의 두 번째 심각한 문제는 회피 반응은 종종 소거되는데 매우 느리다는 점이다. 고전적 조건형성 원리에 따르면, CR인 공포(또는 Dinsmoor식 접근에서는 혐오)는 전기충격 없는 시행이 진행될수록 점차 약화되어야 한다. 만약 CS(Solomon과 Wynne 실험에서 불 꺼짐)가 더 이상 공포나 혐오를 유발하지 않는다면, 회피 반응 역시 발생하지 않아야 한다. 그러므로 이요인이론에서는 전기충격이 없는 일련의 시행 후에 회피 반응이 점차 약화되어야 한다고 예측한다. 그러나 Solomon과 Wynne의 실험에서, 많은 개들은 전기충격을 받지 않고 수백 시행 동안 반응하였다. 더군다나 전기충격을 전혀 받지 않음에도 불구하고 이 시행 동안 반응 잠재기는 계속 감소하였다.

이러한 결과들은 이요인이론을 곤란하게 만들었으며, 많은 심리학자가 회피 행동의 느린 소거가 이 이론의 중대한 문제라고 여겼다. 이러한 문제점을 해결하기 위해 회피에 대한 다른 두 이론이 등장하였다.

일요인이론

간단히 말하면, 일요인이론(one-factor theory)은 이요인이론에서 고전적 조건형성 요인이 불필요하다고 주장한다. 공포유발 CS로부터 도피가 회피 행동에 대한 강화물이라고 가정할 필요가 없는데, 왜냐하면 이요인이론의 주장과는 반대로 전기충격으로부터 회피 자체가 강화물로 작용할 수 있기 때문이다. Murray Sidman(1953)의 실험에서 이런 점을 설명하였다.

Sidman 회피 과제(Sidman avoidance task) 또는 간단히 자유 조작 회피(free-operant avoidance)라고 지칭하는 절차에서는 전기충격에 선행하는 신호가 없으나, 동물이 반응하지 않는 경우 완벽하게 규칙적인 시간 간격으로 전기충격이 주어진다. 예를 들어, Sidman 실험의 한 조건에서는 쥐가 회피 반응을 하지 않으면, 회기 내내 매 5초마다 전기충격을 받게 되어 있었다(그림 7.3a). 그러나 쥐가 회피 반응(레버 누르기)을 한다면, 반응 후 30초가 되기까지 다음 전기충격은 발생하지 않는다. 각 반응은 다음 전기충격을 30초 동안 연기시킬 수 있다(그림 7.3b). 규칙적으로 반응한다면(가령 매 20~25초마다 한 번씩), 쥐는 전기충격을 전부 회피할 수 있다. 실제로 Sidman의 쥐가 모든 전기충격을 회피했던 것은 아니었으나, 충분히 자주 반응함으로써 많은 전기충격을 회피할 수 있었다.

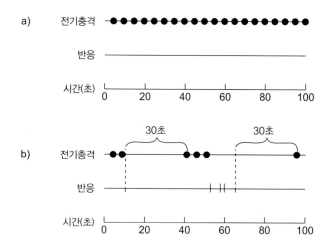

그림 7.3 Sidman(1953) 회피 과제의 한 조건에서의 절차. (a) 만약 피험동물이 반응하지 않으면 전기충격은 매 5초마다 제시된다. (b) 각 반응은 다음 전기충격을 30초 동안 연기시킨다.

언뜻 보면, 전기충격에 선행하는 신호가 없기 때문에 이 결과들은 이요인이론에 대한 문제를 제기하는 것처럼 보인다. 만약 공포나 혐오를 유발하는 CS가 존재하지 않는다면 회피반응은 왜 일어나는 것인가? 사실, 이요인이론가들은 이 문제에 대해 간단히 답하였다. 그답은, 비록 Sidman 과제에서 외부 CS는 없을지 모르지만 전기충격이 규칙적인 시간 간격으로 제시되었기 때문에 시간 경과가 CS로 기능했을 것이라는 점이다. 즉, 일단 쥐가 절차에 익숙해진 후에는 반응 없이 시간이 경과할수록 공포가 증가할 것이다. 쥐는 '마지막 반응 후 오랜 시간'이라는 자극과 공포를 연합시켰으므로, 반응을 함으로써 이 자극(및 연합된 공포)을 제거할 것이다.

일요인이론을 지지하는 더 강력한 사례를 위해서는 외부 자극이나 시간 경과가 전기충격이 다가옴을 알려주는 신뢰로운 신호로 기능할 수 없게 만드는 실험이 필요하다. 이를 위해 Herrnstein과 Hineline(1966)은 시간 경과가 전기충격이 다가옴을 신호하지 않는 절차를 개발하였다. 기본적인 생각은, 쥐가 레버를 누르면, 전기충격이 빨리 제시되는 계획에서 전기충격을 천천히 제시되는 계획으로 전환할 수 있다는 점이다. 예를 들어, 한 조건에서 쥐가 최근에 레버를 누르지 않았다면 30%의 확률로 전기충격을 받지만, 최근에 레버를 눌렀다면 전기충격을 받을 확률은 10%밖에 안 된다. 분명히, 쥐로서는 가능하면 10% 계획인 상태로 유지해야 전기충격을 적게 받는다. 그러나 이 절차의 핵심적 특징은 레버를 누른다고 해서 전기충격이 없는 시간을 확보할 수는 없다는 것이다. 때때로 순전히 우연히 쥐가 레버를 눌렀어도 거의 즉시 전기충격을 받을 수 있다. 이 절차에서 레버 누르기는 전기충격의 비율을 평균적으로 낮출 뿐이지, 고정적으로 전기충격이 없는 시간을 보장하지 않는다.

Herrnstein과 Hineline(1966)은 열여덟 마리 중 열일곱 마리 쥐가 결국 회피 반응을 획득했음을 발견하였다. 그들은 다음과 같이 결론지었다. (1) 외부 CS나 시간 경과가 전기충격에 대한 신뢰로운 신호가 아닐 때도 회피 반응을 학습하며, (2) 이 과제를 숙달하기 위해서 동물은 반응할 때와 반응하지 않을 때의 전기충격의 평균 빈도에 민감해야 한다. 그들은 이요인이론에서 공포 조건형성 요인은 불필요하다고 추론하였다. 즉, 전기충격의 빈도 감소가 회피 반응에 대한 강화물이라고 추정하면 안 되는 이유가 있는가? 이러한 이유 때문에 회피에 대한 일요인이론은 종종 전기충격 빈도감소이론(shock-frequency reduction theory)이라고 불린다(Hineline, 2001).

일요인이론은 회피 반응에 대한 느린 소거를 간단하게 설명한다. 일단 회피 반응이 획득되면 동물이 적절하게 반응함으로써 계획된 매 전기충격을 회피할 수 있음을 보았다. 이제 어느 시점에서 실험자가 전기충격 장치를 껐다고 가정해보자. 동물의 입장에서는 후속 시행이 이전 시행과 다른 점이 없는 것처럼 보일 것이다. 즉, 자극이 나타나고, 동물이 반응하며, 자극이 사라지고, 전기충격은 발생하지 않는다. 조건의 변화를 변별할 수 없기 때문에, 이 추론에 따르면 행동의 변화도 없다.

인지이론

Seligman과 Johnston(1973)은 회피의 인지이론(cognitive theory of avoidance)을 발전시켰으며, 이요인이론과 일요인이론보다 우수하다고 여겼다. 그들의 주장에 따르면, 전형적인 회피 과제에서 동물은 다음의 두 가지 기대를 점차 발달시킨다. (1) 회피 반응을 하면 전기충격이 발생하지 않고, (2) 반응을 하지 않으면 전기충격이 발생한다. 동물이 두 번째 상황보다 첫 번째 상황을 더 선호하므로 반응하게 된다. 일단 이 두 가지 기대가 형성되면 Seligman과 Johnston은 둘 중 하나의 기대 또는 두 기대 모두 위반될 때까지 동물의 행동이 변화하지 않을 것으로 추정하였다. 이것은 회피 행동의 느린 소거를 설명할 수 있다. 각 소거 시행에서 동물이 계속 반응하는 한, 반응 후 전기충격 없음을 관찰하게 된다. 이러한 관찰은 동물의 기대와 일치되므로 행동의 변화가 일어나지 않는다. 짐작컨대, 소거는 어떤 시행에서 반응하지 못한 경우(아마 실수로, 또는 주의를 빼앗기거나, 다른 어떤 이유로)에만 시작될 수 있을 것이다. 회피 반응을 하지 않은 시행에서만 동물은 기대와 일치하지 않는 결과(반응하지 않았는데 전기충격이 없음)를 관찰할 수 있을 것이다.

Lovibond(2006)가 제안한 최신 인지이론은 유기체가 삼항 수반성(변별자극, 조작적 반응, 그리고 결과)의 세 부분에 대한 정보를 포함한 좀 더 상세한 기대를 학습할 것이라고 주장하였다. 예를 들어, 유기체는 어떤 경고신호가 있을 때 특정 반응을 하면 한 종류의 혐오사건을 회피하게 되지만, 다른 경고신호가 있을 때 다른 혐오사건을 회피하려면 다른 회피 반응을 해야 한다는 것을 배울 것이다. 대학생을 대상으로 이루어진 연구에서 회피 과제를 할 때 이러한 정교한 세 부분의 기대를 발달시킬 수 있고, 발달시킨다는 것을 발견하였다 (Declercq, DeHouwer, & Baeyens, 2008).

회피학습에 있어서 생물학적 제약

회피에 대한 이론적 분석은 그다지 혼란스럽지 않지만, 고전적 조건형성과 정적 강화에서처럼 회피학습에서도 생물학적 제약이 중요한 역할을 한다는 증거가 있으므로 상황은 좀 더 복잡해진다. Robert Bolles(1970)는 회피학습에서 동물이 일종의 준비성을 보인다고 제안하였다. 이 경우에 준비성은 잠재적으로 위험한 상황에서 어떤 행동을 수행할 경향성을 말한다. Bolles는 회피학습에 대한 전통적 이론에 대해 상당히 비판적이다. 그는 다음과 같이 언급하였다.

> 숲속에서 우리의 작은 친구들을 생존하게 만드는 것은 우리가 통상적으로 생각하거나 실험실에서 연구하는 회피학습과는 아무런 상관이 없다. 새롭거나 갑작스러운 자극을 만났을 때 나타나는 매우 효과적인 선천적 방어반응이 동물들로 하여금 야생에서 생존하게 만든다. (pp. 32~33)

Bolles는 이 선천적 행동 패턴을 종 특유 방어반응(species-specific defense reaction, SSDR)이라고 불렀다. 이 명칭이 시사하듯, SSDR은 동물마다 다를 수 있으나, Bolles가 제안한 것처럼 대개 세 가지 범주 즉 얼어붙기, 도망하기, 그리고 싸우기(공격적 자세 그리고/또는 행동을 취하면서) 중 하나에 속한다. 회피에 대한 실험실 연구에서, 회피 반응이 그 동물의 SSDR과 똑같거나 적어도 유사한 경우에는 빨리 학습할 것이다. 이 가설을 뒷받침하기 위해 Bolles는 쥐가 실험상자의 한 칸을 뛰어넘거나 달려나옴으로써 전기충격을 회피하도록 학습시키는 것은 한두 번의 시행만으로도 가능하다는 점에 주목하였다. 빨리 획득된다는 것은 쥐가 위험할 때 도망하는 것이 가장 나을 법한 반응이었다는 사실을 반영해준다. 그러나 쥐에게 레버를 누름으로써 전기충격을 피하도록 훈련시키기 어려운 까닭은 레버 누르기 반응이 위험할 때 생명체가 전형적으로 하는 반응이 아니기 때문일 것이다(그림 7.4).

여기서 중요한 점은 레버 누르기처럼 새로운 반응을 학습할 때 난이도는 강화물의 성질에 달려 있다는 것이다. 강화물이 전기충격의 회피일 때 레버 누르기는 쥐가 획득하기 어려운 반응이며, 어떤 쥐는 결코 학습하지 못할 것이다. 그러나 다른 예로 강화물이 먹이일 때 비둘기에게 반응 키를 쪼도록 훈련하는 것은 상당히 쉽다. 대조적으로 강화물이 전기충격의 회피일 때 비둘기에게 반응 키를 쪼도록 훈련하는 것은 매우 어렵다. 문제는 분명해 보

그림 7.4 많은 동물에게 달리기 또는 도망가기는 종 특유 방어행동으로서, 레버 누르기 같은 조작적 반응과 양립 불가능한 것이 분명하다. (ziggy_mars/Shutterstock)

이는데, 강한 혐오자극에 대해 비둘기가 가장 흔하게 하는 반응은 멀리 날아가기로서, 이 반응은 어느 곳에 머물러 서서 쪼는 것과 거의 아무런 관련이 없다. 이러한 예들 때문에, Fanselow(1997)는 부적 강화의 기본 원리(혐오사건을 회피하도록 돕는 어떤 반응이든 강화된다는)가 SSDR이 있을 때는 특히 유용하지 않다고 주장하였다. 즉, 단순한 반응(레버 누르기나 반응 키 쪼기)조차도 동물은 학습하기 어려울 수 있다.

　몇몇 연구에서는 종의 SSDR과 양립할 수 있는 바람직한 반응을 함으로써 회피 상황에서 임의의 조작적 반응을 하도록 동물을 훈련할 수 있음을 보여주었다. 예를 들어, 경미한 전기충격에 대해 비둘기는 '싸우기' 범주의 SSDR(날개를 퍼덕거리기가 포함)을 보일 수 있다. Rachlin(1969)은 비둘기가 전기충격을 회피하기 위해 날개 퍼덕거리기로 시작하여, 실험상자에 돌출되어 있는 '키'를 조작하도록 훈련시켰다. 쥐를 대상으로 연구한 Modaresi(1990)는 레버가 벽 위에 높이 있는 경우, 특히 레버를 눌렀을 때 전기충격을 회피할 뿐 아니라 쥐가 딛고 설 수 있는 '안전 영역(발판)'이 생긴다면, 쥐에게 회피 반응으로서 레버 누르기를 훈련시키는 것이 훨씬 쉽다는 것을 발견하였다. Modaresi는 이러한 두 특징이 쥐가 잠재적으로 고통스러운 자극을 접했을 때 위로 몸을 뻗는 것이 안전 영역을 찾으려는 자연적 경향성과 일치한다는 것을 보여주었다. 이들 연구는 회피 반응을 쉽게 학습할 수 있을지 여부가 그 반응과 동물의 SSDR 사이의 유사성에 달려 있다고 했던 Bolles의 주장과 일치한다.

회피이론에 대한 결론

수년 동안 이요인이론은 회피 행동에 관한 인기 있는 이론이었으나, 문제가 없던 것은 아니었다. 회피학습은 전기충격에 대한 외부 신호가 없을 때 발생할 수 있다(Herrnstein & Hineline, 1966). 더군다나 이요인이론은 회피 과제에서 소거가 느린 이유를 설명하는 데 어려움이 있었다. 일요인이론과 인지이론은 둘 다 공포유발 CS가 회피 행동에 필수 불가결한 요구조건은 아니라고 가정함으로써 이러한 문제점들을 피하였다. 그러나 우리는 어떤 회피 상황에서는 공포가 역할을 한다는 증거들을 살펴보았으며, 이런저런 이유로 어떤 학습이론 가는 다른 두 이론보다 여전히 이요인이론을 선호한다. 몇십 년의 연구와 논쟁 후에도 어떤 회피이론이 최고냐 하는 질문에 대해서 모두가 만족할 만큼 해결되지 않았다. 이것은 각 이론이 부분적으로 옳다는 표시일 수 있다. 아마 어떤 회피 상황에서는 공포가 중요한 기능을 하지만, 꼭 필요한 기능은 아닐지 모른다. 일요인이론과 인지이론이 제안한 것처럼 회피 반응은 때때로 공포 없이 발생할 수 있다.

글상자 7.1   ## 연구 적용하기

반응 제지 절차(홍수법)

회피 반응의 느린 소거는 불가피한 것이 아니다. 즉 소거는 **반응 제지**(response blocking) 또는 **홍수법**(flooding)을 사용하면 속력을 낼 수 있다. 명칭에서 알 수 있는 것처럼, 반응 제지에는 전기충격보다 앞서 제시되면서도 회피 반응을 하지 못하게 막는 신호 자극 제시가 포함된다. 한 실험에서 쥐는 실험상자의 첫 번째 칸에서 두 번째 칸으로 달려감으로써 전기충격을 회피하는 것을 학습하였다(Page & Hall, 1953). 반응을 학습시킨 후, 한 집단의 쥐에게는 일반적 소거 절차를 진행하였다. 다른 집단의 쥐에게는, 두 번째 칸으로 들어가는 문을 닫은 채로 실험상자의 첫 번째 칸에 15초 동안 머물게 하는 시행을 5회 실시한 다음, 소거 시행을 진행하였다. 따라서 이 쥐들은 획득 단계와 다르게 첫 번째 칸에서 회피 반응을 하지 못했으나 전기충격을 받지 않았다. 반응 제지 집단에서 소거가 훨씬 빠르게 진행되었다. 반응 제지가 회피 반응의 소거를 가속화하는 효과적 방법이라는 상당한 증거가 존재한다.

몇몇 행동치료자는 공포증 치료에 이 절차를 도입하였다. 홍수법이 체계적 둔감화(제3장)와 다른 가장 큰 차이점은 공포 사건이나 자극의 위계가 없다는 것이다. 가장 작은 양의 공포를 유발하는 자극에서 시작하는 대신, 홍수법을 사용하는 치료자는 매우 공포스러운 자극으로 시작해 공포의 외적 징후가 가라앉을 때까지 환자를 그 자극 속에 머무르도록 강요한다. 한 예로, 큰 소리를 무서워하는

11세 소년을 작은 방에서 많은 풍선이 터지는 소리에 노출시켰다(부모와 소년 모두 동의하에). 치료자는 그 소년이 스스로 풍선을 터뜨리도록 격려하였고, 두 회기 내에 소리에 대한 공포가 사라졌다(Yule, Sacks & Hersov, 1974).

홍수법과 체계적 둔감법의 효과성을 비교하는 수많은 연구들에 따르면, 이 절차들의 효과는 거의 같으나(Morganstern, 1973) 체계적 둔감법으로 공포증을 제거하지 못했을 때 홍수법이 종종 성공한다. Yule과 동료들(1974)은 홍수법은 조심해서 사용해야 하며, 회기를 장시간 지속하는 것이 극히 중요하다고 경고하였다. 치료자는 먼저 공포의 시작을 관찰해야 하며, 그다음에 정의된 공포 감소가 나타날 때까지 절차를 계속해야 한다. 만약 회기가 너무 일찍 종결되면, 환자의 공포증은 사실상 더 증가할 수 있다. 이러한 결점에도 불구하고 홍수법은 주의 깊게 사용되기만 하면 공포증의 효과적인 치료형태가 될 수 있다(Zoellner, Abramowitz, Moore & Slagle, 2009).

다른 행동치료도 공포나 다른 바람직하지 않은 반응을 제거하기 위해 장기간 자극에 노출시킨다. 예를 들어, 강박증이 있는(손 씻기나 문이 잠겼는지 확인하기처럼 의례적 행동을 반복적으로 과도하게 하는) 환자는 의례적 행동을 하지 못하도록 막으면서 그 반응을 유발시키는 자극에 노출시킴으로써 치료될 수 있다(Abramowitz & Foa, 2000). 연구들은 이러한 접근이 강박적 행동을 감소시키는 데 효과적임을 보여주었다.

학습된 무기력

혐오자극은 공포와 회피 반응보다 더한 것을 초래할 수 있다. 동물과 인간을 대상으로 한 상당한 연구는 예측할 수 없고 개인의 통제를 벗어난 혐오사건에 반복적으로 노출되면 장기적으로 심신을 약화시키는 효과가 나타난다는 것을 보여주었다. Seligman과 동료들(Maier & Seligman, 1976)은 이런 상황에서 동물과 인간은 자신의 행동이 환경에 거의 영향을 주지 못한다는 기대를 발달시키게 되고, 그러한 기대는 폭넓은 상황에 일반화될 것이라고 제안하였다. Seligman은 이러한 일반화된 기대를 학습된 무기력(learned helplessness)이라고 지칭하였다. 다음 실험을 생각해보자. 처음에 개를 장치에 넣고 도피할 수 없는 일련의 전기충격을 준다. 다음 날에는 개를 왕복 상자에 넣는데, Solomon과 Wynne(1953)에 의해 실시되었던 것과 비슷한 도피/회피 시행을 실시한다. 개가 다른 칸으로 뛰어넘지 않으면 10초의 어두움에 이어 전기충격이 제시된다. 그러나 Solomon과 Wynne의 연구에서는 개가 몇 번의 시행만에 학습했던 것과 달리, Seligman의 절차에서는 거의 2/3의 동물들이 전기충격으로부터 도피나 회피를 학습하지 못하였다. Seligman은 도피할 수 없는 전기충격을 받은 초기 훈련에서 개는 무슨 행동을 해도 자신이 경험하는 혐오적 사건에 영향을 주지 못한다는 기대를 발달시켰고, 무기력에 대한 이러한 기대가 왕복 상자로까지 전이된다고 결론 내렸다.

인간 참여자를 대상으로 비슷한 실험이 실시되었다. 예를 들어, 한 연구(Hiroto &

Seligman, 1975)에서는 먼저 대학생에게 회피할 수 없는 일련의 시끄러운 소리를 제시하였다. 그런 다음 일련의 글자 수수께끼(anagram)를 풀게 하였다. 이 집단은 회피할 수 없는 시끄러운 소리에 노출되지 않은 집단보다 문제를 푸는 데 훨씬 더 큰 어려움을 겪었다. 일반적인 통제집단 대학생들은 글자 수수께끼를 모두 풀었으며 시행이 진행될수록 점점 더 빨리 풀었다. 그러나 소리 집단의 참여자들은 대부분의 문제를 풀지 못하였고, 할당된 시간이 끝나기도 전에 문제 푸는 것을 포기해버렸다. Seligman은 동물과 인간에 대해 동일한 설명을 한다. 즉, 통제할 수 없는 혐오적 사건에 대한 초기 경험은 무기력감을 초래하고 다른 상황으로까지 전이되어 학습과 수행의 손실이 발생한다.

많은 심리학자들은 학습된 무기력이 어떤 종류의 심각하고 오래된 우울증에 역할을 한다고 믿는다. 인간의 학습된 무기력에 관한 수백 편의 연구가 이루어졌으며, 연구는 여러 영역으로 펼쳐졌다. 심리학자들은 학습된 무기력 개념을 가정폭력의 희생이 된 여성(Walker, 2009), 고령자의 문제대처 능력(Flannery, 2002), 직장에서 실패를 경험한 신입사원(Boichuk, et al., 2014) 그리고 사람들이 삶에서 중요한 사건에 대해 통제력이 없다고 느끼는 많은 상황에 적용하였다.

Seligman은 면역 훈련(immunization)이라고 부르는 절차를 통해 학습된 무기력을 예방할 수 있다고 제안하였다. 만일 동물이 전기충격에 처음 노출되었을 때 전기충격을 통제할 수 있다면 이후에 통제할 수 없는 전기충격에 노출되더라도 학습된 무기력에 빠질 가능성이 적을 것이다. Seligman은 아동이 학기 초 수업시간에 잘 해내면(아동에게 주어진 과제를 숙달할 수 있음을 보일 수 있으면) 수업환경에서의 무기력감을 예방할 수 있을 것이라고 제안하였다. McKean(1994)은 학업에서 무기력의 징후를 보이는 대학생을 돕기 위해 비슷한 제안을 하였다. 그런 학생은 수업내용을 통제할 수 없고, 혐오스럽고, 피할 수 없는 것으로 보는 경향이 있다. 자신이 잘 해내지 못할 것이라고 추측하고는, 과제에서 어려움을 겪거나 뭔가 차질이 생길 때마다 쉽게 포기한다. 그런 학생을 돕기 위해서 McKean은 교수들이 되도록 수업을 예측할 수 있고 통제할 수 있게(예 : 과목에서 요구되는 모든 사항을 강의계획서에 분명하게 열거하고, 과목에서 잘 하려면 어떤 기술이 필요한지 설명하며, 이런 기술을 어떻게 개발할지 제시함으로써) 만들어야 한다고 제안하였다. 첫 과제는 학생이 성공적으로 완수할 수 있을 것 같은 과제를 내주어야 학생이 수업에서 요구하는 것을 해낼 능력이 있다는 자신감을 얻게 된다.

Seligman(2006)은 최근 학습된 무기력과 우울증에 대해 싸울 수 있는 다른 방법으로 학습된 낙관주의(learned optimism)를 훈련시킬 것을 제안했다. 이 훈련에는 잠재적으로 나쁜 상황을 좀 더 긍정적 방식으로 생각하게 연습시키는 일종의 인지치료가 포함된다. 예를 들어, 대학 수업을 수강하는 중년 여성은 자신의 시험성적에 실망하며, "난 공부하기에는 너무 늙었어. 나 말고 다들 시험을 잘 본 게 틀림없어. 이 나이에 대학에 다시 돌아온 게 잘못이야."라고 생각할지 모른다. Seligman은 만약 이러한 부정적 사고를 인식하고 논박(dispute)하도록 학습한다면 이런 유형의 무기력한 사고가 바뀔 수 있다고 제안하였다. 그 예로서, 이 여성은 "B − 라는 성적은 나쁜 성적이 아니야. 나는 풀타임으로 일하기 때문에 하고 싶은 만큼 공부를 충분히 할 시간이 없었어. 내가 기대하는 것이 무엇인지 알았으니 다음 시험에는 더 열심히 할 거야."라고 생각할 것이다. Seligman은 낙담하거나 무기력한 생각을 논박하는 기법을 정기적으로 연습함으로써, 낙담과 무기력을 피하는 것을 학습할 수 있다고 주장하였다. 어떤 저

연습 퀴즈 1 : 제7장

1. 부적 강화의 두 유형은 _____와/과 _____(이)다.
2. 회피에 대한 이요인이론에 따르면, _____은/는 혐오적 사건에 선행하는, 처음에는 중립적이었던 자극에 대해 발달한다.
3. 유기체가 반응하지 못하도록 물리적으로 막음으로써 회피 반응을 소거하는 것을 _____(이)라고 한다.
4. _____은/는 동물이 위험한 상황에서 하는 경향이 있는 도망하기, 얼어붙기 또는 싸우기 같은 행동이다.
5. Seligman에 따르면, 사람들에게 잠재적으로 나쁜 상황에 대해 보다 긍정적으로 생각하도록 가르침으로써 _____(을)를 만들어낼 수 있다.

해답
1. 도피, 회피 2. 공포 반응 3. 반응 제지 또는 홍수법 4. 종 특유 방어반응(SDDR) 5. 학습된 낙관주의

자들은 낙관주의를 가르치는 Seligman의 기법의 효과성에 의문을 제기하였으나(예 : Kelley, 2004), 어떤 저자들은 이 기법이 유익하다는 것을 발견하였다(Gilboy, 2005). 통제할 수 없는 혐오적 사건을 경험한 결과 때문에 학습된 무기력이 발생하는 것처럼, 다른 종류의 학습 경험으로 인해 학습된 낙관주의가 발달할 수도 있는 것이다.

처벌에 대한 연구

처벌은 강화의 반대인가

〈그림 7.1〉은 처벌이 행동에 미치는 영향이 정적 강화와 정반대라는 것을 시사한다. 즉 강화는 행동의 증가를 초래하고, 처벌은 행동의 감소를 초래한다. 그러나 처벌이 정말 강화와 정반대인가 하는 것은 경험적인 문제로서, Thorndike와 Skinner처럼 저명한 심리학자들은 그렇지 않다는 결론에 도달하였다. 자신의 연구에 기초하여 Skinner는 처벌은 단지 반응을 "일시적으로 억압한다."고 결론지었다.

행동의 감소가 단지 일시적인 것에 불과한가? 어떤 연구는 동물이 비교적 경미한 처벌에

길들여진다는 것을 보여주었다. Azrin(1960)의 실험에서 비둘기는 VI계획에서 먹이를 위해 꾸준히 반응하고 있다가 이후에 처벌이 도입되자 각 반응에 대해 경미한 전기충격을 받게 되었다. 반응률은 즉시 감소하였으나 여러 회기를 거치는 동안 전기충격을 받기 전 수준으로 되돌아갔다. 그러나 Azrin이 좀 더 강한 전기충격을 사용하였을 때, 실험이 진행되는 동안 반응은 거의 또는 전혀 원상태로 돌아가지 않았다. 이러한 연구 및 기타 유사한 연구결과를 바탕으로 적절한 강도의 처벌이 처벌된 행동을 장기적으로 감소시키거나 사라지게 할 수 있다는 점에는 의심의 여지가 없다.

비록 Skinner가 억압(suppression)이라는 용어를 정의하지 않았으나, 후대 저자들은 이것이 처벌받지 않는 특정 행동에 제한되지 않는, 행동의 일반적 감소를 뜻한다고 여겼다. 처벌을 사용하면 모든 행동이 일반적으로 감소되는가, 아니면 처벌받은 그 행동만 감소되는가? Schuster와 Rachlin(1968)의 실험에서 이 문제를 연구하였다. 실험상자에서 비둘기는 때때로 왼쪽 반응 키를 쫄 수 있었으며, 다른 때는 오른쪽 반응 키를 쫄 수 있었다. 두 키는 모두 먹이로 강화하는 VI계획에 있었으나, 그다음에는 두 키에 전기충격에 대한 상이한 계획을 도입하였다. 왼쪽 키에 불이 켜졌을 때(불 켜짐은 이 키에 VI계획이 진행된다는 것을 신호함) 비둘기가 키를 쪼면 때때로 전기충격이 뒤따랐다. 그러나 오른쪽 키에 불이 켜졌을 때는 비둘기가 키를 쪼든 쪼지 않든 상관없이 전기충격이 제시되었다. 이런 조건에서 왼쪽 키에 대한 반응은 현저하게 감소하였으나 오른쪽 키에 대한 반응률은 거의 변화가 없었다.

이와 같은 연구는 처벌이 단지 활동의 일반적 감소를 유발하는 것 이상이라는 사실을 확고하게 해준다. 특정 행동이 처벌되었을 때 그 행동의 빈도가 크게 감소하였으나, 처벌되지 않은 다른 행동은 빈도에서 실질적인 변화를 나타내지 않았다. 요약하자면, Thorndike와 Skinner의 예측과는 반대로, 연구결과는 처벌의 효과가 강화의 효과와 정반대임을 시사하였다. 즉 강화에서는 특정 행동에 뒤이어 쾌락적인 정적 자극이 뒤따르면 그 행동이 증가되고, 처벌에서는 특정 행동에 뒤이어 혐오자극이 뒤따르면 그 행동이 감소된다. 이 두 경우에서 강화 수반성이나 처벌 수반성이 효력을 발휘하는 한에서만 행동에서의 변화가 지속된다고 예측할 수 있다.

처벌의 효과성에 영향을 주는 요인

몇 년 전, Azrin과 Holz(1966)는 처벌 수반성에 영향을 주는 수많은 변인들을 검토하였다. 칭송할 만한 점은 주요 골자 모두가 그들의 연구가 발표되었을 때처럼 지금도 타당한 것으로 보인다는 점이다. 몇 가지 골자를 다음에서 기술하였다.

도입 방식

만약 행동을 크게 영구적으로 감소시키는 것이 목표라면, Azrin과 Holz(1966)는 처벌물을 즉시 충분한 강도로 도입해야 한다고 충고한다. 앞서 우리는 동물이 경미한 처벌물에 길들여지는 것을 이미 살펴보았다. 최종적인 결과는, 특정 강도의 처벌이 갑자기 도입되었다면 행동을 완전히 종료시킬 수 있겠지만, 점진적으로 도입된다면 행동에 거의 또는 전혀 아무런 효과도 나타내지 못한다는 것이다. Azrin, Holz와 Hake(1963)는 매 반응 후에 80V 강도의 전기충격을 처음부터 제시하는 경우, 비둘기의 반응 키 쪼기 반응을 완전히 억압할 수 있음을 보고하였다. 그러나 처벌이 낮은 강도에서 시작하여 천천히 증가되면, 비둘기는 130V까지 높인 강한 전기충격에서도 계속 반응하였다. 처벌을 사용하는 행동 수정자의 목표가 혐오자극에 대한 인내를 조성하는 것이 아니라 바람직하지 않은 행동을 제거하는 것이라면, 처벌물은 애초에 최대 강도로 제시되어야 한다.

처벌의 즉시성

가장 강력한 강화물이 조작적 반응 직후에 제공되는 강화물인 것처럼, 반응 다음에 즉시 처벌물을 제시하는 것이 반응의 빈도를 감소시키는 데 가장 효과적이다. 즉각적 처벌의 중요성은 일반적인 형태의 처벌이 왜 효과가 없는지를 설명할 수 있다. 예를 들어, 아동이 잘못된 행동을 했을 때 "아빠가 집에 돌아오실 때까지 기다려."라고 경고하면서 잘못된 행동을 감소시키려는 엄마는 행동과 처벌 사이에 상당히 긴 지연이 있음을 말하고 있다. 이러한 수반성이 아동의 행동에 거의 영향을 주지 못한다는 사실은 전혀 놀랍지 않다. 동일한 원리가 교실에서도 적용되는데, 교사가 아동이 잘못된 행동을 하고 한참 시간이 지난 후가 아니라 즉시 꾸짖는다면 효과가 클 것이다(Abramowitz & O'Leary, 1990). 결국에는 붙잡힐 텐데도 범죄에 가담하는 사람들의 심리 속에도 보상은 즉시 주어지지만 처벌은 지연되기 때문이라는 점을 시사한다. 미국에서 수행된 대규모 청소년 연구는 좀도둑질이나 차량 절도 같은 범죄에 가담하는 사람은 범죄 활동에 가담한 적이 없는 사람보다 지연된 결과에 덜 민감한 경향이 있다는 결론을 내렸다(Nagin & Pogarsky, 2004).

처벌계획

정적 강화와 마찬가지로, 처벌의 경우에도 행동할 때마다 처벌할 필요는 없다. 그러나 Azrin과 Holz는 행동을 제거하는 데 가장 효과적 방법은 간헐적 처벌계획을 사용하는 것이 아니라 매 반응을 처벌하는 것이라고 결론 내렸다. 한 실험에서 먹이를 얻기 위한 쥐의 레버 누르기는 FR계획에서 처벌되었으며, FR 처벌계획이 클수록 반응이 크게 감소하였다(Azrin et al., 1963). 동일한 일반적 규칙이 인간의 행동에도 적용된다. 행동을 감소시키는 가장 강력한 방법은 매 반응마다 처벌하는 것이다(Hare, 2006).

처벌계획은 전반적 반응률에 영향을 줄 뿐 아니라 시간에 따른 반응의 패턴에도 영향을 주며 정적 강화에서 얻어지는 것과 정반대이다. 예를 들어, FI 강화계획이 반응의 가속패턴을 초래한다면, FI 처벌계획은 감속패턴(다음 처벌물이 다가왔을 때 반응률이 감소하는 패턴)을 보인다(Azrin, 1956). FR 강화계획은 '휴지 후 반응' 패턴을 보이지만, 처벌에 대한 FR 계획에서는 '반응 후 휴지' 패턴을 보인다(Hendry & Van-Toller, 1964). 처벌계획에 대한 이 연구들과 다른 연구들은 행동에 대한 효과 면에서 처벌이 강화의 반대라는 주장을 지지한다.

반응 동기

Azrin과 Holz는 처벌 절차의 효과가 동물이 반응하려는 동기의 강도와 역관계에 있다는 것에 주목하였다. Azrin 등(1963)은 비둘기에게 먹이를 박탈시킨 정도를 다르게 유지함으로써, 먹이를 얻기 위해 강화했던 반응에 처벌이 어떤 영향을 주는지 관찰하여 이 점을 밝히고자 하였다. 비둘기가 매우 굶주렸을 때 처벌은 반응률에 거의 영향을 주지 못했으나, 먹이를 약간 박탈했을 때는 동일한 강도의 처벌이 반응을 완전히 중단시켰다. 이 결과는 놀라울 것이 없으나, 인간에게 시사하는 바가 분명하다. 즉, 매우 높은 동기수준을 가졌다면(예를 들어, 굶는 아이 때문에 물건을 훔친 부모) 처벌의 위협은 큰 효과가 없을 것이다.

대안 행동의 강화

Azrin과 Holz는 그들의 연구에 근거하여 처벌은 그 강화물을 얻는 대안적 방법을 제공할 때 더 효과적이라고 결론 내렸다. 예를 들어, 먹이를 제공하는 반응 키를 비둘기가 쪼지 못하도록 처벌할 때, 먹이를 제공하는(처벌 없이) 다른 반응 키가 있다면 처벌 사용이 훨씬 쉬워진다. 이런 이유 때문에 행동 수정가는 원치 않는 행동(예 : 아동끼리의 싸움)을 없애기 위해 처벌의 사용이 필요하다고 생각되면, 원치 않는 행동과 양립할 수 없는 대안 행동(예 : 협동놀이)에 대한 강화를 처벌과 늘 짝짓는다. 자해 행동(예 : 자기 자신을 때리기, 머리를 부딪치기)을 자주 하는 네 명의 아동을 대상으로 이루어진 한 연구에서는 대안적 강화가 주어질 작은 가능성이라도 있는 경우, 처벌 절차의 효과를 증가시킬 수 있음을 보여주었다 (Thompson, Iwata, Conners & Roscoe, 1999). 치료를 시작하기 전에 각 아동에게 적절한 강화물(예 : 장난감, 게임, 또는 구슬 한 줄)이 무엇인지 알아냈다. 치료 동안 자해 행동을 할 때마다 경미한 처벌(예 : 간단한 물리적 제지 또는 꾸중 "그렇게 하지 마.")이 뒤따랐다. 어떤 날에는 각 아동이 선호하는 대안 강화물이 있었고, 다른 날에는 대안 강화물이 없었다. 〈그림 7.5〉는 각 아동의 경우에, 대안 강화물이 있을 때 처벌이 자해 행동을 감소시키는 데 더 효과적이었음을 보여준다.

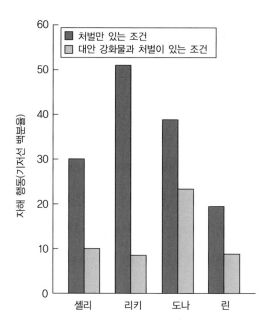

그림 7.5 처벌만 있는 조건과 대안 강화물과 처벌이 있는 조건에서 네 아동의 자해 행동의 빈도(치료가 시작되기 전 빈도의 백분율로 나타냄)를 보여준다. (Thompson et al., 1999)

변별자극으로서 처벌

비둘기에게 회기의 일정 기간에는 반응에 대해 처벌이 없지만, 나머지 기간에는 반응 뒤에 전기충격이 뒤따르는 실험을 상상해보자. 전기충격이 시작될 때마다 비둘기의 반응률은 증가할 것이다! 반응이 처벌되는 동안에만 비둘기가 먹이를 얻을 수 있다는 사실을 알지 못한다면 이 행동이 역설적으로 보일 것이다. 반응에 대한 전기충격이 없는 동안에 사실상 소거 계획이 작동하는 셈이다(Holz & Arzin, 1961). 다른 말로 하면, 반응에 뒤따르는 전기충격은 강화 기간과 소거 기간을 변별해주는 유일한 자극이므로, 먹이 강화물이 주어질 가능성에 대한 변별자극으로 기능한다. Azrin과 Holz는 자해 행동 역시 언뜻 역설적으로 보이지만, 비슷한 방식으로 설명된다고 했다. 자해 행동은 종종 동정과 관심이라는 개인적 강화물을 초래하므로, 이런 행동의 혐오적 측면(고통)은 곧 강화물이 다가온다는 변별자극으로 기능할지도 모른다.

처벌을 사용할 때의 문제점

Azrin과 Holz(1966)는 처벌이 적어도 강화만큼 효과적으로 행동을 변화시키는 방법 중 하나라고 결론 내렸으나, 처벌에는 바람직하지 않은 부작용이 수없이 많다고 경고하였다. 첫째, 처벌이 공포나 분노 같은 여러 감정을 유발한다는 것에 주목하였는데, 그런 감정은 일반적으로 학습과 수행을 방해한다. 전기충격 목줄을 사용하여 훈련한 안내견에 대한 연구에서 개는 훈련 상황이 아닌 때조차 주인이 있을 때마다 공포와 스트레스의 징후를 보임을 발견하였다(Schilder & van der Borg, 2004). 유사하게 많은 연구들은 체벌을 하는 부모의 아동들이 불안장애가 생길 위험이 높다고 밝혔다.

두 번째, 처벌은 처벌된 행동뿐 아니라 때때로 모든 행동을 전반적으로 억압한다. 수업시간에 손을 든 아동이 질문을 했을 때 교사가 "글쎄, 참 멍청한 질문이구나."라고 말했다고 상상해보자. 교사는 아동이 어리석은 질문을 하는 횟수를 줄이고자 한 말이었겠지만, 그 결과 그 아동뿐 아니라 수업을 듣는 모든 아동이 좋은 질문이든 나쁜 질문이든 질문을 하지 않게 될 것이다.

세 번째 문제점은 실생활에서 처벌을 하려면 개인의 행동을 끊임없이 감시해야 한다는 점이다. 이와 반대로 강화를 사용할 때는 감시가 반드시 필요한 것은 아닌데, 왜냐하면 사람들은 강화물이 뒤따르는 행동이 무엇인지 알아내는 데 관심이 있기 때문이다. 만약 아동이 자기 방을 청소해서 강화물을 받았다면, 청소가 끝난 후 부모가 확실하게 자기 방을 봐주기를 바랄 것이다. 하지만 이와 반대로, 방이 지저분해서 처벌을 받는 경우에 아동은 처벌을 받으려고 일부러 부모를 불러 자기 방을 들여다보도록 하지는 않을 것이다.

같은 맥락에서, 처벌의 사용에 대한 실제적 문제는 개인이 규칙을 교묘히 빠져나가거나 상황을 완전히 도피하려고 한다는 점이다. Azrin과 Holz(1966)는 강화물로 먹이를 얻기 위해 레버를 누르는데, 그러는 동안 레버를 누르면 가끔씩 전기충격을 받게 된 영리한 쥐의 행동을 기술하였다. 쥐는 레버를 누르는 동안 등을 바닥에 대고 누워버려 자기 털이 실험상자의 금속 바닥으로부터 오는 전기충격을 막는 절연체 역할을 하게 함으로써 전기충격을 회피하는 것을 학습하였다. 사람의 경우 더 기발한 속임수를 써서 처벌을 피할 것이라는 점을 예상할 수 있다. 만약 교사가 행동을 통제하기 위해 주로 처벌을 사용한다면, 아동은 잘못된 행동의 증거를 숨기려 할 것이다. 게다가 아동은 꾀병이나 수업을 빠짐으로써 상황으로부터 도망가버릴 것이다.

처벌을 사용할 때의 또 다른 문제점은 처벌을 하는 사람이나 주변의 누구에게라도 공격성을 나타낼 것이라는 점이다. 교도관(그리고 다른 죄수)으로부터 끊임없이 신체적으로 해를 입을 위험에 노출될 때 이런 사실이 입증된다. 혐오자극에 대한 반응으로 나타나는 공격성은 사람에게만 유일한 것이 아니다. Ulrich와 Azrin(1962)은 실험상자에 있는 두 마리 쥐에 대한 연구를 보고하였다. 쥐는 전기충격을 받기 전까지는 사이좋게 행동하였으나 전기충격을 주자 싸우기 시작하였다. 비둘기, 생쥐, 햄스터, 고양이 그리고 원숭이에게서 비슷한 결과가 나타났다.

처벌을 사용할 때의 마지막 문제점은 보호시설에서 행동 수정 프로그램을 실제로 실시해야 할 사람들이 처벌 사용을 꺼린다는 점이다. 보호시설에 있는 환자(예 : 발달장애가 있는 사람)와 일하는 직원들의 태도를 검토한 다양한 연구가 있다. 이러한 시설에 있는 직원은 행동을 수정하기 위해 처벌보다는 지시, 모델링, 강화와 같은 기법을 더 선호하였다(Davis & Russell, 1990). 이들은 아마 일상적으로 일하면서 앞에서 기술한 처벌의 문제점을 깨달았을 것이다.

처벌에 수많은 문제점이 있다는 것을 볼 때, Azrin과 Holz는 불가피할 때에만 처벌을 사용해야 하며, 주의해서 사용해야 한다고 제안하였다. 그러나 Azrin과 Holz는 처벌이 항상 우리 환경의 일부라는 점을 지적하였다. 교도소나 학교, 정신병원과 같은 기관에서 법률을 제정하여 처벌이라는 것을 아예 없애는 것이 가능할지 모른다. 그러나 모든 대인 간 상호작용(부모 자녀 사이나 부부 사이 등)에서 처벌을 없애기란 훨씬 어려울 것이다. 마지막으로 물리적 환경에는 제거 불가능한 잠재적 처벌물로 가득하다. 자동차를 운전하든, 숲속을 걷든, 수영을 하든, 스키를 타든, 요리를 하든 다른 거의 모든 행동을 하는 동안에 잘못 행동해서 뒤따르게 될 가능한 처벌적 결과를 잠깐 생각해보라. Vollmer(2002, p. 469)는 "처벌은 있기 마련이다."라고 썼다. 우리의 환경에서 처벌을 없앨 수 없기 때문에, 처벌이 행동에 어떻게 영향을 주는지 이해하기 위해서는 행동심리학자가 이 현상을 계속 연구하는 것이 중요하다.

부적 처벌(생략)

〈그림 7.1〉에서 네 번째 칸은 부적 처벌 또는 생략이라는 절차를 나타내는데, 만약 반응이 발생하면 어떤 자극이 제거되고 그 결과 그 반응이 감소된다. 강화물을 잃을 가능성은 행동에 강력한 영향을 준다. 한 연구에서, 대학생은 컴퓨터 스크린의 움직이는 표적을 클릭함으로써 돈을 따거나 잃는 게임을 하였다. 특정 표적을 선택함으로써 돈을 잃을 때마다 학생은 그 표적을 회피하려는 경향을 보였다. 학생의 선택을 정량적으로 분석한 결과, 돈을 잃는 처벌적 효과가 동일한 금액의 돈을 따는 강화 효과의 약 3배라고 추정하였다(Rasmussen & Newland, 2008). 생략 절차는 바람직하지 않은 행동이 일어난 직후, 매 행동마다 생략이 뒤따를 때 가장 효과적이다. 한 사례에서 치료자는 지적장애가 있는 성인이 자신의 손을 입에 넣는 것(그래서 손이 빨갛게 부푼다.)을 못하게 하려고 타임아웃을 사용하였다. 타임아웃을 연속 처벌계획으로 실시했을 때 손을 입에 넣는 행동이 거의 0에 가깝게 감소되었으나, FI 계획으로 실시했을 때는 훨씬 덜 효과적이었다(Lerman, Iwata, Shore & DeLeon, 1997). 그러므로 정적 처벌과 부적 처벌 모두 즉각성과 일관성이 중요하다.

행동치료에서 행동 감속기

행동 감속기(behavior decelerator)라는 용어는 때때로 원치 않는 행동을 늦추거나 감소시키거나 없애는 모든 기법을 지칭하는 데 사용된다. 처벌과 생략은 원치 않는 행동을 감소시키기 위한 가장 뚜렷한 방법이지만, 결코 이 두 방법만 있는 것은 아니다. 행동치료자는 다양한 유용한 행동 감속 기법의 목록을 작성하였는데, 여기서 가장 일반적인 몇 가지 기법을 검토할 것이다.

처벌

처벌을 사용하지 않으려는 행동치료자는 환자의 안락과 행복이 주요 관심 대상이므로 가능하면 처벌을 사용하지 않으려 한다. 그러나 행동이 위험하거나 바람직하지 않거나, 다른 기법을 실행할 수 없거나 성공적이지 않다면, 아무것도 안 하는 것보다 처벌이라도 사용하는 것이 낫다. 이 절에서는 처벌에 의해 행동이 감소되거나 제거된 대표적인 몇몇 상황을 기술하였다. 앞으로 보겠지만, 혐오자극은 상당히 경미한 정도로만 사용되었다.

부모와 교사가 자주 사용하는 물리적인 처벌이 아닌 한 형태는 아동이 나쁜 행동을 했을 때 잔소리하기와 꾸짖기일 것이다. 이런 수단은 아동의 행동에 분명히 영향을 주겠지만, 항상 어른이 바라는 대로 되지는 않는다. 꾸짖기가 일종의 관심이라는 것이 문제인데, 관심이 강력한 강화물임을 이미 살펴보았다. O'Leary, Kaufman, Kass와 Drabman(1970)은 꾸짖는 방식이 효과를 결정하는 주된 요인이라는 것을 발견하였다. 대부분의 교사는 해당 아동뿐 아니라 교실 전체에 다 들리도록 큰 소리로 꾸짖거나 공개적으로 꾸짖는다. 그러나 2학년 교사에게 가능하면 어디서나 '부드럽게' 또는 사적으로(즉, 아동 앞으로 다가가 조용한 소리로 말해서, 다른 아동이 들을 수 없도록) 꾸짖게 가르쳤을 때, 말썽 피우는 행동이 50% 감소함을 관찰하였다.

아동의 행동이 단지 교실에서 소란 피우는 정도가 아니라 더 심각한 문제일 때 더 강한 형태의 처벌이 때때로 필요하다. 예를 들어, 지적장애나 자폐증, 또는 정신분열병이 있는 아동 중에는 자기 얼굴을 반복적으로 때리거나, 피부 깊숙이 깨물거나, 딱딱한 물체에 자기 머리를 부딪치거나 하는 자해 행동을 하는 아동이 있다. 심각한 부상의 위험 때문에 치료자가 바로 근처에 있을 때를 제외하고는 이 아동을 24시간 내내 물리적으로 구속하기도 한다. Prochaska, Smith, Marzilli, Colby와 Donovan(1974)은 심각한 지적장애가 있는 샤론이라는 9세 여자아이의 치료를 기술하였다. 아동은 주먹으로 자기 코와 턱을 쳐댔는데, 구속하지 않으면 한 시간에 200번 정도나 쳤다. 비혐오적 절차가 효과가 없자 머리 부딪치기에 대해 다리에 전기충격을 주어 처벌하기로 결정하였다. 0.5초의 전기충격을 몇 차례 받은 후 머리 부딪치기는 완전히 멈췄으며 다른 행동에서도 향상이 있었다. 아동에게 처벌물로 전기충격을 사용하는 것은 논쟁의 여지가 있지만(글상자 7.2), 공정하게 말하자면 이 절차의 혐오적 특징은 처벌 절차를 실행하지 못했을 때 발생하는 부정적 결과에 비추어 따져보아야 한다.

자해 행동치료에서 기대되는 발전 중 하나는 전기충격보다 훨씬 경미한 처벌물도 때때로 효과적일 수 있다는 발견이다. 예를 들어, Fehr와 Beckwith(1989)는 장애가 있는 10세 남자아이의 자기 머리를 때리는 행동이 분무기로 얼굴에 물을 뿌림으로써 감소될 수 있음을 발견하였다. 더 나은 다른 행동을 강화하는 것과 조합해서 이러한 치료를 사용할 때 효과가 더 클 것이다. 물 분무는 공격성이나 원치 않는 다른 행동을 감소시키는 데도 성공적이었다(Matson & Duncan, 1997).

글상자 7.2 미디어에서

처벌이 효과적일 수 있다고 해서, 치료에서 사용해야 하는가?

처벌이 효과적으로 사용될 수 있다고 해서 행동통제의 기법으로서 사용해야 하는 것은 아니다. 최근 몇 년간 행동치료사들이 내담자의 행동을 통제하기 위해 혐오자극을 사용하도록 허용해야 하는지에 대한 논쟁이 심각해졌다. 논의의 상당 부분이 심한 발달장애 및 행동장애를 가진 아동 또는 성인의 치료에 초점 맞춰졌다. 혐오자극은 자해 행동이나 기타 위험한 행동을 제거하는 데 종종 사용된다.

혐오자극의 사용에 대해 반대하는 한 가지 논쟁은 법리에 근거를 두고 있다. 미국에서 중요한 원리 중 하나는 '치료받지 않을 권리'이다. 이 원리는 비록 치료가 효과적이라고 알려졌을지라도, 심지어 그 사람이 치료를 받는 것이 가장 최선이라는 것이 분명하더라도, 그는 치료를 거부할 권리를 가지고 있다. 예를 들어, 어떤 사람이 충치를 제거하지 않으면 감염이 퍼져 생명에 위험이 될 수 있지만, 그럼에도 불구하고 그는 충치를 제거하지 않을 권리가 있다. 혐오자극을 포함한 행동치료가 장기적으로는 유익할지 모르지만 그러한 치료를 거부하는 사람을 상상하기란 어렵지 않다. 발달장애를 가진 사람들의 경우 이슈가 좀 더 복잡해지는데 그 이유는 대체로 이들이 결정할 '능력이 없다'고 분류되는 사람들이며 치료에 대한 결정을 법적 후견인이 해야 하기 때문이다.

발달장애를 가진 사람들을 치료하는 사람들은 이 이슈에 대해 의견이 갈라진다. 한편에서는 윤리적인 이유로 어떤 상황에서도 혐오자극 사용을 반대하지만, 다른 한편에서는 비록 치료에 혐오자극이 포함되더라도 해볼 수 있는 가장 효과적인 치료의 사용을 제한하는 것이 비윤리적이라고 주장한다. 심리학자들 역시 혐오치료의 효과성에 대해서나, 비혐오절차와 어떻게 비교할 것인지에 대한 견해가 일치되지 않는다. 한편에서는 비혐오적 대안(예 : 대안 행동 강화, 조성, 소거 등)이 똑같이 효과적이라고 주장하지만, 다른 한편에서는 비혐오적 기법이 심각한 행동문제에 대해 동일하게 효과적이라는 것을 보여주는 자료가 없다고 주장하면서 반대한다.

그 누구도 행동통제의 수단으로 혐오자극의 무절제하고 무분별한 사용을 옹호하지 않는다. 논쟁은 혐오절차가 마지막 수단으로 사용되어져야 하는지 혹은 결코 사용되지 말아야 하는지에 대한 것이다

(Vollmer, Peters, & Slocum, 2015). 아마 시간이 지나면서 윤리적 토론, 법정 판결, 그리고 대안 기법의 효과성에 대한 보다 많은 자료들이 결합되어 이러한 이슈를 해결하는 데 도움이 될 것이다. 현재로는 행동치료에서 혐오자극의 미래가 불투명하다.

부적 처벌 : 반응대가 및 타임아웃

부적 처벌 수반성은 토큰체계에 쉽게 포함시킬 수 있다. 즉, 바람직한 행동을 하면 토큰을 얻을 수 있는 반면, 바람직하지 않은 행동을 하면 토큰을 잃는다. 바람직하지 않은 행동의 발생 뒤에 토큰이나 돈 또는 다른 조건강화물을 잃는 것을 반응대가(response cost)라고 한다. 반응대가 방식을 포함한 행동개입은 아동, 발달장애를 가진 성인, 재소자, 정신병원의 환자에게 사용되었다(Maffei-Almodovar & Sturmey, 2013). 수업을 방해하는 행동을 하는 일학년 아동들에게 토큰체계의 일부로서 반응대가를 사용한 연구가 있다. 여기서는 과제를 하는 행동에 대해서 토큰(종이에 단순히 체크표시를 함으로써)을 얻을 수 있지만, 말썽 피우는 행동이나 부적절한 행동을 하면 토큰을 잃었다. 토큰은 나중에 과자로 교환할 수 있다. 반응대가 수반성은 수행을 방해하는 문제 행동을 감소시키는 데 효과적이어서, 많은 아동에게서 문제 행동이 0이 되었다(Donaldson, DeLeon, Fisher, & Kahng, 2014).

아마 가장 일반적인 처벌은 타임아웃(time-out)일 텐데, 이것은 원치 않는 행동을 했을 때 하나 이상의 바람직한 자극을 일시적으로 제거하는 것이다. 한 사례연구에서, 타임아웃은 대안 행동에 대한 강화와 조합하여 정신병원에 있는 환자가 물건을 숨겨두는 것을 없애는 데 사용되었다(Lane, Wesolowski & Burke, 1989). 이 사례연구는 연구자들이 ABAB 설계(ABAB design)라고 부르는 것을 설명한다. 각 A단계는 환자의 행동이 기록되는 기저선 단계로, 어떤 치료도 하지 않았다. 각 B단계는 치료 단계이다. 스탠은 뇌 손상을 입은 성인으로, 담배꽁초나, 먼지와 종잇조각, 음식, 작은 돌과 같은 물건들을 주머니나 양말 또는 속옷 속에 자주 숨겼다. 처음 5일 동안의 기저선 단계에서 연구자는 매일 평균 열 번 정도 숨기는 행동을 한다는 것을 관찰하였다. 그다음 치료 단계(6일에서 15일까지)가 뒤따랐는데, 이때 스탠은 두 가지 대안 행동, 즉 야구 카드 모으기와 쓰레기를 주워서 제대로 버리기에 대해 강화를 받았다. 이 단계 동안에는 스탠이 숨기는 행동을 하면 그를 조용한 장소로 데리고 가서 10초 동안 머무르게 하는 타임아웃으로 처벌하였다. 치료 단계에서 숨기는 횟수가 감소하였다(그림 7.6). 두 번째 기저선 단계에서는 치료를 중단하였다. 이 기간 동안 스탠의 숨기는 행동이 증가하였다. 마지막으로 두 번째 치료 단계에서, 타임아웃과 대안 행동에 대한 강화를 다시 재개하였고, 스탠의 숨기는 행동은 점차 감소하여 결국 완전히 중단되었다.

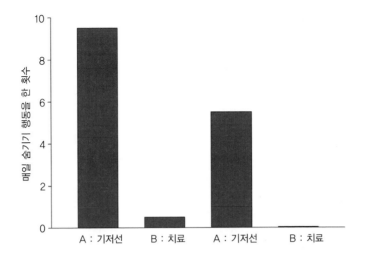

그림 7.6 뇌 손상 환자가 네 기간 중 최종 이틀 동안 숨기기 행동을 한 횟수. 두 번의 기저선 기간과 두 번의 치료 기간에 숨기기 행동은 타임아웃으로 처벌되었고 대안 행동은 강화되었음. (Lane et al., 1989.)

일 년 뒤 추적연구에서 숨기는 행동은 관찰되지 않았다. 이 ABAB 설계는 스탠의 숨기는 행동이 두 번의 기저선 단계에서 빈번히 발생하였으나, 두 번의 치료 단계에서 극적으로 감소하는 것으로써 치료절차의 효과를 보여주었다.

　타임아웃은 아동이 잘못된 행동을 했을 때 부모가 아동에게 자기 방으로 들어가라고 할 때처럼 아동에게 종종 사용된다. 교실 상황에서는, 아동을 고립된 방으로 보내는 타임아웃으로 공격적이거나 말썽 피우는 행동을 감소시킬 수 있다. 진행 중인 활동으로부터 아동을 떼어놓기만 해도 타임아웃은 효과가 있다. 예를 들어, 초등학교 4학년 아동들이 체육시간에 끊임없이 제멋대로 굴면서 말썽 피운 것에 대해서 교사는 타임아웃 수반성을 설정한다. 말썽 피우는 아동은 누구든지 즉각 노는 것을 중단하고 교실의 한구석으로 가서 앉아 큰 모래시계에서 모래가 모두 내려올 때까지(약 3분 정도 걸림) 그곳에 있어야 한다고 말한다. 반복적으로 잘못된 행동을 하는 아동들은 자유 시간과 하고 싶어 하는 다른 활동들을 잃는다(반응대가 수반성). 이러한 생략은 매우 효과적이어서 체육시간에 말썽 피우는 행동이 곧 95% 감소하였다(White & Bailey, 1990). 그러나 타임아웃 기법을 사용하는 것이 항상 쉬운 것은 아니다. 가르쳐야 할 학생들이 가득 차 있는 교실에서 이 기법을 사용하기란 어려울 것이다(Warzak, Floress, Kellen, Kazmerski, & Chopko, 2012). 그럼에도 불구하고, 타임아웃과 반응대가는 혐오자극을 제시하지 않고 문제 행동을 감소시킬 수 있는 효과적 방법으로 간주된다.

과잉교정

개인이 문제 행동을 하는 어떤 경우에는, 부모나 치료자 또는 교사들이 대안적으로 좀 더 바람직한 행동을 여러 번 반복하도록 요구한다. 이 기법은 과잉교정(over-correction)이라고 한다. 보통 두 요소를 포함하는데, 배상(잘못한 것을 보충하기)과 긍정적 연습(더 나은 행동 연습)이다. 교정 행동은 원래 했던 나쁜 행동보다 시간과 노력이 더 많이 들도록 설계된다. 예를 들어, Adams와 Kelley(1992)는 부모들에게 형제간에 싸우는 것을 줄이기 위해 과잉교정 절차를 사용하는 방법을 가르쳤다. 형제에게 신체적으로나 언어적으로 공격성을 표출했다면 배상(예 : 사과하기)과 긍정적 연습(예 : 장난감 나누기, 서로 살살 만지기 또는 좋은 말 하기)을 하게 한다. 긍정적 연습은 여러 번 반복한다. 만약 아동이 이런 행동을 적절하게 하지 않으면, 처음부터 연습 시행을 다시 시작한다. 이 절차는 형제들이 싸우는 것을 유의미하게 감소시켰다.

과잉교정은 정신장애가 있는 사람에게서 공격성이나 다른 문제 행동을 감소시키는 데 자주 사용되어왔다. 예를 들어, Sisson, Hersen과 Van Hasselt(1993)는 심한 지적장애가 있는 청소년에게 치료 프로그램의 일부로 과잉교정을 사용하여 물품을 포장하고 우편번호대로 분류하도록 가르쳤다. 부적응적 행동에는 손을 퍼덕거림, 몸을 앞뒤로 흔들기, 물건을 빙빙 돌리다가 툭 던지는 것 같은 정형화된 움직임이 포함되었다. 이 중 하나의 행동이 발생한 후에 치료자는 환자에게 물품을 포장하기와 우편번호대로 분류하기를 정확한 순서대로 세 번 반복하게 했다.

과잉교정은 처벌 절차에 대한 기술적 정의와 일치하는데, 일련의 사건(교정 절차)이 문제 행동의 발생에 수반된 결과, 그 행동이 감소되기 때문이다. 그러나 다른 처벌 기법과의 차이점은 교정 기간 동안 학습자는 더 바람직한 행동을 수행하는 법을 반복적으로 연습하게 된다는 점이다. 이것이 교정 절차의 가장 유익한 요소인데, 학습자에게 더 바람직한 대안 행동을 제공하는 것이 여러 행동 감소 치료의 중요한 구성 요소이기 때문이다.

소거

문제 행동 뒤에 어떤 정적 강화물이 뒤따른 결과 그 행동이 발생하며, 그 강화물을 제거하는 것이 가능하다면, 소거만으로도 그 행동은 결국 사라질 것이다. 문제 행동을 유지하는 가장 일반적 강화물은 바로 관심이다. 집이나 교실 또는 정신병원에서 발생하는 파괴적 행동이나 부적응적 행동은 부모나 또래, 교사, 병원 직원으로부터 관심을 끌기 때문에 나타나는 것일 수 있다. 전에는 이런 행동에 관심을 주던 사람들이 그 행동을 무시하면 때때로 사라지기도 한다. 한 예로, 감염된 부분을 자꾸 긁음으로써 피부 발진이 낫지 않던 여성이 있었다. 치료자는 이 긁기 행동이 가족과 약혼자(발진 부분에 피부 연고를 발라주었다.)로부터 받은 관심에 의해 유지되는 것은 아닌지 의심하였다. 치료자는 가족과 약혼자에게 발진에 대해 이야기하는 것을 피하고, 피부치료를 돕지 말라고 요청하였다. 그러자 긁기 행동은 곧 소거되었고 발진도 사라졌다(Walton, 1960).

소거는 느리다. 특히 문제 행동이 과거에 간헐적으로 강화받았던 경우에 그렇다. 더군다나 문제 행동을 소거하기 시작할 때 그 행동이 감소하기보다는 오히려 증가할 때가 종종 있다(떼쓰기를 소거시키기 위해 아동이 떼를 써도 무시하기로 결정한 부모는 소거 초기에 가장 최악의 떼쓰기를 보게 될지 모른다). 소거된 행동에서도 자발적 회복이 발생할 수 있다. 그럼에도 불구하고, 소거가 적절하게만 사용된다면 문제 행동을 없애는 매우 유용한 방법이 될 것이다. 소거를 가장 효과적으로 사용하는 방법 중 하나는 이것을 더 바람직한 다른 행동의 강화와 결합시키는 것이다.

도피 소거

이 절차는 문제 행동이 개인으로 하여금 좋아하지 않는 상황으로부터 도피하게 해주기 때문에 유지되는 경우에 사용된다. 예를 들어, 발달장애가 있는 어떤 아동은 음식 먹기를 거부하여 입에 넣은 음식을 삼키려고 하지 않는다. 이 행동이 오래 지속될수록 아동들의 건강을 해치게 될 위험이 더 커지는 것은 당연하다. 이 행동이 왜 일어나는지는 불분명하지만, 연구자는 음식 거부가 종종 어떤 상황에서 도피하게 만든다는 것을 관찰하였다. 즉, 돌보는 사람이 아동에게 먹도록 강요하지 않고 결국 먹이려는 시도가 끝난다. 도피 소거(escape extinction)에서, 돌보는 사람은 아동이 먹을 때까지 상황으로부터 도피하지 못하게 한다. 아동이 음식을 삼킬 때까지 아동의 입에 음식을 계속 떠먹인다. 어떤 사람은 이렇게 강제적인 기법에 대해 의문을 제기할지 모르지만, 먹기를 거부한다는 것이 얼마나 심각한 문제일지 생각해보자. 이 방법은 음식 거부 행동을 감소시키는 데 상당히 효과적이었다(Tarbox, Schiff, & Najdowski, 2010).

다른 예로서, 시설의 치료사는 발달장애가 있는 몇몇 아동이 학업 과제를 하라고 지시할 때마다 자해 행동(머리 흔들기, 손 물어뜯기 등)을 해서 과제로부터 도피할 수 있었음을 발견하였다. 따라서 치료사는 아동을 가르치는 선생님에게 자해 행동을 무시하고, 아동에게 과제를 계속하라고 말하고, 필요한 경우 아동이 과제를 하도록 손으로 인도하는 식으로 소거 절차를 시작하였다. 이런 방식으로 강화물(과제로부터 도피)은 제거되었고, 자해 행동의 빈도가 극적으로 감소하였다(Pace, Iwata, Cowdery, Andree, & McIntyre, 1993).

반응 제지

소거되기까지 기다리기에는 너무 위험하거나 파괴적인 행동에 대한 대안으로는 문제 행동을 하지 못하도록 물리적으로 제지하는 반응 제지가 있다. 어린 아동이 있는 대부분의 부모는 아동이 자신이나 다른 사람에게 위험한 일을 하지 못하도록 방지하기 위해 반응 제지를 종종 사용한다(그림 7.7). 행동치료자는 지적장애가 있는 아동이나 성인의 자해, 공격성, 물건 파괴와 같은 행동을 감소시키거나 제거하기 위해 반응 제지를 사용해왔다(Smith, Russo & Le, 1999).

반응 제지는 장·단기적 장점이 있다. 첫째, 문제 행동을 방지함으로써 당장 손상이나 손해를 피할 수 있다. 둘째, 행동이 제지될 것을 알면 그 행동을 시작하려던 시도도 일반적으로 감소한다. 예를 들어, 지적장애가 있는 소녀가 손가락으로 눈을 찌르는 것을 방지하기 위해 Lalli, Livezey와 Kates(1996)는 소녀에게 보안경(safety goggle)을 쓰도록 했다. 치료자가 환자를 손으로 제지하는 반응 제지와 달리, 보안경의 사용은 소녀가 혼자 있을 때조차 문제 행동을 막을 수 있는 장점이 있었다. 눈 찌르기를 중단한 후, 보안경을 일반 안경으로 점차 대체하였으며, 눈 찌르기 행동은 다시 나타나지 않았다.

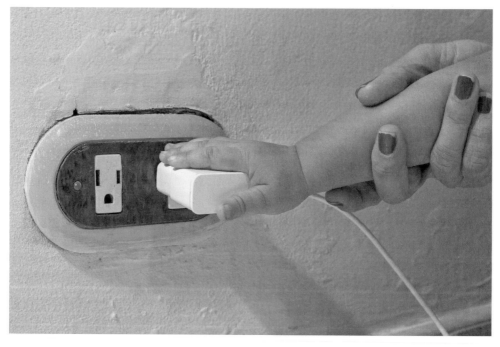

그림 7.7 위험한 행동을 다루는 가장 빠르고 좋은 방법은 반응 제지인 경우가 있다. 행동을 못하게 물리적으로 막는 것이다. (Luis Echeverri Urrea/Shutterstock.com)

대안 행동 차별강화

Ayllon과 Haughton(1964)의 고전적 연구는 문제 행동의 소거가 보다 적절한 행동의 강화와 어떻게 결합될 수 있는지 잘 보여준다. 이 절차는 대안 행동 차별강화(differential reinforcement of alternative behavior, DRA)로 알려져 있다. 이 연구자는 정신병적이거나 망상적인 말을 하는 정신병동의 환자를 치료하였다. 그들은 환자의 부적절한 대화가 정신과 간호사의 관심, 동정, 그리고 대화를 통해 종종 강화받는다는 것을 발견하였다. Ayllon과 Haughton은 두 단계 연구를 실시하였다. 첫 번째 단계에서 간호사는 정신병적인 말에 대해 관심과 물품(껌, 사탕 등)으로 강화하도록 분명한 지시를 받았다. 정신병적 말은 이 단계에서 꾸준히 증가하였다. 두 번째 단계에서 간호사는 정신병적인 말을 무시하고 정상적 말은 강화(예 : 날씨, 병실 활동이나 다른 일상적 주제에 대해 대화)하라는 지시를 들었다. 이 연구는 강화물로서 관심이 얼마나 큰 힘을 발휘하는지, 그리고 문제 행동에 대한 관심을 자제하고 바람직한 대안적 행동에 관심을 기울이는 것이 얼마나 중요한지 보여주었다.

이 장에서는 다른 행동 감속기 기법과 결합된 대안 행동 강화의 성공적 사례들을 이미 여러 차례 언급했다. 현대 행동치료에서 DRA는 행동을 감소시키기 위해 치료에 공통적으로 포함되는 부분이다. Petscher, Rey와 Bailey(2009)는 DRA가 성공적으로 사용된 100여 편의 연구를 검토하였다. 거식증, 공격성, 수업에서 말썽 피우기, 그리고 자해 행동과 같은 문제에 효과적으로 사용되어왔다. 논리는 다음과 같다. 즉 대부분의 행동 감소 기법은 무엇을 하면 안 되는지를 가르치지만, 환자에게 무엇을 할지 가르치지 않는다. 그러나 DRA는 이러한 단점을 고쳐, 하나의 행동이 감소될 때 만들어지는 '행동의 진공상태'를 메꿀 더 적합한 행동을 제공한다.

자극 포만

문제 행동을 유지하는 강화물을 제거하는 것이 적당하지 않다면, 강화물을 아주 많이 제공하여 효과를 잃게 하는 자극 포만(stimulus satiation)이 가능할 때가 있다. Ayllon(1963)은 자기 방에 수건을 몰래 숨겨두는 여성 정신과 환자를 기술하였다. 간호사가 수건을 치우려고 노력했으나 그녀는 보통 20개 이상의 수건을 방에 갖다 놓았다. 자극 포만 프로그램이 시작되었고, 간호사는 매일 많은 수건을 가져다주었다. 처음에 그 환자는 수건을 만지고 접고 쌓아놓기를 즐기는 것처럼 보였으나, 곧 수건이 너무 많다고 불평하기 시작하였고 수건이 방해가 된다고 하였다. 그 환자의 방에 있는 수건의 수가 600개에 가까워지자, 그녀는 스스로 수건들을 치우기 시작하였다. 그런 후 간호사는 수건 가져다주기를 그쳤으며, 다시는 수건을 몰래 숨겨두는 행동이 관찰되지 않았다.

특수한 자극 포만의 경우, 물건이 포함되지 않는다. 어떠한 목소리가 들린다고 불평하는 정신과 환자에게 이런 목소리를 듣는 시간을 충분히 주었다. 30분씩 85회 세션 동안 환자에게 조용한 방에 앉아 목소리가 들릴 때 뭐라고 말하는지, 그리고 목소리의 말투가 얼마나 강압적인지를 기록하도록 지시하였다. 이 회기가 끝날 때쯤 환청의 비율은 0에 가까워졌다(Glaister, 1985). 이 자극 포만 기법은 강박적 사고를 치료하는 데도 사용되었다.

연습 퀴즈 2 : 제7장

1. 학습자가 처벌 자극에 길들여질 가능성을 최소화하기 위해, 처벌은 _____ 도입되어야 한다.
2. 시기선택 측면에서, 가장 효과적 처벌물은 _____ 제시되는 것이다.
3. 실제로 바람직하지 않은 행동에 대한 처벌과 _____의 강화를 결합시키는 것이 항상 가장 효과적이다.
4. ABAB 설계에서 각 'A'는 _____ 기간을 나타내고 각 'B'는 _____ 기간을 나타낸다.
5. 바람직하지 않은 행동이 관심에 의해 유지되고 있다면, 보통 _____을/를 사용하여 감소시킬 수 있다.

해답

1. 최대 강도로 2. 즉시 3. 대안행동 또는 더 바람직한 행동
4. 기저선, 처치 5. 소거

요약

부적 강화에서는 반응이 일어나면 혐오자극은 제거되거나 사라진다. 부적 강화에는 도피와 회피가 있다. 회피에 대한 이요인이론은 회피에는 (1) 이전에는 중립적이었던 자극에 대한 공포를 학습하는 것과, (2) 그 자극으로부터 도피하는 반응을 포함한다고 진술한다. 수많은 연구가 이요인이론을 지지하였으나, 어떤 결과는 이론에 문제를 제기하였다. 잘 훈련된 동물은 측정될 만한 공포의 징후 없이 회피 반응을 계속한다는 것과, 회피 반응의 소거가 매우 느리다는 것이다.

회피에 대한 일요인이론은 공포를 유발하는 CS를 제거하는 것이 회피 반응에 불필요하며, 혐오사건에 대한 회피 그 자체가 강화물이라고 진술한다. 일요인이론을 지지하는 연구는 다가올 전기충격을 신호해줄 CS가 없을 때 동물이 회피 반응을 학습할 수 있음을 보여주었다. 회피에 대한 인지이론은 동물이 (1) 반응하면 혐오사건이 발생하지 않을 것이며, (2) 반응하지 않으면 혐오사건이 발생할 것이라는 기대를 학습한다고 진술하였다. 동물에게 두 번째 기대가 더 이상 맞지 않는다는 것을 가르치기 위해 반응 제지(또는 홍수법)가 사용될 수 있다.

Seligman은 만약 동물에게 피할 수 없는 혐오자극을 제시하면 학습된 무기력이 생길 수 있음을 보여주었다. 피할 수 없는 혐오적 사건이 사람에게 무기력과 우울증을 일으킴을 시사하였고, 이 이론은 인간 행동의 많은 측면에 적용되었다.

처벌에서는 반응을 하면 혐오자극이 제시되며, 그리고 반응이 약화된다. 강도, 즉시성,

제시 계획, 대안 행동의 가용성을 포함하여 많은 요인이 처벌에 영향을 준다. 처벌은 사용하는 데 문제점이 있다. 즉 처벌 시에 동물을 끊임없이 감시해야 하고, 공격성과 같은 바람직하지 않은 부작용을 유발하며, 다른 행동을 감소시키거나 상황으로부터 도피하려고 시도한다는 점이다.

행동치료자는 실행할 만한 대안이 없는 경우가 아니면 일반적으로 처벌을 사용하지 않는다. 그럼에도 불구하고 처벌은 다양한 문제 행동을 감소시키는 효과적 방법이 될 수 있다. 문제 행동을 감소시키는 다양한 다른 방법에는 반응대가, 타임아웃, 과잉교정, 소거, 도피 소거, 반응 제지, 대안 행동 강화, 자극 포만이 있다.

복습 문제

1. 회피에 대한 이요인이론을 구성하는 요인은 무엇인가? 이 이론에 문제를 제기하는 주된 증거는 어떤 것인가?
2. 학습된 무기력이 어떻게 생기는지에 관한 연구를 고려하여 (a) 대학 신입생, (b) 새로운 팀으로 이적한 야구투수, (c) 양로원에 거주하는 노인에게서 어떤 식의 경험이 학습된 무기력을 유발할 수 있는지 설명하라.
3. 처벌 절차의 효과성을 결정하는 요인들이 무엇인지 명칭을 말하라. 각 요인을 설명하는 구체적 예를 들라. 처벌을 사용할 때의 잠재적 문제점에는 어떤 것이 있는가?
4. 걸음마를 하는 아기가 자기 언니와 오빠가 게임을 하며 노는 것을 방해하는 버릇이 생겼다고 상상해보자. 이 상황에서 부모가 사용할 수 있는 행동 감소 기법을 적어도 두 가지 이상 기술하라.
5. 행동치료에서 처벌이 성공적으로 사용된 예를 들고, 절차의 성공을 확실시하는 데 도움이 될 만한 몇 가지 세부 사항을 논의하라.

참고문헌

Abramowitz, A.J., & O'Leary, S.G. (1990). Effectiveness of delayed punishment in an applied setting. *Behavior Therapy, 21*, 231–239.

Abramowitz, J.S., & Foa, E.B. (2000). Does major depressive disorder influence outcome of exposure and response prevention for OCD? *Behavior Therapy, 31*, 795–800.

Adams, C.D., & Kelley, M.L. (1992). Managing sibling aggression: Overcorrection as an alternative to time-out. *Behavior Therapy, 23*, 707–717.

Ayllon, T. (1963). Intensive treatment of psychotic behavior by stimulus satiation and food reinforcement. *Behaviour Research and Therapy, 1*, 53–62.

Ayllon, T., & Haughton, E. (1964). Modification of symptomatic verbal behavior of mental patients. *Behaviour Research and Therapy, 2,* 87–97.

Azrin, N.H. (1956). Effects of two intermittent schedules of immediate and nonimmediate punishment. *Journal of Psychology, 42,* 3–21.

Azrin, N.H. (1960). Effects of punishment intensity during variable-interval reinforcement. *Journal of the Experimental Analysis of Behavior, 3,* 123–142.

Azrin, N.H., & Holz, W.C. (1966). Punishment. In W.K. Honig (Ed.), *Operant behavior: Areas of research and application* (pp. 380–447). Upper Saddle River, NJ: Prentice Hall.

Azrin, N.H., Holz, W.C., & Hake, D.F. (1963). Fixed–ratio punishment. *Journal of the Experimental Analysis of Behavior, 6,* 141–148.

Boichuk, J.P., Bolander, W., Hall, Z.R., Ahearne, M., Zahn, W.J., & Nieves, M. (2014). Learned helplessness among newly hired salespeople and the influence of leadership. *Journal of Marketing, 78,* 95–111.

Bolles, R.C. (1970). Species-specific defense reactions and avoidance learning. *Psychological Review, 77,* 32–48.

Davis, J.R., & Russell, R.H. (1990). Behavioral staff management: An analogue study of acceptability and its behavioral correlates. *Behavioral Residential Treatment, 5,* 259–270.

Declercq, M., De Houwer, J., & Baeyens, F. (2008). Evidence for an expectancy-based theory of avoidance behaviour. *Quarterly Journal of Experimental Psychology, 61,* 1803–1812.

Dinsmoor, J.A. (2001). Stimuli inevitably generated by behavior that avoids electric shock are inherently reinforcing. *Journal of the Experimental Analysis of Behavior, 75,* 311–333.

Donaldson, J.M., DeLeon, I.G., Fisher, A.B., & Kahng, S.W. (2014). Effects of and preference for conditions of token earn versus token loss. *Journal of Applied Behavior Analysis, 47,* 537–548.

Fanselow, M.S. (1997). Species-specific defense reactions: Retrospect and prospect. In M.E. Bouton & M.S. Fanselow (Eds.), *Learning, motivation, and cognition: The functional behaviorism of Robert C. Bolles* (pp. 321–341). Washington, DC: American Psychological Association.

Fehr, A., & Beckwith, B.E. (1989). Water misting: Treating self-injurious behavior in a multiply handicapped, visually impaired child. *Journal of Visual Impairment and Blindness, 83,* 245–248.

Flannery, R.B. (2002). Treating learned helplessness in the elderly dementia patient: Preliminary inquiry. *American Journal of Alzheimer's Disease and Other Dementias, 17,* 345–349.

Gilboy, S. (2005). Students' optimistic attitudes and resiliency program: Empirical validation of a prevention program developing hope and optimism. *Dissertation Abstracts International, 66*(6-B), 3434.

Glaister, B. (1985). A case of auditory hallucination treated by satiation. *Behaviour Research and Therapy, 23,* 213–215.

Graham, R.A., & Weems, C.F. (2015). Identifying moderators of the link between parent and child anxiety sensitivity: The roles of gender, positive parenting, and corporal punishment. *Journal of Abnormal Child Psychology, 43,* 885-893.

Hare, R.D. (2006). The effects of delay and schedule of punishment on avoidance of a verbal response class. *Dissertation Abstracts International: Section B. The Sciences and Engineering, 67*, 581.

Hendry, D.P., & Van-Toller, C. (1964). Fixed-ratio punishment with continuous reinforcement. *Journal of the Experimental Analysis of Behavior, 7*, 293–300.

Herrnstein, R.J., & Hineline, P.N. (1966). Negative reinforcement as shock-frequency reduction. *Journal of the Experimental Analysis of Behavior, 9*, 421–430.

Hineline, P.N. (2001). Beyond the molar-molecular distinction: We need multiscaled analyses. *Journal of the Experimental Analysis of Behavior, 75*, 342–347.

Hiroto, D.S., & Seligman, M.E.P. (1975). Generality of learned helplessness in man. *Journal of Personality and Social Psychology, 31*, 311–327.

Holz, W.C., & Azrin, N.H. (1961). Discriminative properties of punishment. *Journal of the Experimental Analysis of Behavior, 4*, 225–232.

Kelley, T.M. (2004). Positive psychology and adolescent mental health: False promise or true breakthrough? *Adolescence, 39*, 257–278.

Lalli, J.S., Livezey, K., & Kates, K. (1996). Functional analysis and treatment of eye poking with response blocking. *Journal of Applied Behavior Analysis, 29*, 129–132.

Lane, I.M., Wesolowski, M.D., & Burke, W.H. (1989). Teaching socially appropriate behavior to eliminate hoarding in a brain-injured adult. *Journal of Behavior Therapy and Experimental Psychiatry, 20*, 79–82.

Lerman, D.C., Iwata, B.A., Shore, B.A., & DeLeon, I.G. (1997). Effects of intermittent punishment on self-injurious behavior: An evaluation of schedule thinning. *Journal of Applied Behavior Analysis, 30*, 198–201.

Lovibond, P.F. (2006). Fear and avoidance: An integrated expectancy model. In M.G. Craske, D. Hermans, & D. Vansteewegen (Eds.), *Fear and learning: Basic science to clinical application* (pp. 117–132). Washington, DC: American Psychological Association.

Maffei-Almodovar, L., & Sturmey, P. (2013). Evidence-based practice and crisis intervention. In D.D. Reed, F.D. DiGennaro Reed, & J.K. Luiselli (Eds.), *Handbook of crisis intervention and developmental disabilities* (pp. 49–69). New York, NY, US: Springer Science + Business Media.

Maier, S.F., & Seligman, M.E.P. (1976). Learned helplessness: Theory and evidence. *Journal of Experimental Psychology: General, 105*, 3–46.

Matson, J.L., & Duncan, D. (1997). Aggression. In N.N. Singh (Ed.), *Prevention and treatment of severe behavior problems: Models and methods in developmental disabilities* (pp. 217–236). Pacific Grove, CA: Brooks/Cole.

McKean, K.J. (1994). Academic helplessness: Applying learned helplessness theory to undergraduates who give up when faced with academic setbacks. *College Student Journal, 28*, 456–462.

Modaresi, H.A. (1990). The avoidance barpress problem: Effects of enhanced reinforcement and an SSDR-congruent lever. *Learning and Motivation, 21*, 199–220.

Morganstern, K.P. (1973). Implosive therapy and flooding procedures: A critical review. *Psychological Bulletin, 79*, 318–334.

Mowrer, O.H. (1947). On the dual nature of learning—a reinterpretation of "conditioning" and "problem solving." *Harvard Educational Review, 17,* 102–148.

Nagin, D.S., & Pogarsky, G. (2004). Time and punishment: Delayed consequences and criminal behavior. *Journal of Quantitative Criminology, 20,* 295–317.

O'Leary, K.D., Kaufman, K.F., Kass, R.E., & Drabman, R.S. (1970). The effects of loud and soft reprimands on the behavior of disruptive students. *Exceptional Children, 37,* 145–155.

Pace, G.M., Iwata, B.A., Cowdery, G.E., Andree, P.J., & McIntyre, T. (1993). Stimulus (instructional) fading during extinction of self-injurious escape behavior. *Journal of Applied Behavior Analysis, 26,* 205–212.

Page, H.A., & Hall, J.F. (1953). Experimental extinction as a function of the prevention of a response. *Journal of Comparative and Physiological Psychology, 46,* 33–34.

Petscher, E.S., Rey, C., & Bailey, J.S. (2009). A review of empirical support for differential reinforcement of alternative behavior. *Research in Developmental Disabilities, 30,* 409–425.

Prochaska, J., Smith, N., Marzilli, R., Colby, J., & Donovan, W. (1974). Remote-control aversive stimulation in the treatment of head-banging in a retarded child. *Journal of Behavior Therapy and Experimental Psychiatry, 5,* 285–289.

Rachlin, H. (1969). Autoshaping of key pecking in pigeons with negative reinforcement. *Journal of the Experimental Analysis of Behavior, 12,* 521–531.

Rasmussen, E.B., & Newland, M.C. (2008). Asymmetry of reinforcement and punishment in human choice. *Journal of the Experimental Analysis of Behavior, 89,* 157–167.

Schilder, M.B.H., & van der Borg, J.A.M. (2004). Training dogs with help of the shock collar: Short and long term behavioural effects. *Applied Animal Behaviour Science, 85,* 319–334.

Schuster, R., & Rachlin, H. (1968). Indifference between punishment and free shock: Evidence for the negative law of effect. *Journal of the Experimental Analysis of Behavior, 11,* 777–786.

Seligman, M.E.P. (2006). *Learned optimism: How to change your mind and your life.* New York: Vintage Books.

Seligman, M.E.P., & Johnston, J.C. (1973). A cognitive theory of avoidance learning. In F.J. McGuigan & D.B. Lumsden (Eds.), *Contemporary approaches to conditioning and learning* (pp. 69–110). Washington, DC: Winston-Wiley.

Sidman, M. (1953). Two temporal parameters of the maintenance of avoidance behavior by the white rat. *Journal of Comparative and Physiological Psychology, 46,* 253–261.

Sisson, L.A., Hersen, M., & Van Hasselt, V.B. (1993). Improving the performance of youth with dual sensory impairment: Analyses and social validation of procedures to reduce maladaptive responding in vocational and leisure settings. *Behavior Therapy, 24,* 553–571.

Smith, R.G., Russo, L., & Le, D.D. (1999). Distinguishing between extinction and punishment effects of response blocking: A replication. *Journal of Applied Behavior Analysis, 32,* 367–370.

Solomon, R.L., & Wynne, L.C. (1953). Traumatic avoidance learning: Acquisition in normal dogs. *Psychological Monographs, 67,* 354.

Tarbox, J., Schiff, A., & Najdowski, A.C. (2010). Parent-implemented procedural modification of escape extinction in the treatment of food selectivity in a young child with autism. *Education and Treatment of Children, 33,* 223–234.

Thompson, R.H., Iwata, B.A., Conners, J., & Roscoe, E.M. (1999). Effects of reinforcement for alternative behavior during punishment of self-injury. *Journal of Applied Behavior Analysis, 32,* 317–328.

Ulrich, R.E., & Azrin, N.H. (1962). Reflexive fighting in response to aversive stimulation. *Journal of the Experimental Analysis of Behavior, 5,* 511–520.

Vollmer, T.R. (2002). Punishment happens: Some comments on Lerman and Vorndran's review. *Journal of Applied Behavior Analysis, 35,* 469–473.

Vollmer, T.R., Peters, K.P., & Slocum, S.K. (2015). Treatment of severe behavior disorders. In H.S. Roane, J.E. Ringdahl, T.S. Falcomata, H.S. Roane, J.E. Ringdahl, & T.S. Falcomata (Eds.), *Clinical and organizational applications of applied behavior analysis* (pp. 47–67). San Diego, CA, US: Elsevier.

Walker, L.E.A. (2009). *The battered woman syndrome* (3rd ed.). New York: Springer.

Walton, D. (1960). The application of learning theory to the treatment of a case of neurodermatitis. In H.J. Eysenck (Ed.), *Behavior therapy and the neuroses* (pp. 272–274). Oxford: Pergamon Press.

Warzak, W.J., Floress, M.T., Kellen, M., Kazmerski, J.S., & Chopko, S. (2012). Trends in time-out research: Are we focusing our efforts where our efforts are needed? *The Behavior Therapist, 35,* 30–33.

White, A.G., & Bailey, J.S. (1990). Reducing disruptive behaviors of elementary physical education students with sit and watch. *Journal of Applied Behavior Analysis, 23,* 353–359.

Yule, W., Sacks, B., & Hersov, L. (1974). Successful flooding treatment of a noise phobia in an eleven-year-old. *Journal of Behavior Therapy and Experimental Psychiatry, 5,* 209–211.

Zoellner, L.A., Abramowitz, J., Moore, S.A., & Slagle, D.M. (2009). Flooding. In W.T. O'Donohue & J.E. Fisher (Eds.), *General principles and empirically supported techniques of cognitive behavior therapy* (pp. 300–308). Hoboken, NJ: Wiley.

조작적 조건형성의 이론과 연구

이 장에서 검토된 이론적 이슈는 상당히 광범위하며, 학습 영역 전체에서 중요한 문제를 다
룬다. 학습이 일어나는 데 필수적인 요소가 무엇인지, 어떤 조건에서 강화물이 행동을 증강
시킬 것인지와 같은 기본 이슈에 관심을 둔다. 학습이론가는 이러한 이슈에 대해 수년간 숙
고해왔다. 어떤 이슈는 상당히 잘 해결되었으나 다른 이슈는 지속적으로 연구되는 주제이
다. 이 장의 이슈는 세 범주로 나누어진다. 첫째, 반응의 수행과 그 반응의 강화가 모두 학습
이 발생하는 데 필요한지 생각해볼 것이다. 둘째, 일반적으로 의식되지 않고 발생하는 몸의
분비선과 장기의 반응인 '내장(visceral)' 반응을 통제하는 데 강화를 사용하는 시도를 검토할

것이다. 셋째, 한 자극이 특정 유기체에게 효과적인 강화물이 될지 아니면 그렇지 않을지 예측하는 방법을 개발하려는 시도를 역사적으로 추적해볼 것이다. 강화물의 효과를 성공적으로 예측하는 것은 실용적 측면에서 분명히 유용할 것이며, 과학적 측면에서 똑같이 중요하다. 마지막으로, 최근에는 경제학 개념을 사용하여 강화물의 효과를 분석하려는 노력이 있으므로 이에 대해 알아볼 것이다.

반응의 역할

조작적 조건형성은 '행함으로써 학습함(learning by doing)'이라고 기술될 수 있을 것이다. 다시 말해, 어떤 반응을 수행하여 그 결과를 경험하며, 그 반응이 장래에 발생할 가능성이 달라진다. Thorndike에게 반응의 수행은 학습 과정에서 필요한 부분이었다. 만약 반응이 일어나지 않는다면 어떻게 강화에 의해 증강될 수 있겠는가? 반응과 강화물을 짝짓는 것은 학습에 필수적이라고 확신한 Thorndike(1946)는 다음과 같은 실험을 제안하였다.

> 철사로 만든 작은 차에 쥐를 태운 후 단순한 미로의 입구에 두고 정확한 길로 달려 먹이 칸으로 들어가게 한다. 쥐를 먹이칸에 풀어주고 소량의 먹이를 먹게 한다. 미로의 난이도에 따라 10회에서 100회 반복한다. 그런 다음에는 쥐가 가고 싶은 곳은 어디든지 가도록 미로의 입구에 놓아두고 관찰한다. 그런 쥐와, 차에 태우지 않고 미로를 직접 달리게 한 쥐를 비교하라. (p. 278)

Thorndike는 미로를 수동적으로 통과하게 한 쥐는 반응할 기회가 없었으므로 이후 검사에서는 실험에 참여한 적이 없는 동물처럼 수행할 것이라고 예측하였다. 이 이슈와 다른 몇몇 이슈에 대해 Thorndike의 입장은 초기 인지심리학자(비록 인지심리학 분야가 출현하기 몇십 년 전에 활동하였으나)로 분류될 수 있는 Edward C. Tolman(1932, 1951, 1959)의 도전을 받았다. Tolman에 따르면, 조작적 조건형성에는 반응에 대한 단순한 강화가 아니라 기대 형성이 포함된다. 예를 들어, 쥐는 미로에서 목표 지점에 강화물이 있을 것이라는 기대를 갖게 된다. 더군다나 Tolman은 쥐가 미로에 대한 인지도(cognitive map), 즉 미로의 공간 배치에 대한 일반적 이해를 획득한다고 제안하였다. Tolman은 이런 종류의 학습은 능동적 반응뿐 아니라 수동적 관찰에 의해 획득될 수 있으므로, Thorndike가 기술한 실험에서 동물은 무엇인가를 학습할 것이라고 제안하였다.

Thorndike의 제안대로 McNamara, Long과 Wike(1956)는 두 집단의 쥐를 T자 미로에서 연구했다. 통제집단의 쥐는 일반적인 방식으로 미로를 달렸고, 선택 지점에서 정확하게 방향을 전환하면 먹이를 먹을 수 있었다. 만약 쥐가 틀린 길로 가면 1분 동안 그곳에 가두었다. 통제집단의 쥐는 미로에서 16회 시행을 했고, 훈련이 끝날 때는 시행의 95%에서 정확하게 방향을 전환했다. 실험집단의 쥐는 철사로 만든 바구니에 태워 이동시키는 시행을 16회 실시하였다. 각 실험집단 쥐를 통제집단 쥐와 짝지어 통제집단의 각 쥐가 선택한 것과 똑같은 일련의 방향 전환을 하도록 정확한 길 또는 틀린 길로 이동시켰다. 그럼으로써 짝지어진 쥐와 똑같은 수의 강화물을 받았다. 이 훈련 후에 모든 쥐는 미로를 달려도 먹이가 없는 일련의 소거 시행을 제시받았다. 실험집단의 쥐는 미로를 달림으로써 강화를 받은 적이 전혀 없었음에도 불구하고 소거 검사 동안 통제집단과 마찬가지로 높은 수행 수준을 나타냈다.

　다른 연구에서도 조작적 반응을 연습할 기회가 없는 학습에 대해 비슷한 결과를 얻었다 (Dodwell & Bessant, 1960; Keith & McVety, 1988). Dodwell과 Bessant는 쥐를 손수레에 태워 여덟 개 선택 지점이 있는 수중 미로를 이동시켰을 때 상당한 유익이 있음을 발견하였다. 이것은 동물이 연습하지 않고도 하나의 반응을 배울 수 있을 뿐 아니라 복잡한 행동연쇄를 배울 수 있음을 보여주었다. 이 연구들은 Thorndike의 예측과 반대로, 능동적 반응이 조작적 반응 획득에 필수적이지 않다는 것을 확인하였다.

강화물의 역할

강화는 조작적 조건형성에 필요한가

조작적 조건형성은 정의상 특정 행동의 발생 후에 강화물을 제시하는 것이므로 글자 그대로 볼 때 이 문제에 답은 분명히 '그렇다'이다. 그러나 대략적으로 말하자면, 조작적 조건형성은 새로운 '자발적' 또는 비반사적(nonreflexive) 행동의 학습에 대한 절차이다. 이 문제를 더 잘 표현하자면 "강화는 새로운 모든 자발적 행동의 학습에 필요한가?"가 될 것이다. Hull(1943), Mowrer(1947) 그리고 Thorndike와 같은 저명한 초기 행동주의자는 그렇다고 믿었으나, Tolman은 이 이슈에 있어서도 반대 입장을 취하였다. 잠재학습(latent learning) 실험이라고 부르는 Tolman과 Honzik(1930)의 유명한 실험은 이 이슈에 대한 증거를 제공하였다.

　Tolman과 Honzik의 실험에서는 쥐를 대상으로 14개의 선택 지점이 있는 미로에서 매일 한 시행씩 총 17회 시행을 실시하였다. 쥐를 세 집단으로 나누었다. 집단 1은 미로에서 먹이를 전혀 주지 않았고, 목표 지점에 도착하면 미로에서 꺼내주기만 했다. 집단 2의 쥐는 매 시행마다 목표 지점에서 먹이 강화물을 받았다. 집단 3의 경우, 11일째에 조건이 전환되었는데, 처음 10회 시행 동안에는 목표 지점에 먹이가 없었으나, 11회째 시행에서 17회째 시행까지는 먹이가 제공되었다.

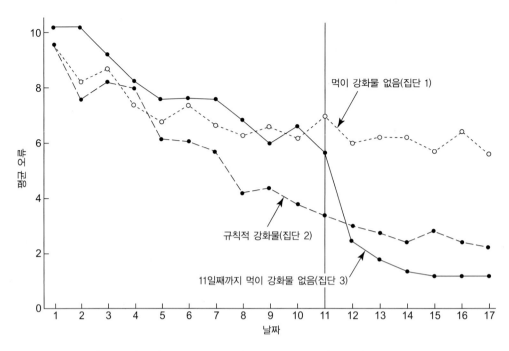

그림 8.1 Tolman과 Honzik(1930)의 잠재적 학습에 대한 실험에서 세 집단의 시행별 평균 오류 수

〈그림 8.1〉은 각 집단에서의 평균 오류 수를 보여준다. 집단 2(꾸준히 강화를 받음)의 쥐는 실험이 끝나는 시점에 시행당 세 번 정도까지 오류의 수가 감소하는 전형적 학습 곡선을 나타내었다. 집단 1(전혀 강화받지 않음)의 쥐는 훨씬 좋지 않은 수행을 보였다. 오류는 약간씩 감소했으나 시행당 일곱 번 정도로 유지되었다. 집단 3의 결과가 매우 흥미롭다. 처음 11회 시행 동안의 결과는 집단 1의 결과와 비슷하다. 두 집단 모두 처음부터 10번째 시행까지 먹이를 제공받지 못했고, 집단 3의 쥐는 11회째 시행에서 목표 지점에 도달하기 전까지 먹이가 있다는 것을 알 수 없었기 때문이다. 그러나 12회째 시행(즉, 단 한 번 강화받은 시행 후)에서 집단 3의 수행은 극적으로 향상되어 실험의 나머지 기간 동안 평균 오류 수가 집단 2의 오류 수보다도 약간 적을 정도였다. 다시 말해, 목표 지점에 먹이가 있다는 것을 학습하자마자 집단 3의 쥐의 수행은 실험을 시작할 때부터 꾸준히 강화를 받아온 집단 2의 수행과 동등해졌다.

Tolman과 Honzik는 비록 집단 3의 쥐가 시행 1에서 10까지 먹이를 제공받지 못했음에도 불구하고 집단 2의 쥐와 마찬가지로 미로에 대해 많은 것을 학습했다고 결론 내렸다. 그러나 집단 3의 경우 초반에 미로에서 먹이를 제공받지 못했기 때문에 학습한 것을 드러내도록 동기화되지 않았다. 먹이를 받을 수 있게 되어서야 집단 3에 속한 쥐의 학습이 수행으로 나타났다. 이 결과에 따르면 새로운 반응의 학습(learning)에는 강화가 필요하지 않지만, 그 반응을 수행(performance)하기 위해서는 강화가 필요하다. 1920년대와 1950년대 사이에 잠재학습에 대한 수십 개의 실험이 이루어졌으며, 대부분 연구에서 실험자가 먹이와 같은 명백한 강화물을 제공하지 않을 때도 학습이 발생할 수 있다는 증거를 보여주었다 (MacCorquodale & Meehl, 1954). Tolman의 영향력 있는 연구 덕분에 이제 모든 학습이론가는 학습과 수행의 구분을 예리하게 인식하게 되었다.

강화는 내장 반응을 통제할 수 있는가?

회피학습에 관한 이론들(제7장)이 나타나기 전에 시작된 이론적 논쟁에서, 이요인이론가는 고전적 조건형성과 조작적 조건형성이 판이하게 구분되는 두 가지 학습 유형이라고 믿었다. 이요인이론을 지지한 Konorski와 Miller(1937)는 조작적 반응의 경우 반응의 결과에 의해 분명히 통제되지만 고전적으로 조건형성된 반응은 그렇지 않다고 제안하였다. 그들은 강화물이 골격근의 행동(팔다리의 움직임을 포함)을 통제할 수 있으나 내장 반응(분비선, 장기, 위와 장의 평활근의 운동)은 통제할 수 없다고 가정했다. 반대로 일요인이론가는 강화가 개인의 분비선, 장기, 그리고 평활근의 반응을 포함하여 모든 종류의 행동을 통제하는 데 사용되는 보편적 학습 원리라고 믿었다.

수년간 이 질문에 대해 의미 있는 실험을 수행하는 것이 불가능하였는데, 그 이유는 과학자가 골격 반응과 내장 반응을 구분할 수 있는 방법이 없었기 때문이다. 좀 엉뚱한 일요인이론가가 당신에게 분당 심장박동수를 최소 10회 이상 증가시킨다면 강화물로 20달러를 주겠다고 제안했다고 해보자. 당신은 계단을 뛰어올라가거나 엎드려 팔굽혀펴기를 몇 차례 함으로써 쉽게 그렇게 할 수 있을 것이다. 강화를 통한 심장박동수의 통제를 이런 식으로 증명하려 하는 것은 이요인이론가를 확신시키지 못할 것인데, 강화물로 인해 증가된 것은 골격근의 활동이며, 심박수의 증가는 신체의 활동 증가에 따른 자동적이고 학습되지 않은 반응이라고 금방 지적할 것이다. 즉, 심장박동수의 증가는 강화의 직접적인 결과가 아니라 오히려 골격 활동의 부산물이다. 설득력 있는 연구를 수행하려면 골격근의 어떤 영향이라도 제거할 필요가 있다.

1960년대에 N. E. Miller와 동료들은 이러한 요구를 충족시키는 절차를 고안하였다. 그들은 큐라레(curare)라고 하는 약물을 주입하여 쥐를 일시적으로 마비시켰다. 분비선과 장기의 정상적 활동은 큐라레의 영향을 받지 않기 때문에, 강화로 내장 반응을 직접 통제할 수 있는지 관찰할 수 있다. 그러나 마비된 쥐에게 무엇이 효과적인 강화물이 될 수 있는가? 이 문제를 해결하기 위해 Miller는 뇌의 특정 부분에 전극을 통해 약한 전류를 흘려보내는 것이 강력한 강화물이라는 Olds와 Milner(1954)의 연구결과를 활용하기로 했다. 뇌 전기 자극 (electrical simulation of the brain, ESB)이 지렛대 누르기에 수반되게 만들면, 쥐는 오랜 시간 동안 높은 비율로 레버를 누를 것이다.

Miller와 DiCara(1967)는 ESB를 강화로 사용하여 여러 마리의 쥐의 심박수를 증가시키거나 감소시키는 시도를 하는 실험들을 수행하였다. 일단 쥐의 기저선 심박수(평균 분당 400번 정도)를 측정한 후 실험자는 조성 절차를 사용한다. 목표가 심박수의 증가라면, 심박수의 어떤 작은 증가(예 : 2%)에도 강화를 준다. 강화를 위한 기준을 점차 높인다. Miller와 DiCara는 다른 쥐에게 비슷한 절차를 사용하여 심박수의 감소를 조성하고자 하였다. 그들은 양방향 모두에서 상당한 심박수의 변화를 얻었다. 회기가 끝날 무렵, 빠른 심박수에 강화를 받은 쥐는 분당 평균 심박수가 500번 이상이었고, 느린 심박수에 강화를 받은 쥐는 분당 평균 심박수가 약 330번이었다.

Miller의 연구단은 또한 강화가 심박수 외에 다른 많은 내장 반응을 통제할 수 있음을 발견하였다(DiCara, 1970). 이들은 큐라레로 마비시킨 쥐가 피부 혈관을 확장하거나 수축할 수 있으며, 장 활동을 증가시키거나 감소시킬 수 있고, 신장에 의해 생산되는 소변량을 증가시키거나 감소시킬 수 있음을 발견하였다. 이 반응들의 구체성은 상당히 인상적이었다. 불행하게도, 나중에 Miller나 다른 연구자의 연구에서는 ESB 강화에 의한 심박수 통제를 보여주는 초기 결과가 반복되기 어렵다는 것을 발견하였다. 어떤 경우에는 효과가 나타났으나 종종 그렇지 않았고, 성공과 실패에 분명한 패턴이 없었다(Miller & Dworkin, 1974). 만약 현재의 이러한 갈등적 자료로부터 어떤 식으로 결론을 내리고자 한다면, 강화는 근육 활동이 일어나지 못하도록 했을 때 어떤 내장 반응을 직접 통제하는 것으로 보이지만, 초기 연구가 암시했듯이 통제가 쉽지는 않다고 할 수 있다.

그러나 큐라레로 일시적으로 마비시킨 동물과 같은 극단적 사례가 아니라면, 실제적 측면에서 볼 때 특정 조건하에서 어떤 내부 신체 과정을 통제하는 데 강화를 사용할 수 있는지 여부를 아는 것은 중요하다. 만약 심박수, 혈압, 근육 긴장, 장 활동 등과 같은 신체 과정을 통제하는 것을 사람들이 학습한다면 상당한 의료적 혜택이 있을 것이다. 다음 절에서는 건강의 유익을 얻기 위해 내적인 신체 과정을 통제하도록 사람들을 훈련시키는 시도를 소개할 것이다.

바이오피드백

몇몇 심리학자는 신체의 여러 기능을 통제할 수 없는 이유 중 하나가 내부 장기와 분비선으로부터 피드백이 약하거나 혹은 거의 없기 때문이라고 추측하였다. 바이오피드백(biofeedback)이라는 용어는 개인에게 신체 작용에 대해 증폭된 피드백을 제공하도록 고안된 절차를 지칭한다. 피드백을 향상시키면 통제를 더 잘하게 될 것이라고 추론할 수 있다.

바이오피드백 실험에 대한 일반적 설계는 이마의 근육 긴장을 통제시키는 한 연구를 검토함으로써 설명될 수 있다. 이마의 과도한 긴장은 근수축성 두통을 일으키는데, 사람에 따라 매우 빈번하게 경험한다. Budzynski, Stoyva, Adler와 Mullaney(1973)는 빈번한 근수축성 두통으로 고생하는 성인들에게 근육을 이완시키는 훈련을 시도하였다. 치료기간 동안, 환자는 근전도(EMG) 바이오피드백을 받았다. 여기서 환자의 이마에 전극을 부착시켜 근육 긴장을 추적 관찰하고, 긴장 수준을 환자가 들을 수 있는 지속적인 딸깍 소리로 변환시킨다. 환자는 딸깍 소리의 비율을 낮추라는 지시를 받고 근육의 긴장을 감소시킨다. 환자는 이렇게 하는 것을 거의 즉시 학습하였고, 처음 바이오피드백 받은 회기의 평균 근육 긴장 수준은 기저선 회기보다 약 50% 낮아졌다. 바이오피드백 훈련 후에 환자는 바이오피드백 장치 없이 이마의 긴장을 낮출 수 있었으며 집에서 근육 이완을 연습하도록 지시받았다. 환자의 약 75%가 현저한 두통 감소를 보였고, 이러한 호전은 3개월 후에도 유지되었다. 평균적으로 환자는 두통의 빈도와 심각성이 약 80% 감소되었다고 보고했으며, 많은 사람이 먹던 약을 줄이거나 끊었다. 100여 편의 논문을 검토한 결과, 바이오피드백 치료는 단기적으로 그리고 일 년 이상 장기적으로 긴장과 편두통 치료에서 상당히 효과적이라고 결론 내렸다(Nestoriuc, Martin, Rief & Andrasik, 2008).

EMG 바이오피드백을 거꾸로 사용하는 경우, 즉 근육 긴장을 증가시키는 경우에도 치료적 효과를 얻을 수 있다. Johnson과 Garton(1973)은 전통적인 근육 재활 훈련으로 호전되지 않았고 다리보조기구의 도움을 받아야 걸을 수 있는 10명의 반신불수(신체 한쪽의 마비) 환자를 바이오피드백을 사용하여 치료하였다. 다리의 마비된 근육에 전극을 연결하였으므로 환자는 근육 긴장 수준에 대한 청각적 피드백(물론, 처음에는 매우 낮다.)을 들을 수 있었다. 근육 긴장 수준이 조금이라도 증가하면 큰 소리가 났는데, 환자가 할 일은 신호의 소리를 증가시키는 것이었다. 모든 환자가 빠르게 학습하였으며, 몇 회기 뒤에 모든 환자가 근육 기능에서 다소 호전을 보였다. 그중 다섯 명은 다리보조기구 없이 걸을 수 있는 정도가 되었다. 이 연구와 다른 연구들은 어떤 종류의 근육장애에 대해서는 바이오피드백이 아니면 이룰 수 없는 호전을 나타내면서, EMG 바이오피드백이 전통적인 재활치료에 대한 유용한 보완책이 될 수 있음을 상당히 설득력 있게 보여주었다.

EMG 기계로부터의 피드백은 여러 유형의 바이오피드백 중 하나에 불과하다. 다른 예로는 심박수나 심장 불규칙성, 혈압, 체온, 뇌의 전기활동, 위의 산도, 장 활동에 대한 피드백이 포함된다. 바이오피드백은 다른 여러 건강문제를 치료하는 데 시도되었으며 성공률은 다양하다. 예를 들어, 환자에게 손의 온도를 증가시키도록 훈련하였는데 아동과 성인의 편두통 치료에 효과가 있었다(Nestoriuc & Martin, 2007; Scharff, Marcus & Masek, 2002). 한 연구에서 체온 바이오피드백과 다른 기술(예 : 점진적 이완 기법)을 훈련시킴으로써 잦은 대장의 통증, 가스, 설사 증상을 포함하는 과민성대장증후군 환자에게서 상당한 호전을 보았다(Schwartz, Taylor, Scharff & Blanchard, 1990). 공황발작 상태에서 가쁜 호흡이나 기타 호흡문제를 겪는 환자를 치료할 때, 치료자는 호흡의 깊이와 규칙성을 나타내는 피드백을 포함하는 호흡 바이오피드백을 제시함으로써 증상이 감소됨을 발견하였다(Meuret, Wilhelm & Roth, 2004).

바이오피드백을 사용하여 건강문제를 치료하기 위한 모든 노력이 성공적이었던 것은 아니다. 예를 들어, 바이오피드백을 사용하여 고혈압을 치료하고자 하였으나 좋은 결과를 얻지 못한 경우도 있으며, 다른 경우에서는 혈압의 상당한 감소를 발견하기도 하였다(Nakao, Nomura, Shimosawa, Fujita & Kuboki, 2000). 건강문제에 대한 다른 치료법에서와 마찬가지로, 환자가 바이오피드백에 얼마나 잘 반응하는지 개인차가 크게 나타난다. 어떤 환자가 고혈압에 대한 바이오피드백에 반응하고 어떤 환자가 그러지 않는지를 예측하는 데 다소 진전이 있었다(Weaver, Köberl, Frank, & Doppelmayr, 2011)

바이오피드백에 관한 연구는 몇 년간 상당히 성장해왔으며, 바이오피드백 기법은 점점 더 다양한 다수의 의학적 장애에 적용되고 있다. 바이오피드백의 효과는 문제별로 다르게 평가되어야 한다. 어떤 건강문제에 대해서는 바이오피드백이 완전히 비효과적이다. 다른 문제에 대해서는 덜 비싼 다른 치료만큼만 효과가 있을 뿐이다. 여전히 또 다른 문제에 대해서는 알려진 다른 치료보다 더 월등하게 건강을 호전시킬 것이다.

글상자 8.1   연구 적용하기

뉴로피드백 : 당신의 뇌파를 조절하기

뉴로피드백(neurofeedback)은 사람들로 하여금 자신의 뇌의 전기활동을 조절하도록 돕기 위해서 고안된 일종의 바이오피드백이다. 뉴로피드백은 간질, 만성 통증, 불안, 우울증 그리고 중독을 포함하여 다양한 건강문제를 치료하기 위한 시도로서 사용되었다(Jensen et al., 2013; Sterman & Thompson, 2014). 뉴로피드백이 광범위하게 연구되어온 영역 중의 하나는 주의력결핍 과잉행동장애(ADHD)가 있는 아동의 치료이다. 예를 들어, 한 연구(Linden, Habib & Radojevic, 1996)에서 ADHD가 있는 아동의 뇌 전기적 활동에 대한 피드백을 주는 뉴로피드백 회기를 40회 가졌다. 치료의 목적은 주의집중하고 각성된 정신 상태와 관련 있다고 생각되는 베타파(β파)라고 하는 특정 뇌파 패턴을 증가시키는 것이었다. 아동은 EEG에 베타파가 기록될 때마다 피드백을 받았다. 훈련 회기가 완료된 후, 아동들은 높은 IQ 점수를 받았고 주의력이 높아졌다.

다른 많은 연구에서 아동과 젊은 성인의 ADHD에 대한 뉴로피드백을 검토하였다. 어떤 연구는 치료에서 유의미한 유익이 있음을 발견하였으나 다른 연구에서는 그렇지 않았다. 결과적으로 ADHD 치료에서 뉴로피드백이 과연 어떤 역할을 하는지에 대해서는 의사들 내에서 논쟁 중이다. 어떤 의사는 약물 치료에 대한 효과적인 대안이 될 수 있다고 주장한다. 다른 의사는 뉴로피드백을 ADHD 종합적 치료의 일부로 포함시킨다(Littel, Lubar, & Cannon, 2010).

뉴로피드백의 장래성이 있는 또 다른 영역은 간질치료이다. 간질발작은 비정상적 뇌 활동에 기인하므로, 뇌파 조절이 발작 방지에 기여할 것이라는 제안은 타당하다. 환자에게 특정 유형의 뇌파 패턴을 산출하도록 훈련시킴으로써 발작 빈도를 감소시켰다는 증거가 있다. 한 연구에서는 뉴로피드백 치료 이후 10년까지 발작 감소가 이어졌다는 결과를 보였다(Strehl, Birle, Wörz, & Kotchoubey, 2014).

다른 심리학자들은 뉴로피드백을 사용해서 정상적인 성인의 인지 수행을 향상시킬 수 있는지 검토하였다. Zoefel, Huster와 Herrmann(2011)은 초당 약 10회의 주파수로 발생하는 뚜렷한 순환 패턴을 갖는 뇌파인 알파파(α파)를 증가시키기 위해, 대학생들에게 5회기 동안 뉴로피드백 훈련을 시켰다. 다섯 번째 회기에서 대학생들의 EEG는 알파파의 뚜렷한 증가를 보여주었다(그림 8.2). 인지 기능을 측정하기 위해 대학생들에게 심적 회전 검사(화면에 제시된 서로 다른 방향의 두 대상이 동일한 것인지를 결정해야 한다)를 실시하였다. 이 과제의 수행은 뉴로피드백 훈련을 받기 전보다 좋았으며, 훈련을 받지 않은 통제집단의 수행보다 좋았다. 또 다른 흥미로운 연구에서는 뉴로피드백 훈련이 건강한 성인의 예술적, 음악적, 창의적 수행을 향상시킬 수 있다는 것을 보여주었다(Grauzelier, 2014). 이것은 예비적인 결과이지만, 뇌파 조절 학습은 다양한 방식으로 유익할 수 있음을 제안한다.

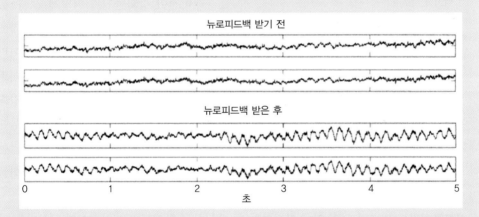

그림 8.2 대학생을 대상으로 알파파에 대한 5회기의 뉴로피드백 훈련을 하기 전과 후의 뇌파 패턴 (Zoefel, B., Huster, R. J., & Herrmann, C. S., 2011, Neurofeedback training of the upper alpha frequency band in EEG improves cognitive performance, *NeuroImage*, 54, 1427-1431. Elsevier 의 허락하에 인용.)

무엇이 강화물이 될 것인지 어떻게 예측할 수 있는가

강화의 원리가 학습에 대한 행동주의적 접근에서 가장 중요한 개념 중 하나라고 하는 데는 의심의 여지가 없을 것이다. 그러나 이 개념은 한편으로는 행동주의적 접근에 대해 비판하는 사람들은 강화의 정의가 순환적이므로, 개념이 과학적으로 타당하지 않다고 주장하였다. 이것은 심각한 비판이기 때문에 순환적(circular)이라는 용어가 무엇을 의미하는지 검토해볼 것이다.

강화물에 대한 간략한 정의는 "행동 뒤에 뒤따르며 행동을 증가시키는 자극"이다. 구체적인 예를 들어서, 어떤 엄마가 아들에게 설거지를 해야 텔레비전을 볼 수 있다고 함으로써, 아들에게 저녁마다 설거지(아들이 보통 하기 싫어하는 일)를 시킨다고 가정해보자. "아들은 왜 설거지를 하는가?" 물어보면, 아마 행동심리학자는 "텔레비전이 강화물이기 때문."이라고 말할 것이다. "텔레비전이 강화물인지 어떻게 알 수 있는가?" 그러면 "설거지 행동이 증가했기 때문이다."라고 답할 것이다. 이러한 추론은 분명히 순환적이다. 즉, 어떤 행동을 증가시키기 때문에 자극을 강화물이라고 부르며, 강화물이기 때문에 행동을 증가시킨다(그림 8.3). 언급한 대로 강화물에 대한 이처럼 간략한 정의는 아무런 구체적 예측을 하지 못한다. 아들이 설거지를 하지 않는다고 행동주의 심리학자에게 문제될 것은 없다. 그들은 "텔레비전이 그 아이에게는 강화물이 아니다."라고 할 것이다.

강화물이라는 개념이 이런 것에 불과하다면, 용어가 순환적이며 예언적이지 못하다는 비

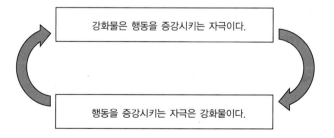

그림 8.3 비판자들은 강화의 개념이 순환적이라고 말한다. 강화물 역할을 하는 것이 무엇인지 사전에 예측하는 독립된 방법을 통해 순환성에서 벗어날 수 있다.

판가의 말이 옳을 것이다. 이러한 문제를 해결하기 위해 행동주의적 심리학자들은 어떤 자극이 강화물이고 어떤 자극이 아닌지를 결정하기 위한 독립된 기준을 개발함으로써 이런 순환론에서 벗어나려고 시도했다. 자극이 강화물로 기능할 수 있는지를 알려주는 몇 가지 규칙을 발견하게 되면서 이 문제는 잦아들게 되었다. 만약 이런 규칙을 알 수 있다면, 새롭고 검증 가능한 예측을 만들어낼 것이며, 강화물(reinforcer)이라는 용어의 순환성이 깨질 것이다. 다음 절에서 이런 규칙을 개발하려는 몇몇 시도를 기술할 것이다.

욕구감소

Clark Hull(1943)은 모든 일차강화물이 어떤 생물학적 욕구를 감소시키는 자극이며, 생물학적 욕구를 감소시키는 모든 자극은 강화물로 기능할 수 있다고 제안하였다. 욕구감소이론(need-reduction theory)의 간단명료함은 호소력이 있으며, 많은 일차강화물이 중요한 생물학적 기능을 수행한다는 것은 분명한 사실이다. 음식이나 물, 따뜻함 그리고 고통 회피가 모두 일차강화물이며, 각각은 유기체가 지속적으로 생존하는 데 중요한 역할을 하고 있다. 불행하게도, 이 규칙에 대한 예외를 생각해내는 것은 어렵지 않다. 예를 들어, 성적 흥분은 강력한 강화물이다. 그러나 비록 어떤 사람은 그렇다고 주장할 수도 있겠지만, 성관계를 무기한으로 박탈당한다고 죽을 사람은 아무도 없다. 생물학적 기능을 하지 않는 강화물의 다른 예로 사카린(또는 어떤 다른 인공감미료)이 있다. 사카린에는 아무런 영양가도 없으나 이 단맛은 인간과 동물에게 강화물이 된다. 사람은 사카린을 사서 커피나 홍차에 넣으며, 쥐는 맹물보다는 사카린 맛이 나는 물을 선택한다.

생물학적 욕구를 충족시키지 않는 강화물 외에도, 생물학적으로 필요하지만 강화물에 해당되지 않는 예들도 있다. 한 가지 예로 비타민 B1(티아민)을 들 수 있다. 티아민 섭취는 건강을 유지하는 데 필수적이지만, 쥐와 같은 동물은 먹이 속에 티아민이 있는지 없는지 냄새나 맛으로 탐지할 수 없는 것이 분명하다. 그 결과, 티아민이 결핍된 쥐는 티아민을 포함한 먹이를 즉시 선택하지 않을 수도 있다.

대부분의 생물학적 필요는, 유기체가 강화물을 얻으려는 강력한 동기가 없으면 생존이 불가능하므로 강화물로서 기능을 한다고 보는 것이 맞다. 그러나 강화력에 대한 예측변인으로서 욕구감소이론은 이 원리에 많은 예외, 즉 생물학적 욕구를 만족시키지 못하는 강화물과, 강화물이 되지 못하는 생물학적 필요가 있으므로 적절하지 않다.

추동감소

욕구감소이론의 문제점을 인식한 Hull과 그의 제자 N. E. Miller(1948, 1951)는 강화의 추동 감소이론(drive-reduction theory)을 제안하였다. 이 이론은 어떤 종류든 강한 자극은 유기체에게 혐오적이며, 이 자극의 감소가 바로 직전의 행동에 대한 강화물로서 기능하게 된다고 진술한다. **추동감소**(drive reduction)라는 용어는 동물이 경험하는 강한 많은 자극들이 추동(배고픔 추동, 성 추동 등)이라고 불리기 때문에 선택되었다. 또한 일반적으로는 추동이라고 불리지 않는 다른 강한 자극(예 : 큰 소리, 뜨거운 열, 공포)도 강도가 감소되었을 때 강화를 제공할 수 있다. 어떤 종류의 자극이든 감소는 강화물로 기능할 수 있다.

추동감소이론은 적어도 두 가지 주요 문제가 있다. 첫째, 객관적이고 물리적인 측정 척도를 사용하여 자극의 강도를 측정한다고 할 때, 모든 자극 감소가 강화물로 기능하는 것은 아니다. 예를 들어, 실내 온도를 섭씨 37도에서 23도로 낮추는 것(열이라는 자극을 감소시킴)은 대부분의 유기체에게 아마 강화물로 작용하겠지만, 실내 온도를 −3도에서 −17도로 낮추는 것(동일한 정도로 열을 감소시킴)은 그렇지 않을 것이다. 상식적으로 37도는 '너무 뜨거운', 그리고 −17도는 '너무 추운' 것을 의미하지만, 그것은 요점을 빗나간 것이다. 온도에서 어떤 감소는 강화물로 작용할 수 있으나 어떤 감소는 그렇지 않다.

둘째, 자극의 감소를 초래하지 않거나 실제로는 자극의 강도를 증가시키는 강화물의 예가 많다. Sheffield, Wulff와 Backer(1951)는 발정기에 있는 암쥐가 강화물일 때 숫쥐가 골목을 반복적으로 달려가는 것을 발견하였다. 교미하기 전에 항상 분리시켰기 때문에 강화물이 숫쥐의 성 추동을 감소시키지 않았으나 숫쥐는 시행이 지날수록 빠른 속도로 달려가기를 계속하였다. 비슷하게, 인간의 경우에도 성관계에서 절정에 이르지 않더라도 성행위의 전희는 강화적이다. 포르노 잡지와 영화 그리고 인터넷 사이트의 인기는 이 점에 대해 추가적인 증거를 제공한다.

광범위한 종에서 자극의 증가가 일차강화물로 작용하는 수많은 예들이 존재한다. 인간의 유아, 새끼 고양이 그리고 어린 동물들은 장난감과 변화무쌍한 시각적·청각적 그리고 촉각적 자극을 제공하는 다른 물건을 가지고 노는 데 오랜 시간을 보낸다. 쥐에게는 쳇바퀴에서 달릴 기회가 강화물로 작용한다(Belke & Pierce, 2009). 원숭이에게는 슬라이드로 보여주는 사진이 강화물로 작용하며 움직이는 사진은 심지어 더 강력한 강화물이 된다(Blatter & Schultz, 2006). 인간 성인은 감각자극을 증가시키는 상당히 다양한 자극과 활동들(음악, 스포츠나 운동, 등산, 스카이다이빙, 공포영화 등)이 강화물로 작용한다. 이런 사실이 추동감소이론과 절충될 방법은 없는 것처럼 보인다.

초상황성

욕구감소이론과 추동감소이론의 문제 때문에 Paul Meehl(1950)은 새로운 예측을 가능하게 함으로써 **강화물**(reinforcer)이라는 용어의 순환성을 피할 수 있는 좀 더 중도적인 이론적 입장을 취하였다. Meehl은 **초상황성**(trans-situationality)이라는 개념을 들었는데, 이 개념은 한

엄마의 관찰 :

숙제를 하는 데 피자가 강화물이다.

초상황성 예측 :

다음에 대해 피자는 강화물일 수 있다.
설거지하기
방 치우기
심부름하기
제시간에 집에 오기
등등

그림 8.4 초상황성 원리는 새로운 상황에서 무엇이 효과적인 강화물이 될지 예측하는 데 사용될 수 있다.

상황에서 강화물로 작용하는 자극이 다른 상황에서도 강화물이라는 것을 단순히 의미한다. 예를 들어, 간단한 실험을 통해 쥐가 쳇바퀴를 돌리는 데 사카린의 단맛 나는 물이 강화물 인지 확인한다고 가정해보자. 쥐가 쳇바퀴를 몇 번 돌릴 때마다, 몇 초간 사카린 용액에 접 근하게 해주었더니 쳇바퀴 돌리기가 증가하였다. 사카린이 강화물임을 확인했으므로 초상 황성 원리에 따라 새로운 예측을 할 수 있게 된다. 예를 들어, 레버 누르기, 사다리 오르기, 미로에서 정확한 순서를 학습하기 등에 대해 사카린을 강화물로 사용할 수 있다. 동일한 방 식으로 엄마는 초상황성 원리를 사용하여 아이에게 무엇이 강화물이 될 것인지 예측할 수 있다(그림 8.4).

　실제로 초상황성 원리는 많은 경우에서 잘 작동한다. 부모와 교사들은 과자, 음료, 장난 감, 게임, 휴식 등과 같은 강화물이 수많은 다양한 행동을 증강시키는 데 사용될 수 있음을 알고 있다. 그러나 이 원리에는 한 가지 문제가 있다. 즉, 한 상황에서는 강화물인 것이 다른 상황에서는 강화물로 작용하지 않는 경우가 있다는 점이다. 초상황성 원리에 대해 분명한 예외를 기록했던 첫 번째 사람은 David Premack으로서, 그의 영향력 있는 실험과 저술은 많 은 심리학자가 강화에 대해 생각했던 방식을 바꾸어놓았다.

Premack의 원리

강화 절차는 종종 행동(조작적 반응)과 자극(강화물) 사이의 수반성으로 기술된다. 이런 식 의 기술은 강화를 사용할 때 강화받을 행동과 강화적 자극이라는 두 가지 구별되는 사건을 다루고 있다는 암시를 준다. Premack의 주요 공헌 중 하나는 이 두 가지 사건 간에 뚜렷한 경계가 없음을 보여주었다는 것인데, 두 가지 개별 사건이라고 말하는 것이 비생산적일 수 있다. 그는 거의 모든 강화물이 자극(예 : 먹이)과 행동(예 : 먹기)을 모두 포함하고 있으며, 실제로 조작적 반응을 증강시키는 것은 후자일지도 모른다고 지적하였다. 목마른 동물에게

'물'과 '물 마시기' 중 어떤 것이 강화물인가? 아이에게 '장난감'이나 '장난감을 가지고 놀기' 중에서 어떤 것이 강화물인가? 원숭이에게 '밖이 보이는 창문'이나 '보는 행동' 중에서 어떤 것이 강화물인가? Premack은 강화 절차가 무엇인지를 보다 명확하게 특징지을 수 있는 것은 행동과 자극 사이의 수반성이라기보다는 한 행동과 다른 행동 사이의 수반성이라고 제안하였다. 예를 들어, 쥐를 대상으로 한 많은 실험에서 수반성은 레버 누르기 행동과 먹는 행동 사이의 수반성, 즉 먹는 행동은 오직 레버 누르는 행동을 할 때만 일어날 수 있다는 것을 말한다.

Premack의 생각을 초상황성 원리와 어떻게 관련시킬 수 있는가? 초상황성 원리가 맞다면, 모든 행동은 강화적 행동(reinforcing behavior)이라고 부를 수 있는 행동의 하위집합(예 : 먹기, 마시기, 놀기)과 강화받을 행동(reinforceable behavior)의 하위집합(예 : 레버 누르기, 쳇바퀴 돌리기, 키 쪼기)으로 나눌 수 있다. 초상황성 원리에 따르면, 첫 번째 하위집합의 행동은 어떤 것이든 두 번째 하위집합에 속한 어떤 행동이라도 강화시킨다. 그러나 Premack의 실험은 초상황성을 위반하는 수많은 경우가 있다는 것을 보여준다.

Premack(1959, 1965)은 초상황성 원리를 대체하기 위해 지금은 Premack의 원리(Premack's principle)라고 불리는 대안 이론을 제안하였다. 이 이론에서는 한 행동이 다른 행동에 대한 강화물인지 결정할 수 있는 매우 간단한 방법을 제공하였다. 핵심은 기저선 상황 즉, 제약 없이 언제든지 모든 행동이 일어날 수 있는 상황에서 행동의 지속 시간을 측정하는 것이다. Premack의 원리는 고확률의 행동이 저확률의 행동을 강화한다고 표현된다. '고확률(more probable)'의 행동이란, 유기체가 하는 행동에 대한 제약이 없는 상황에서 더 오랜 시간 동안 수행하는 행동을 의미한다. Premack은 행동을 강화적 행동과 강화받을 행동이라는 두 가지 범주로 나누는 대신, 고확률의 행동에서부터 0% 확률의 행동에 이르는 확률척도에서 행동의 순위를 매길 수 있다고 제안하였다. 확률척도에서 높은 행동이 확률척도에서 낮은 행동을 강화한다.

Premack(1963)은 꼬리감는원숭이를 대상으로 Premack 원리의 장점과 초상황성 원리의 단점을 강조하는 실험을 수행하였다. 원숭이는 환경에 놓인 어떤 물건이든지 탐색하고 만지려고 하는 호기심 많은 동물이다. Premack은 원숭이가 여러 물건들을 가지고 놀도록 놔두었다. 〈그림 8.5〉는 치코라는 원숭이에게 레버 누르기는 고확률이고, 플런저(plunger) 당기기는 저확률이며, 작은 문 열기가 중간 확률임을 보여준다.

그 후 Premack은 한 항목은 '조작적 반응'으로 작용하고 다른 한 항목은 잠재적 '강화물'로 작용할 수 있도록 서로 다른 수반성을 배열시킨다. 원숭이가 다른 물건을 가지고 처음 놀 때까지 강화물은 잠겨 있고 작동하지 않는다. 여섯 단계에 걸쳐 조작적 반응과 강화물의 모든 가능한 조합을 검사하였고 〈그림 8.5〉와 같은 결과를 얻었다. 레버 누르기는 문 열

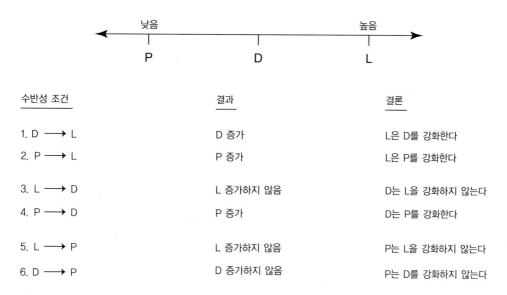

그림 8.5 Premack(1963)의 실험에서 사용된 절차와 원숭이 치코에게서 얻은 결과. D → L이라는 표시는 치코가 레버를 누르기 위해서는 먼저 문을 열어야 함을 의미한다.

기와 플런저 당기기에 대한 강화물로 작용한다. 문 열기는 플런저 당기기를 강화하지만 레버 누르기를 강화하지 않는다. 플런저 당기기는 다른 두 행동 중 어느 것도 강화하지 않았다. 여섯 가지 결과 각각은 고확률의 행동이 저확률의 행동을 강화한다는 원리와 일치한다는 것을 확인할 수 있다.

주목할 만한 결과는 중간 확률인 문 열기가 초상황성 원리를 위반한다는 것이다. 플런저 당기기와 수반되었을 때, 문 열기는 강화물이었다. 레버 누르기와 수반되었을 때, 문 열기는 강화받을 반응의 역할을 했다. 그렇다면 문 열기는 강화물인가 강화받을 반응인가? Premack은 확률척도에서 행동의 상대적 위치에 따라 달라진다고 답했다. 어떤 행동은 확률척도에서 더 낮은 행동에 대해서 강화물로 작용하지만, 더 높은 행동에 대해서는 강화받을 행동이 된다. 이런 이유로 Premack의 원리는 때때로 강화 상대성(reinforcement relativity) 원리라고 불린다. 즉, 강화물과 강화받을 반응을 나누는 절대적 범주는 없으며, 행동은 확률척도에서의 상대적 위치에 따라 역할이 달라진다.

Premack(1971)은 강화의 원리에 보완되는 처벌의 원리도 제안하였다. 즉, **저확률의 행동은 고확률의 행동을 처벌한다.** 유기체가 선택하도록 내버려두면 저확률의 행동은 수행하지 않으므로, 실험자는 이 원리가 맞는지 증명하기 위해서 상호 수반성(reciprocal contingency)을 사

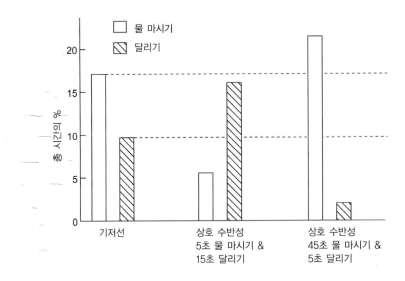

그림 8.6 Mazur(1975) 실험에서 한 쥐의 수행. 첫 번째 상호 수반성에서 달리기 시간은 기저선 수준과 비교해서 증가하고, 물 마시기 시간은 감소하였다. 두 번째 상호 수반성에서 달리기 시간은 기저선 수준과 비교해서 감소하고 물 마시기 시간은 증가하였다.

용하여 두 행동이 일정 분량으로 발생하게 만든다. 예를 들어, 저자인 Mazur은 실험1(1975)에서 쥐에게 5초 마시기를 위해서 15초 동안 달리도록 요구하는 조건을 만들었다. 전형적 쥐로부터 얻은 결과는 이 실험이 Premack의 강화 규칙과 처벌 규칙을 어떻게 동시에 증명할 수 있는지를 보여준다. 쥐는 기저선 기간 동안 시간의 약 17%를 물을 마시는 데 보내고 약 10%를 달리면서 보냈다(그림 8.6). 그러나 쥐에게 매 5초 마시기를 위해 15초 달리도록 요구하였을 때, 기저선과 비교해서 달리기에 보낸 시간은 증가한 반면, 물 마시기는 기저선과 비교해서 감소되었다. 다른 말로 하면, 고확률의 행동인 물 마시기가 달리기를 강화하였고, 이와 동시에 달리기를 요구함으로써 물 마시기를 처벌한 것이다. 이 실험의 다른 모든 쥐도 비슷한 결과를 보였다. 다른 연구에서 Premack의 원리를 지지하는 결과를 얻었다(Amari, Grace & Fisher, 1995; Hanley, Iwata, Roscoe, Thompson & Lindberg, 2003).

행동 수정에서 Premack의 원리의 사용

지금까지 Premack의 원리가 이론적으로 시사하는 바가 무엇인지에 초점을 두고 기술했으나, 이 이론은 행동 수정이라는 응용 분야에 여러 면으로 지대한 영향을 주었다. 우선, 행동 그 자체가 강화물로 작용할 수 있다는 것을 강조함으로써 행동치료자가 그러한 강화물을 치료에 사용하도록 고무시킬 수 있다. 오늘날 치료자는 내담자에게 바람직한 행동(운동하기, 공부하기, 담배 피우지 않기)에 대해 'Premack의 강화물', 즉 독서, 카드놀이, 친구에게 전화걸기나 TV 보기 같은 강화물을 사용하도록 가르친다. Premack의 강화물은 학교장면에서도 폭넓게 수용되고 있다. 교사가 과자, 음료수, 장난감, 상과 같은 만질 수 있는 강화물에만 의존한다고 했을 때 겪게 될 어려움을 상상해보자. 그런 물건으로 강화한다면 비용만 해도 엄청날 것이고, 포만이라는 문제도 대두될 것이다. 그러나 특정 활동을 바람직한 행동에 수반되게 만든다면 교사는 비용이 별로 들지 않는 갖가지 강화물을 사용할 수 있게 된다.

먹기를 거부하고 단지 몇 가지 음식만 편식하는데다 다른 것을 먹으려고 하면 공격적이되는 7세 남자아이의 부모가 Premack의 원리를 사용하였다. 부모는 한정된 음식만 먹으면 아이의 건강이 상할까 봐 염려하였으므로 치료자는 다음과 같은 계획을 세웠다. 식사 시간에 부모는 아이가 적은 양이지만 새로운 음식을 먹으면 좋아하는 음식을 먹을 수 있다고 말하였다. 만약 새로운 음식 먹기를 거부하면, 좋아하는 음식도 먹을 수 없다(그러나 덜 선호하는 음식을 주어 굶기지는 않았다). 이러한 간단한 방법으로 아이는 점차 다양한 음식을 먹기 시작하였고, 새로운 음식을 줄 때 전보다 더 차분해졌다(Brown, Spencer & Swift, 2002).

Homme, deBaca, Devine, Steinhorst와 Rickert(1963)는 어린이집 한 반의 아동들의 행동을 통제하는 데 Premack의 원리를 사용하였다. 고확률의 행동은 방을 이리저리 뛰어다니고, 소리치고, 의자를 미는 것 등이었다. 그다음에 고확률의 행동을 조용히 앉아 있기, 교사가 말하는 것 듣기 등 저확률의 행동에 수반되도록 프로그램을 수립하였다. 그러한 저확률 행동이 몇 분간 일어난 뒤에 교사는 종을 치며 '뛰고 소리 지르기'를 하도록 지시하는데, 그러면 아동들은 몇 분간 고확률의 행동을 할 수 있었다. 그런 다음 교사는 다시 종을 치고는 고확률이든 저확률이든 다른 행동에 대한 지시를 주었다. 며칠 후에, 아동들은 교사의 지시에 거의 완벽하게 따르게 되었다.

Azrin, Vinas와 Ehle(2007)은 ADHD 진단을 받은 13세 소년들에게 비슷한 절차를 사용하였다. 이 소년들은 수업시간에 지나치게 활동적이고 방해가 되는 행동을 해서 학급 전체에 문제가 되었다. 연구자들이 소년들에게 학교의 레크리에이션 시설에 가도록 허락했을 때, 대부분의 시간을 게임 도구를 가지고 격렬한 신체 활동을 한다는 것을 관찰하였다. 따라서 이 고확률의 행동이 수업시간에 조용히 앉아서 수업에 주의를 기울이는 행동에 대한 강화물로 사용되었다. 적절한 행동을 몇 분간 한 다음에, 교사는 "차분하게 수업에 집중했으므로 이제 놀아도 된다."라고 말했고, 소년들은 레크리에이션 시설에 가서 몇 분간 놀 수 있었다. 이러한 조치 후에 소년들의 수업시간의 행동이 극적으로 향상되었다.

이러한 예는 Premack의 원리가 응용 장면에 사용된 많은 예 중 일부에 불과하다. 비록 이 원리는 제한점이 있으나, 어떤 사건이 강화물이고 어떤 사건이 아닌지를 결정하는 성공적인 경험법칙(rule of thumb)이라는 것이 증명되었다.

반응박탈이론

연구들은 무엇이 강화물 또는 처벌물로 작용하는지에 대해 Premack의 원리가 대체로 잘 예측한다는 것을 보여준다. 그러나 어떤 경우에는 Premack의 원리와는 반대로, 저확률의 행동이 고확률의 행동에 대한 강화물로 실제로 사용될 수 있다. 달리기와 물 마시기 사이의 상호 수반성에 대한 쥐를 대상으로 이루어진 Mazur의 실험(1975)은 이런 일이 발생할 수 있음을 설명한다. 기저선 기간에 쥐는 시간의 약 17%를 물 마시는 데 보내고 약 10%를 달리는 데 보냈다는 것을 떠올려보라(그림 8.6). 이 동물의 마시기 대 달리기의 비는 약 1.7:1이다. 상호 수반성 중 하나로 매 5초 달리기를 위해 45초 동안 물 마시기가 요구되었다. 이러한 상호 수반성은 마시기 대 달리기 비가 9:1이 될 것을 요구하며, 기저선 기간에 나타났던 비보다 더 높다. 〈그림 8.6〉은 이런 상호 수반성에서 달리기 시간이 기간의 약 2% 수준으로 감소한 반면, 물 마시기 시간은 실제로 21%까지 증가하였음을 보여준다. 그러므로 Premack의 원리와 반대로 이 경우에는 저확률의 행동이 고확률의 행동을 강화하였다.

이러한 결과를 설명하기 위해 Timberlake와 Allison(1974; Allison, 1993)은 강화의 반응박탈이론(response deprivation theory)을 제안하였는데, 이 이론은 실제로 Premack의 원리를 발전시킨 것이다. 이 이론의 진수는 수반성에 의해서 기저선(어떤 행동이든 제한하지 않음)과 비교해서 유기체가 어떤 행동을 하지 못하도록 제한될 때마다, 제한된 행동은 그것이 고확률의 행동이든 저확률의 행동이든 상관없이 강화물의 역할을 한다는 점이다. 이론을 이해하기 위해서, 자기 집에서 하루 30분 운동을 하며 어려운 대학원 공부를 위해 하루 60분을 보내는 남자를 상상해보자. 공부를 더 해야겠다고 결심했으나 공부를 더 오래하는 데 어려움을 겪는다. 남자는 반응박탈이론을 사용하여 자신이 20분 공부하면 운동 시간 5분을 얻는 것에 아내(규칙을 강제하는 역할을 한다.)와 합의하였다(그림 8.7 참조). 남자가 하루에 60분 공부하면 운동 시간을 15분만 얻게 되는데, 이것은 평상시 운동하던 30분보다 박탈된 것이다. 그러므로 반응박탈이론에 따르면, 이러한 수반성은 운동의 상대적 박탈을 초래한다. 이 때문에 이론에서는 남자가 공부하기와 운동하기 사이에 타협을 볼 것이라고 예측한다. 가령 하루 100분으로 공부 시간을 증가시키면 운동 시간을 25분 얻을 수 있다(이것은 기저선 수준인 30분에 가깝다). 기저선과 비교해서 학습 시간이 증가되었다면, 운동(저확률의 행동)이 공부하기에 대한 강화물로 작용했다고 말할 수 있다.

요약하면, 반응박탈이론은 두 행동의 비가 통제되는 어떤 강화계획에서든, 고확률이든 저확률이든 상관없이, 더 많이 제약된 행동은 덜 제약된 행동에 대해 강화물로 작용한다고 진술한다. 비록 반응박탈이론이 Premack의 원리보다 이해하기가 조금 더 어려울지 모르지

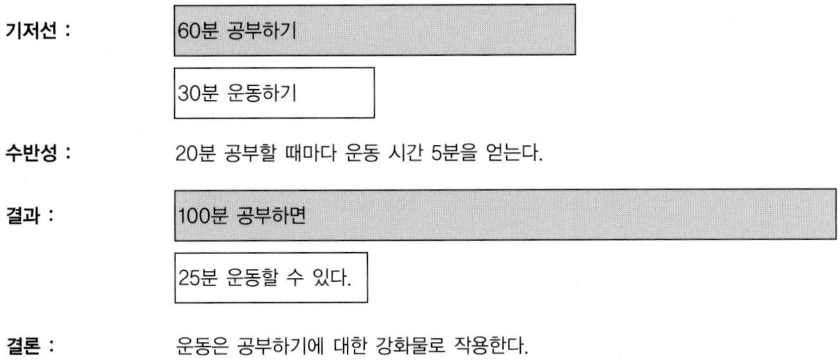

기저선 :	60분 공부하기

30분 운동하기

수반성 :   20분 공부할 때마다 운동 시간 5분을 얻는다.

결과 :   100분 공부하면

25분 운동할 수 있다.

결론 :   운동은 공부하기에 대한 강화물로 작용한다.

그림 8.7 반응박탈이론의 가상적 예. 수반성이 평상시 운동 시간을 박탈하기 때문에 운동은 공부하기에 대한 강화물로 작용하게 된다.

만, 이 이론은 다른 어떤 이론보다 강화물의 효과를 가장 신뢰롭게 예측해준다. 이 이론은 기저선 상황에서 어떤 행동(그리고 강화될 행동)의 확률을 관찰함으로써 그 행동이 강화물로 작용할 수 있을지 예측하게 해준다. 이 이론은 동물을 대상으로 이루어진 실험실 실험과 인간을 대상으로 한 응용 장면 모두에서 검증되었으며, 수반성이 언제 바람직한 행동을 증가시키며 언제 그렇지 않은지를 정확히 예측하게 해주는 규칙이라는 것이 증명되었다(Klatt & Morris, 2001). 예를 들어, Konarski(1987)는 지적장애가 있는 성인에게서 두 행동에 대한 서로 다른 수반성을 수립하고 Premack의 원리의 예측과 반응박탈이론의 예측을 직접적으로 비교하였다. Premack의 원리는 몇몇 사례에서 성공하고 몇몇 사례에서는 실패하였으나, 반응박탈이론의 예측은 거의 100% 정확하다고 증명되었다. 반응박탈이론에서는 무엇이 강화물로 작용할 것인지 사전에 예측하게 해주므로, 강화물의 정의는 더 이상 순환론에 빠지지 않게 되었다.

행동과 강화물에 대한 기능분석

반응박탈이론은 어떤 활동이 언제 효과적 강화물로 작용할 수 있는지 예측할 수 있는 좋은 방법을 제공한다. 그러나 행동치료자에게 종종 도전이 되는 다른 문제점은 문제 행동을 유지하는 강화물이 무엇인지를 결정하는 것이다. 자폐증이나 지적장애가 있는 아동이나 성인은 뚜렷한 이유가 없어 보이는 이상하거나 부적절한 행동을 종종 한다. 그 예로, 장난감이나 다른 물건 부수기, 또래나 돌보는 사람을 공격하기, 소리 지르기, 자해 행동, 먹을 수 없는 물건을 씹기가 포함된다. 이런 행동을 없애기 위해 유용한 첫 단계는 기능분석(functional analysis), 즉 치료자가 문제 행동을 유지하는 강화물을 파악하게 해주는 방법을 실시하는 것이다.

　이러한 부적응 행동은 다양한 이유로 발생할 수 있다. 공격적 행동은 아동이 원하던 장난

감을 손에 넣게 해준다(정적 강화). 물건 부수기는 돌보는 사람의 관심을 이끌어낼 수 있다
(또 다른 정적 강화). 소리 지르기나 방해 행동은 원치 않는 수업이나 활동을 중단하게 해준
다(부적 강화). 더군다나 어떤 행동(예 : 먹을 수 없는 물건 씹기, 반복적 움직임, 또는 자해
행동)은 자동 강화(automatic reinforcement)라는 것을 산출한다. 즉, 행동을 함으로써 감각자
극 자체가 강화물로 기능한다(Fisher, Adelinis, Thompson, Worsdell & Zarcone, 1998).

　　부적응적 행동의 원인을 어떻게 결정할 수 있을까? 치료자는 기능분석 방법을 사용하여
환자의 환경을 체계적으로 변화시킴으로써 부적절한 문제 행동에 대한 가능한 설명을 지지
하거나 배제한다. 예를 들어, Watson, Ray, Turner와 Logan(1999)은 정신장애가 있는 10세
소년의 자해 행동을 평가하기 위해 기능분석을 사용하였다. 교실에서 소년은 탁자에 머리
를 자주 부딪치고, 얼굴을 찰싹 때렸으며, 손톱으로 얼굴을 긁었다. 교사는 날짜를 달리하
여 자해 행동에 대해 다르게 반응하였다. 어떤 날에는 교사의 관심에 의해 자해 행동이 강
화되는지 확인하기 위해 자해 행동이 일어날 때마다 "그렇게 하지 마."라고 즉시 말했다. 다
른 날에는 만질 수 있는 장난감이 자해 행동을 강화하는지 확인하기 위해 자해 행동을 할 때
마다 장난감이나 물건을 제공하였다. 자동 강화의 가능성을 측정하기 위해 소년을 때때로
방에 혼자 두었는데, 그 방에서는 자해 행동을 해도 관심을 받을 수가 없었고, 만질 수 있는
강화물을 받을 수도 없었다. 마지막으로 어떤 날에는 불쾌한 과제로부터 도피가 행동을 강
화하는지 결정하기 위해 소년이 하던 과제가 무엇이든 자해 행동을 한 다음에는 과제를 종
료시켰다.

　　〈그림 8.8〉은 이 검사의 결과를 보여준다. 이 결과로부터 자해 행동의 원인을 찾아낼 수
있다. 정상적 교실 상황(기저선)과 비교했을 때 관심, 만질 수 있는 강화물, 자동 강화의 효
과를 검증하는 상황에서는 자해 행동이 감소되었으나, 진행 중인 과제로부터 도피할 수 있
을 때 자해 행동의 비율이 높았다. 따라서 연구자들은 자해 행동이 실제로 도피 행동이었다
고 결론 내렸다. 연구자들은 치료의 방법으로서 교사에게 만약 아동이 자해 행동을 하지 않
고 비선호 과제를 마치면, 그 과제를 끝내고 좀 더 선호하는 다른 과제로 바꾸라고 가르쳐
주었다. 이런 접근을 도입한 후 소년의 자해 행동은 사실상 사라졌다.

　　기능분석은 사례별로 이루어져야 하는데, 그 이유는 같은 행동이라도 사람마다 다른 이
유로 발생할 수 있기 때문이다. 자해 행동을 하는 100명 이상의 개인을 연구한 한 조사에서
기능분석 결과, 삼분의 일 정도는 돌보는 사람으로부터 관심에 의해 자해 행동이 유지되었
다. 이들의 경우 돌보는 사람이 환자의 자해 행동은 무시하고 다른 행동을 할 때 관심을 보
이도록 함으로써 자해 행동이 크게 감소되었다(Fischer, Iwata & Worsdell, 1997). 기능분석의
다른 예에서, 손가락을 빠는 두 아동의 경우 관심이나 불쾌한 과제로부터 도피가 아니라 자
동 강화(손가락의 감각자극)에 의해 유지된다는 것을 발견하였다. 반창고나 고무장갑을 손

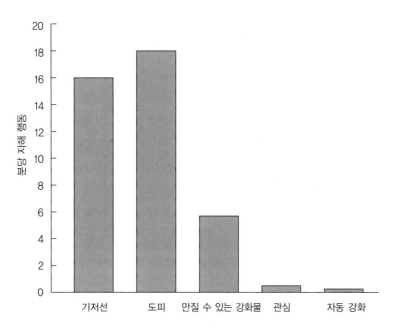

그림 8.8 기능분석의 예. 다섯 조건에서 정신장애가 있는 소년이 보인 자해 행동의 비율. (Watson et al., 1999)

가락에 씌움으로써 손가락 빨기가 감소하였다(Ellingson et al., 2000). 기능분석은 유별나거나 불안한 행동을 보이는 정신장애가 있는 성인에게도 사용될 수 있다(Strohmeier, Pace, & Luiselli, 2014).

기능분석의 힘은 치료자가 그저 무기력하게 지켜보면서 부적응적 행동이 왜 일어나는지 궁금해할 필요가 없다는 것이다. 환경을 적절히 조절함으로써 강화의 원천을 평가할 수 있으며, 이런 정보에 근거해서 개인의 필요에 맞게 치료계획을 적절히 조정할 수 있다.

행동경제학

이 장에서는 강화에 대한 여러 이론들을 기술하였다. 강화가 일상적인 장면에서 어떻게 작용하는지 더 잘 이해하기 위해서 어떤 심리학자는 경제학 분야의 이론으로 선회하였다. 소비자 개인의 행동에 관심이 있는 미시경제학과 개별 유기체의 행동에 관심이 있는 조작적 조건형성 연구는 공통점이 많다. 두 분야는 개인이 상대적으로 희소하고 값진 일용품(경제학에서는 소비자 물품, 조작적 조건형성에서는 강화물)을 얻으려고 어떻게 일하는가를 검토한다. 두 경우 모두에서 개인의 자원(경제학에서는 돈, 조작적 조건형성에서는 시간이나 행동)이 제한되어 있다. 두 분야는 개인이 희소한 일용품을 얻기 위해 제한된 자원을 어떻게 할당하는지를 예측하고자 한다. 이러한 공통된 관심 때문에 심리학자와 경제학자는 이론적 생각과 연구 기법을 공유하기 시작했다. 행동경제학(behavioral economics) 분야는 이러한 협력적 노력의 산물이다. 이 절에서는 실험실 안팎에서 경제학 개념이 인간과 동물의 행동에 적용된 몇 가지 방식을 기술할 것이다.

최적화 : 이론과 연구

미시경제학에서 기본 질문은 소비자 개인이 자신의 수입을 소비, 저축, 또는 투자라는 가능한 모든 방식으로 어떻게 배분하는지에 관한 것이다. 어떤 여성이 세금을 제하고 매주 800달러를 번다고 가정해보자. 수입의 얼마만큼을 음식, 집세, 생활용품, 의류, 여가, 자선기부 등에 쓸 것인가? 최적화이론(optimization theory)은 이에 대해 간명하고 합리적인 답을 제공한다. 즉, 소비자는 '주관적 가치'가 최대화되는 방식(대략적으로 말하자면, 자신에게 가장 큰 만족을 주는 방식)으로 수입을 배분할 것이다. 말은 쉽지만 이 원리를 실행하기는 극히 어렵다. 새로 신발을 사거나 혹은 동일한 금액을 가치 있는 곳에 기부하는 것 중 더 큰 만족을 주는 것이 무엇인지 어떻게 알 수 있는가? 그 문제에 대한 답을 그 여성이 어떻게 알 수 있는가? 이러한 어려움에도 불구하고 최적화이론에서는 사람들이 그러한 판단을 할 수 있으며, 하고 있고, 그에 따라 수입을 배분한다고 주장한다.

강화물의 주관적 가치가 사람마다 다르기 때문에 최적화이론을 엄격하게 검증하는 것은 쉽지 않다. 그럼에도 불구하고, 어떤 강화물이 더 크거나 혹은 더 작은 가치를 가졌다고 어느 정도 적정하게 가정함으로써 연구자들은 최적화이론을 지지하는 구체적 증거를 얻을 수 있었다. 다음 절에서 볼 수 있듯이, 이 원리에 대한 몇몇 증거는 동물에 대한 연구로부터 얻어졌다.

최적화와 행동생태학

행동생태학자(behavioral ecologist)는 자연 서식지나 반쯤 자연적인(semi-naturalistic) 환경에서의 동물 행동을 연구하며, 상이한 종의 행동 패턴이 환경 요인과 생존 압력에 의해 어떻게 형성되는지 알려고 한다. 진화와 행동의 관계에 관심이 있는 행동생태학자에게 최적화 개념이 매력적인 이유를 아는 것은 쉬운 일이다. 동물의 최적 행동은 생존의 가능성을 높이거나 행동 경향성이 비슷한 자손들을 양육할 가능성을 높인다. 행동생태학자는 동물의 행동에서 최적에 가까운 많은 사례를 기록하였다. 이 사례에는 먹이 사냥, 짝 찾기, 집단 크기 선택하기가 포함된다(Krebs & Davies, 1978).

다음은 동물 행동에 최적화 원리가 적용된 예 중 하나이다. 포식자는 먹잇감을 찾을 때 결정을 해야 한다. 큰 먹잇감을 만나면 당연히 잡아야 한다. 반면 작은 먹잇감을 만나면 포식자의 결정은 좀 더 까다로워진다. 먹잇감을 추적하고 잡아서 먹는 데 시간이 오래 걸린다면, 먹잇감을 쫓아갈 가치가 없을지도 모른다. 왜냐하면 그 시간 동안 더 큰 먹잇감을 잡을 기회를 놓치기 때문이다. 일반적으로 적용되는 규칙은 만약 큰 먹잇감이 드물다면(그래서 큰 먹잇감을 마주칠 기회가 적으면) 포식자는 먹잇감이 크든 작든 어떤 먹잇감이라도 쫓아가야 한다. 그러나 만약 큰 먹잇감이 풍부하다면 포식자는 작은 먹잇감을 무시할 것이다. 왜냐하면 작은 먹잇감을 쫓는 동안 나타날지도 모르는 큰 먹잇감을 잡을 가치 있는 시간을 잃기 때문이다.

Werner와 Hall(1974)은 10마리의 푸른아가미개복치(bluegill sunfish)를 크기가 다른 세 종류의 먹잇감(작은 물고기)과 함께 큰 수조에 넣고 이 예측을 검증하였다. 먹잇감이 드물 때(각 종류별로 20마리씩), 개복치는 크기가 다른 세 종류의 먹잇감을 기회가 있을 때마다 잡아먹었다. 그러나 먹잇감이 풍부할 때(각 종류별로 350마리씩), 개복치는 가장 큰 먹잇감만을 잡아먹었다. 중간일 때(각 종류별 200마리씩), 개복치는 두 종류의 큰 먹잇감만 잡아먹었다. 개복치가 각 종류별 먹잇감을 잡고 먹는 데 걸린 시간을 측정함으로써, Werner와 Hall은 최적화이론이 이 세 상황에 대해 예측한 것과 개복치의 행동이 정확히 일치한다는 것을 보여줄 수 있었다.

이 예는 과학자가 자연 상황에서 동물의 행동에 어떻게 최적화이론을 적용했는지 잘 보여준다. 조작적 조건형성 실험 역시 이론에 대한 지지를 제공하였다(Silberberg, Bauman & Hursh, 1993). 심리학 실험에서 최적화이론은 좀 더 엄격한 검증을 거치는데, 이 예측을 대안 이론의 예측과 비교한다. 이 연구 중 몇몇을 제12장에서 기술할 것이다.

수요의 탄력성과 비탄력성

조작적 연구에서 많은 연구들은 강화계획의 요구가 커지면, 가령 비율 요구를 FR 10에서 FR 100으로 증가시킴에 따라 행동이 어떻게 변하는지를 보여주었다. 이러한 질문은 가격 증가에 따라 일용품에 대한 수요가 어떻게 변하는가라는 경제학의 질문과 비슷하다. 경제학에서는 가격이 증가할 때 구입하는 일용품의 양이 현저하게 감소하는 경우 탄력적 수요(elastic demand)라는 용어를 사용한다. 대체할 수 있는 제품을 손쉽게 구할 수 있다면, 일반적으로 수요는 탄력적이다. 예를 들어, 특정 상표의 콜라 가격이 50%까지 증가하는 경우 수요가 급격히 감소할 것인데, 왜냐하면 사람들은 같은 맛을 내는 다른 상표의 콜라로 전환하기 때문이다. 반대로, 제품의 가격이 변하는데도 구매량에 거의 변화가 없는 경우 비탄력적 수요(inelastic demand)라고 한다. 이것은 일반적으로 가까운 대체품이 없는 제품에 해당한다. 현대사회에서 자동차 기름값에 대한 수요는 상당히 비탄력적인데, 그 이유는 많은 사람이 직장, 학교, 쇼핑센터 등으로 운전을 할 때 자동차 연료로 석유 외의 다른 대안이 없기 때문이다.

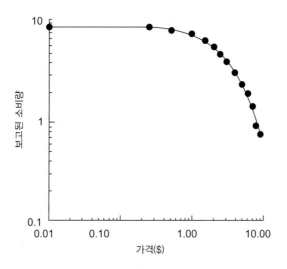

그림 8.9 술 한 잔의 가격이 다를 때 저녁에 술을 얼마나 마실 것인지를 대학생들에게 질문함으로써 얻은 수요 곡선(Murphy, J. G., MacKillop, J., Skidmore, J. R., Pederson, A. A., 2009, Reliability and validity of a demand curve measure of alcohol reinforcement. *Experimental and Clinical Psychopharmacology*, 17, 396–404. ⓒ American Psychological Association. 허락하에 재인쇄.)

　　행동경제학자가 수요를 측정하기 위한 방법 중 한 가지는 설문지를 사용하는 것이다. 한 연구에서는 대학생에게 저녁에 술집에서 술을 얼마나 마실지 술값(무료에서 한 잔에 9달러까지의 범위)에 따른 소비량을 추정하게 했다. 〈그림 8.9〉는 학생들의 대답이 전형적인 수요곡선(demand curve)을 따른다는 것을 보여준다. 즉, 술이 무료거나 저렴하면 많이 마시지만 술값이 증가할수록 추정된 소비량은 꾸준히 감소하였다(Murphy, MacKillop, Skidmore & Pederson, 2009).

　　강화물에 더 많은 반응을 요구함으로써 '값'을 올리는 동안 동물들이 특정한 종류의 강화물에 대해 얼마나 반응하는지를 측정함으로써 수요곡선을 얻을 수 있다. 예를 들어, Madden, Smethells, Ewan과 Hursh(2007)는 쥐에게 FR 1부터 FR 200 이상의 계획에서 레버를 누름으로써 먹이알을 얻게 했다. 먹이알은 쥐에게 필요한 모든 영양분을 공급하도록 배합되었다. 자료는 〈그림 8.10〉에 삼각형으로 표시되었다. FR계획의 크기가 증가할수록 쥐의 먹이에 대한 수요는 감소되었으나, 아주 약간만 감소하였다. 이 실험의 다른 국면에서, 연구자는 동일한 절차를 사용해서 강화물이 지방(옥수수 기름을 물에 섞은 액체로, 칼로리는 있으나 완전한 영양분을 제공하지는 못한다.)일 때 수요곡선을 얻었다. 〈그림 8.10〉의 원으로 표시된 것처럼, 지방에 대한 수요는 먹이알에 대한 수요보다 탄력적이었다. 즉, FR계획의 크기가 증가할수록 쥐의 지방 소비가 훨씬 가파르게 감소하였다.

　　상이한 수요 탄력성을 지닌 두 강화물의 예를 제공하는 것 외에도, 이 실험은 둘 중 어

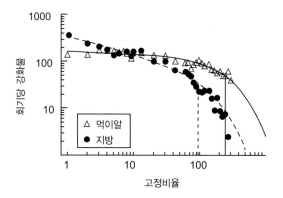

그림 8.10 먹이알과 지방에 대한 수요곡선. 상이한 FR계획에서 두 종류의 강화물을 얻기 위해 쥐가 레버를 누르게 함으로써 얻음(Madden, G. J., Smethells, J. R., Ewan, E. E., & Hursh, S. R., Tests of behavioral-economic assessments of relative reinforcer efficacy: Economic substitutes. *Journal of the Experimental Analysis of Behavior, 87*, 219–240. Copyright 2007 by the Society for the Experimental Analysis of Behavior.)

떤 강화물이 '더 강력한' 강화물인지 결정하는 것은 답이 없는 복잡한 문제임을 보여주었다. 매우 작은 FR계획에서 쥐는 먹이알보다 지방 강화물을 더 많이 얻었으나, 더 큰 FR계획에서는 지방 강화물보다 먹이알을 더 많이 얻었다. 그렇다면 더 효과적인 강화물은 무엇인가? 이 질문에 대한 한 가지 답은 어떤 강화물에서 정점 산출물(peak output)이 더 높은지를 결정하는 것이다. 즉 얻은 강화물의 수에 비율계획의 크기를 곱함으로써 계산되는, 유기체가 전체적으로 가장 많은 반응을 한 강화계획이다. 〈그림 8.10〉에서 이 지점이 수직선으로 표시되어 있으며, 먹이알의 경우 지방 강화물보다 정점 산출물이 더 높다는 것을 보여준다. 그러나 다른 연구자는 상이한 두 강화물의 강도를 비교하는 다른 방식을 제안하였다. 예를 들면, 선택 상황에서 어떤 것을 더 선호하는지를 측정하거나 동물이 반응을 멈추기 전에 가장 높은 반응률을 유지하는 것이 무엇인지를 측정하는 등(Herrnstein, 1961; Hursh & Silberberg, 2008)이다. 그러나 강화물의 강도에 대한 상이한 측정치가 항상 같은 답을 내놓는 것은 아니다. 적어도 지금 상황에서 "두 강화물 중 어떤 것이 더 강력한가?"라는 간단해 보이는 질문에 대한 간단한 답은 없는 것으로 보인다.

글상자 8.2 **연구 적용하기**

행동경제학과 약물남용

동물 실험은 종종 인간 행동에서 상당히 중요한 문제에 대한 가치 있는 정보를 제공한다. 그런 분야 중 하나는 중독성 약물이 개인의 행동에 미치는 영향에 관한 것이다. 많은 실험실 실험에서 동물에게 알코올, 헤로인, 또는 코카인과 같은 약물을 얻도록 일할 기회를 주었을 때 동물이 어떻게 반응하는지 검토하였다. 이러한 약물은 쥐부터 원숭이에 이르기까지 동물에게 강력한 강화물로 작용할 수 있으며, 경제학 개념을 사용하여 약물의 효과를 정확하게 분석할 수 있다. 예를 들어, 어떤 연구에서는 동물을 대상으로 다양한 약물의 탄력성을 측정하였다. 약물의 '가격'이 소비에 어떻게 영향을 주는지를 보기 위해 동물에게 다양한 크기의 FR계획에서 일할 기회를 주었다. 놀랍게도 매우 중독적인 어떤 약물에 대한 수요가 상당히 탄력적임을 발견하였다. 쥐를 대상으로 이루어진 한 실험에서 코카인에 대한 수요는 먹이에 대한 수요보다 더 탄력적이다(Christensen, Silberberg, Hursh, Huntsberry & Riley, 2008).

동물 연구는 가격 이외에 다른 요인들, 예를 들어 대체물의 가용성과 다른 강화물로부터의 경쟁이 약물에 대한 수요에 영향을 줄 수 있음을 발견하였다. 한 연구에서, 개코원숭이에게 먹이와 헤로인 정맥주사 중 하나를 선택하게 하였다. 둘 다 풍부할 때(매 2분마다 선택 가능), 개코원숭이는 두 대안을 거의 비슷한 빈도로 선택하였고, 그 결과 상당량의 헤로인을 소비하였다. 그러나 두 강화물이 덜 풍부해지자(매 12분마다 선택 가능), 개코원숭이는 대부분의 경우 먹이를 선택하였고 헤로인 소비는 극적으로 감소했다(Elsmore, Fletcher, Conrad & Sodetz, 1980). 이런 종류의 연구는 중독성 약물조차 수요와 공급이라는 표준적인 경제학 원리에 따른다는 것과, 비용이 충분히 비싸면 약물 소비가 감소될 수 있음을 보여주었다. 더군다나, 약물 소비를 감소시키기 위해 항상 먹이의 가용성을 극도로 감소시킬 필요는 없다. Carroll(1993)은 대안적인 강화물인 사카린에 접근하게 해주는 것만으로도 레서스원숭이의 PCP(펜시클리딘) 약물에 대한 수요를 상당히 감소시킬 수 있음을 보여주었다. 다른 중독성 약물에 대해서도 비슷한 결과가 나타났다.

인간 참가자를 대상으로 니코틴, 카페인, 알코올 그리고 헤로인을 비롯한 약물중독에 행동경제학 접근을 이용한 연구가 실시되었다. 동물 실험에서와 마찬가지로, 이 연구는 경제학 원리가 다른 일용품뿐 아니라 약물에도 적용될 수 있음을 보여주었다(Bickel, Johnso, Koffarnus, MacKillop, & Murphy, 2014). 예를 들어, 약물의 값이 오르거나 대체 강화물 사용이 쉬워지면 약물 소비가 감소된다(Bickel, DeGrandpre, & Higgins). 이 연구는 약물중독에 대한 상이한 치료의 효과성을 분석하는 데 도움을 준다. 예를 들어, 헤로인 중독자를 메타돈(methadone)이라는 대체물로 치료하는 전략에 대해 생각해보자. 경제적 측면에서, 메타돈은 헤로인의 강화적 속성 중 일부만 전달하기 때문에 헤로인에 대한 불완전한 대체물이다. 더 구체적으로 말하자면, 메타돈은 헤로인 중단과 연합된 금단증상을 방지할 수 있지만, 헤로인이 주는 희열이나 '약물에 취한 느낌'을 주지 못한다. 게다가 약물 사용자에게는 메타돈을 투여하는 병원 환경이라는 것이 일반적으로 헤로인을 사용하는 사회적 환경만큼 강화적이지 않다(Hursh, 1991). 이런 이유 때문에, 비록 치료가 무료이고 현재 헤로인을 사용하는 사람들이 쉽게 치료받을 수 있다고 하더라도, 헤로인 사용을 없애기 위해서 메타돈 치료를 기대하는 것은 실수이다.

Vuchinich(1999)는 사회에서 약물남용을 감소시키기 위해서는 다각적 접근이 최선이라고 주장한다. 첫째, 엄격한 약물 법률 집행(drug enforcement policy)을 통해 약물 비용을 높인다. 둘째, 지역사회가 다른 비약물(nondrug) 활동에 대한 강화물을 확실히 제공할 필요가 있다. 약물 사용의 유혹을 받는 젊은이에게 스포츠나 여가 활동에 참여시켜 약물을 피하게 하는 것이 효과적이다. 중독으로부터의 회복은 지지적인 가족, 친구, 마약 없는 직장에 의해 강화받아야 한다. 셋째, Vuchinich는 지연된 강화의 효과는 형편없이 나쁘기 때문에, 비약물 활동에 대한 강화물은 즉각적으로 제공되어야 한다고 강조하였다.

기타 응용

행동경제학 원리는 흡연, 과식 그리고 도박 중독과 같은 다른 행동문제들에 대해 적용되어왔다(Buscemi, Murphy, Berlin, & Raynor, 2014; Cherukupalli, 2010). 행동경제학 접근의 중요한 주제 중 하나는 비록 그러한 행동들을 변화시키는 것이 때로 어렵다고 할지라도 불가능하지는 않다는 것이다. 행동경제학자와 심리학자는 이런 문제 행동을 고칠 수 없는 질병이 아니라, 동일한 원리를 따르는 다른 행동과 마찬가지로 경제적 행동으로 봐야 한다고 주장한다(Heyman, 2009). 경제학 용어(공급, 수요, 탄력성)를 사용하든 학습이론의 용어(강화, 처벌, 자극 통제)를 사용하든,

> **연습 퀴즈 2 : 제8장**
>
> 1. 성관계와 인공감미료와 같은 것이 강화물이라는 사실은 _____이론에 문제가 된다.
> 2. 시각적 자극, 운동, 공포영화가 강화물이라는 사실은 _____이론에 문제가 된다.
> 3. Premack 원리에 따르면, _____ 행동은 _____ 행동을 강화한다.
> 4. 부적응 행동을 유지하는 것이 무엇인지 결정하기 위한 일련의 검사 절차를 사용하는 것을 _____(이)라고 한다.
> 5. 가격이 오를 때 상품에 대한 수요가 감소한다면 그 상품에 대한 수요는 _____(이)다.
>
> **해답**
> 1. 욕구감소 2. 추동감소 3. 고확률, 저확률 4. 기능분석
> 5. 탄력적

이러한 행동은 개인 환경에서 적절한 수정을 통해 변화될 수 있다.

행동경제학 분야가 성장함에 따라 연구자는 다양한 주제들, 예를 들면 슈퍼마켓에서 쇼핑하는 사람이 고가품과 저가품에 대한 결정을 할 때 얼마만큼 시간이 걸리는지(Oliveira-Castro, 2003), 소비자가 다양한 제품 상표 중에서 선택할 때 언제 극대화 방략(maximization strategy)을 사용하고 언제 사용하지 않는지(Foxall & Schrezenmaier, 2003), 근로자가 은퇴를 위해 저축하는 금액에 영향을 주는 요인이 무엇인지(Howard & Yazdipour, 2014)를 검토하였다. 심리학 원리와 경제학의 원리의 결합은 다양한 소비자 행동을 분석하는 유용한 방법이 되고 있다.

요약

Thorndike는 학습이 일어나려면 유기체가 능동적으로 반응해야 한다고 예측하였으나, 미로에서 동물을 수동적으로 이동시킨 동물 실험은 능동적 반응 없이도 학습한다는 것을 보여주었다. Tolman과 Honzik의 잠재학습 실험에서 미로 끝에 일단 먹이를 제공하면 쥐의 수행이 즉시 향상된다는 것을 보여주었다. Tolman과 Honzik는 쥐가 강화 없이 미로를 학습하지

만, 정확한 반응을 수행하려면 그전에 강화가 필요하다고 결론 내렸다.

동물 연구는 강화가 심박수와 위장 활동과 같은 내장 반응을 통제할 수 있음을 발견하였으나, 이 결과 중 일부는 반복되기 어렵다. 그럼에도 불구하고, 환자를 대상으로 이루어진 연구는 바이오피드백, 즉 어떤 신체 작용에 대해 지속적인 피드백을 받아 내장 반응을 통제하려는 시도가 의학적 활용 면에서 유용함을 발견하였다. 바이오피드백은 긴장성 두통과 근육 마비, 위장장애와 대장장애, 그리고 다른 많은 질병에 대해 성공적으로 사용되었다.

무엇이 강화물이 될지 어떻게 예측할 수 있는가? 욕구감소이론과 추동감소이론에는 명백한 결함이 있다. 초상황성 원리는 한 상황에서 강화물인 것은 다른 상황에서도 강화물이라고 진술한다. Premack의 원리는 고확률의 행동이 저확률의 행동을 강화한다고 진술한다. 그러나 무엇이 강화물이 될지 예측할 수 있는 최선의 일반적 규칙은 반응박탈이론으로, 두 행동 사이에 수반성이 있다면, 더 제한된 행동이 덜 제한된 행동에 대한 강화물로 작용할 수 있다고 진술한다.

행동경제학 분야는 조작적 연구의 기법과 경제학 원리를 조합한 것이다. 최적화이론에서는 개인의 주관적 가치가 최적이 될 수 있는 방식으로 돈, 시간, 반응을 배분한다고 진술하며 야생의 동물들의 많은 행동에 적용된다. 다른 연구는 통제된 환경에서 동물을 대상으로 수요와 공급, 탄력성 그리고 강화물 사이의 대체 가능성에 대한 경제학 원리를 검증하였다.

복습 문제

1. Tolman과 Honzik의 잠재학습에 관한 고전적 실험에서 사용된 세 집단의 쥐는 어떤 처치를 받았는가? 세 집단의 쥐는 어떤 수행을 했고, Tolman과 Honzik는 어떤 결론을 내렸는가?
2. 건강문제를 치료하는 데 사용된 바이오피드백 절차 중 한 가지를 기술하라. 어떤 종류의 피드백이 주어졌는가? 참여자는 어떻게 반응했는가? 치료는 장기적으로 효과적이었는가?
3. 욕구감소이론, 추동감소이론, 초상황성 원리는 무엇인가? 각 이론의 단점은 무엇인가? Premack의 원리와 반응박탈이론은 무엇이 강화물로 작용할 수 있는지 어떻게 예측하는가?
4. 심리적 문제가 있는 아동이 이상한 행동을 하는 이유는 무엇인가? 기능분석을 통해 이 행동의 원인이 무엇인지 어떻게 결정할 수 있는가?
5. 가격, 탄력성, 그리고 대체 가능성과 같은 경제학 개념이 약물남용에 어떻게 적용될 수 있는가? 다른 강화물과 비교했을 때 중독성 약물은 어떤가?

참고문헌

Allison, J. (1993). Response deprivation, reinforcement, and economics. *Journal of the Experimental Analysis of Behavior, 60*, 129–140.

Amari, A., Grace, N.C., & Fisher, W.W. (1995). Achieving and maintaining compliance with the ketogenic diet. *Journal of Applied Behavior Analysis, 28*, 341–342.

Azrin, N.H., Vinas, V., & Ehle, C.T. (2007). Physical activity as reinforcement for classroom calmness of ADHD children: A preliminary study. *Child & Family Behavior Therapy, 29*, 1–8.

Belke, T.W., & Pierce, W.D. (2009). Body weight manipulation, reinforcement value and choice between sucrose and wheel running: A behavioral economic analysis. *Behavioural Processes, 80*, 147–156.

Bickel, W.K., DeGrandpre, R.J., & Higgins, S.T. (1995). The behavioral economics of concurrent drug reinforcers: A review and reanalysis of drug self-administration research. *Psychopharmacology, 118*, 250–259.

Bickel, W.K., Johnson, M.W., Koffarnus, M.N., MacKillop, J., & Murphy, J.G. (2014). The behavioral economics of substance use disorders: Reinforcement pathologies and their repair. *Annual Review of Clinical Psychology, 10*, 641–677.

Blatter, K., & Schultz, W. (2006). Rewarding properties of visual stimuli. *Experimental Brain Research, 168*, 541–546.

Brown, J.F., Spencer, K., & Swift, S. (2002). A parent training programme for chronic food refusal: A case study. *British Journal of Learning Disabilities, 30*, 118–121.

Budzynski, T.H., Stoyva, J.M., Adler, C.S., & Mullaney, M.A. (1973). EMG biofeedback and tension headache: A controlled outcome study. In L. Birk (Ed.), *Biofeedback: Behavioral medicine* (pp. 37–50). New York: Grune & Stratton.

Buscemi, J., Murphy, J.G., Berlin, K.S., & Raynor, H.A. (2014). A behavioral economic analysis of changes in food-related and food-free reinforcement during weight loss treatment. *Journal of Consulting and Clinical Psychology, 82*, 659–669.

Carroll, M.E. (1993). The economic context of drug and non-drug reinforcers affects acquisition and maintenance of drug-reinforced behavior and withdrawal effects. *Drug and Alcohol Dependence, 33*, 201–210.

Cherukupalli, R. (2010). A behavioral economics perspective on tobacco taxation. *American Journal of Public Health, 100*, 609–615.

Christensen, C.J., Silberberg, A., Hursh, S.R., Huntsberry, M.E., & Riley, A.L. (2008). Essential value of cocaine and food in rats: Tests of the exponential model of demand. *Psychopharmacology, 198*, 221–229.

DiCara, L.V. (1970). Learning in the autonomic nervous system. *Scientific American, 222*, 30–39.

Dodwell, P.C., & Bessant, D.E. (1960). Learning without swimming in a water maze. *Journal of Comparative and Physiological Psychology, 53*, 422–425.

Ellingson, S.A., Miltenberger, R.G., Stricker, J.M., Garlinghouse, M.A., Roberts, J., Galensky, T.L., & Rapp, J.T. (2000). Analysis and treatment of finger sucking. *Journal of Applied Behavior Analysis, 33*, 41–52.

Elsmore, T.F., Fletcher, G.V., Conrad, D.G., & Sodetz, F.J. (1980). Reduction of heroin intake in baboons by an economic constraint. *Pharmacology, Biochemistry and Behavior, 13*, 729–731.

Fischer, S.M., Iwata, B.A., & Worsdell, A.S. (1997). Attention as an establishing operation and as reinforcement during functional analyses. *Journal of Applied Behavior Analysis, 30*, 335–338.

Fisher, W.W., Adelinis, J.D., Thompson, R.H., Worsdell, A.S., & Zarcone, J.R. (1998). Functional analysis and treatment of destructive behavior maintained by termination of "don't" (and symmetrical "do") requests. *Journal of Applied Behavior Analysis, 31*, 339–356.

Foxall, G.R., & Schrezenmaier, T.C. (2003). The behavioral economics of consumer brand choice: Establishing a methodology. *Journal of Economic Psychology, 24*, 675–695.

Gruzelier, J.H. (2014). EEG-neurofeedback for optimising performance II: Creativity, the performing arts and ecological validity. *Neuroscience and Biobehavioral Reviews, 44*, 142–158.

Hanley, G.P., Iwata, B.A., Roscoe, E.M., Thompson, R.H., & Lindberg, J.S. (2003). Response-restriction analysis II: Alteration of activity preferences. *Journal of Applied Behavior Analysis, 36*, 59–76.

Heyman, G.M. (2009). *Addiction: A disorder of choice.* Cambridge, MA: Harvard University Press.

Homme, L.E., deBaca, P.C., Devine, J.V., Steinhorst, R., & Rickert, E.J. (1963). Use of the Premack principle in controlling the behavior of nursery school children. *Journal of the Experimental Analysis of Behavior, 6*, 544.

Howard, J.A., & Yazdipour, R. (2014). Retirement planning: Contributions from the field of behavioral finance and economics. In H.K. Baker & V. Ricciardi (Eds.), *Investor behavior: The psychology of financial planning and investing* (pp. 285–305). Hoboken, NJ, US: John Wiley & Sons Inc.

Hull, C.L. (1943). *Principles of behavior.* New York: Appleton-Century-Crofts.

Hursh, S.R. (1991). Behavioral economics of drug self-administration and drug abuse policy. *Journal of the Experimental Analysis of Behavior, 56*, 377–393.

Hursh, S.R., & Silberberg, A. (2008). Economic demand and essential value. *Psychological Review, 115*, 186–198.

Jensen, M.P., Gertz, K.J., Kupper, A.E., Braden, A.L., Howe, J.D., Hakimian, S., & Sherlin, L.H. (2013). Steps toward developing an EEG biofeedback treatment for chronic pain. *Applied Psychophysiology and Biofeedback, 38*, 101–108.

Johnson, H.E., & Garton, W.H. (1973). Muscle reeducation in hemiplegia by use of electromyographic device. *Archives of Physiological and Medical Rehabilitation, 54*, 320–325.

Keith, J.R., & McVety, K.M. (1988). Latent place learning in a novel environment and the influences of prior training in rats. *Psychobiology, 16*, 146–151.

Klatt, K.P., & Morris, E.K. (2001). The Premack principle, response deprivation, and establishing operations. *The Behavior Analyst, 24*, 173–180.

Konarski, E.A. (1987). Effects of response deprivation on the instrumental performance of mentally retarded persons. *American Journal of Mental Deficiency, 91*, 537–542.

Konorski, J., & Miller, S. (1937). On two types of conditioned reflex. *Journal of Genetic Psychology, 16*, 264–272.

Krebs, J.R., & Davies, N.B. (Eds.). (1978). *Behavioral ecology: An evolutionary approach.* Sunderland, MA: Sinauer.

Linden, M., Habib, T., & Radojevic, V. (1996). A controlled study of the effects of EEG biofeedback on cognition and behavior of children with attention deficit disorder and learning disabilities. *Biofeedback and Self-Regulation, 21*, 35–49.

Little, K.D., Lubar, J.F., & Cannon, R. (2010). Neurofeedback: Research-based treatment for ADHD. In R.A. Carlstedt & R.A. Carlstedt (Eds.), *Handbook of integrative clinical psychology, psychiatry, and behavioral medicine: Perspectives, practices, and research* (pp. 807–821). New York: Springer.

MacCorquodale, K., & Meehl, P.E. (1954). Edward C. Tolman. In W.K. Estes, S. Koch, K. MacCorquodale, P. Meehl, C.G. Mueller, Jr., W.N. Schoenfeld, & W.S. Verplanck (Eds.), *Modern learning theory* (pp. 177–266). New York: Appleton-Century-Crofts.

Madden, G.J., Smethells, J.R., Ewan, E.E., & Hursh, S.R. (2007). Tests of behavioral-economic assessments of relative reinforcer efficacy: Economic substitutes. *Journal of the Experimental Analysis of Behavior, 87*, 219–240.

Mazur, J.E. (1975). The matching law and quantifications related to Premack's principle. *Journal of Experimental Psychology: Animal Behavior Processes, 1*, 374–386.

McNamara, H.J., Long, J.B., & Wike, E.L. (1956). Learning without response under two conditions of external cues. *Journal of Comparative and Physiological Psychology, 49*, 477–480.

Meehl, P.E. (1950). On the circularity of the law of effect. *Psychological Bulletin, 47*, 52–75.

Meuret, A.E., Wilhelm, F.H., & Roth, W.T. (2004). Respiratory feedback for treating panic disorder. *Journal of Clinical Psychology, 60*, 197–207.

Miller, N.E. (1948). Studies of fear as an acquirable drive I: Fear as motivation and fear-reduction as reinforcement in the learning of new responses. *Journal of Experimental Psychology, 38*, 89–101.

Miller, N.E. (1951). Learnable drives and rewards. In S.S. Stevens (Ed.), *Handbook of experimental psychology* (pp. 435–472). New York: Wiley.

Miller, N.E., & DiCara, L. (1967). Instrumental learning of heart rate changes in curarized rats: Shaping, and specificity to discriminative stimulus. *Journal of Comparative and Physiological Psychology, 63*, 12–19.

Miller, N.E., & Dworkin, B.R. (1974). Visceral learning: Recent difficulties with curarized rats and significant problems for human research. In P.A. Obrist, A.H. Black, J. Brener, & L.V. DiCara (Eds.), *Cardiovascular psychophysiology* (pp. 312–331). Chicago, IL: Aldine.

Murphy, J.G., MacKillop, J., Skidmore, J.R., & Pederson, A.A. (2009). Reliability and validity of a demand curve measure of alcohol reinforcement. *Experimental and Clinical Psychopharmacology, 17*, 396–404.

Nakao, M., Nomura, S., Shimosawa, T., Fujita, T., & Kuboki, T. (2000). Blood pressure biofeed-back treatment of white-coat hypertension. *Journal of Psychosomatic Research, 48*, 161–169.

Nestoriuc, Y., & Martin, A. (2007). Efficacy of biofeedback for migraine: A meta-analysis. *Pain, 128*, 111–127.

Nestoriuc, Y., Martin, A., Rief, W., & Andrasik, F. (2008). Biofeedback treatment for headache disorders: A comprehensive efficacy review. *Applied Psychophysiology and Biofeedback, 33*, 125–140.

Olds, J., & Milner, P. (1954). Positive reinforcement produced by electrical stimulation of septal area and other regions of rat brain. *Journal of Comparative and Physiological Psychology, 47*, 419–427.

Oliveira-Castro, J.M. (2003). Effects of base price upon search behavior of consumers in a super-market: An operant analysis. *Journal of Economic Psychology, 24*, 637–652.

Premack, D. (1959). Toward empirical behavioral laws I: Positive reinforcement. *Psychological Review, 66*, 219–233.

Premack, D. (1963). Rate differential reinforcement in monkey manipulation. *Journal of the Experimental Analysis of Behavior, 6*, 81–89.

Premack, D. (1965). Reinforcement theory. In D. Levine (Ed.), *Nebraska symposium on motivation* (pp. 123–180). Lincoln, NE: University of Nebraska Press.

Premack, D. (1971). Catching up with common sense or two sides of a generalization: Reinforcement and punishment. In R. Glaser (Ed.), *The nature of reinforcement* (pp. 121–150). New York: Academic Press.

Scharff, L., Marcus, D.A., & Masek, B.J. (2002). A controlled study of minimal-contact thermal biofeedback treatment in children with migraine. *Journal of Pediatric Psychology, 27*, 109–119.

Schwartz, S.P., Taylor, A.E., Scharff, L., & Blanchard, E.B. (1990). Behaviorally treated irritable bowel syndrome patients: A four-year follow-up. *Behavioral Research and Therapy, 28*, 331–335.

Sheffield, F.D., Wulff, J.J., & Backer, R. (1951). Reward value of copulation without sex drive reduction. *Journal of Comparative and Physiological Psychology, 44*, 3–8.

Silberberg, A., Bauman, R., & Hursh, S. (1993). Stock optimizing: Maximizing reinforcers per session on a variable-interval schedule. *Journal of the Experimental Analysis of Behavior, 59*, 389–399.

Sterman, M.B., & Thompson, L.M. (2014). Neurofeedback for seizure disorders: Origins, mechanisms and best practices. In D.S. Cantor & J.R. Evans (Eds.), *Clinical neurotherapy: Application of techniques for treatment* (pp. 301–319). San Diego, CA, US: Elsevier.

Strehl, U., Birkle, S.M., Wörz, S., & Kotchoubey, B. (2014). Sustained reduction of seizures in patients with intractable epilepsy after self-regulation training of slow cortical potentials—10 years after. *Frontiers in Human Neuroscience, 8*, ArtID 604.

Strohmeier, C., Pace, G.M., & Luiselli, J.K. (2014). Brief (test-control) functional analysis and treatment evaluation of aggressive behavior evoked by divided attention. *Behavioral Interventions, 29*, 331–338.

Thorndike, E.L. (1946). Expectation. *Psychological Review, 53*, 277–281.

Timberlake, W., & Allison, J. (1974). Response deprivation: An empirical approach to instrumental performance. *Psychological Review, 81*, 146–164.

Tolman, E.C. (1932). *Purposive behavior in animals and men*. New York: Appleton-Century Crofts.

Tolman, E.C., & Honzik, C.H. (1930). Introduction and removal of reward, and maze performance in rats. *University of California Publications in Psychology, 4*, 257–275.

Vuchinich, R.E. (1999). Behavioral economics as a framework for organizing the expanded range of substance abuse interventions. In J.A. Tucker, D.M. Donovan, & G.A. Marlatt (Eds.), *Changing addictive behavior: Bridging clinical and public health strategies* (pp. 191–218). New York: Guilford Press.

Watson, T.S., Ray, K.P., Turner, H.S., & Logan, P. (1999). Teacher-implemented functional analysis and treatment: A method for linking assessment to intervention. *School Psychology Review, 28*, 292–302.

Weber, E., Köberl, A., Frank, S., & Doppelmayr, M. (2011). Predicting successful learning of SMR neurofeedback in healthy participants: Methodological considerations. *Applied Psychophysiology and Biofeedback, 36*, 37–45.

Werner, G.E., & Hall, D.J. (1974). Optimal foraging and size selection of prey by the bluegill sunfish (*Lepomis macrochirus*). *Ecology, 55*, 1042–1052.

Zoefel, B., Huster, R.J., & Herrmann, C.S. (2011). Neurofeedback training of the upper alpha frequency band in EEG improves cognitive performance. *NeuroImage, 54*, 1427–1431.

자극 통제와 개념학습

학습 목표

이 장을 읽은 후에 당신은

- 일반화 기울기가 선천적인지 학습된 것인지의 논쟁에 대해 논의하고 각 입장의 증거를 평가할 수 있다.
- 자극 통제가 절대적인지 관계적인지에 관한 논쟁에 대해 논의하고 각 입장의 증거를 평가할 수 있다.
- 행동대조를 정의하고, 이것이 발생하는 이유에 관한 이론들을 논의할 수 있다.
- 무오류 변별학습을 정의하고, 행동 수정에서 사용된 예를 제시할 수 있다.
- 자연개념의 구조에 관한 내용을 설명하고, 동물의 자연개념학습에 관한 연구를 기술할 수 있다.
- 행동 수정에서 자극 통제 기법이 사용되는 몇 가지 방식을 기술할 수 있다.

이 장은 자극과 행동 사이의 관계, 즉 자극 통제(stimulus control)라는 주제를 다룬다. 이 책 전체에서 살펴본 것처럼, 특정 자극이 있을 때 어떤 반응이 일어날지 예측하는 것은 심지어 통제된 실험실 환경에서 동일한 자극을 반복 제시하는 경우에서조차 간단치 않은 일이다. 그러나 실생활에서 모든 유기체는 이전에 경험한 적 없는 자극과 사건을 거듭 마주치며, 유기체의 생존은 적응적 반응에 달려 있다. 자극 통제라는 주제에는 유기체가 새로운 자극에 어떻게 반응하는지에 대한 연구가 포함된다. 앞 장에서 훈련받았던 자극으로부터 훈련받지 않은 자극으로의 반응의 전이를 묘사하기 위해 **일반화**(generalization)라는 용어를 사용하였다. 이 장은 일반화 과정에 대해 좀 더 면밀히 검토할 것이다. 또한 겉보기에는 공통점이 거의 없는 것처럼 보일지라도 상이한 대상을 하나의 범주(예 : '나무')로 분류하는 것을 포함하는 개념학습이라는 주제를 살펴볼 것이다.

일반화 기울기

일반화 기울기를 측정하기

비둘기를 대상으로 VI계획에서 노란색 원반을 쪼면 먹이로 강화시키는 훈련을 한다고 가정해보자. 이제는 파랑, 초록, 오렌지 그리고 빨강이라는 색이 다른 원반에 어느 정도 일반화되었는지 알고 싶다고 하자. 이러한 정보를 어떻게 얻을 것인가? 한 가지는 탐사시행(probe trial)을 사용하는 것인데, 이 시행에서는 다른 색을 짧게 제시하고 비둘기의 반응을 측정하되 강화는 주지 않는다. 훈련 자극을 강화하는 시행 사이에 탐사시행을 가끔 포함시킨다. 예를 들어, 시행의 90%는 노란색 불빛을 포함하는 VI계획이고, 나머지 10%는 다른 색 불빛을 포함하는 소거 계획이다. 일반화 기울기를 얻는 또 다른 방법은 노란색 불빛과 다른 색 모두에 대한 일련의 소거 시행을 시작한 후 노란색 불빛을 가진 훈련으로 진행하는 것이다. 이 방법에서 비결은 반응이 소거되기 전에 각 자극에 대한 시행을 충분히 얻는 것이다. 이것은 종종 소거 시행의 지속 시간을 짧게 유지함으로써 이루어진다.

인간 참여자에게는 일반화 기울기를 측정하기 위해 다른 기법을 사용할 수 있다. 예를 들어, Droit-Volet(2002)은 우선 어린 아동에게 4초 동안 지속되는 소리를 여러 번 듣게 하였다. 만약 소리가 동일하게 4초라면 "네."라고 답하고 지속 시간이 다르면 "아니요."라고 답하게 했다. 〈그림 9.1〉이 보여주듯이, 결과적으로 4초 소리에 "네." 반응이 가장 많고, 더 짧거나 더 긴 소리에 대해서는 "네." 반응이 적은 상당히 대칭적인 일반화 기울기가 나타났다.

무엇이 일반화 기울기를 일으키는가

한 자극이 존재할 때 행동을 강화하면 훈련에는 사용된 적이 없는 유사한 다른 자극에 대해서도 행동이 유발되는 이유는 무엇인가? Pavlov(1927)는 일반화가 조건형성의 자동적 부산물이라고 대답하였다. 기본적인 생각은 대뇌피질에서 조건형성의 효과가 가까운 신경세포를 거쳐 어떤 식으로든 퍼져간다는 것이다. Pavlov 이론의 신경학적 세부 내용은 비록 정확하지 않으나, 일반화가 신경계의 선천적 속성이라는 전반적 견해는 상당히 그럴듯하다.

Lashley와 Wade(1946)는 매우 다른 가설을 제안하였다. 정점이 있는 전형적 일반화 기울기를 얻으려면 그 전에 해당 차원(예 : 빛의 파장, 소리 주파수)에서 어떤 식의 명백한 변별 훈련이 필요하다는 것이다. 예를 들어, 관심 차원이 색이라면, 특정 색이 있을 때는 강화물을 주고 그 색이 없는 때는 강화물을 주지 않는다는 것을 경험해야 한다. 그러한 변별 훈련

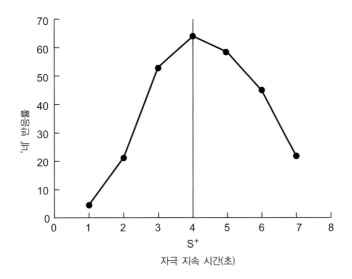

그림 9.1 아동이 4초 소리를 분별하기 위해서 훈련받은 후 더 짧고 더 긴 지속 시간에 대해 검사를 받았을 때 나타난 일반화 기울기. (Droit-Volet, 2002, Scalar timing in temporal generalization in children with short and long stimulus durations, *Quarterly Journal of Experimental Psychology*, 55A, 1193-1209. Copyright The Experimental Psychology Society, Taylor & Francis Ltd 허락하에 재인쇄, www.tandfonline.com on behalf of the Experimental Psychology Society.)

이 없다면 일반화 기울기가 평평할 것이다. 즉, 유기체는 새로운 모든 검사 자극에 대해서 훈련 자극에 반응한 것과 같은 강도로 반응할 것이다. 즉, 색을 변별하지 못한다. 요약하자면, Pavlov는 일반화 기울기가 선천적이라고 본 반면, Lashley와 Wade는 학습 경험에 따라 달라진다고 제안하였다.

경험은 일반화 기울기의 모양에 어떤 영향을 주는가

Jenkins와 Harrison(1960, 1962)의 멋진 실험은 동물의 경험이 일반화 기울기의 모양에 중대한 영향을 준다는 것을 보임으로써 Lashley와 Wade의 입장을 뒷받침해 주었다. 세 집단의 비둘기는 1,000Hz의 소리가 있을 때 반응하면 먹이로 강화받는 VI계획에 놓여 있었다. 첫 번째 집단은 무차별 훈련(nondifferential training)을 받았다. 무차별 훈련에서는 모든 시행이 동일한데, 원반에 불빛이 켜져 있고, 1,000Hz의 소리가 들리고, VI계획이 작동한다. 일단 비둘기가 꾸준히 반응하게 되면 상이한 소리의 주파수에 대한 일련의 소거 시행이 진행되는데, 어떤 시행에서는 소리가 전혀 없었다. 결과는 〈그림 9.2〉 상단에 나타나 있다. Lashley와 Wade가 예측했듯이, 이 집단의 비둘기는 기본적으로 평평한 일반화 기울기가 만들어졌다. 즉, 반응률은 모든 소리에 대해 거의 동일했다!

두 번째 집단의 비둘기는 존재-부재 훈련(presence-absence training)을 받았다. 이 훈련은

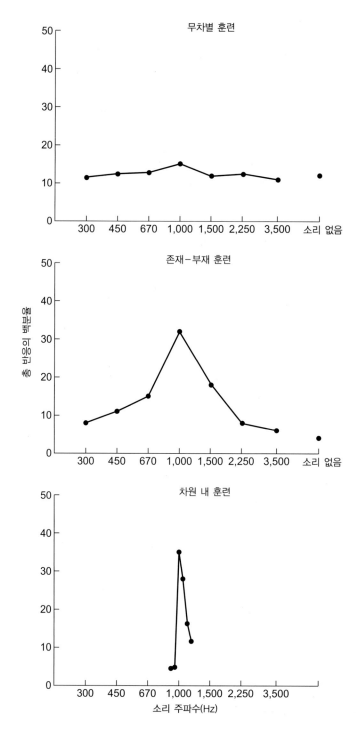

그림 9.2 Jenkins와 Harrison(1960, 1962)의 실험에서 무차별 훈련(상단), 1,000Hz의 소리로 존재−부재 훈련(중간), 1,000Hz의 소리는 S+로, 950Hz의 소리는 S−인 차원 내 훈련(하단)을 받은 후 소리 주파수에 대한 일반화 기울기. (Jenkins & Harrison, 1960, 1962의 자료에 기초함.)

두 유형의 시행을 포함한다. (1) 첫 번째 집단과 마찬가지로 1,000Hz의 소리가 있고, 반응하면 먹이로 강화받는 VI계획과, (2) 소리가 없는 시행으로서 원반 불빛은 여전히 켜져 있으나 먹이는 제공되지 않는다. 1,000Hz의 소리는 S+(강화물에 대한 변별자극), 소리의 부재는 S−(강화물 부재에 대한 변별자극)인 셈이다. 나중에 다른 소리에 대해 검사한 결과, 1,000Hz에서 가파른 정점을 이루는 전형적인 일반화 기울기를 나타냈다(그림 9.2 중간). 이 조건에서 강화와 신뢰로운 상관이 있는 유일한 자극은 소리였음에 주목하라(원반 불빛과 실험상자의 다른 장면과 냄새는 강화 시행과 소거 시행 모두에서 존재하였음). 소리는 강화를 가장 잘 신호해주는 자극이었기 때문에, 소리 주파수의 변화에 따른 반응률의 감소로 입증되듯이, 비둘기의 반응에 통제력을 발휘하였다.

Jenkins와 Harrison(1962)이 검사한 세 번째 집단은 1,000Hz의 소리는 S+, 950Hz의 소리는 S−로 변별 훈련을 받았다. 다시 말하면, 1,000Hz 소리가 있는 시행에서는 먹이가 제시되었으나, 950Hz 소리가 있는 시행에서는 먹이가 제시되지 않았다. 이런 유형의 훈련은 차원 내 훈련(intradimensional training)이라고 하는데, S+와 S−가 동일한 차원(예 : 소리)에 있기 때문이다. 소거할 때 다른 소리로 검사했을 때, 이 비둘기에게서 훨씬 좁은 일반화 기울기를 얻었다(그림 9.2의 하단). 이렇게 매우 급격한 정점이 있는 기울기는 동물의 경험이 일반화 기울기의 모양에 주요한 영향을 미칠 수 있다는 것을 보여준다. 요약하면, 이런 실험은 개인의 경험에 따라 일반화 기울기가 달라진다는 Lashley와 Wade의 가설을 지지한다.

그러나 이야기가 그리 간단하지는 않다. 때때로 무차별 훈련에서 정점이 있는 일반화 기울기를 얻을 수 있다는 결과를 보여준 연구도 있었다. 예를 들어, Guttman과 Kalish(1956)는 비둘기에게 노란색 원반 불빛으로 무차별 훈련을 시켰는데, 상이한 색에 대해 정점이 있는 기울기를 얻었다. 이와 같은 결과는 일반화 기울기가 나타나는 데 특별한 훈련이 필요치 않다는 Pavlov의 이론을 지지하는 듯 보인다. Lashley와 Wade는 자신들의 이론을 옹호하며, 동물이 실험 동안에는 무차별 훈련만 받았을지 모르지만, 실험하기 전에 이미 일상적 경험을 통해 해당 차원의 상이한 자극이 상이한 결과를 신호한다는 사실을 학습했을지도 모른다고 제안하였다. Guttman과 Kalish 실험에서 비둘기가 일상 경험으로부터 색이 어떤 자극에 대해 정보적 특징을 지닌다는 것을 학습했을지 모른다. 그 결과, 비둘기는 실험상자의 원반 색에 '주목'하는 성향이 생겼다.

감각 박탈은 일반화 기울기의 모양에 어떤 영향을 주는가

실험 이전의 학습이라는 가능성이 제기되었으므로, Lashley와 Wade의 이론은 검증하기 어려워졌다. 따라서 동물이 태어난 순간부터 관심 차원에 대한 변별학습이 일어날 가능성을 막을 필요가 생겼다. Rudolph, Honig와 Gerry(1969)는 530nm(나노미터, 약자로 nm)의 초록색 조명이 비춰진 환경에서 닭과 메추라기를 기르는 실험을 수행하였다. 이러한 특수 조명은 단일 파장만 내보내기 때문에 모든 물체들은 백색조명에서 원래 어떤 색이었는지 상관없이 초록색으로 보인다(초록색 렌즈의 선글라스를 쓰고 흑백 영화를 보는 것을 상상하면 된다. 화면 위의 모든 것이 초록색과 검정색이 뒤섞인 것으로 보일 것이다). 새는 또한 초록색 원반을 쪼아 먹이를 얻는 훈련을 받았다. 다른 색 원반을 가지고 검사했을 때 새는 530nm에서 정점을 이루는 전형적 일반화 기울기를 나타냈다. 이런 식의 다른 실험에서도 유사한 결과를 얻었다. 이런 유형의 결과들은 분명히 Lashley와 Wade의 이론과 모순되는데, 왜냐하면 다른 색에 대한 사전경험이 전혀 없는 새에게서 정상적인 일반화 기울기가 발견되었기 때문이다.

　요약하면, 경험과 일반화의 관계에 관한 연구는 Pavlov의 이론과 Lashley와 Wade의 이론이 둘 다 부분적으로는 맞고 부분적으로는 틀렸다는 것을 보여주었다. Jenkins와 Harrison의 실험은 변별 훈련을 받지 않은 비둘기에게서 평평한 기울기를 발견하였고, 비둘기가 받은 훈련의 유형이 기울기의 모양에 중대한 영향을 준다는 것을 밝혔다. 반면 감각 박탈에 관한 연구는 정점이 있는 일반화 기울기가 때로는 특정 자극 차원에 대한 사전경험이 없는 경우에서조차 관찰된다는 것을 보여주었다. 결과는 다음과 같은 타협점을 제시한다 — 어떤 경우에는 자극 통제가 획득되기 전에 변별 훈련이 필요할 수 있으나, 다른 경우에는 경험이 필요하지 않을 수 있다. 새의 경우, 소리에 대해서는 그러한 경험이 필요하지만 색에 대해서는 그렇지 않다는 증거는 새에게 시각이 가장 지배적인 감각양상이라는 생각과 일치한다. 아마도 새는 색 자극을 뒤따르는 결과와 연합시키는 데 '준비되어 있으나', 소리의 주파수를 후속 사건과 연합하는 데는 '준비되어 있지 않은' 것이라고 말할 수 있을 것이다.

자극 통제는 절대적인가 관계적인가

닭에게 중간 회색 카드와 어두운 회색 카드라는 변별자극을 제시하고 변별 훈련을 시키는 간단한 실험을 상상해보자. 중간 회색 카드를 쪼면 강화물을 받지만 어두운 회색 카드를 쪼면 강화받지 못한다. 충분히 훈련하면, 닭은 중간 회색 카드를 선택하는 것을 학습한다. 그러나 동물이 학습한 것은 정확히 무엇인가? 자극 통제의 절대이론(absolute theory of stimulus control)에 따르면, 동물은 중간 회색을 선택하면 먹이가 있지만, 어두운 회색을 선택하면 먹이가 없다는 것을 별개로 학습할 뿐이다.

　반면 자극 통제의 관계이론(relational theory of stimulus control)에 따르면, 동물은 두 자극 사이의 관계성(relationship)에 관한 무엇인가를 학습한다. 그것은 더 밝은 회색이 먹이와 연합된다는 것이다. 절대적 입장은 동물이 다른 자극을 참조하지 않고 각 자극에 반응한다고 가정하지만, 관계적 입장은 동물은 두 자극 사이의 관계성에 반응한다고 가정한다. 동물 행동에 관한 초기 저자인 C. Lloyd Morgan(1894)은 단지 동물이 더 밝다, 더 어둡다, 더 크다, 더 빨갛다와 같은 관계성을 이해할 수 없다고 여겼기 때문에 절대적 입장을 찬성하였다. 이러한 관계성은 단일 자극의 일부가 아니라 추상적 개념이므로, 그는 동물에게는 그런 추상화 능력이 없다고 느꼈다. 관계적 입장의 초기 옹호자는 독일 심리학자인 Wolfgang Köhler(1939)였다. 동물이 관계성을 학습할 수 있는지에 관한 질문은 현대 심리학자의 관심이 되었다(Wright & Lickteig, 2010). 이 논쟁에 관한 양쪽 진영의 증거를 살펴보고 해결점을 찾아보자.

이조와 정점 이동

관계 입장을 지지하는 Köhler(1939)는 이조(transposition) 현상에 대한 증거를 제시하였다. 방금 기술한 과제에서 닭 몇 마리를 훈련시킨 후, Köhler는 두 자극 (1) 이전에 S+였던 중간 회색 카드와, (2) 더 밝은 회색 카드를 제시하였다. 닭은 어떤 자극을 선택할 것인가? 만약 절대이론이 맞다면, 닭은 과거에 특정한 회색을 선택했을 때 강화를 받았기 때문에 중간 회색을 선택할 것이다. 그러나 만약 두 훈련 자극 사이의 관계에 대해 반응(더 밝은 회색을 선택)하도록 학습했다면, 새로운 밝은 회색 카드를 선택해야 한다. 몇 번의 소거 동안 모든 닭은 이전에 강화받았던 중간 회색 카드보다 더 밝은 회색 카드를 선호하였으며, 이는 관계 이론을 지지한다(그림 9.3). 이조라는 용어는 동물이 관계 규칙("더 밝은 회색을 선택하라")

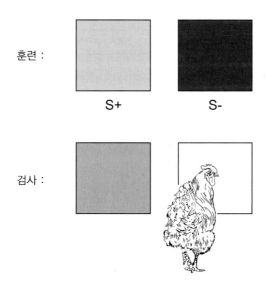

그림 9.3 이조에 관한 Köhler(1939)의 실험에서 닭들은 처음에 중간 회색 카드(S+)에 접근하는 것에 대해 보상을 받았다. 시험 단계에서 닭들은 훈련에서 쓰였던 S+가 아니라, 두 카드 중 더 밝은 회색 카드에 접근하는 경향이 있었다.

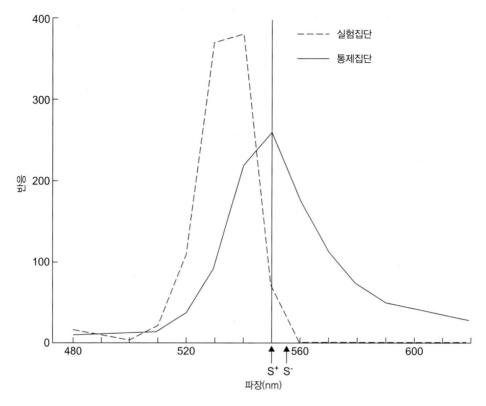

그림 9.4 빛의 파장에 관한 일반화된 기울기. 통제집단은 550nm 불빛은 S+에 대해서만 훈련받았다. 실험집단은 550nm 불빛은 S+, 555nm 불빛은 S−훈련을 받은 후 왼쪽으로 정점 이동을 보인다. (Hanson, H.M., 1959, Effects of discrimination training on stimulus generalization, *Journal of Experimental Psychology*, 58, 321−334. ⓒ American Psychological Association. 허락하에 재인쇄.)

을 새로운 자극 쌍에 전이한다는 생각을 전달한다는 것을 의미한다.

　Köhler 또한 침팬지에게서도 이조에 대한 증거를 발견하였으며, 다른 연구자도 인간의 아동(Alberts & Ehrenfreund, 1951), 펭귄(Manabe, Murata, Kawashima, Asahina & Okutsu, 2009), 심지어 거북이(Leighty, Grand, Pittman Courte, Maloney, & Bettinger, 2013)를 포함한 여러 다른 종에게서 유사한 결과를 얻었다. 이 결과들은 관계이론을 지지하는 중요한 증거를 이룬다.

　일반화 기울기에 관한 연구에서, Hanson(1959)이 발견한 정점 이동(peak shift)이라는 현상은 어떤 면에서는 이조와 유사하다. 통제집단의 비둘기는 550nm의 원반 불빛을 쫄 때 가끔씩 먹이를 얻는 훈련을 받았고, 다른 색에 대해서는 훈련받지 않았다. 반면, 실험집단의 비둘기는 550nm 불빛은 S+, 555nm 불빛은 S−를 신호하는 차원 내 훈련을 받았다. 이 훈련 후에, Hanson은 일반화 기울기를 얻기 위해 소거 동안 다양한 색깔의 원반에 대한 비둘기의 반응을 측정하였다.

〈그림 9.4〉에서 보여지듯이 통제집단은 기대했던 것처럼 550nm에서 정점을 이루는 전형적인 일반화 기울기를 산출했다. 그러나 차원 내 훈련을 받은 비둘기는 이전에 강화받았던 550nm 파장이 아니라 530nm에서 540nm 사이에서 정점을 보였다. **정점 이동**이라는 용어는 일반화 기울기가 S−의 반대 방향으로 이동했다는 것을 나타낸다. 정점 이동은 색 이외에 다른 많은 자극들과 인간을 포함한 다른 종에게서도 발견된다(Derenne, 2010).

절대적 입장은 550nm가 S+이기 때문에 두 집단 모두 550nm에서 정점을 보일 것으로 예측하였다. 정점 이동은 다음과 같은 이유로 관계이론을 설명할 수 있다. 550nm와 555nm 불빛은 모두 초록색을 띤 노란색이지만, 좀 더 짧은 파장이 좀 더 초록색이다. 차원 내 훈련을 받은 비둘기는 두 자극 중 더 초록색인 자극이 강화물을 신호한다는 것을 학습했을 수도 있다. 이것은 왜 비둘기가 더 초록색에 가까운 530nm와 540nm에 더 많은 반응을 했는지 설명할 수 있다.

Spence의 흥분성 기울기와 억제성 기울기 이론

이조와 정점 이동에 관한 발견들이 관계이론을 지지하는 것처럼 보임에도 불구하고, 여기서 더 나아가 Kenneth Spence(1937)는 절대이론을 기발하게 발전시킴으로써 이조와 정점 이동 현상을 모두 멋지게 설명하였다. Spence는 차원 내 훈련에서 S+ 주변에 흥분성 일반화 기울기가 만들어지며, S− 주변에 억제성 일반화 기울기가 만들어진다고 제안하였다. 이 추론을 Hanson의 실험에 적용시켜보자. 〈그림 9.5a〉는 550nm 주변의 흥분성 일반화 기울기와 555nm 주변의 억제성 일반화 기울기를 보여준다. 연합 강도(associative strength)라는 용어는 각 자극이 반응을 유발시키는 능력을 지칭한다. Spence는 각 자극의 순수 연합 강도가 흥분성 강도에서 억제성 강도를 뺌으로써 결정된다고 제안하였다. 각 파장에 대해 이러한 뺄셈의 결과가 〈그림 9.5b〉에 나타나 있다.

S+인 550nm에서 가장 높은 흥분성 강도를 나타내지만, 이 파장은 S−와 근접해 있으므로 억제성 강도 역시 상당히 높다는 것에 주목하라. 다른 한편, 530nm에서 540nm 근처의 자극은 상당한 흥분성 강도를 보이지만 억제성 강도는 비교적 낮다(S−와 떨어져 있으므로). 그 결과 530nm에서 540nm 주위의 자극들은 S+인 550nm보다 순수 연합 강도가 더 높다. 〈그림 9.4〉와 〈그림 9.5〉를 비교함으로써 Spencer의 이론이 Hanson이 실제로 얻은 정점 이동의 형태를 예측할 수 있다는 것을 알 수 있다. Spence의 이론은 정점 이동에 관해 매우 잘 설명하고 있으며, 또한 흥분성 기울기와 억제성 기울기에 관한 같은 타입의 추론을 이용하여 이조 현상 또한 잘 설명할 수 있다.

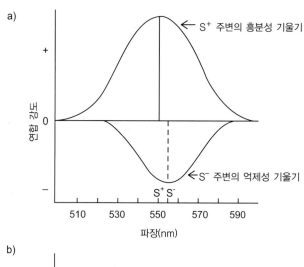

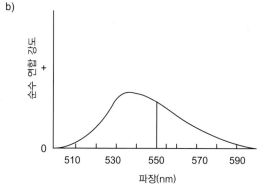

그림 9.5 Spence(1937)의 이론에 근거하여 정점 이동을 분석한 것. (a) 차원 내 훈련은 S+(550nm) 주변에 흥분성 기울기를, S-(555nm) 주변에 억제성 기울기를 산출한다고 가정한다. (b) 각 파장의 순수 연합 강도는 흥분성 강도와 억제성 강도의 차이와 같다. S- 주변의 억제성 기울기 때문에, 이 기울기의 정점은 S+로부터 이동하여 S-로부터 멀어지는 방향으로 이동한다.

중간 크기 문제

Spence의 이론은 이조와 정점 이동에 관한 합리적인 설명을 제공하지만, 중간 크기 문제(intermediatesize problem)라고 하는 결과를 예측하지는 못한다. Gonzalez, Gentry와 Bitterman(1954)은 침팬지를 대상으로 중간 크기 문제에 관한 실험을 수행하였다. 자극은 상이한 크기의 아홉 개의 사각형이었다. 가장 작은 사각형(사각형 1)은 9제곱인치였고 가장 큰 사각형(사각형 9)은 27제곱인치였다. 훈련 동안, 침팬지에게 항상 사각형 1, 5, 9를 제시하였고, 중간 크기 사각형(사각형 5)을 선택하면 강화를 주었다(물론, 사각형의 좌우 위치는 시행마다 변화시켜 침팬지가 위치를 변별자극으로 사용하지 못하게 하였다).

검사 시행에서, 침팬지에게 세 개의 사각형으로 된 상이한 세트를 제시하였고, 그중에서

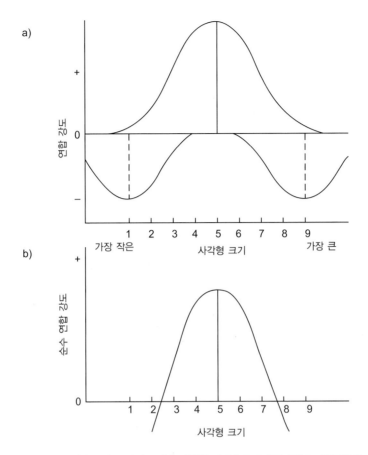

그림 9.6 Spence의 이론(1937)을 중간 크기의 문제에 적용한 것. (a) 초기 훈련에서 S+(사각형 5) 주변에 이루어진 흥분성 기울기와 두 개의 S−(사각형 4와 사각형 9) 주변에 이루어진 억제성 기울기. (b) 두 대칭적 억제성 기울기 때문에 순수 연합 강도에 대한 기울기에서 정점 이동이 없다.

무엇을 선택하든 강화를 주었다. 예를 들어, 한 시행에서 세 사각형이 사각형 4, 7, 9였다고 해보자. 관계 입장의 예언은 다음과 같이 분명하다. 침팬지가 중간 크기의 사각형을 선택하는 것을 학습했으므로 사각형 7을 선택할 것이다. 〈그림 9.6〉은 Spence 이론의 예측을 설명하는 데 도움이 된다. 초기 훈련에서 사각형 5 주변에 흥분성 기울기가 만들어지고, 사각형 1과 사각형 9 주변에 억제성 기울기가 만들어졌을 것이다. 사각형 5의 경우, 억제성 기울기가 양 측면에 배치되었으므로 정점 이동은 나타나지 않는다. 대신 억제성 기울기가 사각형 5 주변의 순수 연합 강도의 기울기를 단지 가파르게 만들 뿐이다. 그러므로 침팬지는 사각형 5와 가까운 자극은 무엇이든지(이전 예에서 사각형 4) 선택할 것이다. 그러나 실제 결과는 관계이론을 지지하고, Spence의 이론을 반박하였다 — 침팬지는 검사 시행에서 어떤 사각형을 제시하든지 일반적으로 중간 크기의 사각형을 선택하였다. 침팬지는 자극의 절대 크기가 아니라 자극들 간의 관계성에 반응한 것처럼 행동하였다.

다른 자료, 그리고 어떤 결론

Lazareva와 동료들은 자극 통제에 대한 절대이론과 관계이론을 재검증하기 위해 비둘기를 대상으로 세심한 일련의 실험들을 수행하였다(Lazareva, Wasserman & Young, 2005; Lazareva, Young, & Wasserman, 2014). 사용된 절차의 유형에 관한 예가 〈그림 9.7〉에 있다. 어떤 시행에서는 원 1이 S−, 원 2가 S+였다. 다른 시행에서 원 5는 S−, 원 6은 S+로 훈련받았다. 그러므로 두 경우에 더 큰 원을 선택하는 것이 강화되었다. 그런 다음 비둘기에게 새로운 두 자극, 원 3과 원 4 중 하나를 선택하게 했다. 여기서 원 3은 원 2(S+)와 크기가 유사하고, 원 4는 원 5(S−)와 크기가 유사하다는 것에 주목하라. 따라서 Spence의 이론은 일반화 과정을 통해 비둘기는 원 4보다 원 3을 선택해야 한다고 예측한다. 그러나 만약 비둘기가 항상 더 큰 원을 고른다는 관계 규칙을 학습했다면 원 4를 선택해야 한다. 비둘기는 원 3보다 원 4를 선호하였고, 이 결과는 관계이론의 예측을 지지한다.

Lazareva와 동료들은 비록 어떤 상황에서는 동물이 Spence가 이론화한 것처럼 절대 속성에 반응하기도 하지만, 대다수의 증거는 자극 통제에 대한 관계 접근을 지지한다고 결론 내렸다. 그들은 또한 동물에게 더 많은 예(예 : 네 쌍의 상이한 원, 각 쌍에서 더 큰 원이 S+인)를 가지고 훈련시킬 경우 관계에 대한 반응이 더 강해진다는 것을 발견하였다. 동물에게 동일한 관계 규칙과 일관된 더 많은 예를 제공하면 규칙을 더 잘 학습한다는 생각은 일리가 있다. Lazareva와 동료들은 "동물이 실제로 관계에 반응하는 능력이 있다는 생각을 지지하는 강한 증거가 있다."라고 결론지었다(Lazareva et al., 2005, p. 43).

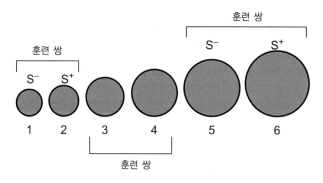

그림 9.7 Lazareva와 동료들이 자극 통제의 절대이론과 관계이론을 비교하기 위해 사용한 자극의 유형과 검사의 예. 원 1 대 원 2에 대한 변별 훈련과 원 5 대 원 6에 대한 변별 훈련 후, 비둘기는 원 3 대 원 4라는 새로운 자극 쌍으로 검사받았다.

행동대조

정점 이동과 이조와 같은 현상은, 현재 존재하든지 과거에 마주쳤든지 다른 자극을 고려하지 않는다면, 한 자극이 유기체의 행동에 어떤 영향을 주는지를 예측하기 불가능할 때가 종종 있음을 보여준다. 행동대조(behavioral contrast) 현상(Reynolds, 1961) 또한 자극이 별개로 판단될 수 없음을 제공한다.

　　Gutman(1977)의 실험은 행동대조의 좋은 예이다. 비둘기들은 다중계획(multiple schedule)이라고 알려진 일종의 연속변별 절차를 사용하여 두 개의 변별자극, 소리와 빛이 한 세션 동안 매 3분씩 교대로 제공되는 자극 상자에서 반응 키에 대해 반응한다. 첫 단계에서 VI 30초 계획은 소리가 제공되었을 때 효과적이었고, 별도의 VI 30초 계획은 빛이 제공되었을 때 효과적이었다. 예측할 수 있듯이 소리와 빛이 제공되었을 때의 반응률은 이 조건에서 동일하였다(그림 9.8). 두 번째 단계에서, 소리에 대해 작동하는 계획이 VI 30초에서 소거로 바뀌었다. 〈그림 9.8〉에서 보여지듯이, 예측한 대로 반응은 소리가 제시되는 동안 점점 느려졌다. 그러나 더욱 놀라운 결과는 빛에 대한 강화계획은 바뀌지 않았는데도 빛이 있을 때 반응률이 극적으로 증가되었다는 것이다. 다른 자극에 대한 강화계획의 변화 후에 발생하는 한 자극에 대한 이러한 반응 변화를 행동대조라고 한다.

　　좀 더 구체적으로 말하자면, Gutman의 연구는 정적 대조(positive contrast)의 예를 제공하는데, 빛 요소가 바뀌지 않았음에도 반응이 증가하였기 때문이다. 반대 효과 또한 관찰되었

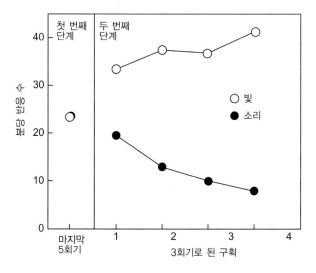

그림 9.8 쥐를 대상으로 한 행동대조에 관한 Gutman(1977)의 실험결과. 빛과 소리 모두 VI 30초 계획을 신호할 때(첫 번째 단계), 반응률은 두 자극에 대해 거의 동일하다. 소리가 소거 기간을 신호할 때(두 번째 단계) 반응률은 소리가 있을 때 0에 가까워졌으나, 빛이 있을 때 첫 번째 단계보다 상당히 증가하였다.

다. 예를 들어, 소거 대신 소리에 대한 계획이 두 번째 단계에서의 강화물보다 세 배 많아졌다고 가정해보자. 예상되는 결과는 소리가 있는 동안의 반응 증가와 빛이 있는 동안의 반응 감소일 것이다. 빛 요소가 바뀌지 않았음에도 반응이 감소하는 것을 부적 대조(negative contrast)라고 한다.

행동대조는 수많은 유형의 강화물과, 호박벌에서부터 인간에 이르기까지 수많은 종에게서 관찰되었다. 왜 이런 일이 발생하는지에 대한 몇 개의 이론들이 있다. **행동 재할당가설**(behavioral reallocation hypothesis)에 따르면, 바뀌지 않은 요소에서 빨라진 반응(정적 대조)은 소거로 바뀐 요소에서 발생한 느려진 반응 때문에 가능하다. 소거 요소에서 느려진 반응은 피로에서 회복되게 해주며, 이른바 '충분히 휴식한' 동물이 바뀌지 않은 요소에서 더 빠른 반응을 할 수 있다. 더군다나 소거 요소 동안, 동물은 바뀌지 않은 요소에서 그 시간 동안 정상적으로는 경쟁하던 다양한 행동(예 : 털 고르기, 실험상자 탐색하기)을 수행할 시간이 더 많았을 것이다. 즉, 동물은 이런 행동들을 소거 요소에 채워 넣을 수 있는데, 따라서 바뀌지 않은 요소에서는 조작적 반응을 수행할 시간이 더 많았을 것이다.

행동대조에 관한 다른 이론은 **강화물 습관화/포만가설**(reinforcer habituation/satiation hypothesis; McSweeney & Weatherly, 1998)이다. 이 이론의 기본 생각은 이미 잘 밝혀진 것처럼, 짧은 기간 동안 강화물이 자주 제공될수록, 습관화나 포만 또는 둘 다에 의해 강화물의 효과가 떨어진다는 것이다. 예를 들어, Gutman(1977)의 실험의 두 번째 단계에서 먹이가 덜 제공되었다. 따라서 먹이에 대한 습관화와 포만이 덜 일어났을 것이며, 이것이 첫 번째 단계보다 빛 요소에 대한 반응이 왜 빨랐는지를 설명해준다.

행동대조에 대한 세 번째 이론은 두 개의 강화의 비교에 초점을 맞추고 있다(Herrnstein, 1970). 이 이론에 따르면, 다중계획의 한 요소에서 반응률은 그 요소에서 받을 수 있는 강화뿐 아니라 다른 요소에서의 강화율에 따라 달라진다. 대략적으로 말하자면, 동물이 한 요소의 가치를 이웃의 가치와 비교하여 판단하는 셈이다. Gutman 실험의 첫 번째 단계에서, 빛 요소에서의 강화계획은 '특별하지 않은' 것이었는데, 그 이유는 소리 요소에서도 동일한 강화계획이 진행되었기 때문이다. 그러므로 빛은 단지 중간 정도의 반응률을 산출하였다. 실험의 두 번째 단계에서 소리 요소의 소거 계획에 비해 빛 요소는 상당히 매력적이었으므로 빛은 더 높은 반응률을 산출하였다.

행동대조에 관한 많은 실험과 이론을 검토한 Williams(2002)는 행동대조는 몇 개의 다른 요소에 의해 유발되며, 단 하나의 이론으로 모든 자료를 설명할 수 없다는 결론을 내렸다. Herrnstein(1970)에 의해 제안된 일종의 비교과정이 주장하듯이, 아마도 습관화와 포만이 행동대조에 기여했을 것이다. 또한 Williams(2002)는 행동대조가 상당 부분 선행요소에 대한 반작용이라기보다는 앞으로 다가올 요소에 대한 기대에 근거한다는 증거를 제시하였다.

예를 들어 A, B, C라는 세 요소를 포함한 다중계획에서, 이 요소들이 이 순서대로 반복 제시된다면, B 요소에서의 반응은 A 요소의 계획에 의해 영향받는 것이 아니라 C 요소의 계획에 의해 대부분 영향을 받는다. 그러나 최근에 Killeen(2014)은 A 요소에서의 계획은 요소 B에 대해 단기간의 효과를 미친다는 것을 보여주었으며, 이전 요소와 앞으로 다가올 요소 모두를 설명할 수 있는 수학 모델을 발전시켰다.

행동대조의 원인을 묘사하기가 쉽긴 하지만, 이것이 왜 발생하는지를 설명하는 것은 훨씬 더 어려운 것으로 판명되었다. 그리고 이것은 몇 개의 다른 요소들에 의해 발생하는 것 같다. 행동대조의 원인이 복잡하고, 행동대조는 강화계획이 마치 별개의 독립체인 것처럼 연구되면 위험하다는 것을 보여준다. 강화계획상의 유기체의 행동은 효력을 발휘하고 있는 계획의 이전과 이후에 발생하는 사건들에 의해 큰 영향을 받을 수 있다.

> ### 연습 퀴즈 1 : 제9장
>
> 1. Lashley와 Wade는 일반화 기울기가 경험의 결과이며, 변별 훈련을 하지 않으면 동물이 _____ 일반화 기울기를 보일 것이라고 제안하였다.
> 2. _____ 훈련에서는, 한 자극이 S+로, 동일한 차원의 다른 자극은 S−로 기능한다.
> 3. 정점 이동 현상에서, 일반화의 정점은 S+에서 이동하여 S−로부터 _____ 방향으로 이동한다.
> 4. 중간 크기 문제의 결과는 자극 통제의 _____이론을 지지한다.
> 5. 파란색이나 노란색 자극에 반응하는 것에 대해 강화물을 받았으나, 그다음의 노란색 자극에 대한 계획이 소거로 바뀌었다. 파란색 자극이 있을 때의 반응은 _____, 이것을 _____ 대조라고 한다.
>
> **해답**
> 1. 평평한 2. 차원 내 변별 3. 멀어지는 4. 관계
> 5. 증가하며, 정적

'무오류' 변별학습

학습에 관한 강의에서 실험 실습과제로 비둘기가 빨간색과 초록색 원반을 확실하게 변별하도록 가르쳐야 한다고 가정해보자. 빨간색 원반은 VI 1분 계획을 신호하며, 당신은 이 색깔에 대해 비둘기가 보통으로 꾸준하게 반응하는 것을 좋아할 것이다. 초록색 원반은 소거를 신호하며, 초록색 원반에 대해 반응하지 않는 것을 좋아할 것이다. 먹이를 사용하여 빨간색 원반을 쪼도록 조성하기 시작한다. 처음에는 매 반응을 강화하고, 그다음에 VI계획을 점점 더 길게 바꾼다. 빨간색 원반에 대해 VI 1분 계획으로 몇 회기를 진행하면 비둘기는 그 회기 내내 꾸준히 반응할 것이고, 그다음으로 초록색 원반을 도입하여 소거 계획을 진행한다. 그때부터 회기는 3분간 빨간색 요소, 3분간 초록색 요소로 교대로 진행한다. 처음에는 일반화 때문에 비둘기가 초록색 원반을 쪼지만, 결국 초록색 원반에 대한 반응은 낮은 수준으로 감

소한다.

이것이 빨간색/초록색 변별을 발달시키는 합리적 계획처럼 들리겠지만, Terrace(1966)는 이 방법이 이상적인 방법이 아닌 몇 가지 이유를 나열하였다. 이러한 방법이 시간이 오래 걸리는데다, 동물이 '오류(초록색 원반에 대해 강화받지 못하는 반응)'를 많이 저지르게 된다는 것이다. 변별이 제대로 이루어지기 전에 몇 회기 동안 훈련이 계속되기 때문에, 각 회기를 시작할 때 초록색 원반에 대한 자발적 회복이 일어나 차질이 빚어질 것이다. 이런 유형의 변별 훈련은 또한 동물에게 혐오적일 것이다. 비둘기가 날개를 퍼덕이는 것 같은 공격적 행동을 보이기도 한다. 만약 실험상자 속에 다른 비둘기가 근처에 있었다면, 공격적인 몸짓을 보이다가 결국 다른 동물을 공격했을 것이다. 그런 공격은 일반적으로 S+에서 S−로 바뀌자마자 나타난다. 이 절차의 마지막 문제는 훈련이 끝난 몇 달 후에도 동물의 수행이 완벽하지 않다는 것이다. 즉, S−에 대해 때때로 반응 격발(burst)이 일어난다.

Terrace(1963)는 더 나은 변별 훈련 방법이 있음을 보여주었다. 그 방법은 학습자가 일반적으로 S−에 대한 반응을 거의 또는 전혀 하지 않기 때문에 무오류 변별학습(errorless discrimination learning)이라고 한다. 무오류 변별학습은 전통적인 절차와 주로 두 가지 면에서 다르다. 첫째, S+에 대한 확실하고 꾸준한 반응이 나타나기 전까지 기다리지 않고, 실험자가 훈련 절차의 초기에 S−를 도입한다. Terrace는 비둘기가 빨간색 원반을 처음 쫀 30초 내에 S−를 제시한다. 둘째, 페이딩(fading) 절차를 사용해서 학습자가 S−에 반응하지 않도록 한다. S−는 처음에 단지 5초만 제시되므로 비둘기는 초록색이 있을 때 반응할 기회가 거의 없다. 게다가 Terrace는 비둘기가 일반적으로 어두운 원반을 쪼지 않는다는 것을 알았고, 그래서 처음에 S−는 불 켜진 초록색 원반이 아니라 어두운 원반이었다. S−는 그러고 나서 점차 어두운 원반에서 어둑하게 켜진 초록색 원반으로 진전되었고, 시행에 걸쳐 초록색 빛의 강도가 증가되었다. 요약하면, Terrace의 절차에서 S−는 훈련 초기에 도입되고, 처음에는 매우 짧게 제시되며, 반응을 유발하지 않는 자극이다.

Terrace의 무오류 변별 절차는 S−에 대한 반응의 수를 감소시키고 장기적으로 학습자의 수행을 향상시키는 효과적 방법으로 판명되었다. 한 실험에서 전형적인 변별 훈련을 시킨 비둘기는 28회기 동안 S−에 대해 평균 3,000번 이상의 반응을 했으나, 무오류 변별 절차로 훈련시킨 비둘기는 S−에 대해 평균 스물다섯 번 반응했을 뿐이었다. Terrace는 또한 전통적인 변별 훈련의 단점 즉, 새로운 회기가 시작될 때 차질이 생기고, 훈련이 동물들에게 혐오적인 점 등이 줄어들었음을 보고하였다.

글상자 9.1   **연구 적용하기**

교육에서의 무오류 학습

B. F. Skinner(1958)는 학생이 거의 실수를 저지르지 않도록 수업 커리큘럼을 짜야 한다고 주장하였다. 만약 아동이 배우는 것을 피하지 않기를 원하고, 그렇지만 틀리는 것(그래서 강화받지 못함)이 혐오적이라면, 혐오적 사건을 될 수 있는 한 많이 제거하도록 노력해야 한다. 무오류 변별학습은 최단 시간으로 효과적인 자극 통제를 성취하고 만들어낼 수 있으므로, Terrace의 기법을 변형한 여러 기법이 교육 장면에서 사용되어왔다.

한 예에서, Duffy와 Wishart(1987)는 다운증후군 아동들에게 페이딩 기법을 이용하여 타원형과 직사각형 같은 기본 도형을 알아맞히도록 가르쳤다. 일부 아동은 〈그림 9.9〉의 오른쪽에 있는 것과 같은 세 도형이 있는 카드를 사용해서 전형적인 시행착오법으로 가르쳤다. "직사각형을 가리켜보라."고 요구해서 아동이 정확한 반응을 하면 칭찬을 해주었다. 아동이 오류를 저지르는 경우(전형적 절차에서 빈번히 발생하듯이) 교사는, "아니야, 그건 맞지 않아. 다음에 다시 해보자."라고 말하였다. 그러나 무오류 변별학습 절차의 경우, 〈그림 9.9〉의 왼쪽 그림에서 볼 수 있듯이 처음에 정확한 도형과 칸이 비어 있는 카드를 제시한 것만 빼고, 다른 면에서는 모두 같았다. 놀랄 것도 없이, 아동은 정확한 도형을 쉽게 가리켰다. 그런 다음에는 〈그림 9.9〉의 가운데 그림에서 보듯이 틀린 도형을 매우 작은 크기로 추가하였다. 시행을 거듭할수록, 틀린 도형의 크기가 정확한 도형의 크기와 같아질 때까지 점차 커졌다. Duffy와 Wishart는 무오류 절차에서 훈련하는 동안 아동이 매우 적게 실수를 저질렀으며, 훈련을 마칠 때도 아동의 수행이 좀 더 나았다는 점을 발견하였다. 아동이 보인 학습태도 역시 무오류 절차에서 더 좋아보였는데, 그 이유는 실패를 별로 하지 않았기 때문일 것이다.

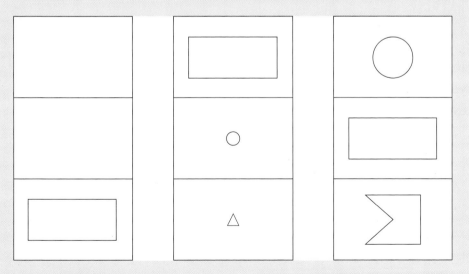

그림 9.9 Duffy와 Wishart(1987)가 다운증후군이 있는 아동들에게 도형의 이름을 가르치기 위해 사용한 카드 유형의 예. 오류 없는 학습을 정확한 도형(왼쪽)만으로 시작하여, 틀린 도형을 작은 크기로 추가하고(가운데), 정확한 도형과 같은 크기가 될 때까지 틀린 도형을 점차 크게 제시한다(오른쪽).

이러한 장점 때문에 무오류 학습 절차는 변별의 난이도를 점차 증가시키는 다른 기법과 함께, 정신적 장애가 있는 아동을 가르치는 절차에 자주 통합되어왔다(Mueller & Palkovic, 2007). 그러나 이런 아동에게 무오류 변별 절차를 사용하는 데 있어 장점과 단점이 있을 수 있다. 오류 없는 훈련 후에 아동은 변별을 역전시킨 것, 즉 S+와 S−의 역할을 바꾸면 학습이 어려울 수 있다(Mcllvane, Kledaras, Iennaco, McDonald & Stoddard, 1995). 새로운 상황에 변별 기술을 일반화하거나 유지하기 어려울 수도 있다(Jones & Eayrs, 1992). 그러므로 교육자는 무오류 변별 훈련이나 다른 대안 기법의 사용을 결정할 때 이러한 장점과 한계를 주의 깊게 고려해야 한다.

성인 학습자도 무오류 변별학습을 통해 유익을 얻는다. 예를 들어, 알츠하이머병이나 다른 뇌 장애로 망각했던 정보를 다시 가르치는 데도 폭넓게 사용되었다. 한 연구에서 초기 알츠하이머 환자 열두 명에게 망각했던 사람들의 이름을 다시 학습하도록 돕기 위해 무오류 훈련을 사용하였다. 이 훈련의 결과, 환자는 얼굴을 봤을 때 이름을 유의미하게 더 잘 기억해낼 수 있었고, 6개월 후에도 기억의 향상이 유지되었다. 그러나 이러한 향상은 학습한 이름과 얼굴에 대해서만 국한되었다. 다른 사람의 이름을 기억하려고 시도했을 때 이전보다 나을 것이 없었다. 다른 말로 하면, 무오류 훈련 기법은 환자가 망각했던 구체적 정보를 재학습하는 데 도움이 된다. 그러나 기억 기능을 전반적으로 향상시키지는 못하였다(Clare, Wilson, Carter, Roth & Hodges, 2002). 아동을 대상으로 한 경우와 마찬가지로 성인을 대상으로 한 연구에서도 무오류 학습 절차가 학습의 어떤 유형에서는 도움을 줄 수 있으나 다른 유형의 학습에서는 오류 학습이 도움이 될 수도 있음을 보여주었다(Cry & Anderson, 2015).

개념학습

이 장에서 검토한 많은 변별과제는 세 가지 점에서 매우 인위적이다. (1) 동물이 자연환경에서는 접할 수 없는 단순하며 이상화된 모양을 포함한 자극이다(예 : 정사각형, 균일한 빨강, 순백색 배경). (2) 매우 적은 수의 자극이 사용되었다(가장 단순한 변별과제는 S+와 S−만 포함한다). (3) 정적 예와 부적 예 사이의 구분이 잘 정의되어 있고 분명하다. 예를 들어, S+는 빨간색 사각형이고 S−는 초록색 사각형이라면, 동물에게 다른 모양의 도형이나 빨간색과 초록색을 혼합한 어떤 다른 색의 사각형도 제시하지 않는다.

개념학습(concept learning) 또는 범주화(categorization)에 관한 연구에서는 이 제약이 모두 제거된다. 이 연구는 동물이 자연환경에서 학습해야 하는 것과 같은 변별을 좀 더 닮도록 설계되었다. 예를 들어, 동물이 포식자와 비포식자를 구분하고, 먹을 수 있는 식물과 독이 있는 식물을 구분할 때 (1) 자극은 일반적으로 단순하고 이상화된 형태가 아니며, (2) 각 자극의 범주로부터 수없이 많은 예가 있을 것이며, (3) 범주의 정적 예와 부적 예 간의 구분이 항상 확실하지 않을 수도 있다. 개념학습에 관한 연구는 동물과 인간이 어떻게 복잡한 변별을 학습할 수 있는지를 탐구해왔다.

자연 범주의 구조

Eleanor Rosch(1973, 1975)는 사람이 '자연' 범주(즉, 새, 채소, 자동차 등 실생활에서 발견되는 대상의 범주)의 상이한 예에 어떻게 반응하는지에 관한 일련의 실험을 수행하였다. 가장 중요한 두 가지 결론은 범주의 경계가 뚜렷하지 않다는 점과, 범주의 어떤 예들은 '좋은' 또는 '전형적인' 예라고 평가하고, 다른 예들은 '나쁜' 또는 '비전형적인' 예라고 판단하는 경향이 있다는 점이었다. Rosch는 전형적 예와 비전형적 예를 일컬어 각각 중심 예(central instance)와 주변 예(peripheral instance)라고 하였다.

한 실험에서 Rosch(1973)는 7점 척도를 사용하여 사람을 대상으로 다양한 범주의 상이한 예에 대해 전형성을 평가해줄 것을 요청하였다. 7점 척도에서 1은 전형적 예를 의미하고 7은 비전형적 예를 의미하였다. 참여자는 이 과제를 쉽게 수행했고, 상이한 예에 대해 서로 다르게 평가했다. 예를 들어, 새 범주에서 울새(robin)는 평균 1.1점, 닭은 3.8점, 박쥐는 5.8점을 받았다. 그러므로 울새는 전형적 새이며, 닭은 덜 전형적인 새라고 평가되었으며, 박쥐는 새와 새가 아닌 경계에 놓인 예로 간주되었다. 박쥐는 자연 범주의 경계가 얼마나 불명확한지 보여주는 예이다. 박쥐는 실제로 새가 아니지만, 많은 사람이 아마 이것을 모르고, 박쥐를 새 범주에서 비전형적 구성원으로 간주하는 것 같다. 이와 반대로, 올리브는 과일이지만 많은 사람이 과일로 분류하지 않으며, Rosch의 연구에서는 평균 6.2점을 받았다.

Rosch는 자연 범주의 중요한 세 가지 특징을 기술하였다. 첫째, 사람들은 어떤 예가 중심적이고 어떤 예가 주변적인지에 대해 동의하는 경향이 있다는 것이다. 둘째, 다양한 범주에 대해 구성원을 열거해 보라고 하면, 사람들은 중심 예를 더 빈번히 열거한다는 점이다. 예를 들어, Battig와 Montague(1969)는 성인들에게 새 목록을 만들게 했는데, 377명이 울새를, 40명이 닭을, 3명이 박쥐를 답했다. 셋째, 예가 범주의 구성원인지 결정할 때 반응 시간 검사에서 주변 예가 더 오래 걸린다는 것이다.

다양한 자연 범주의 구성원과 구성원이 아닌 것을 알아맞히는 것을 아동이 어떻게 학습하는지 생각해보면 흥미롭다. 언어가 중요한 역할을 할지 모른다. 부모는 울새를 가리키며 "저것은 새야."라고 말한다. 나중에 부모는 아이에게 이것은 울새라고 말해주며, 울새는 새의 일종이라고 이야기해줄 것이다. 그러나 언어만으로는 자연 범주가 왜 그런 구조(중심 예와 주변 예 그리고 애매한 경계선)를 갖는지 설명할 수 없다. "울새는 새야." 그리고 "닭은 새야."라고 아동이 배울 수 있음에도 불구하고, 아동은 여전히 닭을 비전형적인 예로 판단할 것이며 닭이 새라는 것에 동의하는 데 좀 더 오래 걸릴 것이다. 이것은 왜 발생하는 것일까?

인지심리학자는 인간의 개념학습에 대해 본보기 이론, 원형 이론, 세부특징 이론을 포함하여 다양한 이론들을 제안하였다. 본보기 이론(exemplar theory)에 따르면(예 : Jäkel, Schölkopf & Wichmann, 2008), 한 범주(예 : 새)는 사람이 봤던 수많은 새의 개별적인 예에 대한 기억으로 구성되어 있다. 만약 새롭게 접한 예가 기억 속의 예와 유사하면, 새 범주의 구성원으로 판단된다. 원형 이론(prototype theory)에 따르면(예 : Hampton, 2006), 많은 새에 대한 경험을 통해 원형(prototype), 즉 이상적인 또는 전형적 새는 어떠어떠하다는 생각을 발달시킨다. 만약 새로운 예가 원형과 매우 유사하다면 새의 중심 예라고 간주된다. 만약 원형과 중간 정도의 유사성만 있다면 주변 예라고 간주될 것이다. 만약 원형과 전혀 다르다면, 새 범주의 구성원이 아니다. 세부특징 이론(feature theory)에 따르면(예 : Spalding & Ross, 2000), 사람들은 독특한 세부특징을 점검함으로써 주어진 예가 범주의 예인지 판단한다. 새 범주의 구성원은 다음과 같은 세부특징을 포함한다. 즉, 날개가 있다, 깃털이 있다, 부리가 있다, 다리가 두 개이다, 노래를 부른다, 날 수 있다, 나무에 둥지를 튼다 등이다. 울새가 이 세부특징 모두를 가지고 있다면 전형적인 새라고 판단될 것이다. 닭은 그렇지 않으므로 덜 전형적이다. 개념학습에 관해 어떤 이론이 가장 최고인지에 대한 방대한 논쟁이 있어왔다.

사람들이 자연 대상을 어떻게 분류하는지와 관계없이 과제는 복잡하다. 가령 나무라고 하는 자연개념을 생각해보자. 많은 사람에게 이상적 나무는 아마도 완전히 자란 단풍나무처럼, 갈색의 튼튼한 줄기가 있고 커다란 초록색 잎으로 뒤덮인 것 같은 것이다. 그러나 사람들은 이러한 이상적 나무의 세부특징을 전혀 갖고 있지 않은 대상(예 : 잎도 없고 눈에 반쯤 묻힌 묘목)도 나무라고 정확히 맞춘다. 인간의 놀라운 개념학습 능력을 인식하면서, 어떤 심리학자들은 다른 동물도 자연개념을 학습할 수 있는 능력이 있는지 궁금해했다.

자연개념학습에 관한 동물 연구

많은 실험에서 동물의 자연개념학습이 검토되었다. 예를 들어, Herrnstein과 동료들은 비둘기에게 일상적인 대상이나 장면의 슬라이드를 보여주었다. 한 실험에서 Herrnstein(1979)은 나무라는 자연개념을 사용하였다. 만약 슬라이드에 나무 한 그루나 여러 그루의 나무, 나무의 일부가 포함되어 있으면, 이것은 정적 예로서 VI계획에서 반응 원반을 쪼는 것을 강화받는다. 만약 슬라이드가 나무나 나무의 일부라도 포함하고 있지 않으면, 부적 예로서 쪼아도 먹이가 없으며 쪼지 않고 2초가 지날 때까지 슬라이드는 스크린에 남아 있다.

각 회기에서 비둘기는 80장의 상이한 슬라이드를 봤는데, 그중 절반은 정적 예, 절반은 부적 예였다. 처음에는 동일한 80장의 슬라이드가 제시되었다. 비둘기들은 정적 예와 부적 예를 변별하는 것을 재빨리 학습했으며, 회기 몇 번 만에 비둘기들은 부적 슬라이드보다 정적 슬라이드에서 유의미하게 빠르게 반응하였다. 누군가는 비둘기가 80장의 슬라이드 각각

 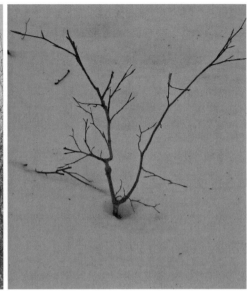

그림 9.10 사람들은 외형이 매우 다르다고 할지라도 어떤 물체를 나무로 분류하는 데 있어서 전혀 어려움을 못 느끼며, 이는 비둘기도 마찬가지이다.

에 대해 학습했을 뿐이지, 나무라는 일반 범주에 대해서는 전혀 학습하지 못했다고 생각할 수도 있다. 그러나 전혀 본 적이 없는 새로운 슬라이드를 제시했을 때, 비둘기는 예전에 정적 슬라이드와 부적 슬라이드에 반응했던 것과 거의 동일한 속도로 각각 정적 슬라이드에 대해서는 빠르게, 부적 슬라이드에 대해서는 느리게 반응하였다. 즉, 예전 슬라이드와 마찬가지로 새 슬라이드를 보고 나무와 나무가 아닌 것으로 분류할 수 있었다(그림 9.10).

나무 이외에 다른 많은 범주를 사용해서 비둘기에게 유사한 개념학습실험이 이루어졌다. 비둘기는 사람(Herrnstein & Loveland, 1964), 물(Herrnstein, Loveland & Cable, 1976), 물고기(Herrnstein & de Villiers, 1980), 인공 물체(Lubow, 1974)를 성공적으로 학습했다. 또한 서로 다른 알파벳을 구별하도록 훈련받기도 했다(Blough, 1982). 자연개념을 학습하는 능력은 원숭이와 오랑우탄, 개, 구관조를 포함한 다른 많은 종들에게서 발견되었다.

이런 연구에서 나타나는 문제는, 이전에 보았던 이차원 슬라이드 또는 그림이 실제로 삼차원 물체의 이미지라는 것을 동물이 인식하는지의 여부다. 대답하기 어려운 질문이지만, 어떤 연구는 동물이 그렇게 할 수 있다고 시사한다. Delius(1992)는 구(구슬, 콩, 볼 베어링 등)와 구가 아닌 것(주사위, 단추, 나사, 꽃 등)의 삼차원 물체를 비둘기에게 제시하고, 구 모양의 물체를 선택할 때 먹이로 강화하였다. 비둘기는 구 모양의 물체를 선택하는 것을 재빨리 학습하였다. 그다음에는 구와 구가 아닌 물체의 사진 또는 흑백 그림으로 검사했는데 비둘기는 구 모양 물체의 그림을 높은 정확률로 선택하였다. 관련 연구에서 Honig와

Stewart(1988)는 비둘기가 상이한 두 위치에서 찍은 사진에 반응한다는 것을 발견하였다. 이 것은 사진에서 표상된 실제 물리적 위치에 대한 개념을 형성했음을 암시한다. 이 연구들은, 적어도 어떤 조건에서는 동물이 그림과 삼차원 물체 간의 대응을 학습할 수 있다는 것을 보여준다.

Watanabe, Sakamoto와 Wakita(1995)가 수행한 기발한 실험에서는 비둘기에게 두 명의 화가, 즉 인상파 모네와 입체파 피카소의 그림을 변별하도록 가르쳤다. 각 화가의 그림을 변별하도록 학습한 후에, 비둘기는 전에 본 적이 없는 모네와 피카소 그림을 정확히 범주화할 수 있었다. 더군다나 추가적인 훈련 없이, 다른 인상파 화가들(르느와르와 세잔)과 다른 입체파 화가들(마티스와 브라크)의 작품을 구분할 수 있었다. 실험자들은 또한 비둘기에게 몇 개의 친숙한 그림을 위아래를 바꾸거나 좌우를 역전시켜 제시한 후 검사하였다. 피카소의 그림은 추상적이므로 이렇게 해도 비둘기의 정확성에 영향을 주지 못했다. 그러나 인간의 눈에 삼차원의 물체를 보다 현실적으로 묘사한 모네의 그림에 대해서는 위아래를 바꾸거나 좌우를 역전시켰을 때 오류를 더 많이 일으켰다. 이 결과는 비둘기가 삼차원 물체의 표상인 이차원 이미지에 반응할 수 있다는 것에 대한 증거를 제공한다.

아마도 동물의 개념학습에 대한 기본 질문은 인간의 개념학습에 대한 질문과 동일할 것이다. 어떻게 그것이 가능한가? 인간의 개념학습에 대한 세 이론(본보기 이론, 원형 이론, 세부특징 이론)은 동물의 개념학습에도 적용될 수 있으며, 인간의 개념학습에서와 마찬가지로 어떤 이론이 최고인가에 대한 동의는 이루어지지 않았다(Huber & Aust, 2006). 그러나 인간과 동물의 개념학습 사이에는 흥미로운 유사점들이 있다. 인간과 마찬가지로 동물도 범주의 중심 예와 주변 예를 구별할 수 있다는 것이 밝혀졌다. 예를 들어, 동물도 정적 세부특징이 더 많은 예보다 범주의 정적 세부특징이 조금밖에 없는 예에 대한 반응이 더 느리다(Jitsumori, 2006). 어떤 경우에는 전에 본 적이 있는 덜 중심적인 예보다 본 적도 없는 원형 예에 대해 더 강하게 반응한다는 것을 보여준다(Pearce, 1989).

인간과 동물이 공유하는 개념학습의 또 다른 특징은 유연성인데, 동물은 과제에서 요구하는 대로 다양한 기준에 따른 자극 분류를 학습할 수 있다. 이미지의 전반적 특징이나 작은 세부특징에 근거해서 정적 또는 부적 예로 분류할 수 있다. 예를 들어, 한 실험에서 비둘기는 컴퓨터가 생성한 인간의 얼굴을 남자 또는 여자로 범주화해야 했다. 비둘기는 훈련받은 특정 슬라이드 세트에 대해 관련된 것은 무엇이든, 작은 세부특징(얼굴의 부드러움)을 사용하거나 큰 세부특징(얼굴의 전반적 모양)을 사용할 수 있었다(Troje, Huber, Loidolt, Aust & Fieder, 1999).

유연성의 더 많은 증거로서, 동물은 일반화의 다양한 수준에서 개념을 학습할 수 있다. Vonk와 MacDonald(2004)는 세 분류과제를 학습하는 오랑우탄의 능력을 검증하였다. 먼저,

가장 구체적인 과제는 오랑우탄과 다른 유인원을 구별하는 것이었다. 좀 더 일반적인 범주를 포함하는 두 번째 과제는 유인원과 다른 동물들을 구별하는 것이었다. 가장 넓고 일반적인 범주를 포함하는 세 번째 과제는 동물과 동물이 아닌 것을 구별하는 것이었다. 가장 구체적인 과제의 정적 예들(다른 오랑우탄의 그림)은 지각적 유사성이 있으나 가장 일반적 과제에서 정적 예들(다른 동물의 그림)은 지각적으로 너무나 다양하다. 그럼에도 불구하고 오랑우탄은 세 과제를 모두 상당히 잘 학습할 수 있었다.

비둘기와 원숭이를 포함한 다른 동물도 오랑우탄 실험에서 사용된 것과 유사한 일반적 개념을 다양한 성공률로 학습할 수 있었다(Roberts & Mazmanian, 1988). 전체적으로 봤을 때, 동물 연구는 동물들이 언어를 가지고 있지 않음에도 불구하고, 개념학습을 할 수 있는 놀라운 능력을 가지고 있음을 보여준다. 동물이 더욱 도전적이고, 어려운 추상적 관계(예 : 유추)를 학습할 수 있는지는 제10장에서 검토될 것이다.

글상자 9.2　　**화제의 연구**

자극 등위성 훈련

몇몇의 동물을 포함해서 인간의 가장 중요한 능력은 자극들이 전혀 어떤 공통점을 가지고 있지 않더라도 그 자극들을 범주화하는 것을 학습할 수 있다는 것이다. 이런 능력은 언어를 배울 때, 읽는 것을 배울 때, 그리고 다른 지적인 기술의 학습에 결정적이다. 글로 기록되거나 구두로 말한 단어는 세상에 있는 물체와 사건을 지칭하는 임의의 자극이기 때문이다. 예를 들어, 초등학생은 '육'이라고 말로 한 단어, 글로 쓴 '육' 그리고 숫자 '6', 로마숫자 'VI'이 모두 똑같은 양을 지칭한다는 것을 학습해야 한다. 행동심리학자들은 때때로 이런 현상을 **자극 등위성**(stimulus equivalence)이라고 불렀다. 구어나 문어를 이해하는 사람은 다른 자극들을 호환해서 사용할 수 있다.

심리학자들은 어떻게 그리고 언제 사람들이 그런 자극 등위성을 배울 수 있는지에 관한 많은 실험들을 수행하였다(예 : Sidman & Tailby, 1982; Zinn, Newland, Ritchie, 2015). 이런 실험적 절차들은 현재 다양한 응용 장면에서 사용되고 있다. 어떤 경우에 자극 등위성 훈련은 읽기 학습에 어려움을 겪는 아동을 도울 수 있다. 예를 들어, 한 집단의 아동에게 (1) 글로 적힌(written) 단어를 말한(spoken) 단어와 대응시키는 연습과 (2) 인쇄된 단어를 베껴 쓰는 연습을 하게 한다. 연습에는 글로 적힌 단어를 크게 읽는 것이 포함되지 않았음에도 불구하고, 이러한 연습 후에 아동은 글로 적힌 단어(이전에는 읽을 수 없었던)를 읽을 수 있게 된다. 분명히 이런 훈련은 아동이 (1) 말한 단어를 듣는 것과 (2) 글로 적힌 단어를 보는 것, (3) 단어를 크게 읽는 것 사이의 등위성을 학습하도록 도와준다. 아동은 연습한 단어를 읽는 것을 학습할 뿐 아니라, 같은 음절을 다르게 조합한 다른 단어도 읽을 수 있게 된다(Melchiori, de Sousa, & de Rose, 2000).

유사한 절차를 사용하여 시각장애가 있는 아동에게 인쇄된 철자, 점자로 된 철자, 말한 철자 사이의 등위성 관계를 훈련시킴으로써 점자로 된 알파벳을 가르쳤다(Toussaint & Tiger, 2010). 자극 등위성 훈련은 더 진보된 학업 기술을 가르치는 데도 사용되었다. 한 연구에서, 심리학 개론을 수강하는 대학생에게 등위성에 근거한 훈련을 시킴으로써 난해한 주제(통계적 상호작용 개념)를 가르치는 시도를 했다. 훈련을 받은 학생은 사후 검사에서 평균 점수가 92%로, 훈련을 받지 않은 통제집단의 57%보다 높았다(Fields et al., 2009). 만약 자극 등위성 훈련이 그러한 결과를 계속해서 고무시킨다면, 앞으로 임상 장면과 학업 장면에서 분명히 더 많이 사용될 것이다.

행동 수정에서 자극 통제

거의 모든 행동 수정은 어떤 식으로든 자극 통제를 포함한다. 예를 들어, 공포증 치료는 어떤 종류의 자극(공포증 대상 또는 상황) 통제하에서 반응(두려움 반응)을 제거하도록 고안된다. 그러나 다음 예가 특별한 이유는 적절한 자극 통제를 발달시키는 것이 행동치료의 주요 특징이기 때문이다.

공부 습관과 건강 습관

학생이 학교 공부를 잘하지 못하는 이유는 여러 가지이다. 공부를 잘 못하는 학생의 빈번한 문제 중 하나는, 학생이 어디에 있든 공부는 확률이 낮은 행동이라는 점이다. 문제는 단지 공부 행동을 신뢰롭게 유발하는 자극이 없다는 것이다. 저녁 식사를 마친 후 공부할 생각으로 방에 들어가지만, 공부하는 대신 텔레비전을 켜거나 라디오를 켠다. 또는 읽을거리를 챙겨서 도서관에 가지만 거기서 책을 읽는 대신 친구들과 어울려 수다를 떠는 자신을 발견하게 된다.

공부 못하는 습관이 비효과적인 자극 통제의 결과라는 것을 인식한 L. Fox(1962)는 공부하는 데 어려움을 겪는 대학생 집단에게 다음 프로그램을 고안하였다. 학생에게, 하루 중 시간을 정하고 가장 어려워하는 과목을 매일 그 시간에 공부하도록 지시하였다. 매일 같은 장소(보통은 도서관이나 학교 건물의 작은 교실)에서 공부하게 했다. 학생에게 그 방에는 그 과목과 관련된 자료만 가지고 들어가게 하고 방을 다른 용도로 사용하지 못하도록 했다. 학생은 시간 전체를 그 방에서 보내지 않아도 되었다. 만약 딴 생각이 들거나 지루해지거나 따분해지면, 한 페이지만 더 읽고 즉시 방을 떠났다. 이 절차의 목적은 시간과 장소를 공부 행동과 반복해서 짝지어서 특정한 시간과 장소가 특정 과목을 공부하기 위한 강력한 자극으로 만들려는 것이었다(그림 9.11). 초기에 학생은 새로운 장소에서 공부하는 것이 어렵다고 여겼고, 시간이 끝나기 전에 방을 떠나곤 하였다. 그러나 점점 공부 시간이 길어져 마침내 전체 시간을 생산적으로 공부하는 데 보낼 수 있게 되었다. 이 시점에서 치료자는 학생

그림 9.11 자극 통제의 효과적인 방략은 구체적인 시간과 경쟁적인 행위를 할 기회가 거의 없는 학습 장소를 찾는 것이다. (www.BillionPhotos.com/Shutterstock.com)

이 어려워하는 두 번째 과목을 선정하여 자극 통제 절차를 반복한다. 머지않아, 각 학생은 특정 시간, 특정 장소에서 한 시간 동안 각 과목을 공부하였다.

　Fox의 연구에 참여하였던 학생들 모두 성적이 상당히 향상되었다. 학생에게 SQ3R 방법 [예습(survey), 질문(question), 읽기(read), 암송(recite), 복습(review)]을 포함한 다른 기법도 훈련시켰으므로, 더 나은 자극 통제 때문에 향상된 부분이 얼마인지는 확실하지 않다. 그러나 공부를 위한 시간과 장소를 정하는 것은 적어도 중요한 첫걸음이다. 다른 증거는 자극 통제 기법을 자기강화와 같은 다른 행동 방법과 결합하는 것도 학업 수행을 향상시킨다는 것을 시사한다(Richards, 1981).

　자극 통제 기법은 건강한 생활 습관을 고치시키고 비만과 싸우는 데 사용되어 왔다. 어떤 기법은 과식을 감소시키기 위해 고안되었다. 예를 들어, 사람들은 종종 텔레비전을 시청하면서 지나치게 많이 먹는데, 이때 사용할 수 있는 간단하지만 유용한 방략은 텔레비전 앞에서 간식을 먹지 않는 것이다(Gore, Foster, DeiLillo, Kirk & West, 2003). 다른 기법은 신체 활동을 증가시키면서 텔레비전 시청하거나 컴퓨터 하기처럼 앉아서 하는 행동을 감소시키는 것을 목표로 한다. 한 연구자 집단은 비만 아동과 부모에게 앉아서 하는 행동을 줄이게 하였다. 앉아서 하는 행동에 개입한 시간의 양에 대해 아동 스스로 일지 작성하기, 신체 활동을 더 하도록 격려하는 표시를 집 안 여기저기 붙이기, 텔레비전 켜놓는 시간을 제한하기[바람직하지 않은 활동에 개입할 기회를 제한하므로 좁히기(narrowing)라고 한다.]를 포함한다. 이 방법들은 아동의 일일 신체 활동 수준을 증가시키고 체중을 줄이는 데 효과적이라고 증명되었다(Epstein, Paluch, Kilanowski & Raynor, 2004).

불면증

대부분의 사람이 때때로 불면증을 경험하지만, 지속적이고 심각한 불면증은 심각한 문제이다. 밤에 침대에 누워 대부분의 시간을 깨어 있던 사람은 그다음 날 제대로 기능할 수 없을 것이다. 만성적 불면증의 어떤 경우는 질병 때문이지만, 많은 경우 부적절한 자극 통제의 결과이다. 즉, 어떤 사람의 경우 침대 자극이 잠자기라는 행동을 신뢰롭게 산출하지 못한다. 수면에 문제가 없는 사람과 불면증 환자의 행동을 비교해보면 자극 통제의 역할이 분명해진다. 일반 사람은 다음과 같은 자극 통제를 보인다. 자신의 침대에서는 잠을 잘 잘 수 있으나 소파 위라든가 호텔 방처럼 다른 장소에서는 잠들기가 쉽지 않다. 불면증 환자는 반대 패턴을 보인다. 자신의 침대에서는 잠에 들기 어렵지만 소파라든가, 텔레비전 앞, 또는 다른 침대에서는 잠이 들기도 한다. 이런 패턴은 불면증이란 잠들 수 없음을 의미하는 것이 아니라, 자신의 침대라는 특정 자극이 존재할 때 잠에 들지 못하는 것임을 보여준다.

자신의 침대가 잠을 자기 위한 자극이 되지 않는 이유는 꽤 분명하다. 침대는 독서하기, 텔레비전 시청하기, 먹기, 그날에 있었던 일이나 문제를 생각하기처럼, 잠자기와 양립 불가능한 다양한 활동과 연합되어 있다. 어떤 행동치료사는 침대가 잠을 위한 효과적 자극이 되게 하기 위해서 침대에서 잠자는 것 이외의 다른 활동은 하지 말도록 권한다. Bootzin(1972)은 매일 밤 자기 전에 텔레비전을 켜놓은 채 그날의 문제에 대해 걱정하며 몇 시간을 침대에 누워 있던 남자의 사례를 기술하였다. 매일 밤 그가 졸릴 때 침대에 가고, 침대에서 텔레비전 보기와 같은 다른 것은 하지 않도록 지시했다. 몇 분 후에도 잠들지 못한다면 침대 밖으로 나와 다른 방으로 갔다. 그런 다음에는 무엇이든 그가 하고 싶은 대로 했고 다시 졸릴 때까지 침대로 돌아가지 않았다. 그는 침대로 갈 때마다 동일한 지시를 따랐다. 즉, 몇 분 내에 잠들지 못한다면 일어나서 방을 나가도록 한다. 처음에 그는 잠들기 전에 몇 번이나 일어났으나, 몇 주 후에는 침대에 처음 들었을 때 몇 분 이내로 잠들게 되었다.

Bootzin이 처음 고안한 이 기법은 많은 불면증 환자에게 사용되어 좋은 결과를 보였다(Taylor & Roane, 2010). 이 절차는 적어도 두 가지 이유 때문에 효과적이다. 첫째, 환자가 잠들 수 없을 때 침대 밖에 나와 있으라는 지시를 받기 때문에, 밤에 많은 시간을 침대 밖에서 보내므로 프로그램 초반에 자고 싶은 욕구가 증가한다. 따라서 침대로 들어갔을 때 잠이

들 가능성은 더 커진다. 둘째, 침대는 오직 잠자는 데 사용되므로 다른 행동과의 연합이 점차 감소되며 동시에 잠자는 행동과의 연합은 증가된다.

이러한 유형의 행동 개입은 현대 컴퓨터 기술의 조력으로 보다 정밀하게 제공된다. Riley, Mihm, Behar와 Morin(2010)은 불면증 환자에게 수면과 각성 패턴을 기록할 수 있도록 손에 들 수 있는 작은 컴퓨터를 주었다. 컴퓨터는 환자에게 언제 자러 가야 하는지, 여전히 깨어 있다면 언제 침대 밖으로 나와야 하는지 등에 관해 개개인에 맞는 지시와 촉구를 제공하였다. 이 기법은 여전히 검증되고 개선되고 있으나, 예비 결과는 만성적 불면증 환자의 수면 질을 향상시킬 수 있음을 암시한다.

연습 퀴즈 2 : 제9장

1. _____에서는, S-가 훈련 초기에 도입되며 학습자가 반응하지 않게 하는 식으로 제시된다.
2. 울새는 새의 _____ 예이지만, 타조는 _____ 예라고 불린다.
3. 개념학습의 _____ 이론에 따르면, 사람들은 어떤 개념의 새로운 예들을 범주화할 때, 그들이 접했던 그 개념의 예에 대한 과거의 기억을 비교함으로써 구성원으로 판단한다.
4. 동물이 물고기 같은 자연개념을 학습할 수 있다는 확실한 증거를 제공하기 위해서 _____을/를 검사 자극으로 포함시키는 것이 기본이다.
5. 몇몇 예에서 사람들이 특정 장소에서 공부하는 데 어려움을 겪는 이유는 그 장소가 _____와/과 연합되어 있기 때문이다.

해답
1. 무오류 변별학습 2. 중심, 주변 3. 본보기 4. 이전에 본 적이 없는 예 5. 공부 이외의 다른 많은 행동들

자극 통제 훈련을 위한 이 절차의 유용성은 양립 불가능한 행동을 감소시키는 것에 달려 있을지 모른다. 도서관의 조용한 방에 있는 학생은 공부밖에 달리 할 것이 없다. 게다가 학생들에게 공부를 하지 않을 것이라면 즉시 방 밖으로 나가라고 지시했기 때문에, 공부 이외의 다른 소수의 행동(예 : 딴생각하기)은 방지되었다. 유사하게 불면증 환자를 위한 치료에서는 환자가 침대에서 잠자는 것 이외의 행동을 하지 않도록 방지하는 것을 포함한다. 그런 의미에서 이러한 자극 통제 기법은 바람직하지 않은 행동을 제거하기 위해 양립 불가능한 행동을 강화하는 절차의 정반대이다. 전자에서는 양립 불가능한 행동이 방지되고, 후자에서는 강화되기 때문이다.

요약

Pavlov는 일반화가 조건화 과정의 자동적인 부산물이라고 제안했으나, Lashley와 Wade는 전형적 일반화 기울기가 만들어지는 데 경험이 중요하다고 제안하였다. 각 이론은 어떤 경우에는 맞고 어떤 경우에는 틀리다. 어떤 실험은 전형적 일반화 기울기가 나타나려면 변별 훈련이 필요하다는 것을 발견하였다. 그러나 감각 박탈에 관한 실험은 한 가지 색만 있는 환

경에서 길러진 새에게서 색에 대한 일반화 기울기가 나타남을 발견함으로써 Pavlov의 입장을 지지하였다.

다른 질문은 자극 통제가 절대적이냐 아니면 관계적이냐 하는 것이다. Spence의 자극 통제의 절대이론은 S+ 주변에 흥분성 일반화 기울기, S- 주변에 억제성 일반화 기울기를 가정함으로써 일반화 기울기에서 정점 이동을 설명할 수 있다. 그러나 이 이론은 동물이 자극의 관계성에 반응한다는 입장을 지지하는 중간 크기 문제를 설명하지 못한다. 다른 증거는 동물이 관계적 규칙을 학습할 수 있음을 지지한다.

Terrace는 무오류 변별 훈련 절차를 개발하였는데, S-가 훈련 초기에, 그리고 피험자가 그 자극에 반응하지 않는 조건에서 도입된다. 무오류 변별 훈련은 아동과 성인 모두를 대상으로 한 다양한 교육 환경에서 성공적으로 사용되었다.

개념학습은 개인이 한 부류의 자극을 범주의 정적 예로, 다른 자극을 부적 예로 다루는 것을 학습할 때 발생한다. 자연 범주에 있어서 사람들은 중심 예(전형적인 예들)와 주변 예(비전형적인 예들)를 구별하는 경향이 있다. 본보기 이론, 원형 이론, 세부특징 이론을 포함해서 개념학습이 어떻게 일어나는가에 관한 몇 가지의 이론들이 있다. 비둘기나 다른 동물을 대상으로 이루어진 연구들은 동물이 나무, 물, 사람과 같은 범주를 학습할 수 있음을 보여주었다.

자극 통제 기법은 적절한 자극이 존재하는 상황에서 바람직한 반응이 거의 일어나지 않을 때 행동 수정에서 사용된다. 공부하는 데 어려움을 겪는 학생에게는 특정 장소가 공부하기에 대한 강력한 변별자극이 되도록 훈련시킬 수 있다. 자극 통제가 안 되어서 불면증이 있다면, 그 사람의 침대를 잠자기를 위한 강력한 변별자극이 되도록 훈련시킨다.

복습 문제

1. 일반화 기울기에 관한 Pavlov의 이론은 무엇인가? 다른 이론에는 무엇이 있는가? 변별 훈련과 감각 박탈에 관한 실험이 이 문제에 관해 무엇을 말해주는가?
2. 자극 통제 절대이론과 관계이론을 기술하라. 이조, 정점 이동, 중간 크기 문제에 관한 연구들은 이 이론들에 대해 무엇을 가르쳐주는가?
3. 무오류 변별학습이란 무엇인가? 이 기법이 어린 아동에게 상이한 종류의 꽃들의 이름을 가르치는 데 어떻게 사용될 수 있는지 기술하라.
4. 인간의 자연 범주에 관한 연구결과와 비둘기의 자연 범주 학습에 대한 연구결과를 기술하라.
5. 행동 수정 프로그램에서 사용된 한두 가지 자극 통제 기법의 예를 들라. 작업치료를 위해서 환자가 연습해야 하는 특정 절차를 기술하라.

참고문헌

Alberts, E., & Ehrenfreund, D. (1951). Transposition in children as a function of age. *Journal of Experimental Psychology, 41*, 30–38.

Battig, W.F., & Montague, W.E. (1969). Category norms for verbal items in 56 categories: A replication and extension of the Connecticut category norms. *Journal of Experimental Psychology Monograph, 3*, Pt. 2.

Blough, D.S. (1982). Pigeon perception of letters of the alphabet. *Science, 218*, 397–398.

Bootzin, R.R. (1972). Stimulus control treatment for insomnia. *Proceedings of the 80th Annual Convention of the American Psychological Association, 7*, 395–396.

Clare, L., Wilson, B.A., Carter, G., Roth, I., & Hodges, J.R. (2002). Relearning face-name associations in early Alzheimer's disease. *Neuropsychology, 16*, 538–547.

Cyr, A., & Anderson, N.D. (2015). Mistakes as stepping stones: Effects of errors on episodic memory among younger and older adults. *Journal of Experimental Psychology: Learning, Memory, and Cognition, 41*, 841–850.

Delius, J.D. (1992). Categorical discrimination of objects and pictures by pigeons. *Animal Learning and Behavior, 20*, 301–311.

Derenne, A. (2010). Shifts in postdiscrimination gradients with a stimulus dimension based on bilateral facial symmetry. *Journal of the Experimental Analysis of Behavior, 93*, 485–494.

Dougan, J.D., McSweeney, F.K., & Farmer-Dougan, V.A. (1986). Behavioral contrast in competitive and noncompetitive environments. *Journal of the Experimental Analysis of Behavior, 46*, 185–197.

Droit-Volet, S. (2002). Scalar timing in temporal generalization in children with short and long stimulus durations. *Quarterly Journal of Experimental Psychology, 55A*, 1193–1209.

Duffy, L., & Wishart, J.G. (1987). A comparison of two procedures for teaching discrimination skills to Down's syndrome and non-handicapped children. *British Journal of Educational Psychology, 57*, 265–278.

Epstein, L.H., Paluch, R.A., Kilanowski, C.K., & Raynor, H.A. (2004). The effect of reinforcement or stimulus control to reduce sedentary behavior in the treatment of obesity. *Health Psychology, 4*, 371–380.

Fields, L., Travis, R., Roy, D., Yadlovker, E., De Aguiar-Rocha, L., & Sturmey, P. (2009). Equivalence class formation: A method for teaching statistical interactions. *Journal of Applied Behavior Analysis, 42*, 575–593.

Fox, L. (1962). Effecting the use of efficient study habits. *Journal of Mathletics, 1*, 75–86.

Gonzalez, R.C., Gentry, G.V., & Bitterman, M.E. (1954). Relational discrimination of intermediate size in the chimpanzee. *Journal of Comparative and Physiological Psychology, 47*, 385–388.

Gore, S.A., Foster, J.A., DeiLillo, V.G., Kirk, K., & West, D.S. (2003). Television viewing and snacking. *Eating Behaviors, 4*, 399–405.

Gutman, A. (1977). Positive contrast, negative induction, and inhibitory stimulus control in the rat. *Journal of the Experimental Analysis of Behavior, 27*, 219–233.

Guttman, N., & Kalish, H.I. (1956). Discriminability and stimulus generalization. *Journal of Experimental Psychology, 51,* 79–88.

Hampton, J.A. (2006). Concepts as prototypes. In B.H. Ross (Ed.), *The psychology of learning and motivation: Advances in research and theory* (Vol. 46, pp. 79–113). San Diego, CA: Elsevier.

Herrnstein, R.J. (1970). On the law of effect. *Journal of the Experimental Analysis of Behavior, 13,* 243–266.

Herrnstein, R.J. (1979). Acquisition, generalization, and reversal of a natural concept. *Journal of Experimental Psychology: Animal Behavior Processes, 5,* 116–129.

Herrnstein, R.J., & de Villiers, P.A. (1980). Fish as a natural category for people and pigeons. In G.H. Bower (Ed.), *The psychology of learning and motivation* (Vol. 14, pp. 59–95). New York: Academic Press.

Herrnstein, R.J., & Loveland, D.H. (1964). Complex visual concept in the pigeon. *Science, 146,* 549–551.

Herrnstein, R.J., Loveland, D.H., & Cable, C. (1976). Natural concepts in pigeons. *Journal of Experimental Psychology: Animal Behavior Processes, 2,* 285–302.

Honig, W.K., & Stewart, K.E. (1988). Pigeons can discriminate locations presented in pictures. *Journal of the Experimental Analysis of Behavior, 50,* 541–551.

Jäkel, F., Schölkopf, B., & Wichmann, F.A. (2008). Generalization and similarity in exemplar models of categorization: Insights from machine learning. *Psychonomic Bulletin & Review, 15,* 256–271.

Jenkins, H.M., & Harrison, R.H. (1960). Effects of discrimination training on auditory generalization. *Journal of Experimental Psychology, 59,* 246–253.

Jenkins, H.M., & Harrison, R.H. (1962). Generalization gradients of inhibition following auditory discrimination learning. *Journal of the Experimental Analysis of Behavior, 5,* 435–441.

Jitsumori, M. (2006). Category structure and typicality effects. In E.A. Wasserman & T.R. Zentall (Eds.), *Comparative cognition: Experimental explorations of animal intelligence* (pp. 343–362). New York: Oxford University Press.

Jones, R.S., & Eayrs, C.B. (1992). The use of errorless learning procedures in teaching people with a learning disability: A critical review. *Mental Handicap Research, 5,* 204–214.

Killeen, P.R. (2014). A theory of behavioral contrast. *Journal of the Experimental Analysis of Behavior, 102,* 363–390.

Kohler, W. (1939). Simple structural function in the chimpanzee and the chicken. In W.D. Ellis (Ed.), *A source book of gestalt psychology* (pp. 217–227). New York: Harcourt Brace.

Lashley, K.S., & Wade, M. (1946). The Pavlovian theory of generalization. *Psychological Review, 53,* 72–87.

Lazareva, O.F., Wasserman, E.A., & Young, M.E. (2005). Transposition in pigeons: Reassessing Spence (1937) with multiple discrimination training. *Learning & Behavior, 33,* 22–46.

Lazareva, O.F., Young, M.E., & Wasserman, E.A. (2014). A three-component model of relational responding in the transposition paradigm. *Journal of Experimental Psychology: Animal Learning and Cognition, 40,* 63–80.

Leighty, K.A., Grand, A.P., Pittman Courte, V.L., Maloney, M.A., & Bettinger, T.L. (2013). Relational responding by eastern box turtles (*Terrapene carolina*) in a series of color discrimination tasks. *Journal of Comparative Psychology, 127*, 256–264.

Lubow, R.E. (1974). High-order concept formation in the pigeon. *Journal of the Experimental Analysis of Behavior, 21*, 475–483.

Manabe, K., Murata, M., Kawashima, T., Asahina, K., & Okutsu, K. (2009). Transposition of line-length discrimination in African penguins (*Spheniscus demersus*). *Japanese Psychological Research, 51*, 115–121.

McIlvane, W.J., Kledaras, J.B., Iennaco, F.M., McDonald, S.J., & Stoddard, L.T. (1995). Some possible limits on errorless discrimination reversals in individuals with severe mental retardation. *American Journal of Mental Retardation, 99*, 430–436.

McSweeney, F.K., & Weatherly, J.N. (1998). Habituation to the reinforcer may contribute to multiple-schedule behavioral contrast. *Journal of the Experimental Analysis of Behavior, 69*, 199–221.

Melchiori, L.E., de Souza, D.G., & de Rose, J.C. (2000). Reading, equivalence, and recombination of units: A replication with students with different learning histories. *Journal of Applied Behavior Analysis, 33*, 97–100.

Morgan, C.L. (1894). *An introduction to comparative psychology*. London: W. Scott.

Mueller, M.M., & Palkovic, C.M. (2007). Errorless learning: Review and practical application for teaching children with pervasive developmental disorders. *Psychology in the Schools, 44*, 691–700.

Pavlov, I.P. (1927). *Conditioned reflexes*. Oxford: Oxford University Press.

Pearce, J.M. (1989). The acquisition of an artificial category by pigeons. *Quarterly Journal of Experimental Psychology, 41B*, 381–406.

Reynolds, G.S. (1961). An analysis of interactions in a multiple schedule. *Journal of the Experimental Analysis of Behavior, 4*, 107–117.

Richards, C.S. (1981). Improving college students' study behaviors through self-control techniques: A brief review. *Behavioral Counseling Quarterly, 1*, 159–175.

Riley, W.T., Mihm, P., Behar, A., & Morin, C.M. (2010). A computer device to deliver behavioral interventions for insomnia. *Behavioral Sleep Medicine, 8*, 2–15.

Roberts, W.A., & Mazmanian, D.S. (1988). Concept learning at different levels of abstraction by pigeons, monkeys, and people. *Journal of Experimental Psychology: Animal Behavior Processes, 14*, 247–260.

Rosch, E. (1973). On the internal structure of perceptual and semantic categories. In T.E. Moore (Ed.), *Cognitive development and the acquisition of language* (pp. 111–144). New York: Academic Press.

Rosch, E. (1975). Cognitive representations of semantic categories. *Journal of Experimental Psychology: General, 104*, 192–233.

Rudolph, R.L., Honig, W.K., & Gerry, J.E. (1969). Effects of monochromatic rearing on the acquisition of stimulus control. *Journal of Comparative and Physiological Psychology, 67*, 50–57.

Sidman, M., & Tailby, W. (1982). Conditional discrimination versus matching to sample: An extension of the testing paradigm. *Journal of the Experimental Analysis of Behavior, 37*, 5–22.

Skinner, B.F. (1958). Teaching machines. *Science, 128*, 969–977.

Spalding, T. L., & Ross, B. H. (2000). Concept learning and feature interpretation. *Memory & Cognition, 28*, 439–451.

Spence, K.W. (1937). The differential response in animals to stimuli varying within a single dimension. *Psychological Review, 44*, 430–444.

Taylor, D.J., & Roane, B.M. (2010). Treatment of insomnia in adults and children: A practice-friendly review of research. *Journal of Clinical Psychology, 66*, 1137–1147.

Terrace, H.S. (1963). Errorless transfer of a discrimination across two continua. *Journal of the Experimental Analysis of Behavior, 6*, 223–232.

Terrace, H.S. (1966). Stimulus control. In W.K. Honig (Ed.), *Operant conditioning: Areas of research and application* (pp. 271–344). Upper Saddle River, NJ: Prentice Hall.

Toussaint, K.A., & Tiger, J.H. (2010). Teaching early braille literacy skills within a stimulus equivalence paradigm to children with degenerative visual impairments. *Journal of Applied Behavior Analysis, 43*, 181–194.

Troje, N.F., Huber, L., Loidolt, M., Aust, U., & Fieder, M. (1999). Categorical learning in pigeons: The role of texture and shape in complex static stimuli. *Vision Research, 39*, 353–366.

Vonk, J., & MacDonald, S.E. (2004). Levels of abstraction in orangutan (*Pongo abelii*) categorization. *Journal of Comparative Psychology, 118*, 3–13.

Watanabe, S., Sakamoto, J., & Wakita, M. (1995). Pigeons' discrimination of paintings by Monet and Picasso. *Journal of the Experimental Analysis of Behavior, 63*, 165–174.

Williams, B.A. (2002). Behavioral contrast redux. *Animal Learning and Behavior, 30*, 1–20.

Wright, A.A., & Lickteig, M.T. (2010). What is learned when concept learning fails?—a theory of restricted-domain relational learning. *Learning and Motivation, 41*, 273–286.

Zinn, T.E., Newland, M.C., & Ritchie, K.E. (2015). The efficiency and efficacy of equivalence-based learning: A randomized controlled trial. *Journal of Applied Behavior Analysis, 48*, 865–882.

10

비교 인지

이 장을 읽은 후에 당신은

- 동물의 단기기억과 암송을 연구하는 방법에 대해 기술할 수 있다.
- 동물의 장기기억을 어떻게 연구하는지 기술할 수 있다.
- 동물의 시간 측정 능력, 수 세기 능력, 연속 패턴 학습 능력을 설명할 수 있다.
- 동물에게 언어를 가르치는 다양한 시도와 그 결과에 대해 논의할 수 있다.
- 대상 영속성, 유추, 상위인지에 관한 동물의 능력을 기술할 수 있다.

최근에 인지심리학(이전에는 전적으로 인간을 대상으로 했던)의 개념을 동물에 적용하려는 시도가 증가하고 있다. 이런 연구 분야를 동물 인지(animal cognition) 또는 비교 인지(comparative cognition)라고 한다. 이 분야의 주된 목적은 인간을 포함하여 여러 다른 종의 인지 과정을 비교하는 것이다. 연구자는 이러한 비교를 통해 세계에 대한 정보의 수용, 처리, 저장, 사용 방식에서 상이한 종 간의 공통성을 발견하고자 한다. 비교 접근은 인간이 다른 종과 공통적으로 가지고 있는 능력에 관해 더 나은 조망을 제공하고, 인류만이 가지고 있는 특성을 이해하는 데 도움을 준다. 이 장에서는 기억, 문제해결, 추리, 언어를 포함한 전통적 인지심리학의 주요 주제를 다루면서 동물의 능력이 각 영역에서 인간의 능력과 어떻게 다른지 비교한다.

기억과 암송

인간의 기억에 관해 널리 알려진 관점은 정보를 몇 달, 혹은 몇 년 동안 보유하는 장기기억 (long-term memory)과 정보를 수 초간 유지하는 단기기억(short-term memory)의 구분이다. 장기기억 정보의 예로, 당신의 생일, 친구 이름, 4+5=9, 직사각형의 의미, 그 밖에도 다른 수천 개의 정보들이 있다. 단기기억에 있는 항목의 예로는 방금 당신이 처음 본 전화번호를 들 수 있다. 전화번호를 본 직후 누군가가 당신의 주의를 분산시키면 당신은 그 전화번호를 잊어버리게 되고 번호를 다시 봐야 한다. 다음 절에서는 기억의 두 유형에 관한 동물 연구들과 두 기억 유형 모두에서 중요한 과정인 암송에 대한 동물 연구를 함께 살펴볼 것이다.

단기기억 또는 작업기억

단기기억은 지속 시간이 짧을 뿐 아니라, 장기기억에 비해 용량이 매우 제한되어 있다. 당신은 일곱 개의 숫자로 이루어진 전화번호를 단기기억에 저장할 수 있지만, 두 개의 새 전화번호를 동시에 기억하기는 매우 어렵다.

현재 인간과 동물 연구 모두에서 단기기억 대신에 작업기억(working memory)이라는 용어가 더 자주 사용된다(Baddeley, 2010). 이런 용어의 변화는 작업기억 내의 정보가 개인이 현재 수행하고 있는 과제와 관련이 깊다는 관점을 반영한다. 예를 들어, 계산기를 사용하지 않고 간단한 덧셈을 한다고 가정해보라. 당신의 작업기억은 여러 정보를 보유하게 되는데, 백의 자리 숫자, 지금까지 합산한 결과가 26이라는 것, 그다음에 더할 숫자가 8이라는 것 등이다. 현재의 합이 아닌 이전의 합을 기억하거나 또는 새로 더한 백의 자리 숫자를 이전 백의 자리 숫자와 혼동하면 오답이 나오기 때문에 작업기억의 정보는 계속하여 갱신되어야 한다. 이런 종류의 과제에서 학습자는 현재 과제의 중요한 세부 항목은 기억하면서 이미 완수한 과제의 유사한 세부 항목은 무시해야 한다. 이는 꿀을 찾는 나비가 오늘 이미 찾은 꽃밭을 기억하면서 어제 찾았던 꽃밭과 혼동하지 말아야 하는 것과 비슷하다.

동물을 사용한 연구는 정보의 유지 시간, 용량, 수행의 정확성에 영향을 주는 요인처럼 작업기억의 다양한 속성들을 다루고 있다. 다음 절은 동물의 작업기억 연구에서 흔히 사용되는 두 가지 기법을 기술하고 있다.

지연 표본 대응

지연된 표본 대응에 대한 소개로서 〈그림 10.1a〉는 비둘기를 대상으로 하는 실험에서 사용되는 단순한 과제인 표본 대응(matching to sample)에 대한 그림을 보여준다. 매 시행이 시작되면 먼저 가운데 있는 키에 2개의 색깔(예 : 빨강 또는 초록) 중 한 색깔의 불이 켜진다. 이

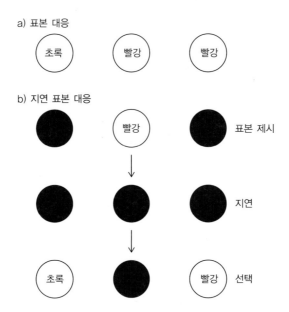

그림 **10.1** (a) 단순 표본 대응 절차 : 오른쪽 키가 중앙 키와 대응되면 오른쪽 키를 쪼는 것이 정확 반응이다. (b) 지연 표본 대응 절차 : 비둘기는 지연 기간 동안 표본의 색깔을 기억하고 있어야 오른쪽 키를 쪼는 정확 반응을 할 수 있다.

색깔을 **표본자극**이라고 한다. 비둘기가 이 중앙 키를 쪼면 양 측면에 있는 2개의 키에 불이 켜진다. 좌측 키는 초록으로 우측 키는 빨강으로 또는 이와 반대로 불이 켜질 수 있다. 이 두 색깔은 **비교자극**이다. 중앙 키와 같은 색깔의 측면 키를 쪼는 것이 비둘기의 과제이다. 정확한 반응에는 먹이 강화물이 나오고, 틀린 반응에는 먹이가 제공되지 않는다. 표본 대응 과제는 비둘기를 비롯한 많은 동물에게 쉬운 과제이므로 동물들이 그 과제를 배우기만 하면, 거의 100%의 정확성을 보여주는 점근선이 그려진다.

〈그림 10.1b〉는 약간 더 복잡한 절차인 **지연 표본 대응**(delayed matching to sample, DMTS)이다. 이 경우, 표본자극이 일정 시간 동안 제시된 후, 키가 어두워지는 지연 기간이 있고, 마지막에 2개의 측면 키에 불이 들어온다. 역시 정확한 반응은 표본과 일치하는 비교자극을 쪼는 것이지만, 표본자극이 더 이상 제시되지 않기 때문에 비둘기가 우연 수준 이상의 수행을 하려면 지연 기간 내내 표본 키의 색깔을 기억하고 있어야 한다. 두 키 중 하나는 정답이기 때문에 우연 수준의 수행은 50%이다. 동물이 시행의 50% 이상에서 정확하게 반응하면, 이것은 동물이 표본자극을 지연 기간 내내 기억했음을 의미한다.

지연 표본 대응 절차에서 상이한 지연 기간을 사용하면, 표본 정보가 얼마나 오랫동안 작업기억에서 유지되는지를 측정할 수 있다. 정보 유지 기간은 종마다 다르다. 〈그림 10.2〉의 위쪽에 있는 원은 Grant(1975)의 실험에서 나온 비둘기의 정확 반응을 보여준다. 정확한 선택의 평균 백분율은 지연 기간이 길어지면서 점진적으로 감소하여, 10초 지연에서 비둘기는 시행의 66%에서 정확한 선택을 한다. 원숭이와 4세 아동을 대상으로 한 비슷한 연구에서 나온 결과가 〈그림 10.2〉의 아래쪽에 제시되어 있다. 원숭이들이 4세 아동보다 그 과제에서 더 나은 수행을 보여주었다. 그러나 5세 무렵부터는 아동이 원숭이보다 더 우수했으며, 그들의 지연 표본 대응(DMTS) 수행은 14세까지 꾸준하게 증가되었다.

또한 표본 기억을 간섭하는 다른 자극의 존재 같은 요소는 수행에 영향을 미칠 수 있다. 인간의 기억과제에 두 유형의 간섭이 있다는 것은 잘 알려져 있다. 역행간섭(retroactive interference)은 새 정보가 먼저 학습한 정보를 간섭할 때 일어난다. 예를 들어, Ebbinghaus(1885; 제1장)의 목록 학습 과제에서 어떤 사람이 목록 A를 먼저 학습한 후 목록 B를 학습하고, 나중에 목록 A를 검사받는다고 하자. 목록 B의 암송이 목록 A의 기억을 손상시키는 역행간섭 때문에 목록 B를 전혀 학습하지 않은 사람보다 수행이 낮다. 순행간섭(proactive interference)은 이전에 학습한 재료가 새 재료의 학습을 손상시킬 때 발생한다(이 경우 간섭하는 재료가 시간적인 순서에 따라 후속 학습을 방해한다). 예를 들어 목록 D를 따로 기억하기는 쉽지만, 목록 A · B · C를 기억한 후 목록 D를 학습하기는 더 어렵다.

동물의 DMTS 학습에서 두 유형의 간섭 모두 발견된다. 역행간섭은 지연 기간 동안 여러 종류의 자극을 제시함으로써 증명되었다. 표본과 비교자극의 색깔이 다를 때, 색깔이 있는 불빛이 지연 기간 내내 제시되면 대응 과제의 수행이 감소하였다(Jarvik, Goldfarb, & Carley, 1969). 실제로 지연 기간 동안 제시되는 기대하지 않은 자극은 어떤 것이든 대응 과제의 수행을 손상시킨다.

DMTS 과제에서 순행간섭의 존재를 보여준 연구들은 표본을 제시하기 전에 자극을 제시하여 수행을 손상시켰다(White, Parkinson, Brown & Wixted, 2004). 순행간섭은 일련의 시행이 빠르게 연속적으로 일어날 때, 이전 시행에 대한 기억이 나중 시행에 대한 수행을 방해하기 때문에 발생한다. 예를 들어, 〈그림 10.2〉에서 위쪽 그림의 삼각형은 상반되는 색이 정답이었던 DMTS 시행이 하나 또는 그 이상의 간섭 시행 후에 일어나는 조건에서의 결과를 보여준다. 그림에서 볼 수 있듯이, 간섭 시행이 추가되면 수행은 상당히 저조하다.

DMTS 과제는 변형되어 인간에게도 사용된다. 하나 또는 그 이상의 무의미 철자 또는 친숙하지 않은 형태 같은 표본자극이 제시되고 시간이 지연된 후 비교자극이 제시되면 참여자는 이것이 표본자극의 하나인지 결정해야 한다. 연구자들은 fMRI와 같은 뇌 영상기록 기법과 함께 DMTS를 사용하여 뇌의 어느 부분이 작업기억과 관련이 있는지 밝혔으며, 이 과제를 수행할 때 뇌 활동의 서로 다른 패턴(Koychev, El-Deredy, Haenschel, & Deakin, 2010)도 알아냈다.

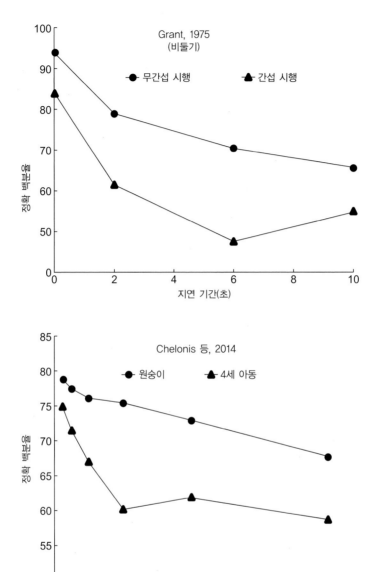

그림 10.2 상단의 그림은 표본과 선택자극 사이의 지연 기간이 변한 지연 표본 대응 과제에서 비둘기의 수행을 보여준다. 하단 그림은 유사한 과제에 대한 원숭이와 4세 아동의 수행을 보여준다. 두 그림에서 x축의 스케일이 다르다는 점에 주의하라. (상단 : Grant, D. S., 1975, Proactive interference in pigeon short-term memory, *Journal of Experimental Psychology: Animal Behavior and Processes*, 1, 207-220. © American Psychological Association. 허락하에 인용. 하단 : Behavioral Processes, Vol. 103, Chelonis, J. J., Cox, A. R., Karr, M. J., Prunty, P. K., Baldwin, R.L., & Paule, M. G., Comparison of delayed matching-to-sample performance in monkeys and children, 261-268 인용. Copyright 2014, Elsevier로부터 허락받음.)

방사형 미로

쥐를 대상으로 한 기억 실험에서 자주 사용되는 장치는 방사형 미로(radial-arm maze)인데, 이것은 동물이 먹이를 찾을 때 영역을 탐색하는 상황을 모사한다. 〈그림 10.3〉은 쥐에게 제시된 여덟 개의 통로가 있는 방사형 미로의 평면도이다. 전체 미로는 바닥에서 몇 피트 위에 설치된 단상으로 되어 있고, 미로는 벽이 없기 때문에 쥐는 방에 있는 모든 물체(창문, 문, 책상 등)를 볼 수 있다. 각 통로 끝에는 먹이를 담은 컵이 놓여 있다. 전형적인 실험에서 쥐는 각 통로의 끝에 가면 약간의 먹이를 얻는다. 시행이 시작되면 쥐를 미로의 중앙에 풀어놓고 미로를 탐색하고 먹이를 수집할 시간을 준다. 쥐가 한 통로에 있는 먹이를 먹고 나면 동일한 시행 동안 그 통로를 다시 방문해도 먹이는 없다. 따라서 먹이를 수집하는 가장 효율적인 방략은 한 시행에서 모든 통로를 딱 한 번만 방문하는 것이다.

이 과제를 수행하는 쉬운 방략은 한 통로에서 시작하여 단순하게 시계 방향, 또는 시계 반대 방향으로 미로를 한 바퀴 도는 것이나, 쥐는 이런 방략을 사용하지 않는다. 대신에 쥐는 순서를 정하지 않고 아무렇게나 통로를 선택한다. 쥐가 미로 안에서 통로의 방향을 탐색하기 위해 사용하는 단서는 미로를 둘러싼 방에 있는 시각적 표식이다. 이 표식이 이미 한 번 방문한 통로를 피하고 통로를 확인하는 데 도움이 된다(Babb & Crystal, 2003; Mazmanian

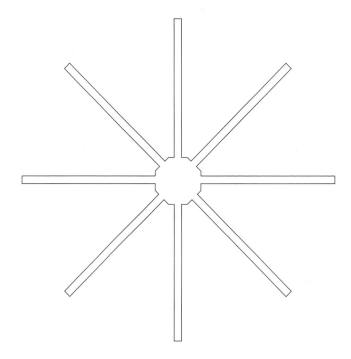

그림 10.3 여덟 개의 통로로 이루어진 방사형 미로의 평면도

& Roberts, 1983).

　이런 과제의 수행에서 평균적인 쥐가 보여주는 가장 뚜렷한 특징은 아마도 정확성일 것이다. 어떤 통로든 첫 방문은 정확 반응이 되고 같은 곳을 재방문하는 것은 더 이상의 먹이가 존재하지 않기 때문에 오류로 간주된다. 8개의 통로(재방문을 포함해서)를 모두 방문하여 한 시행을 마칠 때, 쥐는 보통 7개 또는 8개의 정확 반응을 내놓는다(Olton, 1978). 이 수행은 현재 시행에서 이미 방문한 통로를 피하는 쥐의 기술이 매우 뛰어남을 보여준다. 17개 통로가 있는 더 큰 미로를 사용해도 쥐는 여전히 17개 중 평균 15개의 정확 반응을 했으며(Olton, Collison, & Werz, 1977), 모래쥐에게서도 비슷한 수행이 관찰되었다(Wilkie & Slobin, 1983). 보통 인간의 작업기억은 한 번에 오직 7개의 무관한 항목을 보유할 수 있다고 한다(예 : 7개 단어 또는 7개의 무작위 숫자). 이 숫자에 비추어보면, 쥐가 17개 통로의 방사형 미로를 거의 완벽하게 탐색할 수 있다는 결과는 대단히 인상적이다. 마찬가지로 쥐가 이미 방문한 통로를 기억할 수 있는 시간 간격도 굉장하다. Beatty와 Shavalia(1980)는 8개 통로의 방사형 미로에서 4개의 통로를 방문하게 만든 후 쥐를 미로 밖으로 이동시켰다. 쥐는 4시간이 지난 후 미로로 되돌아왔을 때 이전에 방문하지 않았던 4개의 통로를 거의 완벽하게 선택할 수 있었다. 이런 발견은 왜 작업기억이라는 말이 단기기억이라는 말보다 더 적절한지를 보여준다. 인간을 대상으로 한 연구에서, 단기기억은 보통 수 초 안에 잊히는 정보를 일컫지만, 방사형 미로를 탐색하는 쥐의 기억은 이보다 100배 더 오래 지속된다. 빠르게 망각하는 DMTS에서 전형적으로 발견되는 빠른 망각과 비교했을 때, 단기기억에 관한 연구는 작업기억에서 정보가 얼마나 오래 머무를 수 있는가의 여부는 그 과제의 본질에 의해 크게 좌우된다는 것을 보여준다.

암송

암송(rehearsal)의 개념은 인간의 학습을 생각하면 이해하기 쉽다. 우리는 연설문을 암송할 때 소리 내어 읽거나 속으로 읽는다. 암송이 기억하고자 하는 것을 반복적으로 읽는 외적 또는 속으로 하는 말이라는 생각은 자연스러워 보인다. 인간의 기억에 대한 이론은 암송이 정보를 단기기억에 활성화된 상태로 유지하는 것이고[유지 암송(maintenance rehearsal)이라고 부름], 또 다른 기능은 이 정보를 장기기억으로 전이되도록 촉진시키는 것이다[연합 암송(associative rehearsal)이라고도 부름].

　흔히 우리는 암송을 말과 동일한 것으로 생각하기 때문에 동물도 암송을 한다는 증거를 보면 놀란다. 동물은 언어를 사용하지 않는데, 동물이 암송을 한다는 말은 무엇을 뜻하는가? 동물에게서 암송을 정의하기는 매우 어렵지만, 자극이나 사건 발생 후 그것을 능동적으로 처리하는 과정을 말한다. 암송은 직접 관찰할 수 없고, 단기기억 또는 장기기억을 사용하는 과제에서 나타나는 동물의 행동으로부터 실체를 추론해야만 한다. 현존하는 자료는 암송이 인간에게서와 마찬가지로 동물에게서도 동일한 기능을 하고 있음을 보여준다.

유지 암송

동물의 유지 암송 증거는 지시된 망각(directed forgetting)이라는 기법에서 찾을 수 있다. 이 기법은 인간을 대상으로 할 경우 참여자에게 그림 또는 단어와 같은 항목을 제시하고 그것을 기억하거나 망각하라는 지시를 내리는 방식이다. 사람들은 보통 기억하라고 지시받은 항목을 더 잘 회상하는데, 이는 암송을 했기 때문이다(예 : Quinlan, Taylor, & Fawcett, 2010). 동물을 대상으로 지시된 망각을 연구할 때 DMTS의 변형이 사용되기도 한다. 매 시행에서 표본자극이 제시되고 난 후 지연 기간 동안 '기억단서' 또는 '망각단서'가 제시된다. 기억단서는 동물에게 검사가 다가오기 때문에 표본자극의 기억이 중요하다고 말해주는 단서이다(즉, 비교자극이 곧 뒤따른다). 망각단서는 동물에게 이번 시행에는 검사가 없으므로 표본자극을 망각해도 된다고 말해주는 단서이다(그림 10.4). 따라서 동물은 표본을 기억하거나 망각하라는 '지시'를 받게 되는 것이다. 만일 동물이 암송을 할 것인지 또는 암송을 하지 않을 것인지를 선택할 수 있다면, 기억단서를 보라는 지시에서는 표본을 암송하고 망각단서에서는 암송하지 않는 것을 학습할 것이다. 일단 동물이 이 과제를 잘 훈련하고 나면, 망각단서 다음에 비교자극을 제시하고 정확한 반응을 하면 강화받는 탐사시행(동물이 예

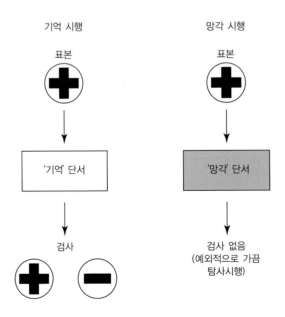

그림 10.4 동물들은 지시된 망각 과제의 '기억 시행'에서 표본자극을 기억하라는 신호를 받는다. 그러고 나서 정확한 선택을 한다면 강화물을 받는다. '망각 시행'에서는 가끔 탐사시행이 주어지는 것 외에 검사는 없다.

상치 못했던)을 가끔 포함시킨다. 동물이 망각단서 시행에서 암송하지 않는 것을 학습하였다면, 이런 갑작스러운 퀴즈에서 저조한 수행을 보여야 한다. 비둘기를 대상으로 한 연구에서 이러한 결과가 확실하게 나타났다. 즉, 망각단서 뒤에 일어나는 탐사시행에서 비둘기는 평균 70%의 정확한 선택을 하였는데, 이는 기억단서 뒤에 이어지는 시행에서 나타나는 약 90%의 정확한 선택과 비교된다(Maki & Hegvik, 1980).

지시된 망각에 대한 증거는 원숭이와 쥐를 포함한 다른 종에서도 발견된다(Miller & Armus, 1999; Tu & Hampton, 2014). 비둘기를 대상으로 한 다른 실험에서 Milmine, Watanabe와 Colombo(2008)는 망각단서보다 기억단서가 제시된 후 작업기억과 관련된 전두엽 부위에서 지연 기간 동안 개별 신경세포들이 유의미하게 더 자주 발화하는 것을 발견하였다. 결론적으로, 지시된 망각에 대한 이런 연구들은 인간과 마찬가지로 동물도 정보의 암송 여부를 스스로 선택할 수 있다는 강력한 증거를 보여준다.

연합 암송

인간 기억에 대한 연구는 암송이 장기기억의 강도를 증가시킴을 보여주고 있다. 만일 사람들에게 기억해야 할 항목 목록을 제시하고 나서 방해자극이 없는 기간이 주어지면(참여자는 이 기간 동안 어떤 방식으로든 기억 자료를 암송하려고 할 것이다), 기억 목록에 대한 기억이 향상된다. 일련의 실험에서 Wagner, Rudy와 Whitlow(1973)는 토끼의 고전적 조건형성에서도 암송이 장기 학습의 강도에 도움이 된다는 증거를 보여주었다. 연구자는 동물의 '주의를 분산시키는' 사후 시행 일화(posttrial episode, PTE)가 매 조건형성 시행 직후에 일어나면 CR의 획득이 느려짐을 발견하였다. 예기치 못한 PTE는 기대했던 PTE보다 방해를 더 많이 하였다(학습을 더 많이 간섭하였다). 기대했던 PTE는 토끼가 여러 번 보았던 순서로 이루어진 자극이고 예기치 못한 PTE는 동물이 한 번도 본 적이 없었던 순서로 자극이 배열되어 있는 것을 말한다. 고전적 조건형성 동안 토끼는 CS와 US(눈깜박임 반응을 일으키는 눈 주변에 가해지는 약한 전기 자극)가 짝지어지는 시행을 여러 번 받았다. 매 조건형성 시행 후 10초가 지나서 PTE가 발생하는 것은 모든 토끼에게 동일하였다. 그런데 절반의 토끼에게 PTE는 기대하였던 순서로 된 자극이었고 다른 절반의 토끼에게는 예기치 못한 순서로 이루어진 자극이 제시되었다. CS에 대한 눈깜박임 조건형성은 예기치 못했던 PTE를 받은 피험동물에게서 더 느리게 일어났다.

연구자는 장기적인 CS-US 연합이 발달하기 위해서는 매 조건형성 시행 후에 방해자극이 제시되지 않고 암송이 일어나는 기간이 필요하다고 추론하였다. 예기치 못한 PTE는 토끼의 주의를 분산시키고 방금 발생한 사건의 암송을 방해하므로, 조건형성의 속도가 느려진다. 기대했던 PTE는 토끼가 이전에도 이 PTE를 본 적이 있었기 때문에 암송을 덜 방해하고, 따

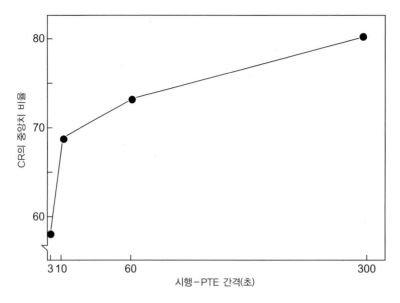

그림 10.5 Wagner 등(1973)의 실험에서 네 집단의 토끼가 보이는 눈깜박임 조건반응 비율. 각 집단에서 x축은 매 조건형성 시행과 예기치 못한 PTE 사이의 시간 간격의 길이를 나타내고 있다. (Wagner, A. R., Rudy, J. W., & Whitlow, J. W., 1973, Rehearsal in animal conditioning, *Journal of Experimental Psychology*, 97, 407– 426. © American Psychological Association. 허락하에 재인쇄.)

라서 암송할 시간이 더 많고, 토끼는 더 빠르게 학습할 수 있다.

　이런 추리가 맞다면, 예기치 못한 PTE가 조건형성 시행 후 더 빨리 제시될수록 조건형성은 더 심하게 방해받을 것이다. 이 예측을 검증하기 위하여, Wagner, Rudy 및 Whitlow는 여러 집단을 대상으로 조건형성 시행과 예기치 못한 사후 사건 사이의 시간 간격을 3초에서 300초로 변화시켜보았다. 〈그림 10.5〉는 첫 10회의 조건형성 시행 동안 새로운 CS에 대한 CR의 중앙치 백분율을 보여준다. 그림에서 알 수 있듯이, PTE가 조건형성 시행 직후에 제시되어 암송할 기회가 최소일 때 방해 효과가 가장 크게 나타난다.

장기기억, 인출, 그리고 망각

단기기억의 저장 용량은 매우 제한되어 있는 데 비해, 장기기억의 저장 용량은 대단히 크다. 어쩌면 동물이나 인간의 장기기억 용량을 측정 또는 수량화하는 방법을 아직 찾지 못했다고 말할 수 있지만, 몇몇 연구들은 학습과 기억이 얼마나 대단한지를 잘 보여준다. Vaughan과 Greene(1983, 1984)는 비둘기에게 일상의 장면이 담긴 슬라이드를 '긍정자극'(이 슬라이드에 반응하면 먹이로 강화 받는다) 또는 '부정자극'(이 슬라이드에 반응하면 강화 받지 못한다)으로 분류하는 훈련을 시켰다. 긍정 또는 부정자극 슬라이드는 무작위로 결정되었기 때문에, 어느 슬라이드가 긍정적인지, 부정적인지를 알 수 있는 유일한 방법은 각각의 슬라이드를 기억하는 것이었다. Vaughan과 Greene는 40개의 긍정적 슬라이드와 40개의 부정적 슬라이드로 시작하였다. 대략 매일 1회기씩 10회기가 지나고 나자, 비둘기는 긍정 사례와 부정 사례를 90% 이상 정확하게 변별할 수 있었다. 비둘기들은 더 많은 슬라이드로 훈련받았으며, 320개의 슬라이드로 훈련을 받았을 때, 정확도는 여전히 90% 이상이었다. 이 방법을 더 발전시켜서 Cook, Levision, Gillett 및 Blaisdell(2005)은 비둘기에게 1600개의 슬라이드를 훈련시켜서 75%의 정확 반응을 얻었다. 그림에 대한 이런 인상적인 기억 능력은 인간에게서도 발견된다(Shepard, 1967).

다른 조류를 사용한 연구도 먹이 은닉 장소의 기억과 관련하여 뛰어난 능력을 증명해보였다. 예를 들어, 산갈가마귀는 매년 가을 2만 개 이상의 소나무 씨를 모아서 수천 개의 장소에 저장한다고 알려져 있다. 겨울을 나기 위해 새는 이 씨를 다시 찾아야 한다. 현장 관찰과 실험실 연구에서 나온 결과에 따르면 산갈가마귀는 먹이 저장소를 다시 찾아내는 데 무작위 탐색이나 또는 후각 단서를 사용하지 않는다. 탐색에 은닉 장소의 특징을 사용할 때도 있지만(예 : 은닉 장소의 토양), 특별한 시각적 경계표식과 공간적 단서에 대한 기억이 훨씬 더 중요하다(Kelly, Kamil & Cheng, 2010; Vander Wall, 1982).

Ebbinghaus(1885)가 무의미 철자를 이용하여 시간대에 따라 망각곡선을 그려낸 것처럼, 동물을 사용한 연구에서도 장기기억에서의 망각이 시간의 경과에 따라 어떻게 변화하는지가 드러났다(제1장 참조). 동물의 망각곡선의 일반적인 형태는 〈그림 1.3〉의 패턴과 유사하다. 즉, 망각이 처음에는 빠르게 일어나서 첫 24시간 동안 상당한 감소를 보이지만, 그 이후의 망각은 훨씬 느린 속도로 진행된다(Gleitman, 1971).

장기기억에서 정보가 망각되는 이유는 무엇인가? 인간의 경우, 비슷한 자극이나 사건에서 오는 간섭이 망각의 주요 원인(Wixted, 2004)이라는 견해가 지배적이다. 동물의 장기기억 연구에서도 순행간섭과 역행간섭이 모두 관찰된다(Amundson & Miller, 2008; Engelmann, 2009). 비둘기가 S+가 파랑이고, S−가 녹색인 변별과제 훈련을 며칠 동안 받았다고 하자. 그런 다음 1회기에서 S+와 S−의 역할이 바뀌고, 비둘기는 녹색 자극에 반응하기를 학습한다. 만일 비둘기가 다음 날 검사를 받는다면 파랑이 S+였던 처음 훈련이 최근의 훈련에서 얻은 기억을 방해하게 되어, 비둘기는 녹색에 덜 반응하고 파랑에 더 많이 반응한다. 이것이 순행간섭의 예인데 이전 훈련의 기억이 나중 훈련의 기억을 손상시키기 때문이다.

만일 어떤 사람이 오래전에 학습한 어떤 것을 망각하였다면, 기억이 영원히 없어진 것인가, 아니면 인출의 실패(기억은 여전히 존재하지만 찾기 어려운)인가? 인간의 기억 연구에서 보면, 많은 망각 사례들이 실제로는 인출의 실패라는 증거가 있다. 어떤 정보를 처음 시도에서는 회상하지 못하다가(예 : 1980년에 당선된 미국의 민주당 대통령), 힌트(예 : 땅콩)

를 받으면 회상에 성공하기도 한다.

　인출의 실패를 지지하는 현상이 맥락전환효과(context-shift effect)인데, 만일 어떤 새로운 정보를 특정 맥락(특정한 방)에서 학습하였다면, 새로운 맥락(다른 방)보다는 같은 맥락에서 이 정보에 대한 기억검사를 받으면 회상을 더 잘한다. 맥락전환효과는 사람과 동물 모두에게서 발견되고(Millin & Riccio, 2004; Smith & Vela, 2001), 구체적인 단서가 망각한 것 같았던 정보를 기억나게 해준다는 것을 보여준다.

　망각을 인출 실패라고 보는 관점에 기초한 여러 실험들에서 동물에게 적절한 회고 단서가 주어지자 '망각된' 기억이 회복되었다. 예를 들어, Gordon Smith와 Katz(1979)는 쥐에게 전기충격을 피해서 흰색 방에서 검은색 방으로 가는 회피 과제를 주었다. 3일 간의 훈련 후, 한 집단의 쥐는 이전 회피학습을 기억나게 하는 단서를 받았다. 즉, 쥐는 흰색 방에서 전기충격 없이 15초 동안 갇혀 있었다. 통제집단의 쥐에게는 이런 단서가 주어지지 않았다. 24시간 후, 두 집단의 쥐가 검은색 방으로 얼마나 빨리 이동하는지를 보기 위해 소거 검사를 시행하였다. 기억단서가 주어진 쥐는 유의미하게 더 빠르게 검은색 방으로 들어갔는데, 아마도 회고단서가 초기의 회피 훈련을 기억하는 데 도움이 되었기 때문인 것으로 보인다. 이런 연구에서 나온 일반적인 결론은 학습 경험 동안에 존재했던 자극은(예 : 학습이 일어났던 방이나 공간을 포함하여) 나중에 회상단서로 작용하여 경험을 기억하기 쉽게 만든다는 것이다.

글상자 10.1　　**화제의 연구**

동물들에 대한 정보의 청킹

인간을 대상으로 한 많은 실험들은 긴 목록의 정보를 소위 **청크**(chunk)라는 쉽게 다룰 수 있는 단위로 나누면 더 잘 기억할 수 있다는 것을 보여주었다(Miller, 1956). 예를 들어, 전화번호 711-2468은 7개의 숫자로 되어 있고, 이것은 인간의 단기기억이 한 번에 저장할 수 있는 전부이다. 그러나 만일 당신에게 '711'이 편의점 이름을 떠오르게 하고, '2468'을 4개의 짝수가 순서대로 나열된 것으로 기억한다면 기억 부담은 훨씬 덜 것이다. 이런 방식으로 7개의 단편적 정보로 이루어진 기억 문제가 2개의 청크로 감소한다.

　동물도 긴 목록을 학습하고 기억하는 데 청킹 방략을 쓸 수 있음을 보여주는 실험들이 있다. Terrace(1991)의 실험에서 5개의 자극이 반투명 스크린 위에 무선으로 제시되고 비둘기는 먹이를 얻기 위해 5개의 자극을 정해진 순서로 쪼아야 했다(그림 10.6a 참조). 어떤 자극은 색깔이 달랐으며 다른 자극은 검정 배경에 흰색 형태였다(수평 막대와 다이아몬드). Terrace는 비둘기가 자극을 두 개의 청크, 즉 색깔 청크와 형태 청크로 나누어서 5개 자극을 빨리 학습할 수 있는지 알고자 했다. 5개 집단의 비둘기는 서로 다른 색깔과 형태의 목록을 학습했다. 〈그림 10.6b〉에 나타나고 있듯이 집단 II가 학습할 목록은 두 개의 청크로 잘 나뉘어져 있다. 즉, 처음 3개의 자극은 색깔이고 마지막 2개의 자극은 형태이다. 집단 IV가 학습할 목록은 4개의 색깔로 이루어진 큰 청크와 하나의 다이아몬드 형태로 되어 있다. 다른 세 집단이 학습할 목록은 청크로 조직화되어 있지 않다. Terrace의 예상대로, 목록이 청크로 되어 있는 두 집단이 정확한 쪼기 순서를 학습하는 데 필요한 연습의 양이 더적었다. 이 두 집단의 비둘기가 목록을 2개의 청크로 나누었다는 더 많은 증거에 의해 Terrace는 색깔과 형태가 바뀌는 부분에서 비둘기가 망설이는 기간이 가장 길다는 사실을 제시하였다. 예를 들어, 집단 II의 비둘기의 경우 3개의 색깔자극을 빠르게 쪼고 나서 잠시 주저하다가 두 개의 형태자극을 또다시 빠르게 쪼았다.

자극 세트가 청크로 조직화되어 있지 않다면, 동물은 자신만의 청크를 개발하기도 한다. Dallal과 Meck(1990)은 쥐가 12개 통로의 방사형 미로에서 청킹을 한다는 증거를 발견했다. 4개의 통로 끝에는 해바라기 씨앗이, 4개에는 먹이 조각이, 4개에는 쌀과자가 놓여 있었다. 한 집단의 쥐에게는 먹이의 위치가 매 시행마다 동일했다. 연습이 증가하면서 그 쥐들은 먹이 종류에 기초한 청크로 통로를 선택하는 경향성을 보이기 시작하였다. 예를 들어, 쥐는 먼저 해바라기 씨앗이 있는 장소로 가고다음에는 먹이 조각이 있는 장소로, 마지막으로 쌀과자가 있는 장소로 갔다. 일반적인 쥐의 수행은보통 완벽한 조직화를 보이지 않았지만, 먹이 종류에 따라 통로를 집단으로 묶는 경향성을 보여주었다. 결과적으로 쥐들의 정확성은(즉, 같은 장소로 두 번 가지 않는 것) 먹이 장소가 매 시행마다 바뀌었던 두 번째 그룹의 쥐들보다 뛰어났다. Dallal과 Mech는 쥐가 먹이 종류를 기초로 청크를 만들어서 작업기억의 부담을 줄일 수 있었고, 따라서 더 정확한 수행을 할 수 있었다고 결론 내렸다.

동물은 자연환경에서도 학습 방략으로 청크를 사용할 수 있다. Suge와 Okanoya(2010)는 벵골의 피리새가 같은 종의 다른 새의 노래를 들을 때 개별 음이 아닌 청크로 지각한다는 것을 발견하였다. Williams와 Staples(1992)는 어린 수컷 얼룩무늬피리새가 나이 든 수컷 피리새로부터 15개의 음

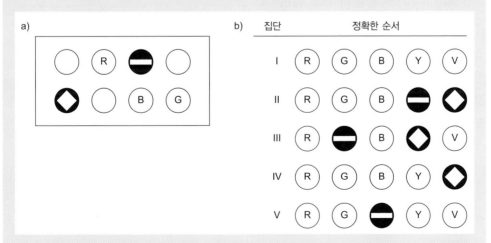

그림 10.6 (a) Terrace(1991)의 실험에서 스크린 위에 있는 여덟 개의 위치에 다섯 개의 시각 자극이 무선으로 제시되고 비둘기는 적절한 순서로 정확하게 자극을 쪼면 먹이를 받았다. (b) 다섯 집단의 비둘기에게 제시된 순서(원 안의 글자는 색깔을 의미한다. R=빨강, G=초록, B=파랑, Y=노랑, V=보라)

절로 구성된 긴 노래를 어떻게 배우는지 연구했다. 연구자는 나이 든 피리새가 노래를 세 음절씩 청크로 나누는 것을 발견하였다. 어린 피리새는 이 청크를 복사하고 합해서 완전한 노래로 만든다.

이런 유형의 실험에서 인간은 동물보다 목록학습을 훨씬 더 잘한다. 예를 들어, 아동은 별로 노력을 들이지 않고 5개 항목의 목록을 암기할 수 있지만 Terrace의 실험에서 비둘기는 그렇게 하는 데 100초 이상 걸렸다. 그렇지만 동물의 청크 연구는 다음과 같은 결과들을 통해 인간과 동물 기억의 유사성을 보여준다. 즉, 만일 목록이 이미 청크로 조직화되어 있으면 동물과 인간 모두 목록을 더 빨리 학습할 수 있다. 또한 만일 항목 세트가 조직화되어 있지 않으면 동물과 인간 모두 유사한 항목들로 묶으려고 하고, 이것은 오류를 피하고 기억을 향상시키는 데 도움이 된다.

시간 측정하기와 수 세기

'내부 시계' 실험

다음 실험에서 무슨 일이 발생할지 상상해보라. 쥐는 처음에 FI 40초 강화계획상에서 훈련을 받는다. 40초 간격의 시작을 알리는 불빛이 켜지고, 강화물이 제공되고, 시행 사이의 간격 동안 불빛이 꺼지고, 다음 시행이 시작된다. 동물의 반응비율이 전형적 FI 수행 패턴을 보일 때까지 이 강화계획에서의 훈련을 계속한다. 이제 절차가 바뀌어서 어떤 시행의 경우 강화물이 주어지지 않는데, 예를 들어 불빛이 80초 동안 지속된 다음에 불이 꺼지고 시행이 끝난다. 훈련이 계속되면서, 동물은 강화물이 어떤 경우에는 40초 후에 제공되고 또 어떤 경우에는 제공되지 않는다는 것을 학습한다. 그런데 처음 40초 동안 두 유형의 시행은 정확히 똑같기 때문에 강화물이 제시될지 또는 그렇지 않을지 아무것도 말해주지 않는다. 과연 강화가 제공되지 않는 시행에서 동물이 반응할 것인가?

〈그림 10.7〉은 방금 기술한 실험에서 나온 결과를 보여준다(Roberts, 1981). 흰 원은 강화가 없는 시행에서의 반응비율이 낮게 출발해서 한동안 증가하다가 40초쯤에 최고에 도달한 후 감소하는 것을 나타내고 있다. 정점의 위치는 쥐가 시간 경과를 비교적 정확하게 추정할

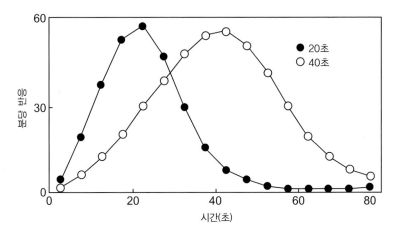

그림 10.7 정점 절차를 사용한 S. Roberts(1981)의 실험에서 비둘기의 반응률. 검정 원은 FI 20초 강화계획을 신호해주는 음조가 제시되는 시행에서의 결과를 나타낸다. 흰 원은 FI 40초 강화계획을 신호해주는 불빛이 제시되는 시행에서의 결과를 보여준다. (Roberts, S., 1981, Isolation of an internal clock, *Journal of Experimental Psychology: Animal Behavior and Processes*, 7, 1242–1268. © American Psychological Association. 허락하에 인용.)

수 있다는 것을 보여주는데, 그 이유는 쥐가 강화를 받을 수 있는 바로 그 시간에 가장 많이 반응했기 때문이다(약 40초 지점). 다른 시행에서, 불빛 대신에 음조가 제시되고, 음조는 강화물이 FI 20초 강화계획으로 제공됨을 의미했다. 〈그림 10.7〉에서 검정 원은 음조가 나오는 비강화 검사 시행에서의 결과를 보여준다. 여기서도 반응비율은 처음에 증가하다가 감소했으며, 이 시행에서 반응률 정점은 대략 20초 지점에서 발생했다. 이 결과는 쥐가 음조는 20초 간격으로, 그리고 불빛은 40초 간격으로 신호를 보낸다는 것을 학습하였고, 두 사례 모두 쥐가 시간 간격을 매우 잘 추정한다는 것을 보여준다. 동물의 시간 감지 능력을 연구하는 이런 절차를 정점 절차(peak procedure)라고 부르는데, 그 이유는 반응률 함수의 정점이 동물이 시간 간격을 얼마나 정확하게 감지하는지를 말해주기 때문이다.

동물은 지속 기간이 다른 두 사건을 어떻게 정확하게 구분할까? 쥐가 5초 지속되는 음조 후에는 왼쪽 레버를 누르고 8초 지속되는 음조 후에는 오른쪽 지렛대를 누르면 강화를 받는다고 하자. 쥐와 비둘기를 대상으로 이런 절차를 사용한 실험은 두 지속 기간이 약 25%의 차이가 있다면 이들이 두 자극을 변별할 수 있음을 보여주었다(Church, Getty, & Lerner, 1976; Stubbs, 1968). 이 결과는 자극 변화를 탐지하는 데 필요한 자극의 양은 자극 크기에 비례한다는 Weber의 법칙(Weber's law)을 보여준다. Weber의 법칙은 원래 인간의 지각에 적용된 것이다. 동물에도 똑같이 적용될 수 있다. 즉 동물은 4초 음조와 5초 음조(25% 차이) 사이를 변별할 수 있지만, 동일한 1초 차이라 할지라도 10초 음조와 11초 음조(10% 차이)는 변별할 수 없다.

이런 연구는 동물이 시간 간격을 비교적 잘 판단한다는 것은 보여주지만, 시간 경과를 정확하게 어떻게 측정하는지는 말해주지 못한다. 어떤 심리학자는 동물에게 '내부 시계'가 있어서 환경에서 발생하는 사건의 지속 기간을 측정하는 데 사용한다고 제안한다. Church(1984)와 Roberts(1983)는 동물의 내부 시계가 어떤 면에서 스톱워치와 유사하다고 주장한다. 스톱워치처럼 상이한 자극의 지속 시간을 측정하는 데 사용된다는 것이다. Roberts(1982)는 쥐가 1초 지속되는 음조 후에는 한 레버를 누르고, 4초 지속되는 음조 후에는 다른 레버를 누르도록 훈련시켰다. 그런 다음 1초 불빛과 4초 불빛으로 자극을 바꾸자 쥐는 추가 훈련 없이도 정확하게 반응할 수 있었다. 스톱워치와 마찬가지로, 내부 시계는 중단될 수도 있고 다시 작동할 수도 있다(예 : 만일 불빛자극이 5초 또는 10초 동안 꺼졌다가 다시 켜진다면).

시간행동이론(behavioral theory of timing, Killeen & Fetterman, 1988)과 시간학습이론(learning-to-time theory, Machado & Arantes, 2006)을 비롯하여 동물의 시간을 다루는 여러 이론이 개발되었다. 이 이론의 세부적인 내용은 복잡하지만, 핵심은 동물이 자신의 행동을 사용하여 시간 간격을 측정한다는 것이다. 예를 들어, 만일 강화계획이 동물에게 5초를 기다린 후 반응할 것을 요구한다면(DRL 계획, 제6장 참조), 동물은 실험실의 4개 모퉁이를 한 바퀴 돌고 온 후 조작적 반응을 한다. 이런 방식으로 동물은 비교적 정확하게 5초 간격을 측정한다.

이런 유형의 실험은 동물의 시간 추정 능력이 꽤 뛰어남을 보여준다. 동물은 약간의 시간 차이가 나는 자극도 변별할 수 있고, 이 기술을 시각 자극에서 청각 자극으로 전이할 수도 있다. 동물은 일시적으로 간섭을 받는 자극의 전체 지속 시간도 추정할 수 있다. 동물은 불빛으로 시작해서 음조로 바뀌는 복합자극의 지속 시간도 측정할 수 있다. 사건의 지속 시간을 추정하는 동물의 능력이 일반 손목시계보다는 덜 정확하지만, 이는 사람도 마찬가지이다.

수 세기

동물의 수 세기 능력을 연구하는 데 사용되는 여러 기법은 시간 측정 연구에서 사용되는 기법과 비슷하고, 그 결과도 비슷하다. Mechner(1958)는 쥐가 요구하는 반응을 완수하고 나면 한 레버에서 다른 레버로 바꾸는 일종의 변형된 FR계획을 사용하였다. 예를 들면, 16회의 반응이 요구되는 경우 시행의 절반에서는 레버 A에서 16번째 연속 반응이 강화를 받았다. 시행의 다른 절반에서는, 레버 A에서 16번 또는 그 이상의 연속 반응을 하고 나서 레버 B에서 한 번의 반응을 하면 강화물이 주어졌다. 만일 쥐가 너무 일찍(예 : 14회 반응 후) 레버를 바꾸면 강화를 받지 못하고, 쥐는 처음부터 다시 지렛대 A에서 16회의 반응을 해야만 한다. 요구하는 연속 반응을 4, 8, 12, 16회로 다르게 하였으며, 따라서 4개의 상이한 실험 조건이 존재하였다. 〈그림 10.8〉은 이 4개의 조건에서 상이한 주행 길이(여기서 하나의 주행은 레

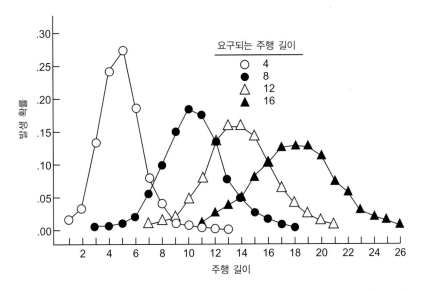

그림 10.8 Mechner(1958)의 실험에서 다양한 주행 길이 후에 쥐가 레버 A에서 레버 B로 전환하는 확률. 요구하는 주행 길이는 레버 B로 전환이 강화를 받기 전에 레버 A에서 요구되는 연속 반응의 수를 말한다. (Mechner, F., Probability relations within response sequences under ratio reinforcement, *Journal of the Experimental Analysis of Behavior*, 1, 109–121 인용. Copyright 1958 by the Society for the Experimental Analysis of Behavior, Inc.)

버 A에서의 일련의 연속 반응이다.) 후에 지렛대 B로 바꾸는 확률을 보여준다. 요구하는 반응비율이 증가할수록, 평균 주행 길이 역시 체계적으로 증가함을 볼 수 있다. 4회 반응이 요구될 때 가장 흔한 주행 길이는 다섯 번이었고, 16개 반응이 요구되었을 때 가장 흔한 주행 길이는 18회였다. 주행 길이가 요구보다 약간 더 긴 것은 레버를 일찍 바꾸는 것에서 오는 강력한 처벌을 피하려는 현명한 방략이라고 할 수 있다. 비둘기를 대상으로 Mechner의 실험과 비슷한 절차를 사용한 최근의 연구들도 유사한 결과를 얻었으며, 이 연구들은 동물의 숫자 변별이 Weber의 법칙을 따른다는 증거를 제공한다(Fetterman & Killeen, 2010).

이 실험에서 쥐와 비둘기가 보여준 수 세기 능력은 정확하지 않아서, 어떤 시행에서는 너무 일찍 레버를 바꾸고 다른 시행에서는 필요 이상으로 더 많은 반응을 한다. 이것은 성인이나 아동이 정확한 합계를 내기 위한 시간이나 관심이 없을 때 추정하는 **대략적 숫자 체계**(Bonny & Lourenco, 2013)라고 불리는 것과 유사하다. 물론 인간은 필요할 때 정확한 숫자를 구하기 위해서 물체를 셀 수 있다. 동물도 대략적 방법이 아니라 정확하게 물체를 세는 것을 학습할 수 있을까? 몇몇 연구는 작은 수일 경우 그렇게 할 수 있음을 시사한다(Davis & Albert, 1986). Capaldi와 Miller는 쥐가 한 유형의 자극에서 다른 유형으로 전이되는 추상적 숫자 개념을 학습한다는 증거를 발견하였다. 어떤 학자는 수 세기가 동물이 학습하기 어려운 기술이라고 주장하지만, Capaldi와 Miller는 "쥐는 전부는 아니어도 대부분의 상황에서 추상적인 숫자 딱지를 쉽고 간단하게 강화물로 바꾸어 생각한다(1988, p. 16)."라고 주장하면서 정반대의 결론을 내렸다. 다른 연구는 개에게서도 초보적인 수 세기 능력의 증거를 발견하였다(West & Young, 2002).

Pepperberg(1987)는 정확한 수 세기 능력을 보여주는 다른 증거를 제시하였는데, 그는 알렉스라는 앵무새에게 2에서 6까지 숫자를 실제로 말하면서 해당하는 물체의 수에 반응하도록 훈련시켰다. 훈련 과정에서, 몇몇 물체(예 : 열쇠, 종잇조각이나 나뭇조각, 코르크)가 쟁반에 놓여 있고 알렉스는 정확한 수를 말하면 강화를 받았다. 예를 들어, 실험자는 3개의 코르크를 제시하고 "이것이 무엇이지?"라고 묻는다. 정확한 반응은 "3개의 코르크"이다. 시행마다 다른 물체를 사용하여 알렉스가 단순히 코르크를 보면 '3'을 학습하지 않도록 하였다. 몇 개월의 훈련 후, 알렉스는 시행의 80%에서 정확한 반응을 하게 되었다. 알렉스의 수 세기 능력이 훈련 자극에 국한되어 있지 않음을 보여주기 위하여, 검사 시행에서 새로운 물체가 제시되었다. 어떤 경우에 알렉스는 물체의 이름(예 : 나무 구슬 또는 작은 병)을 알지 못했으나, 새로운 자극을 사용한 검사 시행의 약 75%에서 물체의 수를 맞출 수 있었다. Pepperberg는 알렉스가 물체의 친숙도와 상관없이 6까지는 매우 정확하게 셀 수 있음을 발견하였다.

Matsuzawa(1985)는 침팬지에게 1에서 6까지의 수를 건반으로 누르게 함으로써 침팬지에게서 유사한 수 세기 기술을 증명하였다. Brannon과 Terrace(2000)는 짧은꼬리원숭이에게 하나씩 증가하는 숫자에 해당하는 추상적 형태의 배열을 가리키게 하였다. 원숭이는 먼저 1개의 형태를 가진 배열을 가리키고 그다음 2개, 3개, 4개 형태의 배열을 가리켜야 강화물을 받았다. 이 과제를 학습한 후 원숭이는 더 큰 수에 대한 훈련이 없었음에도 불구하고 5개에서 9개 형태로 만든 배열에서도 이러한 능력을 보여주었다. 알렉스에 대한 Pepperberg의 연구를 비롯한 여러 연구들에서 동물이 정확하게 수를 셀 수 있다는 훌륭한 증거를 찾을 수 있다.

동물의 언어

언어를 통한 의사소통은 인간이 수행할 수 있는 가장 인상 깊은 행동 중의 하나이다. 몇몇 과학자와 철학자들은 언어 사용 능력은 오직 인간만이 소유한 유일한 기술이라고 주장해왔다(예 : Chomsky, 1972a). 이런 이유로 침팬지와 다른 동물에게 언어를 가르치려는 시도는 대단한 주목을 받아왔다. 이 절에서는 이 주제에 관한 제일 중요한 연구들의 일부를 기술하고 어떤 동물들이 언어 능력을 성취하였는지를 조사한다.

침팬지를 대상으로 한 연구

초창기 일부 연구자들은 침팬지에게 말을 가르치려고 시도하였다(Kellogg & Kellogg, 1933). 침팬지의 발성 기관이 인간의 말소리를 만들어낼 수 없었기 때문에 이런 연구는 대부분 성공하지 못했다. 이 문제를 피해서 Gardner와 Gardner(1969)는 침팬지 워쇼에게 미국 수화 (American Sign Language, ASL)를 가르쳤다. 모델링, 보조 지도 그리고 많은 인내심이 합해져서 그들은 워쇼가 명사(예 : 꽃, 칫솔, 모자), 동사(가다, 듣다, 간질이다), 형용사(달콤한, 재미있는, 많은), 대명사(너, 나), 전치사(안, 밖)를 포함하여 여러 상이한 단어들을 수화로 표현할 수 있도록 가르쳤다. 4년 후, 워쇼는 약 130개의 단어를 학습하였다. 이것은 꽤 많은 수의 어휘라고 할 수 있다(물론 수천 개의 단어를 알고 있는 4세 아동에 비교하면 여전히 적지만).

워쇼는 소수의 특정 맥락에서 배운 수화를 추가 훈련 없이 새로운 상황에서 사용하기도 했다. 예를 들어, 더 많은(more)을 몇몇 다른 단어와 조합해서 배우고 난 뒤에는(예 : 더 많이 간질이기, 더 많이 흔들기) 더 많은 음식, 더 많은 놀이를 요청할 때도 사용했다. 워쇼가 단어를 다양하게 조합하여 사용하는 일은 자주 있었지만 '문장'에서 단어의 어순은 비일관적이었다. 예를 들어, 분명한 이유 없이 어떤 경우에는 *food eat*을 사용하고 다른 경우에는 *eat food*로 어순을 바꾸었다. 이와 대조적으로 아동과 성인은 구어든 수화든 일관된 어순을 사용하는 경향이 있다. 요약하면, 워쇼의 어휘력은 뛰어났지만 문법 지식은 약했다(또는 전혀 없었을 수도 있다).

수화 대신 David Premack(1971, 1983)은 다양한 단어를 표상하는 상이한 형태의 조각으로 이루어진 언어를 개발했다. 플라스틱 조각을 자석 칠판에 특정 순서로 부착하여 문장을 만들 수 있게 하였다. Premack의 학생이었던 사라라는 여섯 살 된 침팬지는 여러 다양한 형태의 기호에 적절히 반응하기를 학습했다. 사라가 학습한 언어에서 기호의 순서가 중요한데, 그녀는 기호 순서에 기초하여 반응하는 인상적인 능력을 보여주었다. 예를 들어, 사라는 색깔과 단어 위(on)에 대한 기호를 학습한 후 빨강 위에 초록(green on red)과 초록 위에 빨강(red on the green)에 적절히 반응하기를 배웠다. 즉, 전자에서는 빨강 카드 위에 초록 카드를 올려놓고 후자에서는 반대로 하였다. 이것은 사라의 반응이 기호 자체가 아닌 기호의 순서에 따라 제어되고 있음을 보여준다. 이 과제에 성공하고 나서 사라는 노랑 위의 파랑(blue on yellow)과 같은 새로운 기호 순서에 훈련 없이 정확하게 반응할 수 있었다. 사라는 기호의 순서가 중요하다는 것뿐만 아니라 동일한 순서가 다른 기호에 적용될 수 있다는 것도 학습했다. 이 예는 모든 단어에 적용되는 문장 구조에 대한 추상적 규칙, 즉 문법 규칙에 대한 이해를 보여준다.

사라는 복수, 예－아니요 질문, 양수사(all, some, none, several)를 비롯하여 광범위한 문법 형태와 개념을 학습할 수 있었다. 그러나 사라의 수행에서 한 가지 실망스러운 점은 그녀가 자진하여 대화를 시도하는 일이 드물었다는 것이다. 기호 언어의 사용은 거의 전적으로 실험자가 제시한 질문에 답하는 것에 한정되었다. 더욱이 훈련자가 질문을 자석 칠판에 붙이고 방을 떠나면 사라는 틀린 반응을 하거나 전혀 반응을 하지 않았다. 이 행동은 누가 듣든, 듣지 않든 자신이 배운 단어를 자연스럽게 연습하고 사용하는 어린 아동의 행동과 매우 대조적이다.

침팬지의 언어 학습에 대해 회의적인 결론에 도달한 연구자는 Herbert Terrace(1979)로 그는 님이라는 이름을 가진 침팬지에게 수화를 가르쳤다. 님은 명사, 동사, 형용사, 전치사를 포함하여 약 125개의 손짓을 학습하였다. 그는 자주 둘 또는 그 이상의 단어들을 조합하여 사용하였다. 그러나 워쇼처럼 님은 단어 순서가 거의 일관적이지 않았다. 님, 워쇼, 사라와 다른 침팬지의 행동에 대한 분석을 토대로 Terrace(1979)는 침팬지가 학습한 것은 단지 원시적인 문법 규칙이며, 그들은 자주 부호를 무선으로 나열한 것뿐이라고 주장하였다. 이 동물들은 훈련자를 모방하거나 그가 제공하는 단서에 의존하였고 언어를 자연스럽게 사용하지 못했다. 동물이 하는 말의 복잡성과 길이도 추가 훈련과 함께 증가하지 않았다. Terrace(1979)는 침팬지가 학습한 것은 인간 언어의 여러 기본 특성들이 결여되어 있다고 결론 내렸다.

다른 종을 대상으로 한 연구

지금까지 언어 학습에서 가장 뛰어난 동물은 Sue Savage-Rumbaugh와 그녀의 동료들(Savage-Rumbaugh, 1986; Segerdahl, Fields, & Savage-Rumbaugh, 2005)에게 훈련을 받은 유인원 칸지이다. 칸지는 그림으로 단어를 표상하는 기호문자를 사용하도록 배웠다. 그는 300개 이상의 기호문자를 학습하고 기호문자를 비교적 일관된 순서로 사용하였는데(예 : 행위를 먼저 말하고 나서 그다음에 물체를 언급함) 이것은 기본 문법을 보여주는 증거이다. 그는 기호문자뿐만 아니라 말도 이해할 수 있었다. 그는 구어 문장에서 단어의 순서가 뒤바뀌었음을 변별하였고 이에 적절하게 반응하였다. 그는 또한 다른 동물의 수화 비디오를 보면서 몇 가지 수화를 학습하기도 하였다. 언어 연구는 고릴라와 오랑우탄 같은 다른 영장류를 대상으로 일어나기도 했다(예 : Bonvillian & Patterson, 1999; Miles, 1999). 어떤 경우에는 수화가 사용되었고 다른 경우에는 그림 기호가 사용되었다. 이런 많은 연구에서 동물은 100개 이상의 수화를 학습할 수 있었다.

영장류가 아닌 동물을 대상으로 이루어진 연구들도 있다. Herman, Richards 및 Wolz (1984)는 두 마리의 돌고래에게 24개의 손동작에 반응하여 적절한 행동을 보이도록 훈련시켰다. 예를 들어, 훈련자가 원반을 바구니로 가져오라는 동작을 하면 돌고래는 원반을 찾아서 그것을 바구니에 놓는 것이다. 돌고래는 특정 물체가 통에 있는지 없는지에 관한 질문에도 답할 수 있었다(Herman & Frestell, 1985). 비슷한 연구가 바다사자를 대상으로 이루어지기도 했다(Schusterman & Krieger, 1984). 이미 수 세기 기술에서 언급된 앵무새 알렉스는 50개의 영어 단어를 말하는 것을 배우고 나서 이들을 적절하게 사용해서 요구도 하고("간질여주세요.") 응답도 했다(훈련자 : "이게 뭐지?", 알렉스 : "빨래집게."). 알렉스는 또한 훈련자가 질문하는 것에 따라 물체의 색깔 또는 형태를 기술하여 물체의 물리적 속성에 대한 질문에도 답할 수 있었다(Pepperberg, 2010).

어떤 연구들은 개들이 구어를 이해할 수 있는지를 알아보았다. Kaminski, Call 및 Fischer(2004)는 콜리가 주인이 말하는 물체를 제대로 찾아오는지 검사하고, 200개의 서로 다른 물체의 이름을 학습하고 있음을 발견했다. 더욱이 콜리는 학습한 적이 없는 물체를 찾아오라는 명령을 받으면, 물체가 있는 방에서 친숙한 물체는 쳐다보지도 않고 친숙하지 않은 물체를 가지고 돌아왔다. 콜리는 제거 과정을 사용해서 새로운 물체의 이름을 추론하는 것 같았다. 다른 콜리를 가지고, Pilley(2013)는 광범위한 훈련 후에 돌고래나 바다사자에서 입증되었던 능력과 거의 같은 방식으로 그 콜리가 3단어 문장의 문법적 구조에 반응할 수 있음을 발견했다.

결론

동물의 언어 능력이 인간의 언어 능력에 비해 매우 제한되어 있다는 Terraces의 생각은 분명히 옳다. 그렇지만 이러한 연구에 의해 동물도 어느 정도의 언어 능력을 보유하고 있다는 긍정적인 측면도 드러났다. 이들은 다음과 같은 인간 언어의 여러 특징들을 보여준다.

1. 추상적 기호 사용

   언어의 가장 기본 특성은 임의의 기호가 사물이나 개념을 표상하는 데 사용될 수 있다는 것이다. 이것은 동물에게서 가장 확실하게 증명된 특징이기도 하다. 앞서 보았듯이, 여러 동물 종이 물체, 행위, 기술을 표상하는 단어, 수화, 기호를 사용하는 능력을 보여주었다.

2. 생산성

   언어의 막강한 힘은 한정된 세트의 단어를 가지고 새로운 방법으로 조합하는 능력에 있다. 이 때문에 우리는 의사소통할 수 있고 새로운 아이디어를 이해할 수 있다. 단어와 기호를 새로운 조합으로 사용할 수 있는 능력은 침팬지와 다른 영장류의 언어에서도 관찰되었다. 돌고래와 앵무새 알렉스를 사용한 연구는 동물이 처음 듣거나 본 새로운 기호의 조합을 이해할 수 있는 능력을 보여주었다.

3. 문법

Premack의 초창기 연구는 침팬지 사라가 개별 기호뿐만 아니라 기호의 제시 순서에도 반응할 수 있음을 보여주었다. 이것은 돌고래를 대상으로 이루어진 Herman 연구에서도 발견되었다. 언어 생산과 관련된 증거는 그다지 인상적이지 않다. 침팬지와 보노보(bonobo)는 어순에서 어느 정도의 규칙성을 보여주었지만, 그들의 문장은 짧고 어순이 항상 일관적인 것은 아니었다. 다른 종(피그미침팬지, 돌고래, 그리고 앵무새)도 최소한의 기본 문법 원리를 학습할 수 있다는 증거가 있다. 그럼에도 불구하고, 동물의 언어 능력에 열광하는 사람들조차 인간을 제외한 동물의 문법 기술이 매우 제한적임을 인정하고 있다(Givón & Rumbaugh, 2009).

4. 대치성

과거, 미래, 또는 현재 존재하지 않는 사물과 사건에 대하여 말하는 데 언어를 사용하는 능력이 바로 대치성이다. 어떤 연구는 침팬지가 방금 수행했거나 곧 수행하려는 자신의 행동을 기술하기 위하여 수화를 사용할 수 있음을 발견하였다(Premack, 1986). 한 사례에서 연구자들은 두 마리의 피그미침팬지가 눈에 보이지 않는 물체나 사건을 지칭하는 데 기호문자를 사용할 수 있음을 보고하였다(Savage-Rumbaugh, McDonald, Sevcik, Hopkins, & Rubert, 1986). 그러나 이 문제는 상당한 논란의 대상이 되고 있다. 한 연구에 의하면, 태어난 지 12개월 된 유아는 눈에 보이지 않는 원하는 물체에 대해 몸짓으로 의사를 전달할 수 있지만 침팬지는 그렇게 하지 못한다. 그 연구자들은 이를 인간만이 가지고 있는 능력이라고 결론 내렸다(Liszkowski, Schafer, Carpenter, & Tomasello, 2009).

5. 의사소통의 사용

사람에게 있어서 언어 사용의 목적은 타인과의 의사소통이다. Terrace(1979)는 언어 훈련을 받은 침팬지가 정보의 소통보다는 단순히 강화물을 받기 위해 언어를 사용한다고 주장한다. 그러나 몇몇 후속 연구는 동물이 다른 동물이나 사람과 소통하기 위해 기호를 사용함을 보여주었다. Fouts, Fouts 및 Schoenfield(1984)는 수화를 배운 다섯 마리의 침팬지가 자극단서나 강화를 제공하는 사람이 없을 때도 서로 소통하기 위해 수화를 사용한다고 보고하였다. Greenfield와 Savage-Rumbaugh(1993)는 서로 다른 종의 두 침팬지가 동의, 요청, 약속과 같은 다양한 기능을 표현하는 데 사람들이 가르쳐준 기호를 사용함을 발견했다. 이 침팬지들은 인간의 대화처럼 기호를 서로 교대로 사용했다.

요약하면, 인간 언어의 몇몇 주요 특징은 초보적인 수준이긴 하지만 다른 종에서도 발견된다. 앞으로의 연구는 동물의 다른 언어 능력을 발견해야 할 것이다. 다른 어느 종도 인간이 가진 언어 역량을 보여주지 못하지만 언어가 인간만이 가진 고유한 능력이라고 주장하는 것은 옳지 않다.

동물의 추리

언어 이외에 추상적 추리, 문제해결, 도구의 제작과 사용 같은 많은 다른 고차원적인 인지 기술도 동물을 대상으로 연구되었다. 이 절은 이에 관한 발견들을 살펴본다.

대상 영속성

물체가 눈에 보이지 않아도 여전히 존재한다는 것을 이해하는 것이 대상 영속성(object permanence) 개념이다. 발달심리학자 Jean Piaget(1926)에 따르면 인간의 유아는 태어나서 2세까지 여섯 단계를 거치면서 대상 영속성을 완벽하게 이해하게 된다. Piaget는 아동이 여섯 단계 중 어느 단계에 도달했는지 알아보기 위한 일련의 검사를 개발했는데, 이 검사 기법은 수정하면 동물에게도 쉽게 사용될 수 있다. 개와 고양이를 비롯하여 몇몇 다른 종을 대상으로 이루어진 연구는 이들이 인간 유아와 거의 비슷한 단계를 거치면서 최종 여섯 번째 단계, 즉 '보이지 않는 이동'이 있은 후에 물체를 정확하게 찾을 수 있는 단계에 도달한다는 것을 보여주었다(Dore & Dumas, 1987). 예를 들어, 〈그림 10.9〉는 Miller 등(Miller, Rayburn-Reeves, & Zentall, 2009)이 사용한 절차를 보여준다. 개는 사람이 두 개의 용기 중 하나에 간

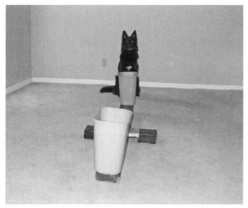

그림 10.9 대상 영속성 검사에서 개는 사람이 두 용기 중 하나에 간식을 넣는 것을 관찰한다(왼쪽 그림). 용기가 놓여 있는 수평 막대를 90도 회전시키고 나서(오른쪽 그림), 수 초 동안 방이 어두워지고 난 후 개에게 용기 중 하나를 선택하게 한다. (*Behavioral Processes*, Vol. 81, Miller, Rayburn-Reeves, R., & Zentall, T., What do dogs know about hidden objects? 439–446 재인쇄. Copyright 2009, Elsevier로부터 허락받음.)

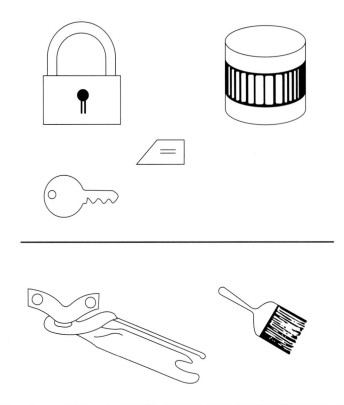

그림 10.10 Gillan, Premack과 Woodruff(1988)의 연구에서 침팬지 사라에게 제시된 그림. 그림은 "자물쇠가 열쇠에 대응되면, 깡통은 무엇과 대응될까?"라는 유추 문제를 나타낸다. 가능한 응답(깡통 따개와 붓)이 선분 아래에 제시되어 있다. (Gillan, D. J., Premack, D., & Woodruff, G., 1981, Reasoning in the chimpanzee: I. Analogical reasoning, Journal of Experimental Psychology: Animal Behavior and Processes, 7, 1-17. © American Psychological Association. 허락하에 재인쇄.)

식을 넣는 것을 관찰한다. 용기가 부착된 수평 막대가 90도 회전하고(간식이 보이지 않기 때문에 '보이지 않는 이동'이다), 수 초 동안 방이 어두워지고 나서 개는 용기 중 하나를 선택해야 한다. 대부분의 개는 암흑 기간이 그렇게 길지 않으면 이 과제를 성공적으로 수행하였다. 이런 수준의 능력은 여러 종의 포유류(Albiach-Serrano, Call, & Barth, 2010)와 새 (Pepperberg & Funk, 1990)에게서도 발견되었다. 그러나 모든 종이 이런 과제에서 수행을 잘하는 것은 아니다. 돌고래는 물체의 이동을 볼 수 있는 경우에는 성공하지만 이를 볼 수 없으면 성공하지 못했다(Jaakkola, Guarino, Rodriguez, Erb, & Trone, 2010).

유추

유추(analogy)는 "A가 B에 대응되듯이 C는 D에 대응된다."와 같은 형태의 진술이다. 유추 이해력 검사에서 D에 해당하는 택지를 2개 이상 주고 어느 것이 정답인지 묻는다. 예를 들어, "자물쇠와 열쇠가 대응되듯이 깡통은 _____ (와)과 대응된다."와 같은 유추를 보자. 붓과 깡통 따개 중 어느 것이 정답인가? 이런 문제는 물리적 유사성에 대한 판단 능력만으로 충분하지 않다. 물리적으로 보면 깡통 따개는 열쇠, 자물쇠, 깡통과 별로 비슷하지 않다. 이 유추를 해결하기 위해서는 (1) 자물쇠와 열쇠의 관계, (2) 깡통과 깡통 따개의 관계, (3) 두 관계의 유사성(즉, 각 쌍에서 두 번째 항목이 첫 번째 항목을 여는 데 사용된다는 점)을 이해해야 한다. 달리 말해, 유추를 이해하려면 두 관계 사이의 관계(유사성)를 이해할 수 있어야 한다.

Gillan, Premack 및 Woodruff(1981)는 언어 훈련을 받았던 침팬지 사라를 대상으로 물체의 지각적 관계 또는 기능적 관계가 포함된 유추 검사를 했다. 앞에서 기술한 유추는 사라가 받았던 유추 검사 중 하나였으며 상이한 물체가 가지고 있는 기능의 이해를 요구하므로 기능적 관계가 포함된 문제이다(그림 10.10). 지각적 유추의 한 예는 다음과 같다. 즉, 큰 노랑 삼각형이 작은 노랑 삼각형과 대응되면 큰 빨강 초승달은 작은 빨강 초승달 또는 작은 노랑 초승달 중 어느 것과 대응되는가? 이 유추 역시 물체 간의 관계를 이해해야 하지만, 이 경우 관계는 단지 물체의 시각적 특성(상대적 크기)하고만 관련이 있다.

사라는 이 두 유형의 유추를 모두 성공적으로 해결했다. 다른 종들을 대상으로 진행된 유추 능력에 대한 연구는 많이 없었으나, 한 연구는 비비원숭이(baboon)가 지각적 유추를 성공적으로 해냈음을 발견했다(Fagot & Parron, 2010).

이행 추리

알렉스가 빌보다 작고, 빌이 칼보다 작다면, 알렉스가 칼보다 작다는 결론이 나온다. 이 결론이 정당화되는 이유는 크기 부등식이 이행적(transitive)이기 때문이다. 즉, 이것은 "만일 A < B이고 B < C이면, A < C이다."는 일반 규칙을 따른다. 알렉스와 칼이 나란히 서 있는 것을 보지 않고도 두 사람의 키에 대해 이런 결론을 내린다면 이행 추리(transitive inference) 능력을 보여준다.

Gillan(1981)은 어떤 상황에서는 먹이가 있지만 다른 상황에서는 먹이가 없는 다른 색깔의 용기를 가지고 실시한 훈련을 통하여 침팬지에게 이행 추리 능력이 있는지를 검사하였다. 예를 들어, 한 침팬지는 파랑이 검정보다 더 좋고, 검정이 빨강보다 더 좋다는 것을 배웠다. 이행 추리 검사에서 이 침팬지는 한 번도 짝지어 제시되지 않았던 두 개의 용기 중에서 선택을 해야 했다. 예를 들어, 파랑과 빨강 중에 선택을 해야 할 때, 침팬지는 파랑을 선택할 수 있을까? Gillan은 침팬지에게 이런 추리가 가능하다는 것을 발견했다. 비슷한 검사를 사용한 후속 연구는 이런 이행 추리를 쥐(Davis, 1992), 생쥐(Davito, kanter, & Eichenbaum, 2010)와 비둘기(von Fersen, Wynne, Delius, & Staddon, 1991)에게서도 발견했다.

도구 사용과 제작

인간만이 도구를 만들어서 사용할 수 있다고 생각하기 쉽지만 그렇지 않다. 많은 다른 종도 여러 가지 도구를 사용한다. 수달은 물에 떠 있을 때 조개껍질을 깨기 위해 가슴에 돌을 안고 있다. 딱따구리와 까마귀를 비롯하여 몇몇 새는 막대나 나뭇가지를 이용하여 부리가 닿지 않는 구멍에서 벌레와 곤충을 잡는다. 포유류에게서 도구 사용의 예는 수없이 많다. 침팬지는 나뭇잎으로 몸을 닦고 비가 올 때는 우산으로 사용하고, 다른 침입자로부터 자신을 보호하기 위한 무기로 돌과 나무를 사용한다.

도구 사용의 예보다 더 인상적인 것은 비록 흔하지는 않지만 동물이 특수 목적을 위해 도구를 만들어서 사용한다는 관찰 결과이다. 한 예로 하나의 돌로 다른 돌을 때려서 절단하는 법을 배운 침팬지가 끈을 자르는 데 이 방법을 사용한다는 것이다. 나중에는 물체를 날카롭게 절단하기에 적합하도록 돌을 효과적으로 깨는 방법을 스스로 학습하였다(Toth, Schick, Savage-Rumbaugh, Sevcik, & Rumbaugh, 1993). 이 침팬지는 관찰을 통해 이런 기술을 배웠지만 다른 동물은 스스로 도구를 제작하기도 한다. Weir, Chappel 및 Kacelnik(2002)는 암까마귀가 철선을 구부려서 고리를 만들고 나중에 수직 파이프에 있는 먹이 용기를 끌어당기는 데 이 고리를 사용하는 것을 발견하였다. 이 까마귀는 철선을 구부리기 위하여 부리와 발을 사용했는데, 그것은 우연적인 행동이 아니었다. 까마귀가 곧은 철선을 제공받은 것은

그림 10.11 고릴라와 같은 많은 동물들은 통나무나 나무들로부터 벌레를 빼내기 위한 도구로 나무 막대기를 사용한다. (dean bertoncelj/ Shutterstock.com)

10회였고, 이 철선을 구부려서 용기를 성공적으로 끌어당긴 것은 9회였다. 동물이 도구를 만들 수 있다는 사실이 흥미를 끄는 이유는 동물이 물체의 형태를 바꾸는 것과 특정 과제를 완수하는 데 물체를 사용하는 것 사이의 기본적인 인과관계를 이해했음을 시사하기 때문이다.

글상자 10.2   화제의 연구

상위인지 : 동물들은 그들이 무엇을 아는지를 아는가

간단히 말하면, **상위인지**(metacognition)는 자신의 생각에 대한 생각이다. 보다 구체적으로는 자신의 기억과 사고과정에 대해 반성하고 판단하는 능력이다. 예를 들어, 자신이 기억하는 것에 대해 또는 어떤 특별한 정보를 알고 있는지에 대해 사람들이 확신하고 있는 정도라고 말할 수 있다. 이 순간 생각이 나지 않지만 나는 특정 배우의 이름을 알고 있다고 확신한다. 나는 샘이 지난 여름에 학과 소풍에 참석했다는 것을 기억하지만 확신은 못한다고 말하기도 한다. 사람들은 자신의 기억의 정확성을 판단할 수 있는 능력이 있다(상위인지라고 분류되는 다른 능력과 함께).

최근에 동물에게도 상위인지 능력이 있는지를 검증하는 연구들이 수행되었다(Kornell, 2009). 이런 능력을 검사하는 데 여러 기법이 사용되었으며 많은 연구에서 긍정적인 결과가 얻어졌다. 예를 들어, 레서스원숭이에게 자신의 기억의 정확성을 판단할 수 있는지 알아보기 위해 한 시행을 건너뛰어 다음 시행을 수행하는 '불확실성 반응'을 선택할 수 있는 대안이 있는 지연 표본 대응 과제를 시행하였다. 원숭이는 어려운 시행에서는 불확실성 반응을 자주 선택했지만 쉬운 시행에서는 불확실성 반응을 선택하는 일이 드물었다. 이것은 원숭이가 실수할 가능성이 높은 때를 정확하게 판단하고 있음을 보여준다(Hampton, 2001). 한 연구는 원숭이가 불확실한 상황의 시행에서는 더 많은 정보를 찾으려고 했지만 이미 정확한 선택을 알고 있을 때는 그렇지 않음을 발견했다(Call, 2010). 쉬운 과제와 어려운 과제가 섞여 있는 변별과제에서 레서스원숭이는 쉬운 시행에서 더 큰 강화물을 얻기 위해 더 큰 위험을 감수하였는데, 이는 자신이 정확한 선택을 할 것임을 이미 알고 있음을 시사한다(Shields, Smith, Guttmannova, & Washburn, 2005).

동물의 상위인지라는 주제가 행동심리학자와 인지심리학자로부터 큰 관심을 받는 이유는 상위인지가 고차원적인 인간의 능력이라고 알려져 있기 때문이다. 어떤 심리학자는 이 결과가 상위인지에 대한 설득력 있는 증거가 될 수 있는지에 대해 여전히 의심하고 있다. 그러나 동물들의 상위인지에 대한 증거는 증가하고 있고 이것은 인간과 다른 동물의 연속성에 대한 강력한 증거가 될 수도 있고 인간의 지적 능력의 진화에 대한 통찰력을 제공할 수도 있다(Smith, Couchman, & Beran, 2014).

결론

우리는 인간만이 지구상에서 추상적 사고를 할 수 있는 유일한 종이라고 자랑할 수 없다. 다른 동물도 추상적 추리가 포함된 다양한 과제를 학습할 수 있다는 것을 보여주는 많은 증거들이 존재하기 때문이다. 앞으로의 연구에서 추가적인 추상적 추리의 사례가 여러 다른 종에서 발견될 가능성이 높다. "인간만(또는 포유류만)이 해결할 수 있는 추상적 추리 문제가 있다."라는 주장은 위험하다는 것을 잊지 말아야 한다. 어떤 영리한 연구자가 나타나서 추상적 추리 문제를 풀도록 조류와 설치류를 가르치는 신기한 방법을 발견할 가능성은 언제든지 존재하기 때문이다. 인간과 비인간 사이의 광대한 지적 능력의 차이에 대해 심각하게 의심하는 사람은 없겠지만 동물의 추리 능력의 한계는 동물에게 있는 것이 아니라 훈련이나 검사 절차의 결핍 때문일 수 있다.

연습 퀴즈 2 : 제10장

1. 정점 절차에서 만일 동물의 반응이 시행 시작 20초 후 가끔 강화 받으면 반응비율은 시행이 시작되고 대략 _____ 지점에서 최고에 도달한다.
2. 숫자를 표상하는 단어나 기호를 사용해서 수 세기 능력을 보여준 두 종류의 동물은 _____와/과 _____(이)다.
3. 비슷한 물체를 함께 묶어서 기억을 향상시키는 방략을 _____(이)라고 부른다.
4. 워쇼라는 침팬지는 미국 수화를 배울 때 여러 단어에 대한 수화는 배웠지만 _____을/를 사용하는 능력은 거의 보이지 않았다.
5. _____은/는 물체가 보이지 않아도 계속해서 존재함을 이해하는 것이다.

해답

1. 20초   2. 앵무새, 침팬지   3. 청킹   4. 문법 또는 정확한 어순   5. 대상 영속성

요약

동물의 단기기억 연구에 사용되고 있는 두 절차는 지연 표본 대응(DMTS)과 방사형 미로이다. 지연 표본 대응에서 수행의 정확성은 표본자극과 비교자극의 지연 기간이 증가할수록 급격하게 감소한다. 방사형 미로를 사용한 연구는, 쥐가 17개의 통로를 가진 미로에서도 먹이를 수집한 통로의 재방문을 피할 수 있음을 보여준다. 다른 연구는 동물의 유지 암송, 연합 암송, 그리고 청킹에 대한 증거를 발견하였다. 장기기억에 관한 실험은 비둘기가 수백 개의 슬라이드를 매우 정확하게 기억한다는 것을 보여주었다. 다른 연구는 동물이 이전 학습 경험을 회상할 수 있는 적절한 자극을 단서로 받으면 장기기억이 향상될 수 있음을 보여주었다.

시간 개념을 다룬 여러 실험은 자극의 제시 기간이 동물의 행동을 비교적 정확하게 통제할 수 있고, 따라서 자극의 수도 통제할 수 있음을 보여준다. 연구자가 동물에게 언어를 가르치려고 시도했을 때, 어떤 면에서 동물의 반응은 인간의 언어 능력과 유사하지만 다른 면에서는 그렇지 않았다. 몇몇 침팬지는 기호나 수화로 100개 이상의 단어를 학습하였으나 일관된 어순이나 문법을 사용하지는 못하였다. 그러나 침팬지를 대상으로 한 Premack의 연구와 돌고래를 대상으로 한 다른 연구들은 동물들이 어순의 중요성을 배울 수 있다는 것을 보

여주었다. 다른 연구는 많은 종(고릴라, 돌고래, 앵무새)이 몸짓, 기호, 구어의 의미를 학습할 수 있음을 보여주었다.

동물의 종에 따라 특정 종류의 추상적 추리 능력이 발견되었다. 예를 들어, 쥐와 비둘기는 이행 추리 문제를 풀 수 있다. 고양이, 개, 새는 대상 영속성을 포함하는 과제를 수행할 수 있다. 원숭이들은 유추 추리 검사를 성공적으로 수행할 수 있다. 영장류는 상위인지 능력을 가지고 있다는 증거도 존재한다.

복습 문제

1. 지연 표본 대응과 방사형 미로가 동물의 단기기억 연구에 어떻게 사용되는지를 기술하라. 이 절차로 얻은 주요 발견들에 대해 논의하라.
2. 유지 암송과 연합 암송은 각각 무엇인가? 각 유형의 암송을 보여주는 동물 실험을 기술하라.
3. 동물도 기억에 도움이 되기 위해 청킹을 사용한다는 것을 보여주는 두 개의 서로 다른 실험을 기술하라.
4. 미국 수화를 훈련받은 침팬지의 언어 능력의 장점과 한계를 논하라. 동물에게 언어를 가르치기 위해 사용한 다른 기법은 어떤 것들이 있으며, 다른 종으로 어떤 동물들이 사용되었고, 무엇이 발견되었는가?
5. 동물의 추리 능력을 검사하는 데 사용된 과제를 기술하라. 여러 종에서 발견된 추리 능력과 소수의 종에서 발견된 추리 능력의 예를 열거하라.

참고문헌

Albiach-Serrano, A., Call, J., & Barth, J. (2010). Great apes track hidden objects after changes in the objects' position and in subject's orientation. *American Journal of Primatology, 72*, 349–359.

Amundson, J.C., & Miller, R.R. (2008). Associative interference in Pavlovian conditioning: A function of similarity between the interfering and target associative structures. *Quarterly Journal of Experimental Psychology, 61*, 1340–1355.

Babb, S.J., & Crystal, J.D. (2003). Spatial navigation on the radial maze with trial-unique intramaze cues and restricted extramaze cues. *Behavioural Processes, 64*, 103–111.

Baddeley, A. (2010). Long-term and working memory: How do they interact? In L. Bäckman & L. Nyberg (Eds.), *Memory, aging and the brain: A Festschrift in honour of Lars-Göran Nilsson* (pp. 7–23). New York: Psychology Press.

Beatty, W.W., & Shavalia, D.A. (1980). Rat spatial memory: Resistance to retroactive interference at long retention intervals. *Animal Learning and Behavior, 8,* 550–552.

Bonny, J.W., & Lourenco, S.F. (2013). The approximate number system and its relation to early math achievement: Evidence from the preschool years. *Journal of Experimental Child Psychology, 114,* 375–388.

Bonvillian, J.D., & Patterson, F.P. (1999). Early sign-language acquisition: Comparisons between children and gorillas. In S. Parker, R.W. Mitchell, & H. Miles (Eds.), *The mentalities of gorillas and orangutans: Comparative perspectives* (pp. 240–264). New York: Cambridge University Press.

Brannon, E.M., & Terrace, H.S. (2000). Representation of the numerosities 1–9 by Rhesus Macaques (*Macaca mulata*). *Journal of Experimental Psychology: Animal Behavior Processes, 26,* 31–49.

Call, J. (2010). Do apes know that they could be wrong? *Animal Cognition, 13,* 689–700.

Capaldi, E.J., & Miller, D.J. (1988). Counting in rats: Its functional significance and the independent cognitive processes which comprise it. *Journal of Experimental Psychology: Animal Behavior Processes, 14,* 3–17.

Chelonis, J.J., Cox, A.R., Karr, M.J., Prunty, P.K., Baldwin, R.L., & Paule, M.G. (2014). Comparison of delayed matching-to-sample performance in monkeys and children. *Behavioural Processes, 103,* 261–268.

Chomsky, N. (1972). *Language and the mind.* New York: Harcourt Brace Jovanovich.

Church, R.M. (1984). Properties of the internal clock. In J. Gibbon & L. Allen (Eds.), *Timing and time perception* (Vol. 438, pp. 566–582). New York: Annals of the New York Academy of Sciences.

Church, R.M., Getty, D.J., & Lerner, N.D. (1976). Duration discrimination by rats. *Journal of Experimental Psychology: Animal Behavior Processes, 4,* 303–312.

Cook, R.G., Levison, D.G., Gillett, S.R., & Blaisdell, A.P. (2005). Capacity and limits of associative memory in pigeons. *Psychonomic Bulletin & Review, 12,* 350–358.

Dallal, N.L., & Meck, W.H. (1990). Hierarchical structures: Chunking by food type facilitates spatial memory. *Journal of Experimental Psychology: Animal Behavior Processes, 16,* 69–84.

Davis, H. (1992). Transitive inference in rats (*Rattus norvegicus*). *Journal of Comparative Psychology, 106,* 342–349.

Davis, H., & Albert, M. (1986). Numerical discrimination by rats using sequential auditory stimuli. *Animal Learning and Behavior, 14,* 57–59.

DeVito, L.M., Kanter, B.R., & Eichenbaum, H. (2010). The hippocampus contributes to memory expression during transitive inference in mice. *Hippocampus, 20,* 208–217.

Dore, F.Y., & Dumas, C. (1987). Psychology of animal cognition: Piagetian studies. *Psychological Bulletin, 102,* 219–233.

Ebbinghaus, H. (1885). *Memory.* Leipzig, Germany: Duncker.

Engelmann, M. (2009). Competition between two memory traces for long-term recognition memory. Neurobiology of Learning and Memory, 91, 58–65.

Fagot, J., & Parron, C. (2010). Relational matching in baboons (*Papio papio*) with reduced grouping requirements. *Journal of Experimental Psychology: Animal Behavior Processes, 36*, 184–193.

Fetterman, J.G., & Killeen, P.R. (2010). Categorical counting. *Behavioural Processes, 85*, 28–35.

Fouts, R., Fouts, D., & Schoenfeld, D. (1984). Sign language conversation interaction between chimpanzees. *Sign Language Studies, 42*, 1–12.

Gardner, R.A., & Gardner, B.T. (1969). Teaching sign language to a chimpanzee. *Science, 165*, 664–672.

Gillan, D.J. (1981). Reasoning in the chimpanzee: II. Transitive inference. *Journal of Experimental Psychology: Animal Behavior Processes, 7*, 150–164.

Gillan, D.J., Premack, D., & Woodruff, G. (1981). Reasoning in the chimpanzee: I. Analogical reasoning. *Journal of Experimental Psychology: Animal Behavior Processes, 7*, 1–17.

Givón, T.T., & Rumbaugh, S. (2009). Can apes learn grammar? A short detour into language evolution. In J. Guo, E. Lieven, N. Budwig, S. Ervin-Tripp, K. Nakamura, & Ş. Özçalişkan (Eds.), *Crosslinguistic approaches to the psychology of language: Research in the tradition of Dan Isaac Slobin* (pp. 299–309). New York: Psychology Press.

Gleitman, H. (1971). Forgetting of long-term memories in animals. In W.K. Honig & P.H.R. James (Eds.), *Animal memory* (pp. 1–44). New York: Academic Press.

Gordon, W.C., Smith, G.J., & Katz, D.S. (1979). Dual effects of response blocking following avoidance learning. *Behavior Research and Therapy, 17*, 479–487.

Grant, D.S. (1975). Proactive interference in pigeon short-term memory. *Journal of Experimental Psychology: Animal Behavior Processes, 1*, 207–220.

Greenfield, P.M., & Savage-Rumbaugh, E.S. (1993). Comparing communicative competence in child and chimp: The pragmatics of repetition. *Journal of Child Language, 20*, 1–26.

Hampton, R. (2001). Rhesus monkeys know when they remember. *Proceedings of the National Academy of Sciences of the United States of America, 98*, 5359–5362.

Herman, L.M., & Forestell, P.H. (1985). Reporting presence or absence of named objects by a language-trained dolphin. *Neuroscience & Biobehavioral Reviews, 9*, 667–681.

Herman, L.M., Richards, D.G., & Wolz, J.P. (1984). Comprehension of sentences by bottle-nosed dolphins. Cognition, 16, 1–90.

Jaakkola, K., Guarino, E., Rodriguez, M., Erb, L., & Trone, M. (2010). What do dolphins (*Tursiops truncatus*) understand about hidden objects? *Animal Cognition, 13*, 103–120.

Jarvik, M.E., Goldfarb, T.L., & Carley, J.L. (1969). Influence of interference on delayed matching in monkeys. *Journal of Experimental Psychology, 81*, 1–6.

Kaminski, J., Call, J., & Fischer, J. (2004). Word learning in a domestic dog: Evidence for "fast mapping". *Science, 304*, 1682–1683.

Kellogg, W.N., & Kellogg, L.A. (1933). *The ape and the child: A study of environmental influence upon early behavior.* New York: McGraw-Hill.

Kelly, D.M., Kamil, A.C., & Cheng, K. (2010). Landmark use by Clark's nutcrackers (*Nucifraga Columbiana*): Influence of disorientation and cue rotation on distance and direction estimates. *Animal Cognition, 13*, 175–188.

Killeen, P.R., & Fetterman, J.G. (1988). A behavioral theory of timing. *Psychological Review, 95*, 274–295.

Kornell, N. (2009). Metacognition in humans and animals. *Current Directions in Psychological Science, 18*, 11–15.

Koychev, I., El-Deredy, W., Haenschel, C., & Deakin, J.F.W. (2010). Visual information processing deficits as biomarkers of vulnerability to schizophrenia: An event-related potential study in schizotypy. *Neuropsychologia, 48*, 2205–2214.

Liszkowski, U., Schäfer, M., Carpenter, M., & Tomasello, M. (2009). Prelinguistic infants, but not chimpanzees, communicate about absent entities. *Psychological Science, 20*, 654–660.

Machado, A., & Arantes, J. (2006). Further tests of the Scalar Expectancy Theory (SET) and the Learning-to-Time (LeT) model in a temporal bisection task. *Behavioural Processes, 72*, 195–206.

Maki, W.S., & Hegvik, D.K. (1980). Directed forgetting in pigeons. *Animal Learning and Behavior, 8*, 567–574.

Matsuzawa, T. (1985). Use of numbers by a chimpanzee. *Nature, 315*, 57–59.

Mazmanian, D.S., & Roberts, W.A. (1983). Spatial memory in rats under restricted viewing conditions. *Learning and Motivation, 14*, 123–139.

Mechner, F. (1958). Probability relations within response sequences under ratio reinforcement. *Journal of the Experimental Analysis of Behavior, 1*, 109–121.

Miles, H.L. (1999). Symbolic communication with and by great apes. In S. Parker, R.W. Mitchell, & H.L. Miles (Eds.), The mentalities of gorillas and orangutans: Comparative perspectives (pp. 197–210). New York: Cambridge University Press.

Miller, G.A. (1956). The magical number seven, plus or minus two. *Psychological Review, 63*, 81–97.

Miller, H.C., Rayburn-Reeves, R., & Zentall, T.R. (2009). What do dogs know about hidden objects? *Behavioural Processes, 81*, 439–446.

Miller, W.S., & Armus, H.L. (1999). Directed forgetting: Short-term memory or conditioned response? *Psychological Record, 49*, 211–220.

Millin, P.M., & Riccio, D.C. (2004). Is the context shift effect a case of retrieval failure? The effects of retrieval enhancing treatments on forgetting under altered stimulus conditions in rats. *Journal of Experimental Psychology: Animal Behavior Processes, 30*, 325–334.

Milmine, M., Watanabe, A., & Colombo, M. (2008). Neural correlates of directed forgetting in the avian prefrontal cortex. *Behavioral Neuroscience, 122*, 199–209.

Olton, D.S. (1978). Characteristics of spatial memory. In S.H. Hulse, H. Fowler, & W.K. Honig (Eds.), *Cognitive processes in animal behavior* (pp. 341–373). Hillsdale, NJ: Erlbaum.

Olton, D.S., Collison, C., & Werz, W.A. (1977). Spatial memory and radial arm maze performance by rats. *Learning and Motivation, 8*, 289–314.

Pepperberg, I.M. (1987). Evidence for conceptual quantitative abilities in the African parrot: Labeling of cardinal sets. *Ethology, 75*, 37–61.

Pepperberg, I.M. (2010). Vocal learning in Grey parrots: A brief review of perception, production, and cross-species comparisons. *Brain and Language, 115*, 81–91.

Pepperberg, I.M., & Funk, M.S. (1990). Object permanence in four species of psittacine birds: An African Grey parrot (*Psittacus erithacus*), an Illiger mini macaw (*Ara maracana*), a parakeet (*Melopsittacus undulatus*), and a cockatiel (*Nymphicus hollandicus*). *Animal Learning and Behavior, 18*, 97–108.

Piaget, J. (1926). *The language and thought of the child* (M. Gabain, Trans.). London: Routledge and Kegan Paul.

Pilley, J.W. (2013). Border collie comprehends sentences containing a prepositional object, verb, and direct object. *Learning and Motivation, 44*, 229–240.

Premack, D. (1971). Language in chimpanzee. *Science, 172*, 808–822.

Premack, D. (1983). The codes of man and beasts. *Behavioral and Brain Sciences, 6*, 125–167.

Premack, D. (1986). *Gavagai!* Cambridge, MA: MIT Press.

Quinlan, C.K., Taylor, T.L., & Fawcett, J.M. (2010). Directed forgetting: Comparing pictures and words. *Canadian Journal of Experimental Psychology/Revue canadienne de psychologie expérimentale, 64*, 41–46.

Roberts, S. (1981). Isolation of an internal clock. *Journal of Experimental Psychology: Animal Behavior Processes, 7*, 242–268.

Roberts, S. (1982). Cross modal use of an internal clock. *Journal of Experimental Psychology: Animal Behavior Processes, 8*, 2–22.

Savage-Rumbaugh, E.S. (1986). *Ape language: From conditioned response to symbol* (pp. 291–310). New York: Columbia University Press.

Savage-Rumbaugh, E.S., McDonald, K., Sevcik, R.A., Hopkins, W.D., & Rubert, E. (1986). Spontaneous symbol acquisition and communicative use by pygmy chimpanzees (*Pan paniscus*). *Journal of Experimental Psychology: General, 115*, 211–235.

Schusterman, R.J., & Krieger, K. (1984). California sea lions are capable of semantic comprehension. *Psychological Record, 34*, 3–23.

Segerdahl, P., Fields, W., & Savage-Rumbaugh, S. (Eds.). (2005). *Kanzi's primal language: The cultural initiation of primates into language.* New York: Palgrave.

Shepard, R.N. (1967). Recognition memory for words, sentences, and pictures. *Journal of Verbal Learning and Verbal Behavior, 6*, 156–163.

Shields, W.E., Smith, J., Guttmannova, K., & Washburn, D.A. (2005). Confidence judgments by humans and rhesus monkeys. *Journal of General Psychology, 132*, 165–186.

Smith, J.D., Couchman, J.J., & Beran, M.J. (2014). Animal metacognition: A tale of two comparative psychologies. *Journal of Comparative Psychology, 128*, 115–131.

Smith, S.M., & Vela, E. (2001). Environmental context-dependent memory: A review and meta-analysis. *Psychonomic Bulletin & Review, 8*, 203–220.

Stubbs, A. (1968). The discrimination of stimulus duration by pigeons. *Journal of the Experimental Analysis of Behavior, 11*, 223–238.

Suge, R., & Okanoya, K. (2010). Perceptual chunking in the self-produced songs of Bengalese finches (*Lonchura striata var. domestica*). *Animal Cognition, 13*, 515–523.

Terrace, H.S. (1979). *Nim.* New York: Knopf.

Terrace, H.S. (1991). Chunking during serial learning by a pigeon: I. Basic evidence. *Journal of Experimental Psychology: Animal Behavior Processes, 17*, 81–93.

Toth, N., Schich, K.D., Savage-Rumbaugh, E.S., Sevcik, R.A., & Rumbaugh, D.M. (1993). Pan the tool-maker: Investigations into the stone toolmaking and tool-using capabilities of a Bonobo (*Pan paniscus*). *Journal of Archaeological Science, 20*, 81–91.

Tu, H.W., & Hampton, R.R. (2014). Control of working memory in rhesus monkeys (*Macaca mulatta*). *Journal of Experimental Psychology: Animal Learning and Cognition, 40*, 467–476.

Vander Wall, S.B. (1982). An experimental analysis of cache recovery by Clark's nutcracker. *Animal Behaviour, 30*, 84–94.

Vaughan, W., & Greene, S.L. (1983). Acquisition of absolute discriminations in pigeons. In M.L. Commons, A.R. Wagner, & R.J. Herrnstein (Eds.), *Quantitative analyses of behavior: Vol. 4. Discrimination processes* (pp. 231–238). Cambridge, MA: Ballinger.

Vaughan, W., & Greene, S.L. (1984). Pigeon visual memory capacity. *Journal of Experimental Psychology: Animal Behavior Processes, 10*, 256–271.

von Fersen, L., Wynne, C.D., Delius, J.D., & Staddon, J.E.R. (1991). Transitive inference formation in pigeons. *Journal of Experimental Psychology: Animal Behavior Processes, 17*, 334–341.

Wagner, A.R., Rudy, J.W., & Whitlow, J.W. (1973). Rehearsal in animal conditioning. *Journal of Experimental Psychology, 97*, 407–426.

Weir, A.A.S., Chappell, J., & Kacelnik, A. (2002). Shaping of hooks in New Caledonian crows. *Science, 297*, 981.

West, R.E., & Young, R.J. (2002). Do domestic dogs show any evidence of being able to count? *Animal Cognition, 5*, 183–186.

White, K.G., Parkinson, A.E., Brown, G.S., & Wixted, J.T. (2004). Local proactive interference in delayed matching to sample: The role of reinforcement. *Journal of Experimental Psychology: Animal Behavior Processes, 30*, 83–95.

Wilkie, D.M., & Slobin, P. (1983). Gerbils in space: Performance on the 17-arm radial maze. *Journal of the Experimental Analysis of Behavior, 40*, 301–312.

Williams, H., & Staples, K. (1992). Syllable chunking in zebra finch (*Taeniopygia guttata*) song. *Journal of Comparative Psychology, 106*, 278–286.

Wixted, J. (2004). The psychology and neuroscience of forgetting. *Annual Review of Psychology, 55*, 235–269.

관찰학습과 운동 기술

이 장을 읽은 후에 당신은

- 모방에 대한 여러 이론들을 기술하고, 그 이론들의 장점과 단점에 대해 논의할 수 있다.
- 성공적인 모방에 네 가지 요인이 필요하다고 주장하는 Bandura의 이론을 설명할 수 있다.
- 행동치료에서 사용되는 다양한 모델링 기법을 기술할 수 있다.
- 운동 기술 학습에서 강화, 결과지식, 그리고 수행지식의 역할을 논의할 수 있다.
- Adams의 2단계 이론과 Schmidt의 도식이론을 기술하고 두 이론이 어떻게 다른지를 설명할 수 있다.
- 행동연쇄 접근과 운동 프로그램의 개념을 비교하고, 운동 프로그램의 존재에 대한 증거를 제시할 수 있다.

인간의 학습에 관해 명심해야 할 점은 학습의 많은 부분이 고전적 조건형성이나 강화, 처벌을 통해서만 일어나는 것이 아니라 관찰을 통해서도 발생한다는 사실이다. Bandura와 Walters는 그들이 집필한 고전 *Social Learning and Personality Development*(1963)에서 전통적 학습이론이 관찰학습의 역할을 무시하고 있기 때문에 불충분하다고 주장한다. 우리가 앞에서 보았듯이 전통적 학습이론은 개인의 경험이 중요하다고 강조하는데, 즉 사람들은 행동을 수행한 후 그에 후속하는 결과를 경험하는 방법으로 학습한다. Bandura와 Walters의 입장은 많은 학습이 직접 경험보다는 대리 경험을 통해서 일어난다는 것이다. 사람들은 타인의 행동과 그 결과를 관찰하고 난 후 그 행동을 모방할 수 있다. 이 장의 첫 부분에서 우리는 어떻게 관찰학습이 일어나는지를 알아보고, 일상의 삶과 행동치료에서 관찰학습의 중요성을 조사할 것이다.

전통 학습이론에서 무시되어왔던 다른 주제는 운동 기술 학습이다. 걷기, 운전하기, 글쓰기, 타이핑하기, 악기 연주하기, 운동하기 등 일상의 많은 행위는 학습된 운동 기술의 예들이다. 이 장의 나머지 절반은 운동 기술을 학습하고 수행하는 능력에 영향을 미치는 몇 가지의 요소들과 운동 기술이 어떻게 학습되는지에 관한 제일 대중적인 몇 가지 이론들을 다룰 것이다.

모방이론

본능으로서 모방

모방이 선천적 경향이라는 증거는 동물과 사람 모두를 대상으로 한 연구에서 왔다. Meltzoff와 Moore(1977)는 생후 12~21일 된 유아가 성인 검사자의 몸짓, 예컨대 입술 내밀기, 입 벌리기, 혀 내밀기, 연속적인 손가락 운동을 모방할 수 있는지를 알아보았다. Meltzoff와 Moore는 유아가 방금 본 특정 행동을 모방한다는 것을 발견했다. 유아의 연령이 매우 어리기 때문에, 이런 모방 행동이 이전 학습의 결과일 가능성은 매우 낮아 보인다.

이런 결과들이 매력적이기는 하나, 신생아가 모방할 수 있는 능력은 몇 가지 특별한 행동에 제한적인 것 같다. 다른 연구는 어린 아동의 일반 모방 능력에 관한 증거를 거의 발견하지 못했다. 1~2세의 아동에게 성인의 특정 몸짓(그림 11.1에서 '기저선 대응 관계')을 모방하도록 가르쳤다. 아동이 모방에 성공하면 장난감이나 다른 강화물이 주어졌다. 일단 이런 몸짓을 모방하기를 학습한 뒤, 이들이 새로운 몸짓(그림 11.1에서 '표적 대응 관계')을 모방할 수 있는지를 검사하였다. 이 아동은 새 몸짓을 모방하려는 경향을 거의 보이지 않았다(Horne & Erjavec, 2007). 연구자들은 어린 아동은 임의의 새로운 행동을 모방할 수 있는 능력은 없고, 다만 모방을 위한 특별한 훈련을 받으면 모방할 수 있다고 결론 내렸다. 이 연구는 새로운 행동을 모방하는 일반 능력이 아동기 후기까지 나타나지 않는다고 말한다.

동물의 모방에 관해선 수많은 연구들이 영장류, 고양이, 개, 쥐, 새, 물고기처럼 광범위한 동물을 대상으로 이루어졌다(Robert, 1990). 사슴 한 마리가 놀라서 달아나면 근처에 있는 다른 사슴들도 달리기 시작하는 것처럼 몇몇의 경우에서 동물들은 근처에 있는 다른 동물들의 행위를 단순하게 모방할 수 있다. 이것은 새로운 것이 학습되지 않았기 때문에 가장 원시적인 의미에서의 모방이다. 즉, 그 동물들은 이미 어떻게 수행하는지를 알았기 때문에

그림 11.1 일반모방검사에서 그림 상단에 나와 있는 성인의 몸짓을 모방하는 것을 학습한 1~2세 아동이 하단에 있는 새로운 몸짓은 거의 모방하지 않는다. (Horne, P. J., & M. Erjavec, M., Do infants show generalized imitation of gestures? *Journal of the Experimental Analysis of Behavior*, 87, 63-87. Copyright 2007 by the Society for the Experimental Analysis of Behavior, Inc. 허락하에 재인쇄.)

단순히 모방한 것이다. 좀 더 진보된 형태의 사회학습인 **진정한 모방**(true imitation)은 동물이 이전에 결코 수행한 적이 없는 행동을 모방할 때, 그리고 학습할 수 없는 종 특유의 행동 패턴인 경우를 말한다. 섬에 사는 한 무리의 원숭이들을 관찰하는 동안, Kawai(1965)는 관찰학습의 결과로서 원숭이 무리에게 빠르게 전파된 새로운 행위와 같은 진정한 모방의 몇 가지 예들을 보고했다. 이것들은 고구마에 묻은 흙 씻어내기, 바다에서 목욕하기(한 원숭이가 이 활동을 시작하기 전까지 어느 원숭이도 이런 행동을 하지 않았다.)를 포함했다. 진정한 모방의 사례는 고릴라와 오랑우탄에게서도 발견되었다. 우리 안에 갇혀 있는 오랑우탄은 '길가를 쓸고 잡초 제거하기, 팬케이크 재료 섞기, 해먹 매달고 누워 있기, 설거지, 빨래하기'와 같은 조련사의 복잡한 행동을 모방했다(Byrne & Russon, 1998, p. 678). 쥐, 메추라기, 그리고 다른 종에서도 진정한 모방의 사례가 보고되었다.

요약하면, 관찰을 통해 학습할 수 있는 능력은 많은 종들에게서 관찰될 수 있고, 이것은 모방할 수 있는 경향이 본능적이라는 견해에 신빙성을 실어준다. 그러나 이런 설명은 모방이 언제 발생하고 언제 발생하지 않을지에 대해 아무것도 말해주지 못한다는 것이 문제이다. 다른 모방이론들은 이 질문에 대한 답을 얻으려고 하였다.

조작적 반응으로서의 모방

잘 알려진 *Social Learning and Imitation*이라는 책에서 Miller와 Dollard(1941)는 관찰학습이란 단순히 조작적 조건화의 특수한 사례인데, 여기에서 변별자극은 타인의 행동이고, 적절한 반응은 관찰자의 유사한 행동이라고 주장했다. 그들의 실험으로 그들의 이론을 설명해보자. 1학년 아동들이 실험에 쌍으로 참여해서 한 사람은 '리더'가, 다른 사람은 '학습자'가 된다. 매 시행에서 두 아동은 2개의 의자가 있는 방으로 들어가는데 각 의자 위에는 큰 상자가 있다. 리더는 두 상자 중 캔디가 들어 있는 특정 상자로 가라는 지시를 미리 받았다. 학습자는 리더가 가는 곳은 볼 수 있지만, 그 리더가 캔디를 얻는지는 알지 못한다. 그런 다음 학습자가 두 상자 중 하나로 가는데, 상자에는 캔디가 있을 수도 있고 없을 수도 있다. 학습자의 반은 모방 집단으로, 이들은 리더와 같은 선택을 하면 강화받는다. 다른 학습자는 비모방 집단으로, 리더와 반대되는 선택을 하면 강화받는다.

이 간단한 실험의 결과는 놀라울 것이 없었다. 몇 회 시행 후 모방 집단의 아동은 항상 리더의 반응을 따라 했고, 비모방 집단의 아동은 언제나 리더와 다른 반응을 했다. Miller와 Dollard는 모방 역시 다른 조작적 반응과 마찬가지로 개인이 이에 대한 강화를 받아서 발생하며, 비모방이 강화를 받으면 비모방이 발생한다고 결론 내렸다. 두 사례 모두에서, 다른 사람의 행동은 어떤 반응이 적절한지를 가리키고 있는 변별자극이다. Miller와 Dollard에 따르면, 모방학습은 변별자극, 반응, 강화라는 삼항 수반성에 잘 들어맞는다. 관찰학습이 조작적 조건형성과 다른 독립적인 학습이라고 주장할 필요가 없는 것이다.

일반화된 조작적 반응으로서 모방

Bandura(1969)가 지적하였듯이, 모방에 대한 Miller와 Dollard의 분석은 학습자가 (1) 모델의 행동을 관찰하고, (2) 그 반응을 즉각적으로 따라 하고, (3) 강화를 받는 경우에만 적용될 수 있다. 많은 일상적 모방의 사례들은 이 패턴을 따르지 않는다. 어린 여아가 시리얼을 준비하는 어머니의 모습을 관찰한다고 하자. 어머니는 찬장에서 그릇을 꺼내고 시리얼을 그릇에 담고 우유와 설탕을 넣는다. 어머니가 부엌에 안 계신 다음 날, 여아 혼자서 시리얼을 준비하기로 결심하고 성공적으로 수행했다고 하자. 이것은 모방 또는 관찰을 통한 학습의 사례이다. 그러나 여아가 과거에 이런 행동 순서를 수행해본 적이 없다면, 이 행동은 명백히 강화될 수 없었을 것이다. 따라서 이 예는 사전 연습과 사전 강화 없이 발생한 행동의 사례이다.

그러나 우리가 일반화 개념을 받아들인다면, 그러한 새로운 행동을 강화 원리로 설명할 수 있다. 어린 여아가 이전에 부모의 행동을 모방하여 강화를 받은 적이 있다면, 시리얼을 준비한 그녀의 모방은 일반화의 한 사례일 뿐이다. 일반적으로 부모는 아동의 모방을 자주 강화하기 때문에 이 설명은 그럴듯해 보인다(그림 11.2). 단어 또는 구 말하기, 문제해결하기, 스푼 정확하게 쥐기 등 부모의 행동을 모방하면 흔히 아동은 미소, 포옹, 칭찬으로 강화를 받는다. 이런 강화의 역사가 새 환경에서의 모방, 즉 **일반화된 모방**(generalized imitation)을 이끌어내는 것이 그리 놀라운 일은 아닐 수 있다.

그림 11.2 아동들은 부모의 행동을 자주 모방하고 그렇게 하는 것에 대해 보상을 받는다. (Brenda Delany/Shutterstock.com)

일반화된 모방은 다양한 실험에서 관찰되었다. 중증 발달장애를 가진 아동이 교사의 다양한 행동(서기, 고개 끄덕이기, 문 열기)을 모방하면 강화를 받았다. 모방 반응이 잘 확립된 후(여러 회기에 걸쳐서) 교사는 가끔 여러 가지 새로운 행동을 수행하였는데, 아동은 강화를 받지 못했음에도 불구하고 이 행동을 모방하였다(Baer, Peterson, & Sherman, 1967). 다른 연구들 역시 아동의 일반화된 모방 행동을 잘 보여준다(예 : Camões-Costa, Erjavec, & Horne, 2011).

Bandura의 모방이론

Bandura는 다른 모방이론과 마찬가지로 일반화 모방이론이 부적합하다고 주장했다. 그는 4세 아동의 공격 행동 모방에 관한 유명한 실험을 통해 그 이유를 제시하였다(Bandura, 1965). 먼저 아동에게 성인이 보보인형을 대상으로 네 가지 독특한 공격 행동을 하는 짧은 영화를 보여주었다. 그다음 어떤 아동은 성인 모델이 다른 성인으로부터 강화받는 것을 보았다. 모델은 음료수, 캔디, 다른 간식과 함께, '강한 챔피언'이라는 말을 들었다. 다른 아동은 공격적 행동에 대해 모델이 처벌받는 것을 보았다. 모델은 '멍청한 짓'에 대하여 야단을 맞았고 그런 식으로 행동하지 말라는 경고를 받았다. 세 번째 집단의 아동은 모델의 공격적 행동에 대한 어떤 결과도 제시되지 않은 영화를 보았다.

영화를 보고 난 즉시 아동은 보보인형과 다른 장난감이 있는 방으로 안내되었다. 아동은 장난감을 가지고 놀라는 말과 함께 방에 혼자 남겨지고 일방경(one-way mirror)을 통해 관찰되었다. 보보인형에 가해지는 아동의 공격 행동 사례가 기록되었는데, 이 행동의 대부분은 영화 속 성인 모델의 행동과 유사하였다(그림 11.3).

Bandura는 일반화된 모방으로는 두 가지의 구체적인 발견들을 설명할 수 없다고 주장했다. 첫째, 모델의 행동 결과가 차이를 만들어냈다. 즉, 모델이 처벌받는 것을 본 아동은 다른 두 집단의 아동보다 더 적게 모방하였다. 둘째, Bandura 연구의 마지막 단계에서 실험자는 아동에게 영화에 나온 모델의 행동을 모방하면 강화물을 주겠다고 제안하였다. 이러한 유인물은 세 집단 모두에서 동일한 양의 많은 공격 행동을 야기했다. Bandura는 일반화된 모방이론이 (1) 왜 모델의 행동 결과가 그 학습자의 행동에 영향을 미치는가 (2) 왜 몇몇 어린이들은 그렇게 함으로써 보상을 받을 때까지 모방을 하지 않았는가를 설명할 수 없다고 주장했다. 우리는 추후에 이 두 가지 지적 사항의 타당성을 평가할 수 있을 것이나 그 전에 먼저 대안으로서 Bandura가 발전시킨 이론을 조사해보자.

Bandura의 모방에 관한 이론(Bandura's theory of imitation)(1960)은 행동에서 관찰할 수 없는 몇몇 과정을 포함하고 있기 때문에 분명히 인지이론이라고 할 수 있다. 이 이론은 다음 네 가지 요인이 모방 행동의 발생 여부를 결정한다고 주장한다.

그림 11.3 첫 번째 줄에 있는 그림은 보보인형에게 다양한 공격 행동을 하는 성인 모델의 모습을 보여준다. 하단의 두 줄은 영화를 본 후 모델을 모방하고 있는 아동을 보여준다. (Bandura et al., Imitation of film-mediated aggressive models, Journal of Abnormal Psychology, 66, 1963, 3-11, © American Psychological Association. 허락하에 재인쇄.)

1. 주의과정

모방이 발생하려면 학습자는 모델 행동의 적절한 속성에 주의를 기울여야 한다. 어린 여아가 시리얼을 준비하는 어머니를 관찰하면서 설탕이 어디 있는지, 그리고 얼마나 많이 넣어야 하는지에 주의를 주지 않으면 모방은 성공하지 못한다.

2. 파지과정

나중에 모방이 일어나려면 학습자는 관찰을 통해 얻은 정보를 기억할 수 있어야 한다. Bandura는 이때 암송이 중요하다고 말한다. 어린 여아는 "처음에 시리얼, 그다음에 우유, 그다음에 설탕."이라고 중얼거릴 수 있다. 정보가 비교적 추상적인 방식으로 저장된다는 사실에 주목하라. Bandura는 이런 유형의 어떤 추상(abstraction)이 실제로 기억되는 전부라고 가정한다. 따라서 아동은 우유가 정확하게 냉장고의 어디에 있는지 또는 어머니가 그릇을 정확하게 테이블의 어디에 놓았는지를 기억할 수 없는데, 일반적으로 이런 구체적인 정보가 성공적인 모방에 꼭 필요하지는 않다.

3. 운동 재생산 과정

학습자가 모델을 모방하기 위해서는 적절한 운동 기술이 있어야 한다. 다시 말해, 학습자는 일반 지식("그릇을 테이블에 놓아라.", "시리얼을 부어라.")을 협응적 근육 운동으로 바꿀 수 있어야 한다. 시리얼을 준비하는 아동이나 보보인형을 공격하는 예시에서는 지식을 행동으로 전환하는 데 아무런 문제가 없는데, 그 이유는 아동이 이미 요구되는 운동 기술을 보유하고 있기 때문이다(그릇 다루기, 붓기, 발로 차기, 때리기 등). 그렇지만 다른 관찰학습의 사례에서는 운동 재생산 능력이 그냥 주어지지 않는다. 예를 들어, 모델이 세 개의 공으로 저글링을 하는 데 요구되는 일련의 동작들을 천천히 하나씩 보여주고 나면 학습자가 이 정보를 추상적인 형태로 기억할 수 있겠지만(예 : 필요한 동작 순서를 암송할 수 있다.) 충분한 연습 없이는 정확한 동작을 해낼 수 없다. 이와 유사하게 재주넘기, 비행기 착륙, 벽 칠하기와 같은 모방 행동은 관찰자가 적절한 운동 기술을 갖추지 못했다면 불가능하다.

4. 유인가와 동기과정

　　Bandura에 따르면 처음 세 과정은 새로운 행동을 수행하는 능력의 획득에 필요하지만, 적절한 유인가가 존재하지 않으면 이 능력이 학습자의 행동으로 나타나지 않는다. 학습자는 새로운 행동의 수행으로 특정 유형의 강화물이 나타날 것이라는 기대를 가지고 있어야 한다. Bandura(1965)의 보보인형이 좋은 예이다. 성인 모델이 보보인형에게 공격 행동을 가하고 나서 처벌받는 것을 본 아동은 그런 행동이 불쾌한 결과를 야기할 것이라는 기대를 발달시키므로 이 아동은 다른 집단의 아동보다 모방 행동을 더 적게 보인다. 그러나 실험자가 아동의 모방 행동에 보상을 제안하여 아동의 기대를 바꾸자 다른 두 집단과 마찬가지로 모방이 증가하였다.

일반화 모방이론 대 Bandura의 이론

모두가 일반화 모방이론이 적절하지 않다는 Bandura의 주장에 동의하는 것은 아니다. Kymissis와 Poulson(1990)은 일반화 모방이론이 잘 확립된 조작적 조건형성의 원리만을 사용하여 모든 유형의 모방 행동을 설명할 수 있다고 주장한다. 일반화에 기초한 일반화 모방이론은 다음과 같은 구체적인 예측이 가능하다. 즉, 현재의 상황이 과거에 모방이 강화를 받은 상황과 비슷하면 모방이 발생할 가능성이 높다. 반대로, 현재의 상황이 모방이 처벌을 받은 상황과 비슷하면 모방이 발생할 가능성은 최소화된다.

　　우리는 이 두 원리를 Bandura(1965)의 실험결과에 적용할 수 있다. 왜 아동은 처벌받은 성인 모델을 모방하지 않았을까? 일반화 모방이론에 따르면, 아동이 처벌을 받은 누군가를 모방하는 것이 좋은 생각이 아니라는 것을 과거 경험으로부터 학습했다는 것이다. 왜 모든 집단의 아동이 그렇게 한 것에 대해 보상을 받았을 때 많은 모방을 나타냈는가? 이 결과는 제8장에서 묘사되었던 쥐가 목표 상자에 음식이 제공되고 나서야 오류 없이 미로를 달릴 수 있는 능력을 보여주었던 잠재학습 실험과 비슷하다. 행동심리학자들은 학습과 수행을 구분할 필요성을 인식했으며, 대부분은 강화가 학습에 반드시 필요한 것은 아니지만 학습된 행동의 수행에는 중요하다고 결론 내렸다.

요약하면, 일반화 모방이론과 Bandura의 이론 모두 이 결과를 설명할 수 있으나 서로 약간은 다른 방식으로 설명한다. Bandura의 이론이 주의, 파지, 그리고 강화의 기대와 같은 개념을 사용하는 반면에 일반화 모방이론은 자극 변별, 일반화, 그리고 학습과 수행의 구분과 같은 행동 원리에 의존한다. 인지적 접근과 행동적 접근 간의 다른 논쟁과 마찬가지로 모방행동의 설명에서 어떤 논쟁은 용어에 관한 것이고, 또 어떤 것은 직접 관찰할 수 없는 과정을 어느 정도 고려해야 할 것인지에 관한 것이다.

거울뉴런과 모방

1990년대 초에 거울뉴런이 발견되면서, 관찰학습이 조작적 학습과는 다른 고유하고 특수한 유형의 학습인지를 두고 새로운 차원의 논쟁이 일어났다. 거울뉴런(mirror neurons)의 독특한 점은 동물이 어떤 동작을 할 때, 그리고 동물이 그 동작을 하는 다른 누군가를 관찰할 때 모두 똑같이 이 뉴런이 흥분한다는 것이다. 거울뉴런은 연구자가 원숭이의 손 움직임을 관장하는 뇌 부위인 운동피질 영역에 있는 개별 뉴런의 활동을 기록하다가 우연히 발견되었다(Di Pellegrino, Fadiga, Gallese, & Rizzolatti, 1992). 이 뉴런은 원숭이가 음식에 손을 뻗을 때뿐만 아니라 실험자가 그 음식에 손을 뻗을 때도 흥분하였다(그림 11.4). 뇌 영상 기법(brain-imaging technique)을 사용한 연구는 인간의 뇌에서도 비슷한 방식으로 작용하는 뇌 영역을 확인하였다. 즉, 이 영역은 개인이 어떤 동작을 할 때 그리고 그 사람이 같은 동작을 하는 다른 사람을 관찰할 때 모두 활성화된다(Rizzolatti, Craighero, & Fadiga, 2002). 나중에는 뇌 수술 중에 있는 환자에게서도 개별 운동뉴런이 발견되었다(Keysers & Gazzola, 2010).

뇌과학자들은 이 거울뉴런이 인간의 중요한 능력과 관련이 있다고 추정해 왔다. 거울뉴런은 우리가 행동할 때 그리고 다른 사람들이 행동하는 것을 우리가 볼 때 모두 반응하기 때문에, 다른 사람의 행동, 의도, 그리고 느낌을 이해하는 데 도움을 준다. 거울뉴런은 정상적인 사회적 상호작용과 소통에 중요하다. 자폐증이나 조현병을 가진 성인에 관한 연구에서는 이들의 거울뉴런이 정상인의 거울뉴런과 동일한 방식으로 기능하지 않는다는 증거가 발견되었다(Bernier & Dawson, 2009; Mehta et al., 2014). 아직까지는 증거가 임시적이고 불충분하지만, 이것이 입증될 경우 이런 정신장애를 가진 사람들이 타인의 의도를 이해하고 소통하는 데 어려움을 겪는 이유를 설명할 수 있게 될 것이다.

거울뉴런이 관찰학습과 모방에 중요하다는 주장은 그리 놀랍지 않은데, 누군가의 행동을 보는 것과 그 행동을 스스로 수행하는 것을 연결하는 데 거울뉴런이 도움이 될 수 있기 때문이다. 이것이 맞다면, 관찰학습을 가장 잘하는 종의 거울뉴런체계가 가장 잘 발달되어 있을

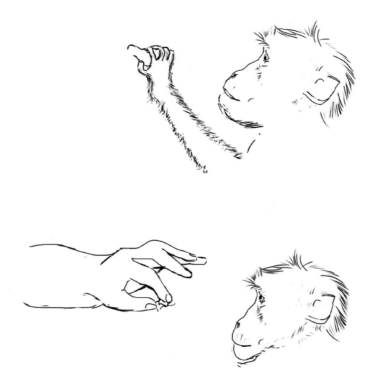

그림 11.4 원숭이의 전운동피질 영역에 있는 거울뉴런은 원숭이가 땅콩에 손을 뻗을 때뿐만 아니라 사람이 땅콩에 손을 뻗는 것을 볼 때도 흥분할 것이다.

것이다. 앞으로의 연구가 여러 종을 대상으로 이 가설을 증명할 수 있다면 흥미로울 것이다. 지금까지 운동뉴런과 관련된 연구들은 모두 인간과 영장류를 대상으로 수행되었다. 그러나 참새를 대상으로 한 연구에서는 새가 특정 노래를 할 때, 그리고 그것을 들을 때 모두 반응하는 뉴런이 발견되기도 하였다(Prather, Peters, Nowicki, & Mooney, 2008).

대중매체의 효과

현대에는 관찰학습의 기회가 다른 사람과의 직접 접촉에만 국한되어 있지 않다. 사람들은 TV, 라디오, 영화, 인터넷, 비디오게임, 유행가를 통해 언제든지 잠재적 모델에 노출되어 있다. 인간의 행동에 미치는 문화적 영향에 대한 연구는 광범위하다. 여기서는 몇몇 미디어의 효과만 간단히 살펴보기로 하겠다.

TV 시청이 아동과 성인의 태도와 행동 모두에 영향을 준다는 상당한 증거들이 존재한다. 아동과 청소년을 대상으로 이루어진 여러 연구들은 이들의 TV 시청 시간과 일상생활에서의 공격성 사이에 정적 상관이 있음을 발견했다(Murray, 2008). 그러나 상관 연구의 문제점은 원인과 결과를 분류하는 것이 어렵다는 점이다. TV를 보는 것이 원인이고 공격적 성향은 결과인가 혹은 그 반대인가? 이 질문에 대답하기 위한 한 가지 방략은 관련 변인을 여러 시점에서 측정하는 **종단 연구**(longitudinal study)를 수행하는 것이다. 예를 들어, Eron, Huesmann, Lefkowitz 및 Walder의 연구(1972)는 200명 이상의 초등학교 3학년 남아를 대상으로 TV 시청 습관과 공격성을 측정하고 나서, 10년이 지난 후 동일한 사람들을 대상으로 이를 다시 측정하였다. 연구자들은 초등학교 3학년 때의 폭력 TV 프로그램 선호와 10년 후 그 학생의 공격성 사이에 상당한 상관을 발견했다. 반대로, 초등학교 3학년생의 공격성과 10년 후 그 학생의 폭력 TV 프로그램 선호 사이에는 아무런 상관도 없었다. 이런 패턴의 결과는 폭력 TV 프로그램 시청이 나중에 공격성을 불러일으킬 수 있지만 그 반대로 작용하지는 않는다는 것을 의미한다. 이 결과는 다른 종단 연구에서도 반복 검증되었다(Anderson & Bushman, 2002). 더욱이 TV 폭력 효과는 어린 아동에게만 한정되지 않는다. 한 종단 연구는 22세 때의 TV 노출 시간과 30세 때의 싸움 또는 폭행 사이의 유의미한 상관을 발견했다(Johnson, Cohen, Smailes, Kasen, & Brook, 2002).

또 다른 연구 방략은 공격 행동을 관찰하게 하는 실험집단과 그렇지 않은 통제집단에 참여자를 무선 할당하는 통제된 실험을 수행하는 것이다. 이런 유형의 연구에서 폭력 TV를 시청한 후에는 일반적으로 아동의 공격성이 증가한다는 결과가 도출된다(Christensen & Wood, 2007). 어떤 연구자는 TV 시청과 공격 행동의 측정이 현실적인 환경에서 일어나는 현장 실험(field experiment)을 수행하였다. 예를 들어, 아동을 폭력적인 또는 비폭력적인 TV 프로그램에 몇 주간 노출시킨 후, 학교 자유 활동 시간과 같은 일상 활동에서 이들의 공격성을 측정하였다. 일반적으로 현장 실험의 결과는 TV 폭력이 공격 행동에 미미한 영향을 미치는 것으로 나타났다(Friedrich-Cofer & Huston, 1986).

물론 TV 시청은 다른 방식으로도 아동에게 영향을 미칠 수 있다. 매일 몇 시간씩 앉아서 TV를 시청하는 아동은 보다 생산적으로 보낼 수 있는 시간을 낭비하고 있다. 한 대규모의 상관 연구는 TV를 매일 4시간 이상 본 아동에게서 매우 낮은 읽기독해력검사 점수를 발견했다(Neuman, 1988). 한 종단 연구에서는 TV에서 폭력물을 더 많이 본 어린 아동들이 반사회적 행동, 감정 문제, 그리고 낮은 학업 수행을 보일 가능성이 더 큼을 발견했다 (Fitzpatrick, Barnett, & Pagani, 2012). 그러나 TV 시청의 장점도 있다. 세서미 스트리트와 같은 교육 프로그램은 어린 아동에게 철자, 단어, 숫자, 그리고 사회적 기술에 관해 가치 있는 정보를 줄 수 있다. 어떤 종단 연구는 3~5세 사이에 세서미 스트리트를 정기적으로 시청한 아동이 이 프로그램을 자주 보지 않은 아동보다 2년 후에 어휘 능력이 더 좋다는 결과를 발견했다(Fisch & Truglio, 2001). 내 친구 아서(Arthur)와 도라 디 익스플로러(Dora the Explorer)와 같은 TV 프로그램의 시청은 어린 아동의 어휘력 및 언어 표현 기술과 상관이 있다(Linebarger & Walker, 2005).

　텔레비전이 시청자에게 다양한 효과를 줄 수 있다는 것은 놀라운 일이 아니다. 다른 현대 과학 기술과 마찬가지로, 텔레비전의 효과가 바람직한지 아닌지를 결정하는 데 있어서 텔레비전 자체보다 이것이 어떻게 사용되는지가 중요하다.

글상자 11.1　미디어에서

비디오게임과 대중음악

많은 부모들이 폭력적인 비디오게임 또는 폭력적인 가사의 노래가 자녀에게 나쁜 영향을 미칠까 봐 걱정한다. 인기가 많은 비디오게임은 치열한 전쟁이나 사람을 총으로 쏘아 죽이는 행위를 담고 있다. 물론 아동은 비디오게임에서 일어나고 있는 사건이 현실이 아님을 알고 있다. 그러나 게임에서의 공격성이 실제 공격적 행동을 야기할 수 있다. 어떤 연구들이 폭력적 비디오게임에 의해 아동의 공격적 행동이 증가하고, 특히 그 게임이 매우 현실적이라면 더욱 그렇다는 결과를 보여준다(Krcmar, Farrar, & McGloin, 2011). 사실 폭력적인 TV 프로그램을 시청하는 것보다 폭력적인 비디오게임을 하는 것이 아동의 공격 행동에 더 큰 영향을 주는데, 비디오게임은 능동적인 참여를 포함하고 있기 때문이다. 한 연구는 실제로 폭력적인 비디오게임을 하는 남아가 게임하는 다른 아동을 지켜보기

그림 11.5　비디오게임을 하는 것은 아동의 행동에 정적과 부적인 영향 모두를 미칠 수 있다.
(marcogarrincha/Shutterstock.com)

만 한 남아에 비해 나중에 더 공격적이 된다는 것을 발견했다(Polman, de Castro, & van Aken, 2008). 그러나 이 쟁점은 복합적인 것이다. 어떤 연구자들은 상관 연구와 실험실로부터 도출된 연구가 실제 상황의 폭력성에 관련성이 있을 것인가에 관해 의문점을 가지고 있다. 최근의 한 연구는 미국에서의 비디오게임 사용과 폭력 범죄 사이에 어떤 정적인 상관도 없음을 발견했다(Markey, Markey, & French, 2014). 지금으로선 폭력적인 비디오게임의 효과에 대해 어떤 결론을 내리는 것은 시기상조인 것 같다(그림 11.5).

TV 시청과 마찬가지로 비디오게임도 긍정적인 효과를 낳는다. 빠른 동작을 요구하는 비디오게임을 정기적으로 하게 되면 주의와 지각 기술이 향상된다(Donohue, Woldorff, & Mitroff, 2010). 아동의 건강 교육과 체육 교육을 위해 만들어진 비디오게임은 어느 정도 성공적이라고 볼 수 있는데 신체 활동이 요구되는 게임은 신체 건강을 향상시키는 데 도움이 되기 때문이다. 한 연구에서는 나이 든 성인의 경우 신체 활동을 요구하는 비디오게임이 우울증 완화에 효과가 있었다(Rosenberg et al., 2010).

폭력적 내용의 노래와 뮤직비디오에 대한 연구들도 있다. 이런 음악의 단기적 또는 장기적 노출 효과를 밝히기는 어렵다. 그러나 폭력적 가사의 음악을 듣는 것이 청소년의 공격적 사고와 정서를 증가시킨다는 증거들이 있다(Anderson, Carnagey, & Eubanks, 2003; Mast & McAndrew, 2011). 이 주제에 관한 모든 연구가 통계적으로 유의미한 결과를 얻은 것은 아니지만 전체적인 연구 결과는 폭력적 및 반사회적인 노래 가사가 아동과 10대들의 태도, 정서 및 행동에 바람직하지 않다고 말하고 있다.

행동치료에서의 모델링

Bandura와 Walters(1963)에 따르면 모델은 관찰자의 행동에 세 가지 방식으로 영향을 주며, 이들 모두 행동치료자에 의해 사용된다. 첫째, 모델의 행동은 관찰자가 수행 방법을 이미 알고 있는 반응을 촉진시킨다. 둘째, 관찰자는 완전히 새로운 행동을 산출하는 방법을 학습하게 된다. 셋째, 무해한(harmless) 물체 또는 상황에 대한 공포 반응 같은 바람직하지 않은 반응(공포증)이 관찰학습을 통해 감소되거나 제거될 수 있다.

저확률 행동의 촉진

모델링은 지나치게 순종적이어서 자신의 권리를 주장하는 능력을 개발하기를 원하는 사람들을 위한 자기주장 훈련(assertiveness training)에 사용되고 있다. 예를 들어, 어떤 부인(또는 남편)은 자신의 생각과 상관없이 배우자가 최선이라고 결정하는 대로 따른다. 어떤 젊은이는 부모의 강요에 따라 자신이 좋아하지 않는 직업이나 삶의 스타일을 선택한다. 어떤 사람은 친구, 상관, 동료, 일가친척, 타인의 비합리적 요구를 거절하기 힘들어한다. 자기주장 훈련의 목표는 이런 상황을 효과적으로 대처하도록 사람들을 돕는 것이다. 흔히 이 훈련은 모델링, 역할놀이, 행동 시연의 조합으로 구성되며, 여기서 치료자는 가설적 상황을 기술하고 모델이 적절한 반응을 하고 나서 환자에게 이 반응을 모방하게 하고 환자의 수행을 평가한다. 몇 번의 회기만으로도 자기주장 훈련은 장기적인 효과를 일으킬 수 있다(Zhou, Hou, & Bai, 2008).

다른 예에서 O'Connor(1969)는 사회성이 부족한 유치원 아동들의 사회성을 증가시키기 위하여 영화 속의 모델을 사용했다. 이 아동들은 교실에서 혼자 있고, 다른 아동이나 성인과 거의 상호작용을 하지 않았다. 이 아동들은 점차 적극적이고 활기찬 사회적 상호작용을 거쳐서, 마지막에는 6명의 아동이 흥겹게 서로 장난감을 던지는 장면으로 끝나는 짧은 영화를 시청했다. 이렇게 간단한 행동에서 시작해서 어려운 행동으로 진행하는 방법을 단계적 모델링(graduated modeling)이라고 하며 많은 모델링 프로그램에 흔히 포함되어 있다. 아동들이 영화를 본 후 사회적 상호작용의 수가 5배 증가하였다.

새로운 행동의 획득

모델링을 통해서 완전히 새로운 행동을 훈련시킨 가장 훌륭한 사례는 제6장에 기술된 자폐 아동에게 말을 가르친 Lovaas(1967)의 연구이다. 이 치료는 조성, 촉구, 페이딩, 변별 훈련과 같은 여러 행동 수정 기법을 사용하였지만, 교사의 모델링은 각 치료단계에서 필수 성분이었다. 교사는 아동이 해야 할 말을 반복하여 시범을 보이고 아동이 이를 성공적으로 모방하면 강화를 주었다. 모델링(다른 행동 기법과 함께)은 자폐 아동들에게 사회적 기술, 개인위생관리, 그리고 기초 읽기 기술(Marcus & Wilder, 2009)을 가르치는 데 사용된다.

모델링은 컴퓨터 기술의 훈련부터 충동적인 분노와 공격성을 보이는 아동을 다루기 위한 부모 교육에 이르기까지 광범위한 목적에 사용되고 있다. 행동 기술 훈련(behavioral skills training)이라고 알려진 기법에서 모델링은 언어적 지시, 행동 촉구, 연습, 그리고 피드백이 포함된 대규모 프로그램의 일부로 사용된다. Gunby, Carr 및 Leblanc(2010)은 세 명의 자폐증 소년들에게 유괴 예방 기술을 가르치는 데 행동 기술 훈련을 사용하였다. 지시의 일부로, 만일 낯선 사람이 그들에게 다가와서 함께 가자는 말을 하면 어떻게 해야 하는지에 관한 3개의 규칙을 암송하도록 가르쳤다. 예를 들어, "안 돼요."라고 말하고, 달려가서, 알려라(즉, 낯선 사람의 요구를 거부하고, 안전한 장소로 달려가서, 아는 어른에게 무슨 일이 일어났는지 알려라). 이런 행동의 모델링은 비디오 모델과 실제 모델 모두를 사용해서 이루어졌다. 그런 다음 이 행동을 얼마나 잘 학습했는지 알아보기 위해 현실 상황에서 검사를 받았다. 행동 기술 훈련의 다른 활용 예는 직원에게 장애 아동을 정확하게 보살피는 방법을 가르칠 때, 그리고 아동들이 화재경보기를 가지고 놀지 않도록 가르치는 경우를 들 수 있다 (Jostad, Miltenberger, Kelso, & Knudson, 2008).

공포와 바람직하지 않은 행동의 제거

Bandura와 그 동료들은 공포에 대한 치료기법으로서 모델링에 대한 초기 실험을 수행하였다. Bandura, Grusec 및 Menlove(1967)는 어린 아동의 개에 대한 과도한 공포를 줄이고자 하였다. 아동은 4개 집단으로 나뉘어졌다. 첫 집단은 단계적 모델링을 받았는데, 자기 또래의 아동이 우호적인 개와 상호작용의 강도를 점진적으로 증가시키는 것을 관찰하였다. 이 집단의 모델링 과정은 불안을 줄이기 위하여 파티 맥락에서 일어났다. 두 번째 집단은 파티 맥락 없이 동일한 모델링을 받았다. 세 번째 집단은 개가 있는 파티 맥락을 경험했지만 모델이 없었다(개에 대한 노출을 통제하기 위하여). 네 번째 집단은 파티 맥락을 경험했지만 개와 모델이 없었다. 그다음 모든 아동에게 즉시, 그리고 한 달 후에 실시한 2개의 검사에서 모델의 행동을 모방하라는 요청을 하였다. 〈그림 11.6〉은 그 결과를 보여준다. 모델이 있었던 두 집단은 모델이 없었던 다른 두 집단보다 개에 대한 공포가 더 적었고, 파티 맥락과 중립 맥락 사이에는 유의미한 차이가 없었다. 이 향상 효과는 한 달 후까지 변하지 않고 그대

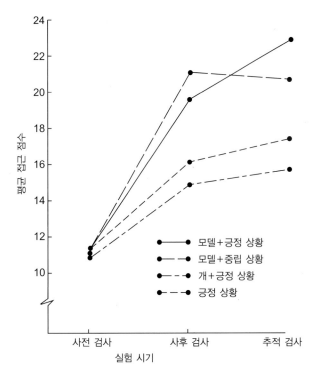

그림 11.6 개에 대한 아동의 공포 치료에 모델링을 사용한 Bandura 등(1967)의 4개의 실험집단의 결과. 모델을 관찰했던 아동은 개에게 접근하여 상호작용하는 확률이 더 높았다. (Bandura, A., Grusec, J. E., Menlove, F. L., 1967, Vicarious extinction of avoidance behavior, *Journal of Personality and Social Psychology*, 5, 16–23. ⓒ American Psychological Association. 허락하에 재인쇄.)

로 유지되었다. 모델링은 거미, 새, 바늘, 치과의사와 같은 다른 유형의 공포증 치료에도 성공적이었고, 어떤 경우에는 단 한 번의 회기로도 장기적인 효과를 보였다(Davis, Ollendick & Öst, 2009).

모델링은 또한 다른 원치 않는 행동을 감소시키는 데 사용될 수 있다. Middleton과 Cartledge(1995)는 어린 남아의 공격적 행동을 줄이기 위해 모델링을 상반행동차별강화와 같은 행동 기법과 결합하였다. Meichenbaum과 Goodman(1971)은 충동적 또는 과잉행동을 하는 초등학교 1학년 아동의 학업 수행을 향상시키기 위해서 분별없고 오류투성이의 행동을 줄이기 위한 방안으로 모델들에게 자기지시를 하도록 하는 모델링을 사용하였다. 다른 연구들은 모델링과 자기지시가 다른 기법들과 결합하여 사용될 때 과잉행동, 공격적 행동, 그리고 아동의 일반화된 불안 치료에 더 효과적이라는 추가적인 증거를 발견했다(Gosch, Flannery-Schroeder, Mauro, & Compton, 2006).

비디오 자기모델링

비디오 자기모델링(video self-modeling)의 목적은 환자가 정확하게 수행하는 자신의 행동을 비디오로 보면서 원하는 행동을 증가시키는 것이다. Dowrick과 Raeburn(1995)은 뇌성마비 또는 근이영양증과 같은 심각한 신체 장애를 가진 아동에게 이 기법을 사용하였다. 첫째, 아동에게 자세 유지하기, 걷기, 균형 잡기, 쓰기, 옷 입기 같은 향상시켜야 하는 실제적 기술을 수행할 것을 요청하였다. 이 행동은 비디오로 녹화되고 치료자는 수행 방법에 대한 지시, 격려, 과제 완성에 도움을 준다. 그런 다음 비디오를 편집하는데, 틀리고 부적절한 행동뿐만 아니라 치료자가 아동에게 도움을 준 부분을 모두 제거한다. 따라서 비디오에 남는 것은 어느 누구의 도움 없이 행동을 정확하게 수행하고 있는 아동의 모습뿐이다. 이것이 중요한데 도움 없이 정확한 행동을 가르치는 것이 목적이기 때문이다. 편집 후, 아동은 비디오 속의 자신을 2주

동안 6번을 보았다. 연구자는 대다수의 아동이 자기모델 과제에서 상당한 향상을 보인다는 것을 발견하였다.

비디오 자기모델링은 자폐 아동에게 사회적 소통 기술을 가르치고(Shukla-Mehta, Miller, & Callahan, 2010), 성인의 말더듬을 줄이고(Cream, O'Brian, Onslow, Packman, & Menzies, 2009), 외상으로 뇌 손상을 당한 사람에게 간단한 요리법을 가르치는 데(McGraw-Hunter, Faw, & Davis, 2006) 사용된다. 이 기법은 아동과 성인 모두에게 다양한 기술을 가르칠 수 있는 일반적인 기법으로 활용되고 있다.

운동 기술 학습

운동 기술(motor skill)은 모든 학습된 행동의 기본 요소이지만, 사람들은 복잡한 동작을 수행하는 자신의 능력을 당연시한다. 자전거를 타는 사람은 두 개의 가는 바퀴에 몸을 꼿꼿이 지탱할 수 있는 능력에 감탄하지 않는다. 키보드에서 입력할 때 우리는 1초에 몇 개의 자판을 누르기 위해서 10개의 손가락을 어떻게 조정하는지를 별로 대수롭게 여기지 않는다. 마찬가지로, 우리는 요구되는 반응에 대한 학습자의 능력을 당연한 것으로 생각해왔다. 이제 우리는 이런 능력에 대해 더 자세히 살펴볼 것이다. 먼저 운동 기술이 얼마나 빨리 학습되며 얼마나 능숙하게 수행되는지에 영향을 미칠 수 있는 몇 가지의 변수들을 알아볼 것이다.

운동학습과 수행에 영향을 주는 변수

강화와 결과지식

E. L. Thorndike(1927)는 문제상자(제5장)를 사용한 실험으로 잘 알려져 있는데, 인간의 운동학습을 가장 처음 연구한 사람이기도 하다. 한 실험에서는 참여자의 눈을 가린 채 3인치(약 7.6cm) 길이의 선분을 그리게 했다. Thorndike는 두 집단의 정확성이 시행에 걸쳐서 어떻게 변하는지 알고자 했다. 한 집단은 각 선분의 길이가 3인치에서 1/8인치를 더하거나 뺀 값이면 강화를 받았다. 즉, 참여자가 선분을 그리면 실험자는 "맞다."라고 말했고, Thorndike는 이것을 정답에 대한 강화로 간주했다. 만일 선분이 기준에 맞지 않으면, 실험자는 "틀리다."라고 말했다. 두 번째 집단의 참여자에게는 맞거나 틀리다는 결과를 알려주지 않았다. 그들은 어떤 선분이 3인치에 가까운지 알 수가 없었다. 이 참여자에게는 시행에 걸친 향상이 전혀 나타나지 않았다. 그러나 강화 집단의 참여자는 시행에 걸쳐서 정확성이 상당히 증가되었다. Thorndike의 결론은 문제상자 속의 동물과 마찬가지로 인간의 운동학습에도 효과의 법칙(Law of Effect)이 중요하다는 것이었다. 두 사례 모두에서, 강화가 정확 반응을 '각인하거나' 증강시키므로, 이 반응은 나중에 반복될 가능성이 더 크다.

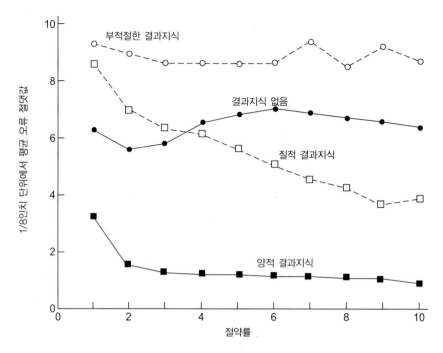

그림 11.7 Trowbridge와 Cason(1932)의 실험에서 4개 실험집단의 결과. (Trowbridge, M. H., & Cason, H., 1932, An experimental study of Thorndike's theory of learning, *Journal of General Psychology*, 7, 245–260. Taylor & Francis Group, Ltd의 허락하에 복제. www.taylorandfrancis.com.)

Trowbridge와 Cason(1932)은 강화가 운동 기술 획득에 결정적 변수라는 Thorndike의 결론에 도전했다. 반응 후 "맞다."라고 말하는 것이 강화로 작용할 수 있지만, Thorndike의 실험에서는 각 반응의 정확성에 대한 정보나 피드백을 주었기 때문에 중요했다고 주장했다. 운동 기술 학습에 대한 문헌에서, 이런 유형의 피드백을 보통 결과지식(knowledge of results, KR)이라고 부른다. 요약하면, Trowbridge와 Cason은 '맞다' 그리고 '틀리다'라는 단어들이 제공하는 정보가 참여자의 정확성을 향상시킨 것이지, 그 단어들의 강화와 처벌적 측면에 영향을 준 것이 아니라고 보았다. 이 가설을 검증하기 위하여, 그들은 Thorndike의 실험을 반복하면서, 네 집단을 비교했다. 두 집단은 Thorndike의 집단과 같았다. 즉, 연습만 하게 한 집단은 결과지식 없음 집단이라고 하고, "맞다." 또는 "틀리다."라는 말을 들은 집단은 질적 결과지식 집단(참여자가 오류의 크기에 대한 양적 피드백을 받지 않았기 때문에)이라고 했다. 추가적으로 포함된 양적 결과지식 집단의 경우 참여자는 각 오류에 대하여 1인치의 1/8까지 오류의 방향과 양에 대해 피드백을 받았다. 예를 들어, 선분이 3인치보다 7/8인치 더 길면, 실험자는 "플러스 7."이라고 말했다. 만일 선분이 3인치보다 5/8인치 짧으면, 실험자는 "마이너스 5."라고 말했다. Trowbridge와 Cason은 양적 결과지식 집단이 질적 결과 집단보다 더 많은 정보를 받았으나, 더 많은 강화를 받은 것은 아니라고 생각했다. 끝으로, 네 번째로 포함된 부적절한 결과지식 집단은 매 시행 후 의미 없는 무의미 철자로 쓸모없는 '피드백'을 받았다.

　각 집단은 100회에 걸쳐 시행에 참여했으며, 10시행으로부터의 결과는 〈그림 11.7〉과 같다. 결과지식 없음 집단이나 부적절 결과지식 집단 모두 실수가 많았고, 시행에 걸쳐 향상되지 않았다. 질적 결과 집단은 시행에 걸쳐 분명한 향상을 보였고, 실험이 끝날 무렵 평균 오류의 크기는 대략 1인치의 4/8였다. 그러나 〈그림 11.7〉은 양적 결과지식 집단의 수행이 질적 결과지식 집단의 수행보다 월등하게 우수했음을 보여준다. 이 결과를 통해, 강화가 아닌 정보가 결정적 요인이며, 더 정확한 양적 결과지식이 덜 정확한 질적 결과보다 더 나은 수행을 초래했다고 결론 내릴 수 있다.

수행지식

목표에 얼마나 근접해 있는지에 관한 것 이외에도 다양한 여러 유형의 피드백을 참여자들에게 줄 수 있다. 코치는 연습 중인 장대높이뛰기 선수에게 매 도약 후 여러 유용한 정보를 줄 수 있다. 출발, 도움닫기, 장대의 위치, 도약, 다리 위치 등에 관한 여러 세부 사항을 선수와 논의하는데, 각 정보는 선수가 장래의 수행을 향상시키는 데 도움이 된다. 복잡한 운동의 구성 성분에 관한 정보 제공을 수행지식(knowledge of performance, KP)이라고 부른다. 수행지식의 다양한 변형들은 운동선수의 훈련에서 사용된다. 예를 들어, 원반던지기에서 선수가 훈련하는 모습을 비디오로 녹화한다. 나중에 비디오 녹화 장면을 보면서 원반이 던져진 거리를 최대화하는 동작을 보여주는, 컴퓨터에 의해 생성된 동작과 자신의 모습을 비교한다.

　어떤 수행지식이 가장 효과적인지를 연구하기 위해서, Kernodle과 Carlton(1992)은 네 집단에게 잘 사용하지 않는 손(즉, 오른손잡이일 경우 왼손)으로 공을 던지는 것을 학습시켰다. 목표는 공을 직선으로 가능한 한 멀리 던지는 것이었다. 한 집단에게는 일반적인 결과지식(매번 던진 정확한 거리)을 제시하였다. 두 번째 집단에게는 수행지식을 제시했는데, 매번 던진 후 던지는 동작을 비디오 녹화를 통해 다시 볼 수 있었다. 세 번째 집단 역시 비디오 녹화를 보았으나, 추가적으로 비디오 녹화를 보면서 던지는 동작의 어느 부분에 초점을 둘 것인지 단서를 제공받았다. 훈련 도중, 예컨대 "던지는 단계에서 엉덩이에 초점을 두라."처럼 잘 던졌을 때의 상이한 동작 성분 10개에 주목하라는 말을 들었다. 네 번째 집단 역시 수행지식을 제시받았는데, 비디오 녹화를 보면서 다음 시행에서 동작을 향상시키기 위해 무엇을 해야 할 것인지를, 예컨대 "표적 영역 쪽을 향해 오른발을 크게 앞으로 내딛어라."와 같은 지시를 받았다. 네 집단은 4주에 걸쳐 모두 12회기로 훈련을 받았다. 이 연구에

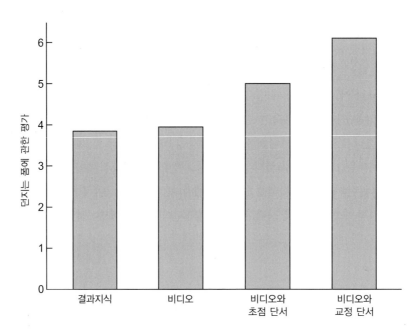

그림 11.8 잘 사용하지 않는 손으로 공 던지기를 학습할 때 네 종류의 피드백을 받은 각 집단의 동작 형태에 대한 심판의 평가. (Kernodle & Carlon, 1992)

서 결과지식과 수행지식뿐 아니라 어떤 식으로 향상시킬 것인지를 함께 지시받은 네 번째 집단이 던진 길이와 던지는 폼에 관한 심판의 평가에서 가장 큰 향상을 보였음을 발견했다 (그림 11.8).

수행지식은 단순히 운동선수에게만 유용한 것은 아니다. Cirstea와 Levin(2007)은 뇌졸중으로 팔이 마비된 환자의 팔 동작을 회복시키는 것을 도왔다. 환자들은 표적을 향해 팔로 가리키도록 노력했고, 어깨나 팔꿈치의 동작에 관한 정보로 구성된 수행지식을 받았다. 10 회기의 치료가 끝난 후, 수행지식 집단은 팔 동작이나 협응에 있어서 유의미한 향상을 보였으나, 오직 결과지식만을 받은 집단은 어떠한 향상도 보이지 않았다.

연습의 분산

일반적으로, 실험실 연구에서는 한 구획 동안 지속적으로 연습하는 것보다 짧은 휴식 기간을 중간중간에 두면 수행이 더 나아진다는 것을 제안한다. 요약하면, 분산 연습(distributed practice)이 집중 연습(massed practice)보다 더 나은 결과를 양산하는 것 같다. 이 효과에 대한 한 가지 설명은 지속적 연습은 피로를 누적시켜 수행을 방해하지만, 휴식 기간에는 피로가 풀리므로, 휴식을 자주 취하면 전반적 수행이 더 나아진다는 것이다. 실제로, 운동 기술 학습에서는 휴식 직후에 종종 수행이 향상된다.

어떤 실험에서는 분산 연습의 이득이 일시적일 뿐이었다. 즉, 집중 연습을 받은 참여자의 수행은 연습 중에는 상당히 저조하지만, 충분한 휴식 기간을 가진 후에는 처음부터 분산 연습을 받은 참여자 수준으로 좋아진다(Rider & Abdulahad, 1991). 그러나 다른 연구들은 분산 연습의 장기적 이익을 발견하였다(Dail & Christina, 2004). 전체적으로 운동 기술의 학습에 있어 분산 학습의 효과는 있는 것 같으나, 그 효과가 항상 크거나 영구적인 것은 아니다.

운동 기술의 관찰학습

놀랄 것도 없이, 다른 사람이 운동 기술을 수행하는 것을 단지 관찰만 하는 것은 자기 스스로 연습을 하는 것만큼 효과적이지 않다. 그럼에도 불구하고, 관찰학습은 직접적인 연습과 함께 이루어질 때 특히 유익하다. 한 실험에서, 두 개의 키를 사용해서 컴퓨터 스크린의 커서를 왼쪽이나 오른쪽으로 이동시킬 수 있었는데, 참여자는 커서를 이동시켜 스크린에서 움직이는 점을 지속적으로 추적해야 했다. 과제를 스스로 연습한 집단은 다른 사람이 과제를 학습하는 것을 단지 관찰하기만 했던 집단보다 검사 당일에 과제를 더 잘 수행하였다. 그러나 과제를 관찰하기만 했던 집단의 경우에는 검사 당일까지 연습도 하지 않고 관찰도 하지 않았던 통제집단보다 수행을 훨씬 더 잘했다. 더군다나, 점의 이동이 훈련할 때와 달랐던 전이과제에서는 먼저 관찰하고 스스로 연습한 집단이 다른 모든 집단보다 훨씬 더 잘했다(Shea, Wright, Wulf, & Whitacre, 2000). 요약하면, 개인의 연습과 관찰 모두 새로운 기술을 획득하는 데 기여했다.

비디오 자기모델링은 새로운 기술을 가르치는 효과적인 방법이다. 한 실험에서 성인들이 자신이 수영하는 비디오를 보고 피드백을 받으며 수영을 배운 경우는 다른 사람이 수영하는 비디오를 보고 배운 경우보다 수행이 더 많이 향상되었다(Starek & McCullagh, 1999). 다른 연구에서는 협응에 문제가 있는 아동이 자기모델링 비디오를 사용해서 공을 던지거나 받기, 공을 쳐내기, 표적을 향해 점프하기와 같은 기술을 향상시킬 수 있었다(Wilson, Thomas, & Maruff, 2002).

이전 훈련으로부터 전이

운동 기술 연구에서, 한 기술에서 다른 기술로의 정적 혹은 부적 전이가 있을 수 있다는 것을 제외하고 훈련의 전이(transfer of training)는 조작적 조건화에서의 일반화와 비슷하다. 정적 전이(positive transfer)에서 한 과제에 대한 연습은 유사한 과제에 대한 빠른 학습을 이끌어낸다. 상당수의 연구에서 정적 전이에 대한 증거가 나타났다. Latash(1999)는 대학생에게 거울에 비친 문장을 보고 제대로 써내려가는 거울상 쓰기를 연습시켰다. 글씨를 쓸 때 주로 사용하는 손으로 이 과제를 며칠간 연습한 후 다른 손으로 쓰게 하였을 때 상당한 전이를 보였다. Palmer와 Meyer(2000)는 피아노 연주자에게 새 악보를 처음 학습하게 한 후, 다른 손으로 멜로디를 변형시켜 연주하게 하였을 때 정적 전이가 일어났음을 발견했다. 연구자는 운동학습이 단순히 특수한 운동 근육을 학습하는 문제가 아니라고 결론을 내렸는데, 그 이유는 경험이 많은 학습자는 상이한 근육군을 사용해서 동일한 일반적 운동 패턴을 만들어내도록 요구하는 새로운 상황으로 기술을 전이할 수 있기 때문이다.

부적 전이(Negative transfer)는 한 기술을 연습하는 것이 다른 기술의 학습을 방해할 때 일어난다. 다소 놀라운 것은 운동기술과제에서 부적 전이에 대한 실험 증거를 찾기가 매우 어렵다는 점이다. 발견된다 해도 부적 전이는 매우 일시적일 뿐이어서 한두 번의 시행에서만 지속된다. 그러나 두 손을 서로 다른 속도로 움직이는 과제에서 강한 부적 전이가 나타났다. 예를 들어, 초기 과제에서 두 손으로 반복적 동작을 수행하는 것을 학습하는데, 오른손이 1회 동작을 하는 동안 왼손이 2회 동작을 하는 것이다. 연구자들이 손을 바꾸어서 왼손이 1회 동작을 하는 동안 오른손이 2회 동작을 하게 했을 때 강한 부적 전이를 발견하였다 (Vangheluwe, Suy, Wenderoth, & Swinnen, 2006).

정적 혹은 부적 전이가 일어날 것인지, 그리고 때때로 두 전이가 혼재될 수 있는지를 예측하는 것은 어렵다. 한 연구에서 실험집단은 미니 테니스(short tennis)의 기술과 정식 테니스(lawn tennis)의 기술을 각각 몇 시간씩 연습하였고, 통제집단은 정식 테니스 기술만 연습하였다. 그다음 두 집단은 정식 테니스 기술을 검사받았다. 연구자는 어떤 기술은 실험집단에서 더 우수하였으나 다른 기술은 통제집단에서 우수함을 발견함으로써, 동일한 실험에서 정적 및 부적 전이의 증거를 발견하였다(Coldwells & Hare, 1994).

운동 기술 학습이론

이제까지 새로운 기술을 빨리 잘 학습하도록 만드는 몇 가지 요인을 살펴보았으나, 학습이 발생할 때 개인 내부에서 발생하는 과정에 관한 문제는 논의하지 않았다. 이제는 이 문제를 다루는 이론으로 들어가보자.

Adams의 2단계 이론

Jack A. Adams(1971)는 운동학습에 관해 가장 영향력 있는 이론 중 하나를 발전시켰다. Adams의 2단계 이론(Adams's two-stage theory)에 따르면, 전형적 운동 기술 학습에는 두 단계가 있다. 첫 단계는 언어 운동 단계(verbal-motor stage)로, 이 단계에서는 주로 언어적 피드백에 의해 향상된다. 언어 운동 단계에서는 피아노 교사, 투구 코치, 또는 체육 교사로부터의 끊임없는 피드백에 의해 향상이 이루어진다. 이런 피드백이 없으면 학습자는 자신의 동작이 좋은지, 무엇이 잘못되었는지를 알 수 없다. Adams(1976)는 언어 운동 단계의 마지막을 다음과 같이 기술하였다. 언어 운동 단계에서의 학습의 대부분은 지각 흔적, 즉 학습자에게 좋은 움직임과 나쁜 움직임을 구분 짓도록 해주는 내적인 느낌의 발달과 연관된다. 예를 들어, Thorndike의 선분 그리기 과제에서 눈을 가린 참여자는 그 과제가 3인치짜리 선분을 그리는 것임을 알지만, 초기에는 그 길이의 선분을 그릴 때 '어떤 느낌인지'는 알 수가 없다. 언어 운동 단계 동안 학습자는 점차적으로 지각 흔적을 발전시킨다. 따라서 학습자는 그가 느끼는 방식에 기초해서 좋은 움직임과 나쁜 움직임을 구분할 수 있다.

운동 단계라고 불리는 두 번째 단계에서 피아노 교사, 투구 코치, 체육 교사로부터의 피드백은 점차 덜 중요해진다. 학습자는 이제 코치의 피드백을 대신해서 내적 피드백(지각 흔적)에 의존함으로써 연습을 거쳐서 향상될 수 있다. 이 단계에서 학습자는 원하는 동작이 실제로 산출되는 데 필요한 근육의 협응을 발전시키도록 계속해서 연습해야 한다. 예를 들어, 초보 피아니스트가 녹음된 어려운 곡을 접하고 훌륭한 연주를 하려면, 소리를 어떻게 내야 하는지 확실히 감이 잡힐 때까지 반복해서 듣는다. 그러나 이 지점에 도달한 후에는 스스로 좋은 연주라는 수준에 도달할 때까지 오랫동안 고통스러운 연습을 해야 한다. 유사하게 운동선수는 좋은 커브공을 던지는 것이나 혹은 좋은 골프 스윙을 하는 것이 어떤 느낌인지에 대한 뛰어난 지각 흔적을 가지고 있다. 그러나 그가 그러한 움직임을 꾸준하게 할 수 있기 전까지 방대한 양의 노력이 요구된다.

많은 실험들을 통해 Adams의 이론에 대한 다른 이론들을 위한 증거들이 발견되었다. 예를 들어, 결과지식이 학습자가 운동학습의 첫 단계에 있을 때 간헐적인 시행에 대해서만 주어진다면, 지각 흔적은 결과지식이 주어지는 시행에 대해서만 강화되고 결과지식이 없는 시행에 대해서는 쇠퇴해야 한다. Sparrow와 Summers(1992)는 참여자들이 매 5회 혹은 10회 시행 후에 결과지식을 받는 단순 위치 정하기 과제를 시행하였다. 〈그림 11.9〉는 이 상황에 대해 Adams의 이론이 예측하는 패턴의 유형들을 보여준다. 결과지식을 받은 각각의 시행 직후에 정확도(더 작은 오류)에서 향상이 있어야 한다. 그리고 결과지식이 없는 연속적인 시행에서 수행은 점차적으로 나빠져야 한다. 결과지식을 받은 또 다른 시행 후에, 오류는 다시 감소하면서 결과적으로 〈그림 11.9〉에서 보여지듯이 아래위로 왔다 갔다 하는(up-and-down) 패턴을 나타낸다. 이 실험에서 Sparrow와 Summers는 Adams의 이론이 예측한 대로 결과지식이 주어진 시행에서는 이런 유형의 향상이 나타남을 발견했다.

또한 훈련 후기에는 결과지식이 반드시 필요한 것은 아니라는 증거가 있다. 가장 좋은 증거는 결과지식이 실험의 중간 시점에서 철회되는 연구에서 발견된다. 예를 들어, Bilodeau, Bilodeau와 Schumsky(1959)는 참여자에게 레버를 33도 각도로 이동시키는 비연속 동작을 20회 하게 했다. 한 집단은 모든 시행에서 양적 결과지식을 받았으나, 다른 집단은 결과지식

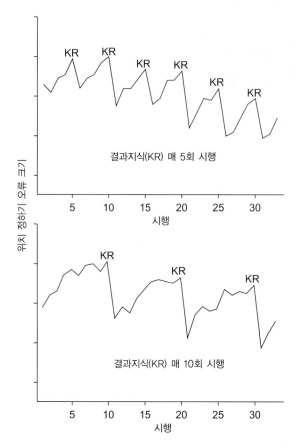

그림 11.9 이 그래프는 결과지식(KR)이 매 5회(상단 그림) 혹은 10회 시행(하단 그림) 후 주어진다면, Adams의 이론이 예측하는 패턴의 유형을 보여준다. 결과지식이 즉시 주어진 시행에 대해서는 수행이 향상되어야 하고, 결과지식이 없는 시행에서는 수행이 나빠져야 한다.

을 전혀 받지 않았으며, 또 다른 두 집단은 결과지식이 철회되기 전까지 양적 결과지식을 2회 또는 6회 제공받았다. 〈그림 11.10〉은 지속적 결과지식을 받은 집단에서 오류의 수준이 점차 낮아졌음을 보여준다. 예측한 대로 결과지식을 전혀 받지 못한 집단의 수행은 전혀 향상되지 않았다. 결과지식을 2회 또는 6회 받은 집단의 결과가 다소 흥미로운데, 그들은 초기의 결과지식으로부터 다소 영구적인 이익을 얻은 듯하다. 결과지식이 제거되었을 때 수행이 약간 저하되었으나, 이 집단들은 결과지식을 전혀 받지 않은 집단보다 더 나은 수행을 지속하였다. Adams 이론에 따르면, 이 집단들은 지각 흔적을 발달시키기 시작한 것이다. Newell(1974)의 비슷한 실험은 학습자가 결과지식을 받은 시행을 더 받을수록 그들의 수행은 결과지식이 제거된 이후에도 전혀 악화되지 않았음을 발견했다(추정컨대 그들은 Adams 이론의 두 번째 단계에 도달했기 때문이다).

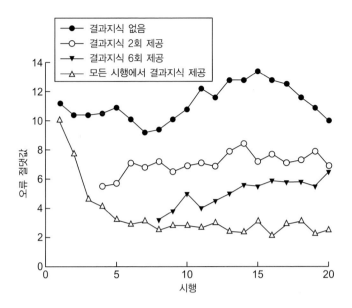

그림 11.10 Bilodeau 등(1959)의 실험결과. 각 집단은 결과지식을 받은 횟수가 다르다. (Bilodeau, E. R., Bilodeau, I. M., & Schmusky, D. A., 1959, Some effects of introducing and withdrawing knowledge of results early and late in practice, *Journal of Experimental Psychology, 58,* 142-144, © American Psychological Association. 허락하에 인용.)

Adams의 이론은 다른 연구에 의해서도 입증되었다(Badets & Blandin, 2010; Russell & Newell, 2007). 아마도 Adams의 이론이 기여한 가장 중요한 부분은 운동 기술을 획득하는 중에 발생하는 두 유형의 학습을 구분한 것인데, 정확한 반응이 어떤 느낌인지 인식하는 것을 학습하는 것과 그 반응을 일관성 있게 산출하는 것을 학습하는 것이다.

Schmidt의 도식이론

Adams 이론은 단일한 반복적 동작(즉, 반칙할 때 얻어지는 자유투처럼 매 시행에서 자극 조건과 요구되는 동작이 같은 동작)의 획득에 초점을 맞춘다. 이 이론은 시행마다 달라지는 자극 조건에 맞게 다르게 반응하는 기술을 어떻게 학습하는지에 관해서는 알려주지 않는다. 자기 쪽으로 다가오는 공에 대한 테니스 선수의 반응, 울퉁불퉁한 바위 언덕을 걸어 다니는 등산가의 반응, 꼬불꼬불한 낯선 길을 달리는 운전자의 반응을 생각해보자. 이런 사례들에서, 유기체는 새롭고 상이한 자극 조건을 접하고 그 조건에 맞는 반응을 생성해야 한다. 좀 더 유연한 운동 기술을 다루기 위해 Richard Schmidt(1975)는 운동 기술 학습의 도식이론(schema theory)을 발전시켰다.

간단히 말해서 Schmidt의 도식이론(Schmidt's schema theory)은 사람들은 그들이 연습한 대

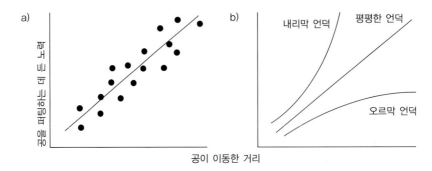

그림 11.11 (a) 이 그림은 Schumidt의 도식이론에 따라 사람들이 공을 퍼팅하는 데 드는 노력과 골프공이 이동한 거리 간의 관계에 대한 일반적 규칙이나 도식을 어떻게 학습하는지에 관한 가설적 예를 보여준다. 각각의 점은 단일 연습 시행에서 학습자의 노력 및 거리 추정치를 나타내며, 선분은 여러 시행들을 통해 학습자가 가지고 있을 것으로 추정되는 일반적 규칙을 나타낸다. (b) 이 그림은 성공적인 골프 선수가 퍼팅에서 내리막 언덕과 오르막 언덕에 대해 상이한 규칙을 가지고 있음을 보여준다. 실제로, 골프 선수가 기지고 있는 도식은 퍼팅 표면의 경사에서 연속적인 변이를 설명하려면 상당히 복잡해야 할 것이다.

로 일반적인 규칙을 획득할 수 있다는 것이다. 구체적인 예로, 골프 선수가 어떻게 공을 적절한 거리에 퍼트하는지를 보기로 하자. 골프 선수는 홀에서 얼마나 멀리 있는지에 따라 노력을 달리하여 공을 쳐야 한다. 연습 동안, 골프 선수는 시행마다 노력 정도를 다르게 해서 공을 치고 그 결과(공이 떨어진 거리)를 관찰한다. 이 상황이 〈그림 11.11a〉에 나와 있다. 각 점은 단일 연습 시행이다(공을 치는 데 사용된 노력과, 공이 떨어진 거리의 추정치). Schmidt 에 따르면, 점 하나하나에 대한 정보는 곧 망각되지만, 골프 선수는 노력과 공이 이동한 거리 사이의 일반적 규칙이나 **운동 도식**을 발달시키고 기억한다(그림 11.11a에서 실선에 해당함). 더욱이, Schmidt는 운동 도식이 하나 이상의 함수로 구성된다고 말하는데, 그 이유는 그린의 경사 같은 다른 요소가 결과에 영향을 주기 때문이다. 〈그림 11.11b〉는 골프 선수의 연습 수준, 오르막 언덕이나 내리막 언덕 퍼트에 따라 발달하는 복잡한 운동 도식을 간단하게 보여준다. 이 도식의 장점은 개인이 새로운 상황에 비교적 성공적으로 반응할 수 있다는 점이다. 골프 선수가 4도 경사의 내리막 언덕의 중간 정도로 느린 그린 위에서 22피트의 퍼팅을 한 번도 연습한 적이 없을 수도 있지만, 운동 도식을 통해 과거의 비슷한 경험으로부터 일반화하여 비교적 적합한 반응을 만들어낼 수 있다.

　Schmidt의 이론에서는 골프공을 퍼팅하거나 농구 코트의 여러 위치에서 골대에 숏을 시도하는 것과 같은 열린 동작을 다룰 수 있으므로 Adams의 이론보다 다목적이다. 그러나 사람들이 실제로 그런 운동 도식을 학습한다는 과학적 증거는 무엇인가? 이 이론을 검증하기 위하여 몇몇의 서로 다른 연구 방략이 사용되었다. 어떤 연구는 사람들이 자신이 연습한 구체적인 예를 망각했음에도 불구하고 일반 도식을 기억하는지를 검사했다(그림 11.11처럼).

Chamberlin과 Magill(1992)은 참여자에게 15cm, 45cm, 135cm 떨어져 있는 3개의 단추를 연속적으로 누르는 타이밍 과제를 가르쳤다. 참여자는 다음 날과 일주일 후에, 연습했던 거리뿐 아니라 시도해보지 않았던 새로운 거리(예 : 30cm와 90cm)로 검사를 받았다. Chamberlin과 Magill은 참여자가 잘 연습된 거리와 마찬가지로 새로운 거리에서도 정확하게 반응했음을 발견하였다. 이 결과는 사람들이 개별적인 동작 패턴이 아니라 동작에 대한 일반 규칙을 학습할 수 있다는 도식이론의 예언과 잘 맞아떨어진다.

Schmidt 이론의 중요한 예언(Adams의 이론과는 달리)은 개인의 연습 일과를 다양하게 변화시키는 것이 유익하다는 것인데, 그렇게 함으로써 학습자의 지각 도식과 운동 도식이 발달한다고 보기 때문이다. 다양한 연습이 유익하다는 도식이론의 예언을 지지하는 실험들이 있다. 예를 들어, Kerr과 Booth(1978)는 아동에게 시각적 피드백 없이 콩주머니를 표적에 던지게 하고, 실험자는 양적 피드백을 주었다. 한 집단은 3피트(약 90cm) 거리의 표적을 목표로 일정한 훈련을 받았다. 두 번째 집단은 표적이 2피트(약 60cm) 또는 4피트(약 120cm) 떨어진 거리에서 다양한 훈련을 받았다. 두 집단은 나중에 3피트 거리에서 표적을 맞추는 검사를 받는데, 3피트 거리에서 훈련을 받지 않았음에도 불구하고 다양한 훈련을 받은 집단이 더 정확한 수행을 보였다. Kerr과 Booth는 다양한 훈련이 일정한 훈련보다 아동들이 더 강한 도식을 발달시키는 데 도움이 된다고 시사했다.

요약하면, Schmidt 도식이론의 주요 장점은, 전에 경험하지 않았던 상황을 접했을 때 성공적 반응을 하게 만드는 유연한 운동 기술의 발달을 이해하기 위한 틀을 제공한다는 것이다. 이론의 장점 중 하나는 그동안 상당한 경험적 지지를 받아왔던 생각으로, 다양한 연습이 일정한 연습보다 더 효과적이라는 예언이다. 그러나 어떤 연구결과들은 도식이론의 문제점을 제시했고, 이러한 문제점들을 다루기 위한 다른 운동학습이론들이 제안되었다(Sanli & Lee, 2014; Sherwood & Fosler, 2013). Schmidt 이론을 공정하게 요약하자면 이 이론에서 중요한 진보가 있었으나, 운동 기술 학습에 대한 과학의 진보와 더불어 새롭고 더 세련된 이론들이 나타날 것이 거의 확실시된다고 말할 수 있다.

글상자 11.2 **연구 적용하기**

가장 좋은 연습방법은 무엇인가?

운동 기술의 학습에 대한 일반 원리는 더 어렵게 연습할수록 장기적으로 더 나은 수행을 초래한다는 것이다. 일정한 훈련에 비해 다양한 훈련이 갖는 장점은 이 원리의 예가 된다. 이 원리를 일반적으로 논의하기 위해 Battig(1979)는 **맥락간섭**(contextual interference)이라는 용어를 사용했는데,

이 용어는 과제 수행을 더 어렵게 만드는(즉, 새로운 기술을 획득하는 동안 학습자의 수행을 '간섭하는') 학습 상황('맥락')의 특징 전부를 지칭한다. Battig 이론은 연습 기간 동안 고도의 맥락간섭이 결국 장기적으로 더 나은 수행을 초래한다는 것이다. 몇몇 실험에서 맥락간섭이론을 검증하고자 구획연습과 무선 연습을 비교하였다. 구획 연습의 경우, 학습자는 시행의 한 구획에서 하나의 기술을 변형시켜 일정한 횟수를 연습하고 다른 구획에서 그 기술을 다르게 변형시켜 일정 횟수를 연습하는 절차로 진행된다. 예를 들어, 농구 선수는 골대의 왼쪽 한곳에서 10번, 다음에는 골대 바로 앞에서 10번, 그다음에는 골대의 오른쪽 한곳에서 10번의 슛을 연습한다. 무선 연습의 경우에는 해야 할 과제가 매 시행마다 다르다(예 : 농구 선수는 왼쪽이나 중앙, 오른쪽에서 무선적으로 번갈아 가면서 슛을 연습한다). Battig의 이론에 따르면, 맥락간섭은 연습 시행마다 성공적으로 수행하기 위한 동작이 계속적으로 바뀌는 무선 연습에서 더 많을 것이다.

몇몇 연구에서 구획 연습보다 무선 연습이 더 낫다는 예언된 장점을 발견하였다. Shea와 Morgan(1979)은 세 개의 상이한 신호에 맞게 상이한 세 가지 속도로 팔 동작을 하도록 가르치고, 동작을 마치는 데 걸린 시간을 측정했다. 무선 연습을 통한 획득 단계에서는 수행이 저조했는데, 그 이유는, 이론에 따르자면 시행마다 과제가 요구하는 바가 달라서 매우 힘들기 때문이다. 그러나 연습을 끝내고 10분 후와 10일 후 검사를 했을 때, 무선으로 연습한 참여자가 구획으로 연습한 참여자보다 더 나은 수행을 보였다. 비슷하게, Vera와 Montilla(2003)는 체육 시간에 6세 아동의 던지기 학습에서 무선 연습의 장점을 발견하였다.

다양한 연습이 일정한 연습보다 더 낫고, 무선 연습이 구획 연습보다 더 낫지만, 이 규칙에는 예외가 있다. 예를 들어, 동작에 사용된 힘과 지속 시간 모두 정확해야 하는 과제에서, Whitacre와 Shea(2000)는 시행마다 필요한 힘이 무선적으로 바뀌면 참여자의 지속 시간에 해로운 영향을 준다는 것을 발견하였다. 한 과제에서 학습자에게 요구되는 것이 여러 가지인 경우, 한 차원에서 무선적으로 변화를 주면 과제에 압도되어 학습이 어려워진다. 무선 연습이 정확히 어떤 상황에서 유리하고 다른 상황에서는 그렇지 못한지 그 이유는 아직 잘 밝혀지지 않았다.

연속 동작 학습하기

이제 특정한 순서로 수행해야 하는 일련의 연속된 동작을 포함하는 운동 기술을 살펴보겠다. 이런 유형의 기술에는 걷기, 수영, 타이핑, 악기 연주가 있다. 이 예에서 처음 두 가지는 일련의 적절한 동작이 주기적이거나 반복되지만, 다른 두 가지는 그렇지 않다. 이 모든 예에서, 성공적으로 수행이 이루어지려면, 일련의 연속적 동작들이 정확한 순서와 정확한 타이밍으로 만들어져야 한다. 예를 들어, 평영으로 수영할 때 물을 효율적으로 헤쳐나가기 위해서는 팔과 다리 동작을 협응시켜야 한다. 피아니스트는 악보를 정확한 순서와 박자로 연주해야 한다. 운동 기술 연구자들은 연습을 함으로써 일련의 연속적 동작을 점차 능숙하게 수행하게 되는 이유가 무엇인지 설명하고자 한다.

행동연쇄 접근

연속적 동작의 주제에 대한 접근은 제5장에서 논의된 행동연쇄라는 개념에 기초한다. 행동연쇄는 특정한 순서로 발생하는 연속적 행동으로 정의되며, 연쇄의 마지막 행동이 완성되면 일차강화물이 뒤따른다. 표준 분석에 따르면, 행동연쇄가 정확한 순서로 유지되는 이유는 각 반응이 연쇄의 다음 반응에 대하여 변별자극으로 작용하는 구별된 자극을 만들기 때문이다. 걷기와 같은 능숙한 연속된 동작에 이 분석을 적용시켜보자. 앞으로 나온 오른쪽 다리를 보는 것이나 혹은 느끼는 것은 무게중심을 오른쪽 다리로 이동시키라는 변별자극으로 작용하며, 왼쪽 다리를 앞으로 내딛게 된다. 반대로 왼쪽 다리가 앞에 있을 때도 마찬가지이다. 여기서 요지는 한 동작으로부터 나오는 시각, 촉각 또는 운동감각 피드백이 전체 계열에서 다음 동작을 위한 변별자극으로 작용한다는 것이다.

이 분석을 통해 볼 때, 연속 동작을 수행하는 능력이 연습을 통해 향상되는 이유는 무엇일까? 그 답은 적절한 자극-반응 연합이 강화에 의해 증강된다는 것이다. 평영에서 최대한 앞으로 나가기 위해서는 손을 내저을 때마다 전방의 특정 위치로 손을 이동시켜야 한다. 만일 수영하는 속도가 강화물이라면, 점진적 근사법을 통해 결국에는 손을 앞으로 이동하기 시작하도록 신호해주는 단서가 무엇인지를 배울 수 있게 된다.

연속적 동작을 행동연쇄로 분석하는 것은 동작 제어에서 피드백의 역할을 강조하는 Adams의 이론, 그리고 Schmidt의 이론과 양립된다. 행동연쇄 접근으로 여러 행동 계열을 만족스럽게 분석할 수 있지만, 몇 가지 증거는 모든 행동 계열을 설명할 수 없음을 시사한다.

운동 프로그램

운동 프로그램(motor programs)의 개념을 선호하는 입장에서는 적절한 실행에 대한 지속적 감각 피드백에 의존하지 않는 연속적 동작이 존재하기 때문에 행동연쇄 접근이 틀렸다(적어도 불완전하다)고 주장한다. Keele(1973)은 운동 프로그램의 개념을 다음과 같이 제시하였다.

> 동작 패턴의 실행에 필요한 시각이나 감각운동 피드백이 없다면, 동작 패턴은 뇌 또는 척수에 집중적으로 표상되어야 한다. 그런 표상을 운동 프로그램이라고 부른다. 운동 프로그램이 실행되면서, 신경 흥분은 프로그램에 따라 미리 결정된 대로 적절한 순서, 타이밍, 힘으로 적합한 근육에 보내지고, 대체로 결과의 피드백에 의해 영향을 받지 않는다. (p. 124)

행동연쇄와 운동 프로그램의 차이를 명확하게 구분하기 위하여, *the*라는 단어를 타이핑하는 일련의 동작을 예로 들어보자. 행동연쇄 분석은 다음과 같이 진행될 것이다. *the*라는 단어를 타이핑하기 위해서 타이피스트는 왼쪽 검지로 *t*키를 두드린다. 이 동작은 다음 반응으로 *h*를 오른손 검지로 두드리는 변별자극으로 작용하는 감각 피드백(손가락, 그리고 키보드로부터 청각 피드백)을 일으킨다. 이 반응으로부터 감각 피드백은 왼손 중지로 *e*를 두드리는 마지막 반응에 대한 자극으로 작용한다.

이 행동연쇄 분석이 초보 타이피스트에게는 적합할 수 있지만 능숙한 타이피스트의 경우 연속된 반응을 하기 위해서 운동 프로그램을 가지고 있을 수도 있다. 기본적인 생각은 능숙한 타이피스트가 *the*라는 단어를 쳐야 할 때, 운동 프로그램이 활성화되어 일련의 명령을 왼손 검지, 오른손 검지, 왼손 중지 근육에 보낸다는 것이다. 이 명령은 타이밍에 맞게 세 개의 동작이 정확한 순서로 수행되도록 하는데, 이 타이밍은 일련의 연속적 동작에서 오는 감각 피드백에 의존하지 않는다. 운동 프로그램의 분명한 장점 중 하나는 속도가 빨라진다는 점이다. 따라서 타이피스트가 첫 번째 키를 두드리는 반응으로부터 감각 피드백을 받기 전에 두 번째 키를 두드리는 반응을 시작할 수 있다.

운동 프로그램을 처음 주장한 사람 중 한 사람인 Karl Lashley(1951)는 행동연쇄 분석으로 모든 연속적 동작을 설명할 수 없다는 몇 가지 증거를 제시하였다. 그중 한 가지로, Lashley는 빠른 연속 반응에서 한 반응으로부터의 피드백이 다른 반응에 대한 자극으로 작용하기에는 인간의 반응 시간이 너무 느리다고 주장하였다. Lashley는 음악가들이 매 초 손가락을 열여섯 번 움직인다고 말했다. 그의 입장은 이런 속도는 다음 동작이 시작되기 전에 한 동작으로부터 감각 피드백을 기다려야 한다면 결코 획득될 수 없다는 것이다. 비슷한 주장이 타이핑 기술에서도 나왔다(Shaffer, 1978).

Lashley의 두 번째 주장은 감각 피드백을 잃은 사람도 여전히 능숙한 동작과 연속적 동작을 할 수 있다는 점이다. 그는 총상으로 무릎 부분의 감각을 모두 잃은 사람의 사례를 보고하였다. 감각 손실에도 불구하고, 그는 부상당하지 않은 사람처럼 다리를 정확하게 움직이고 고정시킬 수 있었다. 복잡한 동작이 감각 피드백 없이도 지속된다는 다른 증거로는 감각 신경섬유가 척수로 들어가기 전에 절단된 동물 연구에서 나왔다. Taub와 Berman(1968)은 원숭이 몇 마리를 수술해서 두 개의 앞다리에서 오는 모든 감각 피드백을 제거하였다. 이 수술 후에도 원숭이는 여전히 이 다리로 걷고 오를 수 있었다(눈을 가려서 시각 피드백의 영향을 제거해도). 원숭이는 감각이 없는 앞다리의 이동을 정상적 뒷다리와 협응시킬 수 있었다. 이것은 감각 피드백이 능숙한 동작에 항상 필요한 것이 아니라는 증거이다.

Lashley의 운동 프로그램에 대한 세 번째 주장은 빠른 연속적 동작에서 흔히 발견되는 오류 유형에 관한 것이다. 그는 여러 타이핑 실수가 예상(anticipation)이나 전위(transposition) 오류임을 주목했다. 예를 들면, 필자는 때때로 *the*를 *hte*로 친다. 이런 오류는 행동연쇄 분석으로 설명하기 어렵다. *b*키를 두드리기 위한 자극이 *t*키를 두드리는 동작에서 받는 감각 피드백이라면, 두 번째 동작은 결코 첫 번째 동작에 선행할 수 없다. 대신에, Lashley는 개별 동작은 운동 프로그램에 따라 연속되지만, 동작의 발생은 명령에서부터 실행 사이의 어디에서인가 잘못될 수 있다고 주장했다. 요약하면, Lashley는 개인이 미리 계획하고 있음을 나타내는 모든 종류의 오류는 운동 프로그램의 개념을 지지하는 반면, 행동연쇄 접근과는 일치되지 않는다고 주장했다.

네 번째 유형의 증거는 Lashley에게 알려지지 않았지만, 연속된 동작을 시작하는 데 필요한 시간 양은 연속된 계열의 부분을 구성하는 개별 동작의 수에 따라 달라진다는 것이다. 예를 들면, 2개의 개별 동작으로 된 계열보다는 4개의 개별 동작으로 된 계열을 시작하는 데 더 많은 시간이 걸린다(Ulrich, Giray, & Schaffer, 1990). 이 효과를 설명하자면 보통 사람들은 처음 시작할 때 모든 동작을 위한 운동 프로그램을 구성하는데, 2개의 동작보다는 4개의 동작에 대한 운동 프로그램으로 만드는 데 더 많은 시간이 걸린다는 것이다. 만일 시작하기 전에 첫 동작만을 계획하는 것이라면, 왜 어떤 사례에서는 이 단일 반응을 계획하는 데 더 많은 시간이 걸리겠는가? 동작 계열이 긴 경우 집중적으로 연습되었더라도 시작하는 데 시간이 더 걸린다.

네 번째 유형의 예가 필체에 관한 실험에서 발견되었다(Portier, Van Galen, & Meulenbroek, 1990). 참여자는 6개의 상이한 패턴을 "써보라."는 말을 들었다. 각 패턴은 글자처럼 생긴 기호 세 개로 구성되어 있다. 특수화된 기록 장치가 매 순간 펜의 정확한 위치를 탐지할 수 있었다. 연습에 따라 패턴을 쓰는 속도가 점차 빨라졌다. 그러나 각 패턴의 두 번째와 세 번째 글자를 쓰는 속도는 상당히 빨라졌지만, 첫 번째 글자를 쓰는 속도는 그다지 빨라지지 않았다. 비교적 단순한 형태인데도 첫 번째 글자를 쓰는 데 왜 그렇게 오래 걸릴까? 실험자는 참여자가 단순히 세 개의 개별 기호를 쓰는 것을 학습한 것이 아니라, 각 패턴에 대한 운동 프로그램을 통

연습 퀴즈 2 : 제11장

1. _____은/는 동작이 맞거나 틀리다고 말해주는 것이고, _____은/는 사람에게 그 동작이 표적에서 얼마나 떨어져 있는지를 말해주는 것이다.
2. 동작에서 향상되어야 할 특정 부분에 대하여 정보를 주는 것을 _____(이)라고 부른다.
3. Adams 이론에 따르면, 운동 기술을 향상시키기 위해 _____ 단계에서는 외적 피드백이 필요하지만, _____ 단계에서는 그렇지 않다.
4. Schmidt의 이론에서 상이한 동작이 어떻게 상이한 결과를 산출하는지를 학습할 때, 이것을 _____(이)라고 부른다.
5. _____에서, 각 동작으로부터의 피드백은 협응된 동작 계열을 산출하는 데 필요하지 않다.

해답
1. 질적 결과지식(KR), 양적 결과지식(KR) 2. 수행지식(KP)
3. 언어 운동, 운동 4. 운동 도식 5. 운동 프로그램

째로 발달시켰기 때문이라고 결론을 내렸다. 첫 글자를 쓰는 데 오래 걸린 이유는 참여자가 나머지 패턴을 동시에 계획하고 있었기 때문이다.

요약

어떤 모방이론은 모방이 본능적 경향성이라고 주장하고, 동물과 심지어 신생아도 모방학습을 한다는 증거를 제시한다. 두 번째 이론은 모방에 대하여 강화를 받으면 모방이 일어난다고 말한다. 세 번째 이론은 모방이 일반화된 조작적 반응이라고 주장하는데, 과거에 모방이 강화를 받았던 상황과 비슷한 상황에서 모방이 일어난다는 것이다. Bandura의 이론에서는 네 개의 요인이 모방 행동의 발생을 결정하는데, 이들은 주의과정, 파지과정, 운동 재생산 과정, 그리고 유인가와 동기과정이다. 관찰학습이 특별한 학습 유형이라는 생각은 개인이 반응을 할 때와 이 반응을 다른 사람이 하는 것을 볼 때 동일하게 흥분하는 거울뉴런의 발견으로 강화되었다.

현대사회에서 관찰학습은 직접적인 접촉보다는 TV, 비디오게임, 유행가, 인터넷 같은 여러 다른 방식으로 발생할 수 있다. 연구들은 이러한 대중매체가 아동들에게 긍정적, 부정적인 영향 모두를 끼칠 수 있음을 시사한다. 모델링을 변형시켜 만든 단계적 모델링, 참여자 모델링, 비디오 자기모델링 같은 다양한 기법들이 행동치료에 성공적으로 사용되고 있다. 모델링을 통해 수줍은 아동은 더 나은 사회적 기술을 배울 수 있고, 성인은 자기주장을 더 잘할 수 있게 되고, 자폐 아동에게 말하는 것을 가르치고, 공포증이 제거될 수 있다.

Thorndike는 강화가 운동 기술 학습에 중요한 변인이라고 생각했지만, 최근 연구는 결과 지식이 실제로 중요한 변인임을 보여주었다. 참여자에게 단순한 결과지식보다는 수행의 특정 부분에 대한 자세한 정보(수행지식)를 주는 것이 더 나은 학습을 산출할 수 있다. 사람은 집중 연습보다 분산 연습을 통해 운동 기술을 더 빨리 학습할 수 있지만, 이 차이가 항상 큰 것은 아니다. 참여자가 한 운동과제를 훈련받은 후 다소 다른 과제로 검사를 받는 경우 정적 및 부적 전이 증거가 발견되었다.

Adams의 2단계 이론은 운동 기술 학습이 처음에는 교사나 코치로부터의 피드백이 중요한 언어 운동 단계를 포함하지만, 나중에는 학습자가 외적인 피드백 없이도 지속적으로 향상될 수 있는 운동 단계를 포함한다. 결과지식이 백분율을 기초로 주어지거나 훈련의 상이한 시점에서 철회되는 것을 다룬 연구는 Adams 이론을 지지한다. Schmidt의 도식이론은 같은 반응을 서로 다르게 연습하면 결코 연습하지 않았던 반응을 수행할 수 있는 일반 규칙(도식)을 발달시킬 수 있다고 말한다. 도식이론은 다양한 훈련이 같은 동작을 그대로 반복해서 연습하는 것보다 더 나은 수행을 유도함을 보여주는 여러 증거에 의해 지지되었다.

행동연쇄이론에 따르면, 연속된 동작에서 한 동작으로부터 받은 감각 피드백은 연쇄에서 다음 반응에 대한 자극으로 작용한다. Lashley는 사람이 미리 계획을 세운다는 것을 시사하는 예상 오류와 같은, 이 이론에 반대되는 몇 가지 증거를 제시했다. 운동 프로그램 이론은 잘 연습된 동작 계열이 개별 반응으로부터 감각 피드백이 없어도 실행될 수 있는 단일 단위가 될 수 있다고 주장한다.

복습 문제

1. 모방이 단순한 조작적 반응이라는 이론과 모방이 일반화된 조작적 반응이라는 이론을 설명하라. 어느 이론이 더 나은가, 그리고 그 이유는 무엇인가?
2. Bandura의 이론에서 모방이 일어나기 위해 필요한 네 가지 요인은 무엇인가? 모방이 일반화된 조작적 반응이라는 주장에 Bandura는 어떤 비판을 하고 있는가? 이 비판이 납득이 되는가?
3. 모델링이 행동치료에서 (a) 저확률 행동의 촉진, (b) 새로운 행동의 획득, (c) 바람직하지 않은 행동의 제거와 같은 효과를 내기 위하여 어떻게 사용되고 있는지를 보여주는 구체적 사례를 하나씩 제시하라.
4. 운동 기술 학습에서 Adams의 2단계 이론은 무엇인가? Schmidt의 도식이론은 무엇이고 Adams의 이론과 어떻게 다른가? 각 이론을 지지하는 연구를 기술하라.
5. 운동 프로그램의 존재를 주장하는 데 사용한 상이한 종류의 증거를 기술하라.

참고문헌

Adams, J.A. (1971). A closed-loop theory of motor learning. *Journal of Motor Behavior, 3,* 111–150.

Anderson, C.A., & Bushman, B.J. (2002). Media violence and the American public revisited. *American Psychologist, 57,* 448–450.

Anderson, C.A., Carnagey, N.L., & Eubanks, J. (2003). Exposure to violent media: The effects of songs with violent lyrics on aggressive thoughts and feelings. *Journal of Personality and Social Psychology, 84,* 960–971.

Badets, A., & Blandin, Y. (2010). Feedback schedules for motor-skill learning: The similarities and differences between physical and observational practice. *Journal of Motor Behavior, 42,* 257–268.

Baer, D.M., Peterson, R.F., & Sherman, J.A. (1967). The development of imitation by reinforcing behavioral similarity to a model. *Journal of the Experimental Analysis of Behavior, 10,* 405–416.

Bandura, A. (1965). Influence of models' reinforcement contingencies on the acquisition of imitative responses. *Journal of Personality and Social Psychology, 1,* 589–595.

Bandura, A. (1969). Principles of behavior modification. New York: Holt, Rinehart & Winston.

Bandura, A., Grusec, J.E., & Menlove, F.L. (1967). Vicarious extinction of avoidance behavior. *Journal of Personality and Social Psychology, 5,* 16–23.

Bandura, A., Ross, D., & Ross, S.A. (1963). Imitation of film-mediated aggressive models. *Journal of Abnormal and Social Psychology, 66,* 3–11.

Bandura, A., & Walters, R.H. (1963). *Social learning and personality development.* New York: Holt, Rinehart & Winston.

Battig, W.F. (1979). The flexibility of human memory. In L.S. Cermakl & F.I.M. Craik (Eds.), *Levels of processing in human memory* (pp. 23–44). Hillsdale, NJ: Erlbaum.

Bernier, R., & Dawson, G. (2009). The role of mirror neuron dysfunction in autism. In J.A. Pineda (Ed.), *Mirror neuron systems: The role of mirroring processes in social cognition* (pp. 261–286). Totowa, NJ: Humana Press.

Bilodeau, E.A., Bilodeau, I.M., & Schumsky, D.A. (1959). Some effects of introducing and withdrawing knowledge of results early and late in practice. *Journal of Experimental Psychology, 58,* 142–144.

Byrne, R.W., & Russon, A.E. (1998). Learning by imitation: A hierarchical approach. *Behavioral and Brain Sciences, 21,* 667–721.

Camòes-Costa, V., Erjavec, M., & Horne, P.J. (2011). The impact of body-part-naming training on the accuracy of imitative performances in 2- to 3-year-old children. *Journal of the Experimental Analysis of Behavior, 96,* 291–315.

Chamberlin, C.J., & Magill, R.A. (1992). The memory representation of motor skills: A test of schema theory. *Journal of Motor Behavior, 24,* 309–319.

Christensen, P., & Wood, W. (2007). Effects of media violence on viewers' aggression in unconstrained social interaction. In R.W. Preiss, B. Gayle, N. Burrell, M. Allen, & J. Bryant (Eds.), *Mass media effects research: Advances through meta-analysis* (pp. 145–168). Mahwah, NJ: Erlbaum.

Cirstea, M.C., & Levin, M.F. (2007). Improvement of arm movement patterns and endpoint control depends on type of feedback during practice in stroke survivors. *Neurorehabilitation and Neural Repair, 21,* 398–411.

Coldwells, A., & Hare, M.E. (1994). The transfer of skill from short tennis to lawn tennis. *Ergonomics, 37,* 17–21.

Cream, A., O'Brian, S., Onslow, M., Packman, A., & Menzies, R. (2009). Self-modelling as a relapse intervention following speech-restructuring treatment for stuttering. *International Journal of Language & Communication Disorders, 44,* 587–599.

Dail, T.K., & Christina, R.W. (2004). Distribution of practice and metacognition in learning and long-term retention. *Research Quarterly for Exercise and Sport, 75,* 148–155.

Davis, T., Ollendick, T.H., & Öst, L. (2009). Intensive treatment of specific phobias in children and adolescents. *Cognitive and Behavioral Practice, 16,* 294–303.

Di Pellegrino, G., Fadiga, L., Gallese, V., & Rizzolatti, G. (1992). Understanding motor events: A neurophysiological study. *Experimental Brain Research, 91*, 176–180.

Donohue, S.E., Woldorff, M.G., & Mitroff, S.R. (2010). Video game players show more precise multisensory temporal processing abilities. *Attention, Perception, & Psychophysics, 72*, 1120–1129.

Dowrick, P.W., & Raeburn, J.M. (1995). Selfmodeling: Rapid skill training for children with physical disabilities. *Journal of Developmental and Physical Disabilities, 7*, 25–37.

Eron, L.D., Huesmann, L.R., Lefkowitz, M.M., & Walder, L.O. (1972). Does television violence cause aggression? *American Psychologist, 27*, 253–263.

Fisch, S., & Truglio, R. (Eds.). (2001). *"G" is for "growing": Thirty years of Sesame Street research.* Mahwah, NJ: Lawrence Erlbaum.

Fitzpatrick, C., Barnett, T., & Pagani, L.S. (2012). Early exposure to media violence and later child adjustment. *Journal of Developmental and Behavioral Pediatrics, 33*, 291–297.

Friedrich-Cofer, L., & Huston, A.C. (1986). Television violence and aggression: The debate continues. *Psychological Bulletin, 100*, 364–371.

Gosch, E.A., Flannery-Schroeder, E., Mauro, C.F., & Compton, S.N. (2006). Principles of cognitive-behavioral therapy for anxiety disorders in children. *Journal of Cognitive Psychotherapy, 20*, 247–262.

Gunby, K.V., Carr, J.E., & Leblanc, L.A. (2010). Teaching abduction-prevention skills to children with autism. *Journal of Applied Behavior Analysis, 43*, 107–112.

Horne, P.J., & Erjavec, M. (2007). Do infants show generalized imitation of gestures? *Journal of the Experimental Analysis of Behavior, 87*, 63–87.

Johnson, J.G., Cohen, P., Smailes, E.M., Kasen, S., & Brook, J.S. (2002). Television viewing and aggressive behavior during adolescence and adulthood. *Science, 295*, 2468–2471.

Jostad, C.M., Miltenberger, R.G., Kelso, P., & Knudson, P. (2008). Peer tutoring to prevent firearm play: Acquisition, generalization, and long-term maintenance of safety skills. *Journal of Applied Behavior Analysis, 41*, 117–123.

Kawai, M. (1965). Newly acquired pre-cultural behavior of the natural troop of Japanese monkeys on Koshima Islet. *Primates, 6*, 1–30.

Keele, S.W. (1973). *Attention and human performance.* Pacific Palisades, CA: Goodyear Publishing.

Kernodle, M.W., & Carlton, L.G. (1992). Information feedback and the learning of multiple-degree-of-freedom activities. *Journal of Motor Behavior, 24*, 187–196.

Kerr, R., & Booth, B. (1978). Specific and varied practice of motor skill. *Perceptual and Motor Skills, 46*, 395–401.

Keysers, C., & Gazzola, V. (2010). Social neuroscience: Mirror neurons recorded in humans. *Current Biology, 20*, R353–R354.

Krcmar, M., Farrar, K., & McGloin, R. (2011). The effects of video game realism on attention, retention and aggressive outcomes. *Computers in Human Behavior, 27*, 432–439.

Kymissis, E., & Poulson, C.L. (1990). The history of imitation in learning theory: The language acquisition process. *Journal of the Experimental Analysis of Behavior, 54*, 113–127.

Lashley, K.S. (1951). The problem of serial order in behavior. In L.A. Jeffress (Ed.), *Cerebral mechanisms in behavior* (pp. 112–146). New York: Wiley.

Latash, M.L. (1999). Mirror writing: Learning, transfer, and implications for internal inverse models. *Journal of Motor Behavior, 31*, 107–111.

Linebarger, D.L., & Walker, D. (2005). Infants' and toddlers' television viewing and language outcomes. *American Behavioral Scientist, 48*, 624–645.

Marcus, A., & Wilder, D.A. (2009). A comparison of peer video modeling and self video modeling to teach textual responses in children with autism. *Journal of Applied Behavior Analysis, 42*, 335–341.

Markey, P.M., Markey, C.N., & French, J.E. (2014). Violent video games and real-world violence: Rhetoric versus data. *Psychology of Popular Media Culture,* August 18, 2014. doi:10.1037/ppm0000030

Mast, J.F., & McAndrew, F.T. (2011). Violent lyrics in heavy metal music can increase aggression in males. *North American Journal of Psychology, 13*, 63–64.

McGraw-Hunter, M.M., Faw, G.D., & Davis, P.K. (2006). The use of video self-modelling and feedback to teach cooking skills to individuals with traumatic brain injury: A pilot study. *Brain Injury, 20*, 1061–1068.

Mehta, U.M., Thirthalli, J., Aneelraj, D., Jadhav, P., Gangadhar, B.N., & Keshavan, M.S. (2014). Mirror neuron dysfunction in schizophrenia and its functional implications: A systematic review. *Schizophrenia Research, 160*, 9–19.

Meichenbaum, D.H., & Goodman, J. (1971). Training impulsive children to talk to themselves: A means of developing self-control. *Journal of Abnormal Psychology, 77*, 115–126.

Meltzoff, A.N., & Moore, M.K. (1977). Imitation of facial and manual gestures by human neonates. *Science, 198*, 75–78.

Middleton, M.B., & Cartledge, G. (1995). The effects of social skills instruction and parental involvement on the aggressive behaviors of African American males. *Behavior Modification, 19*, 192–210.

Miller, N.E., & Dollard, J. (1941). *Social learning and imitation*. New Haven, CT: Yale University Press.

Murray, J.P. (2008). Media violence: The effects are both real and strong. *American Behavioral Scientist, 51*, 1212–1230.

Nabeyama, B., & Sturmey, P. (2010). Using behavioral skills training to promote safe and correct staff guarding and ambulation distance of students with multiple physical disabilities. *Journal of Applied Behavior Analysis, 43*, 341–345.

Neuman, S.B. (1988). The displacement effect: Assessing the relation between television viewing and reading performance. *Reading Research Quarterly, 23*, 414–440.

Newell, K.M. (1974). Knowledge of results and motor learning. *Journal of Motor Behavior, 6*, 235–244.

O'Connor, R.D. (1969). Modification of social withdrawal through symbolic modeling. *Journal of Applied Behavior Analysis, 2*, 15–22.

Palmer, C., & Meyer, R.K. (2000). Conceptual and motor learning in music performance. *Psychological Science, 11,* 63–68.

Polman, H., de Castro, B., & van Aken, M.G. (2008). Experimental study of the differential effects of playing versus watching violent video games on children's aggressive behavior. *Aggressive Behavior, 34,* 256–264.

Portier, S.J., Van Galen, G.P., & Meulenbroek, R.G. (1990). Practice and the dynamics of handwriting performance: Evidence for a shift of motor programming load. *Journal of Motor Behavior, 22,* 474–492.

Prather, J.F., Peters, S.S., Nowicki, S.S., & Mooney, R.R. (2008). Precise auditory-vocal mirroring in neurons for learned vocal communication. *Nature, 451,* 305–310.

Rider, R.A., & Abdulahad, D.T. (1991). Effects of massed versus distributed practice on gross and fine motor proficiency of educable mentally handicapped adolescents. *Perceptual and Motor Skills, 73,* 219–224.

Rizzolatti, G., Craighero, L., & Fadiga, L. (2002). The mirror system in humans. In M.I. Stamenov, V. Gallese, M.I. Stamenov, & V. Gallese (Eds.), *Mirror neurons and the evolution of brain and language* (pp. 37–59). Amsterdam, Netherlands: John Benjamins Publishing Company.

Robert, M. (1990). Observational learning in fish, birds, and mammals: A classified bibliography spanning over 100 years of research. *Psychological Record, 40,* 289–311.

Rosenberg, D., Depp, C.A., Vahia, I.V., Reichstadt, J., Palmer, B.W., Kerr, J., & . . . Jeste, D.V. (2010). Exergames for subsyndromal depression in older adults: A pilot study of a novel intervention. *American Journal of Geriatric Psychiatry, 18,* 221–226.

Russell, D.M., & Newell, K.M. (2007). On No-KR tests in motor learning, retention and transfer. *Human Movement Science, 26,* 155–173.

Sanli, E.A., & Lee, T.D. (2014). What roles do errors serve in motor skill learning? An examination of two theoretical predictions. *Journal of Motor Behavior, 46,* 329–337.

Schmidt, R.A. (1975). A schema theory of discrete motor skill learning. *Psychological Review, 82,* 225–260.

Shaffer, L.H. (1978). Timing in the motor programming of typing. *Quarterly Journal of Experimental Psychology, 30,* 333–345.

Shea, C.H., Wright, D.L., Wulf, G., & Whitacre, C. (2000). Physical and observational practice afford unique learning opportunities. *Journal of Motor Behavior, 32,* 27–36.

Shea, J.B., & Morgan, R.L. (1979). Contextual interference effects on the acquisition, retention, and transfer of a motor skill. *Journal of Experimental Psychology: Human Learning and Memory, 5,* 179–187.

Sherwood, D.E., & Fosler, J. (2013). Blocked and alternating variable practice and unintended spatial variations in continuous aiming movements. *Perceptual and Motor Skills, 116,* 611–625.

Shukla-Mehta, S., Miller, T., & Callahan, K.J. (2010). Evaluating the effectiveness of video instruction on social and communication skills training for children with autism spectrum disorders: A review of the literature. *Focus on Autism and Other Developmental Disabilities, 25,* 23–36.

Sparrow, W.A., & Summers, J.J. (1992). Performance on trials without knowledge of results (KR) in reduced relative frequency presentations of KR. *Journal of Motor Behavior, 24,* 197–209.

Starek, J., & McCullagh, P. (1999). The effect of self-modeling on the performance of beginning swimmers. *Sport Psychologist, 13,* 269–287.

Taub, E., & Berman, A.J. (1968). Movement and learning in the absence of sensory feedback. In S.J. Freedman (Ed.), *The neuro-psychology of spatially oriented behavior* (pp. 172–193). Homewood, IL: Dorsey Press.

Thorndike, E.L. (1927). The law of effect. *American Journal of Psychology, 39,* 212–222.

Trowbridge, M.H., & Cason, H. (1932). An experimental test of Thorndike's theory of learning. *Journal of General Psychology, 7,* 245–260.

Ulrich, R., Giray, M., & Schaffer, R. (1990). Is it possible to prepare the second component of a movement before the first one? *Journal of Motor Behavior, 22,* 125–148.

Vangheluwe, S., Suy, E., Wenderoth, N., & Swinnen, S.P. (2006). Learning and transfer of bimanual multifrequency patterns: Effector-independent and effector-specific levels of movement representation. *Experimental Brain Research, 170,* 543–554.

Vera, J.G., & Montilla, M.M. (2003). Practice schedule and acquisition, retention, and transfer of a throwing task in 6-yr-old children. *Perceptual and Motor Skills, 96,* 1015–1024.

Whitacre, C.A., & Shea, C.H. (2000). Performance and learning of generalized motor programs: Relative (GMP) and absolute (parameter) errors. *Journal of Motor Behavior, 32,* 163–175.

Wilson, P.H., Thomas, P.R., & Maruff, P. (2002). Motor imagery training ameliorates motor clumsiness in children. *Journal of Child Neurology, 17,* 491–498.

Zhou, S., Hou, Z., & Bai, R. (2008). Effect of group assertiveness training on university students' assertive competence. *Chinese Journal of Clinical Psychology, 16,* 665–667.

12

선택

학습 목표

이 장을 읽은 후에 당신은

- 대응 법칙을 기술하고, 상이한 선택 상황에 어떻게 적용되고 있는지 설명할 수 있다.
- 최적화이론을 기술하고, 이론의 예언과 대응 법칙의 예언을 비교하는 연구들을 논의할 수 있다.
- 순간최대화이론을 기술하고, 최적화이론과 어떻게 다른지 설명할 수 있다.
- 자기통제 선택 상황을 정의하고, 실험실과 일상생활의 예를 제시할 수 있다.
- 사람들이 자기통제를 향상시키기 위하여 사용하는 기법을 논의할 수 있다.
- '공유지의 비극' 현상을 설명하고 이를 피할 수 있는 방법을 논의할 수 있다.

모든 행동이 선택을 포함한다고 말하는 것은 결코 지나친 말이 아니다. 가장 빈약한 실험상자 안에서조차 동물은 탐색하기, 앉기, 서기, 몸치장하기, 잠자기 등과 같은 조작적 반응 중에서 선택하여 실행한다. 실험실 밖의 유기체는 선택의 여지가 훨씬 더 많다. 개인은 언제든지 현재의 행동을 지속하거나 다른 행동으로 바꿀 수 있다. 사람과 동물 모두 끊임없이 선택하기 때문에, 선택을 이해하는 것이야말로 행동 그 자체를 이해하는 데 중요하다.

실험실 연구에서 동물의 선택 행동은 질서 정연해서 간단한 수학공식으로 기술할 수 있을 정도이다. 그런 공식 중 하나가 선택에 관한 행동 연구로부터 가장 잘 알려진 원리 중의 하나인 대응 법칙이다.

대응 법칙

Herrnstein의 실험

Herrnstein(1961)은 빨간색과 흰색의 두 개의 반응 키를 가진 상자에서 비둘기를 대상으로 실험을 실시했다. 각 반응 키는 VI 강화계획과 연합되었다. 예를 들어, 한 조건에서 왼쪽 반응 키를 쪼는 것은 VI 135초 계획으로, 오른쪽 반응 키를 쪼는 것은 VI 270초 계획으로 강화받게 하였다. 따라서 왼쪽 키는 2배의 음식 강화물을 제공했다[기술적으로 둘 이상의 강화계획이 동시에 제시될 때 병립 계획(concurrent schedule)이라고 불린다]. Herrnstein의 핵심 질문은 비둘기가 이런 선택 상황에 대해 전부 알게 된 다음, 반응을 어떻게 분산시킬 것인가였다. 그래서 동일한 두 개의 VI계획에서 비둘기를 며칠 동안 훈련시킨 후 반응을 측정하였다. 전형적인 VI계획에서처럼, 비둘기는 자신이 받은 모든 강화물을 위해 많은 반응을 했다. 그러나 가장 흥미로운 점은, 강화물의 2/3를 왼쪽 반응 키에서 얻을 수 있는 이 조건에서 비둘기들이 반응 중 거의 2/3를 왼쪽 반응 키에서 했다는 것이다. 즉, 왼쪽 반응 키에 대한 반응비율이 왼쪽 반응 키에서 제공되는 강화물의 비율과 같다 또는 **대응된다**는 것이다.

다른 조건에서 두 비둘기는 왼쪽 반응 키에서는 강화물의 15%만 받았는데, 그 비둘기들은 반응 키에 대해 15%만 반응했다. 이번에도 왼쪽 반응 키에 반응한 비율은 왼쪽 반응 키에서의 강화비율과 거의 대응되었다. 이와 같은 결과에 기초하여, Herrnstein은 현재 대응 법칙(matching law)이라고 알려진 다음과 같은 일반 원리를 제안하였다.

$$\frac{B_1}{B_1 + B_2} = \frac{R_1}{R_1 + R_2} \tag{12.1}$$

B_1은 유형 1 반응(왼쪽 반응 키 반응)의 횟수이고, B_2는 유형 2 반응(오른쪽 반응 키 반응)의 횟수이다. R_1은 반응 1을 해서 얻은 강화물의 수이고, R_2는 반응 2를 해서 얻은 강화물의 수이다. 식 (12.1)은 두 대안 중 하나를 선택하는 상황에서 한 대안에 대한 반응의 비율은 그 대안에서 제공되는 강화의 비율과 같다고 말한다.

〈그림 12.1〉은 Herrnstein 실험의 모든 조건에서 나온 결과를 나타낸다. x축은 왼쪽 반응 키에 대한 강화물의 비율이고, y축은 왼쪽 반응 키에 대한 반응의 비율이다. 대응 법칙에 따르면 점들은 사선을 따라 위치해야 하는데, 왜냐하면 이 사선은 두 비율이 같음을 나타내기 때문이다. 그림에서 볼 수 있듯이, 모든 점은 선분에 인접해 있다. 대응 법칙은 비둘기의 행동을 잘 기술해준다.

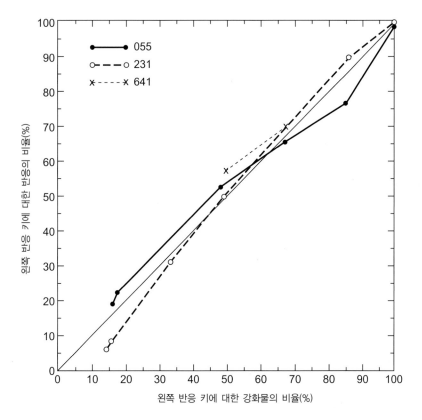

그림 12.1 Herrnstein(1961)의 병립 VI계획에 대한 실험에서 세 비둘기로부터 얻은 결과. 각 점은 다른 조건에서의 결과를 보여준다. 대각선은 대응 법칙의 예측을 나타내는데, 즉 반응비율은 강화비율과 대응된다는 것이다. (Herrnstein, R. J., Relative and absolute strength of response as a function of frequency of reinforcement, *Journal of the Experimental Analysis of Behavior*, 4, 267–272. Copyright 1961 by the Society for the Experimental Analysis of Behavior, Inc.)

대응에 관한 다른 실험

대응 법칙은 동물과 인간 모두를 대상으로 이루어진 광범위한 실험에서 성공적으로 적용되어왔다. 한 실험은 사람들이 한 그룹에서 다른 사람에게 말하는 데 보낸 시간의 비율은 그 사람이 제공한 언어적 강화의 비율과 거의 대응됨을 발견하였다(Conger & Killeen, 1974). 예를 들어, 왼쪽 공모자가 강화의 82%를 제공하였을 때, 참여자는 주어진 시간의 78%를 왼쪽 공모자에게 말하는 데 할애하였다. 이렇게까지 가깝게 일치되는 대응은 여기서 실험을 실시한 기간이 짧았다는 점과, 한 공모자가 다른 공모자보다 원래 더 다정하거나 호감을 줄 가능성 등 여러 혼입 변인(confounding variables)의 존재를 감안할 때 매우 인상적이다.

대응 법칙은 여러 실제 상황에 적용되었다. Billington과 DiTommaso(2003)는 교실에서의 행동을 분석하는 데 대응 법칙이 사용됨을 보여주었다. 대응 법칙에 따르면, 한 학생이 수업에 집중하는 시간과 집중하지 않는 시간의 비율은 각각 제공하는 강화물의 양에 따라 다르다. 공부에 집중하는 시간을 늘리기 원하는 교사는 공부를 하지 않는 시간을 줄이거나(이 일이 어렵기는 해도), 공부에 집중하면 강화물을 증가시키는 방법들(칭찬이나 격려 또는 특권 등)을 찾아야 한다. 그 밖에 대응 법칙이 적용되는 경우는 가정과 직장 일의 갈등을 분석하고(Redmon & Lockwood, 1986), 소비자들이 식품을 구입할 때의 선택을 기술하는 데 (Foxall, James, Oliveira-Castro, & Ribier, 2010) 사용되었다.

대응에서의 이탈

그러나 모든 실험에서 대응 법칙 (12.1)과 일관된 결과를 얻은 것은 아니다. Baum(1974) 은 실험결과가 정확히 대응되지 않고 이탈한 세 가지 유형을 제시하였는데, 각각은 〈그림 12.2〉의 그래프에서 보여준다. 이탈 중 가장 흔한 것은 과소대응(undermatching)으로, 반응 비율이 강화비율보다 일관되게 덜 극단적이다(즉, .5에 근접해 있다). 〈그림 12.2〉에서 보여준 과소대응의 예에서, 왼쪽 강화의 비율이 .8일 때 왼쪽 반응의 비율이 단지 .6에 불과하다. 왼쪽 강화의 비율이 .3일 때, 왼쪽 반응의 비율은 .45이다. 다른 말로 하면, 과소대응은 개인의 선호가 대응 법칙을 따르기보다는 무차별(indifference)에 더 근접한 경우를 기술한다.

과소대응에 대한 한 가지 설명에 따르면, 만일 학습자가 두 개의 대안을 왔다 갔다 하며 급히 선택을 바꾸는 습관을 발달시킨 경우에, 그런 패턴에서는 선택을 바꾼 직후 먹이가 제공됨으로써 우연히 강화받기도 한다는 것이다. [(Herrnstein은 그런 바꾸기 행동이 우연히 강화를 받게 될 가능성을 줄이기 위해서 1.5초의 전환 지연(changeover delay), 즉 비둘기가 반응 키를 바꾼 후 처음 1.5초 동안에는 아무런 먹이가 제공되지 않는 것을 포함시켰다. 이것은 비둘기가 같은 반응 키에 적어도 두 번 이상 연속적으로 반응해야 한다는 것으로, 반응 키를 바꾸는 것에 대하여 우연한 강화를 받지 않도록 해야 함을 뜻한다.] 과소대응에 대한 다른 가설은 동물이 가끔 강화를 틀린 반응에 귀인한다는 것이다(Davision & Jenkins, 1985). 예를 들어, 반응을 하고 강화물을 모으는 사이에 짧은 시간이 지났지만 비둘기는 자신이 어떤 반응 키를 쪼았는지 잊어버릴 수도 있다.

과소대응의 반대는 과잉대응(overmatching)으로, 여기서 반응비율은 강화비율보다 더 극단적이다. 〈그림 12.2〉의 과잉대응에서 강화비율이 .8일 때 반응비율은 .9이고, 강화비율이 .3일 때 반응비율은 .15이다. 과잉대응은 대응 또는 과소대응만큼 흔치 않지만, 강화계획을 바꾸는 것에 대해 상당한 벌칙이 있는 상황에서 관찰되었다. Baum(1982)은 비둘기가 한 반응 키에서 다른 반응 키로 바꾸기 위하여 장애물 주변을 걷거나 장벽을 넘어야 할 때 과잉대응을 발견하였다. 반응 키를 바꾸는 데 포함된 노력이 증가할수록, 비둘기는 반응 키를 바꾸는 횟수를 줄이고 더 나은 VI계획에서 반응하는 데 많은 시간을 할애했는데, 이것이 과잉

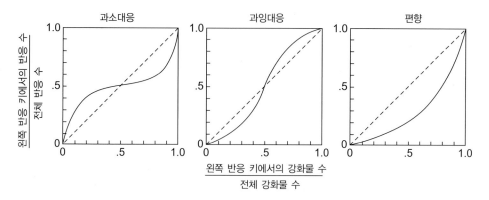

그림 12.2 각 그림에서 점선으로 표시된 대각선은 피험동물의 행동이 대응 법칙(식 12.1)과 완벽하게 일치되는 점을 나타낸다. 실선으로 된 곡선은 완벽한 대응에서 이탈된 세 가지 유형을 나타낸다.

대응을 초래하였다.

대응으로부터의 이탈에서 세 번째 유형은 편향(bias)으로서, 개인이 대응 공식에서 예언되는 하나의 대안에 대해 일관적으로 더 많은 시간을 할애하는 것이다. 〈그림 12.2〉의 예는 오른쪽 반응 키에 대한 편향을 보여준다. 강화비율과 무관하게, 대응 법칙이 예측하는 것보다 오른쪽 반응 키에는 더 많이 반응들이 존재한다. 많은 요인이 편향을 만들어낼 수 있는데, 예를 들면 상자의 특정한 벽면을 선호하거나, 특정 반응 키(한 반응 키가 노력을 적게 요구하면)를 선호하거나, 특정한 색깔(두 반응 키가 서로 다른 색깔이라면)을 선호하는 것 등이다. 어떤 경우는 편향의 이유를 설명하기가 쉽다. 대학 농구 선수가 2점과 3점 슛을 두고 선택을 하는 연구에서, 연구자는 3점 슛에 대해 일관된 편향이 나타난다는 점만 제외하고는, 대응 법칙으로 선수의 선택이 잘 기술됨을 발견하였다(Alferink, Critchfield, Hitt, & Higgins, 2009). 이런 편향이 나타나는 이유는 간단하고 분명하다. 즉, 3점 슛은 2점 슛보다 더 가치가 있기 때문이다.

강화의 질과 양을 변화시키기

약간의 수정을 거쳐서 대응 법칙은 상이한 강화물에 대한 개인의 선호를 측정하는 데 사용될 수 있다. 예를 들어, Miller(1976)는 비둘기에게 상이한 곡물을 강화물로 제공하는 상이한 VI계획을 제시하였다. 강화물의 종류가 밀과 메밀인 경우 Miller는 밀에 대한 비둘기의 강한 선호(편향)를 발견하였다. 대응 공식을 다음과 같은 식으로 수정함으로써, 이러한 편향을 고려할 수 있다.

$$\frac{B_1}{B_1 + B_2} = \frac{Q_1R_1}{Q_1R_1 + Q_2R_2} \tag{12.2}$$

여기서 Q_1과 Q_2는 두 반응 키에서 제공되는 강화의 질(quality)을 나타낸다. 이 공식은 피험 동물의 행동 분포가 상이한 강화계획에 의해 제공되는 강화의 비율과 강화물의 질, 이 두 가지에 의해 결정됨을 보여준다. Miller는 메밀의 질을 임의로 10으로 정해서 Q_b에 할당했 다. 밀의 질을 14로 정해서 Q_w에 할당한 경우 식 (12.2)가 결과를 잘 기술함을 발견하였다. 그는 이 수치가 각각의 밀 강화가 각각의 메밀 강화의 대략 1.4배를 뜻한다고 해석하였다. Miller는 강화물이 삼(hemp)과 메밀인 조건에서 삼의 질인 Q_h는 대략 9.1로, 메밀보다 다소 적다고 추정하였다. 이 수치에 기초해서, Miller는 비둘기가 밀과 삼 중에서 선택을 해야 할 때 14 대 9.1이라는 선호(즉, 편향)를 관찰하게 될 것이라고 예측하였다. 이 실험은 상이한 강화물에 대한 동물의 선호를 척도화하는 데 대응 법칙이 사용될 수 있음을 보여준다. 대 응 법칙은 질이 다른 강화물에 대한 선호를 측정하기 위해 인간(Neef, Mace, Shea, & Shade, 1992)과 소(Foster, Temple, Robertson, Nair, & Poling, 1996)를 대상으로 실시한 연구에서도 사용되었다.

강화의 비율과 질 이외에, 선호에 영향을 주는 다른 변인은 강화물의 양이나 크기이다. 만일 한 반응 키에서는 강화물로 먹이를 2개 주고 다른 반응 키에서는 먹이를 단지 1개만 준 다면, 이것은 분명히 동물의 선택에 영향을 주게 된다. Baum과 Rachlin(1969)은 강화물의 양 이 독립변인일 때, 대응 공식에서 강화물의 비율을 대신해서 사용될 수 있음을 시사하였다.

$$\frac{B_1}{B_1 + B_2} = \frac{A_1}{A_1 + A_2} \qquad (12.3)$$

여기서 A_1과 A_2는 2개의 대안이 제공하는 강화물의 양이다. 어떤 경우에는 식 (12.3)이 매 우 정확하지만(Catania, 1963), 다른 연구에서는 상당한 과소대응이나 과잉대응(Davison & Hogsden, 1984; Dunn, 1982)이 발견되었다.

대응과 강화 상대성

대응 법칙은 강화물의 효율성에 대한 기본적이고도 중요한 점을 시사한다. 얼마나 많은 강 화물이 그 행동에 대해 가능한지를 단순히 아는 것만으로는 얼마나 많은 행동을 그 선택에 (예 : 학생이 수업에 집중하는 것) 쏟아부어야 하는지를 예측할 수 없다. 또한 얼마나 많은 강화물이 다른 선택에도(예 : 수업에 집중하지 않는 것) 가능한지에 관한 정보도 필요하다. 실험 연구에서, 한 레버를 누르는 것이 시간당 20번의 강화물을 준다 하더라도, 두 번째 레 버를 누르는 것이 강화물을 시간당 60번을 주는지 아니면 시간당 오직 5번만을 주는지를 모른다면, 우리는 쥐가 얼마만큼의 시간을 그 레버를 누르는 데 쓰는지를 예측할 수 없다. 강화물의 효과는 상대적인 것이다. 우리는 맥락, 즉 다른 행동에도 가능한 다른 모든 강화물을 고려해야 한다.

　실생활의 예로, 장난감 요요와 같은 강화물을 줄 때 어린 아동의 행동이 어떻게 바뀌는지 예측해보기로 하자. 의미 있는 예측이 되려면 맥락을 고려할 필요가 있다. 만일 8월의 어느 비 오는 날에 요요를 준다면 아동은 몇 시간이나 요요를 가지고 놀 것이다. 아동이 가지고 있던 다른 모든 장난감과 방 안에서 지내는 것에 싫증이 났기 때문이다. 한편 트럭, 비디오 게임, 퍼즐과 같은 한 무더기의 새로운 장난감이 있는 크리스마스라는 맥락에서 요요를 받게 된다면, 요요를 가지고 노는 시간은 매우 짧을 것이다. 풍부한 다른 강화물이 대부분의 주의를 끌기 때문이다.

　전체 강화 맥락이 중요한 역할을 하는 다른 예를 상상해보자. 사람들은 지루할 때 더 많이 먹는 경향이 있다고들 한다. 이는 지루할 때 음식의 강화적 가치가 실제로 증가하기 때문이 아니라 먹기와 경쟁되는 강화물이 거의 없기 때문이다. 강화 맥락이 빈약한 상황의 다른 예로, 자동차 정비나 안과검사를 예약했는데 예정보다 늦어져서 대기실에 앉아 차례를 기다려야 하는 경우를 상상해보자. 기다리는 것 외에 달리 할 일이 없으면, 평소에는 잘 쳐다보지도 않는 2년씩이나 묵은 뉴스위크, 굿 하우스키핑, 옵토메트리 투데이 같은 잡지를 읽고 있는 자신을 발견하게 된다. 이런 오래된 잡지가 주는 별 볼 일 없는 강화적 가치는 별다른 강화물이 없는 상황에서 더 의미를 갖게 된다.

선택 행동의 이론

과학 영역에서는 기술(description)과 설명(explanations)을 구분하는 것이 중요하다. 예를 들어, 물이 얼면 부피가 점차 팽창한다는 말은 단순히 기술일 뿐이지 팽창이 왜 발생하는지를 설명해주지 않는다. 그러나 이렇게 말로 기술하는 것 자체도 매우 유용한데, 미래의 사건을 예측하고 통제하는 것을 돕기 때문이다(예 : 실외에 있는 호스가 터지는 것을 막으려면 호스 안의 물을 미리 빼두면 된다). 한편, 이런 팽창이 수소와 산소 입자가 고체 상태에서 형성하는 결정 구조의 결과라고 한다면 설명이 된다. 설명은 이 현상에 기초하는 입자 사건에 관한 이론이다.

　대응 공식은 선택 행동에 대한 기술 또는 선택 행동의 기제에 관한 이론이라고 볼 수 있다. 우리는 특정한 선택 상황에서의 행동을 기술하는 데 대응 공식이 비교적 정확하다는 것을 보았다. 이제 설명이론으로서의 대응 법칙을 살펴보고, 선택 행동에 대한 다른 이론들과 비교할 것이다.

설명이론으로서의 대응

Herrnstein(1970)은 대응 공식이 선택 행동에 대한 일반적인 설명이론이라고 주장하였다. 기본 생각은 매우 단순한데, 동물이 대응 행동을 나타내는 이유는 그렇게 하도록 만들어졌기 때문이라는 것이다. 즉, 어떤 선택 상황에서든, 동물은 각 대안으로부터 받는 강화물의 가치를 측정할 수 있으므로(여기서 '가치'는 강화물의 비율, 크기, 그리고 질과 같은 요인), 동물은 여러 대안의 가치 비율에 따라 행동을 분산시킬 수 있게 된다. 이 이론에 따르면, 대응법칙은 현재의 VI계획에서의 행동을 기술하는 것만은 아니다. 대응은 동물이 실험실이나 들판 등 모든 상황에서 어떻게 선택을 하는지를 설명하는 일반 원리이다.

최적화이론

대응이론의 주요한 경쟁자는 최적화이론이다. 제8장에서 논의되었듯이, 어떤 심리학자와 경제학자는 최적화이론(optimization theory)이 사람과 동물 모두의 선택을 설명하는 일반 이론이라고 제안하였으며, 많은 실험들은 이 이론의 예측들을 지지하였다. 어떤 심리학자는 병립 VI계획에서 대응이 발생하는 이유 역시 최적화이론으로 설명할 수 있다고 제안하였다(Siberberg, Thomas, & Berendzen, 1991). 그들은 이런 상황에서의 행동이 대응 법칙으로 만족스럽게 기술될 수 있지만, 대응 행동을 실제로 설명하는 것은 최적화이론이라고 말한다.

이런 논리를 검토하기 위하여, 병립 VI 30초(왼쪽 반응 키) VI 120초(오른쪽 반응 키) 계획에 놓인 비둘기를 상상해보자. Rachlin, Green, Kagel과 Battalio(1976)는 두 반응 키에 대한 상이한 반응 분산 방식이 전체 강화비율에 어떤 영향을 주는지 알기 위하여 일련의 컴퓨터 시뮬레이션을 실시하였다. 이 시뮬레이션의 결과가 〈그림 12.3〉에 나와 있다. 만일 비둘기가 왼쪽 반응 키에만 반응하면, 비둘기는 매 시간 120개의 강화물을 얻게 된다(그림 12.3의 오른쪽 끝부분). 만일 비둘기가 오른쪽 반응 키에만 반응하면, 비둘기는 매 시간 30개의 강화물을 얻게 된다(그림 12.3에서 왼쪽 끝부분). 그러나 각 반응 키에 약간씩 반응하면, 비둘기는 두 계획으로부터 많은 강화를 얻을 수 있었다. 컴퓨터 시뮬레이션은 비둘기가 왼쪽 반응 키에서 80% 반응하면 가장 높은 강화비율(그 지점은 대응 행동 지점이기도 하다)을 얻을 수 있다고 말했다. 왼쪽 키가 강화물의 80%를 제공하기 때문이다. 대체적으로 Rachlin과 동료들은 어떤 일반적인 VI계획에서든지, 대응 행동은 강화비율을 최대화시킨다고 제안하였다. 간단히 말해서, 그들은 대응이 병립 VI계획과 함께 일어난다고 제안하였는데, 그것이 반응할 수 있는 최적의 방법, 즉 매칭이 제일 높은 강화비율을 제공하기 때문이다.

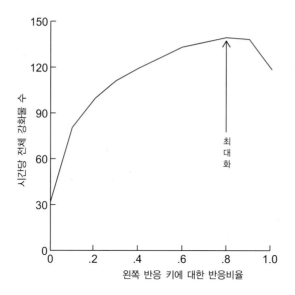

그림 12.3 병립 VI 30초(왼쪽 반응 키) VI 120초(오른쪽 반응 키) 계획에 대한 Rachlin 등(1976)의 컴퓨터 시뮬레이션 예측. 이 예측에 따르면 이 병립 계획에 놓인 동물은 반응의 80%를 왼쪽 반응 키에서 함으로써 강화를 최대화할 것이다.

최적화 검사 대 대응 검사

과학 이론을 비교할 때 일반적으로 이론이 서로 다른 예측을 하는 상황을 찾고 실제로 무슨 일이 발생하는지 확인하는 방략을 사용한다. 극소수의 실험에서만 대응 법칙의 예측과 최적화이론의 예측이 뚜렷이 구분되는 선택 상황을 검토하였다.

필자가 비둘기를 대상으로 수행한 실험 역시 두 이론을 비교하기 위해 설계되었다 (Mazur, 1981). 필자의 실험은 여러 면에서 Herrnstein(1961)의 대응에 관한 원래 실험과 비슷하였다. 비둘기들은 빨간색과 초록색 두 반응 키 중 어느 하나를 쫄 수 있었다. 때때로 둘 중 한 반응 키를 쪼면 반응 키의 불빛이 꺼지고 먹이가 3초간 제시되었다. 한 가지 중요한 차이는 Herrnstein의 경우 2개의 상이한 VI계획을 사용한 반면, 필자는 단일한 VI계획이 무선으로 두 반응 키에 할당되어 먹이를 제공했다는 점이다. 이 차이가 중요한 이유는 먹이가 하나의 반응 키에 할당될 때마다 VI 타이머는 먹이를 받아갈 때까지 중단되기 때문이다. 이 것은 VI 타이머가 계속해서 작동하기 위해서는 비둘기가 두 반응 키 모두에 자주 반응해야 했음을 의미한다. 그러므로 비둘기에게 최적의 방략은 이쪽저쪽 자주 이동하면서 각 반응 키에 절반씩 반응하는 것이었는데, 그 이유는 이렇게 해야 타이머가 계속 작동하여 먹이가 지속적으로 제공될 수 있기 때문이다.

한 조건에서 시간당 음식 제공은 모두 반응 키에 대해서 동일했고, 비둘기는 각 반응 키에 대하여 50%씩 반응하면서 최적으로 수행하였다(이것 역시 대응이라고 할 수 있다). 그러나 두 번째 조건은 최적화와 대응 간의 결정적 검사를 제공하였다. 이 조건에서 빨간색 반응 키에 대한 90%의 먹이 제공은 '어두운 반응 키 단계(dark-key period)'로 대치되었는데, 이 단계에서는 반응 키가 3초간 꺼지고 먹이가 제공되지 않는다. 이런 변화에도 불구하고, 최적 방략은 여전히 각 반응 키에 대해 반응의 50%를 하면서 두 반응 키 사이를 빈번히 오고 가는 것이었다. 이 방략은 VI 타이머가 계속 작동하게끔 만든다. 그러나 대응 법칙은 비둘기가 이제 초록색 반응 키에 더 많이 반응할 것으로 예측하는데, 거기서 10배나 더 많은 먹이 강화물을 제공하기 때문이다. 그리고 비둘기는 실제로 이렇게 반응하였다. 비둘기는 주로 초록색 반응 키에 반응하여, 결과적으로 초록색 반응 키에 평균 86% 반응하였다(이것은 강화물의 92%를 제공하였다). 그러나 비둘기가 빨간색 반응 키에 너무 적게 반응했기 때문에 VI 타이머가 자주 멈추었고, 그 결과 비둘기는 잠재적 강화물의 29%를 잃게 되었다. 다른 조건에서, 비둘기는 최적화보다 대응에 의해 잠재적 강화의 3/4 이상을 잃었다.

이 실험 절차가 매우 복잡해 보여도 결과는 간단하다. 최적화이론의 예측대로 비둘기는 항상 각 반응 키에 50%씩 반응하는 경향이 있으나, 대응 법칙의 예측대로 어느 쪽이든지 더 많은 강화물을 제공하는 반응 키를 선호했다. 그러나 그렇게 함으로써, 비둘기는 VI 타이머를 늦추게 되었고 잠재적 강화를 많이 잃게 되었는데, 이것은 최적화이론의 예측과는 정반대였다.

심리학자는 다양한 실험 절차를 사용해서 대응 법칙과 최적화이론을 비교하였다. VI계획과 VR계획이 포함된 선택 상황에서, 최적화이론은 동물이 VR계획에 많이 반응할 것으로 예측한다. 그 이유는 VI계획에서 대부분의 반응이 헛되이 버려지지만, VR계획에서는 반응 하나하나가 강화물에 가까워지도록 만들기 때문이다. 동물을 대상으로 수행한 몇몇 실험의 결과는 이 예측을 지지하지 않았으나, 이는 대응 법칙의 예측과 일관된다(DeCarlo, 1985; Vyse & Belke, 1992). 돈을 벌려고 일하는 대학생을 대상으로 수행된 연구에서도 비슷한 결과가 나왔다. 학생은 최적화이론이 예측하는 것보다 VI계획에 더 많은 시간을 할애했으며, 그들의 선택은 대응 법칙의 예측에 근접하였다(Savastano & Fantino, 1994).

동물과 사람을 대상으로 한 많은 실험들은 대응이론과 최적화이론의 예측을 검증해왔다. 어떤 실험들은 대응이론을 지지하고 최적화이론과는 일치하지 않는 증거들을 발견했으나(Jacobs & Hackenberg, 2000; Heyman & Herrnstein, 1986), 다른 몇몇 실험은 최적화이론을 지지하는 증거들을 발견하였다(MacDonall, Goodell, & Juliano, 2006; Sakagami, Hursh, Christensen, & Siberberg, 1989). 각 이론을 지지하는 증거와 함께, 어떤 심리학자는 계속 최적화이론을 지지하였으나, 다른 학자는 대응이론을 지지하였다.

대응이론, 최적화이론이 모두 유기체의 오랜 기간(예 : 전체 실험 회기)에 걸친 반응의 분포를 다루기 때문에 대단위이론(제6장 참조)으로 분류될 수 있다. 몇몇 연구자들은 이제 선택 행동에 대한 완벽한 설명이 소단위이론에서 나올 것이라고 믿고 있는데, 이 이론은 매순간의 행동을 예측하고자 하며 단기간의 결과가 선택에 큰 영향을 준다고 가정한다. 선택에 관한 소단위이론 중 하나를 다음 절에서 소개하겠다.

순간최대화이론

간단히 말해서, 순간최대화이론(momentary maximization theory)의 기본 전제는 개인이 매순간마다 그 순간에 최고 가치를 지닌 대안을 선택한다는 것이다. 순간최대화이론과 최적화이론은 두 이론 모두 사람과 동물이 선택의 가치를 최대화하고자 한다고 진술하지만 두이론이 예측하는 바는 종종 서로 다른데, 그 이유는 단기적으로는 최선의 선택이 장기적으로 볼 때 늘 최선은 아니기 때문이다. 다이어트를 하는 사람이 디저트로 저지방 요구르트와 딸기 아이스크림 중 하나를 선택해야 한다고 생각해보자. 그 순간에는 딸기 아이스크림이 더 먹음직스럽겠지만, 다이어트를 하는 사람에게는 길게 봤을 때 요구르트가 더 낫다. 단기간의 이익과 장기간의 이익 간의 갈등이 포함된 선택은 이 장의 뒷부분에서 자세히 검토할 것이다. 현재의 포인트는 순간적 최대화 방략과 전반적 최적화가 매우 다른 결정을 초래할 수 있다는 것이다.

　순간최대화이론이 어떻게 작용하는지 이해하기 위해서 구체적인 예가 도움이 될 것이다. 더 읽기 전에, 〈글상자 12.1〉에 묘사된 가설적 도박 게임을 한다고 하자.

　〈글상자 12.1〉에서 묘사된 게임과 같은 상황들에서, 순간최대화이론은 참여자들이 각 시

글상자 12.1　　## 연구 적용하기

당신은 순간최대화이론을 사용할 수 있는가?

이 게임을 아홉 번 시행한다고 상상해보자. 2개의 문이 달린 판 앞에 앉아서 당신은 매번 둘 중 하나의 문을 열면 된다. 문 뒤에 1달러가 있을 수도 있고(이 경우 따는 것임) 없을 수도 있다. 1달러가 문뒤에 놓일지 놓이지 않을지 여부는 다음 규칙에 따라 결정된다. 각 문을 조절하는 룰렛이 있는데, 매시행이 시작되기 전에 룰렛이 돌아간다. 문 1의 룰렛에서 딸 확률이 10%이고 문 2의 룰렛에서 딸 확률은 20%이다. 그러므로 이 게임의 첫 시행에서는 각 문에 대한 룰렛의 결과에 따라서 돈이 양쪽 문 뒤에 놓여 있거나, 어느 한쪽 문 뒤에 놓여 있거나, 양쪽 문 뒤에 아예 돈이 없을 수 있다. 당신은 첫 번째 시행에서 어떤 문을 선택하겠는가?

　나머지 여덟 번의 시행에서는 두 개의 추가 규칙이 적용된다.

1. 일단 1달러가 어느 한쪽 문 뒤에 놓이면, 그 돈은 당신이 집어들 때까지 거기 놓여 있다. 따라서 만일 시행 4회에서 1달러가 문 1 뒤에 놓여 있었다면, 1달러는 문 1을 선택할 때까지 거기 놓여 있

을 것이다.

2. 한쪽 문 뒤에는 한 번에 1달러 이상 놓일 수 없다. 예를 들어, 만일 1달러가 시행 4에서 문 1 뒤에 놓이고 그 돈을 시행 7까지 집지 않으면 룰렛의 회전이 시행 5, 6, 7에서는 돈과 무관한데 돈은 더 이상 문 1 뒤에 놓이지 않을 것이기 때문이다. 그러나 문 2의 룰렛은 그 시행에서 여전히 중요한데, 그 이유는 어느 시행에서든 그 돈이 사람에게 지불되기 때문이다. 다른 말로 하면, 문 2는 문 1에서 발생하는 사건의 영향을 받지 않고, 마찬가지로 문 1 역시 문 2의 영향을 받지 않는다.

아래의 표에서, 9회 각각의 시행에서 어떤 문을 선택할 것인지를 결정해라.

시행 1 : 문 1 혹은 문 2
시행 2 : 문 1 혹은 문 2
시행 3 : 문 1 혹은 문 2
시행 4 : 문 1 혹은 문 2
시행 5 : 문 1 혹은 문 2
시행 6 : 문 1 혹은 문 2
시행 7 : 문 1 혹은 문 2
시행 8 : 문 1 혹은 문 2
시행 9 : 문 1 혹은 문 2

많은 사람들에게, 순간최대이론을 선택하는 것은 쉽지 않다. 이 게임의 방략에 대한 설명을 듣기 위해서 다시 본문으로 돌아가라.

행에서 어떤 대안이든 강화의 확률이 더 높은 대안을 선택한다고 예측한다. 처음 두 시행에서, 순간최대화이론은 문 2에 대한 강화 확률이 더 높으므로 문 2를 선택할 것으로 예측한다. 그러나 두 번에 걸쳐 문 2를 선택한 후에는 (여기에서는 설명하지 않지만, 기초적인 확률 규칙을 사용하면) 1달러가 문 2 뒤에 있을 확률은 20%이나, 1달러가 문 1 뒤에 있을 확률은 27.1%가 된다(이제 세 시행 동안 1달러가 문 1 뒤에 놓여 있을 것이므로). 그러므로 순간적 최대화를 추구하는 참가자는 시행 3에서 문 1을 선택할 것이다. 시행 3에서 문 1을 확인한 다음에는 시행 4에서 문 2로 되돌아가는 것이 최선인데, 그 이유는 이제 문 2가 이길 확률이 문 1보다 커졌기 때문이다. 순간적 최대화를 추구하는 사람은 9회 시행에서 2, 2, 1, 2, 2, 1, 2, 2, 1의 패턴을 보일 것이다. 당신의 선택은 순간적 최대화 방략과 얼마나 유사했는가?

이 가설적 도박 게임은 병립 VI계획과 매우 비슷하다. 두 개의 룰렛은 두 개의 독립된 VI 타이머와 비슷하고, VI 타이머와 마찬가지로 룰렛은 한 번에 한 개의 강화물을 저장할 뿐이다. 그러므로 당신은 순간최대화이론에서 병립 VI계획에 대한 동물의 행동을 어떻게 예측하는지 예상할 수 있다. 동물의 매 순간의 선택에 적용되는 질서 정연한 순환적 선택이 있다. 물론 순간최대화이론의 옹호자는 동물들이 완벽한 순간적 최대화 행동을 할 것이라고 기대하지는 않는다. 그러나 그들은 동물이라 할지라도 높은 확률로 강화를 제공하는 대안을 선택하는 경향이 있을 것이라고 예측한다. 예를 들면, 두 개의 VI계획 중 더 나은 계획에 대해 몇 번 지속적으로 반응한 후에 동물은 다른 VI계획으로 바꾸는 경향이 있다(반응 도중에 강화물이 이쪽 VI계획에 저장될 수 있기 때문에). 순간최대화이론에 따르면, 대응 행동은 동물이 매 순간의 질서 정연한 선택을 한 결과로 발생한 우연한 부산물일 뿐이다. 대조적으로 선택에 대한 대단위이론은 동물의 매 순간의 선택이 질서 정연한 패턴이라고 예측하지 않는데, 그 이유는 이 이론은 동물의 행동이 순간순간 변하지 않는 변인(예 : 전체 강화비율)에 의해 통제되기 때문이라고 가정하기 때문이다.

동물들이 대응 행동을 나타낼 때, 여기에는 질서 정연한 순간적 패턴이 있는가, 없는가? 어떤 경우는 그런 패턴이 있는 것처럼 보이지만 항상 그런 것은 아니다. 어떤 연구는 그런 패턴을 발견했지만(Shimp, 1966; Silberberg, Hamilton, Ziriax, & Casey, 1978), 다른 연구는 그렇지 못했다(Heyman, 1979; Nevin, 1969). Nevin(1979)은 질서 정연한 일련의 반응을 찾기 위하여 여러 방식으로 자료를 분석했으나 아무것도 발견하지 못했다. 그렇지만 대단위 수준에서 볼 때, 자료는 매우 질서 정연했다. 비둘기의 전반적 선택 비율은 대응 법칙으로 잘 기술될 수 있다. 한 흥미로운 연구에서 Hinston과 Staddon(1983)은 비둘기가 두 개의 VI 반응 키 각각을 표집한(쪼았던) 이후의 시간을 지속적으로 기록했다. 그들은 시간을 매우 중요한 변수로 간주했는데, VI계획에서 실제로 강화물이 주어질지를 결정하는 것은 반응의 수가 아니고 시간의 경과이기 때문이다. 그들은 비둘기가 다음과 같은 비교적 간단한 규칙을 사용하면 순간적 최대화 방략을 따를 수 있었음을 보여주었다. 그 규칙이란, 만일 강화계획 1이 강화계획 2보다 가령 세 배나 많은 강화물을 제공한다면, 강화계획 2를 최종 점검한 이후 경과된 시간이 강화계획 1을 최종 점검한 이후 경과된 시간보다 세 배 이상 경과되었다면 강화계획 2를 점검해야 한다는 것이다. 연구자는 비둘기의 행동이 순간최대화이론의 입장에서 보면 그렇게 완벽하지 않지만, 그들의 반응 대부분이 이 규칙을 따랐음을 보여주었다.

최근에 다른 여러 연구는 동물의 매 순간 선택이 마지막 반응 이후에 경과된 시간(Brown & Cleveland, 2009) 또는 어떤 반응이 강화를 제공했는지(Aparicio & Baum, 2009; Lau & Glimcher, 2005)와 같은 단기간의 다양한 요인의 영향을 받는다는 추가 증거를 발견하였다. 이 결과들이 반드시 순간최대화이론을 지지한다고 볼 수는 없지만, 동물의 매 순간의 선택이 대단위의 강화 수반성이 아니라 소단위의 사건에 의해 분명히 영향을 받는다는 것을 보여준다.

시간이 지나면서, 선택에 대한 많은 행동이론들이 제안되었다. 이론들 중 일부는 **혼합이론**(hybrid theory)이라고 하는데, 그 이유는 대단위와 소단위 변수 모두가 선택에 영향을 준다고 가정하기 때문이다(Fantino & Silberberg, 2010; Grace, 1994; Killeen, 1982). 이 이론들은 수학적으로 꽤 복잡하기 때문에 여기서는 다루지 않을 것이다. 선택에 관한 어떤 이론이 가장 정확하다고 증명될지 알 수 없지만, 단기적 요인이 선택 행동에 큰 영향을 준다는 소단위이론의 일반적 주장을 아무도 논박할 수 없을 것이다. 다음 절은 작지만 즉각적 강화물과, 크지만 지연된 강화물이 경쟁할 때, 작은 즉각적 강화가 더 빈번히 선택됨을 보여줄 것이다.

연습 퀴즈 1 : 제12장

1. 대응 법칙에 따르면, 동물이 한 강화계획에서 원하는 강화의 75%를 받으면, 그 동물은 그 계획에서 반응의 _____를 한다.
2. 동물이 어떤 강화계획에서 강화물의 20%를 얻지만, 그 계획에서 반응의 30%를 하는 것을 _____(이)라고 부른다.
3. _____이론은 개인은 장기적으로 그들에게 가장 큰 가치를 주는 선택을 할 것이라고 주장한다.
4. 최적화이론의 예언과 대응 법칙의 예언을 비교하기 위한 실험들에서, 결과는 일반적으로 _____을 지지한다.
5. _____이론에 따르면, 동물은 어느 대안이든지 그 순간에 가장 높은 가치를 제공하는 대안을 선택할 것이다.

해답
1. 75% 2. 과소대응 3. 최적화 4. 대응 법칙 5. 순간최대화

자기통제 선택

사람들은 매일 자신의 단기적 이익과 장기적 이익이 서로 갈등하는 상황에서 선택을 한다. 출석이 중요한 비중을 차지하는 월요일 아침 수업을 수강하는 대학생에 대해 생각해보자. 일요일 밤에, 그 학생은 수업시간에 제대로 도착할 만큼 충분히 이른 시간에 자명종 시계를 맞추어놓는다. 한 시간 잠을 더 자는 것보다는 수업에 출석하기(좋은 성적을 받을 수 있는 기회를 증가시키기 위해)를 선택했다. 신중한 선택처럼 보이지만, 불행하게도 그 학생에게는 마음을 바꿀 충분한 시간이 있다. 월요일 아침에 자명종 시계가 울릴 때, 수업에 가기보다는 침대의 따뜻함과 안락함에 끌려서 자명종 시계를 끄고 다시 잠을 잔다. 그날 늦게, 자신의 선택을 후회하고 그 수업에 다시는 빠지지 않겠노라고 다짐할 것이다.

이것은 일반적인 **자기통제 선택**(self-control choice)의 예로서, 작지만 즉각적 강화물과 크지만 지연된 강화물 사이의 선택을 포함한다. 작은 강화물은 추가적인 수면 시간이고, 지연된 큰 강화는 수업에 참석한 결과로 얻는 더 좋은 성적이다. 자기통제 상황에서 한 가지 주

목할 특징은 개인의 선호가 시간에 걸쳐 체계적으로 변할 수 있다는 점이다. 일요일 밤, 그 학생이 자명종 시계를 적절한 시간에 맞추어놓은 것으로 보면 잠을 더 자는 것보다는 수업에 출석하는 것(그리고 그것에 따른 장기적 이익)을 선호한 것임에 틀림없다. 다음 날 아침, 학생의 선호가 바뀌어서 더 자는 편을 선택하였다. 그날 시간이 좀 지나서, 그 학생은 선택을 후회하고 앞으로 다른 결정을 하겠다고 다짐하였다.

자기통제 상황이 흔하다고 생각되지 않는다면, 다음과 같은 일상적 결정을 보기로 하자. 각 사례에서 작고 더 즉각적인 강화물과 더 크고 지연된 강화물이 무엇인지 알 수 있을 것이다.

1. 흡연을 할 것인지 또는 금연을 할 것인지
2. 겨울철 실내 온도를 섭씨 18도로 유지할 것인지 또는 더 높은 온도로 맞추어서 월말에 더 많은 가스비 고지서를 받을 것인지
3. 다이어트 중인데, 저칼로리의 요구르트 또는 고칼로리의 아이스크림 중에서 어느 것을 디저트로 선택할 것인지
4. 같은 방을 쓰는 친구에게 화내면서 소리를 지를 것인지 또는 마음을 진정하고 괜한 말을 하는 것을 피할 것인지
5. 당신이 원하는 큰 물건(예 : 자동차)을 사기 위해 돈을 절약할 것인지 또는 그 돈을 매주말 파티에 쓸 것인지

각각의 예에서, 개인의 선호가 시간에 걸쳐서 어떻게 바뀌는지를 알 수 있을 것이다. 내일부터 다이어트를 시작하겠다고 말하기는 쉽다. 월요일이나 화요일에, 주말마다 쓰는 돈을 절약해서 차를 사기 위해 저축하겠다고 결정하기는 쉽다. 그러나 최종적으로 선택할 때까지 이런 결심을 지키기는 더욱 어렵다. Herrnstein과 Mazur(1987)는 자기통제 선택에서 시간에 걸쳐서 선호를 바꾸는 경향이 최적화이론을 위반하는 강력한 증거라고 주장하였다. 만일 사람들이 최종적으로 자신의 만족을 최적화하는 방략을 따른다면, 그들은 일관성 있게 대안을 선택해야 한다.

글상자 11.2　　화제의 연구

지연 할인 측정하기

자기통제 선택은 강화물의 강도 또는 가치가 지연과 함께 어떻게 감소하는지를 매우 잘 보여준다. 이 효과는 **지연 할인**(delay discounting)이라고 한다. 지연 할인이 무엇인지 알아보기 위하여, 당신

이 도박에 당첨되었을 경우 1,000달러를 1년 후에 받는 것과 더 적은 금액을 오늘 당장 받는 것 중에서 선택을 한다고 상상해보자. 더 읽기 전에 아래에 있는 질문에 답하라. 맞거나 틀린 답은 없지만, 이러한 선택이 실제로 있는 것처럼 생각하고 답하라.

A. 오늘 1000달러 혹은 B. 1년 후 1000달러
A. 오늘 950달러 혹은 B. 1년 후 1000달러
A. 오늘 900달러 혹은 B. 1년 후 1000달러
A. 오늘 800달러 혹은 B. 1년 후 1000달러
A. 오늘 700달러 혹은 B. 1년 후 1000달러
A. 오늘 600달러 혹은 B. 1년 후 1000달러
A. 오늘 500달러 혹은 B. 1년 후 1000달러
A. 오늘 400달러 혹은 B. 1년 후 1000달러
A. 오늘 300달러 혹은 B. 1년 후 1000달러
A. 오늘 200달러 혹은 B. 1년 후 1000달러
A. 오늘 100달러 혹은 B. 1년 후 1000달러
A. 오늘 50달러 혹은 B. 1년 후 1000달러

이와 같은 일련의 가설적 선택을 할 때, 대부분의 사람은 대안 A를 선택하는 것으로 시작하지만, 어떤 지점에서 그들의 선호는 대안 B로 바뀐다. 예를 들어, 한 대학생이 오늘 700달러를 받는 대안 A를 선택했지만, 다음 질문(오늘 600달러)에 대하여 대안 B(1년 후 1,000달러)를 선택했다고 하자. 선호가 700달러에서 600달러로 바뀌었기 때문에, 이 두 값 간의 어떤 지점이 **무차별점** (indifference point), 즉 그 학생이 똑같이 선호하는 지연과 양의 조합이라고 결론을 내릴 수 있다. 이 학생에게는 오늘 650달러를 받는 것이 1년 후에 1,000달러를 받는 것의 가치와 동일하다고 추정할 수 있다(650달러는 700달러와 600달러의 중간이기 때문이다).

이와 같은 질문들은 강화물의 가치가 지연과 함께 얼마나 감소하는지를 추정하기 위해 지연 할인을 측정한 많은 연구들에서 사용되었다. Green, Fry와 Myerson(1994)은 세 연령 집단을 비교했는데, 지연 할인의 속도가 12세 아동에서 가장 빨랐고, 그다음으로 20세 대학생들이었고, 그리고 60대 성인에서 가장 느렸음을 발견하였다. 다른 말로 하면, 고령 집단은 어리거나 젊은 집단보다 더 크고 지연된 강화를 기다리려는 경향이 컸다. 다른 연구는 흡연자가 비흡연자보다 지연 할인의 속도가 더 빠르고(Mitchell, 1999), 약물이나 알코올중독자(Bickel, Koffarnus, Moody, & Wilson, 2014), 그리고 병적인 도박 중독자(MacKillop et al., 2014)에게서 빠르다는 것을 발견하였다. 여러 요인이 지연 할인 속도에 영향을 주는데, 그 속도는 사람과 상황마다 다르다(Odum, 2011).

Ainslie-Rachlin 이론

지연 할인이라는 개념을 이해하기는 어렵지 않지만, 사람들의 선호가 자기통제 상황에서 시간에 걸쳐서 변하는 이유가 무엇인지 설명하기 위하여 이 개념을 한 단계 더 검토해야 한다. 다음 날 아침 일찍 강의를 들으러 가기 위해 전날 밤에 자명종 시계에 시간을 맞추어놓

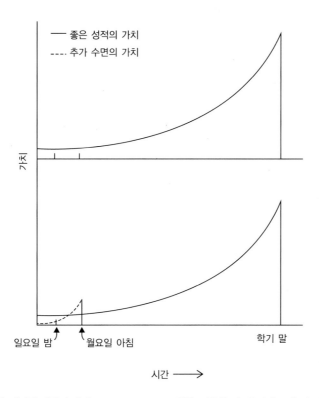

그림 12.4 교과서에 제시된 가설적 예에 Ainslie-Rachlin 모형을 적용한 것. 상단의 그래프는 좋은 성적의 주관적 가치가 성적을 받을 시점이 가까워지면서 어떻게 증가하는지를 보여준다. 하단의 그림은 추가 수면의 가치가 수면 시간이 가까워지면서 어떻게 증가하는지 보여준다. 이들의 가치가 변하기 때문에, 사람들은 어떤 시점(예 : 일요일 밤)에는 좋은 성적을 선호하지만 다른 때(예 : 월요일 아침)에는 더 자는 것을 선호한다.

고도, 왜 그 다음 날이 되면 계속 잠을 자면서 수업에 빠지는가? 이와 같은 질문에 답하기 위하여 George Ainslie(1975)과 Howard Rachlin(1970)는 Ainslie-Rachlin 이론(Ainslie-Rachlin theory)이라고 알려진 자기통제와 비슷한 생각을 독자적으로 발전시켰다.

　지연 할인의 개념에 기초해서, 이 이론은 강화물의 가치가 강화물을 선택해서 받을 때까지 지연 기간이 증가함에 따라 감소한다고 가정한다. 〈그림 12.4〉의 상단의 경우, 좋은 성적의 가치가 학기 말에는 높지만, 문제의 일요일과 월요일에 보면 그 시점이 매우 먼 미래이기 때문에 가치가 매우 낮음을 보여준다. 하단의 경우, 상이한 시점에서 봤을 때 한 시간 추가 수면 시간의 가치가 제시되어 있으며, 같은 법칙이 이 강화물에도 적용된다. 강화물을 선택하고 이것을 받기까지 지연 기간이 클수록 그 가치는 더 작아진다. 이 이론의 두 번째 가정, 이것은 매우 합리적인 가정인데, 참여자가 선택의 순간 가장 높은 가치를 지닌 강화물을 선택하게 된다고 가정한다. 〈그림 12.4〉의 곡선에서 볼 수 있듯이, 좋은 성적의 가치는 일요일 밤에 더 높기 때문에 학생은 수업에 갈 생각으로 자명종 시계를 맞추어놓는 것이다.

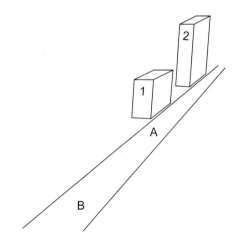

그림 12.5 A 지점에 서 있는 사람에게는 건물 1의 시각이 건물 2의 시각보다 더 커보인다. B 지점에 있는 사람에게는 그 반대가 적용된다. 물리적 거리는 시간을, 크고 먼 건물은 크고 지연된 강화물을, 그리고 작고 가까운 건물은 작고 즉각적인 강화물을 나타내는데, 이러한 상황은 자기통제 상황과 비슷하다.

그러나 월요일 아침이 되면 한 시간 잠을 더 자는 것의 가치가 상당히 증가하는데, 그 이유는 수면이라는 강화물의 근접성 때문이다. 이제 좋은 성적보다는 잠을 더 자는 것의 가치가 더 크기 때문에, 그 학생은 더 즉각적 강화를 선택한다.

만일 〈그림 12.4〉의 곡선을 이해하기 어려우면, 시간과 거리 간의 유추를 그림으로 그려 보면 쉽게 이해가 될 것이다. 〈그림 12.5〉는 거리 왼편에 두 건물이 있는 긴 거리를 스케치한 것이다. 건물들은 자기통제 상황에서 두 개의 강화물과 비슷하다. 건물 2가 확실히 더 크지만, A 지점에 있는 사람에게는 건물 1이 더 커보인다. 그렇기 때문에 A 지점의 조망에서 건물 1이 더 크게 보인다고 말할 수 있다(사람들은 분명히 거리를 고려할 수 있는 능력이 있으며, 이런 착시에 의해 속지 않을 것이다). 한편, B 지점에서는 두 건물 모두 작아 보이지만 건물 2를 보는 시각이 건물 1을 보는 시각보다 더 커진다. 따라서 두 건물로부터 뒤로 물러서면, 두 건물의 상대적 크기에 대하여 더 나은 조망을 얻을 수 있다. 비슷하게 두 강화물(예 : 한 시간 잠을 더 자는 것과 더 나은 학점)을 멀리서(예 : 수업 전날 밤) 검토하면, 두 강화물의 가치에 대해서 '더 잘 조망할 수 있으므로' '더 큰' 강화물을 선택하기가 쉬워진다.

월요일 아침, 한 시간 더 자는 것이 더 가깝기 때문에 가치를 왜곡시켜 바라볼 수밖에 없는 그 시점에 학생이 자기 마음대로 결정을 바꿀 수 있다는 것이 문제이다. 만일 그 학생이 일요일 밤에 내린 결정을 어떻게든 지키기로 다짐한다면, 크고 지연된 강화를 얻을 더 좋은 기회를 갖게 될 것이다. 이런 가능성을 이용하는 한 방법이 **사전 약속**(precommitment)이다. 나중에 바꾸기 어렵거나 바꿀 수 없는 결정을 미리 내리는 것이다. 예를 들어, 일요일 밤에 그 학생은 같은 강의를 듣는 친구에게 월요일 아침 학교 갈 때 자기 집에 들러서 함께 가

자고 말하고 "싫어."라는 답은 받아들이지 말라고 요청한다. 이렇게 한다고 마음 바꾸기가 불가능해지는 것은 아니지만, 잠자리에 머물러 있는 것을 더 어렵고 당황스럽게 만든다. 요약하면, 친구에게 자기를 데리고 가 달라고 요청함으로써 강의에 가기로 사전 약속을 할 수 있다. 사전 약속이라는 기법은 충동적 선택을 피하기 위해서 효율적이다.

자기통제에 관한 동물 연구

Ainslie-Rachlin 이론을 지지하는 여러 연구가 동물을 대상으로 이루어졌다. Green, Fischer, Perlow와 Sherman(1981)의 연구는 만일 Ainslie-Rachlin의 이론이 옳다면 예상할 수 있는 선호 역전(preference reversal)을 보여주었다. 실험에서 비둘기는 매일 여러 시행에 참여하였는데, 매 시행에서 두 반응 키 중 하나를 선택해서 쪼았다. 빨간색 반응 키를 쪼면 2초간, 초록색 반응 키를 쪼면 6초간 곡물이 제공되었다. 반응 키를 쫀 후 강화물이 제공되기까지 짧은 지연이 있었다. 예를 들어, 한 조건에서는 2초간의 강화물을 받기 위해서는 2초의 지연이, 그리고 6초간의 강화를 받기 위해서는 6초의 지연이 있었다(그림 12.6). 이 조건에서, 비둘기들은 2초간의 강화물을 선택하느라 거의 매 시행에서 충동적 행동을 했다. 이렇게 한다고 다음 시행을 앞당길 수 없었는데, 왜냐하면 어떤 반응 키를 선택하든지 시행이 40초 간격으

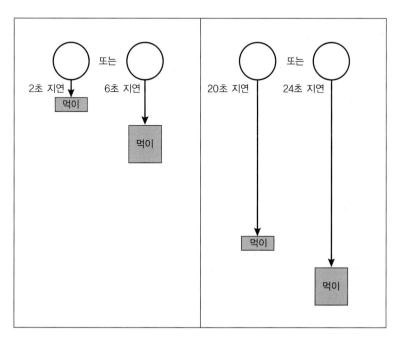

그림 12.6 Green 등(1981)의 실험에서 두 조건의 절차. 작고 큰 강화에 대한 지연이 2초, 6초였을 때 비둘기는 보통 작은 강화물을 선택했다(왼쪽 그림). 두 조건 모두에 18초를 더 지연시켰을 때 비둘기는 보통 더 큰 강화물을 선택했다(오른쪽 그림).

로 발생했기 때문이다. 이 행동은 분명히 최적화이론과는 일관되지 않는다. 최적의 해결책은 매 시행에서 6초 후 강화물을 제공하는 반응 키를 선택하는 것이기 때문이다. 더 적지만 즉각적 강화를 일관되게 선택한 결과, 비둘기는 곡물에 대한 잠재적 접근의 2/3를 잃었다. 다른 조건에서, 실험자는 각 강화물에 대한 지연에 덧붙여 18초를 더 지연시킴으로써, 이제는 지연 기간이 20초와 24초가 되었다. 미리 선택해야 하는 경우(사전 약속을 만드는 것과 유사한), 비둘기의 행동은 거의 최적에 가까웠는데, 시행의 80% 이상에서 6초간의 강화를 선택하였다. 두 강화물이 모두 매우 멀리 떨어져 있을 때 나타나는 이런 선호 역전이, 바로 Ainslie-Rachlin 모형이 예측하는 바이다.

자기통제 상황에서 대안이 강화물이 아니고 처벌물일 때, 선택에서 반대의 효과를 가진다. 한 연구에서, 쥐는 작지만 즉각적인 전기충격보다는 크고 지연된 전기충격을 선택하는 경향이 있었다. 그러나 작지만 즉각적인 전기충격에 대한 시행이 시작되기 몇 초 전에 사전 약속을 했을 때, 작지만 즉각적인 충격을 주로 선택하였다(Deluty, Whitehouse, Mellitz, & Hineline, 1983). 이 연구는 강화물과 처벌물이 행동에 대해 대칭적이지만 정반대의 효과가 있다는 것을 보여주는 또 하나의 예이다.

다른 연구에서는 피험동물이 더 선호하지만 지연된 강화물을 선택하게 되는 요인들이 무엇인지 검토하였다. Grosch와 Neuringer(1981)는 비둘기가 두 종류의 서로 다른 곡물 중에서 하나를 선택하게 하였다. 비둘기는 15초를 기다려서 선호하는 곡물을 먹거나 반응 키를 쪼아서 덜 선호하는 곡물을 즉각적으로 받을 수 있었다. 비둘기들은 지연된 강화물을 상당히 더 선호한 것이 분명한데, 왜냐하면 Grosch와 Neuringer는 비둘기가 시행의 80%에서 이 강화물을 기다렸음을 발견하였기 때문이다. 그다음에는 실험 절차를 조금 바꾸어서 비둘기가 기다리는 동안 보이는 장소(투명한 장애물 뒤)에 두 종류의 먹이를 두었다. 강화물이 눈앞에 분명히 보일 때, 비둘기는 더 충동적이 되었으며 시행의 10% 또는 15%에서만 선호하는 강화물을 기다렸다. 먹이의 모습은 저항하기 어려운 유혹이었음에 틀림없다. 다른 연구에서, Grosch와 Neuringer는 먹이 강화물과 연합된 자극이 강화물과 비슷한 효과가 있다는 것을 발견하였다. 기다리는 동안에 먹이가 전혀 보이지 않지만, 보통 먹이가 제공될 때 켜졌던 불빛과 동일한 색깔의 불빛이 먹이 공급장치에 켜졌다. 먹이 그 자체가 존재할 때와 동일한 색깔의 불빛이 켜지자 비둘기는 즉각적이고 덜 선호하는 곡물을 더 선택하였다.

Grosch와 Neuringer(1981)는 또한 비둘기가 지연 기간 동안 다른 활동을 할 기회가 있으면 지연된 강화물을 기다리는 경향이 더 많았음을 발견하였다. 먹이가 보이는 경우, 비둘기는 시행의 15%에서만 선호하는 곡물을 기다렸다. Grosch와 Neuringer는 그다음에 비둘기에게 상자의 뒤쪽에 있는 FR 20 계획으로 먹이를 제공하는 반응 키를 쪼도록 가르쳤다. 자연스럽게, 비둘기들은 FR 20 계획에서 반응하면서 지연 기간을 보내면 선호하는 곡물을 기다리기가 더 쉽다는 것을 발견하였다. 더 놀라운 것은 뒤에 있는 반응 키가 강화를 더 이상 제공하지 않았는데, 비둘기는 소거될 기미도 없이 나머지 실험 동안에도 지연 기간에 반응 키를 계속 쪼았다는 사실이다.

이 연구에서는 피험동물의 자기통제 선택에 영향을 준다고 알려진 몇몇 요인을 기술하였다. 다음 절에서는 이와 같은 요인이 아동의 선택에 영향을 준다는 것을 보여줄 것이다.

아동의 자기통제에 영향을 주는 요인

Grosch와 Neuringer의 실험은 Walter Mischel과 동료들이 아동을 대상으로 수행한 일련의 실험(Mischel, 1966, 1974) 패턴을 취했다. 한 실험(Mischel & Ebbesen, 1970)에서는 학령 전 아동에게 한 번에 한 명씩 실험하였는데 선호하는 강화물(예 : 프레즐)을 위해 15분을 기다리거나, 덜 선호하는 강화물(예 : 쿠키)을 즉각적으로 받는 것 중에서 선택하게 하였다. 15분을 기다리는 동안, 아동은 언제든 시행을 종료하고 덜 선호하는 간식을 받을 수 있었다. Grosch와 Neuringer의 비둘기와 같이, 아동은 강화물이 눈에 보이면(앞에 과자통을 놓음) 기다리기가 상당히 어려웠다. 다른 연구에서 Mischel, Ebbesen과 Zeiss(1972)는 어떤 아동에게 "마시멜로와 프레즐에 대하여 생각하고 싶은 만큼 오랫동안 생각하라."고 말했다. 다른 아동은 그런 지시를 받지 않았다. 강화물에 관해 생각하라는 말을 들은 아동은 시행을 종료하고 덜 선호하는 강화물을 더 자주 얻고자 했다. Mischel과 동료들은 아동이 지연 기간 동안 다른 활동을 할 기회가 있으면(어떤 아동에게는 장난감이 주어졌다.) 선호하는 강화물을 더 오래 기다리는 경향이 있다는 것도 발견하였다.

성인과 마찬가지로, 아동은 자기통제력에 상당한 개인차가 있다. 어떤 아동은 지연된 강화물을 상당히 오래 기다리겠지만 다른 아동은 그렇지 못하다. 2세 또는 3세인 어떤 아동은 충동적 선택을 피하는 방법으로 자신이 원하는 물건으로부터 주의를 분산시키는 방략을 이미 학습한 것 같았다(Cournoyer & Trudel). 연구자는 크고 지연된 강화를 위해 기다리는 경향은 연령이나 다른 요인과 관련되어 있음을 발견하였다. 한 연구에서 어린 아동이 어머니와 어떤 상호작용을 하느냐가 4세경의 자기통제력과 관련됨을 발견하였다. 2세 때 '책임감이 있고, 지적인 자극을 주는 부모-아동의 상호작용(p. 317)'을 가진 아동이 6세가 되면 덜 충동적이 되는 경향이 있었다(Olson, Bates, & Bayles, 1990).

Mischel(1966)은 또한 자기통제 상황에서 아동의 행동이 관찰학습의 영향을 받는다는 것을 보여주었다. 불량한 상품들 중에 선택해야 하는 상황에서, 아동들이 2주 후에 더 좋은 제품을 즉각 가질 수 있었을 때, 4학년과 5학년 아동들은 그들이 관찰했던 성인 모델이 선택한 것을 고르는 경향이 있었다. 페이딩 절차(fading procedure)도 아동들이 강화물에 대한 지연을 인내하는 것을 가르칠 때 유용할 수 있다. Schweitzer와 Sulzer-Azaroff(1988)는 학령 전

연령의 충동적 아동에게 매우 짧은 지연에서부터 시작하여 훈련이 진행됨에 따라 점차 그 기간을 증가시키면서 더 큰 강화물을 기다리도록 가르쳤다. 비슷한 절차들이 과잉행동과 주의력결핍장애가 있는 아동을 대상으로(Bloh, 2010), 그리고 발달장애가 있는 성인을 대상으로(Dixon, Rehfeldt, & Randich, 2003) 사용되었다.

자기통제 향상을 위한 기법

행동치료자는 다이어트, 꾸준히 운동하기, 규칙적으로 공부하기, 저축하기, 지나친 음주나 흡연을 피하기처럼 다양한 영역에서 충동적으로 행동하지 않으려는 내담자에게 몇 가지 제안을 한다. 사전 약속의 방략은 많은 자기통제 상황에서 사용될 수 있다. 다이어트를 하기 원하는 사람은 배가 고프지 않을 때 시장에 가고, 저칼로리 식품만 사고, 먹기 전에 약간의 요기를 하라는 충고를 받는다(당신은 집에 고칼로리의 간식이 없다면 그것을 충동적으로 먹을 수는 없다). 습관적으로 돈을 충동적으로 쓰는 사람은 쇼핑을 가기 전에 살 물건의 목록을 만들고, 신용카드를 없애고, 필요한 것을 사는 데 충분한 현금만 가지고 가고, 확실히 사려고 하는 물건이 없는데 쇼핑몰에 가는 것을 피해야 한다. 비슷하게, 도박에 빠져 있는 사람은 카지노에 갈 때 돈을 조금만 가져가거나, 게임을 강제적으로 중단받기 전에 사용 액수가 정해진 카드를 가져가면 된다(Nower & Blaszcaynski, 2010). 이런 방략 모두는 개인이 당장의 호기심에 끌려서 무언가를 얼떨결에 사는 것을 어렵게 만든다(그림 12.7).

　지연된 대안의 가치를 증가시키든지 아니면 즉각적 대안의 가치를 감소시키는 것이 무엇이든 지연된 강화물을 더 많이 선택하게 만들어야 한다. 한 가지 유용한 방략은 크고 지연된 강화물을 선택하는 것과 더불어 즉각적인 강화물을 준비하는 것이다. 예를 들어, 다이어트 중인 사람은 디저트를 거른 날에만 좋아하는 저녁 TV 프로그램을 보겠다고 스스로 다짐한다. 자신의 공부 습관을 개선하려는 한 대학생은 도서관에서 2시간을 꼬박 공부한 후에만 친구와 군것질하러 나가는 것을 스스로에게 허용한다. 그러나 이런 방략의 공통적인 문제는 자신이 적절한 행동을 수행하지 않았는데도 스스로에게 강화물을 주는 식으로 자신을 '속이기'가 쉽다는 것이다. 이런 이유 때문에 친구나 식구의 도움을 받도록 충고하는 것이 좋다. 다이어트하는 남자의 아내는 남편이 후식을 먹지 않았을 때만 TV 프로그램을 보는지를 확인한다. 양심적인 룸메이트와 함께 도서관에 가는 대학생은 군것질하러 밖으로 나가기 전에 룸메이트에게 자신이 2시간을 공부하는 데 보냈는지 확인하게 할 수 있다.

　보완적으로 사용할 수 있는 방략은 충동적 습관에 대해 어떤 식으로든 처벌을 부가하여 충동적 대안의 가치를 낮추는 것이다. Ross(1974)는 한 여성의 손톱 물어뜯는 문제를 고치는 데 이 기법을 사용하였다고 보고하였다. 치료과정의 일부로서 그녀는 치료자에게 50달러를 맡겼는데, 만일 손톱이 매주 일정한 길이만큼 자라 있지 않으면 치료자가 그 돈을 그녀

그림 12.7 친구와 함께 운동할 시간을 잡는 것은 마지막 순간에 취소할 수 있는 가능성을 줄여주는 사전 약속의 한 유형이다. (Visionsi/Shutterstock.com)

가 매우 싫어하는 어떤 기관에 기부해버릴 것이라고 말했다. 자기통제를 개선하기 위한 또 다른 방략은 규칙-지배 행동(제6장 참조)을 사용하는 것이다. 기본 생각은, 더 크고 지연된 강화물 쪽으로 자신의 선택을 이끄는 언어 규칙을 사용하는 법을 배우면 된다는 것이다. Dixon(2009)은 발달장애가 있는 사람들에게, 더 크고 지연된 대안을 선택하는 것이 더 좋다고 적힌 카드를 단지 크게 읽게 함으로써 자기통제를 더 잘하게 만들었다.

다른 방략에서는 인지적인 측면을 더 많이 고려하는데, 자기통제를 향상시키는 특수한 사고과정을 사용하도록 훈련시키는 것이다. 예를 들어, 다이어트를 하는 사람은 식탁에 앉아서 밥을 먹기 전에 자신이 바라는 매력적이고 건강한 몸매를 마음속으로 그려보라는 충고를 받을 수 있다. 비슷한 방략으로, 냉장고 문 앞에 수영복을 입은 매력적인 사람의 사진을 붙여둠으로써 간식 생각이 날 때마다 장기적인 목표를 떠올리는 것이다. 이런 방략의 배후 생각은 사진이나 시각적 이미지가 어떻게 해서든 현재의 목표와 장기 목표 간의 틈을 연결하여 그 목표의 주관적 가치를 증가시키는 것이다. 역으로 약물중독의 치료에 관한 연구는 그 중독자들을 산만하게 만드는 것이 유용할 수 있다고 제안하는데, 그 이유는 무엇인가에 대해 생각하는 것이 그 약물의 주관적인 가치를 감소시킬 수 있기 때문이다(Ashe, Newman, Wilson, 2015).

이 모든 방략은 모두 간단한 결심과 의지 이상의 무엇이 있음을 보여준다. 의지박약이라서 충동적으로 행동한다고 자기 자신을 비난하던 사람은 실제로는 적절한 방략을 적용할 지식이 없었던 것뿐이다.

다른 선택 상황

선택 행동에 관한 이 장의 결론을 내리기 위하여, 사람이나 동물의 결정이 역설적으로 보이는 상황을 검토하겠다. 어떤 경우에 그들이 내리는 결정은 일관성이 없는 것처럼 보인다. 또 다른 경우에 그들은 그렇게 결정함으로써 오히려 문제를 키운다.

위험을 무릅쓰기

여러 일상적 결정에서, 결과는 확신할 수 없다. 만일 회사에 투자한 경우, 당신은 그 주식의 가치가 오를지 내릴지 확신할 수 없다. 만일 우산 없이 집을 나섰다면, 비가 오지 않는다고 확신할 수 없다. 만일 파티에 간다면, 파티가 즐거울지 확신할 수 없다. 불확실한 결과를 포함하는 선택에 관한 흥미로운 사실은 사람들이 때로는 위험한 대안을 선호하고, 때로는 안전한 대안을 선호한다는 것이다. 동일한 현상이 동물에서도 발견되었다. 연구자는 왜 사람들이 어떤 때는 위험을 무릅쓰고(위험한 대안을 선호) 어떤 때는 위험을 피하는지(안전한 대안을 선호)를 이해하려고 하였다.

이와 관련된 실험에서, Caraco, Martindale과 Whittam(1980)은 되새(juncos, 작은 새의 일종)에게 다음과 같은 선택 상황을 제시했다. 매 시행에서, 되새는 둘 중 하나의 먹이통으로 갈 수 있었다. 만일 되새가 어떤 먹이통으로 가면, 매번 곡물 한 알을 받게 된다. 만일 그 새가 다른 먹이통으로 가면, 시행의 50%에서는 매번 2개의 곡물을 얻을 수 있고, 50%에서는 아무것도 얻을 수 없다. 시행이 빨리 진행되면(먹이를 얻을 기회가 충분함), 되새는 곡물 한 알이 보장된 먹이통을 선호하였다. 그러나 만일 시행 간 지연이 길면(먹이를 얻을 기회가 더 적음), 되새는 2개의 곡물을 얻는 50% 대안을 더 선호하였다. Caraco는 이 방략이 되새가 야생에서 생존할 가능성을 최대화하는 방략이라고 결론을 내렸다. 먹이가 풍부할 때는 위험을 무릅쓸 이유가 없다. 작지만 확실한 먹이 자원이 있으므로 충분히 먹는 것을 보장받기 때문이다. 먹이가 드물고 안전한 먹이 자원이 충분한 먹이를 제공하지 못할 때, 되새는 더 큰 결과를 내놓을 가능성이 있는 위험한 대안을 선택한다. 왜냐하면 잃을 것이 전혀 없기 때문이다. 위험한 대안이지만 운이 좋으면 생존할 유일한 기회가 생기기 때문이다.

일정 수준의 돈을 벌어야 하는 사람들은 자신의 자원이 별로 없을 때는 위험을 무릅쓰지만, 자신의 자원이 풍부하면 위험을 혐오하는 경향이 있다(Pietras, Searcy, Huitema, &

Brandt, 2008). March와 Shapira(1992)는 개인(예 : 정치가)과 집단(예 : 회사) 모두 생존이 위협받을 때(정치 캠페인이나 시장에서) 큰 위험을 무릅쓴다는 것을 시사하였다. 그러나 단순히 생존을 걱정하는 것을 제외하면, 개인과 집단에게는 포부 수준(얻고자 하는 목표)도 있으므로, 위험을 무릅쓰는 정도는 목표에 얼마나 근접한가에 따라 달라진다고 제안했다. 예를 들어, 회사는 그해 이익이 목표치보다 매우 낮으면 위험을 무릅쓸 것이고, 이익이 목표치에 근접하면 더 보수적으로 행동할 것이다. 만일 회사의 이익이 목표치를 충분히 초과했으면, 회사는 다시 더 큰 위험을 무릅쓰기를 시작할 수 있다. March와 Shapira는 과거의 습관, 과거의 성공이나 실패 및 자신감과 같은 다른 요인이 개인이나 집단이 위험을 무릅쓰는 수준에 영향을 준다고 주장했다. 이런 모든 요인을 고려할 때, 개인이 위험한 상황에서 어떻게 행동할지를 예언하기란 매우 어렵다.

우연으로 작동하는 게임의 경우에는 항상 위험을 무릅써야 한다. 사람들은 카지노에서, 사무실에서, 복권으로 도박을 즐긴다. 한 주에 몇 달러 내기는 해가 되지 않지만, 어떤 사람은 도박에 너무 빠져들어 도박으로 인한 금전적 손실로 인해 자신뿐 아니라 가족까지 파산한다. 복권이나 카지노에 지나치게 돈을 거는 것은 금전적인 면에서 좋지 않은데, 그 이유는 도박자가 돈을 잃게 되어 있는 구조이기 때문이다(복권회사와 카지노는 항상 이익을 내야 하기 때문). 장기적으로는 자신에게 승산이 없는데도 왜 도박을 그렇게도 심하게 하는가? Rachlin(1990)은 도박을 좋아하는 것은 즉각적 강화물을 얻을 가능성에 기초를 두고 있다고 말했다. 복권을 살 때마다 당첨이 되는지(보통 작은 액수임) 곧 알 수 있는 '즉석 복권' 게임을 보기로 하자. 당신이 복권을 매일 산다면, 그 복권이 당첨되기까지 몇 주는 더 지나야 할 때가 있다. 그렇지만 복권을 산 바로 그때 당첨될 가능성이 항상 존재한다. Rachlin은 사람들에게 복권을 사는 것이 매우 매력적인 선택인 이유는 실험실에서 VR 또는 VI계획이 한결같은, 그리고 지속적인 반응을 산출하기 때문이다. 두 경우 모두에서 강화물이 거의 즉각적으로 제공될 가능성이 있다. 많은 선택 상황에서처럼, 즉각적인 강화의 힘은 결정적인 요인이다.

공유지의 비극

공유지의 비극(The Tragedy of the Commons)이라는 제목의 한 논문에서 Garrett Hardin (1968)은 현대사회에 비견할 만한 하나의 상황을 기술했다. 식민지 치하의 여러 마을에서 공유지로 목초지를 소유하고 있었는데, 거주자들은 자기 소들이 자유롭게 풀을 뜯어먹게 하였다. 따라서 그 공유지는 풀을 뜯어먹는 동물의 수가 지나치게 많지만 않으면 모든 사람에게 이익을 주는 공공 자원이었다. Hardin에 따르면, 수십 년 동안 또는 수 세기 동안 발생하지 않던 일이 발생하였는데, 결국 공유지가 제공할 수 있는 것 이상으로 동물의 수가 늘어나버렸다는 것이다. 결과적으로 동물이 풀을 너무 많이 뜯어먹어서 풀이 점점 부족해졌으며, 땅이 침식되었고, 공유지는 파괴되어 모두에게 손해가 되었다.

Hardin은 왜 이 불행한 시나리오가 불가피하다고 했을까? 그는 소가 많을수록 소 주인의 수입이 많아지기 때문에 이익이 최대화된다고 생각하였다. 이제 소의 무리에 소를 하나라도 더 추가해야 할지를 결정한다고 생각해보자. 어떤 이익과 손해를 고려해야 할까? 이익은 소에서 얻는 소득으로, 소득은 전부 소 주인에게 돌아간다. 손해는 공유지에 부과되는 추가 부담이지만, 추가되는 한 마리 소가 그렇게 큰 차이를 만들지는 않을 것이고, 게다가 손해는 공유지를 사용하는 모든 사람에게 공유된다. Hardin은 주인이 무리에 소를 추가하고, 두 번째 소를 추가하는 식으로 순이익을 얻는 경험을 할 것이라고 결론을 내렸다. "그러나 이것은 각자에 의해, 그리고 공유지를 공유하고 있는 모든 합리적 소유주에 의해 도달한 결론이다. 그 안에 비극이 있다. 개인은 제한된 세계, 즉 그의 소 떼를 제한 없이 증가시키게 강제하는 체계 속에 갇혀 있다. 모두가 파멸이라는 목적지로 돌진하고 있으며, 각자는 공유지의 자유를 믿는 사회 속에서 자기 이익의 극대화를 추구하고 있다. 공유지에서 자유는 모두에게 파멸을 가져온다(Hardin, 1968, p. 1244)."

공유지의 비극(tragedy of the commons)은 문명화 과정에서 여러 번 반복되었다. 미국 광야에서는 버팔로 떼를 무분별하게 사냥해서 버팔로가 거의 멸종 위기에 있다. 과도한 어업 활동이 세계에서 수자원이 풍부한 여러 곳을 황폐화시켰다. 광활한 숲이 고속도로나 쇼핑몰로 바뀜에 따라, 사람들이 즐길 수 있는 벌판은 줄어든다.

대부분의 공해문제도 비슷한 구조이다. 회사는 생산품을 값싸게 제조하기 위하여 공기를 오염시키게 되는데 사업에서 얻은 이익을 혼자서 독차지하지만, 공기 오염은 모든 사람들과 공유한다. 거대한 사업을 비난하기 전에 누구나 똑같은 이기적 결정을 한다는 것을 깨달아야 한다. 대도시에서 걷거나, 자전거를 타거나, 대중교통을 이용하는 대신에 차를 운전해서 출근하는 사람은 도시의 공기 오염에 일조한다. 사람들이 이런 상황에서 이기적으로 행동하는 이유는 분명하다. 혼자서 자신의 차를 운전하는 데서 오는 편안함과 안락함의 이익이다. 만일 그 운전자가 걷기를 택한다면, 공기 오염의 감소는 탐지할 수 없을 정도로 매우 적을 것이다.

공유지의 비극은 기후 변화를 다루기 위해 국제 협약을 발전시켜야 하는 나라들 사이의 다툼과 같은 전 세계적인 수준에서도 발견될 수 있다(Murphy & Murphy, 2012). 국가 지도자들은 인간의 활동이 기후 변화에 기여하고 있다는 것에는 확신하면서도, 온실가스와 다른 오염물질에 대한 자국의 정책을 변화시키는 것이 곧 자국의 경제적 번영을 해칠 수 있기 때문에 이런 정책을 시행하는 것을 원치 않을 수도 있다. 그 나라의 단기적인 경제적 이익이 장기적인 기후 변화보다 중요한 것일 수 있다.

공유지의 비극의 다른 예는, 한 국가에서 수입하는 외국 제품의 양이 늘어난 결과 연간 무역 적자가 생긴 경우이다. 무역 적자가 경제에 해가 되므로 사람들이 외국 제품을 덜 사면 무역 적자가 사라진다는 것을 안다. 그럼에도 불구하고 개인 소비자가 어떤 물건을 살까 결정할 때, 그 물건이 국산인지 외제인지와 상관없이 최선의 구매보다 무역 적자 완화가 훨씬 덜 중요해 보인다.

현대사회에서 공유지의 비극의 예가 수없이 많지만, Hardin(1968)과 다른 연구자들은 비극을 피할 수 있는 몇 가지 방법을 제안했다(Platt, 1973; Sasaki, Brännström, Dieckmann, Sigmund, & Wachter, 2012). 이 제안은 친숙하게 들릴 수도 있는데, 최근 우리 사회가 공해 문제, 야생동물의 멸종 등 산적한 문제뿐 아니라 문제에 대한 잠재적 해결에도 많은 주의를 기울였기 때문이다. 그러나 흥미로운 것은 이런 구제책이 개인이 자기통제 상황에서 충동성을 피하기 위하여 사용할 수 있는 방략과 매우 비슷하다는 점이다.

앞에서, 자기통제를 개선하기 위한 강력한 기법 중 개인이 나중에 충동적인 선택을 어렵거나 불가능하게 만드는 어떤 행동을 미리 취하는 사전 약속 방략을 살펴보았다. 비슷하게, 사회는 개인들이 이기적으로 행동하는 것을 어렵거나 불가능하게 만드는 결정을 할 수 있다. 예를 들어, 사회는 위험한 화학물질을 급수 공급원에 버리거나, 공기를 오염시키거나, 또는 멸종의 위기에 처한 동물을 죽이는 것을 불법화는 법을 통과시킬 수 있다.

덜 강제적인 자기통제 방략에는 작지만 즉각적인 대안에 처벌물을 추가하거나, 크지만

그림 12.8 주차장에서의 표지판처럼 단순한 것이라도 사람들이 궁극적으로 모두에게 더 좋은 선택을 하도록 도울 수 있다.

지연된 대안에 대해서는 부가적인(종종 즉각적인) 강화물을 추가하는 것이 있다. 이 방략은 충동적인 선택을 불가능하게 만들지는 못하지만, 최소한 적게 일어나게 만들 수 있다. 비슷한 방식으로 교통과 오염문제가 있는 도시에서는 자가용 운전자가 거리에 주차를 하지 못하게 하거나 차고에 주차하는 비용을 비싸게 해서 운전하는 것을 처벌할 수 있다. 그러나 처벌에 관한 지식에 기초해서 볼 때, 바람직한 행동에 대한 강화가 있어야 한다. 예를 들어, 도시에서는 대중교통을 편리하고, 신뢰롭고, 안전하고, 그리고 저렴하게 만드는 데 힘써야 할 것이다.

끝으로, 사회를 위한 행동이 장기적으로 어떤 결과를 초래하는지 주목하

연습 퀴즈 2 : 제12장

1. _____ 강화보다 _____ 강화를 선택하는 사람을 보통 충동적 선택을 한다고 말한다.
2. 크고 지연된 강화를 미리 선택하면, 나중에 작고 즉각적인 강화를 선택하는 것이 어려운 것을 _____(이)라고 부른다.
3. 지연 기간 동안 실제의 강화물이 눈에 보이는 자기통제 상황에서, 아동과 동물 모두는 _____ 강화를 선택하기가 더 쉽다.
4. 지연 할인의 속도는 아동의 경우 성인보다 일반적으로 더 _____.
5. 만일 보장된 확실한 결과와 불확실한 결과를 두고 선택을 해야 한다면, 사람들은 _____고 말한다.

해답
1. 크고 지연된, 작고 즉각적인   2. 사전 약속   3. 작고 즉각적인
4. 빠르다   5. 위험을 무릅쓴다

고, 그 영향을 받는 인류의 역량을 과소평가해서는 안 된다. 냉장고에 붙여놓은 그림 한 장이 다이어트를 하는 사람에게 장기적 목표를 상기시키듯이, 교육 프로그램과 광고 캠페인은 지역사회의 장기적 이익을 위하여 행동을 바꿀 수 있도록 개인들을 고무시킬 수 있다(그림 12.8). 좋은 예는 제2차 세계대전 동안 자유라는 이름으로 자신의 생명을 기꺼이 바친 군인들의 희생이다. 어업을 주업으로 하는 어떤 지역사회에서는 과도한 어업 활동을 피해왔는데, 어업 활동을 제한하는 것이 모두를 위하는 방법이라고 상호 간에 비공식적 의견 일치를 보았기 때문이다(Leal, 1998). 논리적으로 보면, 그런 행동이 다소 이해가 되지 않을 수 있다. 사람들은 왜 타인에게 도움이 되지만 개개인에게는 해로운 방법으로 행동하는가? 이런 수수께끼에 대한 해결은 단순히 적어도 어떤 상황에서는 타인에게 이익이 되는 행동이 여러 사람에게 본래 강화적이라고(먹기, 소설 읽기 또는 운동하기가 원래 강화적인 것처럼) 주장하는 것이다. 이것이 충분한 설명이 되지 않음을 인정한다. 그러나 지금까지 살펴보았던 여러 이기적 행태를 생각해보면서, 개인적으로 이익을 희생하여 얻게 되는 유일한 이익이란 그 자신의 희생을 통해 공공의 선이 증진된다는 사실임을 알 때, 우리의 마음은 한결 가벼워진다.

요약

대응 법칙은 각 강화계획에 대한 반응비율이 그 강화계획이 제공하는 강화물의 비율과 대응되는 경향이 있다고 말한다. 이 법칙은 사람뿐 아니라 여러 다른 종에서도 입증되었다. 그러나 정확한 대응으로부터 이탈되는 세 유형, 즉 과소대응, 과잉대응 그리고 편향이 발견되었다. 대응 법칙은 강화물의 질이나 양과 같은 다른 변인들에도 적용되었다. 대응 법칙에 따르면 행동에 대한 강화물의 효과는 상대적 즉, 어떤 강화물이 행동에 대해 가능한지에 따라 달라진다.

Herrnstein은 대응이야말로 행동의 근본적 특성이라고 제안했다. 이와 전혀 다른 이론으로, 최적화이론은 유기체가 자신이 받는 강화물을 최대화하기 위해서 어떤 방법이든 사용한다고 말한다. 대응 법칙과 최적화이론의 예언을 비교한 대부분의 연구들에서는 대응 법칙을 지지하였다. 즉, 강화물의 전체 양이 줄어드는 상황에서조차 대응 법칙에 가까웠다. 순간최대화이론은 유기체는 그것이 어떤 행동이든 그 순간에 가장 높은 가치를 지닌 행동을 선택한다고 말한다. 어떤 실험들은 이 이론에 의해 예측되는 선택 행동에서 그런 매 순간의 패턴을 발견했으나, 다른 실험들은 그렇지 못했다.

자기통제 선택 상황에서 유기체는 작지만 비교적 즉각적인 강화물과, 크지만 지연된 강화물 중에서 선택해야 한다. 유기체는 빈번히 작고 즉각적인 강화물을 선택하는데, 장기적으로는 큰 강화물이 더 나은 것임에도 그러했다. 동물과 아동을 대상으로 한 연구는 이런 상황에서 선택에 영향을 줄 수 있는 몇 가지 요인을 보여주었다. 크고 지연된 강화를 선택하기 위하여 사전 약속을 하는 것이 효과적인 자기통제 방략이며, 장기적 대안에 강화물 추가하기, 단기적 대안에 처벌을 추가하기 또는 개인이 선택한 장기적 결과에 주의를 집중하는 인지 방략 사용하기 역시 효과적이다.

지연의 효과는, 예를 들어 위험을 무릅쓰기(예 : 승산이 별로 없을 때 도박하기)와 같은 다른 선택 상황에서도 볼 수 있다. 공유지의 비극은 개인이 단기적으로 이익을 주지만 장기적으로는 사회에 해가 되는 결정을 할 때 발생한다. 자기통제를 향상시키는 데 사용되는 비슷한 방략들이 이런 사례에 도움이 될 수 있다.

복습 문제

1. 대응 법칙이란 무엇인가? Herrnstein의 대응에 관한 실험을 기술하고, 행동이 완벽한 대응에서 이탈할 수 있는 세 가지 유형을 논의하라.

2. 대응 법칙, 최적화이론, 그리고 순간최대화이론 간의 중요한 차이를 요약하라. 연구들은 이 경쟁적 이론의 장점과 단점에 대하여 어떤 것을 밝혔는가?

3. Ainslie-Rachlin 이론을 기술하고, 자기통제 선택에서 발생하는 선호 역전을 이 이론으로 설명하되 일상적 예를 사용하라.

4. 어떤 사람이 지방과 콜레스테롤이 많은 음식을 먹는 것을 피하도록 돕기 위한 몇 가지 방법을 기술하라.

5. 공유지의 비극은 무엇인가? 이 문제에 대한 현대적 예를 몇 가지 제시하고, 이 문제를 극복하는 데 사용할 수 있는 몇 가지 방략을 기술하라.

참고문헌

Ainslie, G. (1975). Specious reward: A behavioral theory of impulsiveness and impulse control. *Psychological Bulletin, 82*, 463–496.

Alferink, L.A., Critchfield, T.S., Hitt, J.L., & Higgins, W.J. (2009). Generality of the matching law as a descriptor of basketball shot selection. *Journal of Applied Behavior Analysis, 42*, 592–605.

Aparicio, C.F., & Baum, W.M. (2009). Dynamics of choice: Relative rate and amount affect local preference at three different time scales. *Journal of the Experimental Analysis of Behavior, 91*, 293–317.

Ashe, M.L., Newman, M.G., & Wilson, S.J. (2015). Delay discounting and the use of mindful attention versus distraction in the treatment of drug addiction: A conceptual review. *Journal of the Experimental Analysis of Behavior, 103*, 234–248.

Baum, W.M. (1974). On two types of deviation from the matching law: Bias and undermatching. *Journal of the Experimental Analysis of Behavior, 22*, 231–242.

Baum, W.M. (1982). Choice, changeover, and travel. *Journal of the Experimental Analysis of Behavior, 38*, 35–49.

Baum, W.M., & Rachlin, H.C. (1969). Choice as time allocation. *Journal of the Experimental Analysis of Behavior, 12*, 861–874.

Benedick, H., & Dixon, M.R. (2009). Instructional control of self-control in adults with co-morbid developmental disabilities and mental illness. *Journal of Developmental and Physical Disabilities, 21*, 457–471.

Bickel, W.K., Koffarnus, M.N., Moody, L., & Wilson, A.G. (2014). The behavioral- and neuro-economic process of temporal discounting: A candidate behavioral marker of addiction. *Neuropharmacology, 76*(Part B), 518–527.

Billington, E.J., & DiTommaso, N.M. (2003). Demonstrations and applications of the matching law in education. *Journal of Behavioral Education, 12*, 91–104.

Bloh, C. (2010). Assessing self-control training in children with attention deficit hyperactivity disorder. *Behavior Analyst Today, 10*, 357–363.

Brown, E., & Cleaveland, J. (2009). An application of the active time model to multiple concurrent variable-interval schedules. *Behavioural Processes, 81*, 250–255.

Caraco, T., Martindale, S., & Whittam, T.S. (1980). An empirical demonstration of risk-sensitive foraging preferences. *Animal Behavior, 28*, 820–830.

Catania, A.C. (1963). Concurrent performances: A baseline for the study of reinforcement magnitude. *Journal of the Experimental Analysis of Behavior, 6*, 299–300.

Conger, R., & Killeen, P. (1974). Use of concurrent operants in small group research. *Pacific Sociological Review, 17*, 399–416.

Cournoyer, M., & Trudel, M. (1991). Behavioral correlates of self-control at 33 months. *Infant Behavior and Development, 14*, 497–503.

Davison, M., & Hogsden, I. (1984). Concurrent variable-interval schedule performance: Fixed versus mixed reinforcer durations. *Journal of the Experimental Analysis of Behavior, 41*, 169–182.

Davison, M., & Jenkins, P.E. (1985). Stimulus discriminability, contingency discriminability, and schedule performance. *Animal Learning and Behavior, 13*, 77–84.

DeCarlo, L.T. (1985). Matching and maximizing with variable-time schedules. *Journal of the Experimental Analysis of Behavior, 43*, 75–81.

Deluty, M.Z., Whitehouse, W.G., Mellitz, M., & Hineline, P.N. (1983). Self-control and commitment involving aversive events. *Behaviour Analysis Letters, 3*, 213–219.

Dixon, M.R., Rehfeldt, R.A., & Randich, L. (2003). Enhancing tolerance for delayed reinforcers: The role of intervening activities. *Journal of Applied Behavior Analysis, 36*, 263–266.

Fantino, E., & Silberberg, A. (2010). Revisiting the role of bad news in maintaining human observing behavior. *Journal of the Experimental Analysis of Behavior, 93*, 157–170.

Foster, T.M., Temple, W., Robertson, B., Nair, V., & Poling, A. (1996). Concurrent-schedule performance in dairy cows: Persistent undermatching. *Journal of the Experimental Analysis of Behavior, 65*, 57–80.

Foxall, G.R., James, V.K., Oliveira-Castro, J.M., & Ribier, S. (2010). Product substitutability and the matching law. *Psychological Record, 60*, 185–216.

Grace, R.C. (1994). A contextual choice model of concurrent-chains choice. *Journal of the Experimental Analysis of Behavior, 61*, 113–129.

Green, L., Fischer, E.B., Perlow, S., & Sherman, L. (1981). Preference reversal and self control: Choice as a function of reward amount and delay. *Behavior Analysis Letters, 1*, 43–51.

Green, L., Fry, A.F., & Myerson, J. (1994). Discounting of delayed rewards: A life-span comparison. *Psychological Science, 5*, 33–36.

Grosch, J., & Neuringer, A. (1981). Self-control in pigeons under the Mischel paradigm. *Journal of the Experimental Analysis of Behavior, 35*, 3–21.

Hardin, G. (1968). The tragedy of the commons. *Science, 162*, 1243–1248.

Herrnstein, R.J. (1961). Relative and absolute strength of response as a function of frequency of reinforcement. *Journal of the Experimental Analysis of Behavior, 4*, 267–272.

Herrnstein, R.J. (1970). On the law of effect. *Journal of the Experimental Analysis of Behavior, 13*, 243–266.

Herrnstein, R.J., & Mazur, J.E. (1987). Making up our minds: A new model of economic behavior. *The Sciences, 27*, 40–47.

Heyman, G.M. (1979). A Markov model description of changeover probabilities on concurrent variableinterval schedules. *Journal of the Experimental Analysis of Behavior, 31*, 41–51.

Heyman, G.M., & Herrnstein, R.J. (1986). More on concurrent interval-ratio schedules: A replication and review. *Journal of the Experimental Analysis of Behavior, 46*, 331–351.

Hinson, J.M., & Staddon, J.E.R. (1983). Hillclimbing by pigeons. *Journal of the Experimental Analysis of Behavior, 39*, 25–47.

Jacobs, E.A., & Hackenberg, T.D. (2000). Human performance on negative slope schedules of points exchangeable for money: A failure of molar maximization. *Journal of the Experimental Analysis of Behavior, 73*, 241–260.

Killeen, P.R. (1982). Incentive theory: II. Models for choice. *Journal of the Experimental Analysis of Behavior, 38*, 217–232.

Leal, D.R. (1998). Community-run fisheries: Avoiding the "tragedy of the commons". *Population and Environment: A Journal of Interdisciplinary Studies, 19*, 225–245.

MacDonall, J.S., Goodell, J., & Juliano, A. (2006). Momentary maximizing and optimal foraging theories of performance on concurrent VR schedules. *Behavioural Processes, 72*, 283–299.

MacKillop, J., Miller, J.D., Fortune, E., Maples, J., Lance, C.E., Campbell, W.K., & Goodie, A.S. (2014). Multidimensional examination of impulsivity in relation to disordered gambling. *Experimental and Clinical Psychopharmacology, 22*, 176–185.

March, J.G., & Shapira, Z. (1992). Variable risk preferences and the focus of attention. *Psychological Review, 99*, 172–183.

Mazur, J.E. (1981). Optimization theory fails to predict performance of pigeons in a two-response situation. *Science, 214*, 823–825.

Miller, H.L. (1976). Matching-based hedonic scaling in the pigeon. *Journal of the Experimental Analysis of Behavior, 26*, 335–347.

Mischel, W. (1966). Theory and research on the antecedents of self-imposed delay of reward. *Progress in Experimental Personality Research, 3*, 85–132.

Mischel, W., & Ebbesen, E.B. (1970). Attention in delay of gratification. *Journal of Personality and Social Psychology, 16*, 329–337.

Mischel, W., Ebbesen, E.B., & Zeiss, A.R. (1972). Cognitive and attentional mechanisms in delay of gratification. *Journal of Personality and Social Psychology, 21*, 204–218.

Mitchell, S.H. (1999). Measures of impulsivity in cigarette smokers and non-smokers. *Psychopharmacology, 146*, 455–464.

Murphy, R., & Murphy, M. (2012). The tragedy of the atmospheric commons: Discounting future costs and risks in pursuit of immediate fossil-fuel benefits. *Canadian Review of Sociology, 49*, 247–270.

Neef, N.A., Mace, F.C., Shea, M.C., & Shade, D. (1992). Effects of reinforcer rate and reinforcer quality on time allocation: Extensions of matching theory to educational settings. *Journal of Applied Behavior Analysis, 25*, 691–699.

Nevin, J.A. (1969). Interval reinforcement of choice behavior in discrete trials. *Journal of the Experimental Analysis of Behavior, 12*, 875–885.

Nower, L., & Blaszczynski, A. (2010). Gambling motivations, money-limiting strategies, and precommitment preferences of problem versus non-problem gamblers. *Journal of Gambling Studies, 26*, 361–372.

Odum, A.L. (2011). Delay discounting: I'm a k, you're a k. *Journal of the Experimental Analysis of Behavior, 96*, 427–439.

Olson, S.L., Bates, J.E., & Bayles, K. (1990). Early antecedents of childhood impulsivity: The role of parent-child interaction, cognitive competence, and temperament. *Journal of Abnormal Child Psychology, 18*, 317–334.

Pietras, C.J., Searcy, G.D., Huitema, B.E., & Brandt, A.E. (2008). Effects of monetary reserves and rate of gain on human risky choice under budget constraints. *Behavioural Processes, 78*, 358–373.

Platt, J. (1973). Social traps. *American Psychologist, 28*, 641–651.

Rachlin, H. (1970). *Introduction to modern behaviorism.* San Francisco, CA: W.H. Freeman.

Rachlin, H. (1990). Why do people gamble and keep gambling despite heavy losses. *Psychological Science, 1*, 294–297.

Rachlin, H., Green, L., Kagel, J.H., & Battalio, R.C. (1976). Economic demand theory and psychological studies of choice. In G. H. Bower (Ed.), *The psychology of learning and motivation* (Vol. 10, pp. 129–154). New York: Academic Press.

Redmon, W.K., & Lockwood, K. (1986). The matching law and organizational behavior. *Journal of Organizational Behavior Management, 8*, 57–72.

Ross, J.A. (1974). The use of contingency contracting in controlling adult nailbiting. *Journal of Behavior Therapy and Experimental Psychiatry, 5*, 105–106.

Sakagami, T., Hursh, S.R., Christensen, J., & Silberberg, A. (1989). Income maximizing in concurrent interval-ratio schedules. *Journal of the Experimental Analysis of Behavior, 52*, 41–46.

Sasaki, T., Brännström, A., Dieckmann, U., Sigmund, K., & Wachter, K. (2012). The take-it-or-leave-it option allows small penalties to overcome social dilemmas. *PNAS Proceedings of the National Academy of Sciences of the United States of America, 109*, 1165–1169.

Savastano, H.I., & Fantino, E. (1994). Human choice in concurrent ratio-interval schedules of reinforcement. *Journal of the Experimental Analysis of Behavior, 61*, 453–463.

Schweitzer, J.B., & Sulzer-Azaroff, B. (1988). Self-control: Teaching tolerance for delay in impulsive children. *Journal of the Experimental Analysis of Behavior, 50*, 173–186.

Shimp, C.P. (1966). Probabilistically reinforced choice behavior in pigeons. *Journal of the Experimental Analysis of Behavior, 9*, 443–455.

Silberberg, A., Hamilton, B., Ziriax, J.M., & Casey, J. (1978). The structure of choice. *Journal of Experimental Psychology: Animal Behavior Processes, 4*, 368–398.

Silberberg, A., Thomas, J.R., & Berendzen, N. (1991). Human choice on concurrent variable-interval, variable-ratio schedules. *Journal of the Experimental Analysis of Behavior, 56*, 575–584.

Stilling, S.T., & Critchfield, T.S. (2010). The matching relation and situation-specific bias modulation in professional football play selection. *Journal of the Experimental Analysis of Behavior, 93*, 435–454.

Vyse, S.A., & Belke, T.W. (1992). Maximizing versus matching on concurrent variable-interval schedules. *Journal of the Experimental Analysis of Behavior*, 58, 325–334.

용어해설

가상현실치료(virtual reality therapy) 환자가 머리를 움직이면 사실적인 시각적 장면들이 바뀌는, 삼차원의 환경을 시뮬레이션하는 헤드셋을 착용하고 이루어지는 체계적 둔감화의 일종

가소성(plasticity) 뉴런체계가 경험이나 자극의 결과로 변화하는 능력

강화계획(reinforcement schedule) 어떤 조건에서 강화물이 제공될 것인지를 기술한 규칙

강화물(reinforcer) 행동 발생 후에 제공되어 행동을 증강시키는 자극

강화 상대성(reinforcement relativity) 강화물이나 강화받는 반응이 절대적으로 정해진 것은 아니며, 발생 가능성이 높은 행동이 발생 가능성이 낮은 행동을 강화시킨다는 Premack의 견해

강화 후 휴지(postreinforcement pause) 고정비율계획에서 각 강화물을 받은 후 반응하지 않고 쉬는 것

거울뉴런(mirror neurons) 개인이 특정 움직임을 하고 있을 때와 다른 사람이 그 움직임을 하는 것을 관찰할 때 반응하는 뉴런

결과지식(knowledge of results, KR) 운동 기술 학습에서 학습자의 동작이 목표에 얼마나 가까운지를 알려주는 피드백 정보

고율 차별강화계획(differential reinforcement of high rates schedule, DRH) 정해진 시간 동안 일정한 횟수로 반응이 일어나야 강화물을 제공하는 강화계획

고전적 조건형성(classical conditioning) 처음에 중성적이던 자극(조건자극)을 무조건자극과 반복적으로 짝짓는 절차로서, 조건자극이 조건반응을 유발하는 능력이 발달함

고정간격계획(fixed-interval schedule, FI) 고정된 시간 간격이 지난 후 첫 번째 반응이 강화받는 강화계획

고정비율계획(fixed-ratio schedule, FR) 고정된 횟수만큼 반응한 후에 강화물이 제공되는 강화계획

고정행위패턴(fixed action pattern) 특정 자극에 의해 유발되는 일련의 선천적 행동으로서, 일단 시작되면 행동이 현재 상황에 적합한지 여부와 관계없이 끝까지 계속됨

공유지의 비극(tragedy of the commons) 개인적으로 단기적인 이익에 의해 행동하는 사람들이 사회 전반적으로는 해로운 선택을 하는 상황

과소대응(undermatching) 선택에서 반응비율이 강화비율보다 일관되게 덜 극단적으로 대응에서 이탈되는 것

과잉교정(overcorrection) 문제 행동이 발생하면 더 바람직한 대안 행동을 몇 차례라도 반복할 것을 요구하는 행동 감소 절차

과잉기대 효과(overexpectation effect) 개별적으로 훈련된 두 조건자극을 하나의 복합 CS로 제시한 뒤 일반적인 무조건자극이

뒤따르면 반응 강도가 감소되는 현상

과잉대응(overmatching) 선택에서 반응비율이 강화비율보다 일관되게 더 극단적으로 대응에서 이탈되는 현상

과학습(overlearning) 완벽한 수행처럼 보여도 연습을 계속하면 지연검사에서 더 강하고 정확하게 수행하게 되는 현상

규칙-지배 행동(rule-governed behavior) 행동에 관한 언어적 규칙이나 마음의 규칙에 의해 통제되는 행동. 강화나 처벌계획에 의해 통제되는 수반성-조성 행동과 반대

근접성(contiguity) 시공간적으로 함께 발생하는 두 관념은 쉽게 연합된다는 아리스토텔레스의 연합 원리 중 하나. 고전적 조건형성에서는 자극들 간의 근접성이 중요하고, 조작적 조건형성에서는 반응과 결과 사이의 근접성이 중요함

기능분석(functional analysis) 자극이나 강화물을 체계적으로 변화시킴으로써 환자의 행동을 유지시키는 것이 무엇인지 치료자가 확인하게 해주는 방법

기능성 자기공명영상(functional magnetic resonance imaging, fMRI) 뇌에서 가장 활성화된 부분을 실시간으로 보여주는 뇌 영상 기법

내성(tolerance) 약물의 반복 사용 후 관찰되는 약 효과의 감소

뇌 전기 자극(electrical stimulation of the brain, ESB) 뇌의 특정 부분을 약하게 자극하는 전류로서, 강력한 강화물로 기능함

누가기록기(cumulative recorder) 수평축에는 시간을, 수직축에는 누가반응을 그래프로 나타내는 간단한 반응기록장치. 관찰자는 피험동물의 행동 패턴을 시간대별로 한눈에 볼 수 있음

뉴로피드백(neurofeedback) 특정 뇌파 패턴을 변화시키거나 통제할 목적으로 뇌파 패턴에 대한 피드백을 받는 바이오피드백의 유형

다중계획(multiple schedule) 상이한 변별자극에 의해 신호되는 둘 이상의 강화계획이 한 번에 하나씩 번갈아 제시되는 절차

단계적 모델링(graduated modeling) 모델의 간단한 행동에서 시작하여 점차 어려운 행동으로 진행되는 모델링의 한 유형

단기기억(short-term memory) 대략 수 초간 정보를 유지시키며 제한된 용량을 가진 기억

단기-지연 조건형성(short-delay conditioning) 조건자극이 무조건자극보다 약 1초 앞서 시작되는 고전적 조건형성 절차

단서노출치료(cue exposure treatment) 약물 중독치료에서 약물과 연합된 자극에 노출시킴으로써 조건화된 약물 갈망(drug cravings)을 소거시킴

단순세포(simple cell) Hubel과 Wiesel이 발견한 시각피질의 뉴런으로, 시야의 특정 부분에 선분이 특정 각도로 제시될 때 최고로 발화되는 뉴런

단순체계 접근(simple systems approach) 생리학 연구에서 작고 덜 복잡한 신경계를 가진 매우 원시적인 생명체를 연구하는 전략

대단위이론(molar theory) 행동과 그 결과 사이의 장기간의 관계에 초점을 둔 행동이론

대립과정이론(opponent-process theory) 많은 정서반응이 상반되는 사후 정서반응으로

이어지는 초기 정서반응을 포함한다고 주장하는 Solomon과 Corbit의 이론

대비성(contrast) 한 관념에 대한 생각은 종종 반대 관념에 대한 생각으로 이어진다는 아리스토텔레스의 연합 원리 중 하나

대상 영속성(object permanence) 눈에 보이지 않을 때조차 대상이 계속 존재한다는 것을 이해하는 것. 대상 영속성 개념이 언제 어떻게 발달되며, 다른 종의 동물에서도 발달되는지 연구함

대안 행동 차별강화계획(differential reinforcement of alternative behavior schedule, DRA) 바람직한 행동을 강화하면서 바람직하지 않은 행동을 소거시키는 기법

대응 법칙(matching law) 두 대안 중 특정 대안에 대한 반응 백분율은 그 대안이 제공하는 강화들의 백분율과 같다고 하는, 선택 행동에 대한 Herrnstein의 일반 원리

도피(escape) 반응을 함으로써 혐오자극을 종료시키는 부적 강화의 한 유형

도피 소거(escape extinction) 불쾌한 상황으로부터 도피함으로써 강화받았던 문제 행동을 제거하는 데 사용되는 절차. 문제 행동이 일어나더라도 도피하지 못함

독립변인(independent variable) 과학 연구에서 종속변인에 대한 영향을 알기 위해 실험자가 조작하는 변인

동물 인지(animal cognition) 인간을 포함한 여러 종의 인지 과정과 능력을 비교하는 심리학의 한 분야. 비교 인지라고도 함

동시 조건형성(simultaneous conditioning) 조건자극과 무조건자극이 동시에 시작되는 고전적 조건형성

뒤덮기(overshadowing) 고전적 조건형성에서 약한 조건자극이 강한 조건자극과 함께 제시될 때, 약한 조건자극에 대한 조건형성이 잘 일어나지 않는 현상

듀플렉스 관념(duplex idea) 복합 관념의 결합을 기술하기 위해 James Mill이 사용한 용어

등가성 전제(equipotentiality premise) 한 맥락에서 조건형성시키기 어려운 자극이나 반응은 다른 모든 맥락에서도 조건형성시키기 어렵다는 가설

때때로 대립과정(sometimes opponent process, SOP) 어떤 조건반응의 경우 무조건반응과 양상이 비슷하지만 어떤 조건반응은 반대 양상을 보이는 이유를 추론하는 Allan Wagner의 고전적 조건형성에 관한 일반 이론

망각곡선(forgetting curve) 학습 후 시간 경과에 따른 기억과제의 수행 감소를 나타내는 그래프

매개변인(intervening variable) 직접적으로 관찰되지 않으나, 과학에서 독립변인과 종속변인 사이의 관계를 예측하기 위해 사용하는 이론적 개념

맥락간섭(contextual interference) 학습 상황의 특징들로 인해 새로운 과제를 학습하는 것이 더 어려워지는 현상. 그러나 장기적으로는 수행이 좋아짐

맥락 자극(contextual stimuli) 유기체의 환경에 제시되고 있는 소리, 냄새, 모습

맥락전환효과(context-shift effect) 특정한 맥락에서 정보를 학습했다면 다른 맥락에서 검사할 때보다 동일한 맥락에서 검사할 때

정보를 더 잘 회상하는 현상

멈춤-행동 원리(stop-action principle) 강화물이 제공되는 시점에 수행되던 정확한 움직임이 증강됨으로써 장래에 발생 가능성이 더 높아진다고 제안하는 강화의 원리

무방향 운동(kinesis) 자극과 관련된 움직임의 방향이 무선적인 향성(tropism)

무오류 변별학습(errorless discrimination learning) Herbert Terrace가 개발한 변별훈련 절차. 무오류 변별학습은 변별하기 쉬운 자극에서 시작하여 점차 어려운 자극으로 진행되므로 학습하는 동안 오류가 적음

무의미 철자(nonsense syllable) Hermann Ebbinghaus가 기억실험에서 최초로 사용한 자음, 모음, 자음으로 이루어진 무의미 철자

무조건반응(unconditioned response, UR) 고전적 조건형성에서 무조건자극에 의해 유발되는 선천적 반응

무조건자극(unconditioned stimulus, US) 고전적 조건형성에서 자연적으로 특정 반응(무조건반응)을 유발하는 자극

무차별점(indifference point) 선택 행동에서 동등하게 선호되거나 동등한 빈도로 선택되는 한 쌍의 대안

문제상자(puzzle box) Thorndike가 사용한 일종의 실험상자로서, 문을 열고 밖에 있는 먹이를 얻기 위해서는 동물이 특정 반응을 해야 함

미분지 말단(arborization) 아기가 태어나기 직전과 생후 첫 일 년 동안 발생하는 뉴런 수상돌기의 가지치기

미신실험(superstition experiment) Skinner의 고전적 실험. 비둘기가 무엇을 하든지 매 15초마다 먹이를 제공하면 대부분의 비둘기는 먹이를 제시하는 간격 사이에서 특이한 행동을 반복적으로 수행하게 됨

미신 행동(superstitious behavior) 행동 뒤에 우연히 강화물이 뒤따랐기 때문에 발생하는 행동

바이오피드백(biofeedback) 특정 신체 기능에 대한 증폭된 피드백을 제공하는 절차로서, 건강 문제를 치료할 목적으로 개인의 해당 신체 작용에 대한 통제를 증가시키는 것

반사(reflex) 적절한 자극의 제시로 나타나는 선천적 움직임

반응 간 시간 강화이론(interresponse time [IRT] reinfor-cement theory) 변동간격계획보다 변동비율계획에서 더 빠르게 반응하는 이유는, 긴 IRT(반응 간 긴 휴지)가 변동간격계획에서 더 자주 강화받기 때문이라는 이론

반응-강화물 상관이론(response-reinforcer correlation theory) 변동간격계획보다 변동비율계획에서 반응이 더 빠른 이유는, 변동비율계획에서는 빠르게 반응할 때 더 많은 강화물을 얻게 되지만 변동간격계획에서는 그렇지 않기 때문이라는 이론

반응대가(response cost) 문제 행동에 대해 강화물을 잃게 함으로써 처벌하는 행동 감소 절차

반응박탈이론(response deprivation theory) 동물이 선호하는 수준 이하로 행동을 박탈시키는 것은 제한을 적게 받은 행동에 대한 강화물로 기능하게 된다는 강화이론

반응연쇄(reaction chain) 한 행동에서 다음

행동으로 이어지는 것이 적절한 외부 자극의 존재에 달려 있는 선천적 행동의 연쇄. 자극의 존재 또는 부재 여부에 따라 연쇄의 일부는 건너뛰거나 생략됨

반응 제지(response blocking) 문제 행동을 하지 못하게 물리적으로 막는 행동 감소 절차. 회피 반응의 소거에서, 반응을 제지함으로써 더 이상 회피 반응을 할 필요가 없음을 가르칠 수 있음

방사형 미로(radial-arm maze) 중앙의 시작점으로부터 여덟 개 이상의 통로가 방사형으로 나 있고 각 주로의 끝에서 먹이를 얻을 수 있는 동물용 미로

백분위 계획(percentile schedule of reinforcement) 학습자가 했던 마지막 반응들의 일정한 백분율 이상으로 반응해야 강화를 받는 강화계획

변동간격계획(variable-interval schedule, VI) 변화하는 예측할 수 없는 시간 간격 후에 강화물이 제시되는 강화계획. 일단 강화물이 준비되면, 한 번의 반응으로 강화물을 얻을 수 있음

변동비율계획(variable-ratio schedule, VR) 변화하는 예측할 수 없는 횟수의 반응을 한 후에 강화물이 제시되는 강화계획

변별(discrimination) 고전적 또는 조작적 조건형성에서 한 자극에 대해서는 반응하고 다른 유사한 자극에는 반응하지 않는 학습

변별가설(discrimination hypothesis) 부분 강화 효과에 대한 설명으로, 강화에서 소거로의 전환을 피험자가 얼마나 빨리 변별할 수 있는지에 따라 반응 감소율이 달라진다는 가설

변별자극(discriminative stimulus) 조작적 조건형성에서 반응이 강화를 받을지 안 받을지 표시해주는 자극. 강화를 받을 것을 신호하는 자극(S＋), 강화를 받지 못할 것을 신호하는 자극(S－)

병립 계획(concurrent schedule) 둘 이상의 강화계획이 동시에 존재하는 상황으로, 각 계획에서 요구하는 반응과 그에 따른 강화물이 다름

복합 CS(compound CS) 고전적 조건형성에서 동시에 제시되는 둘 이상의 조건자극

복합 관념(complex idea) 둘 이상의 단순 관념들이 결합된 관념을 기술하기 위해 영국 연합주의자인 James Mill이 사용한 용어

본보기 이론(exemplar theory) 범주화는 구체적 사례에 대한 기억에 따라 달라진다는 개념형성 이론

부분 강화 효과(partial reinforcement effect) 간헐적 강화보다 연속 강화(CRF) 후에 반응이 더 빠르게 소거된다는 발견

부속 행동(adjunctive behaviors) 먹이나 다른 강화물이 규칙적 간격으로 제공될 때 발생하는 정형화된 행동

부적 강화(negative reinforcement) 행동이 발생하면 혐오자극을 제거함으로써 행동을 증강시키는 절차

부적 대조(negative contrast) 한 자극에 대한 강화를 증가시키면, 다른 자극이 존재할 때는 반응이 감소하는 행동 대비

부적 전이(negative transfer) 운동 기술 학습에서 한 과제의 연습이 다른 과제의 학습이나 수행을 간섭하는 것

부적 처벌(negative punishment) 행동이 발생

하면 선호하는 자극을 제거함으로써 행동을 감소시키는 절차. 일반적으로는 생략(omission)이라고 함

분산 연습(distributed practice) 운동 기술 학습에서 짧은 연습 기간이 휴식 기간과 번갈아 제시되는 훈련 절차. 집중 연습보다 더 나은 학습을 이끌 수 있음

비교기(comparator) 제어 시스템 이론에서 목표 상태(참조 입력)와 현재 상태(실제 입력)를 비교하고 두 상태가 같지 않을 때 행동이 필요하다고 신호하는 장치

비교기이론(comparator theory) 조건반응의 강도는, 조건자극이 존재할 때 무조건자극의 확률과 부재할 때 무조건자극의 확률의 비교에 달려 있다는 고전적 조건형성 이론

비교 인지(comparative cognition) 인간을 포함하여 다양한 종의 인지 과정과 능력을 비교하는 심리학의 한 분야

비디오 자기모델링(video self-modeling) 내담자가 바람직한 행동을 정확하게 수행하고 있는 자신의 모습을 비디오로 관찰하게 하는 행동 수정 기법

비율긴장(ratio strain) 고정비율계획에서 지나치게 많은 반응을 요구하면 반응이 전반적으로 약화되는 현상

비탄력적 수요(inelastic demand) 경제학에서 가격이 오르거나 내려가도 비교적 변동이 적은 제품에 대한 수요

빠른 재획득(rapid reacquisition) 소거 뒤 두 번째 획득 단계의 학습은 최초의 획득 단계에서보다 더 빠르게 일어남

사전 약속(precommitment) 자신이 내린 결정을 나중에 바꾸기 어렵거나 불가능하도록 미리 결정하게 만드는 자기통제 향상 기법

삼항 수반성(three-term contingency) 변별자극, 반응, 강화물이나 처벌물을 포함하는 수반성. 수반성이란 특정 변별자극이 존재할 때 특정 반응이 특정 결과를 초래한다는 것

상위인지(metacognition) 자신의 기억과 사고과정을 되돌아보고 자신의 인지에 관해 판단하는 능력

상호 수반성(reciprocal contingency) 두 행동을 번갈아 일정 분량 수행하도록 함으로써 두 행동이 일정한 비율로 발생하게 만드는 절차

생득주의(nativism) 어떤 관념은 선천적(타고난 것)이며 개인의 과거 경험에 의존하지 않는다는 가설

생략(omission) 바람직하지 않은 행동이 발생하면 선호하는 자극을 제거하는 행동 감소 절차

생태학자(ethologist) 자연환경에서 동물의 행동을 연구하는 과학자

세부특징 이론(feature theory) 사례가 범주의 구성원인지 판단하기 위해 특정 세부특징을 점검한다는 개념학습이론

세부특징 탐지기(feature detecto) 특정 유형의 시각 자극에 반응하는 신경세포

세포체(cell body) 세포핵을 포함하며 세포의 기초신진대사 기능을 조절하는 뉴런의 일부

소거(extinction) 고전적 조건형성에서는 무조건자극 없이 조건자극을 제시하고, 조

작적 조건형성에서는 조작적 반응에 대해 더 이상 강화물을 제공하지 않는 것. 두 경우 모두 반응은 감소하다가 결국 사라짐

소거에 대한 저항(resistance to extinction) 더 이상 강화되지 않는데도 반응을 계속하는 정도

소규모이론(molecular theory) 행동과 그 결과 사이의 매 순간의 관계에 초점을 둔 행동이론

소뇌(cerebellum) 숙련된 동작에 중요하며, 머리 뒤쪽 대뇌피질 아래에 있는 두뇌의 한 부분

속도조정자(pacemaker) 동물의 타이밍에 대한 이론에서, 일정한 속도로 박자를 맞춤으로써 동물이 시간 간격을 측정하게 해준다는 가설적 내부 과정

수반성 계약(contingency contract) 행동치료에서 당사자에게 요구된 의무(행동)와 의무가 수행되었을 때 결과로서 주어지는 권리(강화물)를 열거한 서면 계약서

수반성-조성 행동(contingency-shaped behavior) 강화 또는 처벌계획에 의해 통제되는 행동. 어떻게 행동할지에 관한 언어적 규칙이나 마음의 규칙에 의해 통제되는 규칙-지배 행동의 반대

수상돌기(dendrite) 뉴런의 수용면에 있는 나뭇가지 모양의 구조로서, 다른 뉴런의 축색종말에서 방출된 신경전달물질에 민감하게 반응한다.

수요곡선(demand curve) 제품의 가격에 따른 제품에 대한 수요를 그래프로 나타낸 것

수용기(receptor) 일반적인 '오감' 또는 근육의 긴장이나 균형 같은 신체 내부의 감각

으로부터 오는 감각자극에 반응하는 특화된 뉴런

수행지식(knowledge of performance, KP) 운동 기술 학습에서 어떤 동작이 잘 수행되고 있고 어떤 동작은 향상되어야 하는지에 관해 학습자에게 주어진 상세한 피드백 정보

순간최대화이론(momentary maximization theory) 유기체는 비록 장기적으로는 그 선택이 최선이 아니더라도, 매순간 최대 가치를 지닌 대안을 선택한다는 선택 행동에 관한 이론

순행간섭(proactive interference) 사전학습이 새로운 재료의 학습을 손상시키는 현상

순향 연쇄짓기(forward chaining) 반응연쇄를 가르치는 방법으로, 연쇄의 첫 반응을 강화하는 것으로 시작하여 순서대로 두 번째, 세 번째 반응 등을 추가하는 방식

습관화(habituation) 반사 반응을 일으키는 자극을 반복적으로 제시하면 반사 반응의 강도가 감소되는 현상

시각피질(visual cortex) 머리의 뒷부분에 위치한 두뇌 피질(두개골 바로 밑에)의 한 영역. 시각 정보를 처리함

시간 부호화 가설(temporal coding hypothesis) 고전적 조건형성에서 유기체가 CS와 US를 연합시키는 것이 아니라 시간에 관한 학습을 한다는 가설

시냅스(synapse) 한 뉴런의 축색종말과 다른 뉴런의 수상돌기 사이에 있는, 신경전달물질이 방출되는 작은 공간

신경 생성(neurogenesis) 새로운 뉴런의 발달

신경전달물질(transmitter) 한 뉴런의 축색

끝에 있는 축색종말에서 다른 뉴런의 세포체와 수상돌기 사이의 시냅스로 방출되는 화학물질. 세포체와 수상돌기는 화학물질에 민감함

신호자극(sign stimulus) 고정행위패턴을 개시하는 자극

신호-추적이론(sign-tracking theory) 동물은 중요한 사건(예 : 먹이의 제공)을 잘 예측하게 해주는 자극의 위치를 찾아 접근하고 탐색하는 경향을 가졌다고 하는 고전적 조건형성 이론

암송(rehearsal) 자극이나 사건의 발생 후 정보를 적극적으로 처리함으로써 단기기억 내에서 활성화되며 장기기억으로 잘 전이됨

양전자 단층촬영(positron emission tomography, PET) 뇌에서 가장 활성화된 부분을 보여주는 뇌 영상 기법

역행간섭(retroactive interference) 새로운 학습이 이전의 학습에 대한 기억을 손상시키는 현상

연속 강화(continuous reinforcement, CRF) 특정 반응이 발생할 때마다 강화물을 제공하는 강화계획

연쇄 계획(chained schedule) 상이한 자극에 의해 신호되는 둘 이상의 강화계획이 특정 순서로 완결되어야 강화물이 제공되는 강화계획

연합 암송(associative rehearsal) 장기기억에서 정보를 강화시키는 시연의 한 유형

연합주의자(Associationist) 개별 생각이나 아이디어의 연합이 경험의 결과로 어떻게 학습되는지에 관한 이론을 발전시킨 초기 철학자들

영국 연합주의자(British Associationists) 기억 관념이 개인의 경험으로부터 어떻게 형성되는지를 제안한 초기 영국 철학자들

왕복 상자(shuttle box) 두 개의 방으로 연결된 실험상자. 동물은 전기충격과 같은 혐오자극을 도피하거나 회피하기 위해 한쪽 방에서 다른 방으로 이동해야 함

욕구감소이론(need-reduction theory) 모든 일차강화물은 특정 생물학적 욕구를 감소시키는 자극이며, 생물학적 욕구를 감소시키는 모든 자극은 강화물로서 기능할 수 있다는 Hull의 이론

운동 프로그램(motor program) Lashley가 처음 제안한 뇌 또는 척수 기제로서, 일련의 동작을 통제하며 다음 동작을 시작하는 데 앞서 수행된 동작의 감각 피드백에 의존하지 않음

원형 이론(prototype theory) 범주화는 새로운 사례를 원형(또는 이상적 예)과 비교함으로써 이루어진다는 개념학습이론

유사성(similarity) 한 관념에 대한 생각은 종종 유사한 관념에 대한 생각으로 이어진다는 아리스토텔레스의 연합 원리 중 하나

유지 암송(maintenance rehearsal) 단기기억에서 정보를 유지하는 데는 도움이 되지만 장기기억에서 정보를 강화시킨다고는 볼 수 없는 암송의 유형

유추(analogy) "A의 B에 대한 관계는 C의 D에 대한 관계와 같다."와 같은 형태의 진술문. 유추를 이해하는 능력을 검증하기 위해 피험자에게 D에 대한 둘 이상의 대안을 주고 정확한 답을 물음

이요인이론(two-factor theory, two-process theory) 회피 반응에 고전적 조건형성(자극에 대한 공포를 학습)과 조작적 조건형성(공포유발자극으로부터 도피) 모두 요구된다는 이론

이조(transposition) 변별과제(예 : 1인치 원이 아닌 2인치 원을 선택하기)에서 두 자극 중 하나를 선택해서 강화물을 받은 피험자가 나중에는 같은 차원에서 이전에 강화받은 자극보다 더 극단적 자극(예 : 2인치가 아니라 3인치 원)을 선택하는 상황

이차 조건형성(second-order conditioning) 이전에 조건화된 자극과 중성자극을 짝지어 제시함으로써 조건반응이 한 자극에서 다른 자극으로 전이되는 고전적 조건형성 절차

이행 추리(transitive inference) 예를 들어 "A＜B이고, B＜C이면, A＜C이다."처럼 세 자극들 사이의 관계 규칙을 학습하는 것

인간 보편성(human universal) 모든 문화권에서 발견되는 인간의 능력이나 행동

인지도(cognitive map) 동물이 주변을 탐색하거나 관찰함으로써(쥐가 미로를 학습할 때처럼) 발달된다고 주장하는 Tolman의 환경에 대한 심적 지도

인지심리학(cognitive psychology) 행동주의와 달리, 직접 관찰할 수 없는 뇌에서 발생하는 과정(기억, 주의, 암송 등)에 대한 이론을 다루는 심리학의 한 접근

일반강화물(generalized reinforcer) 여러 상이한 일차강화물과 연합된 조건강화물

일반화(generalization) 학습된 반응이 한 자극에서 다른 유사한 자극으로 전이되는 것

일반화 감소가설(generalization decrement hypothesis) 부분 강화 효과에 대한 설명으로, 소거 시 존재했던 자극이 강화 시 발생한 자극과 다르면 반응의 소거가 빠르고, 강화 시 발생한 자극과 유사하면 소거가 느리다는 가설

일반화 기울기(generalization gradient) 일반화를 보여주는 그래프. x축은 검사 자극의 특정 차원에서의 변화를 좌표로 나타내고, y축은 상이한 자극에 대한 조건반응의 강도를 나타냄

일반화된 모방(generalized imitation) 사람들이 과거에 강화를 받았던 상황과 유사한 상황에서 모방을 하는 것

일요인이론(one-factor theory) 전기충격과 같은 혐오자극의 회피는 그 자체가 강화물로 기능하므로 이요인이론에서 고전적 조건형성 요인은 불필요하다고 하는 회피이론

일차 CS(first-order CS) 고전적 조건형성에서 무조건자극과 직접 짝지어짐으로써 조건형성된 자극

일차강화물(primary reinforcer) 뒤따르는 반응을 자연적으로 증강시키는 자극(예 : 음식, 물, 성적 쾌락, 안락함)

자극대체이론(stimulus substitution theory) 고전적 조건형성에 관한 Pavlov의 이론으로서, 조건자극이 무조건자극을 대체함으로써 동일한 반응을 유발한다고 제안함

자극 등위성(stimulus equivalence) 자극 간의 가능한 모든 관계들을 가르친 것이 아니라 자극 간 관계 중 일부만 가르쳤음에도 불구하고, 마치 교환 가능한 것처럼 범주 내 모든 자극들에 반응하게 되는 상황

자극 통제(stimulus control) 선행 자극에 의해 행동이 통제되는 방식에 관한 일반 주제

자극 통제의 관계이론(relational theory of stimulus control) 동물은 자극들 간 관계(예 : 더 크다, 더 빨갛다, 더 밝다)에 대한 반응을 학습할 수 있다는 이론. 반대로 자극 통제의 절대이론에서는 동물이 관계를 학습할 수 없다고 가정함

자극 통제의 절대이론(absolute theory of stimulus control) 동물이 강화자극과 무강화자극을 어떻게 학습하는지에 관한 이론. 동물은 단지 두 자극을 따로 학습할 뿐이고, 둘 간의 관계에 대해서는 아무것도 학습하지 않는다고 주장함

자극 포만(stimulus satiation) 강화물을 지나치게 많이 제공함으로써 그 효과를 잃게 하여 행동을 감소시키는 절차

자기주장 훈련(assertiveness training) 어떤 상황에서 지나치게 순종적이어서 자신의 권리를 옹호하는 능력을 계발시키고 싶어 하는 사람들을 위한 치료의 한 형태. 이 훈련은 종종 모델링, 역할 연기, 그리고 행동 시연의 조합으로 구성됨

자기통제 선택(self-control choice) 작지만 즉각적인 강화물과, 크지만 지연된 강화물 사이의 선택

자동 강화(automatic reinforcement) 행동을 수행하여 생긴 감각자극 자체가 강화물인 강화

자발적 회복(spontaneous recovery) 고전적 조건형성이나 조작적 조건형성에서 소거되었던 반응이 일정한 시간이 지난 후에 추가적인 조건형성 시행 없이 재출현하는 것

자유 조작적 절차(free-operant procedure) Skinner가 개발한 절차로서, 불연속 시행 절차와 달리 피험동물은 실험상자에서 언제든지, 그리고 얼마든지 조작적 반응을 반복할 수 있음

자유 조작적 회피(free-operant avoidance) Sidman 회피과제의 다른 이름

자폐증(autism) 전체 아동의 약 1% 이하에서 나타나며, 일반적으로 아동기 초기에 발생하는 중증 장애. 주요 증상은 극단적 사회성 결여와 언어 학습의 실패

작업기억(working memory) 짧은 시간 동안 정보를 저장하며, 용량이 제한되어 있고, 현재 수행하는 어떤 과제든 안내한다는 기억

잠재학습(latent learning) 무강화 시행에서 학습이 일어나지만, 일단 강화 시행이 시작되어야 그동안 드러나지 않았던 학습이 피험자의 행동 속에서 나타나게 됨을 지칭하는 Tolman의 용어

장기 강화(long-term potentiation) 전기 자극에 의해 유발된 뉴런 간의 연결 강도의 증가. 몇 주 또는 몇 달간 지속됨

장기기억(long-term memory) 비록 일부 정보들은 간섭이나 망각에 의해 상실되지만 몇 달, 몇 년 이상 오랫동안 정보를 보유하는 용량이 매우 큰 기억

장기-지연 조건형성(long-delay conditioning) 조건자극이 무조건자극보다 최소한 몇 초 앞서 시작되어 무조건자극이 나타날 때까지 지속되는 고전적 조건형성의 한 유형

저율 차별강화계획(differential reinforcement

of low rates schedule, DRL) 한 반응 후 다음 반응 사이에 일정한 시간이 경과해야 강화물을 제공하는 강화계획

절약(savings) Ebbinghaus의 기억 강도 측정치. 이전에 학습한 무의미 철자 목록을 재학습할 때 시간이 얼마나 적게 들었는가를 보여줌

점진적 이완법(progressive relaxation) 특정 근육을 번갈아 긴장시키고 이완시킴으로써 신체를 편안하고 이완된 상태로 유도하는 절차. 깊은 근육 이완(deep muscle relaxation)이라고도 함

정적 강화(positive reinforcement) 행동에 이어 선호하는 자극이나 강화물이 뒤따름으로써 행동이 증강되는 절차

정적 대조(positive contrast) 한 자극에 대한 강화를 감소시키면, 다른 자극이 존재할 때는 반응이 오히려 증가되는 행동 대비

정적 전이(positive transfer) 운동 기술 학습에서, 한 과제의 연습이 유사한 과제의 학습과 수행을 향상시키는 것

정점 이동(peak shift) 강화자극과 비강화자극에 대한 변별 훈련 후 일반화 기울기의 정점은 강화자극으로부터 비강화자극 쪽으로 이동

정점 절차(peak procedure) 동물의 타이밍을 연구하는 절차로서, 정점 반응을 보인 시점은 동물이 얼마나 정확하게 시간 간격을 측정하고 있는지를 보여줌

정향 반응(orienting response) 갑작스럽거나 예기치 않은 자극에 대한 선천적 반응으로서, 동물은 하던 활동을 멈추고 새로운 자극을 보거나 듣는 행동을 함

제어 시스템 이론(control system theory) 생물과 무생물의 목표 지향적 행동을 분석하는 과학의 한 분야

조건강화물(conditioned reinforcer) 처음에는 중성자극이었으나 일차강화물과 반복적으로 짝지어짐으로써 반응을 증강시키는 능력이 생긴 자극

조건대립이론(conditioned opponent theory) 무조건 반응의 뒷부분(앞부분과 반대 양상)이 조건자극과 연합하게 된다는 고전적 조건형성의 이론. 이 이론은 조건반응이 무조건 반응의 반대로 보이는 것을 설명함

조건반사(conditioned reflex) 조건반응의 다른 명칭

조건반응(conditioned response, CR) 고전적 조건형성이 일어난 후에 조건자극에 의해 유발된 반응

조건보상반응(conditioned compensatory response) 고전적 조건형성에서 무조건반응과 반대로 나타나는 조건반응

조건억제자(conditioned inhibitor, CS−) 고전적 조건형성에서 조건반응의 발생을 방지하거나 그 크기를 감소시키는 조건자극. 억제성 CS(inhibitory CS)라고도 함

조건자극(conditioned stimulus, CS) 처음에는 중성자극이었으나 무조건자극과 짝지어진 후에 조건반응을 유발하는 능력이 생긴 자극

조건정서반응(conditioned emotional response, CER) 조건자극은 혐오적 사건의 발생을 신호해준다는 고전적 조건형성의 절차. 조건형성은 조건자극이 존재할 때 진행 중이던 행동(예 : 먹이를 얻기 위한 레버 누

르기)의 억압을 통해 측정됨. 이 절차는 조건억압(conditioned suppression)이라고도 부름

조성(shaping) 목표 행동에 가깝게 접근할수록 강화시킴으로써 새로운 행동을 가르치는 절차. 점진적 근사법(method of successive approximation)이라고도 함

조직행동 관리(organizational behavior management) 행동심리학의 원리를 직장에서 인간의 수행을 향상시키는 데 사용하는 응용행동분석의 한 분야

좁히기(narrowing) 바람직하지 않은 행동이 일어나는 상황의 범위를 점차 감소시키는 것을 포함한 자극 통제 기법

종말 행동(terminal behavior) 먹이나 다른 일차강화물이 규칙적 간격으로 제공될 때 간격이 끝날 무렵 발생하는 행동 패턴

종속변인(dependent variable) 심리학 연구에서 독립변인의 변화로 초래되는 피험자의 행동

종 특유 방어반응(species-specific defense reaction, SSDR) 동물이 야생에서 새롭거나 갑작스러운 자극과 만났을 때 발생하는 선천적 방어 반응

주변 예(peripheral instance) 개념학습 연구에서 '나쁘다' 또는 '비전형적이다'라고 판단되는 자연범주의 사례

주성(taxis) 유발 자극이 생물체의 움직임의 방향을 결정하는 향성

준비된 연합(prepared association) 특정 종의 구성원이 선천적으로 빠르고 쉽게 학습할 수 있는 자극들 간 또는 자극과 반응 사이의 연합

중간뉴런(interneuron) 감각뉴런과 운동뉴런 사이의 뉴런

중간 크기 문제(intermediate-size problem) 피험자가 특정 차원의 중간 자극(예 : 중간 크기의 원)을 선택하도록 학습하고 난 뒤, 검사에서 그 자극이 더 이상 중간 자극(예 : 세 원 중 가장 작은 원이 됨)으로 제시되지 않는 변별문제

중간 행동(interim behavior) 먹이나 다른 일차강화물이 규칙적 간격으로 제공될 때 간격의 초반에 나타나는 행동 패턴

중심 예(central instance) 개념학습 연구에서 '좋다'거나 '전형적이다'라고 판단된 자연범주의 사례

지각의 단일 뉴런 원칙(single neuron doctrine of perception) 뇌의 개별 뉴런이 환경 내 특정한 복합자극들에 반응한다는 이론

지시된 망각(directed forgetting) 학습자(인간 또는 동물)에게 어떤 시행에서는 자극을 기억하라고 지시하고, 다른 시행에서는 망각하도록 지시함으로써 자극을 학습시키는 기억과 망각에 대한 연구 절차

지연 표본 대응(delayed matching to sample, DMTS) 단기기억 또는 작업기억의 측정에 사용하는 절차. 표본자극이 제시되고 사라진 후 얼마의 시간 지연이 있다. 그런 다음 두 개의 비교자극이 제시되는데, 표본과 대응되는 비교자극을 선택하면 강화를 받음

지연 할인(delay discounting) 강화물이 지연됨에 따른 강화물의 강도나 가치의 감소

진정한 모방(true imitation) 종에게 매우 드물고 있을 수 없는 행동 패턴이어서 시행

착오로 학습된다고 보기 어려운 행동 패턴의 모방

집중 연습(massed practice) 운동 기술 학습에서 한 블록에서 휴식 기간 없이 연습하는 훈련 절차. 분산 훈련보다 학습 효과가 적음

차단(blocking) 어떤 자극이 조건형성 시행에서 다른 조건자극과 함께 제시되면 이 자극에 대한 조건형성이 거의 또는 전혀 일어나지 않는 고전적 조건형성의 현상

처벌(punishment) 행동에 이어 혐오자극이 뒤따름으로써 행동이 감소되는 절차

척수 반사궁(spinal reflex arc) 고통스러운 자극으로부터 손을 반사적으로 떼도록 만드는 신경 회로로서, 척수까지 뻗은 손에 있는 고통에 민감한 뉴런, 중간뉴런, 그리고 팔의 근육을 작동시키는 운동뉴런으로 구성되어 있음

청크(chunk) 학습자가 항목들을 하나의 단위(예 : 낱자들로 이루어진 한 단어)로 결합시킨 것으로서, 각 항목들을 개별적으로 학습할 때보다 쉽게 학습할 수 있음

체계적 둔감화(systematic desensitization) 환자를 매우 이완된 상태로 유지시키면서 공포유발자극을 점진적으로 증가시켜 제시하는 공포증에 대한 행동치료

초상황성(trans-situationality) 한 상황에서 강화물로 결정된 자극이 다른 상황에서도 강화물로 작용한다는 이론

촉구자극(prompt) 행동 수정에서 바람직한 반응이 쉽게 발생하도록 만드는 자극. 훈련이 진행됨에 따라 점차 제거됨(페이드아웃)

최적화이론(optimization theory) 사람들은 만족을 최대화시키는 결정을 하는 경향이 있다고 제안하는 선택 행동 이론

추동감소이론(drive-reduction theory) 생물학적 추동(배고픔 추동, 성 추동 등)의 감소가 강화물의 역할을 한다는 Hull의 이론

축색(axon) 전류나 활성 전위를 보내는 긴 가지 모양 뉴런의 한 부분. 축색 끝의 확장된 구조인 축색종말에서는 다른 뉴런의 수상돌기를 자극하는 화학적 전달물질이 방출됨

타임아웃(time-out) 문제 행동을 수행했을 때 하나 이상의 선호하는 자극을 일시적으로 제거함으로써 행동을 감소시키는 절차

탄력적 수요(elastic demand) 경제학에서 가격이 오르거나 내려갈 때 크게 변동하는 제품에 대한 수요

탈억제(disinhibition) 고전적 조건형성에서 특정 자극에 대한 조건반응의 소거가 일어난 후에 그 자극을 제시하기 바로 전에 새로운 자극을 제시하면 소거된 조건반응이 재출현하는 현상

토큰체계(token system) 종종 인간 집단에 사용하는 행동 수정 체계로서, 각자 특정 행동을 수행함으로써 토큰을 얻을 수 있으며, 나중에 토큰을 다양한 일차강화물로 교환할 수 있음. 토큰경제(token economy)라고도 함

통제집단(control group) 실험 연구에서 훈련이나 처치를 받지 않은 피험자 집단. 통제집단의 수행은 실험집단의 수행과 비교됨

페이딩(fading) 바람직한 행동에 대한 촉구자극을 점차 철회함으로써 학습자가 촉구

자극 없이 행동하게 만드는 행동 수정 절차

편향(bias) 선택 행동에서 대응 공식에 따른 예측보다 특정 대안에 일관되게 시간을 할애하거나 반응함으로써 대응(matching)에서 이탈되는 현상

평가 조건형성(evaluative conditioning) 인간을 대상으로 이루어지는 고순위 고전적 조건형성의 한 형태. 중성자극을 긍정적 또는 부정적 자극과 짝지은 후 이 자극을 얼마나 좋아하는지 또는 싫어하는지를 물어봄

피험자 효과(subject effect) 사람들이 자신이 실험에 참여하고 있다는 사실을 아는 경우, 비록 통제집단에 속하고 다른 특별한 처치를 받지 않았는데도 행동이 변화되거나 향상되는 현상

학습된 낙관주의(learned optimism) 좋지 않은 상황에서 긍정적으로 생각하는 능력을 지칭하는 Seligman의 용어

학습된 무기력(learned helplessness) 도피 불가능한 혐오자극에 노출된 이후로 회피 반응을 학습할 수 없게 됨을 지칭하는 Seligman의 용어

행동 감속기(behavior decelerator) 문제 행동을 느리게 하거나 감소시키거나 제거시키는 절차

행동경제학(behavioral economics) 사람의 선택과 행동을 예언하는 데 행동심리학과 경제학의 원리를 사용하는 분야

행동 기술 훈련(behavioral skills training) 모델링, 언어 지시, 촉구, 유도된 연습(guided practice), 피드백과 같은 기법을 포함해서 새로운 행동을 가르치는 방법

행동 대조(behavioral contrast) 다른 자극이 존재할 때 강화 조건이 변함으로써 한 자극이 존재할 때 반응이 변하게 되는 현상

행동연쇄(response chain) 특정 순서로 반응하고 마지막 반응을 마쳐야 일차강화물이 제시되는 학습된 행동의 연쇄. 행동연쇄의 중간에 있는 각 자극은 이전 반응에 대한 조건강화물로 기능하며, 연쇄의 다음 반응에 대한 변별자극이 됨

행동 운동량(behavioral momentum) 조작적 행동이 강화 조건의 변화(예 : 강화물이 공짜로 제공되거나, 강화계획이 소거로 변화될 때)에 저항하는 것

행동주의(behaviorism) 외적 사건(관찰 가능한 자극과 반응)을 강조하고 유기체의 내부 과정에 대한 추측을 피하는 연구를 강조하는 심리학의 한 접근이자 학습의 한 분야

행동체계 분석(behavior-systems analysis) 강화물이 서로 다른 종 특유 행동을 유발시킨다는 견해로서, 자동 조성과 고전적 조건형성, 그리고 몇몇 조작적 조건형성 상황에서 나타나는 행동 유형을 설명함

향본능 표류(instinctive drift) 조작적 조건형성에서, 동물이 강화받은 행동이 아니라 본능적 행동을 하게끔 만드는, 강화물의 유형과 관련된 선천적 행동

향성(tropism) 특정 자극에 대하여 유기체의 몸 전체가 움직이는 선천적인 반응. 향성은 무방향 운동과 주성으로 나뉨

혐오적 역조건형성(aversive counterconditioning) 알코올중독 및 기타 중독의 치료 방법으로, 중독성 물질에 대한 혐오반응을 조건형성시키기 위해 중독성 물질과 혐

오자극(예 : 질병을 유발하는 약물)을 짝지음

홍수법(flooding)　극도로 공포스러운 대상이나 상황을 제시하고 환자의 공포가 약해질 때까지 제거하지 않는 공포증 치료기법

회피(avoidance)　부적 강화의 한 형태로서, 애초에 혐오자극이 발생하지 않도록 반응을 수행하는 것

회피에 관한 인지이론(cognitive theory of avoi-dance)　유기체가 (1) 반응하지 않으면 혐오사건이 발생하고, (2) 반응하면 혐오사건을 피할 수 있다는 기대가 발생할 때 회피 반응이 일어난다는 이론. 회피 반응은 두 기대 중 하나 또는 두 가지 모두가 위반될 때까지 계속됨

회피 역설(avoidance paradox)　혐오사건이 발생하지 않는 것이 어떻게 회피 반응에 대한 강화물이 될 수 있는지에 관한 역설

획득 단계(acquisition phase)　학습과정에서 유기체가 새로운 행동을 습득하는 기간

효과의 법칙(Law of Effect)　반응 뒤에 유쾌하거나 만족스러운 자극이 뒤따르면 그 반응은 증강되고 미래에 더 자주 일어난다는 것을 말하는 Thorndike의 강화 원리

후향 연쇄짓기(backward chaining)　반응연쇄를 가르칠 때 사용되는 방략의 하나로서, 교사는 연쇄의 마지막 반응에서 시작하여 역순으로 작업

후향 조건형성(backward conditioning)　무조건자극보다 조건자극을 나중에 제시하는 고전적 조건형성 절차

흔적 조건형성(trace conditioning)　조건자극과 무조건자극이 약간의 시간 간격으로 떨어져 제시되는 고전적 조건형성 절차. 시간 간격 동안 두 자극 모두 존재하지 않음

흥분성 CS(excitatory CS, CS+)　고전적 조건형성에서 조건반응을 유발하는 조건자극

ABAB 설계(ABAB design)　행동치료를 위한 설계로서, A는 치료를 하지 않고 환자의 행동을 기록하는 기저선 기간이고, B는 치료기간을 의미함

Adams의 2단계 이론(Adams's two-stage theory)　언어-운동 단계(교사가 피드백을 주어야 향상될 수 있음) 다음에 운동 단계(학습자는 교사의 피드백 없이 계속 향상될 수 있음)가 있다는 운동 기술 학습 이론

Ainslie-Rachlin 이론(Ainslie-Rachlin theory)　강화물 제공이 가까워질수록 유기체가 크고 지연된 강화물이 아니라 작고 즉각적인 강화를 선호하는 이유를 설명하는 자기통제 선택에 관한 이론

a-과정(a-process)　대립과정이론에서 자극에 대해 초기에 빠르게 활성화되는 정서반응으로, 그 뒤에 반대 정서를 이끌어내는 b-과정이 뒤따름

Bandura의 모방이론(Bandura's theory of imitation)　모방이 일어나려면 주의과정, 파지과정, 운동재생 과정, 그리고 유인과 동기과정이라는 네 가지 요소가 필요하다는 이론

b-과정(b-process)　대립과정이론에서, a-과정과 상반되는 정서반응. b-과정은 a-과정의 활동에 대한 반응으로서만 활성화된다고 가정하며, 출현과 쇠퇴가 모두 느림

CS-US 간격(CS-US interval)　고전적 조건형성에서 조건자극이 시작되는 시점과 무조

건자극이 시작되는 시점 사이의 시간

CS 사전노출 효과(CS preexposure effect) 무조건자극과 짝지어 제시되기 전에 조건자극이 단독으로 반복 제시되는 경우 고전적 조건형성이 더 느리게 진행되는 현상

Humphreys의 역설(Humphreys's paradox) 부분 강화 효과의 다른 명칭. 간헐적 강화를 받은 반응이 연속 강화를 받은 반응보다 소거에 대한 저항이 더 크다는 역설적 현상

Permack의 원리(Premack's principle) 발생 가능성이 높은 행동은 발생 가능성이 낮은 행동을 강화하며, 발생 가능성이 낮은 행동은 발생 가능성이 높은 행동을 처벌한다는 이론

Recorla-Wagner 모형(Rescorla-Wagner model) 시행마다 흥분이나 억제 조건형성의 양은 모든 조건자극의 연합 강도와 무조건자극의 강도에 따라 달라진다고 주장하는 고전적 조건형성에 대한 수학적 이론

Schmidt의 도식이론(Schmidt's schema theory) 실행해본 적 없는 반응을 해야 할 상황에서 조정 가능한 동작에 관한 운동 기술 학습 이론. 과제를 실행할 때 정확한 반응을 재인하고 산출하는 것에 관한 일반 규칙(스키마)을 획득함

Sidman의 회피과제(Sidman avoidance task) 피험동물이 반응하지 않는 경우 전기충격이 규칙적인 간격으로 발생하고, 반응하는 경우에는 다음 전기충격이 일정 시간 동안 연기되는 회피 절차

S-R 연합(S-R association) 고전적 조건형성 동안 조건자극이 조건반응을 유발하는 능력을 발달시킨다고 보는, 조건자극과 반응을 담당하는 뇌 영역들 사이의 가설적 연합

S-S 연합(S-S association) 두 자극이 짝지어짐으로써 발달하게 되는, 상이한 두 자극을 담당하는 뇌 영역들 간의 가설적 연합

Weber의 법칙(Weber's law) 최소가지차(JND, 자극의 차이를 알 수 있는 최소의 자극 크기)는 자극의 크기에 비례한다는 지각 원리

찾아보기

지은이

James E. Mazur

1973년 다트머스대학교에서 심리학 학사를 취득하고 1977년 하버
드대학에서 실험심리학으로 박사학위를 받았다. 그는 하버드대학에
서 1980년에서 1988년까지 조교수와 부교수로 재직하였고, 그 이후
2010년 CSU 교수 직위를 받은 서던코네티컷주립대학교에서 가르치
고 있다. 현재 명예교수로 있으면서 가르치는 일을 계속하고 있다. 그
는 40년 넘게 조작적 조건형성과 선택에 관한 연구를 수행하였다. 그
는 여러 저널지의 심사위원과 부편집장을 역임하고 있고, *Journal of the
Experimental Analysis of Behavior*의 편집장을 역임하였다. 또한 강화계
획, 조건강화, 자기통제, 모험하기, 미루기, 선택의 수학 모형 같은 주
제들에 관한 논문과 책을 발간하였다.

옮긴이

이나경

독일 올덴부르크대학교에서 인지심리학을 전공하고, 작업기억에 관한 연구로 박사학위를 받았다. 현재는 이화여자대학교 및 여러 대학에 출강 중이다.

이현주

이화여자대학교와 동 대학원의 심리학과를 졸업하고, 동 대학원에서 인지심리학으로 박사학위를 받았다. 현재는 명지대학교 학생상담센터에 재직 중이다.

정우경

이화여자대학교와 동 대학원의 심리학과를 졸업하고, 미국 일리노이 주립대학교에서 인지심리학으로 박사학위를 받았다. 현재는 계명대학교 심리학과 교수로 재직 중이다.